mascota corpórea

Diccionario de términos de marketing, publicidad y medios de comunicación

Ariel

Ariel Referencia

Enrique Alcaraz Varó,
Brian Hughes
y Miguel Ángel Campos

Diccionario de términos de marketing, publicidad y medios de comunicación

Inglés-Español
Spanish-English

Editorial Ariel, S.A.
Barcelona

Diseño cubierta: Nacho Soriano

1.ª edición: abril 1999

© 1990: Enrique Alcaraz Varó, Brian Hughes
y Miguel Ángel Campos

Derechos exclusivos de edición
reservados para todo el mundo:
© 1999: Editorial Ariel, S. A.
Córcega, 270 - 08008 Barcelona

ISBN: 84-344-0515-6

Depósito legal: B. 14.885 - 1999

Impreso en España

1999 – HUROPE, S. L.
Lima, 3 bis
08030 Barcelona

INTRODUCCIÓN

El **Diccionario de términos de marketing, publicidad y medios de comunicación** (inglés-español y español-inglés) que aquí se presenta es continuación y complemento de los publicados en Editorial Ariel hace unos años por los mismos autores, con los títulos de *Diccionario de términos jurídicos (inglés-español, español-inglés)*, y *Diccionario de términos económicos, financieros y comerciales (inglés-español, español-inglés)*. Todas estas obras están enmarcadas en los estudios universitarios conocidos en la Filología Inglesa con el nombre de IFE o inglés para fines específicos *(ESP, English for Specific Purposes)*. El objetivo de esta nueva publicación es sistematizar en forma lexicográfica, con una metodología similar a la de sus antecesores, el estudio comparado (inglés-español, español-inglés) del vocabulario especializado de campos académicos y profesionales que se han configurado con límites suficientemente claros a partir del último tercio del siglo XX: el marketing, la publicidad y los medios de comunicación.

El *marketing*, la publicidad y los medios de comunicación

La palabra **marketing** es un término inglés que, en el uso diario de nuestra lengua, se resiste a ser desplazado por sus versiones españolas de «mercadotecnia» o «mercadeo». El Diccionario de la Real Academia recoge marketing como voz inglesa y, sin dar su significado, remite al lector a «mercadotecnia». A pesar de la citada resistencia, *marketing* tampoco se ha adaptado plenamente a las reglas ortográficas del español, por ejemplo «márquetin», como ha ocurrido con *standard*, que la Academia ha convertido en «estándar», *flash* en «flas», *leader* en «líder», *scanner* en «escáner», *whisky* en «güisqui», *cocktail* en «cóctel», *comic* en «cómic», *travelling*, en «travelín», *zoom* en «zum», etc. Sin embargo, algunas palabras como *récord* o *álbum* se han quedado a mitad de camino de su adaptación ortográfica, y otras de gran uso, como *offset, stock, stand, dumping* o *spot*, aún no han entrado. La mercadotecnia o marketing se ocupa del estudio y análisis de las estrategias, tácticas y actividades dirigidas a acelerar las ventas de productos y servicios, esto es, propiciar el movimiento de las mercancías y de los servicios desde el fabricante al consumidor, y sus ingredientes básicos, conocidos en inglés con el nombre de *marketing mix*, son las cuatro «pes»: *product* –producto–, *price* –precio–, *place* –distribución– y *promotion* –promoción–; dentro de la promoción destaca con luz propia la publicidad. En torno a estos cuatro vocablos (aunque a veces se habla de una quinta «p», *packaging* o «envasado») gira un buen número de las unidades léxicas del marketing.

La **publicidad**, después de lo que acabamos de afirmar, se muestra como un componente fundamental del marketing y, como tal, queda claramente enmarcada en el contexto de economía general de las Facultades de Ciencias Económicas y Empresariales. Pero la publicidad también puede ser analizada desde otros ángulos, como la sociología, por afectar al comportamiento de los grupos humanos; la lingüística, por incidir en el discurso persuasivo, los juegos de palabras, las polisemias, etc.; la semiótica, por abordar los signos comunicativos; las artes gráficas, por su función plástica y expresiva; los medios de comunicación, etc. Es tal la influencia de la publicidad en nuestras vidas que, para muchos expertos, el desarrollo experimentado en la segunda mitad del siglo XX se debe a su gran dinamismo, sin olvidarse, por supuesto, de la importancia de las nuevas tecnologías, las facilidades crediticias y la normalización o estandarización industrial.

Por su parte, los **medios de comunicación**, o *mass media* en inglés, han representado un papel todavía superior al de la publicidad en la modernización de la vida diaria. A los cuatro medios de difusión más importantes, la prensa, la radio, el cine y la televisión, que han transformado nuestro planeta en una aldea global, se ha unido uno revolucionario, Internet, medio que ha convertido el mundo en una «telépolis»; su irrupción en la sociedad ha sido tan arrolladora que está modificando en profundidad gran parte de nuestros hábitos comunicativos, comerciales e investigadores.

De todo lo anterior se deduce que existe una fuerte relación entre estas tres áreas de conocimiento, ya que si la publicidad es uno de los ingredientes básicos del marketing, es en los medios de comunicación donde aquélla encuentra su salida y manifestación más natural. Esta interrelación, unida a la ascensión imparable de la lengua inglesa como *lingua franca* en la que suelen darse a conocer los conceptos más novedosos, sirve para justificar, en opinión de los autores, un diccionario conjunto en versión bilingüe de estas tres esferas del saber.

Las unidades léxicas de las tres materias

El espectacular desarrollo de las tres especialidades, acelerado a partir del último tercio del siglo XX, está generando constantemente nuevas unidades léxicas. Para el estudiante hispanohablante, las tres no presentan el mismo grado de dificultad; por ejemplo, más del 50 % de las palabras del marketing son de origen latino, y su significado es bastante transparente, como se puede comprobar en *marginal propensity to consume, cost decision, net profit, generic product, questionnaire*, etc., aunque no faltan términos muy expresivos acuñados a partir de raíces anglosajonas, como *cash cow, dog, harvest strategy*, etc. En cambio, las de la publicidad, y sobre todo, las de los medios de comunicación, son en su mayor parte palabras de origen anglosajón y, en consecuencia, su significado resulta más difícil de captar para el hablante menos familiarizado con el inglés; sirvan como ejemplos términos como *fade, wipe, spinoff, spread*, etc. En líneas generales, la procedencia de las unidades léxicas de estas tres áreas se puede atribuir a dos fuentes principales: las acuñaciones nuevas y las acepciones adicionales que se van incorporando a los términos conocidos.

a) Las acuñaciones nuevas. Constantemente se están acuñando nuevos términos y para su creación se sirven sus inventores de los mismos procedimientos utilizados en el lenguaje corriente. Entre los recursos empleados destacamos la mutilación léxica, la composición, la fusión, la analogía, la afijación, y las siglas y los acrónimos:

1.   La mutilación léxica es un recurso cotidiano de formación de palabras en el lenguaje corriente, donde *omnibus* se convierte en *bus, popular* en *pop*, etc. Sucede lo mismo en el lenguaje del marketing, la publicidad y los medios de comunicación: las *demonstrations* son *demos*; los *negatives, negs*; las *syncronizations, syncs*; la *technology, tech*; la *promotion, promo*; el *representantive, rep*, etcétera.

2.   La composición léxica es el recurso más característico del inglés, como en *storyboard, software, daypart*, etc.

3.   La fusión es una combinación de las dos técnicas anteriores, esto es, la composición por medio de palabras mutiladas. De la misma manera que *brunch*, término coloquial de la vida diaria en los países anglohablantes, es la fusión de <u>*break*</u>*fast* y <u>*lunch*</u>, *camcorder* se forma por la fusión de <u>*cam*</u>*era* y *re*<u>*corder*</u>; *sitcom* por la de <u>*sit*</u>*uation* y <u>*com*</u>*edy*; *biopic* por la de <u>*bio*</u>*graphical* y <u>*pic*</u>*ture*; *animatronics* por la de <u>*anima*</u>*tion* y *elec*<u>*tronics*</u>; *modem* por la de <u>*mod*</u>*ulator* y <u>*dem*</u>*ulator*; *byte* por la de <u>*by*</u> y <u>*eight*</u>; *compander* a partir de <u>*compr*</u>*essor* y *ex*<u>*pander*</u>, *netizen*, de <u>*net*</u>*work* y *ci*<u>*tizen*</u>, *prequel* a partir de <u>*pre-*</u> y *se*<u>*quel*</u>, etc.

4.   La analogía siempre ha sido un procedimiento muy rico en la creación léxica: *outro* se crea por analogía con *intro* que, a su vez, es una forma mutilada de *introduction*; *outsert*, con la de *insert*; *chiller*, por rimar con *thriller*, etc.

5.   La afijación, ya mediante sufijos o prefijos, es probablemente el recurso más tradicional, como se puede ver en palabras como *scan*<u>*ner*</u>, *direc*<u>*tor*</u>, *art*<u>*ist*</u>, etcétera; sin embargo, con frecuencia una palabra se puede convertir en sufijo. Del conocido *Watergate*, la palabra *gate* se convirtió en un sufijo indicativo de «escándalo político», con el *Irangate, Contragate*, etc.; de la misma manera, la segunda parte de *broad*<u>*casting*</u> ha entrado a formar palabras nuevas, como *targetcasting, narrowcasting, sportscasting, simulcasting*, etc.

6.   Por fin, los acrónimos y las siglas no pueden faltar en una lengua en donde las personas se pueden llamar J. R., la ciudad de Los Ángeles es L. Á., etc. Entre los acrónimos y siglas destacan, entre otros, *laser, nibs, acorn, DAT*, etc.

b) Las acepciones adicionales. Muchos de los términos de estos nuevos campos son acepciones complementarias dadas a palabras ya existentes. A modo de ejemplo citamos algunas: *accounts* son los «clientes» en las agencias publicitarias; *dailies*, que en el mundo de la prensa es una acepción clásica, a saber, «diarios», en el del cine son «copiones», también llamados *rushes*, esto es, el conjunto de planos del rodaje del día anterior, que examinará el director antes de comenzar la filmación; *copy* en el mundo periodístico son «textos originales», como en *She regularly sends brilliant copy to the paper* y, por extensión, son las «cuestiones tratadas» por un periodista, o el «potencial noticioso» de un acontecimiento, de la vida de los famosos, etc., como en *The doings of film stars usually make good copy.* Sin embargo, en el mundo de la publicidad *copy* es el «texto de un anuncio publicitario», que es distinto de la ilustración o *artwork* del mismo, y también puede ser el «redactor publicitario», forma elíptica de *copywriter*, etc.

Finalmente, para completar este vocabulario, debemos añadir a los términos procedentes de las fuentes anteriores las unidades del léxico corriente que, por su elevado índice de presencia en estas especialidades, se puede decir que viven en sus aledaños; normalmente conservan su significado primitivo, aunque puedan a veces transportar también matices adicionales contagiados de los campos a los que se refieren. Es una lista muy amplia, entre las que destacamos, a modo de ejemplo, *need, idea, service, behaviour, belief, environment, product, sales, blend, paper, quantity, quality, sample, variable,* etc.

Resumiendo, el vocabulario de estas especialidades está formado por tres grandes bloques: *a)* las acuñaciones nuevas; *b)* las acepciones adicionales y *c)* los términos de uso común caracterizados por su frecuente presencia en estos campos.

Características del diccionario: pertinencia, claridad y economía

Para la confección del diccionario nos han orientado los mismos criterios de *pertinencia, claridad* y *economía* que nos sirvieron de guía en la elaboración del *Diccionario de términos jurídicos* y el *Diccionario de términos económicos, financieros y comerciales*:

a) El criterio de pertinencia nos ha ayudado en la selección de los términos de la especialidad y también de aquellos otros que, aun perteneciendo al léxico común, son muy frecuentes en los textos del marketing, la publicidad y los medios de comunicación.

b) El criterio de claridad es básico. Pensando en el traductor y en el estudiante de estas disciplinas, hemos intentado dar la mayor claridad posible al diccionario. Con este objetivo, siempre que lo creemos necesario, instructivo o útil, en la parte inglés-español ilustramos el término con ejemplos adecuados, ofrecemos breves explicaciones y lo completamos mediante palabras relacionadas, y para despejar las dudas, allá donde un término tiene varias acepciones distintas, damos una lista numerada de las mismas, como se ve en el caso de *back*:

back[1] *n/a/v*: GRAL espalda, dorso, reverso, revés, parte de atrás ◊ *See back for details*; V. *overleaf, reverse, face*. [Exp: **back**[2] (GRAL posterior, de atrás, último ◊ *The sports news is on the back pages*), **back**[3] (GRAL atrasado; se emplea en expresiones como *back issue/number* –número atrasado– ◊ *Order back numbers of a magazine*), **back**[4] (GRAL apoyar, respaldar ◊ *Back the paper's editorial policy*), **back**[5] (GRAL pronosticar, apostar por ◊ *She's being heavily backed to be the new features editor*), **back**[6] (CINE reforzar con efectos musicales o sonoros de fondo, como en *Back a scene with special musical effects*; tocar música o algunos instrumentos de apoyo para acompañar a un solista o a un grupo principal, como en *Some tracks on the group's new CD are backed by session men*; V. *backing*)].

A pesar de que esta repetición puede ir contra el criterio de economía, su presencia proporciona, en nuestra opinión, una ganancia en claridad.

   c)   *El criterio de economía.*   Es incalculable el número de unidades léxicas compuestas que se pueden formar en el campo de la publicidad, la mercadotecnia y los medios de comunicación, con palabras como *active, automatic, product, auxiliary, quality, sound, passive, digital, camera, recording, reading*, etc. Son tantas, especialmente las de estadística relacionada con el marketing, que no cabrían en este diccionario. Por esta razón, y guiados por el principio de economía, hemos excluido de nuestro diccionario las acuñaciones esporádicas y también aquellas consolidadas que gozan de tal transparencia semántica que su significado es perfectamente deducible del significado de las palabras que las componen.

En líneas generales hemos utilizado la variedad del inglés británico, con lo cual empleamos *colour* en vez de *color*, *programme* en vez de *program*, *centre* en vez de *center*, etc., aunque es preciso reconocer que gran parte de la creatividad lingüística de las disciplinas que constituyen el núcleo de este diccionario procede de los Estados Unidos. Se puede decir, no obstante, que todas las palabras, o casi todas, son intercambiables en el uso de ambos lados del Atlántico. Sin embargo, cuando un término es exclusivamente norteamericano lo hemos indicado con la sigla *US*.

Respecto del español, la variedad empleada a lo largo del diccionario es la peninsular, tanto para las definiciones como para el léxico que forma el núcleo de la parte español-inglés. Ya hemos comentado, al referirnos arriba al término marketing, la abundancia de los anglicismos en el vocabulario de las tres especialidades tratadas. Lejos de aplicar un criterio purista o reductivista, hemos procurado reflejar el uso real de los profesionales de dichas áreas, dando entrada sin empacho a términos como *spot, casting*, etc. Sin embargo, como filólogos y traductores que somos, nos hemos esforzado constantemente por proponer también equivalencias, alternativas y naturalizaciones en castellano «de toda la vida», para que los usuarios elijan libremente entre el término adoptado y el nativo, cuya mayor naturalidad puede, en algunas ocasiones, resultar más atractiva.

Asimismo, y sin ánimo de dar lecciones a los profesionales de estas materias, quienes, como expertos que son, tienen pleno derecho a expresarse en la jerga que les resulta más fácil, clara y rápida, hemos optado por evitar el abuso o el exceso del anglicismo al sistematizar, traducir y explicar este vocabulario. Vale la pena subrayar que es anglicismo no sólo el uso de una unidad léxica inglesa en lugar de su equivalente en castellano, sino también la construcción sintáctica que imita las normas gramaticales del inglés, amén del uso forzado de un término castellano con un valor tomado prestado de su parónimo inglés. De esta forma, por ejemplo, hemos evitado traducir *media* por «medios» a secas, por más que dicho uso sea frecuente entre los periodistas hispanohablantes, y a ello nos ha movido no la rigidez, sino el afán de precisión y claridad. Hemos escrito sistemáticamente «medios de comunicación [social]» o «medios de difusión» (excepto en el epígrafe introductorio de las entradas léxicas referidas a los medios de comunicación, en donde, por economía de espacio, hemos utilizado MEDIOS), porque, aunque resultan más largas, son expresiones muy familiares y perfectamente claras; la atractiva brevedad del término inglés no se puede trasladar al castellano, porque la palabra inglesa es única en el léxico, y significa «vehículo» o «soporte», a diferencia del término «medio» en castellano, cuya polisemia abarca desde la idea de estar en el medio de algo hasta el modo de conseguir cualquier fin (que en inglés es *means* y no *medium*). Por motivos similares, nuestra traducción de la expresión *media overexposure* es «cobertura periodística/televisiva excesiva o abusiva», ya que una versión más literal como «sobrecobertura mediática» choca con los hábitos lingüísticos del hispanohablante, poco dado en general a esta clase de composición léxica sintética.

Las entradas del diccionario: traducción, ejemplificación, ilustración y remisión

El diccionario tiene dos partes: inglés-español y español-inglés. El número de voces de la primera parte supera las 7.700 palabras, y el de la segunda, las 6.600. Aunque en teoría el número de entradas léxicas de las dos partes del diccionario debería ser igual, esto no es posible, por razones obvias, entre las que se pueden señalar las que siguen: 1) no existe una relación biunívoca entre los términos de las dos lenguas, 2) lo que en una es relevante en la otra puede no serlo por distintos motivos, entre ellos los culturales, y ésta es la razón por la que la segunda parte no es la simple vuelta o inversión de lo que se dice en la primera, y a la inversa; y 3) lo que en inglés –o en español– es una unidad léxica, en la otra lengua puede ser una expresión que desborde los límites de lo que razonablemente se considera unidad léxica, esto es, algunas de las figuras del mundo de la mercadotecnia, la publicidad y los medios de comunicación, expresadas en una lengua con una palabra simple o compuesta, no encuentran una unidad léxica correspondiente en la otra y, en consecuencia, tienen que ser traducidas por medio de perífrasis, que no tendrían fácil encaje como unidad léxica en la otra.

Con el fin de paliar en lo posible la naturaleza resbaladiza de los significados, hemos adoptado cuatro parámetros para precisar el sentido de un gran número de los artículos del diccionario, a saber: *a*) la traducción, *b*) la ilustración, *c*) la explicación y *d*) la remisión. No obstante, por razones de economía, hemos reservado las explicaciones de los términos a la primera parte (inglés-español), sólo ofreciéndolas esporádicamente en la parte español-inglés. Comentaremos brevemente cada uno de los parámetros mencionados:

a)   *La traducción.*   Dentro de los límites de toda traducción, se han presentado los términos equivalentes de ambas lenguas. Cuando la palabra inglesa no encuentra una réplica clara en castellano, lo lógico es recurrir a la creación léxica, dentro de la tradición lingüística del español, basándose en el concepto expresado y, cuando sea preciso, utilizando raíces y afijos grecolatinos, traduciendo, por ejemplo «Instituto de Cinematografía» por *Film Institute*. Pensando en el concepto expresado, se recoge, por ejemplo, *carry-over audience* como «audiencia heredada, audiencia de suma y sigue» y *new tune-ins* como «nueva audiencia». También hemos acudido al préstamo y al calco; la palabra «fútbol» es un préstamo del inglés *football*, adaptado a la ortografía del español, y «baloncesto» es, en cambio, un calco de *basketball*. Tanto uno como otro constituyen los anglicismos, los cuales, a pesar de lo dicho anteriormente, resultan atractivos por tres motivos: primero, la brevedad de las palabras de origen anglosajón *(off, slot, dolly)*; segundo, la precisión, ya que una vez acuñados, su significado queda fijado de forma permanente; tercero, la nivelación lingüística, que hace que se conviertan en términos aceptados en casi todas las lenguas de cultura. No obstante, la decisión no es fácil, ya que el uso del anglicismo, y de cualquier barbarismo, siempre ha sido una cuestión polémica, aunque, como dice el académico don Emilio Lorenzo, «a veces no se sabe si están más claros anglicismos crudos como *overlapping* o su traducción al español por «traslapo».

A pesar de que una gran mayoría de profesionales utilizan los términos en inglés, como por ejemplo *hardware* o *software*, nosotros empleamos «equipo» y «aplicación» en su caso, pensando que el uso de las voces inglesas siempre existe como último recurso. También hemos evitado, en lo posible, traducciones del tipo «lid» por *lead*, o «escup» por *scoop*, aunque no es improbable que con el tiempo pasen a formar parte del léxico español, como lo hicieron en su día «reportero», «club», «estándar», etc. En algunos casos no hemos podido evitar el uso de préstamos como *zapping*, voz en *off*, etc.; en cuanto a la primera, pensamos que no tendrá muchas dificultades en entrar como nueva acepción del verbo español «zapear». En cambio, ha sido menos incómodo recurrir a calcos, de acuerdo con las consultas hechas, tales como «jefe de piso» por *floor manager*, «flujo de audiencia» por *audience flow*, etc., pero en estos casos hemos tenido que huir de los falsos amigos léxicos tales como *syndicate*, que no es un «sindicato» sino una agencia de medios de difusión, o *residual*, que son los derechos por redifusión de un programa, etc. Pensamos que también hay que evitar caer en lo que se llama «euroinglés», constituido por palabras inglesas que son utilizadas en las lenguas europeas con significado distinto al del original; por ejemplo, en inglés en vez de *footing* se dice *jogging*, en vez de *mailing* se dice *mailshot*, etcétera. Por último, cuando ha sido posible, hemos mantenido el mismo registro, traduciendo, *idiot card/sheet* como «chuleta para tontos/ineptos», etc.

    b)   *La ilustración.*   En muchos casos hemos añadido un breve ejemplo con el fin de que sirva de orientación contextual del significado dado, siempre precedido del símbolo ◊:

    lawyer shows *US n*: TV series de abogados/juicios, también llamados *courtroom dramas* ◊ *The public knows more about law from lawyer shows than from live trials.*

    jacket *n*: GRÁFICA sobrecubierta, cubierta [de un libro], carátula [de un disco] ◊ *A book with a photograph of the author on the jacket*; V. *cover, sleeve; dust jacket, wrapper; blurb.*

    c)   *La explicación.*   Como ya hemos apuntado antes, el traductor es el interlocutor básico de este diccionario; pensando en él, hemos añadido cuando lo hemos creído conveniente, por la novedad o por la complejidad del término, una breve explicación. He aquí algunos ejemplos:

    above-the-line costs (CINE costes directos o gastos anteriores al rodaje; son los ocasionados –*incurred*– antes del comienzo del rodaje de una película o programa de televisión; esto es, los gastos presupuestados para la historia o relato y su adaptación, los guionistas –*scriptwriters, screenwriters*–, el realizador –*director*– y su equipo, y el productor –*producer*– y su equipo ◊ *Cut above-the-line costs*; V. *talent cost, below-the-line costs*),

    layout[2] (GRÁFICA maquetación, boceto, diseño ◊ *She's responsible for the overall layout of the magazine*; ① es el arte o proceso de ordenación del material gráfico y artístico de un anuncio gráfico –*print ad*–, el cual comprende tanto las especificaciones tipográficas del texto como el cuerpo de la letra –*typesize*–, el diseño de la letra –*typeface*–, los títulos, etc., así como las de las fotos e ilustraciones –*artwork*–; a estas últimas también se las llama *artistic layouts*; igualmente se aplica el término *layout* a los dibujos animados –*cartoon films*–; ② diseño global de una página o libro; V. *rough layout, comprehensive layout, paste-up, dummy, page make-up, paste-up*),

    lap, lap dissolve *n*: CINE encadenado; es la transición de un plano –*shot*– a otro de forma que queda el primero disuelto en el segundo, el cual acaba con la imagen enfocada; cuando los planos se encuentran a mitad de camino se dice que están superpuestos –*superimposed*–; recibe también otros nombres, como *dissolve, superimposition, cross-lap, cross-dissolve* y *mix*; V. *fade, ripple dissolve; fast dissolve, soft cut; out-of-focus dissolve, cut-lap.*

d)   Las remisiones o referencias complementarias, cruzadas o recíprocas. Dada la naturaleza huidiza del significado, parece evidente que éste se puede captar mejor cuando junto a la unidad léxica se facilitan otras palabras que mantengan algún vínculo con la primera. Así, al final de la mayoría de los términos aparecen palabras relacionadas, precedidas de **V.** (véase) [o **S.** (*see*) en la segunda parte], como se puede ver en los ejemplos que siguen y en los anteriores:

dog *n*: MKTNG productos perro; son productos de baja cuota de mercado –*market share*– en mercados con baja tasa de crecimiento –*growth*–; V. *cash cow, star; watchdog.*

encuadernación *n*: GRAPHICS binding; S. *cuadernillo, folio.*

antetítulo (PRESS deck[3], deck head; strap, strapline, kicker[1], stinger; S. *subtítulo, titular secundario; titular*),

Los límites del diccionario. La localización de las unidades léxicas

Por otra parte, uno de los primeros problemas de todo trabajo es la cuestión de los **límites**, tanto los conceptuales como los de su extensión material. Para conseguir un diccionario razonablemente manejable, y dado que es imposible abarcarlo todo, hemos creído que esta extensión, con una tipografía clara, era la más apropiada. La lista que sigue, formada por 19 epígrafes, ayuda a señalar los límites conceptuales, con lo cual queda determinada la línea divisoria de lo que queda dentro y, consecuentemente, lo que no se ha abordado. Estimamos que con estos epígrafes se pueden marcar unas fronteras suficientemente claras, aun reconociendo que puede darse entre ellas el solapamiento que surge inevitablemente al analizar cualquier parcela del *continuum* llamado «realidad»:

AUDIO: audio.

CINE [FILM].

DISEÑO [DESIGN]: dibujos, ilustraciones, elementos artísticos, etc.

DER [LAW]: derecho.

ESPEC [SHOW]: teatro, musicales, etc.; SHOW es la forma abreviada de *showbusiness*, o mundo del espectáculo.

EXTERIOR [OUTDOOR]: anuncios en vallas, murales, móvil.

GESTIÓN [MNGMNT]; MNGMNT es la forma abreviada de *management.*

GRÁFICA [GRAPHICS]: todo lo relacionado con las artes gráficas, excepto la tipografía.

GRAL [GEN]: general, es decir, lo no clasificable fácilmente dentro de los otros epígrafes.

IMAGEN [IMAGE]: comprende los aspectos técnicos y artísticos de las fotos, el vídeo, la pantalla de televisión e incluso la del cine, sin olvidar la luz, el color, la distorsión, etc.

LING: lingüística, *linguistics.*

MEDIOS [MEDIA]: medios de comunicación.
MKTNG: marketing.
PRENSA [PRESS].
PUBL [ADVTG]: publicidad, *advertising*.
RADIO: radio.
SEMIÓ [SEMIO]: semiótica, *semiotics*.
TIPO [TYPE]: tipografía, *typography, type*.
TV: televisión, *television*.

El uso del diccionario. La ordenación de las palabras simples y compuestas

En cuanto al uso del diccionario, se recomienda consultar ambas secciones (inglés-español, español-inglés) cuando el sentido o el uso de la acepción no estén claros, con la seguridad de que se encontrará información útil (explicación, ejemplo, sinónimos o palabras relacionadas) que ayudará a delimitar y a comprender mejor el significado del término en cuestión y a tomar la decisión oportuna, aunque, como se ha dicho en el primer párrafo del punto anterior al hablar de las entradas del diccionario, no todas las palabras de una de las partes están contenidas en la otra. Además, no hemos incluido en la sección español-inglés muchos de los términos anglosajones usados corrientemente en español, los cuales pueden ser consultados en la parte inglés-español, que es pródiga en explicaciones; en la segunda sección, éstas son escasas, para no repetir, por razón de economía, las de la primera parte, y sí son abundantes, en cambio, los sinónimos y palabras relacionadas, que deben ayudar al usuario en la elección de la acepción correcta.

Las unidades léxicas han sido ordenadas de acuerdo con la nueva norma de la Real Academia según la cual la *ch* aparece en el orden que le corresponde dentro de la letra *c* y no como grafía independiente, así como la *ll* dentro de la *l*. Las palabras o unidades básicas se agrupan en bloques regidos por una unidad léxica principal, la cual, en ocasiones, por su importancia, ha saltado dentro del mismo bloque por encima de otras que alfabéticamente deberían precederle, como se puede comprobar en los dos ejemplos que siguen:

cruz *n*: GEN/TYPE cross; dagger, obelisk, †. [Exp: **cruce de entrada/salida** (FILM/TV arc in/out), **cruces de cámara** (FILM camera crossing), **cruceta** (GRAPHICS adjustment mark)].

theme *n*: GRAL/TV/RADIO tema, temática ◊ *The theme of the TV series is racial harmony*; tiene prácticamente las mismas acepciones que en español: ① asunto o materia de un discurso, película, conversación, etc.; ② pequeño trozo de una composición, con arreglo al cual se desarrolla el resto de ella; aparece en expresiones como *theme music* –tema musical–, *theme scheduling* –programación temática–; por ejemplo, una semana dedicada al cine negro, o al jazz, etc.; *theme song* –tema musical, canción o tema principal de una película–; V. *motif, topic;*

jingle. [Exp: **thematic montage** (CINE montaje temático; es el que establece algún tipo de nexo temático o simbólico –*thematic or symbolic association*– entre objetos o acciones, en lugar de mediante una narración –*narrative*–; V. *avant-garde*)].

Las *palabras compuestas* merecen un comentario aparte, por ser el inglés una lengua que utiliza con más naturalidad el recurso de composición léxica (*shoeshop*) que el de derivación (*zapatería*), que es el más común en español. Estas unidades compuestas pueden presentarse formando una sola unidad (*backup*), dos unidades (*back up*) o estar unidas por un guión (*back-up*). El criterio que hemos seguido en su ordenación, salvo raras excepciones, es el estricto desde un punto de vista alfabético; de esta manera, *back up* precede a *background* y las unidades conectadas por uno o varios guiones, como *back-to-back*, las hemos ordenado como si estuvieran separadas y no existieran los guiones. Consecuentemente, el orden de presentación de las unidades léxicas anteriores es:

> *back*
> *back-to-back*
> *back up*
> *back-up copy*
> *backcloth*
> *backlight*

De todas formas, como en el uso actual no siempre hay una gran coherencia en el empleo de los guiones, se recomienda, al buscar una unidad léxica, examinar las tres posibilidades, es decir, la entrada formada por dos o más palabras separadas (*back up*), la formada por palabras unidas por un guión (*back-up*), o la que consta de dos palabras totalmente fundidas en una sola (*backup*).

Agradecimientos y fuentes consultadas

Para confeccionar este diccionario hemos consultado a muchos profesionales. Son tantos que la mención de todos constituiría una lista excesivamente larga; a todos ellos nuestro agradecimiento. Mención especial merecen Vicente Navarro y Beatriz Alcaraz, que resolvieron muchísimas de nuestras dudas sobre el mundo de la publicidad. También damos las gracias a José María Bazán Doménech, por las aclaraciones que nos facilitó en torno al cine y la televisión, y a Luis Padilla por el material publicitario que nos facilitó en su momento. Igualmente deben figurar en la nómina de reconocimiento las fuentes bibliográficas. Si el *Law Dictionary* de Black es un texto básico para moverse con facilidad por el Derecho angloamericano, lo mismo se puede decir del *NTC's Mass Media Dictionary* de R. Terry Ellmore en lo que a publicidad y medios de comunicación se refiere; por este motivo merece una mención especial. Se han consultado, además, los libros y diccionarios que siguen:

Libro de Estilo (*ABC*. Barcelona: Ariel, 1993), *The British Code of Advertising Practice* (Advertising Standards Authority. Londres: Committee of Advertising Practice, 1988), *Diccionario de Términos Económicos, Financieros y Comerciales* (Enrique Alcaraz Varó y Brian Hughes. Barcelona: Ariel, 1996), *Diccionario de Lingüística Moderna* (Enrique Alcaraz Varó y M.ª Antonia Martínez Linares. Barcelona: Ariel, 1997), *Diccionario Espasa de Economía y Negocios* (Arthur Andersen. Madrid: Espasa-Calpe, 1997), *Gramática del Lenguaje Audiovisual* (Daniel Arijon. San Sebastián: Baroja, 1976), *Diccionario del Marketing* (M. J. Barroso González y F. J. Alonso Sánchez. Madrid: Paraninfo, 1992), *Advertising Management* (R. Batra *et al.* Prentice-Hall: Upper Saddle River, 1996), *Dictionary of Film Terms* (Frank Beaver. Nueva York: Prentice Hall International, 1994), *Publicidad en medios impresos* (Raúl E. Beltrán y Cruces. México D.F.: Trillas), *Media Analysis Techniques* (A. A. Berger. Newbury Park: Sage Publications, 1991), *Essentials of Marketing* (Jim Blythe. Londres: Financial Times/Pitman Publishing, 1988), *Using Type Right* (Philip Brady. Cincinnati, Ohio: North Light, 1988), *The Want Makers: Lifting the Lid Off the World Advertising Industry: How They Make You Buy* (Eric Clark. Londres: Hodder & Stoughton, 1988), *¡Ojo con los media!* (M. Collon. Bilbao: Hiru, 1995), *Curso de Técnica de la Publicidad* (César Cruz Samper. Barcelona: Ediciones ARS, 1963), *Advertising Research: Theory and Practice* (J. J. Davis. Upper Saddle River: Prentice-Hall, 1997), *The Spot: The Rise of Political Advertising on Television* (E. Diamond y S. Bates. Cambridge, Mass: MIT Press, 1988), *Planning Media: Strategy and Imagination* (W. J. Donnelly. Upper Saddle River: Prentice-Hall, 1996), *Medición, información e investigación de la publicidad* (R. Eguizábal y A. Caro. Madrid: Edipo, 1996), *Libro de Estilo de «El Mundo»* (Madrid: Temas de Hoy, 1996), *Libro de Estilo* (*El País*. Madrid: Ediciones El País, 1990, 4.ª ed.), *NTC's Mass Media Dictionary* (R. Terry Ellmore. Lincolnwood, Illinois: NTC Publishing Group, 1991-1995), *Sólo para adultos. Historia del Cine X* (Casto Escópico. Valencia: La Máscara, 1994), *Market Segmentation* (R. Frank, W. Massy y Y. Wind. Englewood Cliffs: Prentice-Hall, 1972), *Guía completa de la fotografía* (Mercantil. Freeman. Barcelona: Blume, 1991), *El mundo de la publicidad* (M. A. Furones Ferri. Barcelona: Salvat, 1984), *Técnica del periodismo* (P. Gaillard. Barcelona: Oikos-Tau, 1972), *Los lenguajes de la publicidad* (E. García Feliú: Alicante: Secretariado de Publicaciones de la Universidad de Alicante, 1984, 2.ª ed.), *Cases in advertising and communication management* (R. Greyser y R. Kopp. Londres: Prentice-Hall, 1992), *El estilo del periodista* (Alex Grijelmo. Madrid: Taurus, 1997), *Culture, Society and the Media* (M. Gurevitch. Londres: Methuen, 1982). *Media Math: Basic Techniques of Media Evaluation* (R. Hall. NTE Business Books, 1991), *Key Concepts in Cinema Studies* (Susan Hayward. Londres: Routledge, 1996), *Dictionary of Marketing* (A. Ivanovic. Teddington, Middlesex: Peter Collin Publishing, 1989-1992), *The Language of Cinema* (Jackson, Kevin. Manchester: Carcanet Press, 1998), *Advertising* (F. Jefkins. Londres: Pitman Publishing, 1985-1996), *Measuring Media Audiences* (R. Kent. Londres: Routledge, 1994), *La fotografía paso a paso* (M. Langford. Madrid: Hermann Blume Ediciones, 1979), *Casi todo lo que sé de publicidad* (J. Lorente. Barcelona: Folio, 1995), *Anglicismos Hispánicos* (Emilio Lorenzo. Madrid: Gredos, 1996), *Guts: Advertising from the Inside Out* (John Lyons. Nueva York: American Management Association, 1989), *Curso General de Redacción Periodística* (José Luis Martínez Albertos. Madrid: Paraninfo, 1991), *El uso de los medios de comunicación en marketing y publicidad* (E. Martinez Ramos. Madrid: Akal, 1982), *Técnicas de realización y producción en televisión* (G. Millerson. Madrid: Instituto Oficial de Radio y Televisión, 1989, 2.ª ed.), *How to Read a Film* (James Monaco. Nueva York: Oxford University Press, 1977), *Ciberdiccionario* (David Morse. Bilbao: Ediciones Deusto, 1997), *Diccionario de Publicidad* (Ignacio Ochoa. Madrid: Acento Editorial, 1996), *Netvertising and ESP* (Juan Carlos Palmer. Zaragoza: Ibérica, I, 1999: 39-55), *Inglés de Publicidad y Marketing* (Eduardo Parra. Madrid: Editorial Eresma, 1986), *Las claves del cine* (M. Porter, P. González y M. Casanovas. Barcelona: Planeta, 1994), *Manual del realizador profesional de vídeo* (Mario Raimondo Souto. Madrid: D.O.R., S. L. Ediciones, 1993), *The One Club for Art and Copy* (Robert Reitzfeld *et al.* Mies, Suiza: Rotovision, 1992), *Nuevo Diccionario de Anglicismos* (Félix Rodríguez González y Antonio Lillo Buades. Madrid: Gredos, 1998), *Dictionary of Marketing and Advertising* (Jerry M. Rosenberg. Nueva York: John Wiley & Sons, 1995), *The Image Processing Handbook* (J. C. Russ *et al.* Ann Arbor: CRC Press, 1995), *La imagen publicitaria en televisión* (José Saborit. Madrid: Cátedra, Signo e Imagen, 1988), *Términos de Marketing* (M. Santesmases Mestre. Madrid: Pirámide, 1996), *Introduction to Advertising Media* (Jim Surmanek. Lincolnwood, Ill.: NTC Business Books, 1993), *Glosario de Inglés Técnico para Imagen, Sonido y Multimedia* (Esther Vela Gormaz. Madrid: Producciones Escivi, 1997), *Teoría de la imagen periodística* (L. Vilches. Barcelona: Paidós, 1987), *A Dictionary of Communication and Media Studies* (J. C. Watson. Londres: Edward Arnold, 1993), *Técnicas del Vídeo* (Gordon White. Madrid: Instituto Oficial de Radio y Televisión, 1989), *Hitting the Headlines: A Practical Guide to the Media.* (S. White *et al.* Leicester: BPS Books,1993) y los siguientes glosarios de Internet: www.kghadvertising.com/glossary.htm (publicidad), www.cohengrp. com/library/noframes/ad_glossary_nf.html (publicidad), www.webpromote. com/onlinead_glossary.html (publicidad virtual), www.pbs.com/doc/am28/ glossary/glossary.htm (gestión publicitaria), www.jwolsen.com/glos.htm (medios de difusión en inglés), www.smz.com/glossary6.shtml (medios de difusión en inglés), www.mediatel.co.uk/glossary/ (medios de difusión *on-line*), www.imdb.com (Movie Glossary), www.smz.com/glossary3.shtml (términos tipográficos), valley.nodak.edu/~slator/retailer/nuc345ad/public_html/html/ words.html (publicidad impresa), www.aber.ac.uk/~dgc/advert01.html (dirección general sobre publicidad), www.cjr.org (*Columbia Journalism Review*).

LOS AUTORES

Alicante, marzo de 1999

INGLÉS-ESPAÑOL

A

@ *prep*: GRAL/MKTNG/INTERNET a, por, en; actúa como forma abreviada de *at-*; por eso, en inglés se le llama *at sign*, y suele preceder al precio unitario de la mercancía; en Internet forma parte de las direcciones del correo electrónico –*e-mail*–, con el significado de «en»; en español se llama «arroba».

A *n*: AUDIO la; es la nota musical «la» en la escala inglesa, en la que la *C* corresponde a «do»; V. *bass, treble*. [Exp: **A-movie/picture** (CINE película principal –*major feature film*– de un programa doble –*double bill*– cinematográfico; V. *B-movie/picture, programmer*)].

AA *n*: MEDIOS/PUBL pueden ser las siglas correspondientes a *advertising agency, advertising association* o *average audience*.

AAA[1] *n*: MEDIOS V. *adult album alternative*.

AAA[2] *n*: PUBL V. *American Academy of Advertising*.

AAAA *n*: PUBL V. *American Association of Advertising Agencies*.

AAF *n*: PUBL V. *Advertising Agency Federation*.

A & P mix *n*: MKTNG mezcla ideal o combinado aceptable de actividades de *advertising* –publicidad–, *public relations* –relaciones públicas– y de otras, propias del *marketing*, dirigidas al logro de un fin comercial ◊ *Get the A & P mix right*; V. *marketing mix*.

AB *n*: IMAGEN/CINE se emplea en términos compuestos para indicar «dos» o «doble», como en *AB printing* –positivado en dos bandas distintas–, *AB winding* –bobinado de dos aparatos distintos–, etc.

ABA *n*: GRAL V. *area-by-area allocation*.

abandon *v*: GRAL abandonar. [Exp: **abandon a product** (MKTNG dejar de producir o de fabricar un producto, eliminar de un catálogo ◊ *IBM has abandoned small computers*), **abandonment** (MKTNG eliminación o abandono del uso o de la producción de determinados productos, bienes o activos; V. *product abandonment*), **abandonment policy** (ESPEC póliza de seguro de responsabilidad contra perjuicios causados por la suspensión de un espectáculo debido a incomparecencia de un actor, etc.)].

abate *v*: GESTIÓN/MKTNG rebajar, abaratar, reducir, desgravar, descontar; V. *rebate; reduce, decrease*. [Exp: **abatable** (GESTIÓN desgravable), **abatement** (GESTIÓN reducción, rebaja, bonificación), **abating** (MKTNG rebaja, reducción del precio)].

abby singer shot *col n*: CINE penúltimo plano –*shot*– de una jornada de rodaje

–day's shooting–; V. *champagne shot; martini.*

ABC[1] *n*: PUBL/MEDIOS/PRENSA Oficina de Justificación de la Difusión, O.J.D.; V. *Audit Bureau of Circulation; net paid circulation.* [Exp: **ABC**[2] (MEDIOS V. *American Broadcasting Company, Australian Broadcasting Corporation*), **ABC**[3] (IMAGEN V. *Automatic beam current*), **ABC analysis** *US*, **ABC inventory management** (GESTIÓN método ABC de gestión y clasificación de las existencias o *stocks* en A –muy importantes–, B –importantes– y C –de valor marginal o secundario– teniendo en cuenta el valor de uso –*usage-value*– que reciben de parte de los clientes, y el coste de adquisición), **ABC curve** (GESTIÓN curva ABC; alude esta curva a la ordenación de productos, clientes, etc., por su importancia económica o comercial), **ABC method** (MKTNG método de ventas «ABC» o atención, beneficio y cierre; primero se llama la «atención» del comprador –*attention*–, luego se le muestra el «beneficio» –*benefit*– para proceder a continuación al «cierre» –*closing*– de la operación; V. *AIDA, USP, key word, attentiveness*)].

aberration *n*: IMAGEN aberración; desviación; es la degradación de la imagen producida por un defecto en un elemento óptico; V. *blurring, out of focus.*

abeyance, in *phr*: PUBL/MEDIOS en suspenso, suspendido, en expectativa; es un término relativamente frecuente en contextos jurídicos con el significado de «en desuso», y también se emplea en expresiones publicitarias como *abeyance order* –pedido en suspenso–, esto es, la compra de espacio publicitario que debe esperar, por estar saturada la programación; V. *suspend.*

above-the-line *a*: GESTIÓN/PUBL/CINE perteneciente a los gastos de explotación, rela-cionado con las actividades ordinarias o del ejercicio, «sobre la línea»; la línea a la que alude esta expresión coloquial de contabilidad es la que marca la divisoria de un subtotal según el formato vertical habitual en la práctica contable británica; dada la relativa libertad con que se consignan los datos contables en los países de habla inglesa, en los que no existe equivalente al Plan Nacional abstracto y numerado que regula la contabilidad española, el concepto de *above-the-line* se puede entender de muchas maneras, pero en general se refiere a los gastos directos corrientes y de explotación, incluidos los imprevistos si éstos se consideran necesarios para llevar a cabo las actividades programadas de la entidad; como ejemplo se podría citar el tratamiento contable de dos situaciones imprevistas: una empresa que vendiera una sucursal y los terrenos adyacentes podría consignar *below-the-line* –por debajo del subtotal– la cantidad ingresada por ese concepto, y *above-the-line* –por encima del subtotal, es decir con cargo a los beneficios– una operación por la que hubiera perdido una cantidad por devaluación de divisas; por extensión se emplea, además, en las siguientes expresiones: ① en contabilidad, *above-the-line expenditure* es gasto público superior a lo normal; connota «que se ha pasado de la raya» y *above-the-line item* es una partida presupuestaria ordinaria; ② en publicidad, *above-the-line advertising* es la publicidad, o los gastos directos de publicidad o promoción en medios de difusión –*mass media*–, como la radio, la televisión, la publicidad exterior –*outdoor*– y la prensa y las revistas –*journals, magazines*–; y *above-the-line media* son medios de publicidad directa o de masas, como la televisión, la radio, la publicidad exterior; ③ en el cine es «relativo a los costes directos»; se aplica al personal no técnico de un rodaje –*shooting*–, incluidos los protagonistas o *talent*; ④ en la declaración de la renta –*tax return*– es el conjunto de gastos deducibles de la base imponible –*gross income*– para llegar a la base imponible ajustada –*adjusted gross income*–. [Exp: **above-the-line advertising** (PUBL/GESTIÓN publicidad en medios de difusión –*mass media*–, como la radio, la televisión, la publicidad exterior –*outdoor*– y la prensa y las revistas –*journals, magazines*–; [gastos de] publicidad directa; publicidad pagada; promoción; V. *below-the-line advertising, through-the-line advertising agencies*), **above-the-line costs** (CINE costes directos o gastos anteriores al rodaje; son los ocasionados –*incurred*– antes del comienzo del rodaje de una película o programa de televisión; esto es, los gastos presupuestados para la historia o relato y su adaptación, los guionistas –*scriptwriters, screenwriters*–, el realizador –*director*– y su equipo, y el productor –*producer*– y su equipo ◊ *Cut above-the-line costs*; V. *talent cost, below-the-line costs; overheads*), **above-the-line item** (GESTIÓN partida presupuestaria ordinaria; V. *below-the-line item*), **above-the-line media** (PUBL/GESTIÓN medios de publicidad directa o de masas, como la televisión o la radio, la publicidad exterior –*outdoor*–; se llaman así porque ocasionan gastos directos; V. *above-the-line advertising*), **above-the-line people** *col* (GESTIÓN/CINE los jefes, los importantes de una empresa, «los de las alturas»; altos ejecutivos; en el cine puede aludir a los actores –*talent*– o al personal de preproducción; V. *account executive, account director, senior*)].

ABP *n*: GRAL V. *Associated Business Publications*.

abrasion *n*: CINE abrasión, rasguño, raspadura, roces, anomalía, erosión, rayas o marcas no deseadas, rayajo, desgaste [en el celuloide]; son pequeñas rayas –*scratches*– en la película, normalmente accidentales, aunque a veces se hacen a propósito para crear un ambiente anticuado –*dated*– o misterioso –*bizarre*–, como en los créditos iniciales de *Seven*; V. *anti-abrasion coating; lacquer*.

abreast of affairs, keep *v*: MEDIOS/GRAL mantenerse/estar al corriente de la actualidad.

abridge *v*: GRAL resumir, abreviar, compendiar, extractar. V. *summarize*. [Exp: **abridgement** (PRENSA/MEDIOS resumen, compendio, extracto; versión condensada o reducida; V. *abstract, summary*)].

absolute *a*: GRAL absoluto, pleno, incuestionable. [Exp: **absolute advantage** (MKTNG ventaja absoluta; la empresa que goza de «ventaja absoluta» puede producir o vender por debajo de los costes de otras; V. *comparative advantage*), **absolute/pure film** (CINE película abstracta o absoluta; estos filmes se sirven de formas y dibujos poéticos de carácter evocador en vez de una línea narrativa; también se llaman *abstract films*), **absolute sale** (MKTNG venta incondicional; venta sin cláusula restrictiva), **absolute warranty** (MKTNG garantía completa, total o incondicional)].

absorb *v*: GRAL absorber, retener. [Exp: **absorbency** (GRÁFICA absorbencia; se aplica a la capacidad del papel para absorber la tinta), **absorbent package** (MKTNG embalaje absorbente; V. *cushioning*), **absorbing** (GRAL apasionante, de sumo interés, dominante, arrollador, que acapara toda la atención, interesantísimo ◊ *An absorbing film about modern Spain*; V. *engrossing*[1]), **absorption** (GRAL/AUDIO absorción; es la pérdida de intensidad de un sonido al atravesar materiales amortiguadores del mismo –*sound-dampening materials*–; V. *dead*[2]), **absorption coefficient** (AUDIO coeficiente de absorción; es el grado de disminución del volumen de un sonido cuando las ondas atraviesan distintos medios), **absorption costing** (MKTNG costeo de absorción, cálculo del coste de absorción; en este método de costeo, llamado también *full costing* –costeo total–, todos los costes de fabricación se encuentran incluidos en el coste de un producto), **absorptive** (AUDIO absorbente; V. *acoustic screen*)].

abstract[1] *a/n*: PRENSA/MEDIOS abstracto; resumen, compendio, extracto; V. *abridgement, summary, brief, rundown.* [Exp: **abstract**[2] (IMAGEN/CINE fondo decorativo o de ambientación; no es figurativo y, por tanto, no hace referencia a una dependencia o estancia concreta; también se le llama *abstract background*; V. *limbo, cyclorama, seamless background*), **abstract film** (CINE película abstracta o absoluta; equivale a *absolute film*; también se la llama «música visual», porque presenta formas y diseños con la finalidad de lograr efectos más poéticos que narrativos; V. *narration, poetics, stylistics*), **abstraction** (IMAGEN [dibujo] abstracto, idea abstracta, abstracción ◊ *The abstraction of geometric forms*; se dice de la composición artística en la que se elimina toda intención de representar los objetos naturales, centrándose, en su lugar, en la pura disposición material –línea, forma, luz, color– y en las posibles relaciones conceptuales así sugeridas; V. *cubism, dadaism, expressionism, figurative, formalism, impressionism, naturalism, realism, representation, surrealism, symbolism*)].

abuse of a dominant position *n*: MKTNG/DER abuso de posición dominante.

AC *n*: MEDIOS V. *adult contemporary.*

academic *a/n*: CINE/GRAL académico. [Exp: **academic editing** (CINE empalme invisible, montaje académico; equivale a *invisible editing/cutting*), **Academy** (CINE «la Academia»; V. *Academy of Motion*

Pictures Arts and Sciences), **academy leader** (CINE cola inicial de una película; dura ocho segundos y ha sido normalizada por *AMPAS*; V. *leader, countdown*), **Academy of Motion Picture Sound; AMPS** (CINE Academia del Sonido Cinematográfico; es una organización, radicada en el Reino Unido, cuyo objetivo es promover y estimular los aspectos técnicos de la grabación –*recording*– y reproducción –*reproduction*– del sonido cinematográfico), **Academy of Motion Pictures Arts and Sciences, AMPAS** (CINE Academia de Ciencias y Artes Cinematográficas, también conocida como «la Academia»), **academy award** (CINE óscar, premio de la academia; V. *oscar*)].

ACB *n*: PUBL V. *Advertising Checking Bureau.*

acc *abbr*: V. *account; acceptance.*

accelerate *v*: GRAL acelerar. [Exp: **accelerated montage** (CINE montaje acelerado; es una secuencia montada –*edited*– con planos –*shots*– cada vez más cortos, a fin de crear un efecto de tensión; V. *parallel action*), **accelerated motion** (CINE cámara rápida, también llamada *fast motion*)].

accept *v*: GRAL aceptar. [Exp: **acceptable** (MKTNG aceptable; admisible; de calidad suficiente; V. *average*), **acceptable use policy** (INTERNET política de uso aceptable; son las normas –*rules*– que establecen el uso que se puede hacer de un servidor de información –*information service*– o de una red –*network*–; por ejemplo, algunas redes sólo pueden utilizarse para fines no comerciales –*non commercial purposes*–; V. *netiquette*), **acceptance, acc** (MKTNG aceptación, aprobación; reconocimiento; es la recepción positiva de un producto, marca, etc., por el público; V. *recognition, adoption, brand acceptance; angle of acceptance; innovation*), **acceptance sampling** (MKTNG aceptación por muestreo; muestreo de aceptación; técnica estadística, diseñada para el control de la calidad y empleada en el comercio, en la auditoría de cuentas, etc. que consiste en determinar por muestreo un nivel de error tolerable –*tolerable error rate*– para cada lote de documentos examinados, evitando de esta manera que se desechen por completo lotes con un porcentaje aceptable de errores; V. *sampling*)].

access[1] *n*: GRAL acceso, umbral, entrada; V. *entrance, entry, exit, restricted access, random access memory*. [Exp: **access**[2] (TV acceso/entrada/umbral de la hora estelar; es el nombre que se da a una banda/franja horaria de 30 minutos, entre las 7.30 y las 8.00 de la tarde, que es la inmediatamente anterior a la hora estelar o *prime time*; suele ser de programación local –*non-network programming*–; además de *access*, los segmentos, tramos o franjas horarias –*dayparts*– más importantes de la televisión norteamericana, a efectos publicitarios, son: *early morning, daytime, early fringe, early news, prime time, late news, late fringe*; V. *morning drive, afternoon drive*), **access time** (MKTNG tiempo de acceso; es el que transcurre desde que el cliente solicita un servicio hasta que se le atiende o se entra en contacto con él; V. *management access time*)].

accessories *n*: MKTNG accesorios.

accommodation *n*: MKTNG/GESTIÓN servicio, atención. [Exp: **accommodation area/desk** (MKTNG oficina de atención al cliente; V. *service area*)].

accompaniment *n*: AUDIO/RADIO/TV acompañamiento musical; V. *background music, jingle, mood music, sound track, source music; title music*.

accordion *n*: GRAL/AUDIO acordeón. [Exp: **accordion fold/pleat** (PUBL/PRENSA concertina, plegado acordeón; se dice del plegado de un folleto publicitario con ese formato; V. *concertina, zig-zag folding*), **accordion insert** (PUBL/PRENSA encarte acordeón ◊ *Place an accordion insert in a magazine*; se trata de un folleto publicitario –*advertising pamphlet/leaflet*– plegado en forma de «acordeón», que será insertado en una revista o publicación)].

account[1], **acct** *n*: PUBL/MKTNG/GESTIÓN cuenta; cliente regular; en las agencias de publicidad –*advertising agencies*–, siguiendo el modelo anglosajón, a los clientes –*customers*– regulares también se les llama «cuentas»; pero también se llama «cuenta» a las actividades que un anunciante contrata en una agencia publicitaria; en este sentido se dice que un cliente –*client, customer*– tiene varias cuentas; V. *client, customer; capital account, dormant account, credit account, current account*. [Exp: **account**[2] (GRAL relato, versión, explicación; V. *version, print*[2]), **account department** (PUBL/GESTIÓN departamento de cuentas o clientes –*accounts*–; lleva a cabo la coordinación de todos los servicios que una agencia presta a un cliente), **account director** (PUBL/GESTIÓN director de cuentas; alude al jefe de la coordinación general de los servicios que las agencias de publicidad ofrecen a sus clientes regulares –*accounts*–; es el jefe de los *account supervisors*; V. *group account director*), **account executive/representative** (PUBL/GESTIÓN ejecutivo de cuentas; es el profesional encargado de las relaciones con uno o varios clientes o *accounts*; también se encarga, bajo la dirección del supervisor de cuentas –*account supervisor*–, de la coordinación y, en su caso de la evaluación, de tareas con terceros; también se le llama *contact executive*; V. *account handler, account director*), **account handler** (PUBL/GESTIÓN ejecutivo de cuentas; en el Reino Unido se usan indistintamente *account handler* y *account executive*), **account planner** (PUBL/GESTIÓN planificador de cuentas; es el que coordina la propuesta de anuncio –*briefing*[2]– y el trabajo de los creativos –*creatives*–; también estudia las posibilidades del mercado para cada producto o servicio de una agencia; V. *media planner*), **account supervisor** (PUBL/GESTIÓN supervisor de cuentas; suele ser el jefe de los *account executives* y está por debajo del *account director*, aunque en algunos organigramas –*flow charts*– coincide con el *account director*), **accountability** (GESTIÓN/PUBL responsabilidad, control; obligación de dar/rendir cuentas ◊ *Cash and other assets are accountabilities of the treasurer*), **accountability in management** (GESTIÓN responsabilidad en la dirección), **accountable** (GESTIÓN responsable), **accounts** (GESTIÓN contabilidad; cálculo, cuentas), **accounts department** (GESTIÓN departamento de contabilidad), **accounts payable, AP** (GESTIÓN acreedores comerciales; deudas, cuentas por/a pagar; «proveedores»), **accounts receivable, AR** US (GESTIÓN deudores; créditos; «clientes»), **accountancy, accounting** (GESTIÓN contabilidad, técnica contable; en inglés americano se prefiere *accounting*; V. *book-keeping; fiddle*), **accountant** (GESTIÓN contable; V. *payroll accountant*), **accounting principles** (GESTIÓN principios contables)].

accredit[1] *v*: GESTIÓN abonar en cuenta, anotar en el haber; V. *debit*. [Exp: **accredit**[2] (GESTIÓN acreditar, autorizar, dar credenciales), **accreditation** (GESTIÓN acreditación; consiste en testimoniar que una persona está autorizada o facultada en una empresa o profesion; V. *letter of accreditation*)].

acct *n*: GESTIÓN forma abreviada de *account*.

accumulative audience *n*: GRAL V. *cumulative audience*.

accuracy *n*: GRAL exactitud, precisión, fidelidad, esmero, «acuracidad». [Exp: **accurate** (GRAL exacto, preciso, fiel), **accurate description** (MKTNG descripción exacta [del producto o servicio anunciado] ◊ *An accurate description of the contents printed on the package*)].

ace[1] *n*: GRAL as; en sentido coloquial es algo muy bueno, un «as» o «mirlo blanco». [Exp: **ACE**[2] US (CINE siglas de *American Cinema Editors*), **ACE Awards** US (TV premios a la mejor programación de televisión por cable concedidos por *The National Association of Cable Television*)].

acetate, acetate print *n*: DISEÑO acetato; *acetate* es una forma abreviada de *acetate cellulose*; es una hoja transparente que se pone sobre un arte final –*artwork*– o ilustración con las indicaciones de un segundo color; V. *cel*. [Exp: **acetate base** (CINE base de acetato; también llamada base de triacetato –*triacetate base*– o película de seguridad –*safety film*–, es el material relativamente no inflamable –*non inflammable*– que se utiliza actualmente para las películas, y que sustituyó a las muy inflamables bases de nitrato –*nitrate base*–; V. *base, safety*[3]), **acetate proof** (GRÁFICA prueba de imprenta efectuada sobre una película de acetato; se puede emplear como camisa –*overlay*–, o como copia preparada para la confección de las planchas –*camera-ready copy*–; V. *printing plate; laminate*)].

achromatic *a*: DISEÑO/IMAGEN acromático. [Exp: **achromatic lens** (CINE lente acromática; es una lente corregida –*corrected lens*– que enfoca todos los colores en el mismo punto)].

acid, acid house *n*: AUDIO [música] acid, acid house; es una derivación de la música *house*, con ritmo más acelerado y repetición de la palabra *Acid!*; debe su nombre a que es la que se escuchaba en los *acid parties*, donde supuestamente se consumía «ácido» o LSD; excepto la asociación con la droga, no tiene relación alguna con el *acid rock* o «rock ácido» de los años sesenta; V. *blues, country, dance music, disco music, folk music, ethnic music, grunge, hard rock, house music, jazz, rave, rock and roll, rockabilly, techno, symphonic rock*.

ack *n*: INTERNET abreviatura de *acknowledgement*.

acknowledge[1] *v*: GRAL acusar recibo ◊ *Acknowledge receipt of a customer's order*. [Exp: **acknowledge**[2] (CINE/TV/GRAL reconocer, agradecer, citar las fuentes, hacer mención de ◊ *Acknowledge the help of the local tourist board in the film credits*), **acknowledgement**[1], **ack** (GESTIÓN/MKTNG/INTERNET acuse de recibo; reconocimiento, aceptación de una oferta; se emplea en expresiones como *acknowledgment of a debt* –reconocimiento formal o por escrito de una deuda con el fin de que no prescriba–, *acknowledgement of award* –acta de adjudicación–, *acknowledgment of receipt/order* –acuse de recibo/pedido–, etc.; V. *receipt, voucher, e-mail message*), **acknowledgement**[2], **ack** (CINE/PRENSA/INTERNET reconocimiento; agradecimiento; en plural se usa con el sentido de «lista de menciones»; V. *acceptance, recognition*)].

ACORN *US n*: MKTNG siglas referidas a la clasificación de los barrios de una ciudad a efectos comerciales o de consumidores teniendo en cuenta la composición socioeconómica de sus residentes; corresponde de *A classification of residential neighbourhoods*; V. *target audience/group, mosaic*.

acoustics *n*: AUDIO acústica; V. *frequency, overtone, peak*. [Exp: **acoustic scattering** (AUDIO dispersión de las ondas sonoras), **acoustic screen** (AUDIO pantalla acústica; la superficie de esta pantalla tiene características absorbentes –*absorptive*– o reflectantes –*reflective*–)].

acquire *v*: GESTIÓN comprar, adquirir; V. *buy, purchase*. [Exp: **acquisition** (PUBL/GESTIÓN compra, adquisición; se emplea en expresiones como *space/time acquisition/buying*; V. *buy, buy-out*)].

acquit *v*: GESTIÓN pagar, liquidar o satisfacer una deuda. [Exp: **acquit oneself** (GESTIÓN portarse, responder, cumplir, realizar, salir ◊ *She acquitted herself very well in the interview and was given the job*), **acquittance** (GESTIÓN recibo, resguardo; finiquito, carta de pago en la que se asegura por escrito del pago o exención de una deuda)].

across *prep*: GRAL a través de, por. [Exp: **across-the-board**[1] (GRAL lineal, global, general ◊ *Across-the-board salary increases*), **across-the-board**[2] (RADIO/TV espacio fijo [cinco días por semana a la misma hora]; también se dice de los anuncios que se emiten cinco días a la semana a la misma hora en la misma programación; también se le llama *strip programming*), **across-the-gutter** (GRAL anuncio de dos páginas opuestas, a margen perdido por el centro; V. *gutter*)].

act *n/v*: GRAL/ESPEC acto, hecho, acción; obrar, proceder, actuar, pronunciarse; interpretar; V. *action; perform*. [Exp: **act/play the part/role of** (CINE/ESPEC encarnar [un personaje], salir en el papel de, representar el papel de; V. *role, cast list, performance, number*), **acting** (CINE interpretación, actuación; V. *performance*), **acting** (GESTIÓN en funciones, en ejercicio, suplente, provisional, de servicio; se aplica a *president/chairman, manager, secretary, partner*, etc.), **action**[1] (GRAL acción, actuación, intervención; V. *parallel action, fast-paced*), **action!**[2] (CINE ¡acción!; es la palabra que, durante el rodaje –*filming/shooting*– indica el comienzo de una toma –*take*–; V.

let them roll, cut, colour it!, speed up the action), **action**[3] (DER demanda, querella; V. *legal action, action for damages*), **action axis** (CINE eje de acción, línea [de eje] imaginaria o de interés; es la línea imaginaria que separa a dos intérpretes que dialogan frente a la cámara; también se llama *imaginary line* y *axis of action*; V. *internal reverse*), **action cutting** (CINE montaje detallado de los planos referidos a un solo movimiento), **action field** (CINE campo de un plano –*shot*–, también llamado simplemente *field* o *field area*), **action for damages** (DER demanda o acción por daños y perjuicios), **action line** (GRAL servicio de defensa de los ciudadanos; es un programa de radio o de televisión, también llamado *direct line*, que trata de resolver los problemas que la audiencia tiene con la administración pública, el consumo, etc.; V. *watchdog*), **action scene** (CINE escena de acción; V. *thriller; fast-paced*), **action shot** (CINE plano de [seguimiento de] acción; también se llama *follow shot*; en este plano la cámara sigue el desarrollo de la acción del protagonista desde una posición fija; V. *following shot*)].

active *a*: GRAL activo, en uso, que participa; productivo, favorable; V. *dormant*. [Exp: **active account** (GESTIÓN cuenta activa; cuenta bancaria en movimiento o en actividad corriente; V. *dormant account*), **active cable** (TV canal de televisión de cable activo; estas emisoras emiten toda su programación o parte de ella por cable; V. *passive cable, cable TV*)].

actor/actress *n*: CINE actor/actriz; V. *performer, stunt*.

actual *a*: CINE verdadero, real, directo; se emplea en expresiones como *actual sound* –sonido real, sonido en directo–; V. *commentative sound, live/direct sound*.

acutance *n*: IMAGEN acutancia; es la medida del grado de agudeza –*sharpness*– de la imagen fotográfica.

A/D *n*: AUDIO conversión de analógico en digital; V. *digitization; D/A*.

ad[1] *prep*: GRAL preposición latina, «a este fin, junto a», que se emplea en muchas construcciones. [Exp: **ad**[2] (PUBL anuncio; es la abreviatura de *advertisement* o de *advertising* –anuncio–), **AD**[3] (CINE/PUBL V. *assistant director, art director*), **ad base** (PUBL/GRAL pie de anuncio), **ad hoc** (GRAL para un fin específico, para una solución ocasional, para cuando surja), **ad hoc basis, on an** (GRAL conforme vayan surgiendo), **ad hoc committee** (GRAL comisión especial), **ad hoc network** (RADIO/TV red ocasional o para un fin específico; se forma sólo para la transmisión de un acontecimiento o espectáculo excepcional), **ad lib** (MEDIOS improvisar; añadir frases ensayadas para dar un aire de espontaneidad ◊ *As the actor had no script, he had to ad-lib for two minutes*; V. *improvise, wing; script*), **ad lib programme/show** (TV programa sin guión o improvisado; V. *scripted show*), **ad man, adman, adwoman** (PUBL/GRAL publicitario, publicitaria, profesional de la publicidad; jefe del departamento de publicidad; redactor o creador de anuncios publicitarios; V. *advertising manager, publicist, copywriter*), **ad page exposure, APX** (PUBL/GRAL impacto estimado de un anuncio; exposición a la página publicitaria; estimación del número de veces que un lector mira una página publicitaria en una publicación), **ad placement** (PRENSA/PUBL inserción de un anuncio; V. *insertion order, placement*), **ad/edit ratio** (MEDIOS relación proporcional entre el espacio dedicado a la publicidad –*ad*– y al de las noticias, editoriales y comentarios –*ed*–), **ad/sales ratio** (MKTNG *ratio* o razón entre publicidad y ventas; este indicador expresa el coste de la publicidad como porcentaje de los ingresos totales por ventas), **ad sat** (PUBL/ TV anuncio transmitido vía satélite)].

adapt *v*: GRAL adaptar-se, acoplar-se. [Exp: **adaptation** (CINE/TV adaptación [de guiones, novelas, etc.]; V. *original*), **adapter**[1] (CINE/TV adaptador [de guiones, novelas, etc.]), **adapter**[2] (GRAL adaptador, enchufe múltiple; V. *gender changer; socket, plug*), **adaptive control model** *US* (PUBL/MKTNG modelo [publicitario] de control adaptable; este modelo acomoda la publicidad a las respuestas de los consumidores)].

ADC *n*: IMAGEN V. *analogic-digital converter*.

add *v*: GRAL sumar, añadir. [Exp: **add-on** (GRAL/MKTNG añadidos; parte adicional o complementaria; productos adicionales o añadidos; cláusulas adicionales; en los contratos de ventas a plazo se refiere a las nuevas compras agregadas, aunque en sí constituyen un nuevo contrato), **add-on editing** (CINE montaje o edición por ensamblaje, también llamado *assemble editing*), **add-on rate** (GESTIÓN/MEDIOS tarifa con descuento; se negocia el descuento por los servicios extras o adicionales contratados; V. *base/basic rate; package rate, one-time rate*), **add-ons** (MKTNG compras adicionales), **additive primary colours** (GRÁFICA/IMAGEN/DISEÑO colores primarios aditivos; también llamados colores de luz, son el rojo, el verde y el azul; se emplean para crear todos los demás cuando se utiliza luz directa transmitida, como en un monitor de ordenador; se les llama aditivos primarios porque cuando se superponen en estado puro dan como resultado el blanco; V. *subtractive primary colours; primary colour*), **addition** (GRAL/GESTIÓN suma, adición, agregación, producto agregado o añadido), **additional** (GRAL adicional, suplementario, añadido), **addi-**

tional camera (CINE «cámara adicional»; es el camarógrafo –*cameraman*– o cámara –*camera*– adicional que se utiliza para secuencias de acción –*action sequences*– o escenas peligrosas –*stunts*–; V. *B camera, stunt, stuntman*), **additional charge/cost** (MKTNG recargo; V. *surcharge, mark-on, extra charge/cost, overcharge*)].

address *n/v*: GRAL dirección, señas, domicilio; memorial, petición; alocución, conferencia, discurso; dirigir-se; consignar; encararse, afrontar; V. *public address system, announcer; lecture*. [Exp: **address analysis** (MKTNG análisis de direcciones; consiste en el estudio detallado de todos los elementos de una dirección, incluyendo la zona, la profesión, etc.), **address label** (MKTNG etiqueta con la dirección para envío directo; V. *addressing machine*), **addressable** (MKTNG identificable, dirigible, accesible, capaz de ser aislado como destinatario de un mensaje publicitario; también se emplea para identificar al público concreto al que se destina un mensaje publicitario a través de los diferentes medios de comunicación; V. *target*), **addressee** (GRAL destinatario; V. *target, objective; communication, publicity*), **addressing** (GRAL/PUBL impresión a gran escala de correo publicitario; V. *bulk mail*), **addressing machine** (GRAL máquina de imprimir direcciones; V. *address label*)].

adequacy *n*: GRAL/GESTIÓN suficiencia, oportunidad, aceptabilidad, idoneidad, pertinencia, puesta a punto ◊ *We have serious doubts about his adequacies as a manager*. [Exp: **adequate** (GRAL suficiente, satisfactorio, apropiado, indicado, pertinente), **adequate sample** (MKTNG muestra significativa; V. *representative sample*)].

adherent *n*: GRAL adepto, partidario; V. *audience*.

adhesive *a/n*: GRÁFICA adhesivo; V. *sticky; rubber cement, art gum.*

ADI *n*: MKTNG V. *area of dominant influence.*

adjacency *n*: PUBL/RADIO/TV adyacencia; es el período de apertura o cierre de un bloque publicitario; por extensión, se habla de anuncio adyacente, anuncio de apertura o de cierre del bloque publicitario o pausa publicitaria –*break, advertising break*–, anuncio de cabecera o de cola del bloque publicitario; estos anuncios, también llamados *break position*, son más caros, ya que pueden tener una mayor audiencia por estar próximos a un espacio televisivo o radiofónico programado –*scheduled programe*–; V. *first in the break; last in the break; in-program placement, bookends.*

adjust *v*: GRAL/RADIO/TV ajustar, adaptar, adecuar, reajustar, acomodar, concertar; tasar, calibrar, reglar, regular, regularizar ◊ *Tune into a station by adjusting the dial.* [Exp: **adjusting entry** (GESTIÓN asiento de ajuste, corrección, regularización o actualización), **adjustment**[1] (GRAL ajuste, adaptación, puesta a punto; V. *balance*), **adjustment mark** (GRÁFICA cruceta; las crucetas son señales que se emplean para ajustar varios originales; V. *corner bullet*)].

admin *col n*: GESTIÓN trabajo administrativo; personal administrativo, sección de administración de una empresa; es la forma elíptica de *administration* o administración. [Exp: **administer** (GESTIÓN administrar; V. *manage*), **administration** (GESTIÓN administración; V. *admin; management*)].

admission *n*: GRAL/ESPEC admisión, entrada, ingreso; V. *free admission, right of admission reserved.*

adnorm *n*: PUBL norma de publicidad; es el porcentaje de lectores de una publicación dada que recuerdan haber visto un anuncio concreto en dicha fuente; la cifra

corresponde a la cuota de la norma convencional obtenida por el anuncio en cuestión en comparación con otros de la misma clase o parecidos.

adoption *n*: MKTNG adopción, aceptación; es la elección de un producto para uso o consumo diario o frecuente, por su calidad y precio; V. *acceptance, innovation.* [Exp: **adopter** (MKTNG adoptante), **adopter categories** (MKTNG clasificación de los adoptantes [de productos o de servicios nuevos del mercado]; se clasifican en *innovators* –innovadores–, también llamados *early acceptors* –noveleros–, que constituyen el 5 % de la lista; son los que después de una prueba –*trial*– lo adoptan inmediatamente; a éstos les siguen los *early adopters* –primeros adoptantes– formados por el siguiente 15 %; la mayoría –*majority*– se divide en dos grupos: *early majority* –los primeros de la mayoría– formado por el siguiente 35 %, y *late majority* –los más tardíos de la mayoría– formado por el siguiente 35 %; y finalmente aparecen los *laggards* –rezagados– formados por el último 10 %)].

ADR *n*: CINE/TV/IMAGEN/AUDIO doblaje automático; corresponde a las siglas de *automatic dialogue replacement*; V. *dubbing.*

Adshel *n*: EXTERIOR empresa, con marca registrada, formada por *ad* –anuncio– y *shelter* –marquesina–, dedicada a publicidad exterior.

ADSL *n*: INTERNET V. *asymetrical digital subscriber line.*

adult *a/n*: MEDIOS adulto; sólo para adultos; no apto para menores; el uso del término *adult* –adulto, mayor de edad– tiene valor de advertencia en los EE.UU. y en Gran Bretaña, tanto en contextos periodísticos como en los radiotelevisivos, en el sentido de que el programa o la publicación puede contener material gráfico, vocabulario u opiniones susceptibles de ofender la sensibilidad de determinados espectadores; V. *parental control*. [Exp: **adult album alternative, AAA** (RADIO/TV [formato de] programa [musical] para jóvenes adultos; consta de *rock* clásico, de *rock* moderno y de temas de actualidad –*adult contemporary*–; V. *adult*), **adult contemporary**[1], **AC** (GRAL gente joven; joven adulto ◊ *A magazine aimed at adult contemporaries*; V. *new adult contemporary*), **adult contemporary**[2], **AC** (RADIO/TV [formato de] programa [de actualidad] para jóvenes adultos; programa no apto para menores; en este caso se trata de una forma abreviada de *adult contemporary programme*; V. *adult, adult album alternative*)].

advance *n/v*: GESTIÓN/CINE avance, adelanto, anticipo; anticipar, avanzar; el anticipo es la entrega a cuenta de futuras recaudaciones; V. *retaining fee, down payment; anticipate, anticipation*. [Exp: **advance billing** (MEDIOS prepublicidad, publicidad adelantada respecto de la campaña prevista ◊ *Advance billing ensured the success of the show*; V. *billing, head the billing*), **advance canvassing** (MKTNG promoción previa; visita de apoyo a minoristas para anunciarles el inminente lanzamiento de una campaña publicitaria determinada y pedir su colaboración ◊ *Take in 500 stores during the advance canvas*; V. *canvass, canvassing techniques*), **advance showing** (CINE preestreno, anticipo, pase privado ◊ *Quote reactions to the advance showing in the publicity*; V. *general first performance, release, preview*)].

advantage *n*: GRAL ventaja; V. *absolute advantage, basic consumer benefit, drive home an advantage; edge*.

adventure *n*: GRAL aventura, riesgo. [Exp: **adventure film** (CINE cine de aventuras)].

adverse *a*: GRAL/GESTIÓN adverso, desfavorable, contrario, hostil, opuesto, desafortunado; se emplea en expresiones como *adverse balance* –saldo negativo o desfavorable–, *adverse balance of trade* –balanza comercial negativa o con déficit–, etc.; V. *active, profitable*.

advert *n*: PUBL anuncio; es una abreviatura de *advertisement*, que en la actualidad apenas se considera coloquial, como puede serlo *ad*.

advertise *v*: PUBL anunciar, publicitar, hacer publicidad/propaganda; pregonar ◊ *Advertise a product on TV*; V. *publish, announce, broadcast*. [Exp: **advertise for sth/sb** (PUBL poner un anuncio solicitando algo o el servicio de alguien ◊ *Advertise for a marketing executive*)].

advertisement *n*: PUBL anuncio, anuncio publicitario; mientras el término *advertising* –publicidad– se refiere a la actividad publicitaria o a los anuncios en general, *advertisement* es un sustantivo concreto y contable, por ejemplo, *an advertisement, ten advertisements*, etc.; V. *ad, advert, commercial, paid announcement*. [Exp: **advertisement copy** (GRÁFICA texto publicitario de un anuncio; V. *copy*[3]), **advertisement hoardings** (EXTERIOR vallas publicitarias; V. *billboard*), **advertisement manager** (PUBL jefe de publicidad de una publicación), **advertisement page plan** (PUBL/DISEÑO/GRÁFICA maqueta publicitaria; V. *paste-up, mechanicals*), **advertisement rotation** (PUBL/EXTERIOR rotación de anuncio; en publicidad exterior, gráfica y radiotelevisiva son las alternancias secuenciales de vallas, anuncios, cuñas, etc., para aumentar la difusión y la variedad; V. *product rotation*)].

advertiser *n*: PUBL anunciante; empresa o institución anunciante. [Exp: **advertiser data card** (PUBL ficha de anunciante; V. *technical data card*), **advertiser's message** (PUBL mensaje publicitario, mensaje comercial)].

advertising *n*: PUBL publicidad ◊ *Spend millions on advertising*; son varias las definiciones del término *advertising*; en todas ellas se pone de relieve que es una forma de comunicación no personal, por medio de anuncios pagados *–paid announcements–* por un anunciante *–advertiser–*, en medios gráficos *–print media–* como periódicos *–newspapers–*, revistas *–magazines–*, pasquines *–billboards–*, folletos *–brochures, flyers–*, etc., o audiovisuales *–broadcast–*, como la radio o la televisión, cuyo objetivo es la persuasión *–persuasion–* de un destinatario *–addressee–*, y que está dirigido a la promoción *–promotion–* de bienes *–commodities, products–*, servicios o ideas; el término *advertising* se aplica a ① el negocio dedicado al diseño y confección de anuncios pagados *–advertisements–* como en *My son-in-law works in advertising*; ② la actividad dedicada a llamar la atención del público por medio de anuncios, como en *The sales campaign was a failure because of the poor advertising*; ③ los anuncios pagados, como en *This publication takes no advertising*; y ④ como adjetivo, significa «publicitario» ◊ *Get the advertising message across*; V. *publicity; ad, advert, comparative advertising; propaganda; netvertizing.* [Exp: **advertising agency/agent, AA** (PUBL agencia/agente de publicidad ◊ *Media buying, media planning, creative boutique, creative work, consultancy and brand management are the main objectives of an advertising agency*; V. *full service agency*), **advertising allowance** (PUBL/ GESTIÓN descuento por publicidad que el mayorista concede al minorista por permitir anuncios de su producto en el local del segundo; V. *gross price*), **advertising appeal** (PUBL reclamo publicitario), **advertising appropriation/budget** (PUBL/GESTIÓN asignación/presupuesto de

recursos para la publicidad ◊ *Increase advertising appropriation in a bid to boost sales*), **advertising association, AA** (PUBL asociación de publicistas), **advertising bait** (PUBL cebo publicitario; V. *bait advertising*), **advertising break** (PUBL/RADIO/TV corte publicitario, bloque publicitario, pausa/interrupción para la publicidad ◊ *Interrupt a film with advertising breaks*; V. *break, middle break*), **advertising blitz** (PUBL campaña publicitaria intensa; bombardeo/ataque publicitario intenso; bombardear ◊ *Launch an advertising blitz*; V. *gradual build-up campaign, advertising drive*), **advertising campaign** (PUBL campaña publicitaria; campaña propagandística; consiste en la coordinación de todas las iniciativas y actividades publicitarias de un producto durante un período de tiempo concreto; si la campaña va dirigida a presentar el producto se la conoce como «campaña de lanzamiento» *–launch campaign–*; la que sigue a la de lanzamiento es la «campaña de seguimiento» *–follow-up-campaign–* y, a ésta, la «campaña de mantenimiento» *–sustaining campaign–*; en la «campaña de intriga» *–teaser campaign–* se habla del producto sin dar a conocer su nombre, con el fin de crear un misterio y aumentar el interés del espectador; en la «campaña promocional» *–promotion campaign–* se ofrece algún descuento, regalo o ventaja al cliente; en la «campaña testimonial» *–endorsement campaign–* algún personaje famoso acredita y respalda el producto o alguna persona cuenta su experiencia personal con el producto y sus usos; en la «campaña de imagen» *–image campaign–* los anuncios tienden a reforzar el prestigio, el crédito y la respetabilidad del producto o de la empresa; V. *blast; carry-over effects, drive, advertising drive, weight²*), **advertising consultant** (PUBL consultor/asesor publicitario), **advertising copy** (PUBL texto publicitario ◊ *Write clever advertising copy*; V. *copy*³), **advertising drive** (PUBL ofensiva publicitaria, acción/campaña publicitaria; V. *advertising campaign; drive*³, *sales drive*), **advertising float** (PUBL plataforma con ruedas o remolque para exhibir productos), **advertising gimmick** (PUBL truco o montaje publicitario ◊ *Don't believe what they say; it's just an advertising gimmick*; V. *gimmick, hype, stunt*), **advertising hoarding** (EXTERIOR valla publicitaria ◊ *Paste one's product over the advertising hoardings*), **advertising item/unit** (PUBL pieza publicitaria, anuncio; alude principalmente a la forma y al contexto en que aparece el anuncio en un soporte físico –*media vehicle*–; por ejemplo, a toda página –*full page*–, a media página –*half-page*–, en díptico –*diptych*–, en blanco y negro –*black and white*–; V. *unit*), **advertising leaflet** (PUBL octavilla, folleto; V. *hand-out*), **advertising manager** (PUBL jefe de publicidad; V. *campaign manager, product manager*), **advertising matter** (PRENSA los anuncios de un periódico; V. *reading matter*), **advertising medium** (PUBL soporte publicitario; medio publicitario concreto, punto/medio de salida publicitaria; este soporte puede ser una publicación impresa como *Time* o *The Economist*, una emisora de radio o de televisión –*broadcast station*– determinada, un programa de radio o de televisión etc.; equivale a *advertising vehicle*; V. *media vehicle, advertising vehicle, outlet, channel, vehicle*), **advertising message** (PUBL mensaje publicitario; V. *advertisement, announcement, advertiser's message*; V. *long-winded*), **advertising rule** (PUBL/PRENSA línea o borde impreso que se emplea en la prensa escrita para separar un anuncio de los artículos y demás textos que lo ro-

dean; V. *cut-off rule*), **advertising slot** (PUBL pase publicitario), **advertising space** (PUBL/PRENSA espacio publicitario; V. *media buyer, column inch, airtime*), **advertising spot** (PUBL/TV anuncio comercial entre dos programas), **Advertising Standards Association** (PUBL/DER Asociación para la vigilancia y control de la publicidad; organismo británico, independiente aunque sufragado con fondos de las agencias publicitarias, destinado a que se cumpla el código deontológico –*Code of Advertising Practice*– creado por las propias agencias para determinar cuáles son los límites éticos y profesionales de la publicidad y velar por su cumplimiento; V. *Broadcasting Standards Commission; watchdog*), **advertising strategy** (PUBL/MKTNG estrategia publicitaria ◊ *Deciding which media to use and when is a part of any advertising strategy*; los ingredientes –*mix*– mínimos de cualquier estrategia publicitaria comprenden la ventaja o beneficio del producto –*basic consumer benefit*–, la justificación de la misma –*the reason why*–, la magnificación de la ventaja –*press/push home an advantage*– y las pruebas que los avalan –*supporting evidence*–), **advertising stunt** (PUBL truco publicitario), **advertising survey** (PUBL/MKTNG encuesta del mercado con fines publicitarios), **advertising theme** (PUBL/MKTNG lema/tema/eje publicitario), **advertising time** (PUBL/RADIO/TV tiempo publicitario; tiempo que ocupa la publicidad en los medios de comunicación audiovisuales ◊ *Abuse of advertising time*; V. *media buyer*), **advertising vehicle** (PUBL/MEDIOS soporte físico publicitario; medio publicitario concreto, punto/medio de salida publicitaria; *advertising vehicle, vehicle* y también *individual vehicle* es el nombre que se da a un medio publicitario concreto

–specific advertising medium–, que puede ser una publicación impresa como *Time* o *The Economist*, una emisora de radio o de televisión *–broadcast station–* determinada, un programa de radio o de televisión etc.; equivale a *advertising medium*; V. *outlet, channel; circuit*)].

advertorial *n:* PUBL/PRENSA anuncio-editorial, también llamado *infomercial/informercial*; es un anuncio que, con el formato de un editorial, aparece en los medios gráficos *–print media–*; no obstante, en la parte superior debe aparecer la palabra *advertisement* para avisar que se trata de un anuncio; V. *reader ad*.

advice[1] *n:* GRAL aviso, anuncio, notificación oficial; se usa en expresiones como *advice of arrival* –notificación de llegada–, *advice of delivery* –aviso de correos de la llegada de un efecto certificado–, etc. [Exp: **advice**[2] (GESTIÓN asesoramiento, consejo; se emplea en expresiones como *on the advice of* –asesorado por–), **advice, as per** (GESTIÓN según nota de expedición; según aviso), **advice note** (MKTNG albarán, nota de expedición; V. *delivery note*), **advise** (GESTIÓN asesorar, aconsejar; notificar, informar, participar, avisar; V. *announce, inform, notify*), **advisory** (GESTIÓN consultivo, asesor; aparece en compuestos con *board* –junta–, *body* –organismo–, *commission/committee* –comisión, comité–, etc.), **advisory committee** (GESTIÓN comisión asesora)].

advocacy advertisement *n:* PUBL anuncio-compromiso, anuncio partidista, anuncio ideológicamente comprometido; recibe este nombre la publicidad mediante la cual un colectivo social, un partido político o un grupo ideológico o empresarial preconiza *–advocates–* una postura o actuación determinada ante cualquier acontecimiento o situación de interés general ◊ *Advocacy advertising is now rife in our newspapers and on our hoardings.*

aerial *n:* RADIO/TV antena; V. *antenna, dish aerial/antenna, parabolic aerial, satellite antenna, receiver dish*. [Exp: **aerial shot** (CINE plano aéreo, plano desde lo alto o a vista de pájaro; es un plano exterior tomado desde un helicóptero o desde una grúa; V. *bird's eye view, crane, dolly, crane shot*)].

affair *n:* GESTIÓN asunto, negocio; incidente, caso, episodio; en plural suele tener el valor de la «situación económica o financiera de una empresa», siendo equivalente en este caso a *the state of affairs of a company*; V. *current affairs*.

affiliate[1] *n/v:* GRAL/GESTIÓN empresa filial, sociedad afiliada; afiliado; afiliar, afiliarse; prohijar, adoptar, legitimar. [Exp: **affiliate**[2] (RADIO/TV emisora de radio o televisión *–broadcast station–* asociada a una red de emisoras *–network–* que conecta con ella mediante contrato), **affiliative** (GRAL filial; de relaciones filio-paternales), **affiliative managerial style** (GESTIÓN estilo gerencial paternalista; en este tipo de gestión, lo más importante para el gerente son las buenas relaciones con sus subordinados; V. *authoritative managerial style, coercive managerial style, democratic managerial style, pacesetting managerial style, coaching managerial*)].

afghanistanism *n:* MEDIOS afganistanismo; hablar de lo que ocurre en el extranjero para evitar abordar los problemas locales o nacionales; V. *jingoism*.

after *prep/adv:* después [de]. [Exp: **after delivery** (GESTIÓN previa entrega), **after-sales service** (MKTNG servicio posventa, servicio de atención al cliente; V. *accommodation area, service area*), **afternoon drive** (RADIO [programación en] la tarde, horario de tarde; franja horaria o segmento de programación comprendido entre las 3 y las 7 de la tarde ◊ *Devise a new programme for the afternoon drive*; además de *afternoon drive*, a efectos de publicidad, los más importantes de la radio norteamericana son *daytime, morning drive, evening, overnight*)].

against *prep*: GRAL/GESTIÓN contra; con relación a, con respecto a, frente a ◊ *The euro against the dollar*; se emplea frecuentemente con el significado de «contra entrega de» o «a cargo de». [Exp: **against documents** (GESTIÓN contra entrega de documentos ◊ *Collection against documents is not unusual in foreign trade*), **against text** (PUBL/PRENSA frente a texto; [anuncio] insertado en la página opuesta a la de texto; V. *position; facing text matter; facing advertising; op-ed*), **against the grain** (GRÁFICA contra el hilo, a contrapelo; V. *with the grain*)].

agate line *n*: TIPO ágata; unidad convencional de medida de la altura de la línea tipográfica empleada, hasta hace poco, como norma en la prensa escrita de los Estados Unidos; al término norteamericano *agate line* le correspondía el británico *ruby* –rubí–; tomando como referencia la pulgada, cada ágata ocupaba una 14.ª parte de la altura; actualmente se tiende a utilizar la medida de *column inch*, por lo que la *agate line* o *line*, a secas, parece estar en trance de desaparecer; en la jerga de los profesionales de la publicidad, se usa ahora con frecuencia la unidad estándar conocida como *standard advertising unit* o *sau* –unidad publicitaria estándar–; V. *milline*.

agcy *n*: V. *agency*.

age *n*: GRAL/MKTNG/PUBL edad; en los estudios sociológicos, publicitarios, etc., como el análisis de mercados, de audiencias, etc., la edad, junto con el estatus –*status*–, el estilo de vida –*lifestyle,* la clase social –*social class*– y el emplazamiento geográfico –*habitat*– son parámetros determinantes; V. *ACORN, MOSAIC*.

agency, agcy, agy[1] *n*: GESTIÓN organismo, oficina, servicio, ente administrativo; agencia, gestoría; V. *syndicate; advertising agency, full-service agency, media buying agency.* [Exp **agency, agcy, agy**[2] (GESTIÓN contrato de agencia; contrato de representación, gestión, acción, mediación, intermediación), **agency commission** (MKTNG descuento de agencia; esta comisión, que suele girar en torno al 15 % en los EE.UU. –el 10 % en España–, la conceden a las agencias de publicidad –*advertising agencies*– los medios publicitarios –*advertising media*– cuando compran espacio publicitario –*media space/time*–), **agency-of-record, AOR** (GESTIÓN agencia principal o coordinadora, agencia compradora de espacios; estas agencias de publicidad llevan a cabo varias funciones: coordinar la promoción de varios productos realizada por las agencias subcontratadas, la compra –*buy*– de espacios o tiempos publicitarios, la compra de medios, etc.), **agent** (GRAL/PUBL agente, representante; V. *channel of distribution, advertising/sales agent, sole agent, commission agent, broker, representative*)].

agenda *n*: GRAL/GESTIÓN orden del día, como en *Circulate the agenda of the meeting*; asuntos pendientes, compromisos, citas como en *Have a packed agenda*; V. *diary, engagement book.*

agony *n*: GRAL pena, aflicción, calvario, tormento, ansiedad, agonía, dolor. [Exp: **agony aunt** col (GRAL encargada del consultorio sentimental de una revista o periódico; V. *sob sister*), **agony column** col (GRAL consultorio sentimental de una revista o periódico; se llama así porque en él los lectores expresan su *agony* –aflicción o calvario– personal ◊ *She writes the agony column in The Express*)].

aggressive *a*: MKTNG/GESTIÓN agresivo;

emprendedor, activo, audaz, dinámico; arriesgado, atrevido; se debe evitar utilizar «agresivo» con el significado de emprendedor, audaz, etc.

aid *n/v*: GRAL ayuda, asistencia, soporte o material de ayuda; ayudar; V. *visual aids, sales aids, dealer aids*. [Exp: **aided** (MKTNG asistido; se emplea en expresiones como *aided brand awareness* –recuerdo de marca asistido–), **aided recall** (MKTNG recuerdo asistido, respuesta ayudada/sugerida, también llamado *prompted recall*; es la técnica empleada en la investigación y evaluación de la retención memorística de un anuncio a las 24 horas siguientes de su emisión, en la que se le estimula al encuestado el recuerdo de una serie de respuestas; V. *day after recall; spontaneous/unaided recall; suggested recall; unaided recall; prompted reply*)].

AIDA *n*: MKTNG atención, interés, deseo, acción; etapas que reflejan los efectos que la publicidad debe producir en los consumidores; V. *ABC method, USP*.

air[1] *n/v*: DISEÑO aire; espacio en blanco; es la cantidad de espacio en blanco que se deja en un anuncio o en una maquetación o *layout*, para que los elementos no estén oprimidos y puedan «respirar» –*breathe*–; V. *white space*. [Exp: **air**[2] (GRAL ventilar, airear ◊ *The scandal was aired after the death of the junior secretary*; V. *publicize; topical; give a subject an airing, air one's views*), **air**[3] (GRAL hacer alarde de ◊ *Air one's knowledge*; V. *display*), **air**[4] (RADIO/TV emitir por las ondas, radiar, transmitir, radiodifundir ◊ *Air adverts between programmes*; V. *broadcast, put out, issue, run, publish; dead air, airing*), **air, be on the** (RADIO/TV estar en el aire o en las ondas, emitir por las ondas, emitirse; transmitir ◊ *His programme is on the air at weekends*; V. *go off/on the air*), **air check** (RADIO/TV grabación de una emisión para su archivo; copia de archivo de un programa o emisión; V. *file copy, archive*), **air date** (RADIO/TV fecha de emisión de un programa de radio o televisión; V. *date of appearance/issue; lead time*), **air mail** (GESTIÓN correo aéreo; V. *post, mail; junk-mail, e-mail, snail mail, outgoing mail; incoming mail*), **air-log** (RADIO/TV registro/cuaderno de emisiones), **air media advertising** (GRAL publicidad aérea; publicidad mediante el uso de avionetas ◊ *Aerial advertisements are common at beach resorts during the holiday period*), **air, on the** (RADIO/TV en antena, en el aire, «dentro»; aplicado a las campañas publicitarias –*advertising campaign*– significa «en realización/ejecución» ◊ *We'll be on the air in five minutes*), **air one's views** (RADIO/TV publicar a los cuatro vientos ◊ *She aired her views on sex discrimination on a TV programme*), **airbrush** (DISEÑO aerógrafo; pincel automático o grabador de aire comprimido que emite pintura a chorro mediante un control ajustable; se emplea en el diseño gráfico y en el retoque de las fotografías; V. *paintbrush, paintbox*), **airmail paper** (GRÁFICA papel de avión; V. *paper*), **airtight container** (MKTNG envase hermético; V. *packing, vacuum-packed/sealed*), **airtime, air time** (TV/RADIO tiempo de antena, tiempo de radio ◊ *Agree on rules for the airtime given to political parties*), **airing**[1] (RADIO/TV emisión; V. *clear*[3]), **airing**[2] (GRAL V. *give a subject an airing*)].

album-oriented rock, AOR *n*: RADIO programa de música rock; formato de programa de radio orientado preferentemente a la difusión de la música rock disponible en disco.

ALC *n*: AUDIO V. *automatic level control*.

alias *n*: INTERNET alias; es el apodo –*nickname*– con el que se designa a una persona o grupo de personas en una red; V. *password*. [Exp: **aliasing** (IMAGEN/TV frecuencias fantasma; estas frecuencias suelen aparecer en el proceso de conversión de analógico a digital; V. *jaggies, antialiasing; glitch*)].

alienation effect *n*: SEMIÓ efecto de extrañamiento o distanciación; se trata de la traducción del concepto alemán *Verfremdungseffekt*, teoría dramática desarrollada por Bertolt Brecht, según la cual tanto los actores como el público deben guardar cierta distancia crítica respecto de la obra representada, sus contenidos y sus personajes, con el fin de evitar la identificación fácil y «burguesa» con el argumento y su confusión con la realidad; la técnica consiste en recordarle constantemente al público que se encuentra en un teatro y que lo que presencia no es más que una representación ilusoria, que ha de ser analizada con el intelecto más que a través de las emociones, y que tiene una finalidad didáctica e ideológica; asimismo, los actores deben distanciarse de los personajes a los que representan, en lugar de sumergirse en el papel como recomendaba el naturalismo burgués, para lo cual han de adoptar una postura crítica ante el personaje representado; el énfasis brechtiano en la supremacía del contenido ideológico de la obra, en la importancia de la realidad histórica a la que la pieza alude indirectamente y en el valor esencialmente didáctico del arte es lo que diferencia el concepto de la *alienation* o distanciamiento del *estrangement* de Shklovsky y los Formalistas rusos; V. *estrangement effect*.

align[1] *v*: DISEÑO alinear; poner un texto o ilustración en línea recta de manera que no se salgan de una línea de base –*baseline*–; V. *justify, centre aligned*. [Exp: **align**[2] (GRAL vincular, agrupar o consolidar en una sola cuenta las que el cliente puede tener en otras sucursales de la misma agencia), **alignment**[1] (AUDIO/GRÁFICA alineación, alineamiento; en el texto es la disposición en línea recta de manera que no se salga de una línea de base –*baseline*–), **alignment**[2] (GESTIÓN alineación, alineamiento; para las agencias publicitarias consiste en el agrupamiento, consolidación o vinculación en una sola cuenta de las que el cliente puede tener en otras sucursales)].

all *a*: GRAL todo, toda, todos, todas. [Exp: **all cash items** (MKTNG todos los pagos al contado o en efectivo; estos artículos no se venden a plazos), **all in** (GRAL todo incluido), **all-in cost/price** (MKTNG precio todo incluido, coste total, precio todo incluido, precio convenido; V. *all-round price*), **all news** (RADIO/TV sólo/todo noticias; espacio radiofónico o televisivo exclusivamente informativo, también llamado *news*; también se llaman así las emisoras que se dedican íntegramente a la programación de noticias; V. *news bulletin, newsreel*), **all night** (RADIO madrugada; V. *nighttime*), **all-inclusive study** (TV/MKTNG estudio global de audiencia; se trata del informe preparado por la agencia Nielsen, en el que se presentan los porcentajes estimados de audiencias para programas de televisión, junto con las cifras medias de cada hogar), **all-round price** (MKTNG precio redondo o global; V. *lump sum; aggregate*)].

allegory *n*: LING/SEMIÓ/CINE alegoría; es la obra literaria, dramática, etc., en la que los personajes y los acontecimientos representan ideas, principios o fuerzas; por tanto, la alegoría tiene dos interpretaciones, la de la historia que es contada, y la de los principios o ideas aludidos en dicha historia; V. *metaphor, figures of speech*.

alliteration *n*: LING/SEMIÓ aliteración; es el

procedimiento basado en la utilización, en el mismo enunciado, de palabras que comiencen con el mismo sonido, normalmente una consonante, a fin de conseguir algún efecto estilístico; por ejemplo, la repetición de la *f* puede evocar el efecto de viento, la de la *l* puede recordar el ruido del agua, etc.; la publicidad moderna hace uso de la aliteración como procedimiento para llamar la atención tanto en los mensajes gráficos, por ejemplo, la repetición intencionada del mismo objeto –árboles, casas, etc.– en una misma imagen, como en los textos, por ejemplo «Pierda peso», «Siempre sabe suave», «Guinness is good», etc.; V. *repetition*.

allocate *v*: GESTIÓN distribuir; asignar, destinar, adjudicar, aplicar, conceder; prorratear; con frecuencia acompaña a las palabras *funds, costs, resources,* etc.; V. *appropriate, earmark, allot, award; above-the-line.* [Exp: **allocated expenses** (GESTIÓN gastos aplicados), **allocation**[1] (GESTIÓN asignación de recursos; los términos *appropriation* y *allocation* suelen ser sinónimos; cuando se usan conjuntamente, *allocation* suele referirse a una partida de la consignación general o *appropriation*; V. *earmarking; area-by-area allocation; product allocation; misallocation*), **allocation**[2] (MKTNG fraccionamiento de la mercancía adquirida al por mayor en lotes pequeños para ser vendidos a los consumidores; a esta transformación también se la llama *bulk breaking*), **allocation**[3] (RADIO asignación o reserva de una banda de frecuencias para un determinado servicio o para una emisora de radio)].

allot *v*: GRAL adjudicar, asignar, entregar [canales de televisión, emisoras de radio, etc.], repartir, distribuir ◊ *In the US, TV channels are allotted by a Federal Authority*; V. *allocate, appropriate.* [Exp: **allotment**[1] (RADIO/TV adjudicación de canales de televisión o de frecuencia modulada por una agencia gubernamental), **allotment**[2] (PUBL reparto, asignación, distribución, prorrateo; alude al reparto equitativo de los tiempos o espacios publicitarios cuando la demanda es superior a la oferta ◊ *Balance the allotment of advertising space between rival companies*), **allotment**[2] (EXTERIOR sección –*poster panel*– de una valla publicitaria asignada a un anunciante u ofrecida en alquiler ◊ *Rent advertising allotments on the London Underground*)].

allowance *n*: GESTIÓN/MKTNG descuento, rebaja, bonificación ◊ *Allowance to customers*; V. *advertising allowance, display allowance, entertainment allowance, performance allowance; bonus, premium.*

allusion *n*: LING alusión, referencia indirecta; V. *implication.*

aloofness *n*: CINE/LING actitud distante ◊ *The aloofness of film critics.*

alphanumeric *a*: GRAL alfanumérico, esto es, caracterizado por una combinación de letras y de números; se aplica, entre otras cosas, al campo lógico utilizado en la informática para la ordenación de los listados en las bases de datos; V. *data base.*

alternate *a*: GRAL alterno, uno sí uno no. [Exp: **alternate characters** (TIPO caracteres o tipos alternativos; son variantes de la tipografía; por ejemplo, las letras floridas o con cola –*swash letter*– se consideran tipos alternativos; a veces también se incluyen en este término letras inexistentes en inglés, como la ñ española o la ç del francés y el catalán), **alternate sponsorship** (GRAL patronazgo/patrocinio alterno; relación entre un programa radiotelevisivo (o un equipo deportivo) y dos anunciantes que lo patrocinan de forma alterna, por ejemplo, cada uno de ellos una semana; V. *crossplugs*), **alternate weeks** (MKTNG V. *light bulb* *flighting*), **alternative humour** (ESPEC/TV humor alternativo, humor provocativo; recibe este nombre una clase de humor, introducido en los espectáculos cómicos y las series televisivas de humor a partir de los años setenta, marcado por un marcado tono irreverente –*irreverent tone*–, la falta intencionada de respeto –*deliberate disrespect*– con la que trata los valores y las instituciones tradicionales, la frecuencia de los contenidos macabros –*macabre*– y obscenos –*obscene*– y un lenguaje fuerte y desenfadado –*coarse, uninhibited language*–; V. *light bulb flighting*)].

aluminium foil *n*: GRÁFICA papel de plata, de estaño o de aluminio; V. *paper, silver paper, tinfoil.*

AM *n*: RADIO/GRAL modulación de amplitud; equivale a *amplitude modulation*; también significa por la mañana, esto es, *ante meridiem.* [Exp: **AM drive** (RADIO/TV emisión en horario de mañana; V. *morning drive*), **AM radio station** (AUDIO/RADIO emisora de onda media; V. *medium wave*)].

ambiance, ambience *n*: GRAL ambiente, atmósfera, clima; sonido de ambiente; V. *atmosphere.* [Exp: **ambient light** (CINE luz ambiente, luz natural, luz difusa o no direccional; V. *available-light, artificial light, bounced light, diffused light*), **ambient noise** (CINE ruido ambiental), **ambient sound** (CINE sonido ambiente, sonido natural, normalmente en exteriores; V. *presence, track, room tone*)].

amend *v*: GRAL enmendar, corregir, rectificar, modificar, revisar, reformar. [Exp: **amendment** (GRAL modificación, enmienda, cambio)].

American *a*: americano; norteamericano. [Exp: **American Academy of Advertising, AAA**[2] (GRAL Academia [Norte]americana de Publicidad; es una organización formada por profesionales de la publicidad y de la universidad, cuyo objetivo es la investigación y el progreso en el mundo de la publicidad), **American Association of Advertising Agencies, AAAA** (GRAL asociación colegiada estadounidense cuyo nombre significa «Asociación [Norte]Americana de Agencias Publicitarias»; se la llama habitualmente «las 4 aes»; corresponde a la AEA o «Asociación Española de Anunciantes»), **American Broadcasting Company, ABC** (GRAL una de las principales cadenas de televisión de los Estados Unidos), **American montage** (CINE montaje americano; es una técnica basada en superposiciones –*superimpositions*–, encadenados al corte –*jump cuts*– y fundidos –*dissolves*–), **American Research Bureau, ARB** (MEDIA nombre de una empresa estadounidense –Oficina Americana para la Investigación– que se dedica a la investigación en el campo radiotelevisivo, y fue responsable de la creación de los índices de audiencia –*audience ratings*– llamados *Arbitron*; V. *rating*), **American selling price, ASP** US (MKTNG «precio de venta americano»; precio de venta en los Estados Unidos; arancel aduanero impuesto a los productos importados para que su precio de venta no sea inferior al del mercado norteamericano), **American Society of Cinematographers** (CINE Sociedad Estadounidense de Cinematografía; V. *ACE*), **American Standard Code for Information Interchange** (INTERNET V. *ASCII*)].

ambiguity *n*: LING/PUBL/CINE ambigüedad, equívoco, anfibología; el equívoco es una figura del lenguaje –*figure of speech*– usada en el cine y muy corriente en los anuncios publicitarios, por los efectos lúdicos, connotativos –*connotations*– o de énfasis –*emphasis*– que consigue; por ejemplo, el enunciado «Nada como mi mujer» podría interpretarse como *No hay nada como mi mujer* o *Ella nada como mi mujer*; o *Summer Pints, and Some are Glasses*; en donde *summer* y *some are* se pronuncian igual; la polisemia –*polisemy*–, la repetición –*repetition*– y la juntura –*juncture*– son fuentes creadoras de equívocos; las mismas connotaciones se pueden conseguir con equívocos gráficos.

AMPAS *n*: CINE «la Academia»; V. *Academy of Motion Pictures Arts and Sciences*.

ampere, amp *n*: AUDIO amperio; medida de la intensidad de la corriente eléctrica.

ampersand *n*: TIPO nombre del símbolo gráfico &, equivalente a la conjunción *and* –y–; V. *hash mark*.

amplify *v*: GRAL amplificar, ampliar, aumentar, desarrollar, explicar con más detalle ◊ *Amplify a statement*. [Exp: **amplification** (GRAL amplificación; explicación detallada, desarrollo), **amplifier** (AUDIO amplificador; V. *sound screen*)].

amplitude *n*: AUDIO amplitud; V. *sound wave; wavelength; intensity*. [Exp: **amplitude modulation, AM** (AUDIO modulación de amplitud)].

analyse *v*: GRAL analizar. [Exp: **analyser** (AUDIO analizador), **analysis** (GRAL análisis), **analyst** (GRAL analista; se emplea en expresiones como *political analyst* –analista/comentarista político–; V. *political expert*)].

analepsis *n*: CINE escena retrospectiva; son escenas o planos del pasado insertados en el presente; es el «tiempo pasado» de la gramática del discurso narrativo cinematográfico; V. *flashback, playback, prolepsis*.

analog, analogue *a*: AUDIO/IMAGEN analógico; se dice de la grabación y, consecuentemente, de los soportes audiovisuales y de los medios de almacenaje –*storage medium*–, en los que la información de la onda está representada por variables físicas mensurables, como pueden ser las señales eléctricas; V. *digital; aliasing*. [Exp: **analogic-digital converter, ADC** (IMAGEN conversor analógico-digital; V. *digital-analogic converter*)].

anamorphosis *n*: CINE/IMAGEN anamorfosis; es la imagen que aparece distorsionada, deforme y confusa a menos que se la mire desde un ángulo especial o con un instrumento especial. [Exp: **anamorphic** (CINE anamórfico; se dice del método que permite la compresión de una película de pantalla ancha –*wide-screen motion picture*– en un film de 35 mm; V. *ratio*), **anamorphic lens** (CINE lente anamórfica; es el componente principal de la mayoría de las técnicas de pantalla grande –*wide-screen techniques*–; V. *aspect ratio*)].

anchor[1] *n*: TV presentador de un noticiario de televisión; normalmente se emplean los términos *anchorman, anchorwoman* o *anchorperson*; V. *host*. [Exp: **anchor**[2] (INTERNET ancla; es un marcador –*marker*– que se inserta en una página Web –*web page*–, de tal forma que, haciendo clic con el ratón sobre ella, remite –*refers*– a un URL; V. *click, HTML, mouse, URL*), **anchor**[3] (GRÁFICA fijar/asegurar una plancha de impresión –*printing plate*– al bloque correspondiente), **anchor-man, anchor-woman, anchorperson** (TV presentador/a principal de un espacio televisivo, normalmente un noticiario –*news programme, newscast*–; este nombre, que significa «hombre o mujer ancla» en inglés, deriva del uso de la expresión en el atletismo para designar al corredor que sale en último lugar en las carreras de relevos; el presentador, como el atleta, tiene la máxima responsabilidad y es el último en «recoger el testigo»; V. *presenter, radio announcer*), **anchoring** (GRÁFICA fijación de una plancha de imprimir –*printing plate*– a su base por medio de soldadura –*soldering*–; también se le llama *sweating*)].

angel *col n*: CINE patrocinador; también conocido como *backer*; se le llama así porque patrocina sin participar en las decisiones técnicas; a veces se le llama «caballo blanco» o «financiero incauto» por aportar dinero para una empresa dudosa; V. *sponsor*.

angle[1] *n*: GRAL/IMAGEN ángulo; es la posición de la cámara respecto de la escena, y se emplea en fotografía y en cine en expresiones como *high angle* –picado–, *low angle* –contrapicado–; V. *camera angle, complementary angles*. [Exp: **angle**[2] (PRENSA perspectiva, punto de vista, enfoque, criterio, orientación; enfocar ◊ *View an issue from a different angle*; equivale a *standpoint*; V. *approach, point of view; news angle/peg*), **angle**[3] (TIPO paréntesis/corchete angular –<,>–; V. *braces, brackets; punctuation device*), **angle adjustment** (IMAGEN ajuste del ángulo de visión de una cámara), **angle bracket** (TIPO paréntesis angular; equivale a *angle*[3]), **angle of acceptance/ view/vision** (CINE campo/ángulo de visión, ángulo de acción; ángulo de cobertura de una lente; también llamado *lens angle*, es el ángulo subtendido por el objetivo de la cámara –*lens*–; el ángulo de visión, que no debe confundirse con *camera angle*, puede oscilar entre el amplio –*wide angle*– de los planos largos –*long shots*– y el estrecho –*narrow angle*– de los primeros planos –*close-ups*–; V. *wide-angle lens, telephoto lens, Dutch angle*), **angle shot** (CINE plano en diagonal, plano sesgado; por lo general alude el término a cualquier toma desde un ángulo de visión poco corriente, que luego se inserta en el montaje –*cutting*–; V. *reverse shot*)].

animate[1] *v*: GRAL animar, dar ánimos, como en *encourage*; alegrar, como en *enliven*. [Exp: **animate**[2] GRAL animar, dar vida, dar movimiento a cosas inanimadas, crear la ilusión de movimiento; V. *cartoon*), **animatics** (TV «animático», bosquejo o piloto de un anuncio de televisión; es la versión filmada de un anuncio bosquejado en el «panel/tablero del relato» –*storyboard*–, cuyo único fin es orientar al anunciante potencial; V. *photomatic*), **animation** (CINE/EXTERIOR animación, ilusión de movimiento; es la técnica de diseñar movimientos a los personajes y objetos de los dibujos animados; en la publicidad exterior consiste en utilizar luces resplandecientes o piezas movibles en los anuncios; V. *pixillation, electronic/ computer animation, film animation, cartoon animation, stop-camera photography*), **animatronics** (GRAL animatrónica; animales electrónicos; son figuras de parques temáticos –*theme parks*– controladas por un programa de ordenador; también alude a las técnicas de animación para dar vida a los títeres o marionetas –*puppets*– que protagonizan muchas series de televisión; es una palabra compuesta de *animal* y *electronics*; V. *walkarounds, special effects*), **anime** (CINE películas de animación japonesas; fuera de Japón, el término se utiliza sólo para referirse a aquellas películas japonesas para adultos –*adult-oriented*– o de contenido fantástico; V. *manga*)].

announce[1] *v*: GRAL comunicar, anunciar, hacer público, informar ◊ *Announce a change of programme, announce the launch of a new magazine*. [Exp: **announce**[2] (GRAL participar ◊ *Announce a forthcoming marriage or sb's death*), **announce**[3] (GRAL dar a conocer, declarar, publicar ◊ *Announce the results of an opinion poll*; V. *advise, inform*), **announcement**[1] (GRAL comunicado, anuncio, aviso ◊ *Make an official announcement*; *announcement* en inglés significa: ① el acto de anunciar; ② el mensaje –*message*– anunciado; y ③ el impreso o grabado –*engraved or printed notice*– que contiene el mensaje; a diferencia de su parónimo español, la palabra inglesa *announcement* jamás significa «anuncio publicitario»; su uso se restringe al campo de la información de utilidad pública y social, sin que invada el ámbito de lo directamente comercial, aunque un *announcement* de tipo personal en la prensa o en la radio haya que pagarlo; para los fines publicitarios se emplea *advertisement*, que podría definirse de forma limitada como anuncio pagado –*paid anouncement*– emitido ya por las ondas –*on the air*– o por un medio impreso –*in print*–; V. *hatches, matches and despatches; intimations page; small ads page, snip*), **announcement**[2] (GRAL nota informativa, declaración, información, informe ◊ *Newspaper announcement of a birth*), **announcements** (PRENSA sección de anuncios breves, «agenda», vida social, necrológicas, edictos, etc.; V. *hatches, matches and despatches; intimations page; small ads page; obituaries*), **announcer**[1] (GRAL persona responsable de dar información y avisos por megafonía ◊ *The announcer's voice came over the public address system*; V. *P.A., public address system, radio announcer*), **announcer**[2] (RADIO/TV locutor, presentador; V. *radio announcer, anchor, host, speaker*), **announcer voice-over** (GRAL V. *voiceover*)].

annual *a*: GRAL anual; V. *yearly, monthly*. [Exp: **annual report** (GRAL memoria anual)].

annul *v*: GRAL/GESTIÓN anular, cancelar; V. *cancel*. [Exp: **annulment** (GESTIÓN/GRAL anulación cancelación; V. *cancellation*)]

anonymous FTP *n*: INTERNET FTP anónimo; es un sistema para acceder a archivos en el que se utiliza como nombre de cuenta –*account name*– la palabra inglesa *anonymous*, seguida de la dirección de correo electrónico –*e-mail address*– como contraseña –*password*–; V. *File transfer protocol*.

answer print *n*: CINE/TV/PUBL copia cero; es la copia definitiva de una película o de un *spot* publicitario tras haber pasado por la corrección de colores o *timing* en el laboratorio; en el cine, si esta copia es aprobada por el productor se convierte en la estándar, de la que se sacarán las copias posteriores; se la conoce con muchos otros nombres, como *approval print, final print, optical print, sample print* o *trial print*; V. *timing, married print; fine cut, emission cut*.

antagonist *n*: CINE/TV antagonista; es el personaje o fuerza que se opone al protagonista –*protagonist*–.

antenna US *n*: RADIO/TV antena; V. *aerial, dish aerial/antenna, parabolic aerial, satellite antenna, receiver dish*.

anti- *part*: GRAL anti-. [Exp: **anti-abrasion coating** (CINE revestimiento contra abrasión, erosión, raspaduras o desgaste; V. *lacquer, abrasion*), **anti-aliasing** (IMAGEN/DISEÑO anti-doble; anti-frecuencia fantasma; es un proceso consistente en suavizar los márgenes de una imagen por ordenador mediante herramientas de pintura, selección o escritura; V. *aliasing*), **anticlimax** (CINE/TV anticlímax; es el momento en que baja la tensión después del clímax; V. *climax, denouement; bathos*), **antiflare** (IMAGEN revestimiento anti-brillo, matificador), **antireflection coating** (IMAGEN revestimiento anti-reflejos), **antizapping device/commercial** (IMAGEN mecanismo/anuncio anti-zapping)].

anticipate *v*: GRAL/GESTIÓN prever, anticiparse a, adelantarse a; V. *advance*. [Exp:

anticipate demand (GESTIÓN prever con tiempo la demanda), **anticipate payment** (GESTIÓN adelantar el pago), **anticipation** (GESTIÓN previsión o anticipo; gasto anticipado)].

antique finish/paper *n*: GRÁFICA papel de alta calidad, de textura irregular, que imita al papel antiguo; V. *finish, machine finish, crash; super; calender.*

AOR *n*: GESTIÓN agencia coordinadora, agencia principal; V. *agency-of-record.*

aperture *n*: IMAGEN abertura; este término se aplica a: ① la acción de abrir el obturador –*shutter*– de una cámara; la extensión o el grado de dicha acción tiene como meta limitar la cantidad de luz que pase por el objetivo –*lens*– de una cámara; y ② el diámetro útil de un objetivo por el que la luz pasa a la cámara; con una apertura mayor –*higher aperture*– entra más luz, lo cual permite filmar escenas más oscuras; V. *f/number, effect aperture, relative aperture; eye*. [Exp: **aperture correction** (IMAGEN corrección de abertura; tiene como meta compensar la pérdida de definición)].

appeal[1] *n*: GRAL atractivo, fuerza o efecto de atracción, gancho ◊ *Politics holds no appeal for me*; V. *advertising appeal, sales, pitch, pulling power, hook, consumer appeal, attraction, fear appeal, emotional appeal; open-ended*. [Exp: **appeal**[2] (GRAL/RADIO/TV campaña/llamamiento para una obra benéfica o de ayuda humanitaria), **appeal to** (GRAL gustar, atraer, despertar el interés de, seducir ◊ *These designs appeal to younger clients*)].

appear[1] *v*: GRAL aparecer, intervenir, salir ◊ *Their new kit has begun to appear in the shops*. [Exp: **appear**[2] (CINE trabajar, salir, hacer un papel ◊ *Andy Garcia appeared in the film*; V. *first appearance, cast*), **appear**[3] (GRAL/GRÁFICA publicarse, salir ◊ *Her new novel appears next week*), **appear in print** (GRAL salir, aparecer publicado, publicarse, editarse ◊ *The young writer couldn't wait to appear in print*; V. *rush into print*), **appear on the scene** (GRAL aparecer, llegar, salir, darse a conocer ◊ *A new American band has appeared on the scene*), **appearance**[1] (GRAL aparición, intervención, publicación ◊ *He made several guest appearances in TV sitcoms*; V. *put in an appearance*), **appearance**[2] (TV pase; es la emisión o inserción de un anuncio en un medio o soporte audiovisual –*broadcast vehicle*–; cuando el medio o soporte es gráfico –*print vehicle*– se llama inserción –*insertion*–), **appearance money** (PUBL/MKTNG gratificación por presencia, comisión o gratificación pagada a una celebridad o figura popular o de prestigio por acudir a una promoción o un acto de significación social o comercial)].

apex *n*: GRÁFICA ápice; ángulo superior de una letra, en el que se unen los dos trazos, como en la letra *A*; V. *arm, ascender, cross stroke, descender, dot, ear, embellishment, spur, stem, stroke, tail, tilde, vertex.*

applaud *v*: ESPEC aplaudir. [Exp: **applause** (ESPEC applause, ovation; V. *ripples of applause, hearty ovation*)].

apple box *col n*: CINE alza, «caja/cajón de manzanas», pedalina *col*, aspirina *col*; pequeña plataforma para elevar la altura de un actor o actriz, para igualar la altura de los intérpretes o para llevar a cabo tomas sobre el hombro –*over the shoulder*–; se llama así porque originalmente esto se hacía con cajas de manzanas; V. *cheating; half-apple, trench, riser.*

appliance *n*: MKTNG aparato, dispositivo; V. *household appliance*. [Exp: **appliances** (MKTNG electrodomésticos; V. *household appliances*), **appliances trade** (MKTNG industria de electrodomésticos)].

application[1] *n*: GRAL solicitud, instancia, petición. [Exp: **application**[2] (INTERNET aplicación; es un programa –*software*– que lleva a cabo una función para un usuario, como puede ser el propio correo electrónico; V. *freeware, shareware*), **apply** (GRAL aplicar)].

apprentice *n*: GRAL aprendiz; V. *qualifying period*.

approach[1] *v/n*: GRAL abordar, dirigirse a, acercarse, aproximarse; enfocar, plantear[se], ponerse en contacto con ◊ *Approach the more sophisticated clients with a well-planned marketing strategy*; V. *copy approach, creative concept, angle*. [Exp: **approach**[2] (GRAL proximidad, acercamiento ◊ *Launch a sales campaign with the approach of Christmas*), **approach**[3] (GRAL planteamiento), **approach**[4] (EXTERIOR proximidad; en publicidad exterior –*outdoor media*– es la distancia entre la estructura metálica, de obra, etc. –*advertising structure*– en la que se apoya el anuncio y el primer punto en que ésta es visible; V. *medium approach*)].

appropriate[1] *v*: GESTIÓN consignar, aplicar, asignar, destinar; conceder; V. *allocate, allot*. [Exp: **appropriate**[2] (GRAL apropiado, oportuno, conveniente, correcto, procedente, útil, pertinente, adecuado), **appropriation**[1] (GESTIÓN asignación presupuestaria o de recursos; los términos *appropriation* y *allocation* suelen ser sinónimos; cuando se usan conjuntamente, *allocation* suele referirse a una partida de la consignación general o *appropriation*; V. *misappropriation, allotment, advertising appropriation; budget*), **appropriation**[2] (DER/PUBL utilización/ apropiación indebida del nombre una persona sin su autorización)].

approval print *n*: CINE/TV copia cero; el nombre más corriente para copia cero es, sin embargo, *answer print*.

apron[1] *n*: EXTERIOR delantal; es el entramado ornamental colocado en la parte infe-rior de un anuncio exterior. [Exp: **apron**[2] (MKTNG espacio de un punto de venta –*point of sale*– destinado a exposición –*display*– de productos, muestras, carteles publicitarios, etc.)].

ARB *n*: MEDIOS V. *American Research Bureau*.

Arbitron *n*: RADIO/TV es, junto con Nielsen, la principal agencia de medición de índices de audiencias –*audience rating system*–; V. *American Research Bureau*.

arc *n*: CINE/TV arco; movimiento de la cámara con *travelling* en forma de arco. [Exp: **arc-in/out** (CINE/TV cruce de entrada o de salida; se refiere al recorrido en forma de arco, no en línea recta, que debe realizar el actor ante la cámara para conservar la misma distancia entre la cámara y el objeto; V. *camera crossing*), **arc lamplight** (CINE lámpara/proyector de arco; es una lámpara incandescente muy potente –*an extremely bright incandescent lamp*–, utilizada para iluminar platós o proyectar películas), **arc light** (CINE/TV luz de alta intensidad, luz de lámpara de arco; también llamada *brute*, se empleaba en el plató para simular escenas al sol; hoy ha sido sustituida en la mayoría de los casos por las lámparas de xenón –*xenon lamp*–; V. *ambient light, artificial light, backlight, balancing light, key light, filler light, spot light; minibrute; footlights*), **arc shot** (CINE/TV plano de arco; ofrece esta toma una perspectiva semicircular de los personajes o de las escenas fotografiadas)].

archaism *n*: LING arcaísmo.

archive *n*: RADIO/TV copia de archivo de un programa o emisión; V. *file copy*.

area *n*: GRAL área, zona; V. *zone*. [Exp: **area-by-area allocation, ABA** (GESTIÓN asignación del presupuesto publicitario por zonas), **area of dominant influence, ADI** (TV zona de predominio, influencia dominante o preponderancia; se refiere a la zona, barrio o región en la que un espacio televisivo cuenta con una cuota de audiencia –*share of the viewing house-holds*– superior a otras; este término, que es de Arbitron Co., es similar al de *Designated Market Area* de Nielsen)].

arena *n*: GRAL arena, ruedo; arena política; estadio deportivo. [Exp: **arena advertising** (PUBL publicidad estática; también llamada *perimeter advertising*, es la que se coloca sobre tablones en torno al perímetro de los estadios deportivos; V. *notice/bulletin board, electronic notice board; transit/transportation advertising*)].

arm[1] *n*: GRAL brazo, arma. [Exp: **arm**[2] (TIPO hombro de una letra, como el de la *T*; V. *ascender, cross stroke, descender, dot, ear, embellishment, spur, stem, stroke, tail, tilde, vertex*), **armorer** (CINE armas, armero)].

ARF *n*: PUBL/MKTNG V. *Advertising Research Foundation*.

arrangement[1] *n*: GRAL/DISEÑO/GRÁFICA arreglo, disposición, formato; V. *format, layout, set-up, style*. [Exp: **arrangement**[2] (CINE arreglo, arreglo orquestal; V. *orchestral arrangement*), **arrangement, by** (GRAL a convenir ◊ *Prices by arrangement*), **arranger** (AUDIO arreglista; el arreglista adapta una melodía para otros instrumentos o voces; V. *lyricist, jingle, score, setting*)].

arrears *n*: GRAL números atrasados; V. *back issue/number*.

arrow pointer *n*: IMAGEN puntero de pantalla.

art[1] *n*: GRAL arte; técnica ◊ *Learn the art of layout*; el significado primitivo de esta palabra que era similar al de «técnica o destreza» con el tiempo se ha centrado más en las actividades estéticas, como las artes dramáticas –*dramatic arts*–, las pictóricas –*pictorial arts*–, las interpretativas –*performing arts*–, etc. ; V. *skill, pictorial arts; state-of-the art*. [Exp: **art**[2]

(PUBL ilustración; se emplea como forma abreviada de *artwork*[1] o ilustración ◊ *Advertisers devote as much attention to the copy as to the art*), **art card** (TV cartulina para títulos, títulos de créditos, etc.), **art department** (CINE departamento artístico; se encarga de diseñar platós –*sets*–, vestuario –*wardrobe*–, atrezzo –*props*–, etc.), **art director**[1], **AD** (CINE escenógrafo; decorador; director artístico; normalmente es el diseñador de decorados –*set*– y del vestuario –*costumes*–; V. *assistant art director*), **art director**[2], **AD** (PUBL director de arte; V. *creative; copywriter; visualizer, copy-chief*), **art editor** (PRENSA/GRAL director de arte; equivale a *art editor*[2]; en las publicaciones es el responsable de su diseño visual; en publicidad es el responsable del panel del relato o *storyboard*; V. *copywriter*), **art film** (CINE película de arte y ensayo ◊ *Art films were shown in art houses to a sophisticated clientele*; V. *film d'art*), **art gum** (GRÁFICA/DISEÑO cemento, adhesivo gomoso; V. *rubber cement, adhesive*), **art house** US (CINE sala de arte y ensayo, cine de arte y ensayo ◊ *See a new European film in an art house*), **art paper** (GRÁFICA papel cuché; también llamado *coated paper/stock*, es un papel tratado con un revestimiento, como el caolín o las resinas sintéticas, que queda como película –*coating*– en la superficie y le da brillo y prestancia; V. *machine coated paper, satin paper*), **artist** (CINE/TV/DISEÑO artista, intérprete; V. *performer, talent*), **artistic layout** (PUBL/DISEÑO composición/maquetación gráfica o del material gráfico; diseño y ordenación de las fotos e ilustraciones de un anuncio gráfico o *print ad*; V. *layout*), **arts and crafts** (GRAL artes y oficios; V. *craft, craftsmanship*), **arts pages** (PRENSA sección cultural, páginas de cultura), **artwork**[1], **A/W** (DISEÑO ilustraciones, imágenes gráficas, material gráfico; trabajos artísticos de un anuncio, como los dibujos *–drawings–*, las fotografías *–photographs–* incluyendo, a veces, la parte impresa o *printed matter*; en este sentido es equivalente a *art*² ◊ *Do the artwork for an ad*; V. *illustration, graphics*), **artwork**² (GRÁFICA/DISEÑO arte final; original; es el original del anuncio publicitario formado por texto *–copy–* e imágenes; V. *original*³), **artwork**³ (GRAL obra de arte; V. *piece of art*), **artwork studio** (DISEÑO estudio de arte final), **arty** *col* (CINE de autor, de arte y ensayo)].

article¹ *n*: PRENSA artículo; V. *report*. [Exp: **article**² (MKTNG artículo; V. *item, product; copycat article*)].

artifacts *n*: IMAGEN/AUDIO/TV perturbaciones sonoras o de la imagen; se dice de los efectos o problemas no deseados o no esperados en las imágenes gráficas digitales o analógicas de carácter transitorio *–glitch–*; las principales perturbaciones de las imágenes gráficas digitales son: *aliasing, contouring* y *pixellation*; las de las imágenes gráficas analógicas son: *snow, RF interference, smearing, fringing* y *streaking*; V. *glitch, gremlin, bug*.

artificial light *n*: IMAGEN luz artificial; V. *ambient light*.

ASA *n*: IMAGEN ASA, siglas de la *American Standards Association*; se trata de la medida de sensibilidad de una película; V. *emulsion speed, exposure*.

ASCII *n*: INTERNET ASCII, Estándar Americano de Codificación para el Intercambio de Información; es un conjunto de normas *–standards–* de codificación de caracteres *–character codes–* mediante números; son las siglas de *American Standard Code for Information Interchange*.

ascend *v*: GRAL subir, ascender. [Exp: **ascender** (TIPO subida, trazo ascendente; es la parte de la letra que se extiende por

encima de la línea de base *–baseline–* del cuerpo de la letras minúsculas *–lowercase–*, representado con la letra *x*; contienen «subidas» las letras *b, d, f, h, l, t*; V. *descender, x-line; apex, cross stroke, dot, ear, embellishment, spur, stem, stroke, tail, tilde, vertex*), **ascending letter** (TIPO letra ascendente; letra con trazo ascendente o subida *–ascender–* en las minúsculas *–lowercase–*; son ascendentes las letras *b, d, f, h, l, t*; V. *descending letter*), **ascending line** (TIPO línea tope de las letras ascendentes minúsculas *–lowercase ascenders–*; V. *descending letter*)].

aspect ratio *n*: CINE dimensiones de la imagen/pantalla cinematográfica; es la relación entre la anchura y la altura de la imagen que se proyecta en el cine; suele ser de 4 a 3, y en las anamórficas de 2,35 a 1; V. *cinemascope, anamorphic*.

aspiring actor *n*: CINE figurantes; V. *walkarounds*.

assemble *v*: CINE montar, ensamblar, unir; V. *edit*. [Exp: **assemble editing** (CINE edición o montaje por ensamblado o ensamblaje, también llamado *add-on editing*; en este montaje se sigue un orden secuencial), **assemblage** (CINE montaje, ensamblaje; V. *assembly*), **assembly [of a film]** (CINE ensamblaje; es la etapa inicial del montaje *–editing–* en la que se seleccionan las mejores tomas o las más útiles *–the best or more useful takes–* y se montan, para aproximarse a lo que tiene en mente el cineasta *–what the filmmaker has in mind–*; V. *editing, montage, assemblaje, fine cut, final cut*), **assembly dailies** (CINE metraje *–footage–* de rodaje del día anterior montado; V. *rushes*), **assembly room** (GESTIÓN sala de juntas; V. *boardroom*)].

assessment *n*: GRAL evaluación; V. *evaluation*.

assets *n*: GESTIÓN activo; partida del activo; bienes; patrimonio; haber, capital; V. *liabilities; accountancy*.

assignment *n*: MEDIOS cometido periodístico, tarea periodística; asignación de recursos para la cobertura –*coverage*– de una noticia; V. *coverage*. [Exp: **assignment editor** (MEDIOS redactor, redactor jefe; más concretamente es el encargado de asignar a cada reportero –*reporter*– la cobertura de una determinada noticia –*story*–; V. *general assignment reporter*)]. ∎

assistant *n/a*: GRAL/CINE ayudante; V. *best boy, camera, assistant, d-boy/girl, wardrobe assistant*. [Exp: **assistant art director** (CINE ayudante del director artístico), **assistant camera/cameraman** (CINE ayudante de cámara, primer ayudante de cámara; se encarga del cuidado –*care*– y mantenimiento –*maintenance*– de la cámara, así como de preparar las hojas de necesidades del rodaje –*dope sheets*–; si el equipo es reducido, también se encarga de la claqueta –*clapperboard, clapboard*– y a veces de hacer de foquista –*focus puller*–), **assistant director, AD** (CINE ayudante de dirección; se encarga de asegurarse de que el ritmo de la filmación –*the progress of filming*– se ajusta a la programación de producción –*production schedule*– y de preparar los tablones de convocatoria para ensayo –*call boards, call sheets*–), **assistant editor** (CINE ayudante de montaje; V. *assistant film editor*), **assistant film editor** (CINE ayudante de montaje; también llamado simplemente *assistant editor*, es el miembro del equipo de montaje –*editing crew*– que se encarga del apoyo logístico al encargado de montaje –*editor*–)].

associate *a*: GESTIÓN adjunto, suplente; asociado, socio, consocio. [Exp: **associate producer** (CINE productor asociado; es el productor que comparte responsabilidades –*shares responsibility*– en cuestiones creativas y comerciales –*creative and business issues*–; V. *executive producer, producer, co-producer, line producer*),

association, assoc (GESTIÓN asociación, cooperativa, sociedad, agrupación), **associational editing** (CINE montaje asociativo; es aquel en que se montan juntas tomas diferentes de objetos o escenas a fin de establecer alguna relación entre ellos, ya sea equivalencia simbólica –*symbolic equivalence*– o contraste marcado –*sharp contrast*–; V. *relation editing*)].

assort *v*: GESTIÓN clasificar. [Exp: **assorted** (GESTIÓN/MKTNG surtido, variado, heterogéneo), **assortment** (MKTNG surtido, colección, variedad; en realidad es el conjunto de productos, líneas, marcas, etc., ofrecidas por una organización comercial; se puede analizar en su extensión –*width*–, profundidad –*depth*–, etc.; V. *core assortment*)].

asterisk *n*: TIPO asterico, *; V. *obelisk, slash*.

asymetrical digital subscriber, ADSL *n*: INTERNET línea de subscripción asimétrica digital; es una tecnología de compresión –*compression technology*– que permite a los hilos telefónicos convencionales –*conventional phone lines*– transportar hasta 6 megabits por segundo.

atmosphere *n*: GRAL/AUDIO ambiente, atmósfera, clima; sonido de ambiente; V. *ambiance, setting*.

atomistic evaluation *n*: MKTNG evaluación de cada uno de los elementos de una campaña publicitaria o *advertising campaign*.

attack *n*: AUDIO ataque; es el modo en que comienza un sonido –fricción, cierre glótico, con una vocal, etc.–; V. *onset*. [Exp: **attack time** (AUDIO/IMAGEN tiempo de ataque; tiempo de respuesta; son los segundos en que tarda una señal electrónica en responder al nivel esperado)].

attenuator *n*: CINE/TV/AUDIO potenciómetro, atenuador o controlador del sonido, la imagen o la iluminación; V. *fader*.

attend to *v*: GRAL atender; V. *serve*. [Exp: **attention** (MKTNG atención; V. AIDA), **attentiveness** (TV atención; se emplea el término para describir el grado de atención, ya sea completa –*full attention*– o parcial –*partial attention*–, etc., en un programa o en una franja televisiva; V. *ABC method*)].

attitude research/test/survey *n*: MKTNG sondeo de actitudes o de reacciones; en el ámbito laboral se aplica al análisis de la actitud del personal respecto de la empresa; V. *opinion poll, survey*.

attract *v*: GRAL atraer ◊ *They've attracted a lot of custom through their advertising campaign*. [Exp: **attraction** (GRAL atracción)].

attrezzo *n*: CINE atrezo; es el conjunto de útiles, como bastidores, decorados, etc., que se usan en el plató –*studio*–, o en el teatro, para crear el ambiente deseado; V. *ambient light, prop man, wardrobe*.

audience *n*: MEDIOS público, audiencia; asistentes [a un concierto, programa de cine, etc.]; seguidores; lectores ◊ *The programme appeals to a wide audience*; el significado de la palabra *audience* en inglés es más amplio que en español, pues no sólo abarca el conjunto de hogares o personas que escuchan un programa de radio –*listen to a radio broadcast*–, ven uno de televisión –*watch a TV programme*– siguen o están expuestos a –*exposed to*– un mensaje publicitario –*advertising message*–, sino también al número de lectores o público lector –*readership*– de una publicación y a los adeptos o partidarios –*adherents*– de una idea, programa, etc.; si bien el anglicismo «audiencia» es frecuente en el mundo de los medios de comunicación, muchos critican su uso en lugar de «público» «asistentes» si se trata del cine, de un concierto, de un programa de TV, etc.; V. *readership, circulation; target market;*

age, social class, status, habitat. [Exp: **audience accumulation** (MKTNG audiencia total, acumulación máxima de audiencia; número/cifra total de lectores o de receptores de un mensaje publicitario; en el caso de la radio y la TV, se mide por la cantidad de aparatos sintonizados, por lo que se cuentan indistintamente las personas o las familias –*homes*–; V. *cumulative audience*), **audience composition** (MKTNG perfil de la audiencia; composición demográfica de la audiencia o del público receptor; se trata de un análisis del perfil de la audiencia de acuerdo con criterios socioeconómicos o sociológicos, por ejemplo, la edad, la ideología, los gustos, el poder adquisitivo o el barrio de residencia; estos factores también se tienen en cuenta en la confección de la publicidad; V. *target*), **audience duplication** (MKTNG recepción reiterada o repetida; incremento del impacto de un anuncio publicitario por efecto de su llegada reiterada al mismo destinatario; para el cálculo de esta «duplicación», da lo mismo que el receptor vea el mismo anuncio o *spot* varias veces en el mismo medio –*medium*– o soporte –*vehicle*– o en varios diferentes; V. *gross rating point, generation, original, duplicate audience*), **audience flow** (MKTNG flujo de audiencia; alude a la cuantificación de la audiencia que sigue un programa determinado, basada en la observación de los flujos o cambios que se producen en el umbral del espacio objeto de estudio; de esta manera el análisis permite distinguir entre el número de espectadores que ya estaban sintonizando el canal en el que comienza la nueva emisión, esto es, la *carryover audience* o audiencia de «suma y sigue», y el de los nuevos espectadores o *new tune-ins*, que sintonizan el canal coincidiendo con el comienzo del programa; V. *holdover* *audience*), **audience fragmentation** (MKTNG fragmentación, división, fraccionamiento o atomización de la audiencia; alude al efecto divisorio que produce en el público total de los medios de comunicación el aumento continuo de la oferta de nuevos espacios y nuevas emisoras con la llegada de la TV por satélite, cable, etc.; cada espacio o canal queda, lógicamente, con un porcentaje cada vez más reducido del público total existente), **audience peak** (RADIO/TV pico de audiencia; hora de máxima audiencia; V. *peak viewing time*), **audience profile** (MKTNG/TV perfil o composición de la audiencia), **audience segmentation** (RADIO/TV segmentación de audiencias; V. *market segmentation*), **audience share** (RADIO/TV cuota/participación de audiencia ◊ *Strategies for an increase in audience share*), **audience turnover** (MEDIOS rotación media de público captado; audiencia ponderada ◊ *The producers detected a drop in the audience turnover*; es el cálculo del movimiento, la valoración y la ponderación de la audiencia cambiante; para el cómputo de la cifra, se fija un tiempo estándar –un minuto, un cuarto de hora lineal, o un número determinado de semanas, por ejemplo– para el que se calcula una ratio ponderada, normalmente dividiendo el público total acumulado durante la emisión por el que haya sintonizado el programa objeto de estudio durante cada minuto, cuarto de hora, etc.; V. *turnover; cumulative audience, time sector*), **audience typology** (GRAL tipología de audiencias), **audience usher** (GRAL/TV acomodador)].

audimetre *n*: AUDIO/TV audímetro; también llamado sonómetro, tiene dos acepciones: ① instrumento para medir la sensibilidad del aparato auditivo; ② aparato que, acoplado al receptor de radio o de televisión, sirve para medir las horas concretas en que están encendidos y el tiempo total de funcionamiento; V. *sonometre*.

audio *n*: AUDIO audio, esto es, la parte sonora de una emisión; técnicas de grabación y de reproducción de sonido ◊ *The spot had good visuals, but the audio was lacklustre*; se emplea en expresiones como *audio in/out* –entrada/salida de audio–, *audio mixer* –mezclador de audio–, etc.; V. *video, visuals*. [Exp: **audio enhancement** (AUDIO realce de sonido; V. *image enhancement*), **audio operator** (MEDIOS operador de audio; V. *control console*), **audiometry** (AUDIO audiometría; es la medida de la agudeza auditiva en relación con las diferentes frecuencias del sonido; V. *audimetre, sonometre*), **audiotape** (AUDIO cinta de audio; V. *tape, videotape*; V. *layback, laydown*), **audiovisual** (AUDIO/IMAGEN audiovisual; se dice de las técnicas, métodos o canales de comunicación que se dirigen conjuntamente al oído y a la vista por medio de grabaciones acústicas acompañadas de imágenes ópticas)].

audit, auditing *n*: GESTIÓN auditoría; V. *qualified,*² *qualified opinion*. [Exp: **Audit Bureau of Circulation, ABC** (MEDIOS Oficina de Justificación de la Difusión, OJD, para la prensa; Estudio General de Medios, EGM, para la radio o la televisión; se trata de un organismo independiente compuesto por representantes de las empresas propietarias de anunciantes; su objetivo es la comprobación o auditoría de las cifras de audiencia; V. *freesheet, net paid circulation*), **audition** (CINE/TV audición, prueba; también llamada *trial performance*; equivale a *casting*; es el acto de seleccionar –*the selection of actors or performers*– para los distintos papeles –*parts*– de una representación –*performance*– V. *hog calling contest*)].

Auntie *col n*: RADIO/TV nombre familiar con

el que se conoce a la BBC, también llamada a veces *the Beeb*.

Australian Broadcasting Corporation, ABC *n*: MEDIOS una de las principales cadenas de televisión de Australia.

authentication *n*: INTERNET autenticación, verificación; es una medida de seguridad *–security measure–* que permite comprobar *–check–* la identidad de un usuario de una red *–a network user's identity–*, mediante una clave o contraseña *–password–*.

author *n*: GRAL autor; V. *narration; copyright, joint author*. [Exp: **authoritative managerial style** (GESTIÓN estilo gerencial de mando o prestigio; en este tipo de gestión, los procedimientos se basan en la autoridad del gerente, que es justo, aunque firme; V. *affiliative managerial style, coercive managerial style, democratic managerial style, pacesetting managerial style, coaching managerial style*), **authorize** (GRAL autorizar; acreditar; V. *accredit*)].

autocue *n*: TV teleapuntador, chuleta *col* ◊ *Read one's lines off the autocue*; es un aparato, situado junto a la cámara, que permite al presentador, entrevistado o participante leer lo que tienen que decir sin apartar la vista de la cámara; V. *teleprompter, cue card, prompt*.

automatic *a*: GRAL automático. [Exp: **automatic beam current, ABC**[3] (IMAGEN circuito automático de haz de luz; V. *beam current*), **automatic dialogue replacement, ADR** (CINE/TV/IMAGEN/AUDIO doblaje automático; V. *doubling*), **automatic exposure control** (IMAGEN control de exposición automático), **automatic iris control** (IMAGEN control automático del diafragma), **automatic level control, ALC** (AUDIO control automático de nivel; es un control de ganancia de sonido *–sound gain–* que incorporan ciertos aparatos de grabación sonora, como las vi-

deocámaras *–videocameras–*; V. *gain, loudness*), **automatic track finding** (AUDIO/IMAGEN [señal de] seguimiento automático de pistas; V. *track finding*), **automatic vending machine** (MKTNG venta automática; V. *dispenser*)].

availability *n*: MEDIOS disponibilidad [de espacios, tiempos, etc.]; V. *space availability*. [Exp: **available** (GRAL/MKTNG disponible, utilizable, en venta; V. *unavailable*), **available light** (IMAGEN luz ambiente; V. *ambient light, artificial light, bounced light*), **available to order** (MKTNG [disponible] sólo por encargo)].

avant-garde *n*: GRAL vanguardia; de vanguardia, vanguardista. [Exp: **avant-garde cinema** (CINE cine de vanguardia; V. *collage film*)].

average[1] *a/n*: GRAL medio, normal; regular, mediano ◊ *Sales have been average*; V. *acceptable*. [Exp: **average**[2] (GRAL promedio, término medio, media, tasa media; índice; alcanzar un promedio de, ser por término medio de ◊ *Sales have averaged $ 200,000 over the first two quarters of the year*), **average audience, AA** (MEDIOS audiencia media; se aplica en radio y televisión al número de hogares o personas que sintonizan *–tune into–* un programa por minuto; en publicaciones, al número de personas que leen un anuncio; V. *readership, audience*), **average frequency** (MEDIOS frecuencia media; es el número de contactos *–exposures–* que un hogar o un consumidor de tipo medio tiene con una serie de anuncios, en un determinado período, contando todos•los medios en que aparece), **average rate** (GESTIÓN promedio; tipo medio; índice, tasa, cotización, precio o tarifa medios), **average rate of return** (GESTIÓN tasa de rendimiento medio), **average return/ yield** (GESTIÓN rendimiento medio), **average revenue** (GESTIÓN ingresos medios unitarios; si se vendieran todas las unidades, se calcularían dividiendo los ingresos obtenidos por el número de unidades)].

A/W[1] *n/v*: DISEÑO forma abreviada de *artwork*. [Exp: **A/W**[2] (GRAL cada dos semanas; en semanas alternas; son las iniciales de *alternate weeks*)].

award *n/v*: GRAL galardón, premio; galardonar, otorgar, adjudicar, premiar ◊ *Most of the major film awards went to American movies*; V. *prize, ACE Award*. [Exp: **award-winning** (GRAL laureado, galardonado, premiado ◊ *The award-winning photograph*)].

aware *a*: GRAL consciente, enterado, informado; V. *conscious*. [Exp: **awareness** (MKTNG conocimiento, recuerdo, percepción, información ◊ *Increase product awareness*; este término se emplea corrientemente en los campos de la publicidad y la mercadotecnia para designar el nivel de conocimiento que el público demuestra tener de la existencia, cualidades o precio relativo de un artículo de consumo, etc.; se combina espontáneamente con sustantivos como *price* –precio–, *product* –producto, artículo–, *brand* –marca– y *audience* –público, audiencia– y con adjetivos como *social, political, cultural*, etc.; V. *brand awareness; consciousness; imagery transfer, intent-to-rent*)].

axis *n*: CINE eje; V. *z-axis*. [Exp: **axis of action** (CINE eje de acción; equivale a *action axis*, y a *imaginary line*)].

B

B *n*: AUDIO es la nota musical *si* en la escala inglesa, en la que la *C* corresponde a «do»; V. *bass, treble*. [Exp: **B camera** (CINE cámara adicional o secundaria; es el camarógrafo –*cameraman*– o cámara –*camera*– adicional que se utiliza para secuencias de acción –*action sequences*– o escenas peligrosas –*stunts*–; V. *B camera, stunt, stuntman*), **B roll** (TV material en vídeo destinado a emitirse con voz en off o superpuesta –*voice-over*–), **B-movie/picture** (CINE película de serie «B»; película secundaria, también llamada *programmer* ◊ *A good number of the thrillers and westerns made in the early 1930 were B-movies*; en décadas pasadas, como las de los años cincuenta o sesenta, esta expresión denotaba la película secundaria de un programa doble –*double bill*– que acompañaba a la principal –*main feature*– y se proyectaba antes de ella; actualmente, cuando ya no es habitual proyectar más de una película por sesión, se aplica la expresión a los productos cinematográficos de segundo orden o calidad inferior; V. *direct-to-video, made-for-TV movie, double bill, feature*), **BO** *US* (CINE taquilla o *box office*)].

baby *n*: GRAL/CINE pequeño, butanito *col*; foco pequeño; ① se emplea con función atributiva para indicar «mini» o de «tamaño pequeño»; ② en el cine se utiliza en expresiones como *baby spot, baby spotlight, baby solar spot*, o sencillamente *baby*, un foco pequeño –*small spotlight*– de 1.000 watios utilizado para primeros planos –*close-ups*–; *baby tripod*, también llamado *baby legs*, trípode pequeño para tomas desde abajo –*low angle shots*–; V. *basher*.

back[1] *n/a/v*: GRAL espalda, dorso, reverso, revés, parte de atrás ◊ *See back for details*; V. *overleaf, reverse, face*. [Exp: **back**[2] (GRAL posterior, de atrás, último ◊ *The sports news is on the back pages*), **back**[3] (GRAL atrasado; se emplea en expresiones como *back issue/number* –número atrasado– ◊ *Order back numbers of a magazine*), **back**[4] (GRAL apoyar, respaldar ◊ *Back the paper's editorial policy*), **back**[5] (GRAL pronosticar, apostar por ◊ *She's being heavily backed to be the new features editor*), **back**[6] (CINE reforzar con efectos musicales o sonoros de fondo, como en *Back a scene with special musical effects*; tocar música o algunos instrumentos de apoyo para acompañar a un solista o a un grupo principal, como en *Some tracks on the* *group's new CD are backed by session men*; V. *backing*), **back cover** (GRÁFICA contracubierta [de un libro], también llamada *fourth cover*), **backdate** (GESTIÓN retrotraer, antedatar, antefechar; poner una fecha anterior; dar efectos retroactivos), **back end** (MKTNG final, a la salida; se suele aplicar a la última fase de formalización de un pedido, esto es, la cumplimentación y entrega –*servicing and delivery*– de la mercancía), **back focus** (IMAGEN/CINE distancia focal; también llamado *back focal distance*, es la distancia entre el foco y la superficie trasera de cristal de la lente), **back-haul allowance** (MKTNG descuento por encargarse del producto, aliviando a la empresa de este servicio), **back issue/number** (PRENSA número atrasado; V. *arrear, back*[3]), **back light** (CINE contraluz; luz de separación; V. *backlight*), **back matter, back of book** (GRÁFICA apéndices; conjunto de materias impresas que siguen al texto principal; consta de los índices, anexos, gráficos, tabla de materias, etc.), **back order** (MKTNG pedido pendiente, atrasado o no cumplimentado/despachado; resto de pedido), **back projection** (CINE proyección trasera; también llamada *rear proyection*, es una técnica de fotografía –*photographic technique*–, utilizada para escenas que se desarrollaban en vehículos, en las que la acción en directo –*live action*– se filmaba delante de una pantalla en donde se proyectaba la acción de fondo –*background action*–; V. *matte shot*), **back projector** (IMAGEN retroproyector), **back-to-back** (GRAL adosado, consecutivo, seguido, uno tras otro, sin solución de continuidad ◊ *Broadcast two programmes back-to-back*; V. *piggyback*), **back-to-back commercials** (GRAL bloque de publicidad, serie de *spots* publicitarios emitidos uno tras otro; V. *piggyback commercials, advertising*

break), **back to the drawing board** *col* (GRAL hay que cambiar de táctica o programa), **back up**[1] (GRAL apoyar, respaldar, confirmar ◊ *Back up a news story with photographs and interviews*; V. *backup*), **back-up**[2] (GRAL apoyo, reserva, respaldo; de apoyo, de respaldo, de seguridad ◊ *Ask for back-up staff to cover a major story*), **back-up**[3] (GRÁFICA retirar; consiste en imprimir por el revés el pliego que ya lo está por la cara), **back-up copy** (GRAL copia de seguridad; V. *protection*), **back-up service** (MKTNG servicio posventa; V. *after sales service*), **back-up space** (GRAL espacio publicitario de apoyo; alude particularmente al espacio reservado para el material que acompaña a un encarte en forma de hoja suelta, muestra, etc.; normalmente es obligatorio adquirir este espacio como contrapartida al encarte permitido)].

backbone[1] *n*: GRÁFICA lomo [de un libro o de cualquier publicación], también llamado *spine*. [Exp: **backbone**[2] (INTERNET eje central, columna vertebral; son las autopistas de información a alta velocidad –*high speed data highways*– que actúan como puntos de acceso principales –*major access points*– para que se conecten otras redes)].

backcard *n*: GRAL cartela; se emplea en dos sentidos: ① pedazo de cartulina, cartón, plástico, etc., sobre el que se escribe el texto de un mensaje publicitario; ② el contenido del mensaje publicitario; también se aplica este término al texto publicitario que aparece durante unos segundos en la pantalla de televisión.

backcloth, backdrop *n*: CINE/TV/ESPEC telón de fondo/foro, forillo [pintado]; es un telón pintado al fondo del escenario o el que sirve de escenografía para una sesión fotográfica o cinematográfica; V. *drop*[2], *scrim, [front] curtain*.

backer *n*: CINE patrocinador; socio capitalista; también se le llama *angel* porque patrocina sin participar en las decisiones técnicas; V. *sponsor.*

background[1] *n*: IMAGEN fondo, trasfondo, segundo plano, fondo visual/sonoro, último término ◊ *White on a blue background*; V. *background music, cameo shot; foreground; limbo; abstract background; seamless background; vignetted background; curtain.* [Exp: **background**[2] (GRAL antecedentes, telón de fondo, circunstancias, marco de referencia ◊ *Fill sb in on the background to a decision*), **background**[3] (GRAL historial, experiencia previa, formación ◊ *We're looking for somebody with a background in publishing*), **background**[4] (AUDIO fondo musical o de efectos sonoros –*sound effects*– de una película o programa de radio o televisión –*broadcast programme*–), **background information** (MEDIOS información de referencia; es la que se facilita para orientar al lector), **background lighting** (IMAGEN iluminación de fondo, también llamada *set light*), **background music** (CINE/AUDIO música de fondo o de acompañamiento; es la que ayuda a crear el tono –*mood*– de la escena; a diferencia de la música directa o implícita –*direct music, source music*–, no proviene de algo que suceda en la pantalla, como puede ser la de una radio ◊ *Use background music to reinforce the mood of an advert*; V. *accompaniment, mood music, sound track, source music; title music*)].

backing[1] *n*: MEDIOS soporte; V. *media vehicle.* [Exp: **backing**[2] (AUDIO música de apoyo ◊ *Bob Dylan's early hits had the backing of "The Band"*; V. *background music, acompaniment*), **backing track** (AUDIO pista sonora de acompañamiento; pista pregrabada de acompañamiento musical)].

backlight *n/v*: CINE luz trasera; contraluz; iluminar desde atrás ◊ *Backlit subjects look more dramatic*; en este caso la fuente principal de luz se dirige hacia la cámara y, por encontrarse detrás del objeto o de los personajes, dibuja una silueta de los mismos; V. *key light, filler light; back focus; fringe light; kicker.* [Exp: **backlighting**[1] (CINE iluminación/alumbrado de fondo, desde atrás o a contraluz ◊ *Increase the contrast through backlighting*), **backlighting**[2] (PUBL anuncio sobre papel translúcido –*translucent*–), **backlighting photography** (IMAGEN fotografía a contraluz)].

backlit display *n*: EXTERIOR pantalla de cristal líquido retroiluminada; V. *illuminated ad/billboard.*

backload *v*: GESTIÓN retrasar los pagos para la última etapa de un proceso, por ejemplo, el de una campaña comercial; retrasar el esfuerzo publicitario –*weight*– al final de la campaña.

backstage *n*: ESPEC/CINE entre bastidores o bambalinas; V. *upstage, downstage; behind the scenes.* [Exp: **backstage musical** (CINE [película] musical; suelen tratar de las intrigas, tensiones y complejidades, entre bastidores, de los espectáculos musicales de un teatro o escenario, como *A chorus line*; V. *stage, musical*)].

backtime *v*: TV/CINE cronometrar el tiempo de un guión, programa, etc., con el fin de que empiece y termine a tiempo; a este cronometraje o medición del tiempo se le llama *backtiming.*

backup *n*: GRAL/PUBL apoyo, recursos auxiliares, material o personal de apoyo, ayuda, respaldo, servicio suplementario ◊ *Even a strong advertising text needs some visual backup*; V. *aid, help.* [Exp: **backup ad** (PUBL anuncio de apoyo a un texto publicitario), **backup space** (PUBL espacio de apoyo a un encarte; adopta varias formas, por ejemplo, un folleto de pedido para ser rellenado, una libreta de recetas, una muestra de una crema o perfume, etc.)].

backward *a/adv*: GRAL regresivo; retroactivo; retrasado, atrasado, subdesarrollado, como en *backward economy* –economía subdesarrollada–. [Exp: **backward integration** (MKTNG integración regresiva; consiste en la compra de las empresas proveedoras –*supppliers*– por la empresa productora, con el fin de asegurarse el suministro de las materias primas; V. *forward integration*)].

bad *a*: GRAL malo, incorrecto. [Exp: **bad break** (GRÁFICA división incorrecta)].

badger *col v*: GRAL/MEDIOS perseguir, acosar, atosigar; V: *hound, harass, pester* col, *pressurize*.

BAEA *n*: CINE sindicato de actores británicos; la siglas responden a *British Actors Equity Association*; V. *equity*.

baffle[1] *n*: AUDIO columna, pantalla acústica, equipo de alta fidelidad que contiene uno o varios altavoces, bafle, amortiguador de sonido, filtro; V. *loudspeaker*. [Exp: **baffle**[2] (CINE bandera; es el cierre ajustable –*adjustable shutter*– que se coloca sobre un foco para controlar su brillo y dirigirlo; V. *barn door, black net, bloom*)].

BAFTA *n*: CINE V. *British Association of Film and Television Arts*.

bait *n/v*: MKTNG cebo, señuelo, reclamo [para atraer a clientes]; cebar ◊ *Use lowpriced articles as bait to attract custom*; V. *rise to the bait, call bird*. [Exp: **bait advertising** (MKTNG publicidad cebo, publicidad gancho ◊ *Bait advertising aims to get customers to spend more money than they intend*; alude a cualquier tipo de anuncio que emplee una añagaza para atraer al público; V. *advertising bait*), **bait-and-switch** *US* (MKTNG «artículo gancho», venta con señuelo, «cebo y cambio»; venta con publicidad de ofertas especiales calculada para «pescar» al cliente con el señuelo –*bait*– de un pro-

ducto barato e inducirle a comprarle otro más caro; V. *switch-selling; cross merchandising*)].

balance[1] *n/v*: GESTIÓN/GRAL saldo, resto; balance; balanza; equilibrar; saldar cuentas, sopesar. [Exp: **balance**[2] (AUDIO/IMAGEN/GRAL balance; equilibrio; equilibrar; nivelar), **balance in/on hand** (GESTIÓN saldo disponible; saldo pendiente), **balance item** (GESTIÓN partida de un balance), **balance of payments, BOP** (GESTIÓN balanza de pagos; recoge todas las operaciones económicas de una nación con el exterior en un ejercicio contable), **balance sheet** (GESTIÓN balance de ejercicio; balance de situación, hoja de balance, balance general, estado contable, estado financiero; expresa los resultados de operaciones en un determinado período de tiempo; también se le conoce con los nombres de *statement of condition, statement of financial position*), **balanced** (GRAL equilibrado, compensado, proporcionado, ajustado; se aplica a *budget, growth*, etc. –presupuesto, crecimiento, etc.–), **balancing** (AUDIO/IMAGEN/GRAL balance, ajuste de niveles visuales o auditivos; V. *colour balance*), **balancing light** (IMAGEN luz de compensación; es una luz secundaria cuyo objetivo es evitar contrastes excesivos entre las luces y sombras de la iluminación principal)].

balloon *n*: DISEÑO bocadillo, globo, «fumetti» ◊ *The advert was a cartoon with a slogan in a balloon*. [Exp: **balloon gas gone up, the!** *col* (MEDIOS ¡ha estallado el escándalo/el notición!), **ballooning** (MKTNG alza artificial de precios)].

ballyhoo *col n*: GRAL propaganda exagerada, bombo; publicidad sensacionalista –*sensationalist advertising*–, exagerada o ruidosa; alharacas; manifestaciones exageradas o efusivas, cuentos, labia, coba ◊ *Despite the advertisers' ballyhoo, the* *product flopped*; V. *blarney, boost, hype, stunt.*

band[1] *n*: AUDIO banda [de frecuencias], banda [magnética]; surco [de disco]; V. *waveband.* [Exp: **band**[2] (ESPEC conjunto, banda, grupo [musical]; aparece en expresiones como *jazz band, military band*, etc.; V. *ensemble, group*), **band reject filter** (AUDIO filtro de rechazo de banda, también llamado *notch filter*), **banded offer/pack** (MKTNG venta de un producto con otro de regalo formando un paquete), **banding** (AUDIO efecto banda), **bandwagon impact/effect** (MKTNG efecto simpatía o de adhesión, consumismo injustificado; alude a la tendencia a comprar lo que compran otros; V. *consumerism, keep up with the Joneses*), **bandwidth**[1] (AUDIO/INTERNET ancho/anchura de banda ◊ *Television requires a very wide bandwidth but ordinary speech only needs a narrower one*; técnicamente es la diferencia en hertzios entre la frecuencia más alta y más baja −*the highest and the lowest frequency*− de un canal de transmisión; se suele utilizar para definir la cantidad de datos −*the amount of data*− que puede ser enviada a través de un circuito de comunicación −*a communications circuit*− en un tiempo dado −*within a determined time period*−; la FM, por ejemplo, necesita 10 veces más amplitud de banda que la AM; en la clasificación de la tecnología electromagnética se distingue entre *broadband* −de banda amplia− y *narrowband* −de banda estrecha−; V. *frequency, baud*), **bandwidth**[2] *col US* (GRAL estupendo, importante, grande ◊ *He's a really high-bandwidth man*; pertenece este uso al lenguaje coloquial norteamericano del mundo de la información y la tecnología)].

bank[1] *n*: GRAL banco, fondo; almacén, suministro; V. *library, image bank.* [Exp: **bank**[2] *US* (PRENSA subtítulo; titular secundario ◊ *The bank consists of type under a headline*; V. *headlines, deck head; caption*[3], *subtitle*), **bank**[3] (AUDIO/IMAGEN tablero de interruptores; bancada/línea de luces; es una hilera es una hilera −*row*− de luces; como verbo, significa colocar luces en hilera; V. *switch*), **bankable** (CINE taquillero, rentable ◊ *A bankable star ensures the success of a production*)].

banner[1] *n*: EXTERIOR pancarta ◊ *Hang banners above a stand at a fair.* [Exp: **banner**[2] (PRENSA gran titular de prensa, más conocido como *banner headlines*; a veces se usa, aunque incorrectamente, con el significado de «cabecera de periódico» o *nameplate*), **banner**[3] (GRAL/PUBL/INTERNET anuncio [de llamada]; es un anuncio rectangular en Internet, también llamado *banner ad*, cuyo objetivo es atraer la atención del usuario o lector de una página *web*; V. *target ad*), **banner headlines** (PRENSA gran titular, titulares sensacionalistas o chillones ◊ *Trumpet a story under banner headlines*; es un titular que cubre todo el ancho de la página; V. *splash, spread; canopy head*)].

bar *n*: GRAL barra; V. *colour bars.* [Exp: **bar code** (MKTNG código de barras), **bar-code reader** (MKTNG lector de barras)].

BARB *n*: MKTNG/PUBL/MEDIOS V. *Broadcasters' Audience Research Board.*

bargain *n*: MKTNG ganga, oferta, oportunidad; en función atributiva equivale muchas veces a «de ocasión», «de rebajas», «de gangas», etc.; V. *snip; poundstretcher, small ads page; watch this space.* [Exp: **bargain basement/counter** (MKTNG sección de oportunidades/ofertas; sección/mostrador de saldos/oportunidades en un gran almacén; adquisición por precio inferior)].

barn doors *n*: CINE viseras, alas para alterar la anchura de la luz generada por un foco o *luminaire*; V. *flipper.*

barney *n*: CINE cámara insonorizada [para rodaje], funda insonorizada; V. *blimp; soundproof.*

barter *n/v*: GRAL/PUBL/MKTNG intercambio, trueque, compensación, permuta; negociar mediante trueque, trocar; acompaña con frecuencia a palabras como *agreement, arrangement, deal, trading,* etc., y suele consistir en el trueque de espacio publicitario por programas; en el acuerdo entre una cadena de televisión y una agencia –*syndicate*– concesionaria de los derechos de emisión de determinados programas en lugar de cobrar los derechos de emisión, la agencia los cede a la cadena a cambio de tiempo de publicidad que luego vende a los anunciantes interesados; V. *due bill.* [Exp: **bartering** (PUBL/MKTNG cambio o trueque en especie –*exchange in kind*–)].

base[1] *n/v*: GRAL base, fundamento; pie, peana; basar, fundamentar; V. *ad base.* [Exp: **base**[2] (IMAGEN soporte/base [de acetato]), **base**[3] (MKTNG universo encuestado, base o muestra de una encuesta; ① en las encuestas de opinión –*opinion poll*– es el número de personas encuestadas –*survey respondents*–; ② en los estudios de planificación es el número total de personas que constituyen el mercado objetivo –*target market*–, número que sirve de orientación o punto de referencia para las acciones proyectadas; V. *universe*), **base**[4] (EXTERIOR soporte; bastidor que sujeta la publicidad exterior; V. *frame*[4]), **base lighting** (IMAGEN luz de base; va dirigido hacia arriba desde detrás de un objeto), **base rate** (MKTNG tarifa básica; tarifa sin descuento, remuneración mínima; tipo básico; también llamado *basic rate* o *one-time rate* ◊ *Change base rates for advertising*), **basis** (GRAL fondo, fundamento)].

baseline *n*: TIPO línea de base; es la línea horizontal imaginaria, correspondiente a la parte inferior de la letra *x*, que deben tocar todos los caracteres alineados –*aligned*–.

basement price *n*: MKTNG precio de ocasión; V. *bargain basement.*

basher *n*: IMAGEN foco, reflector; luz auxiliar; también llamado *floodlight* y *scoop*[3]; V. *baby.*

basic *a*: GRAL básico, fundamental. [Exp: **basic consumer benefit** (MKTNG/PUBL beneficio básico ◊ *Represent confort and cheapness as basic consumer benefits*; alude a la utilidad atribuida en la publicidad a un determinado producto o servicio; el objetivo de la publicidad es presentarlos como únicos, o en su caso, como mejores que los otros del mercado; V. *advertising strategy, USP*), **basic rate** (MKTNG tarifa básica; tarifa sin descuento, remuneración mínima; tipo básico; también llamado *base rate* o *one-time rate*)].

bass *a/n*: AUDIO bajo, grave; como nombre de instrumento musical es el «contrabajo», también llamado *double bass*; en la escala de las frecuencias auditivas, se refiere a las graves y se contrapone al término *treble*; V. *high-pitched, loudness.* [Exp: **bass boost** (AUDIO realce/refuerzo de graves; también llamado *loudness*[2], es un efecto que incrementa el volumen sólo de las frecuencias bajas cuando se reproduce a muy poco volumen; su existencia se debe a que el oído humano necesita mayor intensidad para percibir estas frecuencias; V. *proximity effect*)].

bastard *a*: GRAL no estándar, como en *bastard size* –tamaño no normalizado–; V. *standard.* [Exp: **bastard title** (GRÁFICA anteportada, también llamada *half-title*; V. *title page; working title*)].

batch *n*: MKTNG/GRAL tanda, lote, cantidad; V. *lot; run size.*

bathos *n*: LING/SEMIÓ anticlímax; salto de lo sublime a lo vulgar o a la inversa, para producir hilaridad; V. *figures of thought; anticlimax.*

batten *n*: EXTERIOR bastidor, tabla, listón; V. *flat, frame*[3].

battered *a*: TIPO/GRAL estropeado, inutilizado; en malas condiciones, como en *battered type* –tipografía en malas condiciones–.

battery *n*: GRAL pila recargable, batería.

baud *n*: INTERNET baudio; es una unidad que mide la velocidad de transmisión de datos; V. *bandwidth*.

BBC *n*: RADIO/TV equivale a *British Broadcasting Corporation*; V. *ITV*.

BBS *n*: INTERNET sistema de boletín electrónico, BBS; es un sistema de reuniones –*meetings*– y anuncios –*announcements*– en el que se puede participar en debates –*discussions*–, «subir» –*upload*– y «bajar» –*download*– archivos, y en general obtener información y servicios; corresponde a las siglas de la expresión inglesa *bulletin board system*; V. *real time chat*.

beam *n*: IMAGEN/CINE rayo de luz, haz de luz, destello. [Exp: **beam current** (IMAGEN intensidad del haz; V. *automatic beam current, ABC*[3]), **beam down** (IMAGEN/AUDIO enviar la señal [de un satélite]), **beamback** *col* (TV [sistema de] retransmisión por pantalla gigante; alude a la retransmisión televisiva por cable –*cable*–, satélite –*satellite*– o televisión por circuito cerrado –*closed-circuit TV*– mediante una señal rebotada –*bounced*– desde el punto de captación al de recepción; este último suele ser un estadio deportivo u otro recinto cerrado en el que se dan cita los espectadores que viven muy lejos del lugar de celebración del acontecimiento o que no han podido obtener entradas para asistir en persona ◊ *The stadium was filled by fans watching the match on beamback*), **beaming coverage** (IMAGEN área de cobertura de un foco o *luminaire*)].

beat[1] *n*: AUDIO ritmo, compás; V. *edge beat*.

[Exp: **beat**[2] (MEDIOS zona, parcela [de trabajo o responsabilidad], terreno, ronda, también conocida con el nombre de *run* o *patch* ◊ *She was put in charge of the northern European beat*; V. *stringer*), **beat reporting** (MEDIOS/PRENSA cobertura periodística de una zona, distrito o especialidad ◊ *She was given the Pulitzer prize for beat reporting for her articles on matters before the US Supreme Court*)].

beautician *n*: GRAL esteticista, «esteticién»; V. *make-up artist, stylist*.

BCG portfolio analysis *n*: MKTNG equivale a *Boston Consulting Group portfolio analysis*.

bed[1] *n*: GRAL/PRENSA/GRÁFICA cama; en la imprenta es la tabla de la plancha de impresión –*printing press*– sobre la que se coloca la «forma» o molde –*form*–; V. *put a newspaper to bed*. [Exp: **bed**[2] (GRÁFICA base, cama, capa; es la solución empleada en el gofrado –*embossing*–, estampado –*stamping*–, etc., de las cubiertas –*cover*[2]– de algunos libros)].

Beeb, the *n*: RADIO/TV nombre familiar con el que se conoce a la BBC, también llamada a veces *auntie*.

beefcake *col n*: IMAGEN póster de modelo masculino; V. *centrefold, cheesecake, pin-up*.

beep *n/v*: AUDIO pitido; señal acústica; pitar. [Exp: **beep** (CINE sonido de referencia; se inserta en la banda sonora –*soundtrack*–, y ayuda a sincronizar sonido e imagen; V. *dubbing*)].

behind the scenes *a/adv*: ESPEC/CINE entre bastidores o bambalinas; V. *backstage*. [Exp: **behind-the-scenes film** (CINE documental sobre una película; se diferencia del *plugumentary* en que está hecho para cinéfilos o minorías, a veces por parte del cónyuge del director, y no tiene fines comerciales –*commercial purposes*–; V. *plugumentary*)].

bell *n*: GRAL timbre. [Exp: **bell-ringer** *col US* (MKTNG tocatimbres; vendedor puerta a puerta, vendedor ambulante; V. *door-to-door selling*)].

below-the-line *a*: GESTIÓN por debajo de la línea; V. *above-the-line*. [Exp: **below-the-line advertising** (MKTNG publicidad con medios selectivos, directos o no masivos ◊ *Giving free samples of a product is below-the-line advertising*; se aplica este término a la publicidad normalmente preparada por el mismo fabricante, para la que no hay que pagar comisiones a agencias, como puede ser el marketing directo, la publicidad en el punto de venta –*point-of-sale advertising*–, los folletos, etc.; V. *through-the-line agencies, below-the-line media, above-the-line advertising*), **below-the-line costs** (CINE gastos ocasionados –*incurred*– durante el rodaje –*shooting*– y en la fase de posproducción o *post-production* ◊ *Below-the-line costs include actors' contracts and legal fees*; V. *overheads; negative costs*), **below-the-line media** (MEDIOS medios de publicidad selectivos, directos o no masivos, como el marketing directo, el marketing telefónico, el *merchandising*, la publicidad en un punto de venta, etc.; V. *below-the-line advertising; above-the-line media*)].

benchmark *n/v*: GESTIÓN/MKTNG/PUBL cota, criterio, punto de referencia; fijar criterios, evaluar parámetros, establecer pautas o criterios de competencia comparativa; se aplica a todas las actividades económicas en general; en publicidad alude al nivel creativo de un anuncio. [Exp: **benchmark price** (MKTNG precio de referencia; V. *price*), **benchmarking** (GESTIÓN gestión empresarial en la que una empresa para adoptar los mejores criterios de organización compara sus niveles de eficiencia con los mejores sistemas y procedimientos externos; V. *service-quality benchmarking*)].

benefit *n*: ganancia, beneficio, utilidad, lucro; V. *profit, gain*.

best *a*: GRAL mejor. [Exp: **best before** (MKTNG fecha de caducidad; consumir preferentemente antes de; V. *sell-by date, expiry date*), **best boy** *US* (CINE/TV ayudante de luminotecnia, segundo electricista de un plató de cine o de televisión –*movie/television set*–; en inglés británico se utiliza *gaffer*; V. *grip*), **best time available** (MEDIOS/TV/RADIO a discreción del director; se pacta que el anuncio se emitirá en el mejor momento de acuerdo con el criterio del director)].

Beta, Betamax *n*: IMAGEN Beta, Betamax; es el formato de videocasete introducido por Sony a mediados de los años setenta; continúa en la actualidad, aunque sólo para profesionales, ya que para particulares ha sido sustituido por el sistema VHS. [Exp: **Betacam** (IMAGEN Betacam; es el nombre de la tecnología de videocasete de media pulgada –*half-inch videocassette technology*– de Sony)].

bevel *n*: GRÁFICA borde de la plancha de imprimir –*printing plate*– en el que ésta se sujeta a la platina o *platen*.

BFI *n*: CINE V. *British Film Institute*.

biannual *a*: GRAL semestral.

bias[1] *n/v*: GRAL/MEDIOS sesgo, prejuicio, enfoque tendencioso, parcialidad, tendencia; predisponer, influir en, prejuzgar; ofrecer una versión torcida, sesgada o parcial ◊ *TV coverage of the match was clearly biased against the foreign team*; alude a toda visión tendenciosa –*biased account*– de la realidad, influida por la ideología del periodista y/o del medio; en puridad existe siempre, ya que incluso en el caso de relatos aparentemente neutrales, la propia selección de qué noticias han de cubrirse –*cover*– y en qué orden y con cuánta extensión, obedece a una intención determinada; V. *leading question, slant; tailor.* [Exp: **bias**[2] (AUDIO «bias», señal ultrasónica que se emplea para reducir la distorsión; corriente de polarización; para que en una cinta se puedan grabar pasajes débiles y fuertes hay que tener en cuenta el ciclo de magnetización de los materiales, que hace que no se magnetice el material hasta que sobrepasa un umbral mínimo; por tanto, en las grabadoras analógicas actuales se graba un tono de muy alta frecuencia, en torno a 100 Khz, que no es audible pero suficiente para permitir que los tonos débiles se graben, ya que con este tono se sobrepasa el umbral de magnetización; V. *bloop*)].

Bible paper *n*: GRÁFICA papel biblia, también llamado *India paper.*

bid *n/v*: GESTIÓN/MKTNG puja, licitación, propuesta, oferta de adquisición, postura; ofrecer, pujar, licitar, entrar en licitación; ofrecer-se ◊ *The syndicate put in a massive bid to secure TV advertising rights.* [Exp: **bidding** (GESTIÓN licitación, puja, oferta, postura, subasta)].

big *a*: GRAL grande. [Exp: **big close-up** (CINE primerísimo primer plano, gran primer plano; en este plano la cabeza, sin incluir el cuello, ocupa la pantalla totalmente), **big cheese/gun/shot/wig** (GESTIÓN pez gordo, gerifalte, peso pesado; V. *account manager, account executive, top manager; brass; high ranking; upper echelon*), **big news** (PRENSA/MEDIOS notición, bomba informativa; V. *scorcher*), **big screen** (CINE la pantalla grande, es decir, el cine; V. *silver screen*), **bigfoot** *US col* (MEDIOS reportero estrella; familiarmente se utiliza para designar al reportero con mayor experiencia a quien se asignan los asuntos de primera línea ◊ *All the major networks sent a big foot to cover the story*; V. *mule*)].

bill[1] *n/v*: GESTIÓN factura, cuenta; facturar ◊ *We were billed for the monthly advertising programme*; V. *billing*[1]. [Exp: **bill**[2] (GRAL cartel, anuncio, póster; anunciar, programar ◊ *The film was billed as a candidate for the Oscars*; V. *advertise, announce; no bills; top/head the bill, fill the bill, show bill*), **bills, no** (PUBL prohibido fijar carteles), **bill stickers will be prosecuted** (PUBL prohibido fijar carteles)].

billboard, BB *n*: EXTERIOR valla publicitaria, en los Estados Unidos; en cambio, en el Reino Unido son anuncios pequeños colocados en el exterior de una tienda; su tamaño suele ser de 762 mm × 508 mm; V. *outdoor poster, double crown; hoarding; trim.*

billing[1] *US n*: GESTIÓN facturación, valor/coste de un anuncio publicitario; normalmente se emplea en plural –*billings*–; también se aplica en los EE.UU. a los clientes o *accounts* de una agencia publicitaria; V. *gross billing.* [Exp: **billing**[2] (MEDIOS orden de importancia, en especial, en un reparto teatral o cinematográfico –*cast*– ◊ *In films like 'Terminator II' special effects share top billing with stars*; V. *head/top the bill; avance billing; star billing; headliner; lineup*)].

bind *v*: GRÁFICA encuadernar, coser [con hilo vegetal] ◊ *Bind advertising into a magazine*; V. *in sheets, loose-leaf.* [Exp: **binder**[1] (GRÁFICA tapa [para fascículos], [tapa de] carpeta de hojas sueltas; V. *loose-leaf binder, folder*), **binder**[2] (GRÁFICA encuadernador; V. *bookbinder*), **binding** (GRÁFICA encuadernación; cosido con hilo vegetal; V. *saddle stitching; gathering, signature*)].

biographical picture, biopic *n*: CINE película biográfica; también llamada *biopic* [biopraphical picture], es la película que recrea la vida de un personaje histórico o se basa en ella ◊ *A biopic based on Byron's love-life.*

bird[1] *n*: GRAL pájaro, ave; V. *give sb the bird*. [Exp: **bird**[2] (TV «pájaro»; nombre familiar con el que se designa a los satélites –*satellites*– situados en órbita geoestacionaria –*geostationary/geosyncronous orbit*–, utilizados para la retransmisión de radio y televisión –*TV and radio broadcasting*–), **bird's eye shot/view** (CINE plano aéreo o vista de pájaro; se diferencia del *aerial shot* en que este último se hace en exteriores, además de simular o reproducir el movimiento de un pájaro planeando; también se le llama *high-angle shot, crane shot* y *boom shot*)].

bit[1] *n*: CINE/ESPEC aparición breve en escena, papel secundario, papelito corto *col*; V. *role, cameo performance, bit player, ham col*. [Exp: **bit**[2] (INTERNET/IMAGEN bit; bitio; es la unidad mínima de información –*minimum information unit*– que puede tratar un ordenador –*that a computer can handle*–; proviene de la expresión *binary digit* –dígito binario–; V. *contouring, byte*), **bit depth/resolution** (IMAGEN resolución de bits; es el número de bits empleados en la definición de cada uno de los pixeles de una imagen de color o de escala de grises; V. *digital resolution*; *bit resolution, device resolution, screen resolution, image resolution, output resolution*), **bit-mapping** (GRAL asignación de memoria), **bit part** (CINE papel breve o secundario, papel de figurante; aparición breve; también se le suele llamar *walk-on* ◊ *Her career took off after she was spotted in a bit part in a B movie*; V. *cameo player, extra, walk-on part*), **bit player** (CINE artista secundario; V. *cameo player, extra, ham*), **bit stream** (IMAGEN/AUDIO flujo binario), **bitmapped image** (IMAGEN imagen configurada por bits; se trata de una imagen con un bit de información de color por *pixel*, también llamada *bitmap-type image* –imagen tipo mapa de bits– en la cual los únicos colores que aparecen son el blanco y el negro; V. *bitmap- type image*)].

bite *n*: GRÁFICA mordido de un grabado –*engraving*– hecho con ácido; V. *etching*.

black *a*: GRAL negro. [Exp: **black and white, in** *col* (GRAL por escrito, en blanco sobre negro *col*; V. *in writing*), **black & white page** (GRÁFICA/PUBL página en blanco y negro; anuncio a toda página en blanco y negro o blanco sobre negro), **black burst** (RADIO/TV salva negra; V. *burst*), **black comedy** (CINE comedia negra; es la comedia en la que temas tradicionalmente considerados graves, o tratados con respeto y seriedad, como la muerte –*death*–, la guerra –*war*–, el sufrimiento –*suffering*– y los asesinatos –*murder*– son explotados con fines humorísticos, absurdos o irónicos; V. *situation comedy, slapstick comedy*), **black humour** (CINE humor negro; es el humor amargo –*bitter*– propio de la *black comedy*; V. *alternative humour*), **black level** (IMAGEN nivel de negro; es la parte más oscura –*the darkest part*– de la imagen), **black net** (CINE difusor oscuro; es una pantalla utilizada para atenuar el brillo de un foco; V. *baffle*), **black out**[1] (RADIO/TV suspender/cortar/bloquear la emisión; interrumpir la señal; ensombrecer una zona ◊ *The area around London was blacked out during the live coverage of the match*; esta técnica se emplea, previo acuerdo entre los responsables de una emisora de TV y los de una entidad o federación deportiva, para impedir que la señal pueda captarse en una zona determinada durante la retransmisión en directo de un acontecimiento deportivo; la justificación es que, de lo contrario, podría verse disminuido el número de espectadores que acudiesen al estadio a presenciar el partido o competición, con el perjuicio consecuente para el acontecimiento en cuestión), **black-out**[2] (RADIO/TV corte, bloqueo, desautorización o suspensión de una emisión; ensombrecimiento de una zona; interrupción de la señal; apagón momentáneo ◊ *The news blackout was caused by a strike by TV engineers*; V. *block; power cut*), **black-letter** (TIPO letra gótica; carácter gótico; V. *gothic*), **blacklist** (CINE lista negra; en cine, es aquel conjunto de cineastas –*filmmakers*– o actores que, bien formalmente o informalmente, son objeto de discriminación por razones personales, políticas o religiosas; el caso más famoso es la campaña del senador McCarthy desarrollada en los años cincuenta contra actores y cineastas sospechosos de filocomunismo; V. *censorship, certificate*)].

blank[1] *n/a*: GRAL en blanco, liso ◊ *Leave a blank in a form*; V. *form*. [Exp: **blank**[2] (AUDIO/IMAGEN virgen, sin imagen; se aplica a las cintas –*tapes*–, películas –*films*–, etc.; V. *unexposed*), **blank binding/book** (DISEÑO libro con páginas en blanco), **blank out** (EXTERIOR borrar, tapar/cubrir un espacio en blanco; cubrir en blanco el espacio de una valla publicitaria destinado a recibir un anuncio nuevo ◊ *They blanked out the hoarding before pasting up the new ad*; es sinónimo de *coat out* y *paint out*), **blank screen** (TV pantalla en blanco ◊ *We were left looking at a blank screen*), **blank tape** (AUDIO cinta virgen; V. *filmstock*), **blanking** (TV borrado), **blanking paper** (EXTERIOR paspartú, marco en blanco que rodea a un anuncio exterior; V. *bleed poster*)].

blanket[1] *n*: GRAL manta; en función atributiva tiene el significado de «general, global, total, en bloque, colectivo, etc., que lo cubre todo», como en la expresión *blanket clause* –cláusula general–. [Exp: **blanket**[2] (GRÁFICA mantilla; en el método de impresión offset es el cilindro recubierto de goma –*rubber blanket cylinder*– que imprime sobre el papel; V. *printing, offset*), **blanket contract** (GESTIÓN contrato general, contrato global; alude especialmente al descuento –*discount*– o tarifa especial –*special rate*– que otorga a un anunciante –*advertiser*–, mediante contrato, el medio –*media vehicle*– que anuncia todos los productos del primero), **blanket coverage** (MEDIOS ① cobertura global o total de un soporte publicitario –*a media vehicle*– en una determinada zona geográfica; ② publicidad dirigida al público en general ◊ *The channel provided blanket coverage of the Olympic Games*), **blanket effect** (MKTNG efecto generalizado), **blanket family brand** (MKTNG marca blanca, genérico; S. *own/private label, blanket family brand*), **blanket order** US (GESTIÓN pedido general que suele hacerse antes del comienzo de la temporada), **blanket rate** (MKTNG tarifa general; la misma tarifa se aplica de manera uniforme a conceptos distintos)].

blast[1] *n/v*: GRAL/MKTNG explosión, onda expansiva; hacer volar, criticar con dureza, poner como chupa de dómine *col* ◊ *The firm blasted its rival's advertising campaign*. [Exp: **blast**[2] (AUDIO ruido atronador; música puesta a todo volumen), **blast-in** (AUDIO introducción brusca, a todo volumen o a todo gas [de la música] ◊ *The sound engineer blasted in the signature tune*; V. *edge in*)].

blaxploitation *n*: CINE cine basado en personajes y temas afroamericanos, en sentido peyorativo; V. *sexploitation*.

bleach[1] *v*: GRÁFICA desteñir, blanquear, descolorar; V. *washout*. [Exp: **bleach** (IMAGEN baño de revelado; es el baño químico –*chemical bath*– utilizado en el revelado –*processing*–)].

bleed[1] *a/n/v*: GRÁFICA margen perdido, a sangre; cortar a sangre; se refiere a la composición gráfica cuya imagen ha sido cortada sin dejar márgenes o espacio en blanco ◊ *In an illustrative matter that bleeds the image extends to the edges of the page*; V. *gutter bleed, bleed in the gutter, non-bleed*. [Exp: **bleed**[2] (GRÁFICA correrse el color o el tinte ◊ *The colours of the photo had bled in drying*; V. *run*), **bleed**[3] (CINE abertura; salida de encuadre –*frame*–; este alejamiento lo lleva a cabo un intérprete cuando la cámara se acerca a otros personajes), **bleed, in** (GRÁFICA a sangre, a margen perdido; se dice de la imagen que ha sido cortada hasta los márgenes; V. *non-bleed*), **bleed in the gutter** (GRÁFICA a sangre en el margen interior de un página; V. *gutter bleed*), **bleed loss** (GRÁFICA margen que se pierde; V. *trim*), **bleed, non** (GRÁFICA a caja; se refiere a la composición gráfica en la que se deja un margen en torno al anuncio, a diferencia de la composición a sangre o *bleed*), **bleed poster** (EXTERIOR valla sin paspartú o marco en blanco que rodea a un anuncio exterior; V. *blanking paper*), **bleed printing** (GRÁFICA impresión a sangre ◊ *In bleed printing there are no margins*)].

blend *v/n*: GRAL mezclar, combinar; casar, armonizar; mezcla, combinación, conjunto armonioso ◊ *A candidate with the right blend of youth and experience*. [Exp: **blender** (GRAL/CINE/AUDIO/TV mezclador)].

blimp *n*: CINE cámara insonorizada [para rodaje], blindaje acústico; V. *barney; soundproof*.

blind embossing *n*: TIPO gofrado en seco, estampado en seco, golpe seco; también llamado *blind-blocking*, se le llama *blind* –ciego– a este tipo de impresión en relieve porque el estampado queda en seco, sin dorar; V. *debossed*.

blink *n/v*: IMAGEN parpadeo, pestañeo, destello; parpadear, destellar; V. *glitch, snag*.

blister pack *n*: MKTNG envase burbuja; empaquetado vesicular; embalaje de plástico de burbuja, también llamado *skin pack*; V. *breathing package, bulge packaging, corrugated box*.

blitz *n/v*: GRAL campaña publicitaria intensa; bombardeo/ataque publicitario intenso; bombardear ◊ *Launch an advertising blitz*; V. *advertising blitz, gradual build-up campaign, advertising drive*.

block[1] *n*: RADIO/TV/PUBL bloque, bloque temático, bloque publicitario; bloque genérico; franja horaria; se trata de una serie de espacios radiotelevisivos de temática similar programados de forma consecutiva en una franja horaria –*day-part*– ◊ *The evening children's block*. [Exp: **block**[2] (GRÁFICA plancha, grabado; cliché; es una forma elíptica de *engraved block*; V. *block pull*), **block-booking**[1] (GRAL reserva-s en bloque o grupo, reserva colectiva; alude a la práctica, frecuente entre las empresas y las instituciones, de reservar bloques importantes de entradas para el teatro, la ópera, el cine o los espectáculos en general, poniéndolas después a disposición de los clientes o invitados a los que desean agasajar ◊ *Make a block booking for a concert*), **block-booking**[2] (CINE reserva por bloques o lotes; práctica corriente por la que los intermediarios y exhibidores cinematográficos se ven obligados a alquilar lotes de películas para su proyección en los cines que representan; en cada lote suelen entrar, junto con las cintas apetecidas, algunas que no lo son tanto; V. *booking*), **block out** (CINE/IMAGEN eliminar partes de un negativo opacando –*opaquing*– u ocultando con máscaras –*masking*–), **block programming** (RADIO/TV programación por bloques), **block pull** (GRÁFICA prueba de cliché), **block quote** (TIPO cita sacada del cuerpo del texto; también se la llama *pull-quote* y *extract*), **blockbuster** *col*

(CINE/RADIO/TV/MKTING) película superta-
quillera, éxito de taquilla ◊ *A huge blockbuster of a novel!*; también se emplea
para aludir a programas de radio o de
televisión, o a productos, cuyos índices
–*ratings*– de audiencia, o de venta, son
superiores a los esperados; V. *bomb,
draw²*, *HUT, PUT, PUR, PVT, metered
market*), **blocked paragraph** (GRÁFICA
párrafo no sangrado, también llamado
full-out)].

blooming *n*: TV exceso de brillo de la imagen, pérdida de nitidez por esta causa,
saturación por exceso de iluminación;
«eflorescencia».

bloop *n*: AUDIO distorsión del sonido, ruido sordo o hueco, ruido de empalme
–*splice*–; ruido no deseado; se debe a la
interrupción de la señal acústica en una
banda sonora –*soundtrack*– o una cinta
–*tape*– en el punto de empalme, o al roce
del empalme al pasar por encima del
cabezal –*sound head*–; a veces se emplea
por *blooping patch*; V. *deblooping, bias²*.
[Exp: **blooper** *US col* (CINE error, metedura de pata *col*; son los errores verbales
–*verbal gaffes*– o disparates –*howlers*–
cometidos por los actores), **blooping
patch** (CINE parche que tapa un empalme
en una banda sonora o cinta; su función
es suavizar el ruido –*cover the noise*–, o
distorsión –*bloop*–, producido por el contacto entre el empalme y el cabezal o
sound head)].

blotting paper *n*: GRÁFICA papel secante.

blow *n/v*: GRAL golpe; soplar. [Exp: **blow-in
card** (PRENSA encarte; hoja o folleto que
se introduce en un periódico o revista
para repartirlo con él; boleto o anuncio
suelto incluido en una revista, etc.; a
veces se trata de un boletín de suscripción que los lectores interesados en abonarse pueden cumplimentar y enviar por
correo), **blow up** (IMAGEN/GRÁFICA
ampliar), **blowup** (IMAGEN ampliación

fotográfica ◊ *The walls of the foyer were
covered with blowups of film stars*)].

blue¹ *a*: GRAL azul; verde *col*, porno, golfo,
picante; curiosamente, en inglés, el color
asociado con lo obsceno, lascivo o pornográfico en cine, literatura, chistes, etc.,
no es el verde sino el azul ◊ *A blue joke*;
blues. [Exp: **blue²** (IMAGEN negativo para
una plancha de offset, también llamado
silver print), **blue book** (AUDIO/IMAGEN
libro azul; contiene los parámetros nor-
malizados del láser disc; V. *CD standards*), **blue movie** *col* (CINE película
porno, película golfa ◊ *Private viewings
of blue movies*; V. *skinflick, smoker,
nudie, stag movie; NC-17, PG, PG-13,
porn, porno, pornography, X, X-rated,
XXX*), **blue pencil, blue-pencil** *col*
(MEDIOS lápiz azul utilizado para marcar
un fragmento de texto que ha de supri-
mirse, normalmente por contener conceptos o expresiones considerados ofensivos
o demasiado fuertes; por extensión significa «censura o supresión»; como verbo
se escribe con guión y significa «tachar,
suprimir, censurar» ◊ *The censor blue-
pencilled the entire paragraph*), **blue
screen process** (CINE pantalla azul; es
una técnica muy habitual utilizada para
crear imágenes múltiples –*multiple images*– para secuencias con efectos especiales –*special effects sequences*–; se filma a a los actores en un estudio sobre un
fondo liso azul –*a featureless blue background*–, y la imagen resultante se combina con fondos distintos en una impresora óptica –*optical printer*–; V. *travelling matte*), **blueline, blueprint** (GRÁFI-
CA ferroprusiato, ferro, prueba de
impresión en offset, prueba fotográfica,
cianotipo), **blueprint** (GRAL ferro[prusia-
to], cianotipo; es la copia fotográfica
–*photographic reproduction*– de planos
–*architectural plans*– o dibujos técnicos
–*technical drawings*– obtenida en papel

de fondo azul –*blue background*– sensibilizado con ferroprusiato de potasa), **blueprint paper** (GRÁFICA papel heliográfico; V. *paper*), **blues** (AUDIO blues, música blues; en inglés designa tanto la canción en sí, como en *play a blues*, como el tipo de música, cuyo contenido es normalmente un lamento –*lamentation*–, con una estructura de doce compases –*12 bar-structure*– y estrofas de tres versos –*three line stanzas*–; V. *country, dance music, disco music, folk music, ethnic music, grunge, hard rock, house music, reggae, pop, punk rock, rap, rock and roll, soul music*)].

blur *v/n*: IMAGEN hacer borroso, desdibujar, restar nitidez a, desenfocar; imagen borrosa, impresión poco nítida ◊ *The movement of the camera blurred the picture*; V. *fogging, in focus; smudge, jaggies*. [Exp: **blur pan** (IMAGEN/CINE barrido rápido; el efecto de este movimiento de la cámara, también llamado *swish pan, whip* y *zip pan*, es que sólo aparecen con nitidez las escenas iniciales y finales, mientras que las centrales quedan borrosas), **blurred** (IMAGEN borroso, movido, desdibujado, desenfocado ◊ *The photograph was so blurred that the girl's features couldn't be distinguished*; V. *fuzzy, hazy; sharp; soft; focus in/out; fade in/out; aberration, out of focus*)].

blurb *col n*: PUBL nota publicitaria; texto de sobrecubierta; aunque normalmente se refiere a las que aparecen en las sobrecubiertas o camisas de un libro –*jacket, wrapper*– su uso se ha generalizado a las notas publicitarias de carácter laudatorio.

board[1] *n*: GRAL tabla, tablero, placa; conglomerado; V. *drafting/review board; drawing board; keyboard*. [Exp: **board**[2] (GRAL tablón [de anuncios], letrero, cartel, panel, placa ◊ *Pin up personal ads on a notice board*; V. *sign; billboard, bulletin/notice board; clapper board; elec-*

tronic notice board, number board; scoreboard; take board; storyboard), **board**[3] (GRÁFICA papel duro y resistente; V. *bristol board, cardboard, foam board*), **board**[4] (GESTIÓN junta, comisión, órgano rector o directivo, consejo de administración ◊ *The Board of Film Censors; a board of enquiry*; V. *consulting board, panel*), **board**[5] (AUDIO/IMAGEN consola, banco, mesa, panel; sala de mezclas, y además forma elíptica de *control/switch/dimmer board* –cuadro de luces, panel de control–; V. *master control, console*), **board**[6] (GRAL se emplea en expresiones como *across-the board* –lineal–), **board fade** (AUDIO atenuación controlada en la consola –*console*– de sonido de una grabación hecha en un estudio; también se le llama *production fade*), **board paper** (GRÁFICA cartulina), **boardroom** (GESTIÓN sala de juntas; V. *assembly room*)].

Bodoni dash *n*: MKTNG guión afilado; también llamado *tapered dash*.

body *n*: GRAL cuerpo. [Exp: **body copy** (TIPO texto, cuerpo, cuerpo de texto; ① es el texto principal de un artículo que sigue a la entradilla o *lead*; ② es el texto de un anuncio escrito con el mismo cuerpo –*type size*– excluyendo los titulares o subtitulares; también se llama *text*), **body double** (CINE doble; V. *double*), **body matter** (TIPO cuerpo de texto, tipografía), **body type** (TIPO tipo de cuerpo/letra, cuerpo de letra; este cuerpo, que no suele ser superior a 14 puntos, es el propio de los anuncios –*ads*–, folletos simples –*handbills, flyers*–, folletos ilustrados –*brochures*–, boletines informativos –*newsletters*–, y es distinto al de los titulares –*headlines, heading*–, los cuales utilizan los grandes tipos –*display types*–, que son superiores a 14 puntos)].

bold, boldface, bold typed *n*: TIPO negrita, negrilla, letra negrita; V. *italic, type family, typeface; lead-in paragraph*.

bomb[1] *col n*: CINE bombazo *col*, exitazo; se aplica en Gran Bretaña a películas de éxito arrollador –*rousing success*–; V. *blockbuster, go like a bomb*. [Exp: **bomb**[2] *US col* (CINE petardazo *col*, fracaso; se aplica en Estados Unidos a aquellas películas comercialmente ruinosas), **bombard [with propaganda]** (PUBL bombardear con propaganda), **bombard [with questions]** (GRAL bombardear a preguntas), **bombardment** (GRAL/PUBL bombardeo [de preguntas, anuncios, etc.])]

bond[1] *n/v*: GESTIÓN contrato, caución, obligación; garantizar, consolidar. [Exp: **bond**[2] (GRAL bono), **bond**[3] (GRAL fianza, garantía, caución; garantizar), **bond**[4] (GRAL vínculo, lazo), **bond paper** (GRÁFICA papel fino de carta, papel de hilo, papel de alta calidad; V. *paper*), **bonding** (MKTNG vínculos/lazos de unión [comercial, empresarial, etc.]; V. *brand loyalty*)].

bonus *n*: GRAL bonificación; prima; plus; gratuito; en uso atributivo se puede traducir por «gratuito, adicional, extraordinario, etc.» ◊ *Bonus ticket, bonus issue*; V. *discount, compensation, premium*[1]. [Exp: **bonus circulation** (GRAL ejemplares adicionales gratuitos; se envían como premio y sin cargo alguno a los anunciantes), **bonus spot** (GRAL reposición/repetición gratuita de un anuncio, llamada también *make good*; se compensa así al anunciante cuando ha habido un error, omisión o corte en una emisión anterior; V. *compensation*)].

boo *col v/n*: GRAL abuchear; abucheo; V. *give sb the bird, hiss, catcall*.

boob *col n*: LING/GRÁFICA gazapo, metedura de pata; V. *goof, clanger, misprint, error, mistake, gaffe*.

book[1] *n*: GRAL/CINE libro, libreto; en el cine es la parte no cantada –*the unsung part*– de un musical –*musical*–; V. *blue book*.

[Exp: **book**[2] (GRAL libro; reservar ◊ *Book advertising space in a magazines; book tickets for the cinema*; en el mundo de la alta costura –*haute couture*– se ha extendido últimamente la moda de referirse al «book» en el sentido de *engagement book* –agenda de trabajo–, aunque a veces la acepción que se le da es la de «currículum»; V. *composite*), **book ahead** (GRAL reservar anticipadamente o con antelación), **book-keeping** (GESTIÓN teneduría de libros, contabilidad; V. *accountancy; assets, liabilities*), **book token** (MKTNG vale para comprar un libro), **bookbinder** (GRÁFICA encuadernador; V. *bind*), **bookends** (RADIO/TV apertura y cierre de bloque; anuncio idéntico al principio y al final de un bloque publicitario –*advertising break*–; es un formato de emisión publicitaria consistente en colocar dos anuncios idénticos al principio y al final de un bloque, interponiendo entre ambos publicidad de otros anunciantes; literalmente significa «sujetalibros», ya que el arreglo recuerda la utilización de figuras o adornos colocados a ambos extremos de un estante o repisa como soportes de una hilera de libros; V. *adjacency, first in the break; in-programme placement, break position*), **booking**[1] (GRAL reserva, contratación ◊ *The theatre company has 3 bookings for European venues next month*; V. *block-booking*), **booking**[2] (GRAL programación ◊ *The advertisers paid extra for Christmas bookings*), **booking contract** (GESTIÓN/CINE/TV contrato de actuación o de derechos de emisión ◊ *Sign a booking contract with a rock group*), **booklet** (PUBL folleto; V. *brochure*), **bookmark** (GRAL/GRÁFICA/INTERNET marcador, señalador; en Internet es una señal o recordatorio –*reminder*– que los internautas –*internauts*– crean en su navegador para marcar un lugar interesante –*an interest-*

ing site– encontrado en Internet para volver a él posteriormente; V. *browser, internaut; leaf*)].

boom[1] *n*: MKTNG alza, auge, bonanza; expansión; en posición atributiva significa «expansivo», «en bonanza», «en alza/expansión»; V. *fall, rise*. [Exp: **boom**[2] (CINE jirafa; caña, brazo; soporte [de micrófono]; es un brazo telescópico móvil *–movable arm–* montado sobre un trípode, empleado en los platós cinematográficos *–sets–*, en cuyo extremo se coloca un micrófono, un foco o una cámara; también alude al movimiento de la cámara por medio de la jirafa; V. *tongue, giraffe, mike boom*), **boom operator** (CINE operador de jirafa), **boom shot** (CINE plano aéreo [con ayuda de jirafa], también se llama *crane shot* y *high-angle shot*)].

boost[1] *n/v*: GRAL estímulo, empujón, incentivo, inyección, impulso; estimular ◊ *Give sb's career a boost*; V. *kick, loudness*. [Exp: **boost**[2] (PUBL propaganda, publicidad, bombo; dar bombo o publicidad, fomentar, potenciar, elevar, incrementar ◊ *Boost the popularity ratings of a TV show*; V. *ballyhoo, hype; build-up, puff*), **boost sales** (MKTNG aumentar las ventas ◊ *Boost sales of a product*; V. *advertising appropriation*), **booster** (RADIO/TV repetidor [de radio, televisión]; y también recibe el nombre de *repeater station* o *relay station*, porque refuerza y aumenta *–boosts–* la señal antes de retransmitirla; V. *transmitter, broadcast*), **booster cable** (GRAL cable de conexión, cable de arranque, también llamado *jumper cable* ◊ *Connect a battery to a power source with a booster cable*), **booster light** (CINE luz de relleno; se utiliza para reforzar la luz natural *–natural daylight–*, o para aumentar la luz del plató *–set–*)].

booth *n*: AUDIO cabina; V. *film projection booth*.

bootleg *n*: CINE copia pirata ◊ *There are heavy fines in Spain on bootleg films*; es una copia no oficial *–unofficial–*, copiada o distribuida ilegalmente *–illegally copied or distributed–* de una película, a menudo de mala calidad *–poor quality–*; a veces aparecen antes de que se estrene la película *–before the movie is released–* o si se ha prohibido *–banned–* en un país determinado.

border *n/v*: GRÁFICA margen, contorno, canto, filete, cenefa; ribetear ◊ *The ad appeared enclosed in tasteful green border*; V. *bleed, rule*[2]*, edge, frame, fillet; boxed*.

bought-in price *n*: MKTNG precio de adquisición en almacén; V. *markup margin; buy*.

boss[1] *n*: GRAL jefe; V. *above the line people, account director, top manager; brass; high ranking; upper echelon; big cheese/gun/shot/wig*. [Exp: **boss**[2] (TIPO relieve, realce, adorno saliente ◊ *Put a gold boss on the lettering*; V. *emboss, debossed*)].

Boston Consulting Group portfolio analysis *n*: MKTNG análisis de carteras de productos del Grupo de Consultores de Boston; también llamado *BCG portfolio*; es una de las técnicas de análisis de carteras de productos *–products, SBU–* basada en dos criterios, el crecimiento del mercado *–market growth–* y la cuota relativa de mercado *–relative market share–*; de acuerdo con este análisis nacen cuatro estrategias de inversión de productos, a saber, de crecimiento *–build–*, de mantenimiento *–hold–*, de recogida de beneficios *–harvest–* y de desinversión *–divest–*; de acuerdo con la cuota relativa de mercado, los productos se clasifican en *star, cash cow* y *dogs*.

bottle hanger *n*: MKTNG collarín; anuncio que cuelga de una botella en forma de etiqueta.

bottom *n*: GRAL/MKTNG parte inferior; fon-

do; se emplea en expresiones como *The bottom has fallen out of the market* –se ha hundido/derrumbado el mercado; los precios están en caída libre en el mercado–; V. *bottom out.* [Exp: **bottom line**[1] (GESTIÓN línea de rentabilidad; saldo final o total; balance final; líquido a recibir), **bottom line**[2] (GRAL meollo de un asunto, punto esencial o fundamental ◊ *The bottom line is we need to find a new producer*; el origen de esta expresión parece ser el formato clásico de la nominilla, en la que el sueldo bruto y los descuentos aparecen en renglones sucesivos, para terminar con el «último renglón» o *bottom line*, en el que se expresa el total a percibir, que es lo más importante; se aplica a «asunto de mayor importancia o significado en una campaña, venta de producto, etc.»), **bottom line**[3] (PUBL/ MKTNG punto de mayor importancia o significado en una campaña, venta de producto, etc.), **bottom line is, the** *col* (GRAL/MKTNG en una palabra, en resumidas cuentas, fuera de rollos *col* ◊ *The bottom line is we're broke*), **bottom out** (GESTIÓN superar el punto más bajo; tocar fondo; alcanzar el punto más bajo y empezar la recuperación; V. *bottom*), **bottom page** (PRENSA/PUBL faldón, pie de página; es el anuncio que ocupa la parte inferior de la página de una publicación), **bottom price** (MKTNG precio último)].
bounce[1] *n/v*: IMAGEN/GRAL rebote, rebotar; V. *beamback, closed-circuit TV.* [Exp: **bounce**[2] (INTERNET rebote; es la devolución de un mensaje de correo electrónico –*e-mail message*– debido a error en la entrega –*delivery error*–; V. *electronic mail*), **bounce card, bounce board** (IMA-GEN reflector; es un cartón o lámina blanca utilizada para reflejar la luz sobre un objeto), **bounced light** (IMAGEN luz rebotada; se emplea para producir varios efectos, entre ellos, una ambientación de

época; V. *ambient light, artificial light, backlight, balancing light, key light, filler light, spot light*)].
boutique *n*: GRAL/PUBL agencia especializada; en publicidad se emplea el término *boutique* para aludir a la agencia, estudio u oficina especializada en algunos aspectos de la publicidad, por ejemplo, la redacción de textos –*copy*–, el diseño –*design*–, la compra de espacios publicitarios –*media buying service, space/time buying specialist*– etc., trabajos que realiza por encargo; V. *creative boutique, advertising agencies.*
box[1] *n/v*: MKTNG caja, cajón, estuche; recuadro; enmarcar; V. *can, packaging, crate, pack, box.* [Exp: **box**[2] (PRENSA/MEDIOS cabina; V. *press box, press gallery*), **box**[3] (CINE caja; taquilla; V. *apple box*), **box**[4] *col* (TV tele *col*; caja tonta *col*; V. *idiot box*), **box office, BO** *US* (CINE taquilla; se aplica tanto al lugar de venta de entradas o billetes como a la recaudación obtenida por dicha venta ◊ *A smash hit at the box office*; V. *gate, hit*), **box-office flop** (CINE fracaso de taquilla, película muy mala; V. *bomb*[2]), **box-office hit/success** (CINE taquillero; éxito de taquilla, película taquillera; V. *bomb*[1], *run*[5]), **box-office receipts/takings** (CINE taquilla, ingresos por taquilla, taquillaje), **box set** (CINE espacio cerrado por medio de decorados; V. *stage set*), **box-top offer** *US* (MKTNG oferta de reclamo; oferta con premio contenido en la tapadera del envase), **boxed** (GRÁFICA [texto] enmarcado; puede ser por los cuatro lados o sólo por la parte inferior y la superior; V. *border, frame*), **boxed set** (MKTNG juego completo de artículos presentado en una caja)].
braces *n*: TIPO corchetes redondos, { }; V. *punctuation devices, square brackets, parenthesis, angle bracket, angle*[3].
brackets *n*: TIPO paréntesis, ( ); también lla-

mado *parenthesis*; V. *square brackets, parenthesis, angle bracket, angle*[3].

brainstorming *n*: MKTNG tempestad/tormenta/lluvia/debate de ideas; técnica de grupo utilizada en publicidad, que consiste en celebrar sesiones intensas de intercambio de ideas a fin de generar otras nuevas ideas en un corto período de tiempo; V. *conference, nominal group technique; focus group, group discussion.*

branch[1] *n/v*: MKTNG rama, sector, línea; ramificarse; V. *branch of business*. [Exp: **branch**[2] (GESTIÓN sucursal; dependencia; delegación comercial), **branch of business/economic activity** (MKTNG línea comercial; sector de la actividad económica), **branch out** (GESTIÓN expandir, ampliar o diversificar las actividades de una empresa), **branch out on one's own** (MKTNG establecerse uno por su cuenta)].

brand[1] *n*: MKTNG marca; es el nombre, debidamente registrado, de un producto o servicio; consta de un símbolo –*symbol*–, de una o de varias palabras, de una señal –*mark*–, o de la combinación de todos ellos, con el objetivo de distinguir los productos o servicios de una empresa de los de la competencia –*competitors*– ◊ *The brand name is an important part of a company's assets*; V. *model, type, leader brand, private brand, trade brand*. [Exp: **brand**[2] (MKTNG calificar, etiquetar; V. *make, model; label, name brand; consumer brand*), **brand acceptance** (MKTNG aceptación o preferencia por una marca), **brand awareness** (MKTNG conocimiento/conciencia de marca; es el conocimiento que tienen los consumidores del nombre de un producto o servicio y de sus características; V. *aided brand awareness*), **brand barometer** (MKTNG barómetro/indicador de marcas), **brand development index, BDI** (MKTNG índice de éxito o profundización de una marca;

consiste en una tabla numérica del crecimiento o declive en la popularidad de una marca determinada), **brand franchise** (MKTNG franquicia o [con]cesión de marca; alude a la cesión del derecho de explotar una marca determinada), **brand image** (MKTNG imagen de marca; V. *corporate image; image*), **brand leader** (MKTNG marca líder en el mercado; alude al artículo que se considera el mejor en su campo), **brand loyalty** (MKTNG lealtad/fidelidad de marca; es la fidelidad de un consumidor a una marca/casa comercial determinada; V. *brand rating, bonding*), **brand management/manager** (MKTNG gestión/gestor de la marca [de la empresa] encargado de su promoción; V. *advertising agency*), **brand name** (MKTNG nombre de marca; marca de fábrica; V. *name brand*), **brand name product** (MKTNG producto de marca registrada), **brand-new** (MKTNG a estrenar, flamante, novísimo; recién salido de fábrica), **brand preference** (MKTNG preferencia de marca), **brand rating** (MKTNG valoración de la marca; V. *brand loyalty*), **brand recognition** (MKTNG reconocimiento de una marca), **brand reliability** (GRAL/MKTNG fiabilidad de marca; V. *reliability, demarketing*), **brand-switching** (MKTNG cambio de marca; tendencia de los consumidores a cambiar de marca ◊ *Conduct research into the phenomenon of brand-switching*), **brand-switching model** (MKTNG modelo del cambio de marca; este modelo analiza la probabilidad de que los consumidores cambien de marca), **branded goods** (MKTNG artículos de marca), **branding** (MKTNG asignación de un nombre de marca a un producto o servicio; marcación; su fin es la diferenciación del mismo en el mercado; V. *marketing*)].

brass[1] *n*: AUDIO [instrumentos de] metal. [Exp: **brass**[2] *col* (GESTIÓN ejecutivos;

jefes máximos ◊ *She belongs to the firm's top brass*; V. *account executive, account director, above-the-line people; top manager*)].

breach of duty/statutory duty *n*: DER violación de una norma legal; V. *infringement*.

break[1] *v/n*: GRAL romper; ruptura, corte; desconexión; interrupción, descanso; entreacto, intermedio ◊ *The actors had a break between takes*; V. *chain break; station break, page break*. [Exp: **break**[2] (MEDIOS producirse una noticia ◊ *Wherever news is breaking a journalist must always be present*), **break**[1] (RADIO/ TV bloque publicitario, pausa, descanso, interrupción; corte para la publicidad; normalmente se emplea con el sentido de *advertising break*, esto es, pausa para la publicidad; bloque publicitario; interrupción para la publicidad; es el espacio publicitario entre dos programas radiofónicos o televisivos diferentes o entre segmentos de un mismo programa; cada bloque consta de varios anuncios –*advertisements*– o *spots*; V. *adjacency; break position, first in the break, middle break; section*), **break away** (GRAL escindirse, desprenderse, independizarse ◊ *They broke away from the Hollywood company and founded an independent studio*; V. *breakaway*), **break down** (GRAL desglosar, analizar pormenorizadamente), **break even** (MKTNG cubrir gastos, recuperar las pérdidas, quedarse como se estaba, no ganar ni perder; en inglés americano significa iniciar una etapa de beneficios o de recuperación económica), **break-even point** (MKTNG umbral de rentabilidad, punto de equilibrio; punto crítico, punto muerto; punto de equilibrio de ingresos), **break position** (GRAL posición de apertura o de cierre; alude a la posición ocupada por un anuncio en el bloque publicitario –*advertising break*–; equivale a *ad-*

jacency; V. *first in the break, in-programme, bookends*), **breakage** (GESTIÓN redondeo; puede ser por exceso o por defecto), **break the line** (GRÁFICA salir de línea), **break the news** (MEDIOS dar una noticia, informar de lo sucedido), **breaking news** (MEDIOS noticia de última hora, avance informativo, primeras noticias o informaciones ◊ *The death of the Prime Minister was breaking news*; alude por lo general a las primeras noticias sobre un suceso de gran impacto cuyos detalles aún no se conocen con seguridad; V. *banner headlines, scoop*), **breaking the 180 degree rule** (CINE/IMAGEN infringir la regla de los 180 grados; V. *crossing the line*)].

breakaway[1] *n/v*: GRAL escisión, ruptura; escindido, separado, que se ha independizado de la organización a la que pertenecía ◊ *A breakaway production agency*; V. *independent*. [Exp: **breakaway**[2] (CINE atrezo –*prop*– [de material ligero] que debe desplomarse o romperse en una escena [y no herir a los actores])].

breakdown[1] *n*: GRAL/AUDIO/IMAGEN fallo, avería, fracaso, ruptura [de negociaciones], colapso ◊ *An electric breakdown was the cause of the blackout*. [Exp: **breakdown**[2] (GRAL/CINE desglose, estudio/ análisis detallado; estudio de costes ◊ *Prepare a breakdown of production costs*; en el mundo del cine, tales desgloses se basan en las exigencias del guión e incluyen el cálculo del número y clase de actores necesarios para el rodaje –*shooting*– y otros gastos de reparto –*cast list*–; V. *casting, demographic breakdown*)].

breakfast *n*: TV emisión a la hora del desayuno; V. *daypart, daytime*.

breathe *v*: GRAL respirar; se dice de los elementos de un anuncio cuando no están amazacotados o apretujados; V. *shoehorn, air*[1]. [Exp: **breathing package** (MKTNG paquete ventilado; permite la entrada/salida de aire; V. *blister pack, bulge packaging, corrugated box, bubble card/pack*)].

bridge[1] *n/v*: GRAL puente; salvar las diferencias. [Exp: **bridge**[2] (PRENSA anuncio en dos páginas distintas; el de la primera, que suele ser un inductor publicitario –*teaser*–, remite al de la otra página; V. *central spread, double spread*), **bridge music** (CINE música puente, música de enlace; es la que enlaza secuencias separadas), **bridging shot** (CINE plano puente, plano de continuidad o de enlace; estos planos sirven de puente o enlace entre secuencias separadas entre sí por un salto en el tiempo o el espacio; como ejemplo, se podrían citar planos en los que se ve la caída de las hojas de un calendario, el movimiento de las agujas de un reloj, el cambio de las estaciones, un titular de prensa, etc.), **bridging title** (CINE título de enlace, título puente)].

brief[1] *v*: GRAL informar, dar instrucciones u órdenes, poner en antecedentes, preparar ◊ *He was well briefed before he gave the interview.* [Exp: **brief**[2] (CINE entrada para un cine, teatro u otro espectáculo ◊ *She managed to get hold of four briefs for the show*; V. *ticket, complimentary ticket*), **brief**[3] (GRAL/MEDIOS breve, resumen, compendio, extracto; se encuentra en expresiones como *brief outline* –breve resumen–; V. *abridgment, abstract, summary, brief, rundown; broad outline*), **briefing**[1] (GRAL/PUBL instrucciones, órdenes; informe preparatorio, sesión informativa o preparatoria ◊ *Receive a thorough briefing before meeting the press*; V. *press briefing*), **briefing**[2] (PUBL propuesta de anuncio; ① esta oferta la entrega el anunciante a la agencia y contiene información sobre las características del producto, el mercado, el anuncio deseado o sugerido, etc.; ② también es el acto de entregar este documento; V. *account*

planner, think period; conference, brainstorming, group discussion, briefing)].

bright *a*: GRAL brillante, reluciente; V. *murky, dark, dim.* [Exp: **brightness** (CINE brillo, luminosidad; es la cantidad de luz recibida de un sujeto; V. *lightness, blooming, hue, luminance, shade, tint, tone, value*), **brightness range** (IMAGEN gama de tonos)].

Bristol board/paper *n*: GRAL cartulina; V. *papier maché, cardboard.*

British Actors Equity Association, BAEA *n*: CINE sindicato de actores británicos, esto es, *British Actors Equity Association*; V. *equity.* [Exp: **British Association of Film and Television Arts, BAFTA** (CINE Asociación Británica de las Artes Cinematográficas y Televisivas), **British Broadcasting Corporation, BBC** (RADIO/TV BBC, emisora oficial de radio y televisión del Reino Unido; V. *the Beeb, Auntie*), **British Film Institute, BFI** (CINE Instituto de Cinematografía Británico), **British Rating and Data, BRAD** (MKTNG Instituto Británico de Medios y Audiencias), **British Society of Cinematographers, BSC** (CINE Sociedad de cinematografía británica)].

broad[1] *a*: GRAL ancho; V. *narrow.* [Exp: **broad**[2] (AUDIO proyector, foco/reflector de luz de gran angulación, también llamado *broadside*; V. *scoop*[3], *floodlight*), **broad outline, in** (GRAL a grandes rasgos; V. *brief outline*), **broadband** (AUDIO banda ancha; V. *bandwidth, narrowband*), **broadsheet, broadside** (PRENSA/PUBL periódico de tamaño estándar, que es el grande; prensa de calidad, también llamada coloquialmente *heavies*; aunque el término describe el formato, en Gran Bretaña se asocia también con la calidad y seriedad de los contenidos y el tratamiento dado a las noticias, en contraste con la vulgaridad de los llamados *tabloids*; también se aplica al anuncio del tamaño anterior; *broadside* en publicidad también puede ser un «folleto publicitario»; V. *quality press, heavies* col), **broadside**[1] (PRENSA/PUBL periódico de tamaño estándar; equivale a *broadsheet*), **broadside**[2] (CINE foco de gran angulación; equivale a *broad*[2])].

broadcast *n/v*: RADIO/TV emisión, transmisión; emitir, transmitir por radio o televisión, anunciar por radio o televisión ◊ *Broadcast a message to the nation*; V. *air; put out, issue, run, publish*. [Exp: **broadcast advertisements** (RADIO/TV anuncios radiotelevisivos, anuncios emitidos por radio o televisión; V. *publicize*), **broadcast media** (MEDIOS medios radiotelevisivos; V. *visual media, audio-oral media, audiovisual media*), **broadcast station** (RADIO/TV emisora de radio o de televisión), **broadcaster**[1] (TV emisora o cadena de televisión; en esta acepción el término se refiere a la emisora considerada como empresa propietaria de los programas emitidos ◊ *The broadcaster is the copyright-holder of the programme*), **broadcaster**[2] (RADIO/TV presentador de radio o de televisión, figura de la radio o de la televisión ◊ *Work as a broadcaster on a radio station*; V. *announcer*[2], *radio announcer, anchor, host; NAB*), **Broadcasters' Audience Research Board, BARB** (TV comisión de investigación de las audiencias televisivas; tiene contadores de programas en 4.435 hogares), **broadcasting** (RADIO/TV emisión; V. *reception*), **broadcasting centre** (RADIO/TV emisora, estudios, centro emisor de radio o de televisión), **Broadcasting Standards Commission** (RADIO/TV Comisión para la Vigilancia y Control de la Radiodifusión; organismo británico encargado del seguimiento de los programas emitidos por las cadenas de televisión y las emisoras, tanto públicas como privadas, de Gran Bretaña; en particular tiene encomendada la tarea de establecer y mantener unas normas o criterios –*standards*– socialmente aceptables en lo tocante a los contenidos éticos de los programas, y de velar por su cumplimiento; V. *Advertising Standards Association; watchdog*)].

broadside[1] *US n*: GRAL andanada; invectiva, crítica fuerte, rapapolvo ◊ *The boss fired a broadside at the production staff*. [Exp: **broadside**[2] *US* (PRENSA folleto publicitario, anuncio de gran tamaño, habitualmente impreso por una sola cara; V. *brochure*)].

Broadway *US n*: GRAL/CINE Broadway ◊ *A Broadway show/production*; físicamente, alude a una avenida del centro de Nueva York y, por extensión, al barrio cercano a Times Square en torno a dicha avenida y la Calle 45, que es donde se encuentran algunos de los teatros más famosos de los EE.UU.; por antonomasia, se entiende como el *legitimate theatre* –teatro clásico, teatro-teatro o teatro de autor– estadounidense; tras la consolidación de Broadway como centro teatral en los años treinta y cuarenta, se empezó a emplear el término como sello de calidad en los contratos de actuación firmados entre las distintas agencias teatrales y los actores afiliados a los sindicatos oficiales; a partir de los años cincuenta, estos contratos ya distinguen entre las representaciones *Broadway* y las *Off-Broadway* –de segundo rango–; un tercer rango o tercera categoría –la de *Off-Off-Broadway*– empieza a reconocerse a partir de la década de los sesenta; de esta manera, la denominación de *Broadway* está más relacionada con la categoría de teatro que con la ubicación física del mismo, por lo que un teatro catalogado como tipo *Broadway* puede no encontrarse en esa calle, mientras que uno sito en la célebre avenida puede merecer la clasificación de *Off-Broadway*; al margen de estas distinciones, algunos de los teatros de la zona están asociados desde los años treinta con los espectáculos musicales, inmortalizados en las series cinematográficas de las *Broadway Melodies* de los años treinta y cuarenta.

brochure *n*: PRENSA prospecto, folleto publicitario, folleto ilustrado, normalmente en papel *cuché*; V. *pamphlet, flyer*.

broker *n*: MKTNG/GESTIÓN corredor, [agente] comisionista, intermediario; agente de valores y bolsa; V. *jobber, agent, representative, channel of distribution*.

bronze proof *n*: IMAGEN prueba de bronce, también llamada *glassine*[2].

brown *a*: GRAL marrón. [Exp: **brown goods** (MKTNG línea marrón; productos de la gama marrón, como televisores, radios, etc.; V. *white goods*), **brown paper** (GRAL papel de estraza, papel de embalar; V. *gray paper*)].

browse *v*: INTERNET navegar, analizar; V. *surf*. [Exp: **browser** (INTERNET navegador, visualizador, visor; es un programa –*a software programme*– que permite a los usuarios –*users*– acceder a documentos en la red; V. *HTML*)].

brush *n*: GRÁFICA/DISEÑO pincel; V. *airbrush, paintbrush*.

brute *n*: CINE/TV luz de alta intensidad, luz de lámpara de arco; bruto; también llamada *arc light*, se emplea en el plató para simular escenas al sol; V. *minibrute; ambient light, artificial light, backlight, balancing light, key light, filler light, spot light; footlights*).

bubble card/pack *n*: MKTNG embalaje de plástico de tipo burbuja; V. *breathing package; blister pack; bulge packaging; corrugated box; bubble card/pack*.

bucket *n*: IMAGEN cubeta de revelado.

bud *n/v*: GRAL yema; flor, crecer. [Exp:

budding (GRAL en ciernes, en gestación, en desarrollo ◊ *Give financial aid to the budding theatre industry in the city*; V. *developing, in the making*), **budding actors** (ESPEC/CINE principiantes; V. *trial performance*), **buddy films** col (CINE película de colegas; película de amigos; son películas en las que se resalta el compañerismo –*companionship*– entre dos personas; V. *road movie*)].

budget[1] *n*: GESTIÓN presupuesto; V. *appropriation; advertising budget*. [Exp: **budget**[2] (GRAL/GESTIÓN de coste reducido, de precio reducido; funciona como eufemismo de *cheap* en expresiones como *budget travel* o *budget cruises* –viajes económicos, cruceros económicos–; V. *low cost, low price, low priced, reduced price, economical, inexpensive; poundstretcher; expensive*), **budget cut** (GESTIÓN recorte presupuestario)].

buff col *n*: CINE aficionado, experto, entendido, entusiasta; alude sobre todo al cinéfilo o al entendido en teatro, pudiéndose expresar más claramente la materia del entusiasmo mediante términos combinados como *film buff, theatre buff*, etc.; parece ser que el origen del término hay que buscarlo en el color *buff* –color gamuza, color de ante o beis– de los uniformes de los primeros integrantes del cuerpo de bomberos voluntarios de Nueva York, que se caracterizaba por su entrega y entusiasmo; V. *cinephile, cineast, film buff; crit, matinée*. [Exp: **buffer**[1] (GRAL amortiguador, parachoques ◊ *Press officers often act as buffers between the organization and the hostile public*; V. *cushion*), **buffer**[2] (IMAGEN/AUDIO memoria intermedia ◊ *Computer data is briefly stored in a buffer before being sent to the printer*; V. *RAM*), **buffer fund** (MKTNG fondo de regulación/estabilización; existencias de seguridad; V. *strategic marketing*)].

bug *col n*: GRAL fallo técnico.

build *v*: GRAL construir, edificar; levantar, aumentar. [Exp: **build strategy** (MKTNG estrategia de ampliación; consiste esta estrategia de inversión –*investment strategy*– en aumentar –*increase*– los fondos de promoción –*promotional funds*– de un producto –*SBU, product*– con el fin de aumentar su cuota relativa de mercado –*relative market share*–; V. *divest strategy, harvest strategy, hold strategy*), **build up**[1] (GRAL/MKTNG acumular, concentrar; desarrollar, fomentar ◊ *Build up a company's reputation*; V. *develop*), **build up**[2] (PUBL crear expectativas, intensificar la propaganda, crear ambiente ◊ *The press built up the story*; V. *heavy up*), **build-up**[1] (GRAL acumulación, concentración, intensificación), **build-up**[2] (MEDIOS/MKTNG bombo, propaganda previa, creación de ambiente, campaña publicitaria ◊ *After all the media build-up, the match itself was a disappointment*; V. *gradual build-up*)].

bulb *n*: IMAGEN lámpara, bombilla; V. *brute, lamp, light bulb lighting*.

bulge packaging *n*: MKTNG empaquetado combado; V. *bubble card/pack; blister pack; breathing package; blister pack, bubble card/pack; breathing package; corrugated box*.

bulk *n*: MKTNG granel; volumen, el grueso, la mayor parte. [Exp: **bulk breaking** (MKTNG fraccionamiento de la mercancía adquirida al por mayor en lotes pequeños para ser vendidos a los consumidores; a esta transformación normalmente se la llama también *allocation*), **bulk commodities/goods** (MKTNG productos/mercancías a granel), **bulk discount** (GRAL descuento por gran facturación; descuento que se ofrece a los anunciantes –*advertisers*– más importantes, por ejemplo, los que reservan grandes espacios en las publicaciones periódicas; V. *open rate, one-time rate*), **bulk mail** (GRAL [tarifa de correo para] impresos publicitarios; V. *junk mail*), **bulk rate** (GRAL tarifa reducida que se ofrece a empresas que compran grandes espacios publicitarios, «rappel» por volumen; V. *bulk discount, open rate, one- time rate*), **bulking** (TIPO grosor, espesor, abultamiento, volumen, grado de espesor de la materia impresa; término que se aplica al factor de abultamiento o al volumen del papel en la encuadernación de la materia impresa), **bulking dummy** (DISEÑO maqueta provisional de un libro), **bulking pressure** (DISEÑO presión de abultamiento; se trata de la unidad de presión utilizada para medir el volumen del papel a efectos de la encuadernación), **bulky** (GRAL voluminoso, pesado)].

bull's eye *n*: IMAGEN linterna sorda; es una lámpara con una lente plano convexa que sirve para concentrar la luz. [Exp: **bull's eyes** (DISEÑO/GRÁFICA «dianas»; también llamadas marcas de registro –*registration marks*–, son las marcas que aparecen en una imagen impresa que ayudan a alinear las placas –*plates*–; V. *registration marks*)].

bullet *n*: TIPO símbolo tipográfico redondo o cuadrado, como los que siguen •, □, ▫, ○, ■, etc., empleados especialmente en listados para llamar la atención; V. *corner bullet*.

bulletin[1] *n*: GRAL/MEDIOS boletín; boletín informativo; noticias de última hora ◊ *A bulletin of world news*; V. *news bulletin; painted bulletin; posted bulletin*. [Exp: **bulletin**[2] (EXTERIOR valla publicitaria; V. *painted/printed bulletin, embellished painted bulletin, urban bulletin, rotation*), **bulletin/notice board** (GRAL tablón de anuncios; se emplea en la publicidad estática; V. *arena advertising*), **bulletin size** (EXTERIOR [valla de] 14 × 38 pies; V. *pounce pattern*)].

bumf *col n*: GRAL papeleo, papeles; propaganda, material publicitario enviado por correo ◊ *A lot of bumf comes through the lettter-box these days*; V. *junk mail*.

bump *v*: GRAL chocar. [Exp: **bumped heads** (PRENSA choque de titulares; surge cuando hay dos titulares del mismo tamaño uno al lado del otro; también se le llama *tombstone*[2]), **bumper**[1] *col* (TV parachoques; también llamado *safety footage*, consiste ese parachoques en películas breves, vídeos, diapositivas, etc., que se añaden al final de un programa, cuando éste ha sido más corto de lo previsto, para llenar los vacíos en la transición entre programas; V. *cushion, filler, padding*),: **bumper**[2] *US* (RADIO/TV/PUBL noticia que se da de forma parcial o que se deja a medias en un informativo –*newscast, newsreel*– justo antes de pasar a publicidad –*advertising break*–, con el fin de crear expectación en los espectadores para que esperen que acabe el bloque de anuncios, evitando de esta manera que pasen a otro canal –*zap*– o que paseen por las otras cadenas –*surf*–; es el equivalente al *cliffhanger* en el cine)].

bundle *n*: MKTNG lío, manojo, atado, fardo; V. *can, packaging, crate, box*.

bury *v*: PUBL relegar a un segundo plano; pasar a un lugar menos destacado; cancelar [oferta].

burlesque *a/n*: ESPEC burlesco, obra burlesca; V. *vaudeville, legitimate theatre, variety show*.

burst[1] *n/v*: GRAL oleada, estallido, explosión, ráfaga, salva, arranque repentino; estallar, reventar; se usa en expresiones como *a burst of applause* –una salva de aplausos–, *a burst of inspiration* –un ramalazo de inspiración–, *a burst of laughter* –un ataque de risa–, *a burst of gunfire* –una ráfaga de fuego/tiros–, etc. [Exp: **burst**[2], **bursting**[1] (PUBL campaña ráfaga, también llamada *burst campaign*

◊ *The publicity department ran a burst in the weeks prior to the launch of the product*; es una programación publicitaria –*placement scheme*– formada por una serie intensa o concentrada de anuncios en un espacio corto de tiempo; V. *wave, flight; drip advertising, blitz, pulsing*. [Exp: **burst**[3] (IMAGEN salva de color; V. *black burst; multiburst test pattern*), **bursting**[2] (GRAL repleto, lleno, a reventar, rebosante, abarrotado))].

bus shelter *n*: EXTERIOR marquesina [de la parada de autobús]; son muy corrientes los *bus shelter posters* o carteles en marquesinas; V. *adshel*.

business[1] *n*: GRAL negocio-s, actividad empresarial o comercial, empresa, comercio; en forma atributiva puede significar «empresarial», «de negocio-s»; V. *deal, transaction; strategic business unit, SBU; trade; show business*. [Exp: **business**[2] (CINE relleno; acción, gesto o movimiento improvisado, juegos de escena; acciones o movimientos secundarios en los que un actor imprime mayor intensidad o naturalidad a una escena ◊ *Invent a bit of business to go with the lines*), **business reply card/envelope** (MKTNG tarjeta de respuesta comercial), **business-to-business advertising** (PUBL publicidad industrial; es la que se hacen las empresas entre sí para venta de componentes, materias primas, etc., también llamada *industrial advertising*)].

bust shot *n*: IMAGEN foto/plano del busto de un persona, esto es, desde el pecho a la cabeza, también llamado *chest shot*.

busy *a*: CINE/PUBL cargado, saturado; se dice de una escena tan sobrecargada de personajes –*characters*–, acción –*action*– y decorado –*decor*– que es difícil percibir todos los detalles; lo mismo se puede decir de los anuncios sobrecargados.

butterflies *col n*: GRAL/CINE/TV nervios, nerviosismo ◊ *A young actress suffering* *from butterflies in the stomach as the curtain rises*; V. *the jitters, jittery, first-night nerves.*

buy *v/n*: GESTIÓN comprar; compra; puede ser ① la adquisición en sí de un soporte publicitario –*media vehicle*–, de un espacio publicitario, etc.; ② el anuncio que se compra a un vehículo; V. *upfront buying; bought-in price.* [Exp: **buy back** (MKTNG compromiso de compra; normalmente se aplica a la venta de bienes de equipo que serán pagados con los artículos producidos con el citado equipo), **búy on instalments** (MKTNG comprar a plazos), **buy out** (GRAL adquirir, comprar ◊ *Buy out a firm*; se aplica a la adquisición de empresas –*companies*–, acciones –*shares*–, derechos –*rights*–, etc.; la partícula *out* añade el matiz de «completamente»), **buy-out, buyout**[1] (GRAL adquisición/compra de [todos] los derechos; en publicidad significa la renuncia de la parte vendedora a los derechos que pueda tener un artista, agencia, etc., sobre un producto o servicio mediante el cobro de una cantidad global o *lump sum*; V. *royalties*), **buy sheet** (MEDIOS hoja de compra de medios, espacios o tiempos publicitarios; el objeto de la misma es controlar los medios, espacios, soportes físicos –*media vehicles*–, etc., adquiridos; V. *buying service/specialist, media buying service, space/time buying specialist, spot buy, time buying service/specialist o media buying agency, media buyer*), **buy up** (MKTNG acaparar, monopolizar; V. *corner*), **buyer** (MEDIOS adquirente, comprador; V. *media buyer, media planner*), **buyer's market** (MKTNG mercado comprador, mercado bajo, mercado favorable al comprador por existir una oferta abundante de productos; V. *seller's market*), **buying frequency** (MKTNG frecuencia de compra [durante un período determinado]), **buying service/specialist** (MEDIOS central de compras; comprador de medios, empresa compradora de medios; es una empresa publicitaria especializada en la compra de espacios o tiempos publicitarios en los medios –*purchase of media for advertising purposes*– para sus clientes en las mejores condiciones del mercado; también llamada *media buying service, space/time buying specialist, time buying service/specialist o media buying agency*; V. *media buyer*)].

buzz *col n*: GRAL/CINE rumores, rumorología; son los rumores que circulan sobre una película antes de su estreno; V. *word-of-mouth.* [Exp: **buzzword** (GRAL palabra de moda, palabra clave, «palabro» ◊ *«Independent» is one of the buzzwords in the jargon of cinema people*; estas palabras pueden ser términos más o menos extravagantes, raros, rebuscados o inventados; o pueden ser palabras corrientes repetidas hasta la saciedad en la jerga de una profesión; su objeto es demostrar que quien la emplea está al tanto de las últimas tendencias; V. *catchword*)].

by-line[1] *n*: PRENSA firma, identidad o seudónimo –*nom de plume*– del periodista responsable de un artículo o que ha elaborado la noticia ◊ *An article published under the «Hornblower» by-line*; alude a la línea, en la parte superior de un artículo, en donde se identifica el nombre del autor; se emplea en expresiones como *by-lined* –con firma de autor–. [Exp: **by-liner** (PRENSA periodista de firma ◊ *After 5 years on the paper, she became a fashion-page by-liner*)].

byte *n*: INTERNET octeto, byte; es un conjunto significativo –*meaningful set*– de ocho bits adyacentes; es la forma contracta de *by eight.* V. *bit.*

C

C *n*: AUDIO es la nota musical *do* en la escala inglesa; V. *bass, treble, flat, sharp, natural.*

CA, ca *n*: GESTIÓN V. *capital account, credit account, current account, consumers' association.*

cabinet *n*: GESTIÓN armario; V. *display/ filing cabinet; folder.*

cable *n/v*: GRAL cable; cablegrama; cablegrafiar, V. *wire.* [Exp: **cable transfer** (GRAL transferencia por cable), **cable operator** (TV emisora que transmite por cable), **cable TV** (TV televisión por cable, cablevisión; también llamada simplemente *cable, cable vision* o *community antenna television*, puede ser por cable coaxial o por fibra óptica; la emisión, que es de pago, se transmite por cable al domicilio del abonado ◊ *The age of cable TV*; V. *pay per view/ppv, satellite television; active cable, passive cable, narrowcasting; satellite TV*), **cablecast** (TV programa de televisión por cable; esta palabra está formada por *cable* y la segunda parte de *broadcast*)].

CAD *n*: DISEÑO diseño asistido por ordenador; V. *computer assisted design.*

caesura *n*: LING/CINE cesura; es una pausa rítmica o corte que ocurre de forma natural en un verso y cuya posición exacta y duración varían en función de la carga semántica –*semantic load*– y el acento métrico –*stress pattern*– regulador de su armonía; en el análisis cinematográfico alude al efecto de corte o contraste rítmico –*rhythmical break*–, creado intencionadamente en el montaje –*cutting*–, cuando una escena o secuencia de una clase determinada, por ejemplo, de acción, queda interrumpida por otra de tipo diferente, por ejemplo, lírica o poética.

calender *n/v*: GRÁFICA calandria; calandrar; la calandria es una máquina empleada para calandrar, esto es, alisar –*make smooth*– o satinar –*make glossy*– la tela o el papel; V. *machine-coated paper, super, supercalendered.* [Exp: **calendered paper** (GRÁFICA papel satinado o cuché; V. *glossy paper*)].

calibration bars *n*: GRÁFICA/DISEÑO barras de calibrado; son las barras impresas en grises de once pasos que aparecen en la impresión; cuando se imprime un fotolito en color CMYK, esto es, en azul cian –*cyan*–, magenta –*magenta*–, amarillo –*yellow*– y negro –*black*–, aparecen sólo en la placa negra, mientras que en una imagen en color las barras de calibrado son las muestras –*swatches*– de color impresas a los lados de la imagen; V. *swatch*.

call[1] *n/v*: GRAL llamada; llamamiento; convocatoria; requerimiento; llamada telefónica; llamar, convocar; V. *incoming/outgoing call*. [Exp: **call**[2] (MKTNG visita, visita comercial o a clientes; V. *cold call, beat, run*), **call**[3] (CINE convocatoria, llamamiento, oferta de trabajo a artistas –*talents*–; V. *call board/sheet*), **call**[4] (CINE/TV hora de ensayo, también llamada *shooting call*), **call**[5] (MKTNG demanda ◊ *There is very little call for this product*; V. *demand*), **call-back**[1] (MKTNG segunda entrevista a un encuestado para recabar más datos ◊ *Refine customer feedback by doing call-backs*; V. *follow-up*), **call-back**[2] (CINE/TV convocatoria a un artista –*talent*– para una segunda prueba; V. *casting, audition*), **call board/sheet** (CINE tablón/hoja de convocatoria para ensayo, también llamada *shooting call*; V. *assistant director*), **call bird** (MKTNG producto de reclamo; producto de bajo precio que sirve para incrementar el movimiento de clientes –*store traffic*– y también para conducirlos a la sección en donde encontrarán otros productos de precio y calidad más elevados), **call board** (CINE/TV hora de convocatoria para ensayo, también llamada *call sheet*), **call credit** (MKTNG abono; es el resguardo que se da al cliente que devuelve un producto que ha pagado, con el fin de poder utilizarlo en la adquisición de otro producto en otra fecha; V. *raincheck, voucher*), **call in** (RADIO intervenir [los oyentes] en un programa radiofónico llamando a la emisora para expresar una opinión, formular preguntas a los invitados –*studio guests*– o pedir una canción ◊ *A listener who called in to make a request*), **call-in radio, show, programme** (RADIO radio interactiva o participativa; tertulia radiofónica; coloquio ◊

Make one's point on a call-in radio; es un programa de debate con intervención de los oyentes que llaman –*call*– por teléfono expresando su opinión o dedicando canciones; equivale a «tertulia radiofónica» siempre y cuando el mayor peso del programa recaiga en la intervención de los oyentes; V. *phone-in, panel*), **call letters** (RADIO letras identificadoras o indicativo de una emisora de radio o de televisión ◊ *Identify a radio station by its call letters*; V. *call-sign, call-signal; signature*), **call out** (MKTNG llamar o pedir un servicio a domicilio ◊ *Call out a TV technician to repair the aerial*), **call-out** (MKTNG servicio a domicilio; llamada pidiendo este servicio; se emplea en expresiones como *call-out service* –servicio a domicilio–, *call-out charge* –cobro por desplazamiento–, *call-out rate* –tarifa por servicio a domicilio–), **call rate** (MKTNG número de visitas hechas por un representante o agente comercial en un trimestre, semestre, etc.), **call report** (MKTNG/PUBL informe de la visita hecha por un representante a un cliente; informe o documento preparado por el responsable de cuentas –*accounts*– sobre los encargos de un cliente; informe de la reunión entre un anunciante y el ejecutivo de la agencia publicitaria, también llamado *contact/ conference report*), **call sheet** (CINE/TV tablón de convocatoria para ensayo, también llamada *call board*), **call-sign** (RADIO llamada, señal de llamada de una emisora; V. *call letters*), **call signal** (RADIO código de llamada), **call to action** (PUBL convocatoria a la acción; es la parte del anuncio en la que se pide al cliente que haga algo, por ejemplo, enviar un cupón, llamar a un teléfono, etc.)].

camcorder *n*: IMAGEN videocámara, cámara de vídeo, camascopio; la palabra se forma en inglés por la fusión de *camera* y *recorder*; suele aplicarse a portátiles, pequeñas, utilizadas por los aficionados –*amateurs*–; V. *video camera*.

cameo[1] *n*: GRAL camafeo; figura tallada de relieve –*carved in relief*– en una piedra preciosa –*gem*–. [Exp: **cameo**[2] (CINE/TV esbozo o breve caracterización de un personaje, período o acontecimiento histórico ◊ *A cameo of England under the Tudors*; este significado y el de *cameo role* se derivan metafóricamente de las cualidades del camafeo, piedra que se presta al tallado en relieve de las figuras en miniatura), **cameo**[3] **[background]** (CINE/TV fondo negro; V. *limbo*), **cameo lighting** (CINE iluminación a los protagonistas con fondo oscuro), **cameo player** (CINE artista invitado; es un actor o actriz de relieve que tiene un papel breve aunque importante; V. *bit part/player, ham col*), **cameo performance** (CINE actuación especial), **cameo shot** (CINE plano con iluminación sólo a los protagonistas en primer plano –*foreground*– sobre un fondo oscuro)].

camera *n*: CINE/TV cámara; se refiere tanto a la fotográfica como a la de cine y televisión, pero no a la persona, el «cámara» español, que se dice *cameraman*, aunque es más genérico hablar del *camera operator*; V. *isolated camera*. [Exp: **camera angle** (CINE ángulo de cámara; es el ángulo en el que la cámara se apunta al objeto; puede ser bajo, alto o inclinado –*tilted*–; este término no se debe confundir con *angle of view*), **camera assistant** (CINE ayudante de cámara), **camera control unit** (CINE unidad de control de cámara), **camera crossing** (CINE cruce de cámaras; consiste en el rodaje –*shooting*– con cámaras colocadas en extremos opuestos para lograr un mejor encuadre de las figuras, al tiempo que se realza el efecto de tridimensionalidad –*three camera shooting*– del lugar en donde se desarrolla la acción; V. *arc/cross in-out*), **camera hog** (CINE/TV acaparador o monopolizador de la cámara/pantalla en detrimento de otros, el que «chupa cámara» ◊ *A camera hog tries to upstage other performers*; V. *upstage*[2]), **camera left/right** (CINE situado a la izquierda desde el punto de vista de la cámara), **camera lens** (CINE objetivo de una cámara), **camera log** (CINE diario del rodaje), **camera lucida** (CINE cámara lucida; es un aparato óptico –*optical device*– que proyecta sobre una superficie plana –*projects onto a plane surface*–, al tamaño deseado, la imagen virtual –*a virtual image*– de un objeto, para que se pueda dibujar o calcar su contorno –*tracing*–), **camera man, cameraman, camera operator** (TV/CINE cámara, cameraman, camarógrafo; ① en el cine, es el foquista o director de fotografía –*director of photography*–; ② en televisión es el responsable de la composición de los planos y equivale a lo que en el cine se llama *camera operator*; V. *lighting cameraman, cinematographer*), **camera mixing** (TV mezcla o sucesión de imágenes tomadas por cámaras diferentes), **camera mounts** (CINE dispositivos, aparatos, instrumentos sobre los que se fija la cámara en el rodaje o *filming*; V. *boom; crab, crane, dolly*), **camera movement** (CINE movimiento de cámara; es el seguimiento que hace la cámara de la acción o los intérpretes; para este movimiento se sirve de la gran variedad de planos, tales como los de seguimiento –*action shot, follow shot*–, los aéreos –*aerial shot*–, etc.), **camera operator** (CINE [operador de] cámara, camarógrafo; foquista; ① en el cine es el técnico encargado, bajo la supervisión del director, de la parte fotográfica del rodaje, en especial del enfoque y composición de los planos –*camera shots*–; ② en animación

–animation– es el encargado de dirigir y supervisar la conversión de las ilustraciones *–artwork–* en figuras animadas; V. *cinematographer, cameraman*), **camera pan** (CINE barrido; efectuar un barrido ◊ *A long camera pan showed an impatient audience*; el barrido, también llamado *pan*[1], forma abreviada de *panorama*, puede ser ① el movimiento horizontal o panorámico efectuado con una cámara; ② la imagen obtenida con dicho movimiento; V. *pan; blur pan, swish pan, whip pan, zip pan; close-up, deadpan*), **camera-ready**[1] (GRÁFICA listo para hacer los fotolitos; dicho en inglés sería *ready for photographic reproduction*, que es el paso anterior al de la confección de las planchas *–printing plates–*; V. *make ready*), **camera-ready**[2] (CINE cámara lista [para rodaje]; es la notificación que da el cámara al director indicándole que la cámara está lista para rodaje), **camera rehearsal** (CINE ensayo filmado, prueba filmada de una escena o de una intervención televisiva ◊ *Spend hours over the camera rehearsal of a big scene*; V. *walk-through, dress rehearsal*)].

camouflage *v*: CINE/GRAL camuflar, disimular, ocultar; V. *hidden camera, mask*.

camp *n*: CINE V. *strike camp*.

campaign *n*: MKTNG campaña publicitaria, también llamada *advertising campaign* ◊ *Launch a massive advertising campaign*; consiste en la coordinación de todas las iniciativas y actividades publicitarias de un producto durante un período de tiempo concreto; si la campaña va dirigida a presentar el producto se la conoce como «campaña de lanzamiento» *–launch campaign–*; la que sigue a la de lanzamiento es la de «campaña de seguimiento» *–follow-up-campaign–* y, a ésta, la «campaña de mantenimiento» *–sustaining campaign–*; en la «campaña de intriga» *–teaser campaign–* se habla del producto sin dar a conocer su nombre, con el fin de crear expectativas; en la «campaña promocional» *–promotion campaign–* se ofrece algún descuento, regalo o ventaja al cliente; en la «*campaña testimonial*» *–endorsement campaign–* algún personaje famoso da crédito al producto y lo respalda; en la «campaña de imagen» *–image campaign–* los anuncios tienden a reforzar el prestigio, el crédito y la respetabilidad del producto o de la empresa; también se habla de las «campañas constantes o gota a gota» *–drip campaigns–* y las «campañas a ráfagas» *–burst campaigns–*; V. *carry-over effects, drive, advertising drive; saturation, saturation campaign*. [Exp: **campaign manager** (MKTNG director de campaña; V. *advertising manager, product manager; drum up support*)].

can *n/v*: CINE lata; enlatar; V. *package*. [Exp: **can, in the** (GRAL/TV enlatado; V. *in-the-can*), **canned laughter** (CINE/TV risa enlatada ◊ *When there is no studio audience, canned laughter is used in TV comedies to create atmosphere*; V. *laughtrack*), **cans** US col (AUDIO cascos col; auriculares)].

cancel *v*: GESTIÓN cancelar, anular, suspender. [Exp: **cancel a contract** (GESTIÓN rescindir/anular un contrato), **cancellation** (GESTIÓN cancelación, anulación, interrupción), **cancellation/cancelling clause** (GESTIÓN cláusula resolutiva o de rescisión en un contrato, cláusula abrogatoria), **cancellation date** (GESTIÓN fecha de anulación; es la fecha a partir de la cual si se anula un anuncio programado hay que abonar gastos de anulación *–cancellation charges/fees–*; V. *deadline*), **cancelling entry** (GESTIÓN apunte/asiento de anulación; contrapartida)].

candid *a*: GRAL cándido, abierto, sincero; indiscreto. [Exp: **candid photo/camera**

(CINE/TV foto/cámara indiscreta; V. *hound, celebrity, paparazzi*)].

cannibalization *US n*: MKTNG/PUBL canibalismo publicitario; mensaje publicitario similar al de una marca de arraigo en el mercado; en economía es el desmantelamiento industrial o el de un producto para aprovechar las partes útiles, el achatarramiento o aprovechamiento de las piezas de desguace. [Exp: **cannibalize** *US* (MKTNG/PUBL fagocitar)].

canopy [head] *n*: PRENSA gran titular a varias columnas con subtítulos y antetítulos; V. *banner headlines, deck, bank.*

canted shot *n*: CINE plano inclinado/angulado, también llamado *Dutch angle*; es un plano angulado –*angled shot*– en el que el horizonte y los objetos están inclinados –*canted*– para sugerir o connotar tensión, confusión o desequilibrio psicológico; V. *connotation, angle of view.*

canvass[1] *v*: MKTNG buscar clientes o hacer campaña de promoción en una determinada zona o sector ◊ *Canvass customers during a publicity drive*; V. *advance canvass*. [Exp: **canvass**[2] (MKTNG sondear la opinión, someter a discusión pública ◊ *Canvass an issue on the high street*), **canvasser** (MKTNG vendedor de productos a domicilio; V. *door-to-door salesman*), **canvassing of customers** (MKTNG búsqueda/disputa de clientes), **canvassing techniques** (MKTNG técnicas de búsqueda de votos o clientes; V. *door-to-door canvassing*)].

caper[1] *n*: GRAL juego, truco, payasada, cachondeo *col*, pitorreo *col* ◊ *He was sacked when his boss got fed up with his capers*. [Exp: **caper**[2] (GRAL negocio, profesión, «rollo» *col* ◊ *How long have you been in the advertising caper?*), **caper**[3] (ESPEC número, «gag», numerito, actuación frívola ◊ *The Marx Brothers specialized in zany humour, clever gags and amusing capers*), **caper film** (CINE película frívolona, divertimento; se trata de una película con mucha acción alocada o muchos «gags» pero con poco fundamento ◊ *It's just another caper film with no serious artistic intention*; V. *gag, zany*)].

capital[1] *n*: GESTIÓN capital; V. *cash*. [Exp: **capital account, CA, ca** (GESTIÓN cuenta de capital; V. *credit account, current account*), **capital**[2], **capital letters, cap/caps** (TIPO versales, mayúsculas; abreviatura de *capital letters*; V. *initial/drop cap*), **caps height** (TIPO altura de las mayúsculas; V. *type size*), **caps lock** (TIPO bloqueo de mayúsculas; alude a la tecla de la máquina de escribir u ordenador que cumple esta función)].

capstan *n*: CINE cabrestante; es un pequeño cilindro metálico –*small metal cylinder*– que facilita el arrastre de la cinta a una velocidad invariable y evita que se mueva la cinta –*keeps the tape steady*– mientras pasa por los cabezales –*heads*–; V. *head.*

caption[1] *n/v*: DISEÑO pie, pie de foto, pie de ilustración; texto al pie de un dibujo, de un chiste, etc.; ilustrar con un pie o texto al pie de foto, ilustración, etc. ◊ *The caption mistakenly identified the man in the photograph as the murderer*; *caption* es sinónimo parcial de *legend* –leyenda–, aunque ésta es más larga y explicativa; V. *cut line*. [Exp: **caption**[2] (PRENSA título, epígrafe, subtítulo; equivale a *title, headline* o *heading*, tanto de un capítulo, como de un artículo, sobre todo en la prensa escrita ◊ *The caption was designed to grab the reader's attention*; V. *running head*), **caption roller** (CINE rodillo de títulos; es un soporte que sirve para hacer correr en todas las direcciones los títulos –*titles, credit titles*– y las sobreimpresiones –*supers*[2]– en el cine y en las pantallas de televisión)].

captive audience *n*: MEDIOS/MKTNG público cautivo, público atado de pies y manos;

también se emplea el calco del inglés «audiencia cautiva» ◊ *Posters designed to make an inpact on a captive audience*. **CARA** *n*: CINE V. *Classifications and Ratings Administration*.

car card *n*: EXTERIOR anuncio que aparece en autobuses, taxis, trenes, etc.

carbon paper *n*: GRÁFICA papel carbón; V. *paper*.

card[1] *n*: GRAL tarjeta, ficha; V. *technical data card, back card, rate card, order card, postcard, reply card, credit card*. [Exp: **card**[2] (GRAL cartela; se emplea en dos sentidos: ① pedazo de cartulina, cartón, plástico, etc., sobre el que se escribe el texto de un mensaje publicitario; V. *car card*; ② el contenido del mensaje publicitario que aparece durante unos segundos en la pantalla de televisión ◊ *A five-second shot of a card bearing the insurance company's phone number*; V. *back-card*), **card painter** (DISEÑO/GRÁFICA rotulista; V. *sign painter*), **card rate** (PUBL precio oficial o sin descuentos; V. *rate card*), **card stand** (GRAL caballete, asnilla, sostén portátil; también llamado *easel*), **cardboard** (GRAL cartón; V. *papier maché, bristol board/paper*)].

caret *n*: TIPO signo de intercalación (^) ◊ *Copyeditors and proofreaders use carets to indicate where material is to be inserted*; se emplea este signo –*character*– en la corrección de pruebas –*proofreading*– para indicar que se debe intercalar alguna letra, palabra o línea.

cardioid microphone *n*: AUDIO micrófono cardioide; es un tipo de micrófono que recoge –*picks*– los sonidos producidos delante de él, y no los que se producen detrás, por lo que se utiliza para grabar diálogos.

cargo *n*: MKTNG cargamento, carga, mercancía; V. *goods, merchandise, shipment*.

caricature *n/v*: GRAL caricatura; caricaturizar.

carrier[1] *n*: MKTNG transportista, empresa de transporte. [Exp: **carrier**[2] (AUDIO/IMAGEN portadora; se da este nombre a la onda –*wave*– que transporta imagen y/o sonido), **carry**[1] (GRAL transportar, llevar), **carry**[2] (GESTIÓN devengar, producir), **carry-over** (GESTIÓN remanente, suma y sigue, arrastre), **carry-over audience** (MEDIOS audiencia heredada, audiencia de arrastre, también llamada *holdover audience*; V. *audience flow*), **carryover effect** (MKTNG/PUBL efecto remanente; efecto de arrastre; en publicidad es el nivel residual de consciencia o impacto de larga duración –*long-lasting impact*– después de una campaña –*advertising campaign*–, y se utiliza para planificar los tiempos y plazos de futuras campañas; V. *lagged effects*)].

carrousel *n*: IMAGEN carrusel; soporte que contiene las dispositivas ordenadas para su proyección; V. *slide tray; cartridge*.

carte agency, a la *n*: PUBL agencia a la carta; estas agencias sólo ofrecen servicios de creatividad publicitaria, excluyendo, por ejemplo, la planificación y la compra de espacios y medios publicitarios –*media buying*–; V. *advertising agency, recognition; media independent*.

carton *n*: MKTNG cartón, envase de cartón ◊ *A carton of milk*; V. *box, carton, crate, can, bundle, packaging*.

cartoon[1] *n/v*: GRÁFICA chiste gráfico o ilustrado, caricatura; tira de dibujos; representar de forma satírica ◊ *A newspaper cartoon making fun of the government's proposals*; V. *comic strip, strip cartoon*. [Exp: **cartoon**[2] (CINE dibujos animados ◊ *Watch the cartoon on TV*; V. *fast motion, animation*), **cartoonist** (GRÁFICA caricaturista)].

cartridge *n*: GRAL cartucho; puede ser de tinta, de bobina de película –*spool*– o el que contiene la aguja de un tocadiscos –*recordplayer stylus*– ◊ *Load a new cartridge into a camera*.

case[1] *n*: MKTNG envase, caja, estuche, funda, contenedor; puede equivaler a «caja, cajón», como en *case of whiskey*, a «estuche», como en *pencil-case*, a «funda», como en *spectacles case*; V. *box, display case, packing case; package*. [Exp: **case**[2] (TIPO caja; aparece en los compuestos *uppercase* –caja alta– y *lowercase* –caja baja–)].

cash *n/v*: GESTIÓN dinero efectivo; caja, cuenta de caja; tesorería; cobrar un cheque, letras, etc.; V. *all cash items*; en posición atributiva significa «en efectivo», «al contado», como en *cash earnings* –ingresos en efectivo–, *cash sale* –venta al contado–, *cash refund* –reembolso en efectivo–. [Exp: **cash-and-carry** (MKTNG autoservicio mayorista; mayorista de pago al contado), **cash cow** (MKTNG negocio «chollo»; producto vaca lechera; en marketing son productos de alta cuota de mercado –*market share*– que reportan gran tesorería –*cash*– a la empresa con la que puede promocionar otros productos; V. *dog, star*; *Boston Consulting Group*), **cash desk** (GRAL cajero de un establecimiento), **cash discount** (GESTIÓN descuento por pago en efectivo; V. *discount, prompt payment*), **cash dispenser** (GRAL/MKTNG cajero automático), **cash flow** (GESTIÓN flujo de caja; flujo/movimiento de efectivo, de tesorería, etc.; caja generada), **cash on delivery [sale]** (GESTIÓN/MKTNG venta a reembolso, pago contra entrega; V. *collection on delivery*), **cash [register] topper/display** (MKTNG anunciò/indicativo colocado encima de las cajas registradoras), **cashier** (GRAL cajero)].

cassette *n*: AUDIO casete; V. *open reel*. [Exp: **cassette deck** (AUDIO pletina; también llamada *deck*, es el grabador-reproductor de casetes), **cassette recorder/player** (AUDIO grabador-a/reproductor-a de casetes)].

cast[1] *n*: CINE reparto/elenco de actores, bailarines o participantes en cualquier espectáculo, cuadro de actores, intérpretes ◊ *After the performance, the producer took the whole cast to dinner*; V. *billing*. [Exp: **cast**[2] (CINE asignar/dar un papel teatral o cinematográfico a un actor o una actriz ◊ *She was cast in the role of Lady Macbeth*; V. *typecast*), **cast**[3] (GRÁFICA/PUBL ajustar; encajar texto; es calcular la cantidad de texto necesario para llenar un espacio a un determinado cuerpo de letra –*type size*–; V. *casting off*), **cast list** (CINE reparto ◊ *Her name appeared near the bottom of the cast list*; V. *part*), **casting**[1] (CINE selección de intérpretes –*performers*– mediante una prueba –*trial performance*–; equivale a *audition*; es el acto de seleccionar –*the selection of actors or performers*– para los distintos papeles –*parts*– de una representación –*presentation*–; el papel protagonista –*lead role*– lo asigna el director o el productor, mientras que de los papeles menos importantes –*minor roles*– y las apariciones breves –*bit parts*– se encarga el director de *casting* –*casting director*–; V. *audition*), **casting**[2] (GRÁFICA molde de metal fundido para imprimir; V. *printing plate, rout*), **casting associate** (CINE jefe de selección de intérpretes; V. *casting director*), **casting couch** *US col* (CINE «sofá/lecho de audiciones», obtención de papeles –*parts*– a cambio de favores sexuales –*sexual favours*– ◊ *She is reputed to have secured her first big role on the casting couch*), **casting director** (CINE director de reparto; se encarga de la selección de actores para cada papel; algunos también asumen la función del encargado o jefe de figuración –*extras casting*–, y se encargan de seleccionar los figurantes o «extras»; V. *extras casting*), **cast off** (GRÁFICA calcular espacios; consiste en calcular el que ocupará un texto con un determinado cuerpo de letra –*type size*– ◊ *It's the foreman printer's job to cast off text submitted by advertisers*; V. *cast³*)].

cat¹ *n*: GRAL gato. [Exp: **cat²** (GRAL catálogo; forma abreviada de *catalogue*), **catcall** *col* (ESPEC abucheo ◊ *Whistles and catcalls drowned out the actor's lines*; V. *boo, give sb the bird, hiss, hissing and booing*), **catwalk** (GRAL pasarela [de modelos]; V. *fashion parade, top model*)].

catalogue *n*: PUBL/MKTNG catálogo; V. *mail-order selling/shopping*. [Exp: **catalogue showroom** (MKTNG almacén de venta por catálogo; para hacer la compra, el establecimiento ofrece los artículos a los clientes en catálogos ilustrados)].

catch *v*: GRAL coger, agarrar. [Exp: **catch-phrase/line¹** (GRAL reclamo/eslogan publicitario; tópico ◊ *The marketing department came up with an amusing catch-phrase*), **catch-phrase/line²** (CINE/TV pie, muletilla, expresión o frase más o menos fútil que repite en circunstancias recurrentes un cómico, actor popular, etc. ◊ *Mae West's famous catch-phrase was "Come up and see me some time"*), **catchword** (GRAL consigna; eslogan, reclamo; palabra de moda que se repite constantemente en la publicidad, la política, etc. ◊ *"Natural" is the catchword in a lot of recent advertising*; V. *buzzword*), **catchy** (AUDIO pegadizo; V. *jingle*)].

cater *v*: GRAL ofrecer un servicio de comidas preparadas. [Exp: **cater for** (MKTNG atender, complacer, ofrecer un servicio, dirigirse a ◊ *A publication that caters for the tastes of younger people*), **caterer** (CINE/GRAL encargado la restauración)].

CATV *n*: TV televisión por cable; V. *community antenna television*.

CAVIAR *n*: CINE/TV/PUBL centro de investigación de audiencias de películas y vídeos con fines publicitarios; corresponde a las siglas de *Cinema and Video Audience Research*.

CB *n*: RADIO/TV desconexión para la identificación; corresponde a las palabras inglesas *chain break*.

CD-ROM *n*: AUDIO/IMAGEN compacto sólo de memoria, *CD-ROM*; son las iniciales de las palabras inglesas *compact discread only memory* –disco compacto en modalidad de memoria sólo de lectura–, esto es, que almacena datos electrónicos que pueden ser leídos, reproducidos o visualizados; V. *compact disc; blue book*. [Exp: **CD-writer** (AUDIO/IMAGEN grabador de imágenes, sonidos, datos, etc., en *CD-ROM*)].

cel, cell¹ *n*: IMAGEN acetato [para títulos y gráficos]; también llamado *cell*, es la forma elíptica de *celluloid*; V. *acetate print*. [Exp: **cell²** (GRÁFICA/IMAGEN celda, cuadro, etc., de una ilustración, panel, etc.; V. *storyboard*)].

celeb *col n*: GRAL famoso; es una abreviatura de *celebrity*. [Exp: **celebrities** (CINE/TV los famosos; V. *talk show; paparazzi, famous name*)].

celluloid *n*: IMAGEN celuloide; V. *film transfer*.

cement splicer *n*: CINE adhesivo gomoso; adhesivo para unir o empalmar en la fase de edición –*cutting*–.

censor *v*: MEDIOS censurar. [Exp: **censorship** (MEDIOS censura ◊ *Some people believe that any form of censorhip is a denial of freedom of speech*; V. *blue pencil, blacklist, certificate, rating, CARA; taboo*)].

central *a*: GRAL central. [Exp: **central buying** (MKTNG compras centralizadas al por mayor; V. *central purchasing department*), **central purchasing department** (MKTNG departamento de compras al por mayor; V. *central buying*), **Central Office of Information, COI** (GRAL oficina de información general, en especial de asuntos comerciales), **centre** (GRAL centro; centrar), **centre-aligned** (GRÁFICA centrado), **centre of page** (GRÁFICA centro de página), **centre spread** (GRÁFICA anuncio en página central doble ◊ *The advert appeared in full colour in a centre-spread*, en general, página central doble que contiene una ilustración, sin ruptura o separación de papel, que puede convertirse en póster; V. *bridge, centrefold, double truck*), **centrefold** (PRENSA desplegable central, página central doble, normalmente con la foto de una joven atractiva; también se aplica a la chica de la foto ◊ *She was last month's centrefold*; V. *bridge, centre spread, double truck; cheesecake*)].

certificate *n*: CINE clasificación, calificación; es la categoría a la que se asigna –*assign*– una película según el tipo de audiencia para la que es adecuada –*audience suitability*–; se suele utilizar como criterios la cantidad –*amount*– o intensidad –*degree*– de violencia –*violence*– o sexo –*sex*– exhibidos, aunque en algunos países también influye el contenido político o religioso –*political or religious content*– y, en este último caso, la presencia o no de la blasfemia –*blasphemy*–; a veces, los estudios negocian –*negotiate*– el contenido de la película a fin de evitar una clasificación determinada; en los EE.UU. se prefiere el término *certificate* al de *rating*, porque este último evoca la «opinión» de un crítico, siempre subjetiva; V. *rating, interim statement, censorship, banned, NC-17, PG, PG-13, porn, pornography, skin flick, X, X-rated, XXX*.

chain *n*: MKTNG/MEDIOS cadena; es el conjunto de establecimientos comerciales, periódicos, revistas, estaciones de radio o televisión, etc., que pertenecen a un solo propietario o están sometidas a la misma gestión empresarial –*management*–; V. *network; franchise chain, voluntary chain*. [Exp: **chain break, CB** (RADIO/TV desconexión para la identificación, pausa publicitaria, también llamada *break*), **chain store** (MKTNG sucursal de una cadena de tiendas; V. *corporate chain*)].

champagne shot *col n*: CINE último plano –*shot*– de una jornada de rodaje; V. *abby singer shot; martini*.

channel[1] *n*: RADIO/TV canal, cadena ◊ *Change the channel*; banda de frecuencia específica para la transmisión y recepción de señales electromagnéticas o de televisión; equivale a *media*[1]; *zap, hick over*. [Exp: **channel**[2] (MKTNG canal/vía de salida de bienes y productos; V. *outlet; distribution channel*), **channel of distribution** (MKTNG canal de distribución; parte desde el fabricante –*producer*– hasta llegar al consumidor –*consumer*–, pasando por los agentes –*agents/brokers*–, los mayoristas –*wholesalers*– y los minoristas –*retailers*–), **channel selector** (TV selector de canales; V. *remote control device*), **channel-surfing** (TV «navegar» por distintos canales; consiste en cambiar de canales televisivos, mediante un control remoto –*remote control device*– con el fin de seguir lo que pasa en todos; V. *web surfing; surf the channels, zapping*)].

character[1] *n*: TIPO carácter; letra, símbolo o marca tipográfica o impresa, signo; V. *caret*. [Exp: **character**[2] (CINE/TV actor de carácter; es un actor no protagonista –*a non-starring performer*–, que normalmente hace siempre el mismo tipo de papel, debido a algún rasgo físico –*physical attribute*–; V. *performer*), **character-merchandising** (MKTNG/MEDIOS comercialización/explotación de la imagen de un personaje, ente de ficción, mascota, etc. ◊ *Character merchandising involves strict control of the commercial use of popular cartoon figures*), **character per**

inch (DISEÑO caracteres por pulgada; mide el tamaño del tipo o fuente de letra; V. *font*), **character optical recognition** (GRAL reconocimiento óptico de caracteres; V. *optical recognition*)].

charcoal [stick] *n*: GRÁFICA carboncillo. [Exp: **charcoal drawing** (GRÁFICA dibujo al carbón; V. *watercolour painting, spray gun, fixative*)].

charge[1] *n*: MKTNG cargo, suplemento, comisión; precio; V. *fee, additional/extra charge/cost, cover charge, surcharge, mark-on, overcharge*. [Exp: **charge**[2] (GESTIÓN cargo; V. *job, position, office; beat*[2])].

chase[1] *n*: CINE [escena de] persecución; V. *chaser*. [Exp: **chase**[2] (GRÁFICA caja/armazón/marco metálico en los que se acoplan tipografía y grabados para imprimir o elaborar las planchas –*plates*–, también llamado *quoin*; V. *lockup, form*), **chaser** (CINE película de persecuciones; también se llama *chase movie*; V. *sword-and-sandal movie, sword-and-sorcery movie, chopsocky*)].

charm price *n*: MKTNG precio psicológico; también llamado *odd price* y *psychological price*, es aquel precio no acabado en números redondos, que da la impresión de ser inferior, como 1.995 euros o $ 1.99; V. *psychological price, political price*.

chat *n/v*: GRAL charla; charlar. [Exp: **chat show** (RADIO/TV tertulia; V. *hog; talk programme, talk show; hog*)].

chart[1] *n*: GRAL cuadro, tabla, esquema, gráfica, gráfico, diagrama; lista, clasificación, listado por orden descendente de los productos más vendidos, las películas, canciones, publicaciones, empresas de más éxito, etc. ◊ *A chart of the top ten*; V. *colour chart, grey chart*. [Exp: **chart**[2] (GRAL ilustrar, mostrar gráficamente; registrar; seguir, hacer un seguimiento ◊ *Chart the market progress of a*

new product), **chart**[3] (CINE cartela; es un pequeño cartel que se emplea para hacer sobreimpresiones –*supers*– en cine, vídeo, televisión, etc. ◊ *A chart illustrating comparative TV ratings*; V. *backcard*), **chart-topper** (GRAL artículo, producto, etc., que encabeza la clasificación, el número uno, el más vendido o popular, el de más éxito), **charts, the** (GRAL los más vendidos, los cuarenta principales)].

cheap *a*: MKTNG barato; al igual que en castellano, la palabra puede tener connotaciones de escasa calidad –*poor quality*–, por lo cual suele sustituirse por eufemismos como *low cost, low price, low priced, reduced price* –a precio reducido–, *budget, economical, inexpensive* –económico–, *poundstretcher* y otros.

check *v*: GRAL comprobar. [Exp: **check print** (CINE/TV copia cero; V. *answer print, approval print, optical print, trial print*), **checkerboard**[1] US (GRÁFICA/GRAL anuncio, imagen, gráfico o disposición tipográfica que recuerda el tablero de ajedrez, por ejemplo, un anuncio de dos cuartas partes de página colocadas en posición diagonal), **checkerboard**[2] (TV rejilla, programación diaria; está formada por los programas que se emiten en la misma franja horaria en días consecutivos), **checking copy** (GRAL justificante, comprobante, ejemplar testimonial, ejemplar para el anunciante; también llamado *tear copy*, es la página en la que está el anuncio, que se arranca de la publicación y se envía al anunciante como comprobante de inserción o publicación –*insertion*–), **checklist** (GRAL lista de control o comprobación, prontuario; V. *clipboard*), **chequebook journalism** (PRENSA periodismo venal, venta de exclusivas; «periodismo [a golpe] de talonario»; alude a la práctica de pagar cantidades importantes a los famosos a cambio de reportajes en exclusiva sobre sus vidas íntimas)].

cheerful *a*: GRAL alegre, desenfadado, ligero; V. *lively, lighthearted.*

cheesecake *col n*: GRAL/IMAGEN foto [publicitaria] de mujer atractiva ◊ *There is a fine line between uninhibited photography and pure cheesecake*; V. *beefcake, centrefold.*

chest shot *n*: IMAGEN foto/plano del busto de una persona, esto es, desde el pecho a la cabeza, también llamado *bust shot.*

chiaroscuro *n*: CINE/IMAGEN claroscuro.

chief *a/n*: GRAL principal, jefe, director. [Exp: **chief accountant** (GESTIÓN jefe de contabilidad), **chief lighting technician** (IMAGEN jefe de electricistas, electricista-jefe, jefe de luminotecnia; V. *gaffer*), **chief make-up artist** (CINE maquillador jefe; es el responsable del maquillaje apropiado de cada personaje, así como de la simulación de heridas, contusiones, etc.)].

chiller *n*: CINE película de suspense, de misterio o de serie negra con mucha tensión o de mucho miedo; la expresión, que propiamente significa «escalofriante» ha nacido de la rima con el término *thriller* –estremecedor–, que es el nombre clásico del género negro en inglés; V. *thriller, cliffhanger.*

Chinese *n*: CINE [movimiento] chino; consta este movimiento de cámara de una panorámica –*pan*– y de un retroceso –*dolly out, zoom out*–. [Exp: **Chinese turn** (CINE vuelta china; consta este movimiento de cámara de un giro de 360°)].

choice *n*: MKTNG elección ◊ *People make intelligent choices from among competitors.*

chop-socky, chopsocky *US col n*: CINE películas de karatekas, películas de puñetazos; es un término peyorativo –*derogatory*– para referirse a las películas de artes marciales, formado por la unión de la comida *chop suey* y el verbo *sock* –dar un puñetazo, un tortazo–; V. *martial arts.*

chord *n*: AUDIO acorde; son tres o más tonos –*tones*– que suenan al mismo tiempo; V. *strain, string.*

choreographer *n*: CINE coreógrafo; es el que planifica –*plans*– y dirige –*directs*– las escenas de baile –*dance sequences*– de una película; V. *choreography, musical.* [Exp: **choreography** (CINE coreografía; V. *choreographer, musical*), **chorus** (AUDIO estribillo; V. *theme; backing vocals*), **chorus girl** (ESPEC corista), **chorus line** (ESPEC coro), **choral/chorus ensemble** (ESPEC coral, grupo coral; V. *choir*)].

chroma *n*: DISEÑO/IMAGEN croma; es la medida de saturación de un color. [Exp: **chroma key** (TV/IMAGEN llave de color; es un proceso de conmutación electrónica empleado para fusionar –*meld*– selectivamente distintas fuentes de imagen en un mezclador, de modo tal que el color de la imagen que se incrusta desaparece al integrarse dentro de otra; por ejemplo, un protagonista que aparece en un fondo verde, tomado por una cámara, y una imagen de una calle real o en diapositiva, gracias a la llave de color, el protagonista aparecerá en la calle), **chroma noise** (IMAGEN ruido de color; también llamado *colour noise*, es una interferencia caracterizada por fallos en la crominancia –*chrominance*–), **chromatic** (IMAGEN cromático; V. *achromatic*), **chrominance** (IMAGEN «crominancia», información cromática de una señal o mensaje codificado –*coded message*–; alude a la diferencia entre dos colores que tengan la misma luminancia o *luminance*; la información cromática, esto es, color –*hue*– y saturación –*saturation*– está contenida en la «crominancia» mientras que la de blanco-negro cae dentro de la luminancia –*luminance*–; V. *colour systems, grading*)].

chrome *n/v*: GRÁFICA cromo; revestir de cromo una plancha o grabado.

chronicle *n*: PRENSA crónica; V. *report, news*.

CHR *n*: RADIO éxitos de nuestros días, radiofórmula; V. *Contemporary Hits Radio*.

cineast *n*: CINE cineasta; experto, entendido, entusiasta; V. *buff, film buff; film-maker*.

cinching *n*: CINE cinchado; es el aflojamiento de una cinta en su bobina; se dice también de las arrugas en la cinta que no ha sido bien bobinada; V. *spool, reel*.

cinema *n*: CINE cine; puede aludir a ① la película –*motion picture*–; ② el local –*film theatre*–, ③ la industria cinematográfica –*motion picture industry*–, y ④ el arte cinematográfico; también es la forma abreviada de *cinematograph* o cinematógrafo. [Exp: **cinema verité** (CINE cinema *verité*; dentro de este movimiento, que comienza en Francia en los años cincuenta, se encuadran películas rodadas en exteriores –*shot on location*–, con cámaras y equipos portátiles, de contenido y estilo radicales; V. *realism*), **cinematheque** (CINE cinemateca; V. *film library*), **cinemascope** (CINE cinemascope; es el primer sistema de proyección en pantalla ancha; gracias a las lentes anamórficas –*anmorphic lenses*–, las imágenes con *ratio* de 2,35 de anchura por 1 de altura –*aspect ratio*– son comprimidas en los fotogramas normales de *ratio* 1,33 × 1 y, luego al proyectarlas con las mismas lentes, recuperan sus proporciones originales), **cinematic** (CINE cinematográfico, fílmico; se utiliza por parte de la crítica más especializada; V. *filmic*), **cinematograph** (CINE cinematógrafo; puede aludir tanto a la cámara como al proyector), **cinematographer** (CINE director de fotografía; iluminador, foquista; también llamado *lighting cameraman* y *director of photography*; operador [en cine publicitario]), **cinematography** (CINE cinematografía), **cinephile** (CINE cinéfilo; V. *telephile, buff* col)].

circuit *n*: GRAL/ESPEC/EXTERIOR circuito; ① en espectáculos es la lista de teatros, cines, etc., en los que se representará la misma obra, se proyectará la misma película, etc.; ② en publicidad es la lista de puntos en donde se encuentran los soportes –*vehicles*– de publicidad exterior –*outdoor advertising*–, tales como las vallas –*hoardings*–, las marquesinas –*bus shelters*–, etc., que serán alquilados al anunciante; V. *closed-circuit television, beamback*.

circular *n*: GRAL/PUBL circular ◊ *Send a circular to all department heads*; es un anuncio –*advertisement, notice*–, o comunicado –*announcement*– que se distribuye de forma general o masiva; se emplea en expresiones como *circular advertising*. [Exp: **circularize** (GRAL/PUBL enviar una circular a; enviar por circular ◊ *Circularize absentee workers; circularize the new in-house regulations*)].

circulation[1] *n*: GRAL circulación, comercio ◊ *Withdraw an article from circulation*. [Exp: **circulation**[2] (PRENSA difusión, número de lectores/oyentes; divulgación; tirada ◊ *The paper has a daily circulation of two million*; ① en principio, es el número de ejemplares de un periódico o publicación impresa que se venden, el cual puede coincidir o no con la tirada –*print run*–; ② en radio y televisión, es el número de hogares que tienen radio o televisión dentro de la zona de cobertura de una emisora; ③ en televisión por cable, es el número de abonados a un servicio concreto; ④ en publicidad exterior, es el número de personas que pasan por delante de un anuncio y tienen ocasión de verlo; en el cálculo de la difusión se debe incluir la «difusión indirecta o de pasada» –*pass-along circulation*–; V. *Audit Bureau of Circulation, bonus circulation, circulation battle, paid circulation, con-*

trolled circulation, newsstand circulation, subscribed circulation, newspaper circulation, readership circulation, audience, unsold copies*), **circulation battle** (PRENSA guerra de las tiradas; es la pugna existente entre periódicos o revistas por vender más números de sus publicaciones en el mismo mercado)].

City *n*: PRENSA sección de bolsa de un periódico, en el Reino Unido; se llama así porque la *city* de Westminster es la parte de Londres donde están la Bolsa –*Stock Exchange*– y los grandes bancos; V. *editorial, leader, letters, sports*. [Exp: **city desk, city editor** (PRENSA/MEDIOS en el Reino Unido el *city desk* es la redacción o sección financiera de un periódico, como en *Work as financial correspondent on the city desk*; en los EE.UU. es la redacción o sección local, encargada de las noticias que afectan a la ciudad donde se publica el órgano –*local news*– ◊ *Ask a city desk reporter for the local angle*); el *city editor* es el redactor jefe de las secciones citadas), **city zone** (MKTNG zona metropolitana; está formada por la ciudad y las zonas contiguas que no están físicamente diferenciadas de ella)].

claim *n*: GRAL/PUBL cierre; afirmación, pretensión, rúbrica, mensaje publicitario; en publicidad se llama cierre a la frase o palabra en la que se resumen los beneficios o ventajas de un producto o servicio en las últimas secuencias de un anuncio; el cierre suele contener la identificación de marca; algunos lo llaman *signature slogan*; V. *tag line; keyword; preemptive claim, message*.

clanger *col n*: GRAL metedura de pata; V. *boob, gaffe, goof*.

clapperboard, clapboard, clapslate, clapstick *n*: CINE claqueta ◊ *The clapperboard read "take 3"*; es la pizarra de tiza fotografiada al comienzo de un plano –*plano*–, que ha sido sustituida por la

pizarra/claqueta electrónica –*electronic slate*–; también alude a las dos tablillas unidas por una bisagra que al unirse producen un ruido que sirve para sincronizar; V. *take, cut, number board; assistant cameraman*. [Exp: **clapper** *col* (CINE claqueta; V. *clapboard, slate*)].

classic *a*: GRAL clásico ◊ *"Gone with the Wind" is a classic of the genre*. [Exp: **classic rock** (RADIO/TV rock clásico; también se aplica al formato de programación radiofónica basado en el rock clásico), **classical** (RADIO/TV clásico; de música clásica; igualmente alude al formato de programación radiofónica basado en música clásica)].

Classifications and Ratings Administration, CARA US *n*: CINE departamento de la Asociación Cinematográfica de América –*Motion Pictures Association of America*– encargado de conceder las clasificaciones –*certificates*– de las películas; V. *rating[1], censorship*. [Exp: **classified ads/advertisements** (PRENSA anuncios por palabras ◊ *Find a bargain in the classified ads*; V. *small ads, classified ads, snip*), **classified display advertising** (GRAL anuncios por palabras destacadas; dentro de la sección de anuncios por palabras, anuncios de mayor tamaño, que pueden tener encabezamiento –*heading*– o ilustraciones –*illustrations*–; V. *display advertising*)].

clean *a/n*: GRAL/AUDIO limpio, nítido, bien definido, aceptable, definitivo; sin errores; señal limpia ◊ *Pick up a clean signal*. [Exp: **clean entrance, clean exit** (CINE/IMAGEN entrada, salida limpia; son la entrada y salida de plano de un autor u objeto sin superposiciones –*overlaps*–, sombras –*shadows*– ni ningún otro error), **clean rough** (DISEÑO boceto acabado; es un boceto –*layout*– pormenorizado con detalles de su publicación o inserción; V. *rough*)].

clear[1] *a*: GRAL claro, despejado, transparente, seguro, convencido; neto, como en *A clear profit of £ 2 m.* [Exp: **clear**[2] (GRAL despejar, limpiar; liquidar como en *Clear stock at the sales*), **clear**[3] (GRAL/CINE dar luz verde, autorizar, aprobar, dar el visto bueno como en *The deal was cleared by the board*; autorizar la emisión de un programa, como en *Network programmes are cleared by the distributor for airing by local stations*), **clear time** *US* (RADIO/TV pausa para la publicidad; espacios reservados por una emisora para la publicidad), **clearance**[1] (MKTNG liquidación ◊ *A clearance sale*), **clearance**[2] (GRAL/MEDIOS autorización, acreditación, permiso; V. *accreditation*), **clearance list** (RADIO/TV lista de emisoras o canales que han adquirido los derechos de emisión de un programa; en la publicidad difundida por el distribuidor, suele indicarse el porcentaje de cobertura –*coverage*– representado por los canales y emisoras suscriptores, es decir, la audiencia global a la que llega el programa en cuestión), **clearance sale** (MKTNG saldo por liquidación; V. *sale*)].

cliché *n*: LING cliché; frase fosilizada; son palabras o expresiones que aparecen fosilizadas, gastadas o trilladas por el uso, fruto de la prisa, de la falta de gusto o de la pereza en la expresión o en el pensamiento; algunos proceden de cualquier repetición publicitaria; V. *stereotype*.

click *v*: INTERNET/GRAL chasquear, hacer clic ◊ *Click on a banner to find more information*; consiste en activar con el botón del ratón –*mouse button*– una parte determinada de la pantalla –*screen*– para acceder a otra página o activar alguna función; V. *HTML*. [Exp: **clickable image map** (INTERNET listado de imágenes seleccionables; es un mapa –*map*– o gráfico –*graphic*– en el que algunas partes están asociadas a hiperenlaces –*are*

associated to hyperlinks–, de forma que se puede acceder a imágenes y más información sobre aquello que se ha seleccionado; V. *html, surf*)].

client[1] *n*: GRAL/GESTIÓN cliente; en algunas profesiones se diferencia entre *client* y *customer*; por ejemplo, si una agencia arrienda un hotel para un servicio, el *client* del hotel es la agencia, mientras que los *customers* del hotel son los que asisten a la fiesta. [Exp: **client**[2] (INTERNET cliente; es un programa –*software*– que se utiliza para contactar y obtener datos de un servidor –*server*– localizado en otro ordenador), **client pyramid** (MKTNG pirámide de clientes; modo de clasificación de la clientela de una establecimiento por el tiempo de fidelidad –*loyalty*– con la empresa, las compras, etc.), **client service director** (PUBL/GESTIÓN director de servicios al cliente)].

cliff-hanger *n*: CINE película de suspense ◊ *The new film is a real cliff-hanger*; película de acción que mantiene en vilo al público hasta el final por la situación tensa o peligrosa en que se encuentra el/la protagonista; por extensión, se aplica a cualquier escena, suceso o acontecimiento tenso, angustioso, apasionante o emocionante, de resultado dudoso o pronóstico incierto como en *This year's Oscar awards are turning out to be a real cliff-hanger*; el origen de la expresión se encuentra en las antiguas películas de acción o series de televisión en que cada episodio terminaba con el/la protagonista en situación de gran peligro que no se resolvía hasta el episodio siguiente; eran frecuentes las escenas finales que dejaban a los protagonistas agarrados o colgados –*hanging*– al borde un un precipicio o acantilado –*cliff*–; V. *suspense, drama; bumper*[2].

climax *n*: CINE clímax; momento culminante de una acción dramática ◊ *The film* *reaches a climax when the heroine jilts her fiancé*; V. *anticlimax, denouement; bathos; mood.*

clinch *v/n*: GRAL/CINE remachar, rematar, cerrar, concluir, como en *Clinch a deal*; en el cine es el abrazo en el que se funden los protagonistas de una película romántica, como en *The hero and heroine went into a clinch at the end.*

clip[1] *v/n*: GRAL cortar, recortar, cercenar; recorte. [Exp: **clip**[2] (GRAL sujetar, grapar; sujetapapeles, grapa, «clip» ◊ *Secure documents with a paper clip*), **clip**[3] (CINE fragmento de una película, vídeo corto que acompaña a la versión de una canción de moda, vídeo-clip ◊ *Show a clip from a new film in a programme on the latest releases*; V. *release, film clip, video clip*), **clip art** (GRAL/DISEÑO iconos, dibujos de trazado simple, ilustración sencilla y sin adornos, dibujos fáciles de entender; se venden en soporte electrónico para ser utilizados en anuncios, circulares, folletos y similares; V. *computer-assisted design; icon*), **clipboard, clipsheet** (DISEÑO/GRAL el *clipboard* es un tablón/tablilla/soporte para documentos con sujetapapeles incorporado ◊ *Flip through the checklist on one's clipboard*); el *clipsheet* es una hoja de ese sujetapapeles), **clipping**[1] (PRENSA recorte de prensa, también llamado *cutting* ◊ *Paste newspaper clippings on a big stay into a scrapbook*; V. *scrapbook*), **clipping**[2] (CINE plano/imagen despersonalizada, también llamada *stock shot*), **clipping**[3] (IMAGEN acción de cortar los márgenes de una foto, foto, imagen, etc. ◊ *Some clipping was necessary to fit the image into the page*), **clipping bureau/service** (GRAL/PRENSA servicio o agencia encargada de recoger determinados recortes de prensa de asuntos concretos, por ejemplo, la publicidad, a petición de un cliente; V. *press cutting agency*)].

close[1] *n/v*: GRAL/PRENSA/RADIO/TV cerrar; cierre; cierre de/cerrar [una emisión radiofónica], cierre de/cerrar la edición [de un periódico]; V. *put to bed; closing time, closure.* [Exp: **close**[2] (GRAL cerca, próximo), **close-up** (CINE primer plano; comprende la cabeza y el cuello ◊ *The TV showed close-ups of the victims of the accident*; equivale a *close shot*; V. *looking room, angle of view; big close-up, tight*[2]*, focus, foreground; home in on*[2]), **close-medium shot** (CINE plano medio corto), **close shot** (CINE primer plano; equivale a *close-up*), **closed-circuit television** (RADIO/TV circuito cerrado de televisión, televisión en circuito cerrado; se trata de un sistema de retransmisión –broadcasting– para un público limitado, proyectada en una o más pantallas colocadas en lugares determinados; el sistema también se emplea como medida de seguridad –security– en bancos, aeropuertos y otros lugares públicos y con fines educativos –for educational purposes– ◊ *Watch a match broadcast on giant screens by closed-circuit television*; V. *beamback*), **closed-end** (GRAL cerrado, limitado, fijo; V. *open-ended*), **closing credits** (CINE créditos –credits– finales o de cierre; V. *opening credits*), **closed set** (CINE plató cerrado; es aquel al que no se permite el acceso a la prensa –press–, visitantes –visitors–, y sólo entra el equipo imprescindible –essential crew members–, normalmente porque se está filmando una escena de desnudo –nude scene–), **closing day/date/hour** (GESTIÓN/PUBL fecha/hora límite/tope; es el último día o momento en el que se acepta un anuncio para publicarse dentro de un número –issue– específico; V. *deadline, forms close date*), **closure** (GRAL/LING/SEMIÓ cierre, clausura; en lingüística o semiótica es la tendencia psicológica a ver las obras –escritos, artículos, discursos, etc.– como completas o acabadas; efecto de acabado o de conclusión armoniosa de un escrito, un discurso o una manifestación artística; también alude a las técnicas y recursos lingüísticos o semióticos empleados en la producción de dicho efecto ◊ *A good add needs to produce a sense of closure*; V. *emblematic shot, narrative closure*)].

club *n*: GRAL grupo, peña, club, círculo. [Exp: **club promotion** (MKTNG promoción de ventas constituyendo un club, por ejemplo, círculo de lectores, que ofrece ventajas a sus socios o *members*)].

cluster *n*: GRAL racimo, grupo, conglomerado; grupo de terminales. [Exp: **cluster analysis** (MKTNG análisis de grupos; análisis multivariante de ordenación de sujetos de una muestra teniendo en cuenta la similitud de sus respuestas), **cluster sample** (MKTNG muestra de grupos al azar; V. *random*), **cluster sampling** (MKTNG muestreo por universos o grupos seleccionados; muestreo en racimos)].

clutter *n*: TV exceso de interrupciones publicitarias.

CMYK *n*: GRÁFICA siglas que corresponden a los colores básicos de impresión: azul cian –*cyan*–, magenta –*magenta*–, amarillo –*yellow*– y negro –*black*–; V. *calibration bars, swatch*. [Exp: **CMYK image** (GRÁFICA imagen *cmyk*; es una imagen que contiene los colores azul cian, magenta, amarillo y negro, y que se utiliza para imprimir fotolitos en color –*colour separation*–)].

co- *prefijo*: GRAL co-, adjunto; el prefijo inglés *co-* tiene el mismo significado que en español, equivaliendo a «co-» o a «adjunto», «mancomunado», etc. V. *joint*. [Exp: **co-management** (GESTIÓN cogestión), **co-marketing** (MKTNG marketing mancomunado; se suele referir a la promoción conjunta de dos marcas distintas), **co-operative** (GESTIÓN cooperativa; en forma atributiva significa «mancomunado o en régimen de cooperativa»; V. *pool*), **co-operative advertising** (PUBL publicidad mancomunada, por ejemplo, entre fabricante –*producer*– y minorista –*retailer*–), **cooperative programme** (MKTNG/RADIO/TV programa patrocinado conjuntamente por anunciantes locales y nacionales, y que se emite tanto a escala regional como nacional; V. *multimedia buy*), **coordinate** (GRAL coordinar), **coordinator** (GRAL coordinador; V. *supervisor*), **coproducer** (CINE productor asociado; es un productor que comparte la responsabilidad creativa y comercial de una película; V. *producer, associate producer, executive producer, line producer*), **coproduction, copro** (CINE/TV coproducción; financiación conjunta de dos o más productoras)].

coaching managerial style *n*: GESTIÓN estilo gerencial estimulador; en este tipo de gestión, el gerente anima constantemente a sus subordinados y les da nuevas oportunidades; V. *affiliative managerial style, authoritative managerial style, coaching managerial style, coercive managerial style, pacesetting managerial style*.

coarse screen *n*: GRÁFICA trama gruesa; tiene menos de 100 puntos –*dots*– por centímetro y se emplea en la formación de los semitonos –*halftones*– de las fotos de los periódicos; V. *crash finish*.

coat[1] *n*: GRAL mano, capa ◊ *A coat of paint*. [Exp: **coat**[2] (GRAL cubrir, bañar, revestir, aplicar/dar una mano de pintura u otro líquido o sustancia viscosa ◊ *Coat the back of a poster with glue*), **coat out** (EXTERIOR borrar, tapar/cubrir un espacio en blanco; cubrir en blanco el espacio de una valla publicitaria destinado a recibir un anuncio nuevo; es sinónimo de *blank out* y *paint out*), **coated paper/stock** (GRÁFICA papel estucado; también llamado *art paper*, es un papel tratado con un revestimiento, como el caolín o las resinas sintéticas, que queda como película –*coating*– en la superficie y le da brillo y prestancia; V. *machine/process coated paper*), **coating** (GRAL baño, revestimiento, película ◊ *The emulsion coating of a film*; V. *anti-abrasion coating, antireflexion coating, metal coating; emulsion; lacquer; varnish*)].

code *n/v*: GRAL código, clave; codificar; V. *key; decode*. [Exp: **code of conduct** (DER código deontológico), **code of fair competition/trading** (GRAL/GESTIÓN normas que regulan la competencia profesional/ comercial justa o leal, normas sobre competencia/concurrencia leal; V. *unfair trading*)].

coercive *a*: coercitivo, coactivo. [Exp: **coercive managerial style** (GESTIÓN estilo gerencial coercitivo; en este tipo de gestión, el gerente controla a sus subordinados por medio de amenazas o de medidas disciplinarias; V. *affiliative managerial style, authoritative managerial style, coaching managerial style, democratic managerial style, pacesetting managerial style*)].

cold *a*: GRAL [en] frío; se aplica a todo lo que comienza o arranca sin un anuncio, preparación o fase de calentamiento, como –*cold call*– puerta fría, visita comercial a un cliente potencial –*prospect*– sin previo aviso; toma de contacto con un cliente, en persona, por correo o por teléfono sin previo anuncio o cita –*without prior announcement or appointment*–; *cold list* –lista de clientes de puerta fría–, etc. [Exp: **cold colour** (IMAGEN color frío; son fríos los colores que se acercan al extremo azul del espectro), **cold type** (GRÁFICA tipografía fría; es la obtenida por medios fotográficos o mediante la combinación de un procesador de texto y una impresora, frente a la caliente –*hot type*– que se hace con metal

fundido –*molten metal*–; también se le llama *strike-on composicion*)].

collage *n*: GRÁFICA collage; ① técnica consistente en pegar sobre lienzo o tabla materiales diversos; ② la obra realizada; V. *photomontage*. [Exp: **collage film** (CINE película *collage*; es una película experimental –*experimental film*– en la que se unen imágenes del mismo modo que un pintor une retazos en un cuadro de *collage*; V. *avant-garde*)].

collapse *n/v*: GRAL/MKTNG hundimiento, desplome, caída fuerte; derrumbarse, desplomarse, hundirse; V. *fall; rise, boom*.

collate[1] *v*: GRAL cotejar. [Exp: **collate**[2] (GRÁFICA alzar, compaginar; consiste en inspeccionar los pliegos –*sheets*– y ordenarlos para su encuadernación –*binding*–)].

collect *v*: GESTIÓN cobrar, recaudar. [Exp: **collection** (GESTIÓN cobro contra entrega de documentos), **collection against documents** (GESTIÓN cobro contra entrega de documentos), **collection/cash on delivery** (GESTIÓN cobro a la entrega)].

collotype *v/n*: GRÁFICA fotogelatinar; fotogelatinado; también llamado *photogelatine*, es un proceso de impresión en tono continuo –*continuous tone*– que usa planchas cubiertas con una capa de gelatina –*gelatin coated plates*–.

colon *n*: TIPO dos puntos; V. *punctuation devices; comma, semicolon, stop, full stop*.

colour *n*: IMAGEN color; es la impresión que los rayos de luz reflejados por un cuerpo producen en el sensorio común por medio de la retina del ojo; se describe de acuerdo con la frecuencia o longitud de onda de luz –*wavelength of light*–, de su intensidad –*intensity*– y de su saturación –*saturation*–; partiendo de las longitudes de onda más largas hasta llegar a las más cortas, el espectro luminoso –*visible* *spectrum–* consta de los siguientes tonos básicos *–hues–*: rojo, amarillo, verde, azul, añil y violeta *–red, orange, yellow, green, blue, indigo and violet–*; los colores primarios de una fuente de luz son rojo, verde y azul, y los de un objeto reflectante, como un pigmento *–pigment–*, son rojo, amarillo y azul; V. *discolouration, cold colour.* [Exp: **colour bars** (IMAGEN/TV barras de color), **colour chart** (IMAGEN/GRÁFICA escala/gama de colores; V. *grey chart, palette*), **colour chips** (GRÁFICA muestra/guía de colores; equivale a *colour swatches*), **colour correct/correction/grading/balance** (IMAGEN etalonar, etalonado, etalonaje; es el proceso de ajuste de colores sobre un negativo; V. *grading, timing*), **colour down!** (CINE/TV ¡quitar color!; consiste en reducir la expresividad por parecer excesiva, sobreactuada *–overdone–* o poco natural), **colour form** (GRÁFICA forma, grabado o plancha empleados en la impresión con tintas planas), **colour it!** (CINE/TV ¡más expresividad!, ¡agregar color!; es la frase con la que el director indica al intérprete durante el rodaje *–filming/shooting–* que añada más color, caracterización, etc., a su personaje; V. *speed up the action!*), **colour noise** (IMAGEN ruido de color, también llamado *chroma noise*), **colour separation** (IMAGEN fotomecánica; fotolitos; ① es el proceso de separación del color original de un dibujo o diseño, por medio de filtros, en los cuatro componentes primarios de color de la impresión *–yellow, magenta, cyan, black–*; ② en plural, son los cuatro «fotolitos» o positivos obtenidos por el procedimiento anterior, que se usan para la confección de las planchas *–printing plates–*; V. *process plate, fake process*), **colour swatches** (GRÁFICA muestra/guía de colores; también conocido por el nombre comercial de la marca *pantone*; V.

pantone), **colour systems** (IMAGEN sistemas de colores; los principales sistemas de colores en los medios impresos y electrónicos *–print and electronic media–* son RGB, CMYK; el primero, usado en electrónica, analiza una imagen con tres colores primarios, rojo, verde y azul *–red, green and blue–*; el segundo, empleado en los sistemas de impresión consta de cian, magenta, amarillo y negro *–cyan, magenta, yellow and black–*), **colour technology** (IMAGEN tecnología del color; la tecnología del color usa dos tipos de mezclas *–mixing–*: la aditiva *–additive–* y la sustractiva *–subtractive–*; los colores aditivos primarios son rojo, verde y azul; los colores sustractivos primarios son magenta, cian y amarillo *–magenta, cyan and yellow–*), **colour temperature** (IMAGEN temperatura de color; es la temperatura a la que hay que calentar una sustancia inerte *–blackbody–* para que brille con un color determinado; V. *mired*), **colour toning** (IMAGEN coloración de una fotografía en blanco y negro), **colourize** (CINE colorear películas en blanco y negro con medios digitales ◊ *The results of colourizing old black-and-white classics are often criticized by experts*; V. *tinted film*), **colourization** (CINE coloreado; es un proceso mediante el cual se altera digitalmente la imagen en blanco y negro *–black and white image–* para dotarla de color; es una práctica polémica *–controversial–*, pues muchos cineastas *–film-makers–* y espectadores *–viewers–* creen que cambia el espíritu original; V. *colourize*),

column *n*: GRÁFICA/PRENSA/AUDIO columna; ① en una página impresa *–printed page–* es la sección vertical separada de otra por un espacio en blanco *–blank space–* o por una línea vertical *–rule–*; ② en la prensa es el espacio fijo reservado a un artículo de fondo *–feature article–* firmado, que aparece con regularidad en un periódico o revista, como en *He writes a weekly column for a national paper*; ③ pantalla acústica, equipo de alta fidelidad que contiene uno o varios altavoces, bafle; V. *loudspeaker*. [Exp: **column inch** (TIPO pulgada de columna; «ríos de tinta» ◊ *The advert filled 4 column inches;* V. *advertising space*; ① la columna de pulgada es una unidad de medida de la extensión de un anuncio en una publicación, esto es, el espacio físico ocupado por un texto periodístico o por un anuncio impreso, medido en pulgadas cuadradas; se obtiene la medida multiplicando el ancho, variable, de la columna por 1 pulgada; con la introducción progresiva de tipos de altura muy variada en los medios escritos, se ha ido abandonando la norma tipográfica de la línea –*line, agate line*– como base del cálculo; ② coloquialmente quiere decir «ríos de tinta» ◊ *Thousands of column inches have been written about the death of the princess*; V. *minimum depth requirement*), **[column] rule** (GRÁFICA corondel; calle), **columnist** (PRENSA columnista; autor de una columna; V. *feature writer, contributor*)].

com *n*: INTERNET terminación de dirección de Internet –*web address*–, que indica que se trata de una entidad comercial –*commercial organization*–, normalmente de Estados Unidos; las direcciones de otros países suelen acabar en las siglas asignadas al país, como pueden ser *es* –España–, *uk* –Gran Bretaña–, *mx* –México–, etc.; V. *edu, mil, edu, net, org, gov*.

combine *v*: GRAL combinar. [Exp: **combination**[1] (GRAL combinación), **combination plate** (GRÁFICA plancha compuesta; combina directo y línea; V. *halftone*), **combination rate** (GESTIÓN tarifa reducida, precio especial; alude al descuento ofrecido al anunciante que contrata espacio en varias publicaciones de la misma empresa; V. *multimedia buy*), **combined print** US (CINE copia sincronizada; es aquella en la que se han unido el sonido y las imágenes; también llamada *composite print*, y en inglés británico, *married print*)].

combo[1] *col n*: GRAL/GESTIÓN combinación, agrupación; es la forma coloquial de *combination*; suele ser una agrupación o grupo de empresas ◊ *Work for an Australian media combo*; V. *media group, media mogul*. [Exp: **combo**[2] *col* (MKTNG contratación combinada a tarifa reducida; se trata de la contratación de tiempo publicitario en la televisión o la radio para emitir el mismo anuncio en al menos dos momentos de la programación, o varios anuncios en momentos diferentes, o una o más cuñas en varias emisoras pertenecientes a la misma empresa ◊ *Buy a combo on the local radio station*)].

comedy *n*: GRAL comedia; V. *black comedy, situation comedy, slapstick comedy; frothy, lightweight; drama, stage play; daytime drama, docudrama, court drama, documentary, thriller, sword and sorcery; farce*.

comic *a/n*: ESPEC/GRAL cómico, humorístico; cómico, humorista ◊ *A comic writer*. [Exp: **comic strip** (PRENSA tira cómica, historieta ◊ *Publish a comic strip in the local evening paper*; V. *strip, cartoon*)].

comma *n*: TIPO coma; V. *punctuation devices; colon, semicolon, stop, full stop*.

commentary *n*: PRENSA/MEDIOS comentario. [Exp: **commentator** (RADIO/TV locutor, comentarista, presentador; V. *announcer*)].

commercial[1] *n*: TV/PUBL anuncio de televisión, también llamado *TV spot* ◊ *A lot of people change channels when the commercials come on*; el anglicismo «comercial» debería evitarse; V. *advertising break*. [Exp: **commercial**[2] (MKTNG viajante), **commercial area** (MKTNG área comercial), **commercial break** (TV espacio/pausa para la publicidad, anuncios; V. *advertising break*), **commercial time segment** (PUBL/TV segmento publicitario; V. *piggyback commercial*), **commercial traveller** (GESTIÓN viajante; V. *representative, jobber, agent, broker, selling agent, travelling salesman, field staff*)].

commissary *US col n*: CINE en la jerga de Hollywood, es el restaurante o bar del estudio.

commission[1] *v*: PRENSA encargar la redacción de un artículo ◊ *Commission an author to write a radio play*; alude a la práctica mediante la cual los medios de comunicación o las instituciones y organismos públicos encargan a los comentaristas o creadores de prestigio –*prestigious analysts and artists*– una colaboración –*contribution*– o la creación de una obra musical o teatral para un fin determinado; V. *freelancer*. [Exp: **commission**[2] (MKTNG/GESTIÓN comisión; V. *agency commission*), **commission, on** (MKTNG/GESTIÓN a comisión ◊ *Be paid on commission/on a commission basis*), **commission agent** (MKTNG/GESTIÓN comisionista; V. *broker; agency commission*)].

commodities *n*: MKTNG bienes, bienes y servicios; productos básicos; mercaderías; géneros, artículos o productos de comercio o de consumo; materias primas, elaboradas o semielaboradas; los bienes económicos que son objeto de transacciones comerciales se clasifican, según los economistas, en materias primas –*commodities*– y servicios –*services*–; en principio, el término *commodities* puede aludir a los dos y, en un plano más restringido, sólo a las materias primas ◊ *Oil, coffee and sugar are commodities*; V. *goods, merchandise*.

communal cable *n*: TV cable comunitario; es una red de televisión por cable para una comunidad de viviendas.

communicate *v*: MEDIOS/GRAL comunicar, participar, notificar, manifestar. [Exp: **communication** (MEDIOS/GRAL notificación, comunicación escrita, mensaje; V. *notice*), **communication channel** (MEDIOS/GRAL canal de comunicación), **communicative strategy** (MEDIOS/GRAL estrategia de comunicación; V. *strategy*), **communiqué** (MEDIOS/GRAL comunicado oficial), **communisuation**[1] *US* (SEMIÓ/LING información con fines persuasivos; es una mezcla de *communication* y *persuasion*; V. *infotainment*), **communisuation**[2] *US* (PUBL información con fines persuasivos)].

community antenna television, CATV *n*: TV televisión por cable; V. *cable television*.

comp[1] *n*: PRENSA número gratuito, suscripción gratuita; es la forma elíptica de *complimentary*; el *comp list* es la relación de personas o instituciones a las que se les envía ejemplares gratis. [Exp: **comp**[2], **compre, comprehensive, comprehensive layout** (DISEÑO boceto; *comp, compre* y *comprehensive* son formas abreviadas de *comprehensive layout*; V. *rough sketch, rough layout, sketch*)].

compact disc *n*: AUDIO/IMAGEN disco compacto; V. *CD-ROM*.

companding *n*: AUDIO «comprensión-expansión»; la palabra está formada por la mutilación de *comp[ressing]* y *[exp]anding*; es una técnica de digitalización que comprime la señal a la entrada y la expande a la salida.

comparative advertising *n*: GRAL/TV publicidad comparativa.

compensation *n*: GRAL/TV compensación, repetición gratuita de la emisión de un anuncio –*spot*– por haber habido un error en la emisión anterior; V. *bonus spot*.

compete *v*: MKTNG/GESTIÓN competir; V. *enter into competition*. [Exp: **competing** (MKTNG rival, en competencia ◊ *The competing firms each tabled a bid*), **competition**[1] (GRAL concurso ◊ *She won second prize in a photograph competition*; V. *contest*), **competition**[2] (MKTNG competencia; concurrencia; se emplea en el sentido de ① acto de competir o hecho de estar en competencia, como en *He seems to thrive on competition*, y ② conjunto de competidores –*competitors*–, como en *We have a three point lead over the competition*; V. *code of fair competition*), **competition-oriented pricing** (MKTNG fijación de precios basándose en los de la competencia para asegurar la competitividad; V. *code of unfair competition, unfair competition*), **competitive advantage/edge** (MKTNG ventaja competitiva, margen competitivo o de ventaja ◊ *Our prices give us a slight competitive edge over our rivals*), **competitive examination** (MKTNG oposición, concurso; examen de acceso a un puesto público o privado ◊ *Vacancies in the Civil Service are filled by competitive examination*), **competitive pricing** (MKTNG fijación de precios competitivos; V. *marginal pricing*), **competitiveness** (MKTNG/GESTIÓN competitividad, capacidad competitiva; V. *competition*), **competitor** (MKTNG competidor; V. *choice, competition, edge, false advertising*)].

competence/competency *n*: GRAL/GESTIÓN aptitud, competencia, capacidad ◊ *Short-listed candidates are interviewed to assess their communicative competence*; no ha de confundirse con *competition*. [Exp: **competent** (MKTNG competente, capacitado, capaz)].

compilation film *n*: CINE película de compilación; está formada por escenas, planos y secuencias de otras películas.

complaint *n*: MKTNG reclamación, reparo; V. *fulfillment; inquiries; letter/note of complaint*. [Exp: **complaints department** (MKTNG departamento de reclamaciones; V. *service/accommodation area*)].

complementary angles *n*: CINE/IMAGEN ángulos complementarios; son tomas –*shots*– de objetos o imágenes diferentes dentro de la misma escena, que una vez montados juntos –*once edited together*– producirán una sensación de volumen.

compliment *n*: GRAL/GESTIÓN cumplido, saludo, saludo cortés, cortesía ◊ *With the compliments of the marketing director*; V. *courtesy*. [Exp: **compliments, with** (GRAL/GESTIÓN/MKTNG con un atento saludo, salúdole), **complimentary** (GRAL/GESTIÓN de favor, gratis, como obsequio o gentileza de la casa; V. *free of charge; comp, comp list*), **complimentary copy/issue** (MKTNG número gratuito, ejemplar de obsequio ◊ *All our clients receive complimentary copies of the publication*), **complimentary ticket** (CINE entrada gratuita o de favor)].

component video *n*: MEDIOS vídeo de componentes; es el soporte de vídeo –*video system*– que, con el fin de producir una imagen más nítida –*sharper image*–, separa las señales de luminancia –*luminance*– de las de crominancia –*chrominance*–, y dentro de éstas distingue, a su vez, las señales constitutivas –*component signals*– del *RGB*, esto es, del rojo, verde y azul –*red, green and blue*–; es el sistema estándar de la mayoría de los monitores de ordenador; V. *composite video*.

compose *v*: GRAL/GRÁFICA componer; V. *set, galley proof*. [Exp: **composer** (CINE/AUDIO compositor; es el autor de la partitura –*score*– de una obra musical –*musical work*–, de la banda sonora –*soundtrack*–, de una película o de la música que acompaña a un anuncio; V. *conductor, score*), **composite**[1] (GRAL/

PUBL/TV amalgama, combinación; en publicidad es un figurín, folleto o catálogo en el que se recogen las características y fotos de un modelo publicitario; composit; en televisión es la modulación conjunta en una señal de la crominancia y la luminancia; V. *mix; book, engagement book*), **composite**[2] (CINE copia casada; es el positivo con sonido e imagen, también llamado *married printe*; V. *timing, fine cut*), **composite photo** (IMAGEN fotomontaje; retrato robot), **composite print** *US* (CINE copia sincronizada; es aquella en la que se han unido el sonido y las imágenes; también llamada *combined print*, en inglés británico se llama *married print*), **composite shot** (IMAGEN plano con dos imágenes superpuestas o en el que aparecen varias escenas simultáneas), **composition** (GRÁFICA/TIPO composición; equivale a *typesetting*; V. *hand composition*), **compositor** (TIPO cajista, tipógrafo; equivale a *typesetter* ◊ *A compositor's error*; V. *composer*)].

comprehensive layout *n*: DISEÑO maqueta global de un impreso o ilustración; «monstruo», también llamado *comp* en inglés.

compressed *n/a*: INTERNET comprimido, compactado; es el estado normal de los archivos –*files*– que se pueden bajar –*download*– de Internet, destinado a ocupar menos espacio en el servidor –*server space*– y reducir el tiempo de transmisión –*transmission time*–. [Exp: **compressor** (AUDIO compresor; es un mecanismo electrónico –*electronic device*– que reduce los niveles de sonido; V. *crossover, filter*)].

computer *n*: GRAL ordenador. [Exp: **computer-aided** (GRAL asistido por ordenador, parcialmente informatizado), **computer animation** (GRAL animación informatizada, también llamada *electronic animation*), **computer-assisted design, CAD** (DISEÑO diseño asistido por ordena-

dor), **computer-controlled** (GRAL controlado por ordenador), **computer display** (GRAL monitor), **computer science** (GRAL informática), **computerize** (GRAL informatizar, realizar con ordenador ◊ *The whole layout system is now computerized*; se aplica a los procesos, por ejemplo, *computerized typesetting* –composición informatizada– efectuados con ordenador)].

concave lens *n*: IMAGEN lente cóncava; es aquella lente curvada hacia adentro –*inwards*–; V. *convex lens*.

concept *n*: GRAL/PUBL concepto; en publicidad es el bosquejo, esquema, o punto de partida de una idea publicitaria. [Exp: **concept board** (PUBL panel para representar ideas publicitarias; V. *story board*), **concept development** (PUBL desarrollo de una idea publicitaria; se pone el énfasis en el acierto del estilo, el tono, las palabras, etc.)].

concertina [folding] *n*: GRAL plegado en acordeón, también llamado *accordion fold* y *zig-zag folding*; se dice del plegado de un folleto publicitario con este formato; V. *accordion insert*.

condense *v*: TIPO condensar, compendiar, resumir. [Exp: **condensed type** (TIPO letra chupada, estrecha o condensada; la anchura de este tipo de letra es más estrecha con relación a su altura; V. *expanded/extended type, light type face*), **condenser microphone** (AUDIO micrófono de condensador; también se llama micrófono electroestático –*electrostatic microphone*–; V. *cardioid microphone*)].

conduct[1] *v*: GRAL realizar, llevar a cabo ◊ *Conduct an enquiry into media practice*. [Exp: **conduct**[2] (AUDIO dirigir ◊ *Conduct an orchestra*), **conductor** (CINE director de orquesta; es la persona que dirige –*conducts*– la ejecución –*performance*– de la partitura –*score*– por parte de la orquesta; V. *composer, score*)].

conference *n*: PUBL/GRAL reunión de trabajo o de planificación; conferencia. [Exp: **conference report** (PUBL/GRAL informe de planificación de trabajo; V. *briefing, brainstorming, focus group, group discussion; contact report, call report*)].

congestion *n*: INTERNET congestión; se produce cuando el tráfico existente de datos *–existing data traffic–* sobrepasa *–exceeds–* la capacidad de una ruta de comunicación *–a communication route capacity–*.

connect *v*: GRAL conectar. [Exp: **connection** (GRAL/INTERNET conexión; es un circuito virtual de transporte *–a virtual transport circuit–* que se establece entre dos programas de aplicación *–software application programmes–* con fines comunicativos *–for communication purposes–*; V. *client, user agent*)].

connotation *n*: SEMIÓ/LING/CINE connotación; es el significado añadido que puede tener cualquier unidad lingüística, semiótica o cinematográfica; la connotación puede nacer del mismo sistema, del contexto o de la cultura a la que pertenece; V. *denotation, Dutch angle*),

conscious *a*: GRAL consciente, enterado, informado; V. *aware*. [Exp: **consciousness** (MKTNG conocimiento, información ◊ *Advertising as a whole aims at raising public consciousness of a product and its qualities*; V. *awareness*), **consciousness-raising campaing** (MKTNG campaña de concienciación; alude a la campaña de información y publicidad cuyo objetivo es sensibilizar *–sensitivize–* a la opinión pública *–public opinion, awareness–* ante un problema social *–social issue–* ◊ *Get up a consciousness-raising campaign in aid of the Third World*)].

console *n*: GRAL consola; panel de control central de sistemas electrónicos o eléctricos ◊ *The console of a recording studio*; V. *board³, board fade; control/dimmer/*

switch board. mixing console, main console.

construction, under *a*: INTERNET en construcción; es un término que describe una dirección de Internet *–a WWW site–* que todavía no se ha completado.

constructivism *n*: DISEÑO/CINE constructivismo; es un movimiento artístico subjetivo *–nonobjective–*, nacido en Rusia, que se sirve de los materiales industriales modernos, tales como el cristal y el plástico, para el arte y la escultura *–art and sculpture–*; V. *avantgarde, dadaism, surrealism.*

consult *v*: GESTIÓN consultar, celebrar consultas; asesorarse, tener en cuenta, considerar. [Exp: **consultancy** (GESTIÓN asesoría, consultoría, «consulting»; el término *consulting*, utilizado en español como sustantivo contable, esto es, que puede tener plural, referido a una empresa o bufete, es un falso anglicismo, ya que en inglés se emplea, en su lugar, *consultancy*, siendo *consulting* sólo el gerundio o participio del verbo *consult*), **consultant** (GESTIÓN asesor, consejero, consultor ◊ *The consultant's advice was to cut marketing costs*; V. *advertising consultant, adviser, advisor, management consultant*), **consultation** (GESTIÓN asesoramiento; sesión de asesoramiento; V. *mutual consultation*), **consulting** (GRAL V. *consultancy*), **consulting board** (GESTIÓN junta consultiva), **consulting solicitors** (DER letrados asesores)].

consumer *n*: MKTNG consumidor; V. *end-user, ultimate consumer*. [Exp: **consumer appeal** (MKTNG efecto de atracción de un producto sobre el consumidor), **consumer brand** (MKTNG marca de gran consumo, marca popular o de gran aceptación entre el público), **consumer habits** (MKTNG hábitos de consumo ◊ *Before launching the product we did some research into the country's con-*

sumer habits), **consumer price index, CPI** (GRAL/MKTNG índice de precios al consumo, IPC; también llamado *cost of living index*, mide las fluctuaciones –*fluctuations*– del precio de compras habituales –*cost of typical purchases*–; V. *cost of living, shopping basket*), **consumer profile** (MKTNG perfil del consumidor; grupo objeto; equivale a *target group*; consiste en una descripción demográfica de las personas u hogares –*households*– que son clientes potenciales –*prospects*– de un producto o servicio), **consumer society** (MKTNG sociedad de consumo), **consumerism** (MKTNG consumismo ◊ *Object to advertising's advocacy of consumerism*; V. *bandwagon impact, keep up with the Joneses, planned obsolescence*), **consumers' association, c.a.** (MKTNG asociación de consumidores), **consumerism** (MKTNG consumismo)].

contact[1] *n*: GRAL/PRENSA/MEDIOS contacto, fuente de información; V. *source of information*. [Exp: **contact**[2] (PUBL impacto publicitario; V. *impression, impact*), **contact [executive]** (GESTIÓN ejecutivo de cuentas; equivale a *account executive*), **contact print** (GRÁFICA contacto; positivo –*print*– que se saca aplicando el negativo a un papel fotográfico –*photographic paper*– en el cuarto oscuro –*darkroom*–), **contact report** (PUBL informe de la reunión entre un anunciante y el ejecutivo de la agencia publicitaria, también llamado *call report*), **contact weighting** (PUBL evaluación/ponderación del impacto publicitario o *contact*[2])]

contain *v*: contener; detener. [Exp: **container** (MKTNG contenedor, envase, caja; V. *packaging; airtight container*), **containment** (GESTIÓN contención; V. *cost-containment*)].

content curve *n*: CINE curva de contenido; es el tiempo que al parecer necesitan los espectadores –*audience*– para captar el significado principal de una toma; normalmente son dos segundos.

contest *n*: GRAL concurso; V. *competition*.

continuity[1] *n*: CINE/RADIO/TV «racord/raccord», continuidad ◊ *Live TV tests a presenter's continuity skills*; es la transición fluida o unión coherente entre escenas o planos, y en el cine supone que no aparezcan objetos en una toma y desaparezcan en otra, o desde otro ángulo; V. *script supervisor, continuity report*. [Exp: **continuity**[2] (PUBL continuidad; es el enlace o conexión entre campañas publicitarias; V. *follow-up, follow-up campaign*), **continuity**[3] (RADIO/TV guión [de un programa] radiofónico o televisivo; V. *script*), **continuity**[4] (CINE/TV encargado de continuidad, secretario de rodaje, también llamado *continuity man/girl*), **continuity discount** (MEDIOS descuento por frecuencia; V. *frequency discount*), **continuity editing** (CINE montaje de continuidad; el objeto de este montaje es disimular los cortes –*cuts*–, de forma que se perciba una continuidad espacial y temporal sin ningún tipo de costuras; V. *eyeline match, match on action, cut*[1]), **continuity error** (CINE/TV error de continuidad; conocido coloquialmente como «gazapo» –*goof*–, designa cualquier contradicción o imposibilidad lógica entre una escena y otra, como objetos que aparecen en sitios diferentes o prendas que cambian de color; V. *continuity, continuity report, goof*), **continuity man/girl** (CINE/RADIO/TV secretario de rodaje; presentador/conductor de un espacio televisivo, locutor responsable de la continuidad; V. *anchorman/anchorwoman, presenter, continuity*[4]), **continuity report** (CINE/TV informe de continuidad; también llamado *continuity script*, es una lista pormenorizada –*detailed list*– de lo sucedido durante el rodaje –*shooting*– de una escena, que incluye el personal técnico –*crew*–, el estado de cada toma –*take*–, los parámetros de la cámara –*camera settings*–, las condiciones medioambientales –*environmental conditions*– y detalles de la acción filmada; tiene como objetivo evitar los llamados «gazapos» –*goofs*– o errores de continuidad –*continuity errors*–; V. *continuity, continuity error, goof*), **continuity script** (CINE/TV informe de continuidad; V. *continuity report*)].

continuous *a*: GRAL continuo. [Exp: **continuous [feed] paper** (GRÁFICA papel continuo; V. *paper, fanfold paper*), **continuous tone** (GRÁFICA/DISEÑO tono continuo, línea; V. *line, continuous tone, halftone, line drawing*), **continuous tone image** (DISEÑO imagen de tonos continuos; es una imagen que contiene colores escalonados –*scaled*– del negro al blanco)].

contour *n/v*: DISEÑO contorno, curva, perfil, acotado, curva o silueta [de una figura]; moldear, acotar; perfilar, siluetear, recortar una imagen; recorrer el contorno de una figura, recorrer un texto; también se le llama *run-around*; es un texto realizado en una columna más estrecha de lo habitual, como por ejemplo, a ambos lados de una foto; también es el texto situado alrededor de otro elemento para crear una forma poco habitual; V. *outline*[1]. [Exp: **contour light** (IMAGEN contraluz; V. *backlight, fringe light*), **contouring** (IMAGEN/TV ajuste de contornos; es un transitorio –*glitch*– de las imágenes gráficas digitales formado por borrones –*blotches*– en el contorno de la imagen por deficiencia en el número de bits por pixel)].

contract *n*: GESTIÓN contrato; V. *blanket contract, booking contract, target contract; subcontract; cancel a contract.* [Exp: **contract player** (CINE actor de plantilla; es aquel actor que tiene un con-

trato de larga duración –*a long-term contract*– con un estudio o productora, y puede por ello ser asignado a cualquiera de las películas que estén haciendo)].

contrapuntal music, contrapuntal sound *n*: CINE/AUDIO música de contrapunto, sonido de contrapunto; es aquella banda sonora cuyas connotaciones –*connotations*– chocan con el sentido visual de una escena, normalmente para crear un efecto irónico –*ironic effect*–; V. *counterpoint.*

contrast[1] *n*: GRAL/LING/SEMIÓ contraste; en lingüística se llama contraste a las diferencias existentes entre unidades sucesivas presentes en el discurso; son recursos del contraste, entre otros, la antonimia –*antonymy*–, el oxímoron –*oxymoron*–, la antítesis –*antithesis*– y la paradoja –*paradox*–; V. *caesura, rhythmical break.* [Exp: **contrast**[2] (IMAGEN contraste; es la diferencia de brillo –*the difference in brightness*– entre las zonas claras y oscuras –*the light and dark areas*– de una imagen; V. *definition, resolution, backlighting*)].

contribute *v*: GRAL/MEDIOS contribuir, aportar; colaborar ◊ *Contribute an article to a magazine.* [Exp: **contribution** (GRAL/MEDIOS contribución, aportación, artículo, intervención ◊ *A decisive contribution to a radio discussion*), **contributor** (PRENSA articulista, colaborador; son personas que no están en plantilla –*on the staff*–, y pueden ser columnistas –*columnists*–, colaboradores habituales –*regular contributors*– o asesores –*consultants*–; V. *commission, feature article, feature writer, columnist*)],

control *n/v*: GRAL control; controlar; V. *inspect.* [Exp: **control board** (AUDIO/IMAGEN cuadro de luces; V. *dimmer/switch board; console*), **control unit** (GRAL unidad de control), **controlled circulation** (PRENSA difusión controlada; se aplica a las publicaciones dirigidas a profesionales especializados que se distribuyen gratis –*distributed free*– al ser patrocinadas por anunciantes –*advertisers*–)].

controversy *n*: GRAL polémica, controversia ◊ *There was a great controversy about media coverage of the incident*). [Exp: **controversial** (GRAL polémico, controvertido ◊ *Go ahead with the publication of a controversial article*)].

convenience *n*: MKTNG comodidad, ventaja; en plural, alude a los aparatos –*appliances, gadgets*– que hacen más cómoda la vida diaria; aparece, con valor atributivo, en expresiones como *convenience food* –platos precocinados, platos preparados–, *convenience goods* –artículos de uso diario–, *convenience store* –tienda de artículos de consumo, tienda para cualquier apuro, tienda de la esquina que todo lo vende–. [Exp: **conveniences, all modern** (PUBL con todas la comodidades, «todo confort»; en los anuncios de las casas y pisos en venta suele aparecer en forma abrevida *all mod. cons*; V. *des. res., offers over...*), **convenience, at your earliest** (GRAL tan pronto como sea posible), **convenience goods** (MKTNG artículos de uso diario), **convenience store** (MKTNG tienda de artículos de consumo/uso diario, tienda para cualquier apuro, tienda de la esquina que todo lo vende; tienda tipo *VIP*)].

convergence *n*: CINE/IMAGEN convergencia; en las películas en tres dimensiones –*3-D films*–, es el lugar donde confluyen la visión del ojo izquierdo y la del derecho, más o menos en la superficie –*surface*– de la pantalla.

convert *v*: GRAL convertir, transformar. [Exp: **converter** (TV convertidor; es un aparato que, conectado a un televisor –*plugged into a TV set*– incrementa su capacidad de recibir canales –*channel load*– de televisión por cable; V. *cable*

TV), **conversion** (AUDIO/IMAGEN conversión; V. *A/D, D/A, aliasing, digitization, modem, scan conversion*)].

convex lens *n*: IMAGEN lente convexa; es aquella lente curvada hacia afuera –*outwards*–; V. *concave lens*.

cop shows *US n*: TV series policiacas, del tipo *Starsky y Hutch*; V. *lawyer shows*.

copperplate *n*: GRÁFICA letra inglesa; grabado al cobre, plancha de cobre.

copro *col n*: CINE coproducción; V. *coproduction*.

copy[1] *n*: GRAL copia, reproducción, transcripción de un original o manuscrito; V. *print*[3]. [Exp: **copy**[2] (MEDIOS ejemplar, número; espécimen; V. *edition*[1], *print-run*), **copy**[3] (PUBL texto de un anuncio publicitario; anuncio, anuncios; material, texto original, equivale a *text*; es el mensaje que se imprimirá o se difundirá en un anuncio; en los anuncios gráficos –*print ads*– consta de título o titular –*headline*–, entradilla –*subheading, lead, lead paragraph*–, cuerpo o texto principal –*body*–; no obstante, en algunas acepciones se distingue entre el texto –*copy*– y los titulares –*headings*–; V. *body copy; advertisement copy*), **copy**[4] (PRENSA original; texto; es el material enviado por un periodista a la redacción del periódico ◊ *She regularly sends brilliant copy to the paper*; por extensión se refiere a la cuestión tratada por un periodista o al potencial noticioso de un acontecimiento, de la vida de los famosos, etc., como en *The doings of film stars usually make good copy*), **copy**[5] (GRAL redactor publicitario; es la forma abreviada de *copywriter*), **copy approach** (PUBL tema o plataforma creativa; V. *creative concept*), **copy boy/girl** (PRENSA recadero-a; se llama así a la persona encargada, entre otras cosas, de llevar los originales –*copy*– de los reporteros y redactores de una oficina a otras o de la redacción a la imprenta), **copy chief** (PUBL redactor-jefe de textos publicitarios; V. *art director*), **copy-clerk** (PRENSA mecanógrafo de artículos y anuncios; se encarga de pasar a máquina u ordenador los anuncios propuestos), **copy date deadline** (PUBL fecha límite de entrega de un anuncio a los medios publicitarios; V. *closing date/hour, forms close date*), **copy desk** *US* (PRENSA redacción, mesa de redacción; departamento o sección donde se corrige y se prepara *–edit–* el texto para la impresión o *printing*), **copy-edit** (PRENSA repasar y corregir textos; V. *copy-read*), **copy-editor** (PRENSA corrector de estilo; V. *sub-editor*), **copy fitting** (GRÁFICA ajuste de texto; es la selección del cuerpo de letra *–type size–* necesario para llenar un espacio determinado), **copy platform** (PUBL tema principal de un anuncio), **copy-read** *US* (PRENSA repasar y corregir textos; V. *copy-edit*), **copy-reader** *US* (PRENSA redactor-corrector; V. *copy-editor, proofreader*), **copy strategy** (PUBL estrategia creativa; plataforma creativa; directrices o líneas maestras para la redacción de textos o material publicitario; es un documento en el que se define la información que se ha de dar a los consumidores, sobre todo el beneficio principal que recibe el consumidor por el producto que se publicita), **copycat article** (MKTNG producto de imitación; producto plagio; V. *me-too product* col), **copying** (CINE/TV tiraje; se dice del proceso de creación de copias de películas por duplicación; V. *duplication*), **copyright** (DER propiedad intelectual, derechos de autor ◊ *Under modern copyright law an author asserts his moral right to paternity of the protected work*; V. *intellectual property, broadcaster*[1]), **copyrighted name/material** (DER nombre/obra registrada como propiedad intelectual), **copywriter**

(GRAL redactor publicitario; especialista en textos publicitarios; redactor creativo de textos publicitarios o periodísticos *–copy–* se ocupa de la ideación y de la redacción de textos en los mensajes; forma con el director de arte *–art director–*, el director creativo *–creative director–*, el director creativo ejecutivo *–executive creative director–* y el *producer* el equipo de profesionales de la creatividad publicitaria; V. *creative editor, poster designer*), **copywriting** (PUBL redacción [creativa] de textos publicitarios; redacción de material publicitario, redacción de originales ◊ *Copywriting is the art of writing selling messages*)].

core *n*: GRAL núcleo, foco, centro. [Exp: **core assortment** (MKTNG surtido nuclear o básico; está formado por aquellos productos que constituyen el 20 % del volumen de negocio o *turnover*)].

corner[1] *n*: GRAL esquina. [Exp: **corner**[2] (MKTNG acaparar; V. *engross; overstock, buy up, undercut*), **corner bullet/dot** (GRÁFICA puntos *–dots–* colocados a ambos lados de un anuncio para indicar a la imprenta su anchura y su altura *–lineage depth–*; V. *adjustment mark*)].

corporate *a*: GRAL empresarial, patronal; V. *industrial*. [Exp: **corporate architecture** (MKTNG/PUBL arquitectura corporativa; alude al diseño y construcción de tiendas y pabellones para ferias), **corporate advertising** (MKTNG publicidad corporativa, esto es, de una empresa, sin citar producto alguno de la misma; V. *image, brand image, institutional advertising*), **corporate campaign** (MKTNG campaña de imagen; tiene como objetivo mejorar la imagen de una marca comercial o de una empresa), **corporate chain** (MKTNG cadena de tiendas de la misma empresa; V. *chain store*), **corporate discounting** (MKTNG descuento colectivo o genérico; alude a los incentivos ofrecidos por un grupo de medios o publicaciones a los anunciantes de grandes surtidos de productos; se calcula un descuento preferente aplicable globalmente al conjunto de los anuncios contratados; V. *gross*), **corporate image** (MKTNG imagen pública mercantil, imagen corporativa; V. *image, brand image; naming*)].

correct *v*: GRAL corregir, rectificar, enmendar. [Exp: **corrected print** (TV copia estándar; V. *emission cut, fine cut*), **correction** (GRAL corrección, enmienda; V. *aperture correction, colour correction*), **corrective advertising** (PUBL/DER publicidad de rectificación; es una campaña publicitaria, normalmente por mandato judicial, cuyo objeto es rectificar la publicidad falsa o engañosa –*misleading advertising*– emitida con anterioridad)].

correspondent *n*: MEDIOS corresponsal; en principio, debería ser únicamente la persona enviada al extranjero para enviar crónicas –*reports*–, bien de modo permanente, bien para cubrir una determinada noticia o acontecimiento; sin embargo, se suele utilizar de modo más amplio, como en *Our White House correspondent*, para cualquier periodista enviado a casi cualquier sitio, incluso dentro del mismo país ◊ *An exclusive interview forwarded by our London correspondent*; V. *stringer, leggerman, beat*.

corrugated cardboard *n*: GRÁFICA papel ondulado; V. *papier mâché, hardboard*.

cost *n/v*: coste, precio, importe, gastos; costar, valer; presupuestar, calcular costes ◊ *The new design hasn't been costed yet*; el verbo *cost* es irregular en el sentido de «costar», y regular cuando tiene el sentido contable de «presupuestar»; con el sentido de «gastos», *cost* aparece en múltiples expresiones, como *packaging/packing cost* –gastos de embalaje–, *operating cost* –gastos de explotación–, etc.; V.

overheads, above-the- line costs, below-the-line costs. [Exp: **cost of living** (GRAL/MKTNG coste de la vida; es el que representa la compra –*purchase*– de aquelllos bienes y servicios –*goods and services*– que entran dentro de un nivel aceptable de consumo –*acceptable level of consumption*–; V. *consumer price index, shopping basket*), **cost of living index** (GRAL/MKTNG índice del coste de la vida; V. *consumer price index*), **cost-per-rating-point, CPRP** (MKTNG coste según clasificación, también llamado *rating cost*; es el coste de una unidad de publicidad determinada –por ejemplo, de una cuña de 30 segundos de duración– dividida por la clasificación media que ocupa en la tabla de un grupo demográfico dado, por ejemplo, la gente joven, las mujeres profesionales, etc.), **cost-per-thousand, CPM** (MKTNG coste por mil; es el coste de la inversión realizada para que un medio de comunicación, o programa llegue a mil individuos u hogares –*people or homes*– de un determinado grupo objetivo o *target group*)].

costume-s *n*: GRAL/CINE traje; vestuario ◊ *The film carefully reproduces typical Elizabethan costume*; V. *art*. [Exp: **costume designer** (CINE figurinista; diseñador-a de vestuario; V. *wardrobe*)].

couch *v*: GRAL expresar, redactar ◊ *The text of the advert is couched in a modishly laid-back style*; V. *copy*[3], *write*. [Exp: **couch potato** *col* (TV teleadicto ◊ *He's become a bit of a couch potato since he gave up golf*)].

count *n/v*: GRAL cuenta, contar. [Exp: **countdown** (GRAL/CINE cuenta atrás; cola; en este último sentido equivale a *Academy leader*)].

counter[1] *n*: GRAL/MKTNG mostrador; V. *desk; bargain counter; shelf*. [Exp: **counter**[2] (AUDIO/IMAGEN contador; en una máquina fotográfica refleja el número de fotos –*exposures*– realizadas; en otros aparatos, como el magnetoscopio –*video recorder*– o el magnetófono –*cassette player*– muestra el número de vueltas de la cinta o el tiempo transcurrido –*elapsed*–; V. *exposure counter*), **counter**[3] (TIPO ojo [de una letra]; es el espacio encerrado dentro de una letra; los ojos de las tres que siguen no son iguales A, A A), **counter**[3] (GRAL contra), **counter display** (MKTNG exhibidor de mostrador), **countermarketing** (MKTNG «contramarketización», «contramercadeo»; son las actividades hechas por un tercero para eliminar o disminuir la demanda de un producto; V. *demarketing*), **counterprogramming** (MEDIOS contraprogramación ◊ *Instead of bringing more choice, the increased rivalry between TV stations is leading to destructive counterprogramming*), **counterpoint** (AUDIO contrapunto; V. *contrapuntal music*), **countersegmentation** (MKTNG contrasegmentación; consiste en agrupar más que en dividir el mercado; V. *segmentation*), **countertrend** (MKTNG tendencia opuesta, tendencia contraria; ◊ *After the obsession with tamagotchis, there will be a countertrend and kids will go for real pets*)].

country music *n*: AUDIO [música] country; proviene de la música popular –*folk music*– del sur de los Estados Unidos; V. *blues, dance music, disco music, folk music, ethnic music, grunge, heavy metal, jazz, pop, punk rock, rave, rock and roll, rockabilly, techno, symphonic rock*. [Exp: **country rock** (AUDIO [música] rock sureño; para algunos es sinónimo de *rockabilly*; V. *rockabilly*)].

coupon *n*: MKTNG cupón, vale, boleto; encarte ◊ *Send off a coupon to a mail-catalogue firm*; es el encarte o tarjetita que acompaña a algunos productos, o se publica como encarte en una revista, con espacio para los datos personales del cliente o lector interesado en abonarse, recibir información comercial o adquirir un producto por correo; V. *stamp, voucher, discount coupon; tearoff coupon; redemption*. [Exp: **coupon advertisement** (MKTNG anuncio en forma de boleto, encarte o cupón; V. *coupon*), **coupon-response ads** (MKTNG anuncio con cupones de descuentos ◊ *800 and 900 telephone numbers are making the traditional coupon-response ads things of the past*), **couponing** (MKTNG campaña de cuponeo, descuento por acumulación de cupones ◊ *Some consumers buy only when they can get any sort of couponing*; el objetivo de la misma es obtener respuestas que incluyan los cupones de los anuncios; V. *discount, sales, drop off; coupon*)].

courier[1] *n*: GRAL mensajero, correo ◊ *Couriers are messengers sent in haste*. [Exp: **courier**[2] (GRAL guía; es el empleado de una agencia de viajes encargado de acompañar a los viajeros, llevarlos a los hoteles y restaurantes y darles las oportunas explicaciones sobre los monumentos, sitios de interés cultural, etc.), **courier**[3] (TIPO letra *courier*, que imita en el ordenador el tipo –*typeface*– de la máquina de escribir; V. *pica, elite*), **courier/messenger service/company** (GRAL [servicio de] mensajería)].

courtesy *n*: GRAL gentileza, cortesía, cumplido; V. *complimentary*; es frecuente el uso atributivo con el sentido de «gratuito», «de favor», «de cortesía». [Exp: **courtesy announcement** (PUBL anuncio gratuito), **courtesy, by** (PUBL/TV por gentileza de, [imágenes] cedidas por)].

court dramas US *n*: TV series de abogados, también llamados *lawyer shows*.

cove *n*: CINE Escocia; es una moldura cóncava –*concave molding*– colocada al pie de un ciclorama –*cyclorama*– para crear el fondo infinito o *seamless background*; V. *abstract background*.

cover[1] *n*: MKTNG/GRAL cobertura, protección ◊ *Take out an insurance cover*. [Exp: **cover**[2] (PRENSA cubierta, portada, primera página ◊ *The cover story*; V. *bed, back cover, inside back cover, inside cover, inside front cover, fourth cover*), **cover**[3] (GRAL funda, cubierta, V. *case*), **cover**[4] (PUBL cobertura publicitaria; audiencia a la que probablemente ha llegado un anuncio publicitario; V. *net cover, coverage, story*), **cover**[5] (PUBL/ GESTIÓN cubrir, abarcar, incluir ◊ *Cover all the production costs*), **cover**[6] (PUBL tratar, dar cuenta de, exponer ◊ *Cover all the topics in a single article*), **cover**[7] (MEDIOS cubrir una noticia, retransmitir; en este sentido significa seguir de cerca un informador las incidencias de un acontecimiento para dar noticia pública de ellas ◊ *Reporters do not decide which events must be covered*; V. *coverage, report, story, story*), **cover charge** *US* (GRAL consumición mínima [en un restaurante, bar, etc.), **cover date** (PRENSA fecha de portada; V. *air date, date of appearance, closing date*), **cover set** (CINE escenario de emergencia; es un escenario de sustitución en interiores –*a substitute indoor set*–, que se tiene reservado para casos de mal tiempo), **cover shot** (CINE plano de cobertura; ① también llamado *master shot* –panorámica– es un plano largo –*long shot*– de una escena dramática que servirá de fondo para el desarrollo de la acción; sirve para que el espectador pueda integrar en una sola escena otros planos más cortos o de mayor detalle; puede constar de la toma de un paisaje, de los detalles de un ambiente, de los movimientos de los actores, etc., que pueden contribuir en el montaje –*cutting*– a dar más viveza a la línea narrativa; el montador –*editor*– podrá intercalar –*insert*– planos americanos –*medium shots*– y primeros planos –*close-ups*– para un análisis de los detalles más importantes; ② toma de seguridad; también llamada *insurance shot* o *insurance take*, es la que se realiza por si las anteriores salen defectuosas –*faulty*–; V. *editing*), V. *establishing shot*), **cover up** (MEDIOS tapar, ocultar una información; ◊ *The Party tried to cover up the scandal, but it was front page news the following day*; V. *sensationalism, sleaze, tabloids*), **cover version** (AUDIO versión *cover*; es la grabación por un grupo o cantante, normalmente de segunda fila o desconocido, de una canción grabada anteriormente por otro; V. *remake*), **coverage**[1] (MEDIOS cobertura, retransmisión ◊ *Give a news item wide coverage*; tiempo asignado a una noticia en un medio de difusión; reportaje en un medio de difusión; V. *assignment; media coverage; live coverage; beam coverage; blanket coverage*), **coverage**[2] (MKTNG cobertura, alcance, audiencia, público estimado al que ha llegado un anuncio; cifra estimada de clientes potenciales –*target audience*– que han recibido al menos una vez un mensaje publicitario ◊ *Poll designed to detect the coverage of an advert*; V. *dispersion; audience*), **coverage**[3] (IMAGEN área de cobertura de un foco; V. *beaming coverage, zoned coverage*), **coverage area** (RADIO/TV zona/área de cobertura de una emisora; V. *footprint*)].

cow *n*: GRAL vaca; V. *cash cow*; *Boston Consulting Group portfolio analysis*. [Exp: **cowboy film** (CINE película de vaqueros; V. *western, oater* col)].

cpi *n*: DISEÑO V. *characters per inch*.

CPRP *n*: MKTNG coste por *rating*; V. *cost-per-rating-point*.

crab [dolly] *n*: CINE cangrejo; es una plataforma baja maniobrable con ruedas; se la llama la «dolly baja»; V. *dolly, float, flat*.

crack[1] *n*: CINE/TV/RADIO chiste, broma.

comentario socarrón; V. *witty remark, joke, gag, practical joke*. [Exp: **crack**^{2} (GRAL de primera ◊ *Pele is a crack player*), **cracker** (INTERNET intruso; se utiliza de modo peyorativo –*derogatory*– para designar a una persona que intenta acceder a un sistema informático –*a computer system*– sin autorización; V. *hacker*)].

crane *n*: CINE grúa, plataforma móvil ◊ *Mount a camera on a crane*; V. *dolly, crab, camera mounts; aerial shot, crane shot, tracking shot*. [Exp: **crane operator** (CINE gruísta, operador de grúa), **crane shot** (CINE plano aéreo [con ayuda de grúa], toma de grúa; también se llama *boom shot* y *high-angle shot*; es un plano aéreo y móvil tomado desde encima del objetivo con la cámara montada en una grúa o plataforma)].

crash, crash finish *US n*: GRÁFICA papel con acabado de textura tosca –*coarse*–, a imitación de la tela de saco; V. *finish, rough finish, machine finish; super; calender; coarse screen*.

crate *n*: MKTNG caja, jaula ◊ *A crate of bottles of wine*; V. *can, packing in crates, packaging, box; bundle*.

crayon *n*: GRÁFICA lápiz de colores.

creative *a/n*: PUBL/DISEÑO creativo; imaginativo; al igual que del adjetivo *executive* sale el nombre *executive*, del adjetivo *creative* surge el sustantivo *creative* –creativo–; en las agencias de publicidad los «creativos» pueden ser «directores de arte» –*art directors*– o «redactores» –*copywriters*–. [Exp: **creative boutique/shop** *col* (PUBL boutique creativa, también llamadas *hot shops*, son empresas de publicidad dedicadas exclusivamente a realizar trabajos creativos de publicidad por encargo de las agencias de publicidad o *advertising agencies*; V. *boutique*), **creative concept** (PUBL concepto creativo; V. *concept board; copy approach*), **creative department**

(PUBL/GESTIÓN departamento de creatividad publicitaria; V. *copy desk, copywriter*), **creative director** (PUBL director creativo; es el responsable de la calidad creativa de lo que se produce en una agencia de publicidad; su equipo mínimo consta de un director de arte –*art director*– y de un redactor –*copywriter*–; forma con el redactor, el director de arte, el director creativo ejecutivo –*executive creative director*– y el director creativo o *producer* el equipo de profesionales de la creatividad publicitaria; V. *copywriter*), **creative strategy** (PUBL estrategia de creatividad ◊ *Develop a creative strategy based on CAD*), **creative work** (DISEÑO trabajo creativo; alude tanto a la redacción del texto publicitario –*copy*– como a la preparación y diseño del material gráfico –*artwork*– ◊ *Put a premium on creative work*; V. *advertising agency*), **creative writing** (GRAL buena redacción), **creativity** (GRAL/DISEÑO/MEDIOS creatividad; en las agencias de publicidad, así como en los medios de comunicación, la creatividad, caracterizada por la originalidad, la expresividad y la imaginación, es imprescindible; V. *artwork, copy*)].

credit *n/v*: GESTIÓN crédito; abono; abonar, acreditar; V. *payment; deposit; debit*. [Exp: **credit account** (GESTIÓN cuenta de crédito; V. *capital account, debit account, current account*), **credit advice/note** (GESTIÓN nota de abono; V. *debit advice/note*), **credit card** (GESTIÓN tarjeta de crédito; V. *rate card, order card*), **credit entry** (GESTIÓN abono), **credit line** (GESTIÓN línea de crédito), **credit slip/voucher** (MKTNG nota de crédito para comprar otro artículo en el mismo almacén por haber devuelto el de la primera compra), **credit title** (CINE equivale a *credits*), **credits** (CINE créditos, títulos/rótulos de crédito ◊ *Splice in the theme tune while the credits roll*; es la relación de todos los actores y demás profesionales que han intervenido en la producción de una película; aparece al final de la misma; V. *supers, opening billboard; crawl*)].

creneau *n*: MKTNG hueco [en el mercado]; es un término francés que con frecuencia se usa con el significado de *niche*.

crew *n*: CINE equipo/personal técnico; normalmente se aplica al equipo de producción; el complementario del *crew* es el *talent* –artistas– ◊ *The producer fired the whole crew for incompetence*; V. *stage crew, film crew, cast*.

crit *col n*: MEDIOS crítica; se considera la forma abreviada de *critique* o *critical article/piece*; es la forma breve del artículo de prensa o crónica aparecida en una publicación especializada, que analiza, interpreta o evalúa una obra nueva, normalmente un libro, una película o una exposición ◊ *Her latest book was given a pasting in the crit I read*; V. *buff; runaway*.

critic *n*: GRAL crítico; V. *review*. [Exp: **critics, the** (GRAL la crítica), **critical area** (GRÁFICA área utilizable [de una página]; también llamada *safe action area, essential area, usable area* y *safety*², es el espacio de la página destinado al texto e ilustraciones; V. *print area*), **critical article/piece** (MEDIOS crítica; V. *crit*), **critique** (MEDIOS crítica), **criticism** (CINE/ESPEC crítica; V. *review*)].

crooner *n*: AUDIO cantante melódico.

crop *v*: CINE recortar; acortar; eliminar; consiste en eliminar las partes no seleccionadas de una grabación cinematográfica; recortar los bordes de una foto; reducir los bordes de un plano acercándose al protagonista ◊ *Crop unwanted footage*; también puede significar «marcar para eliminar»; V. *edit, cut out, trim*. [Exp: **crop mark** (CINE/IMAGEN línea de corte [de una foto, plano, etc.]; V. *cut line*)].

cross *a/n/v*: cruzado, transversal; cruz, cruce; cruzar; en función atributiva, *cross* aparece en muchos compuestos con el significado de «cruzado», «entrelazado», «recíproco», «mutuo» o «simultáneo». [Exp: **cross analysis** (MKTNG análisis transversal), **cross-cutting** (CINE montaje en paralelo, también llamado *parallel cutting* e *intercut*; consiste en montar escenas que saltan de una a otra, con el fin de crear la sensación de que tienen lugar simultáneamente, normalmente en escenas de tensión), **cross-dissolve** (CINE superposición; punto medio del fundido o *dissolve*; es el momento en el que en el final de una escena se superpone con el principio de otra; recibe varios nombres, entre ellos, *lap, lap-dissolve, cross-lap, superimposition* y *mix*), **cross fade** (IMAGEN/RADIO/TV transición de una fuente de iluminación a otra; en radio, transición de un tema [musical] a otro, también llamado *segue*; en televisión, encadenado o *dissolve*), **cross-in, cross-out** (CINE/TV cruce de entrada o de salida; se refiere a la entrada o salida del marco o campo de la cámara; V. *camera crossing; arc out*), **cross light** (IMAGEN iluminación lateral; también se le llama *side light*), **cross merchandising** (MKTNG promoción de cruce; consiste en presentar productos alternativos o complementarios al lado del producto buscado por el cliente, con el fin de que al encontrarlo, cruce –*cross*– la mirada y quede atraído por los nuevos; V. *bait-switching*), **cross plug** (PUBL publicidad cruzada; ① por ejemplo, un anuncio de televisión que promociona una radio, la radio que promociona un libro y así sucesivamente; ② anuncio de empresa distinta a la que patrocina el programa), **cross-section** (MKTNG sección transversal, corte representativo; análisis de corte transversal), **cross-section analysis/data** (MKTNG análisis/datos de corte transversal o de sección cruzada),

cross-selling (MKTNG venta cruzada; se dice que la hace el empleado que se mueve en más de un departamento de los grandes almacenes), **cross-stroke** (TIPO raya cruzada en una letra; V. *apex, cross stroke, descender, dot, ear, embellishment, spur, stem, stroke, tail, tilde, vertex*), **crossed gray scale** (IMAGEN carta patrón de grises), **crossing the line** (CINE/IMAGEN cruzar la línea de los 180 grados; es la infracción –*violation*– de una de las normas básicas del cine, que establece que la cámara nunca puede pasar al otro lado de una línea imaginaria –*imaginary line*– trazada entre los actores principales, a menos que haya una razón argumental justificada para ello, como por ejemplo, que alguien se acerque por detrás de ellos y se nos ofrezca una toma de espaldas, puesto que ello desorienta a los espectadores; también se le llama infringir la regla de los 180 grados –*breaking the 180 degree rule*–, cruzar la línea imaginaria –*crossing the imaginary line*– y cruzar el proscenio –*crossing the proscenium*–; V. *false reverse*), **crosslighting** (IMAGEN iluminación con focos laterales), **crossover** (AUDIO divisor de frecuencias; es un dispositivo que divide las frecuencias en diferentes márgenes; puede ser pasivo –*passive*–, en cuyo caso suele ir conectado a altavoces, o activo –*active*–, si divide frecuencias para ser amplificadas por separado; V. *filter*)].

crowd[1] *n*: GRAL muchedumbre, gentío. [Exp: **crowd**[2] (CINE extras; V. *extra, supporting cast*), **crowd-pleaser** (GRAL muy popular, con gancho, con tirón ◊ *A rock-singer who is a real crowd-pleaser*; V. *crowd-puller*), **crowd-puller** (GRAL espectáculo taquillero, espectáculo o programa que tiene un gran éxito de público ◊ *The new show is turning out to be a crowd-puller*; V. *crowd-pleaser*)].

crown *n*: GRÁFICA/EXTERIOR papel corona; se llama así porque lleva el filigrana –*watermark*– de una corona; en publicidad exterior se usa en el Reino Unido el *double crown* y el *quad crown*.

cruiser *n*: RADIO unidad móvil; V. *mobile unit, telecruiser*.

cub, cub reporter *n*: PRENSA periodista novato o bisoño, aprendiz de reportero ◊ *He started his press career as a cub reporter for the local press*.

cubism *n*: DISEÑO cubismo; es el movimiento estético –*aesthetic movement*–, surgido en Paris a principios del siglo XX –*flourishing during the early part of the 20th century*–, caracterizado por la reducción y fragmentación de las formas naturales –*the reduction and fragmentation of natural forms*– en formas geométricas –*geometric structures*– como triángulos, cubos, etc. –*triangles, cubes, etc.*–; V. *fractal, abstraction, dadaism, expressionism, figurative, formalism, impressionism, naturalism, realism, representation, surrealism, symbolism*.

cue *n*: CINE/TV/ESPEC entrada, pie, aviso, señal de entrada, señal [visual, luminosa, acústica], indicación ◊ *The actor came in right on cue*; en música se llama «entrada», en el teatro, «pie»; se trata de una señal o aviso visual o acústico al músico de que está a punto de llegar el momento de su intervención; en el teatro, este «pie» se lo dan las últimas palabras del parlamento anterior; en las partituras musicales, se imprimen los últimos compases anteriores a la intervención del instrumentista que lleva bastante tiempo en compás de espera; en los estudios de TV o de cine, la entrada suele ser visual, bien una lucecita que se enciende, bien una indicación manual del director, apuntador o cámara; V. *lead-in line*. [Exp: **cue card** (TV/CINE «chuleta», tarjetón; se trata de una gran tarjeta en la que está escrito el papel de un actor por si se le olvida mientras está en escena; la sostiene un ayudante fuera de plano *–out of camera range–* ◊ *Read one's lines on the cue card*; V. *idiot card, prompt, autocue, teleprompter*), **cue in** (CINE/TV/ESPEC dar la entrada a ◊ *The announcer was cued in by the cameraman*; V. *give sb their cue, take one's cue from*), **cue light** (IMAGEN luz guía), **cue sheet** (TV/CINE lista o relación de todas las «entradas» o *cues*, de un guión)].

cult movie *n*: CINE película de culto; son películas que consiguen superar su poco éxito inicial gracias a que son adoptadas por un grupo específico de críticos o cinéfilos *–buffs–*.

cum *col*, **cume** *col n*: MEDIOS nombre coloquial con que se conoce la *cumulative audience*.

cumulative audience, cum *col*, **cume** *col n*: MEDIOS público/audiencia total o acumulativo; audiencia acumulada; es la audiencia neta, esto es, sin duplicaciones, de una emisora *–station–* o red de emisoras *–network–* durante dos o más periodos de tiempo; hablando con propiedad la *cumulative audience* alude al total de personas u hogares que hayan captado un anuncio publicitario en cualquier emisión en un solo medio, por lo que la persona que haya visto tres emisiones diferentes se cuenta tres veces; en cambio la *unduplicated audience* –público no duplicado– consta del total de espectadores que hayan visto un anuncio en cualquier medio, pero contando a cada uno una sola vez, sin repetir; se utilizan indistintamente los términos de *cumulative audience, net audience* y *unduplicated audience*.

current *n*: IMAGEN corriente; V. *beam current*. [Exp: **current account** (GESTIÓN cuenta corriente; V. *capital account, credit/debit account*), **current affairs** (GRAL/PRENSA actualidad)].

cursive *n*: TIPO cursiva; V. *italics*.

curtain *n*: ESPEC/CINE telón, cortina, también llamado *front curtain*; V. *safety curtain, backdrop, background*. [Exp: **curtain-call** (ESPEC llamada a escena ◊ *Take three curtain-calls at the end of a performance*; reclamación entusiasta del público al final de una representación para que los actores salgan a recibir los aplausos *–take a bow–*; V. *bow, encore*), **curtain-raiser** (ESPEC representación preliminar o previa; espectáculo breve o representación corta que precede a la actuación principal o plato fuerte *–main event/performance–*; intervención de los teloneros; V. *supporting band/group*)].

cushion[1] *n/v*: GRAL cojín, colchón [de seguridad]; amortiguador; acolchar; amortiguar ◊ *Cushion the effect of adverse publicity*; V. *pad; buffer*. [Exp: **cushion**[2] *col* (GRAL respiro *col*, ventaja momentánea ◊ *Our two-point lead in audience figures gives us a cushion*), **cushion**[3] *col* (TV/RADIO espacio flexible, programación elástica; entrevista o pieza musical, que se puede alargar o acortar de acuerdo con las necesidades de la programación; V. *filler, padding, bumper*), **cushioning** (MKTNG acolchamiento en embalajes; V. *absorbent package, padding*)].

custom[1] *n*: MKTNG fidelidad del cliente a una marca concreta o un establecimiento determinado ◊ *I've given this store my custom for many years*. [Exp: **custom**[2] (MKTNG clientela, clientes ◊ *They've attracted a lot of custom through their advertising campaign*), **customer** (MKTNG cliente; abonado; parroquiano; el *customer* se caracteriza por la *loyalty* al establecimiento; en algunas profesiones se diferencia entre *client* y *customer*; por ejemplo, si una agencia arrienda un hotel para un servicio, el *client* del hotel es la agencia, mientras que los *customers* del hotel son los que asisten a la fiesta; V.

client, account; consumer profile, prospective customer; subscriber), **customer service department** (MKTNG departamento de atención/servicio al cliente; V. *accommodation area/desk, service area*), **customization** (GRAL/MKTNG adaptación a las necesidades o condiciones de un mercado), **customize** (GRAL/MKTNG personalizar un servicio; adaptar a las necesidades de un cliente o de un mercado; V. *tailor-made*)].

cut[1] *n*: CINE corte; se llama corte al paso de un plano *–shot–* a otro en una película; también llamado «por corte», consiste en la unión *–splicing together–* de dos segmentos de una película en la sala de montaje *–editing room–*, para lograr tres fines distintos: continuidad *–continuity–* entre planos, transición *–transition–* a otro plano, o inserción *–insert–*; los principales tipos de corte son *jump cuts, continuity cuts, match cuts* y *cross-cuts*; V. *join, continuity editing, rough cut, fine cut, final cut; instantaneous cut, soft cut.* [Exp: **cut**[2] (CINE corte; cortar, detener la cámara ◊ *«OK, everyone, cut!» called the director*; es la orden que da el director para interrumpir el rodaje de una película *–shooting of film–*; V. *make cuts*), **cut**[3] (CINE montar, editar una película; V. *edit a film, cutting*), **cut**[4] *col* (AUDIO grabar un disco ◊ *The group have cut a new record*; V. *band*), **cut**[5] (GRÁFICA plancha de tipografía o grabado; ilustración incrustada en un texto para ser imprimida), **cut**[6] *col* (GESTIÓN soborno, astilla *col*; V. *bribe, payola, sweetener col*), **cut, by** (CINE [montaje] por corte; V. *mobile long take*), **cut-lap** (CINE montaje con corte *–cut–* y fundido *–lap–*), **cut back** (CINE vuelta al plano principal; en montaje es el retorno a la escena principal después de unos planos cortos o de detalle), **cut line** (CINE/IMAGEN línea de corte; V. *crop mark*), **cut-off rule** (PRENSA línea o borde impreso que se emplea en la prensa escrita para separar un anuncio de los artículos y demás textos que lo rodean; también se llama *advertising rule*; V. *television cut-off*), **cut-out** (CINE cortar, eliminar ◊ *The scene that caused the public outcry was cut out*), **cut-rate subscription** (PRENSA suscripción con descuento o a precio reducido), **cutaway** (CINE plano secundario; muestra las reacciones producidas por los acontecimientos de los planos principales; V. *reaction shot*), **cutline** (IMAGEN pie de foto; V. *caption, legend*), **cutter**[1] (CINE cuchilla de montaje de anuncios), **cutter**[2] (CINE montador, editor de una película *–editor*[2]*–*, también llamado *film-cutter*; su labor es el montaje de la misma; a veces se establecen diferencias entre el *editor* y *cutter*; el primero suele ser el que determina la estructura narrativa de la película, mientras que el segundo es el que efectúa la labor en la sala de montaje *–cutting room–*; V. *cutting*), **cutting**[1] (CINE/RADIO/TV montaje/edición [de una película] a partir de los planos rodados *–shots–*, también llamado *editing*; esta labor la hace el montador o *editor* siguiendo instrucciones del director; V. *invisible cutting, negative cutting, dynamic cutting, matched cutting*), **cutting**[2] (PRENSA recorte de prensa, también llamado *clipping* ◊ *Keep cuttings of critical reviews in a scrapbook*), **cutting height** (CINE línea de corte; es la línea que marca la parte del cuerpo humano que queda fuera del encuadre *–frame–*), **cutting room** (CINE sala de montaje ◊ *Make a last-minute editing decision in the cutting room*; V. *editing room, cutter*)].

CV *n*: GRAL forma abreviada de *curriculum vitae* o historial académico y profesional.

cyan *n*: DISEÑO cian, azul; es uno de los cuatro colores en que se descomponen las imágenes de color; los otros tres son el magenta, el amarillo y el negro; V. *CMYK*.

cybernetics *n*: GRAL cibernética. [Exp: **cybernaut** (GRAL/PUBL cibernauta; se dice del que viaja por las autopistas de la información; como colectivo son uno de los *target groups* o público objetivo de las campañas publicitarias; V. *advertising campaign*), **cyberpunk** (CINE ciberpunk; género de lo cibernético, grotesco o «*ciberesperpéntico*»; es un subgénero –*subgenre*– dentro de la ciencia ficción –*science fiction*–, cuyo mejor ejemplo es *Blade Runner*, que se desarrolla en zonas urbanas –*urban areas*– llenas de decadencia y pobreza –*decay and poverty*–, con hundimiento del medio ambiente –*environmental collapse*–, grupos empresariales todopoderosos –*all-powerful business corporations*–, violencia callejera –*street violence*– y presencia abrumadora –*overwhelming presence*– de tecnología, robots y ordenadores; V. *science fiction*), **cyberspace** (INTERNET ciberespacio; en la actualidad se refiere al mundo digital –*digital world*– constituido por las redes de ordenadores –*computer networks*–, especialmente Internet)].

cyberspot (INTERNET/PUBL anuncio animado interactivo; conduce de una página a otra hasta un punto de venta –*point of sale*– directa en Internet; V. *target ad*)].

cyclorama *n*: CINE fondo neutro; fondo infinito; ciclorama, fondo de una escena en el que no se perciben detalles definidores; también se le llama *limbo* y *panorama cloth*; por extensión, también se aplica a la escena rodada con este tipo de fondo; V. *background, abstract background, cove; cameo*.

D

D *n*: AUDIO es la nota musical *re* en la escala inglesa, en la que la *C* corresponde a «do»; V. *bass, treble, flat, natural, sharp*. [Exp: **D/A** (GRAL/AUDIO conversión de digital –*digital*– a analógico –*analog*–; también se emplea la expresión *D/A converter* –convertidor de digital a analógico–; V. *digitization; A/D*), **D-1, D-2** (MEDIOS D-1, D-2; se usan en español los mismos términos ingleses; se trata de dos formatos distintos de cintas de una pulgada para magnetoscopios digitales; son el soporte –*system*– más corriente utilizado en la fase de posproducción –*post-production*– de *spots* publicitarios y también en su almacenaje –*storage*– debido a que permite la producción, sin merma en su calidad, de innumerables generaciones de un original; V. *DAT*), **d-boy, d-girl** *col* (CINE/TV ayudante del productor ejecutivo ◊ *His break came when he was made d-boy in a popular soap*; la *d-* de este término deriva de *development*[2] –financiación o captación de fondos– y la expresión alude a una persona joven, normalmente dinámica y ambiciosa, comprometida en la búsqueda de financiación –*development*– para una película o programa de televisión)].

dabble *v*: GRAL tener escarceos en, hacer pinitos en ◊ *Some companies are dabbling in new services in the travel industry.*

DAC *n*: IMAGEN conversor digital-analógico; V. *digital-analogic converter, ADC*.

dada, dadaism *n*: ARTE/CINE dadaísmo; es el movimiento literario y artístico surgido en Europa y Nueva York hacia 1915, que se caracterizó por despreciar los valores estéticos y culturales convencionales, burlándose de ellos en un tono irreverente y satítico y asumiendo una postura anarquista; el movimiento se enmarca en las tendencias vanguardistas –*avant-garde*– que influyeron en el desarrollo del surrealismo –*surrealism*– y que en conjunto representan la corriente del *Modernism*; los filmes dadaístas por excelencia son *Ghosts Before Breakfast*, de Hans Richter, y *Entr'Acte*, de René Clair; V. *abstraction, cubism, expressionism, figurative, formalism, impressionism, naturalism, realism, representation, surrealism, symbolism*.

dagger *n*: TIPO cruz; ◊ *Use daggers to indicate footnote references*; es la marca tipográfica de referencia †, también llamada *obelisk*.

DAGMAR *n*: GRAL modelo de actuación publicitaria consistente en la definición de objetivos publicitarios –*definition of advertising goals*– para la posterior medición de las respuestas publicitarias –*for measuring advertising response*–; la expresión completa en inglés es *Defining Advertising Goals for Measuring Advertising Response.*

daguerrotipe *n*: IMAGEN daguerrotipo; es la imagen fotográfica fijada en chapas metálicas convenientemente preparadas, recogida con la cámara oscura; fue el precedente de la foto fija –*still photograph*– y, consecuentemente, de la cinematografía.

dailies *n*: CINE/TV/PUBL copión diario; positivo de prueba; también se le llama *rushes*; ① en el cine es el conjunto de planos –*shots*– del rodaje del día anterior –*previous day's shooting*– que examinará el director antes de comenzar la filmación; ② en publicidad es la primera copia de una escena cinematográfica, que servirá de base para la formación de un *spot* publicitario, antes de ser corregida, revisada o adaptada –*edition*–; V. *emission/fine cut, answer/final print, assembly dailies.*

daily[1] *n/a*: GRAL/MEDIOS diario ◊ *Advertise in the daily newspapers*; puede ser adjetivo, como en el ejemplo anterior, o sustantivo, como en *the national dailies*; en este último caso es sinónimo de *journal*, si bien dicha palabra aparece sólo en este sentido en el nombre de algunas publicaciones, como *The Wall Street Journal*, y significa «revista especializada» o «publicación científica o académica» cuando se emplea como nombre común. [Exp: **daily**[2] (CINE/TV/PUBL copión, descartes; se suele usar en plural; V. *dailies*), **daily effective circulation, DEC** (MEDIOS/PUBL difusión diaria efectiva; es el número total de lectores diarios de una publicación o de personas que ven un anuncio exterior –*out-of-home advertising display*– en un solo día, sin descontar la posible

duplicación –*duplication*– en ambos casos), **daily production report** (CINE/TV/GRAL parte de trabajo diario; comprende los detalles más importantes del rodaje –*shooting*– planos rodados, planos anulados, decorados, etc.), **daily rate** (PRENSA tarifa ordinaria ◊ *Work out an advertising budget at the daily rate*; es la tarifa de un anuncio de periódico –*newspaper ad*– publicado cualquier día de la semana, excepto sábados y domingos)].

damages *n*: DER indemnización, reparación o compensación económica por daños y perjuicios; resarcimiento o indemnización pecuniaria; V. *action for damages.*

damp[1] *a*: GRAL húmedo, mojado. [Exp: **damp**[2], **damp down, dampen** (GRAL/AUDIO reprimir, enfriar, desalentar, apagar, echar un jarro de agua fría sobre, amortiguar ◊ *Dampen enthusiasm by withdrawing financial support*; aplicado a sonidos significa «amortiguar»; V. *deaden; sound-dampening materials*), **damp squib** (ESPEC fracaso, decepción, espectáculo fallido, petardo –*squib*– con la pólvora mojada), **damper, dampener** (AUDIO amortiguador, sordina ◊ *Increase the pathos of a piano solo by use of the damper pedal*; V. *mute, soundproof*)].

dance music *n*: AUDIO música de baile; en su acepción más general, es toda música idónea para el baile en discotecas –*disco dancing*–, equivalente a la acepción general de *disco music*; en sentido estricto, equivale al «bacalao» español, y es sinónimo aproximado de *rave* o *techno*; V. *blues, country, disco music, folk music, ethnic music, grunge, hard rock, heavy metal, house music, jazz, pop, punk rock, rap, rave, reggae, rock and roll, rockabilly, soul music, symphonic rock, techno.*

darkroom *n*: GRÁFICA/IMAGEN cuarto oscuro, sala de revelado; V. *contact print, photographic paper, safe light.*

dash *n*: GRÁFICA raya, guión largo; se usa para separar oraciones a modo de paréntesis o para señalar que alguien habla en un diálogo; V. *double dash, tapered dash, Bodoni dash, hyphen.*

DAT *n*: AUDIO cinta de audio digital; son las siglas de *Digital Audio Tape*; V. *D-1, D-2.*

data *n*: GRAL datos, información; V. *data processing, information processing.* [Exp: **data base** (GRAL/MKTNG base de datos; también llamado *data bank*, es un conjunto de datos ordenados por registros –*registers*– y campos –*fields*–; V. *alphanumeric, feed*[1]), **data base micromarketing** (MKTNG micromarketing informático ◊ *Data base micromarketing is made possible by improved technology*), **data card** (GRAL/GESTIÓN ficha; V. *advertiser data card*), **data highway** (INTERNET infopista, autopista de información, autopista de datos; es un sistema continuo de redes de comunicaciones –*communication networks*–, bases de datos –*databases*– y productos de electrónica de consumo –*electronic consumer products*– destinado a poner ingentes cantidades de información al alcance de los usuarios; V. *hyperspace, netizen*), **data processing** (GRAL proceso de datos; V. *word processor, information processing*)].

date *n*: GRAL fecha; V. *air date, closing date, cover date, deadline, notification date.* [Exp: **date of appearance/issue** (PRENSA/PUBL fecha de aparición o de publicación de un anuncio en un medio impreso; V. *air date*), **dating** (GESTIÓN plazo; vencimiento), **dating stamp** (GESTIÓN fechador), **dateline** (PRENSA lugar y fecha de un artículo de prensa; aparece en expresiones como *An article with a Tokyo dateline* –un artículo fechado en Tokio–; V. *byline*)].

day *n*: GRAL día, 24 horas; a veces equivale a luz solar, esto es, *daylight, weather days.* [Exp: **day-after recall** (MKTNG recuerdo al día siguiente; es el seguimiento, evaluación o análisis inmediato, o en las 24 horas siguientes, de la retención del impacto producido por un nuevo anuncio, normalmente por televisión, en la opinión pública; se estudian los recuerdos asistidos –*aided recall*–, los espontáneos –*spontaneous recall*– y los sugeridos –*suggested recall*–), **day-after survey** (MKTNG encuesta [telefónica] a las 24 horas de la primera emisión de un anuncio), **day for night, DN** (CINE noche americana; ① es la escena rodada de día simulando la noche mediante el uso de filtros y demás recursos técnicos; ② también se da este nombre a la práctica de rodar estas escenas; V. *night effects*), **daylight** (IMAGEN luz de día), **daylight conversion filter** (IMAGEN filtro de luz de día; es un filtro que altera la temperatura de color –*colour-temperature*– de la luz que pasa por la cámara, de forma que la película que ha sido preparada para filmación con luz artificial –*shooting by artificial light*– puede usarse en exteriores, con luz natural –*in natural light*–), **daylight projection** (IMAGEN luz de día; es un proceso de retroproyección –*back-projection*– sobre una pantalla translúcida –*translucent screen*– o proyección frontal –*front projection*– sobre una pantalla reflectante –*reflective screen*–, realizado en exteriores o platós iluminados), **daypart** (RADIO/TV franja horaria, tramo horario, segmento o período de la programación de la televisión y de la radio; a efectos de la publicidad, los más importantes de la televisión norteamericana son: *early morning, daytime, early fringe, early news, access, prime time, late news, late fringe*; los más importantes de la radio norteamericana son: *morning drive, daytime, afternoon drive, evening, overnight*; V. *period; block, block pro-*

gramming, breakfast TV), **dayplayer** (CINE actor contratado por días *–on a day-by-day basis–*; V. *extra*), **daytime** (TV/RADIO segmento de emisión/programación de mañana y de sobremesa; es el segmento de la programación televisiva *–daypart–* comprendido entre las 10 de la mañana y las 4 de la tarde, esto es, entre *morning* y *access*; en la radio es el comprendido entre *morning drive* y *afternoon drive*; V. *breakfast TV)*, **daytime drama** (TV/RADIO «culebrón», también llamado *soap opera* o *soaper*)].

dazzle *v*: GRAL/IMAGEN dazzle; V. *stunning*.

DB *n*: TV/RADIO retransmisión en diferido; corresponde a las iniciales de <u>d</u>elayed <u>b</u>roadcast; V. *prerecorded broadcast*.

dead[1] *a*: inactivo, sin movimiento, sin valor, improductivo, inmovilizado, muerto; sin brillo, mate ◊ *The story is now dead*; V. *live; dull*. [Exp: **dead**[2] (AUDIO/RADIO/TV/CINE insonorizado, sin resonancia, esto es, *soundproof*; aparece en expresiones como *dead silence* –silencio absoluto o total–, *dead room* –sala sin reverberaciones–, *dead sound* –sonido sin resonancia–, etc.; V. *damp; absorption; sound-dampening materials)*, **dead**[3] (GRÁFICA/TIPO material tipográfico desechable o no reutilizable; equivale a *dead matter*; V. *live matter matter)*, **dead air** (TV/RADIO interrupción en la emisión o transmisión no modulada), **dead area** (RADIO/TV zona oscura, zona sin recepción o señal, también llamada *silent area* ◊ *These are dead areas not reached by the signals)*, **dead matte** (GRÁFICA [fotografía/copia] con acabado en mate; tiene la ventaja de que se puede escribir sobre ella; V. *dull)*, **dead matter** (GRÁFICA texto compuesto no reutilizable; zonas de las planchas que no imprimen; V. *live matter)*, **dead spot**[1] (RADIO zona muerta; zona a la que no llega la señal acústica), **dead spot**[2] (RADIO/TV cuña o anuncio preparado y no emitido), **deadbeat** (MKTNG aprovechado, gorrón, informal [en el pago de deudas]), **deaden** (AUDIO amortiguar, atenuar ◊ *The studio curtains helped deaden the sound*; V. *damp, muffle)*, **deadline** (GRAL/PUBL/PRENSA fecha tope, plazo límite, cierre ◊ *The deadline for submission of original is next Monday*; V. *notification day, closing day/date; forms close date, cancellation day)*, **deadpan** (IMAGEN/CINE inexpresivo, sin expresión, [cara] de póquer/palo ◊ *Buster Keaton was famous for his deadpan expression in the most ludicrous circumstances*; V. *funnyman)*, **deadpan humour** (CINE/TV tipo de humor en el que el rostro del cómico o actor no refleja expresión alguna; V. *cross-talk, cross purposes, stand-up comic, funny man, straight man)*].

deal *n/v*: MKTNG trato, negocio, acuerdo; tratar, negociar; V. *business*. [Exp: **deal** [pack] (MKTNG/PUBL oferta especial o de regalo; normalmente contiene un obsequio publicitario o una reducción de precio; V. *premium/prize deal)*, **dealer** (MKTNG concesionario, comerciante; V. *retailer, wholesaler, franchisee)*, **dealer aids** (MKTNG material publicitario de apoyo al comerciante ◊ *Supply shopkeepers with leaflets and display cases as dealer aids*; V. *visual aids; sample packs, display cases, sales literature, sales aids)*, **dealer imprint** (GRÁFICA filigrana), **dealer tie-in** *US* (MKTNG/PUBL anuncio publicitario con la lista o relación de distribuidores o concesionarios; se trata de una relación de los distribuidores oficiales de un artículo a escala local, nacional o internacional; puede publicarse por separado o incluirse en el manual de instrucciones del productor)].

debit, deb *n/v*: GESTIÓN adeudo, débito, cargo; cargar en cuenta, adeudar; V. *credit*. [Exp: **debit account** (GESTIÓN nota de débito; V. *credit account, capital account, current account*), **debit advice/ note** (GESTIÓN nota de cargo/adeudo), **debit card** (GESTIÓN tarjeta de débito o adeudo; los pagos efectuados con esta tarjeta, también llamada *cash card* o *payment card*, se cargan automáticamente a la cuenta de su titular y gozan de la misma consideración que el dinero efectivo o *cash*), **debit entry** (GESTIÓN débito, cargo)].

deblooping *n*: AUDIO eliminación de ruido no deseado –*unwanted noise*– causado en la banda sonora; V. *bloop*.

debossed *a*: GRÁFICA en hueco, hundido; se aplica al *debossed design* o diseño en hueco, que es lo opuesto a *embossed design* o diseño en relieve.

decal, decalcomania *n*: GRÁFICA calcomanía, también llamada *transfer*; alude tanto al proceso como al dibujo o ilustración transferidos.

decay *n*: GRAL deterioro o decadencia. [Exp: **decay effect** (PUBL efecto de deterioro o decadencia)].

deceptive advertising *n*: GRAL publicidad engañosa. [Exp: **deceptive packaging** (MKTNG envasado/empaquetado engañoso o fraudulento; V. *packaging*)].

decibel *n*: AUDIO decibelio; es una unidad estándar internacional de medida de intensidad del sonido –*sound intensity*–, basada no en su intensidad física, sino en la forma en que lo percibe el oído humano –*human ear*–; se abrevia normalmente como *dB*.

deck[1] *n*: GRAL cubierta [de un barco], pista, piso, terraza; nivel; bandeja; V. *double-decker, multideck*. [Exp: **deck**[2] (AUDIO pletina; también llamado *cassette deck*, es el grabador-reproductor de casetes; V. *tape*), **deck**[3], **deck head** (PRENSA antetítulo; titular secundario ◊ *The deck head consists of type over a headline*; V. *headlines, topline, strap-line, lead paragraph, bank*[2])].

deckle-edged paper *n*: GRÁFICA papel de barba; V. *untrimmed paper*.

decode *v*: GRAL descodificar; V. *code, encode*. [Exp: **decoder** (TV descodificador ◊ *Unscramble a TV signal with a decoder*; V. *unscrambler, encoder, encryption; scrambler, surround-sound decoder*)].

decoy *n*: MKTNG nombre falso o ficticio; se usa a fin de comprobar la veracidad de los repartos de publicidad o marketing por correo; también se llama *dummy name*.

decrease *v*: GRAL rebajar, abaratar, reducir, descontar; V. *rebate; reduce, abate; increase*.

dedicated line *n*: INTERNET línea dedicada; es aquella línea de telecomunicaciones –*telecommunications line*– que permite a un ordenador tener una conexión directa y permanente –*direct, permanent connection*– a Internet; V. *dialup, modem*.

deep *a*: GRAL profundo. [Exp: **deep focus photography** (IMAGEN/CINE fotografía de amplio campo focal; en este tipo de fotografía todo está enfocado –*in-focus*–, desde los primeros planos hasta el infinito; V. *mise-en-scène, photography*), **depth** (GRAL/PRENSA/GRÁFICA profundidad; grado; en la prensa es el número de líneas ágata por columna; en las planchas –*printing plates*– es la distancia entre la superficie de impresión y las zonas que se han rebajado –*depressed*– o mordido –*etched*– para que no impriman; V. *lineage depth*), **depth in** (GRAL en profundidad), **depth interview** (MEDIOS entrevista en profundidad), **depth of exposure** (PUBL grado de contacto de un anuncio con el público; V. *exposure*[2]), **depth of field** (IMAGEN campo focal, profundidad de campo; V. *focus depth, bit depth, pixel depth*), **depth of focus** (IMAGEN distancia focal)].

definition *n*: IMAGEN/AUDIO definición, resolución; ① es el grado de nitidez

–degree of clarity– en una imagen, logrado mediante la combinación de resolución y contraste *–the combination of resolution and contrast–*; ② el grado de nitidez con que se percibe una señal radiofónica o televisiva *–broadcast signal–*.

defocus *v*: TV/CINE/IMAGEN desenfocar; V. *focus, focus out, in focus; blur; out-of-focus*. [Exp: **defocus transition** (TV/CINE/IMAGEN encadenado mediante desenfoque; mientras una escena se desenfoca la siguiente se enfoca paulatinamente; equivale a *out-of-focus dissolve*)].

DEG *n*: MEDIOS difusión diaria efectiva; V. *daily effective circulation*.

degauss *v*: AUDIO/IMAGEN desmagnetizar, neutralizar un campo magnético, también llamado *demagnetize*; V. *magnetize*.

degradation *n*: IMAGEN degradación; es la pérdida de calidad que sufre la imagen de vídeo al hacer copias sucesivas; V. *acutance, definition; digital*.

delay *v*: GRAL retrasar, demorar; V. *lag*. [Exp: **delayed broadcast, DB** (TV/RADIO retransmisión en diferido ◊ *The concert was prerecorded and went out as a delayed broadcast*)].

delete *v*: GRAL podar, cortar, suprimir, eliminar, tachar; V. *edit*.

deliver[1] *v*: GESTIÓN/MKTNG entregar, repartir. [Exp: **deliver**[2] (GRAL producir, realizar ◊ *He didn't deliver what he promised*; V. *underdelivery*), **deliver**[3] (GRAL pronunciar, emitir; V. *utterance*), **delivery** (GESTIÓN/MKTNG entrega, reparto, suministro, surtido, distribución; V. *distribution; cash/collect on delivery; lead time*), **delivery note** (MKTNG albarán; V. *advice note*)].

demagnetize *v*: AUDIO/IMAGEN desmagnetizar, neutralizar un campo magnético, también llamado *degauss*; V. *magnetize*.

demand *n*: MKTNG demanda; V. *call*[5], *supply; offer; narrow demand*. [Exp: **demand-oriented pricing** (MKTNG fijación de precios basándose en la demanda; V. *competition-oriented pricing*)].

demarketing *n*: MKTNG «desmercadeo», «desmarquetización», «desmarketing»; son los esfuerzos dirigidos a disminuir la demanda de un producto por parte de un determinado grupo con el fin de mantener la fiabilidad de marca *–brand reliability–* y la lealtad del comprador *–buyer loyalty–*; V. *countermarketing*.

demo, demonstration *n*: GRAL demostración, prueba; V. *exhibit, display*. [Exp: **demo tape** (AUDIO maqueta; suele ser una cinta con pocas canciones, hecha por un grupo musical novel)].

democratic managerial style *n*: GESTIÓN estilo gerencial democrático; en este tipo de gestión, el gerente estimula la colaboración de sus subordinados en la toma de decisiones; V. *affiliative managerial style, authoritative managerial style, coercive managerial style, pacesetting managerial style, coaching managerial*.

demographic breakdown *n*: MKTNG desglose demográfico, análisis demográfico; es el estudio de los diferentes grupos, ya sea de edad *–age group–* o sociales *–social group–* que componen un grupo de destinatarios *–target group–* determinado. [Exp: **demographic profile** (MKTNG perfil demográfico; se trata de un retrato demográfico *–a statistical picture–* de los que ven normalmente un programa, que incluye la edad *–age–*, sexo *–sex–* y renta *–income–* de los espectadores)].

denotation *n*: SEMIÓ/LING denotación; es el significado referencial de las palabras o de cualquier signo; por ejemplo, un soldado de color saludando a la bandera francesa denota que «un soldado de color hace reverencia a la enseña francesa», pero puede tener connotaciones o valores añadidos, por ejemplo, que Francia ampara a las personas de todas las razas, que Francia es un imperio multirracial, etc.; V. *connotation.*

denouement *n*: CINE desenlace ◊ *The denouement failed to satisfy the audience*; son las escenas finales –*concluding scenes*– de una película, en la que se cierra la historia y se muestra cómo quedan los personajes tras el clímax; V. *plot, climax, anticlimax.*

density *n*: IMAGEN/AUDIO/GRAL densidad. [Exp: **density range** (DISEÑO/GRÁFICA gama de densidad; es la gama entre el punto más pequeño de brillo que puede imprimirse y la sombra más grande), **densitometre** (DISEÑO densitómetro; es un instrumento que mide la densidad de partes específicas de la imagen sobre el papel)].

department *n*: MKTNG/GRAL departamento; se usa en muchos contextos como *accounts department, complaints department,* etc. [Exp: **department store** (MKTNG grandes almacenes)].

deposit *n*: GESTIÓN abono, pago, depósito; entrada; V. *payment, credit; credit entry, downpayment.*

depress *v*: GRAL/GRÁFICA rebajar; V. *depth; etch.*

des. res. *n*: PUBL casa/finca/propiedad de lujo o especialmente atractiva; se trata de la forma abreviada de *desirable residence* –residencia especialmente atractiva–, que es la fórmula que suele aparecer en los anuncios por palabras –*small ads section*– de los periódicos para describir las propiedades en venta más lujosas y más caras; debido a la frecuencia de su utilización, la expresión ha pasado a emplearse de forma coloquial o jocosa en referencia a las casas más impresionantes, aunque no estén en venta; en tal acepción se puede traducir, según convenga, por «pisazo, mansión, casa de aúpa, casa de los sueños, etc.» ◊ *They live in this des res in the West End*; V. *convenience, offers over.*

descender *n*: TIPO descendente; trazo descendente; bajada; es la parte de la letra que se extiende por debajo de la línea de base –*baseline*– del cuerpo de la letra, representado con la letra *x*; contienen «bajadas» las letras *g, j, p, q, y*; V. *ascender, descending letter, tail*[2]. [Exp: **descending letter** (TIPO letra con trazo descendente o bajada –*descender*– en las minúsculas –*lowercase*–; son descendentes las letras *g, j, p, q, y*; V. *ascending letter, descender, descending line*), **descending line** (TIPO línea que marca el borde inferior de las letras que tienen trazos descendentes –*descenders*– en las minúsculas –*lowercase*–; V. *descending letter*)].

descrambler[1] *n*: TV descodificador.

descrambler[2] *n*: MKTNG descodificador; V. *scrambling; decoder.*

description *n*: LING/CINE descripción; la descripción es la modalidad discursiva cuyo objetivo es pintar un marco –*setting*–, un estado de ánimo –*mood*–, unos personajes –*characters*–, etc.; en el caso de la lingüística, las pinceladas –*brushstrokes*– son las palabras; V. *narration, exposition, persuasion, discourse.*

design *n/v*: DISEÑO diseño; diseñar; las principales acepciones de este término en publicidad son: ① dibujo –*drawing, sketch*–; ② plan –*plan*–; ③ forma –*form*–; ④ maquetación; disposición original –*inventive arrangement*– de las manchas, colores y elementos visuales de un libro, folleto, etc., llevada a cabo normalmente con fines estéticos o decorativos; ⑤ el arte o técnica de efectuar lo dicho en las acepciones anteriores; V. *computer assisted design, appeal to.* [Exp: **design and paste-up** (DISEÑO diseño y maquetación), **design shop** *col* (DISEÑO firma de diseñadores; casa o empresa especializada en cualquier clase de diseño), **designer** (DISEÑO diseñador, dibujante publicitario; proyectista, delineante; como adjetivo equivale a «de diseño, de marca» ◊ *Designer clothes, designer label.* V. *costume designer, poster designer, set designer*)].

desk *n*: GRAL/MEDIOS/MKTNG oficina, departamento; mesa de trabajo; se emplea en expresiones como *Enquiry desk* –ventanilla–; departamento o sección, como en *The marketing desk* –el departamento de mercadotecnia–; redacción, departamento o sección especializada en un medio de comunicación, como en *The sports desk of a newspaper* –la redacción deportiva de un periódico–; V. *table, office, counter*[1]. [Exp: **desk diary** (GRAL agenda de despacho), **deskman** *US* (GRAL/MEDIOS oficinista, periodista, adjunto de redacción ◊ *A deskman with the «Daily Star»*), **desktop** (GRAL de escritorio/oficina ◊ *A desktop diary*), **desktop publishing** (GRAL/GRÁFICA autoedición)].

despatches *col n*: PRENSA defunciones; V. *obituary, hatches, matches and despatches, intimations page, announcement.*

detail shot *n*: CINE plano detalle; es, por lo general, el plano de una mano, un brazo, un ojo, etc.; V. *shot, splice.* [Exp: **detailed** (GRAL detallado, pormenorizado, con todo detalle; V. *breakdown*)].

detective *n*: GRAL policía, detective. [Exp: **detective film** (CINE película policíaca; V. *chopsocky, disaster film, epic film, escape film, sword and sandal film, sword and sorcery film, science fiction film*), **detective story** (GEN/FILM novela policíaca o de detectives)].

develop[1] *v*: CINE revelar; es hacer visible, . mediante la sumersión en disolventes químicos, la imagen impresa por la luz en la placa o película; V. *fogging, processing, development*[1]. [Exp: **develop**[2]

(GESTIÓN desarrollar, idear, crear, perfeccionar ◊ *Develop new marketing techniques*; V. *build up, development*[2]), **developing** (CINE revelado, también llamado *processing*; es el proceso químico que hace visible la imagen –*brings out the image*– impresa en la placa o película –*photographic plate or film*–, esto es, que se pasa de un negativo a un positivo o impresión –*positive print*–; V. *exposure, shutter*), **development** (GESTIÓN/CINE desarrollo, financiación, búsqueda de financiación; preparación de la producción de una película, sobre todo de su financiación ◊ *A young producer involved in the development side of filmmaking*; V. *d-boy, d-girl*)].

deviation *n*: GRAL/MKTNG desviación; V. *variance; standard deviation.*

device *n*: AUDIO/IMAGEN dispositivo, aparato; V. *camera mount.* [Exp: **device resolution** (IMAGEN resolución de instrumento visual; es la precisión de cualquier instrumento visual, como una pantalla de televisión o de ordenador –*television or computer screen*– expresada en puntos –*dots*– o pixeles por pulgada, *dpi* o *ppi*; V. *digital resolution; bit resolution, screen resolution, image resolution, output resolution*)].

dial *n*: GRAL dial [de la radio] ◊ *Tune into a station by adjusting the dial*; V. *tune in.* [Exp: **dial [up]** (GRAL marcar [un número telefónico], llamar o acceder [a un programa de ordenador o un modem]; telefonear [a alguien]), **dialup** (INTERNET conexión por línea conmutada; es una conexión temporal, a diferencia de la línea dedicada –*dedicated line*–, establecida entre ordenadores mediante línea telefónica; V. *dedicated line*)].

diacritic *n*: GRÁFICA signo diacrítico; son marcas añadidas a las letras para darles un valor fonético distinto, como las de ç, ñ, etc.

dialogue *n*: AUDIO/CINE/TV diálogo; V. *script; monologue, stream of consciousness*. [Exp: **dialogue band** (AUDIO/CINE/TV banda de diálogos; V. *effects track, music band*)].

diaphragm *n*: GRAL/IMAGEN diafragma; se trata de un dispositivo de abertura y cierre variable, situado en el objetivo –*lens*– de la cámara, que sirve para regular la cantidad de luz que deja pasar durante la exposición fotográfica; también se le llama *iris*; V. *shutter, iris, aperture, lens aperture*.

diapositive *n*: IMAGEN diapositiva; también llamada *slide*, es una imagen fotográfica positivada –*a positive photographic image*– registrada sobre material transparente –*transparent material*–.

diary *n*: GRAL agenda de trabajo; V. *engagement book, desk diary; agenda*.

die *n/v*: GRÁFICA troquel, troquelar; V. *mould*. [Exp: **die-cut** (GRÁFICA troquel, troquelado), **die-stamping** (GRÁFICA relieve en seco; V. *embossing*)].

dieresis, diaeresis *n*: LING/GRÁFICA diéresis; signo ortográfico (¨) que se coloca en español sobre la u de las sílabas gue, gui, para hacer saber que esta letra debe pronunciarse, como en *vergüenza, argüir*; etc.; en otras lenguas, se pone sobre la segunda de dos vocales adyacentes para indicar que no forman diptongo, como en *naïve*, o sobre una e final para señalar que no es una vocal muda, como en *Brontë*.

diffuse[1] *v*: GRAL/MEDIOS difundir-se, esparcir-se; se aplica a la luz, el calor, las noticias, etc.; a diferencia de su parónimo español, el término inglés, al aplicarse a la información, las noticias, etc., connota una pérdida progresiva de precisión y fiabilidad; por lo tanto, se emplea más con *rumour* –rumor–, *report* –[primeras] informaciones– o *story* –versión de una noticia– que con *news* –noticia–, *facts* –hechos– y términos similares; el sentido neutro de «difundir-se» viene dado en inglés por *spread, publicize* y otros verbos parecidos ◊ *As the story spread, the details became more diffused*. [Exp: **diffuse**[2] (GRÁFICA difuminar, esfumar; consiste en desvanecer –*evanesce*– o extender con el difumino –*diffuser*– los trazos de lápiz o carboncillo de un dibujo o desvanecer –*evanesce*– los contornos –*outlines*– de las figuras, imprimiéndoles un efecto más borroso, en un dibujo o pintura), **diffuse**[3] (LING difuso, verboso, impreciso, poco conciso; se dice de los textos o estilos poco precisos ◊ *A very diffuse account of the facts*; V. *wordy, verbose*), **diffused light** (IMAGEN luz difusa), **diffuser** (GRÁFICA/IMAGEN difumino, disfumino, esfumino; utensilio de dibujo que se emplea para reducir la claridad o la intensidad; consiste en una especie de lápiz hecho de un rollo muy apretado de papel de estraza con punta en uno o los dos extremos, que se emplea para esfumar las sombras de los dibujos; en fotografía es una pantalla reductora de brillos, sombras, etc.), **diffusing** (GRÁFICA difuminado, difumino; V. *diffuse*[2])].

digital *a*: AUDIO digital; se dice de la grabación, y consecuentemente de los soportes audiovisuales y de los medios de almacenaje –*storage medium*–, en los que la información de la onda está codificada digitalmente, esto es, por la presencia –1– y ausencia –0– de impulsos sonoros binarios, con lo que la fidelidad de la obra –*performance*– es muy superior a la magnética convencional, sin distorsiones –*distortions*–, degradaciones –*degradations*– o ruidos de fondo –*background noise*–, ya que un grupo de dígitos no se desgasta –*wear out*– como los surcos –*grooves*– de un disco de vinilo; V. *analog, digital radio*. [Exp: **digital-analogic converter, DAC** (IMAGEN conversor digital-analógico; V. *analogic-digital converter*), **digital audio tape, DAT** (AUDIO cinta de audio digital, «DAT»; es el soporte *–system–* estándar para la grabación sonora *–sound recording–* y su almacenamiento *–storage–*, el cual no es compatible con el sistema de grabación analógico *–analog recording–*; V. *D-1, D-2; digital compact cassette*), **digital compact cassette** (AUDIO grabador/reproductor de casete digital), **digital editing** (CINE edición digital; consiste en modificar una película digitalizando *–digitizing–* una o más imágenes *–images, frames–* y alterándolas, ya electrónicamente, ya combinándolas con otras imágenes, para luego imprimir la imagen resultante; V. *optical effects*), **digital pay television** (TV televisión digital de pago), **digital resolution** (IMAGEN resolución digital; este término es polisémico y puede aludir a varios tipos de resolución; V. *bit resolution, device resolution, screen resolution, image resolution, output resolution*), **digital sound** (CINE sonido digital; V. *optical sound track*), **Digital Theatre Systems, DTS** (AUDIO es una norma *–standard–* de grabación *–recording–* y reproducción *–playing–*; V. *DNR, SDDS*), **digital typesetting** (GRÁFICA composición digital), **digitalization** (AUDIO digitalización; es el proceso de conversión de una señal analógica en otra digital; V. *A/D; companding, quantization, sampling^2*), **digitalize** (AUDIO digitalizar)].

dim^1 *a*: IMAGEN oscuro, poco iluminado; débil, tenue ◊ *The dim background of an old black-and-white thriller*; V. *murky, bright*. [Exp: **dim^2** (IMAGEN atenuar; oscurecer, bajar la iluminación ◊ *Dim the lights for the murder scene*; V. *douse*), **dimmer** (AUDIO/IMAGEN potenciómetro; V. *pan pot, fader*), **dimmer board** (GRAL cuadro de interruptores; V. *control/switch board; console*)].

diopter, diopter lens *n*: IMAGEN lente de dioptría; es una lente suplementaria que se sitúa delante de la lente principal *–main lens–* para filmar primerísimos planos *–extreme close ups–*; V. *ECU, extreme close up*.

diorama *n*: EXTERIOR diorama; en publicidad exterior es un expositor publicitario iluminado, a veces tridimensional, con escenas o dibujos animados.

diptych *n*: GRÁFICA díptico; es un cuadro formado por dos tableros articulados entre sí, que se cierran por un costado, como las tapas de un libro; en publicidad es un folleto de cuatro caras plegado por el centro; V. *triptych*.

direct *a*: GRAL directo. [Exp: **direct advertising** (MKTNG publicidad directa; ejemplos de ésta son el buzoneo *–mailing–*, las llamadas telefónicas con fines publicitarios, etc.), **direct broadcasting satellite** (TV satélite de difusión directa; es el satélite cuya señal llega directamente la antena parabólica *–satellite dish–*, a diferencia de los enlaces vía satélite *–satellite link–*, que se emiten de forma codificada; V. *satellite link*), **direct cut** (CINE corte; es una transición repentina de una toma a otra, sin ningún instrumento de transición *–transitional device–*, como podría ser un fundido *–fade–*; V. *discontinuity; dissolve, fade*), **direct halftone** (GRÁFICA directo; producción de negativos de cada color mediante filtros *–filters–* y tramas *–screens–*), **direct mail advertising** (MKTNG publicidad directa), **direct mail campaign** (MKTNG campaña publicitaria por correo), **direct marketing** (MKTNG marketing directo, comercialización directa; alude a un tipo de promoción de productos o servicios más directo que la publicidad, mediante el cual las ventas se efectúan directamente con el cliente sin intermediarios; V. *fulfillment; merge purge*), **direct media** (MKTNG medios de

publicidad directos; son medios individualizados o personalizados, como el
teléfono o el buzoneo –*mail shot*–; V.
indirect media), **direct music** (CINE
música directa o diegética; también llamada *foreground music* o *source music*,
es la que proviene de algún instrumento
musical o fuente dentro de la imagen, a
diferencia de la música de fondo –*background music*–; V. *background music*),
direct response (MKTNG comercialización directa, oferta directa; se suele ofrecer un número de teléfono con llamada
gratuita –*toll-free number*–), **direct
response advertising** (MKTNG anuncio
directo, comercialización por anuncio directo; en este tipo de anuncio
se pide al receptor o destinatario
–*receiver/addressee*– del mensaje que dé
una respuesta escrita, electrónica o telefónica), **direct-to-video** (CINE para vídeo
directo; alude a las películas baratas y sin
muchas pretensiones; V. *'B'-movies*;
made-for-TV-movie), **direct sound** (CINE
[rodar con] sonido directo; V. *post-
synchronization, wild shooting*), **direct
voice** (CINE sincronización de imagen y
sonido, también llamado *lip-sync*)].

directional microphone *n*: AUDIO micrófono direccional; recoge el sonido que le
viene sólo de una dirección; V. *omnidirectional microphone, nondirectional
microphone, ribbon microphone.*

director *n*: CINE/TV director; realizador; V.
*account director, art director, assistant
director; manager; editor.* [Exp: **director of fotography** (CINE director de
fotografía, iluminador, también llamado
lighting cameraman), **director's script**
(CINE guión del director, guión de rodaje;
es un guión muy pormenorizado en cuanto a la acción, escenas, etc., de toda la
película; también se llama *shooting script*
y *master script*)].

directory advertising *n*: GRAL publicidad

mediante guías o catálogos, por ejemplo
las páginas amarillas.

dirt *n*: IMAGEN rayas, garabatos; es la degradación de la señal electrónica caracterizada por la aparición de puntos o rayas en
la pantalla; también se le llama *scratches*
o rayas; V. *drop-out, abrasion.*

disaster film *n*: CINE película de catástrofes;
suelen mostrar las vicisitudes –*suffer-
ings*– de un grupo estudiado de gente,
normalmente interpretado –*played*– por
viejas glorias –*actors who have seen better days*–; V. *chopsocky, detective film,
epic film, escape film, sword and sandal
film, sword and sorcery film, science fiction film.*

disc *n*: AUDIO/IMAGEN disco; V. *compact
disc, laser disc; record.* [Exp: **discjockey, DJ** (RADIO «discjockey» ◊ *Radio
DJs are fond of repeating the sound bites
put about by fashionable performers*; V.
radio discjockey)].

disclaimer *n*: CINE descargo de responsabilidad; es el párrafo que sale al final de las
películas, en el que se afirma que lo que
se ha presenciado es puramente ficticio
–*pure fiction*– y no pretende retratar a
personajes reales; V. *credits.*

discolouration *n*: GRÁFICA/IMAGEN descoloración; V. *fixation; fade²; faded.*

disco music *n*: AUDIO [música] disco; música
discotequera; en su acepción más general,
es toda música discotequera, esto es, idónea para el baile en discotecas –*disco
dancing*–, equivalente a la acepción general de *dance music*; en sentido estricto, es
la música discotequera de los años setenta,
ejemplificada por la banda sonora –*soundtrack*– de *Fiebre del sábado noche*
–*Saturday Night Fever*–; V. *blues, country,
dance music, disco music, folk music,
ethnic music, grunge, hard rock, heavy
metal, house music, jazz, pop, punk rock,
rap, rave, reggae, rock and roll, rockabilly,
soul music, symphonic rock, techno.*

discount *n/v*: MKTNG/GESTIÓN descuento comercial, rebaja, bonificación; descontar, hacer descuento, pagar; lo contrario de *discount* es *premium*[1]; V. *allowance, couponing, sales; blanket discount, bulk discount, bonus; cash discount; premium*[1], *corporate discounting, discount coupon; frequency discount; time bank.* [Exp: **discount coupon** (MKTNG cupón de descuento ◊ *Many brands of soappowder are sold with a discount-coupon attached*; V. *stamp, voucher*), **discount for cash** (MKTNG descuento por pronto pago o por pago al contado; V. *cash discount, prompt payment*), **discount price** (MKTNG precio con descuento; V. *cut price*), **discount rate** (MKTNG tasa/tipo de descuento), **discount sheds** (MKTNG grandes superficies dedicadas a la venta de equipos –*hardware*– o bienes no perecederos –*durables*–), **discount store** (MKTNG tienda de rebajas; almacén que ofrece productos a precios rebajados), **discounter** (MKTNG minoristas especializados en pocos productos que venden a bajo precio; V. *retailer*)].

discourse *n*: LING/CINE discurso; una de las acepciones más corrientes del término discurso es la de «lenguaje en acción», esto es, lenguaje en un contexto comunicativo; por analogía, el cine también es un discurso, el discurso cinematográfico –*cinematic discourse*–, formado por unidades –*units*– en el que está fluyendo constantemente nueva información, sujeto a unas reglas de sintaxis –*syntax*– y a unos signos de puntuación –*punctuation*–; el discurso puede ser descriptivo o descripción –*description*–, narrativo o narración –*narration*–, expositivo o exposición –*exposition*– y persuasivo o persuasión –*persuasion*–; V. *figures of speech.*

discussion group *n*: GESTIÓN grupo de discusión, discusión de grupo; V. *focus group, brainstorming.*

dish aerial/antenna *n*: TV antena parabólica, «paellera»; V. *aerial, parabolic aerial, satellite antenna/dish, receiver dish.*

diskette *n*: AUDIO/IMAGEN disquete.

dismiss *v*: GRAL despedir; V. *give sb the push* col, *fire* col.

dispense *v*: MKTNG distribuir, expender; dispensar, administrar, repartir. [Exp: **dispenser** (MKTNG dispensador; máquina expendedora, dispensador; en publicidad el sentido de «dispensador» se da al expositor –*display*– que contiene folletos publicitarios o productos de muestra; *[automatic] vending machine, cash dispenser*)].

dispersion *n*: AUDIO/GRAL dispersión; V. *coverage; narrow dispersion; wide dispersion.*

display[1] *n/v*: GRAL despliegue, alarde, demostración; exponer, desplegar, ofrecer [información, datos], hacer alarde, resaltar; V. *exhibit, highlight; information display, lay out*[3], *air*. [Exp: **display**[2] (MKTNG visualizador, expositor, pantalla; exposición, muestra; exponer, exhibir; también puede aludir a los objetos expuestos o en exposición; en forma atributiva se usa con el significado de «a la vista, expuestos, que se ven»; V. *exhibition, exhibit, dispenser*), **display**[3] (GRÁFICA/PRENSA destacado, en grandes titulares; la palabra *display* en función atributiva significa «destacado», «resaltado», esto es, con la intención de atraer la atención, como en *display advertising, display headlines* –grandes titulares–; V. *running text*), **display**[4] (MEDIOS ofrecer información [en una pantalla], especialmente en informática; visualizador, pantalla en la que se ofrece información; en forma atributiva significa «visual»), **display**[5] (GRAL anuncio destacado; equivale a *display ad/advert*), **display ad/advert** (PRENSA/MKTNG anuncio destacado o resaltado; estos anuncios destacan, en la prensa, sobre los demás porque son distintos sus tipos –*typefaces*–, bordes –*borders*–, ilustraciones, etc.; también se emplea el término para los anuncios destacados en lugares públicos con mucho tránsito, como las estaciones de trenes, de metro, etc.; V. *display headlines*), **display allowance** (MKTNG bonificación al detallista por exponer el producto; también se le llama *retail display allowance*), **display basket** (MKTNG cestón; es un cesto grande que contiene productos de oferta), **display cabinet** (MKTNG vitrina), **display case** (MKTNG expositor, vitrina donde se expone un producto; estuche; V. *samples cases, sales literature*), **display headlines** (PRENSA grandes titulares, titulares destacados; V. *display advertising*), **display, on** (MKTNG expuesto, en exposición), **display pack** (MKTNG envase de muestra; V. *dummy pack*), **display rack** (MKTNG estante de exposición), **display screen** (IMAGEN/GRÁFICA pantalla de monitor; V. *soft copy*), **display stand** (MKTNG expositor, soporte para la exposición de publicidad o de productos para la venta ◊ *Provide the shopkeeper with a display stand to exhibit the product*; V. *exhibition stand, news stand*), **display type** (TIPO letras destacadas, letras grandes de imprenta; se emplea en titulares –*headlines*– y en anuncios ◊ *Catch the customers' eye with a large display type*; V. *body type, headline*), **display unit** (MKTNG expositor [de un producto] ◊ *Exhibit a product in a display unit*; V. *merchandiser*), **display window** (MKTNG escaparate, vitrina)].

disposable ad *n*: MKTNG/PUBL desechable; V. *outtakes*.

dissolve *n*: CINE encadenado; es la transición de un plano –*shot*– a otro de forma que queda el primero «disuelto» en el segundo; cuando los planos se encuentran a mitad de camino se dice que están superpuestos –*superimposed*–; V. *fade, lap dissolve, ripple dissolve; fast dissolve, soft cut; out-of-focus dissolve; American montage*.

distance shot *n*: CINE plano larguísimo; también llamado *extreme long shot*, es la toma a gran distancia o en lejanía; es una vista panorámica de un emplazamiento exterior –*exterior location*– tomada a gran distancia; V. *long shot*.

distort *v*: AUDIO/GRAL distorsionar, sesgar ◊ *Buildings that distort the TV signal*; V. *bias*. [Exp: **distortion** (AUDIO distorsión; V. *noise, glitch; hiss; bias*^{2}; *bloop*)].

distribution *n*: GRAL/CINE/MKTNG distribución; las acepciones son similares a las del español: ① entrega o reparto de algún producto a los locales en donde debe comercializarse; ② aplicado al cine, es la comercialización, sobre todo el reparto comercial de las películas cinematográficas entre los exhibidores; se emplea en las expresiones *distribution flow/channel* –canal de distribución–; V. *marketing mix; delivery*. [Exp: **distribution channel** (MKTNG canal de distribución; parte desde el fabricante –*producer*– hasta llegar al consumidor –*consumer*–, pasando por los agentes –*agents/brokers*–, los mayoristas –*wholesalers*– y los minoristas –*retailers*–; V. *channel of distribution; outlet*), **distributor** (GRAL distribuidor, empresa comercializadora ◊ *Blame the flop on the film's distributors*; se emplea en todos los sentidos de *distribution*; V. *stockist, broker, supplier, caterer, purveyor*)].

dithering *n*: DISEÑO efecto vacilante; es la técnica mediante la cual se hace que pixeles adyacentes de colores diferentes creen la ilusión óptica de un tercer color; sirve para dar efecto de tonos grises en una imagen en blanco y negro; V. *half-tone*.

diversification *n*: MKTNG diversificación; alude a la estrategia empresarial de vender, o de fabricar, productos no relacionados.

divest *v*: GESTIÓN desinvertir; V. *invest*. [Exp: **divest strategy** (MKTNG estrategia de desinversión, también llamada *divest and exit strategy*; consiste esta estrategia en eliminar la venta del producto, debido a que no se vende bien o a que su crecimiento en el mercado es lento; V. *investment strategy*), **divestment** (MKTNG desinversión)].

DJ *n*: RADIO V. *discjockey*.

DN *n*: CINE abreviatura de noche americana; V. *day for night*.

DNR *n*: AUDIO V. *Dolby Noise Reduction*.

docudrama *n*: TV docudrama; también llamado *re-enactment* o «re-escenificación»; término derivado de *docu[mentary]* y *drama*, alude al género cinematográfico o teatral que representa una versión dramatizada de un suceso o una serie de acontecimientos de la vida real ◊ *A docudrama based on the minister's death*.

documentary *n*: CINE/TV documental; V. *newsreel, industrial film*.

dog *n*: MKTNG productos perro; son productos de baja cuota de mercado –*market share*– en mercados con baja tasa de crecimiento –*growth*–; V. *cash cow, star; watchdog*; *Boston Consulting Group portfolio analysis*.

Dolby Noise Reduction *n*: AUDIO sonido Dolby, reducción por el sistema Dolby del ruido de fondo; se trata de un sistema de reducción de ruido de fondo en la grabación –*recording*– y reproducción –*play*–, cuyas variantes posteriores han sido el Dolby digital –*Dolby Digital*– y Dolby estéreo –*Dolby stereo*–; V. *SDDS, DTS*.

dolly *n*: CINE pequeña plataforma maniobrable con ruedas; grúa pequeña; V. *float, flat; pusher; crab dolly*. [Exp: **dolly in/out** (CINE movimiento [de cámara] de aproximación/alejamiento del objeto, llamados respectivamente **DI** y **DO**; V. *zoom in/out; tighten up*), **dolly shot** (CINE plano acercándose o alejándose del intérprete u objeto; V. *travelling shot*)].

domain name *n*: INTERNET nombre de dominio; es la dirección –*address*– que identifica una dirección de Internet –*an Internet site*–; suelen constar de dos partes: el nombre de la empresa o institución –*company or institution*–, seguido de unas letras, que pueden indicar países –*countries*– o el tipo de organización –*type of organization*–; V. *domain name system, IP, IP address*.

donut[1] *col n*: PUBL cuña publicitaria en la que se puede incluir en un marco musical, referencias de tipo local como la dirección, el teléfono, etc., también llamado *sandwich* y *wraparound*. [Exp: **donut**[2] *US col* (RADIO/TV material grabado sobre una noticia que se emite después de una presentación en directo –*live introduction*–)].

door *n*: GRAL puerta. [Exp: **door-opener** *col* (MKTNG truco o pretexto para colarse en una casa ◊ *Use an old photograph as a door-opener*), **door-to-door selling/canvassing** (MKTNG venta domiciliaria; búsqueda de clientes puerta a puerta; V. *canvass, house-to-house salesman, bell-ringer*)].

doorstep *n*: MEDIOS entrevista por sorpresa en la puerta de la casa. [Exp: **doorstep interview** (MEDIOS entrevista espontánea en la que se pide por sorpresa la opinión de una personalidad en la puerta de su casa)].

dope *col n*: MEDIOS información. [Exp: **dope sheet** (CINE lista/relación/hoja de necesidades de rodaje del ayudante de cámara –*assistant cameraman*–)].

dormant *a*: GRAL inactivo, oculto, secreto,

durmiente, latente, en letargo, aletargado; V. *active*. [Exp: **dormant account** (GESTIÓN cuenta inactiva o sin movimientos; V. *active account*)].

dot *n*: DISEÑO/GRÁFICA/TIPO punto [de una imagen]; punto diacrítico de la j o la i; punto considerado como signo ortográfico; así se verbaliza el punto ortográfico de las direcciones de correo electrónico *–e-mail–* al leerlas en voz alta; V. *corner dot; apex, ascender, cross stroke, descender, ear, embellishment, spur, stem, stroke, tail, tilde, vertex.* [Exp: **dot gain** (DISEÑO ganancia de puntos; es un defecto de la impresión que hace que los puntos se impriman más grandes de lo debido, con lo cual los colores y tonos son más oscuros), **dot, dot, dot** (TIPO puntos suspensivos ◊ *He had an affair with Mary dot, dot, dot*), **dots per inch, dpi** (IMAGEN puntos por pulgada; es una medida de resolución de imagen; V. *ppi; digital resolution; bit resolution, device resolution, screen resolution, image resolution, output resolution*), **dotted line** (GRÁFICA línea de puntos; es la línea que señala por donde se debe cortar, doblar, etc., un impreso)].

double[1] *a*: GRAL doble. [Exp: **double**[2] (CINE doble ◊ *The nude scenes were done by her double*; es la persona que se parece físicamente *–physically resembles–* al actor o actriz que representa el papel principal, y que le sustituye en determinados momentos del rodaje *–shooting–*, sobre todo cuando su presencia no requiere interpretación; en este caso se habla de *body double*; si las escenas exigen riesgo o habilidades especiales *–special skills–* o la simulación de actos eróticos a los que se niega el principal, se habla de *stunt doubles* *–especialistas–*; V. *body double, stand-in, stuntman*), **double bill** (CINE programa doble ◊ *Advertise a double bill featuring a star in two*

completely different roles; alude sobre todo a un programa cinematográfico en el que se ofrecen dos películas o sesiones teatrales consecutivas de actualidad; V. *B movie/picture, double feature*), **double carding** (MKTNG duplicación de anuncios; consiste en fijar dos carteles diferentes anunciando el mismo producto), **double crown** (EXTERIOR cartel de tamaño pequeño colocado en el interior de autobuses, tiendas, etc.; su tamaño es de 762 mm × 508 mm; V. *crown, quad crown*), **double-dash** (GRÁFICA V. *Scotch rule*), **double-decker** (GRAL de dos pisos, de dos paneles ◊ *Double-decker bus* *–autobús de dos pisos double decker ad* anuncio de dos paneles; panel publicitario doble–; V. *multideck*), **double diptych** (GRÁFICA cuadríptico; doble díptico; es un folleto de ocho caras plegadas por el centro; V. *triptych*), **double exposure** (IMAGEN doble exposición, superposición; V. *multiexposure*), **double feature** (CINE programa doble; alude sobre todo a un programa cinematográfico en el que se ofrecen dos películas consecutivas de calidad desigual; *double bill*), **double heads** (TV/PUBL doble banda; se dice del anuncio publicitario *–commercial–* en el que el sonido y la imagen están en cintas separadas; V. *married print*), **double head supers** (CINE [sobreimpresión por] delantal), **double headed projection** (CINE proyección a doble banda; V. *interlock*), **double page spread, DPS** (PRENSA/PUBL [anuncio a] doble página; formato de anuncio que emplea dos caras consecutivas; V. *spread, two-page spread, double truck, full column*), **double pricing** (MKTNG doble precio indicando la cuantía de la rebaja; es una técnica comercial, para atraer clientes, consistente en presentar dos precios para un mismo producto: el más caro, tachado; siendo el no tachado el rebajado), **double print** (GRÁFICA plancha que combina directo –*halftone*– y línea –*line*–; también se aplica al producto de la impresión con dicha plancha), **double spaced** (TIPO a doble espacio), **double spacing** (TIPO doble espacio; V. *spacing, linespacing, kerning*), **double spread** (PRENSA anuncio a doble página [enfrentada]; V. *spread, double truck, full column*), **double spotting** (PUBL anuncio a caballo [de otro]; también llamado *piggyback commercial*), **double-take** (CINE/ESPEC reacción en dos tiempos, reacción lenta o tardía [efecto cómico de] comprensión tardía]; se trata de una técnica de actuación –*acting technique*–, normalmente cómica, mediante la cual el actor reacciona en dos tiempos ante una escena o un comentario; habitualmente la primera reacción es de naturalidad ante algo extraordinario, y la segunda es de quedarse congelado o «pasmado», por lo que el efecto cómico se debe al ligero retraso en la comprensión cabal de lo visto u oído ◊ *The actor did the classic double-take by first raising his hat to a half-naked woman on the street then turning to stare in shock*), **double truck** (PRENSA sábana, a doble página; se trata de un anuncio gráfico –*print ad*– a doble página que ocupa la parte central de la publicación, también llamado *centre/center spread*; en algunos casos se usa como equivalente a *spread*, esto es, anuncio en dos páginas opuestas, aunque no sean las centrales; V. *two-page spread*), **double version** (CINE doble versión; consiste en el rodaje de una película con dos metrajes –*duration*– o formatos –*formats*–, destinados a mercados distintos, por razones comerciales, de distribución o de censura –*business, distribution or censorship reasons*–)].

douse *v*: CINE/ESPEC bajar, disminuir, oscurecer [la iluminación], dejar a oscuras ◊ *Suddenly the footlights were doused*; V. *footlights*.

down *adv/nv/v*: GRAL abajo, bajo, que ha bajado en precio o valor ◊ *Sugar is down 2 pence*; V. *up*. [Exp: **down shot** (IMAGEN [plano] picado; es el que se realiza mirando hacia abajo la acción o el objeto), **down-lead** (TV introducción, entrada, programa introductorio, programa-aperitivo; V. *lead-in*), **down market** (MKTNG/PUBL mercado popular; V. *go down market; up market; down-market*), **down-market** *col* (MKTNG/PUBL poco elegante, de calidad inferior; propio de las capas más populares del mercado; de andar por casa ◊ *Most of the big food-stores specialise in down-market products*; V. *up-market; luxury*), **down-payment** (GESTIÓN/MKTNG depósito, primer plazo, entrega/pago a cuenta, pago inicial, entrada, pago parcial por anticipado; V. *advance, retaining fee*), **download** (INTERNET «bajar» *col*, descargar; consiste en transferir archivos –*transfer files*– desde una dirección de Internet –*web server*– a un ordenador –*computer*–; V. *upload, website, BBS*), **downstage** (CINE/ESPEC mirando a la cámara o al público; lo contrario es *upstage*, esto es, de espaldas a la cámara o al público, o sea, mirando hacia el fondo del escenario), **downstyle** (TIPO titular con letras minúsculas; es un estilo tipográfico en que las palabras de un titular se imprimen en minúsculas, salvo la primera y las iniciales de los nombres propios), **downturn** (MKTNG recesión, bache económico, caída o contracción económica; cambio desfavorable en la coyuntura; baja, descenso o disminución en el volumen de negocios; V. *upturn*)].

dpi *n*: IMAGEN puntos por pulgada; es una medida de resolución de imagen; V. *dots per inch*.

dps *n*: PRENSA V. *double page spread*.

draft *n/v*: GRAL/PRENSA borrador; redactar [un documento] ◊ *Draft in-house regulations.* [Exp: **drafting** (GRAL redacción; V. *wording*), **drafting board** (GRÁFICA tablero de diseño o de dibujo), **drafting committee** (PRENSA/GRAL comité de redacción; V. *review board*), **draftsman, draughtsman** (GRÁFICA/CINE delineante, dibujante ◊ *Advertise for a qualified draughtsman in an architect's office*; en el cine, se encarga de realizar los planos *–plans/drawings–* para la construcción de decorados *–set construction–*; V. *art director, draughtsman, swing gang, production designer*)].

drama *n*: CINE/ESPEC drama, obra de teatro; V. *stage play; daytime drama, docudrama, court drama, urban drama; comedy, documentary, thriller.*

draughtsman *n*: DISEÑO dibujante; esta forma es la usada en el Reino Unido para *draftsman.*

draw[1] *n*: MKTNG sorteo; V. *sweepstakes.* [Exp: **draw**[2] (MEDIOS atraer ◊ *Blockbusters are pictures that draw huge audiences*; V. *engrossing, crowd-pleaser, crow-puller*), **draw a rough of sth** (GRAL preparar un primer borrador de algo; V. *fair copy, rough copy, rough out*), **drawing** (GRÁFICA dibujo; V. *image, picture*), **drawing board** (GRÁFICA mesa de dibujo; V. *back to the drawing board*), **drawing-up** (GRAL redacción; V. *drafting, wording*)].

dress *n*: GRAL vestido. [Exp: **dress rehearsal** (ESPEC/CINE ensayo general; V. *camera rehearsal, walk-through, dry rehearsal/run*)].

drip campaign/strategy *n*: MKTNG/PUBL campaña/estrategia goteo; campaña constante; es una campaña paulatina y de largo alcance en la que los anuncios se espacian en el tiempo; V. *burst, wave, flight; drip advertising, blitz; spread out, teaser campaign, pulsing.*

drive[1] *v*: GRAL conducir, pilotar. [Exp: **drive**[2] (MKTNG acción, campaña, ofensiva, esfuerzo; en publicidad *drive* es sinónimo parcial de *campaign –campaña–*, aunque para algunos la primera puede ser una actividad más concreta o de baja intensidad *–low profile–* ◊ *They are mounting a big sales drive in Asia*; V. *advertising drive, sales drive*), **drive**[2], **drivetime** (RADIO programación para el tiempo de conducción de ida y vuelta al trabajo; es hora de máxima audiencia y se divide en *morning drive* y *afternoon drive*; además de *drivetime*, a efectos de publicidad, los segmentos más importantes de la radio norteamericana son *daytime, evening* y *overnight*), **drive home a point** (GRAL subrayar/destacar un punto ◊ *The key point to drive home is the outstanding after-sales service*; V. *press home*), **drive-in [theatre/cinema]** (CINE autocine ◊ *Drive-in cinemas became very popular in the USA in the late fifties*; V. *open-air movie theatre*)].

drop[1] *n*: CINE/IMAGEN interferencia, motas de luz en la imagen. [Exp: **drop**[2] (CINE/IMAGEN telón; V. *backdrop, scrim*), **drop cap** (TIPO letra capitular o mayúscula inicial de un texto, también llamada *initial cap* y *raised initial*; V. *cap*), **drop off** (MKTNG caer, bajar ◊ *Once a company stops couponing, sales drop off*), **drop-out**[1] (AUDIO/IMAGEN degradación de la señal electrónica; desfallecimiento; en la pantalla aparecen chispas, líneas o puntos; el equivalente en cine se llama rayas *–scratches–* o basura *–dirt–*), **drop-out**[2], **drop-out halftone** (GRÁFICA directo o semitono en el que los puntos han sido eliminados *–drop out the dots–* de las zonas blancas o de mayor luz *–hightlight area–* para aumentar el contraste, también llamado *highlight halftone*), **drop-shipment** (MKTNG envío directamente desde el productor al minorista; lo encarga un mayorista –*wholesaler*–, que asume todas las gestiones excepto las de almacenaje –*storage*–), **drop-shipper** (MKTNG mayorista que media entre productor y minoristas sin encargarse del almacenaje de los productos, que por lo general son equipos voluminosos –*hardware*–; V. *wholesaler*), **dropped-out type** (GRÁFICA letras blancas sobre fondo negro; V. *reversed type*)].

dry *a*: GRAL seco; no perecedero; V. *durable*. [Exp: **dry rehearsal/run** (CINE simulacro, ensayo simple; el ensayo es completo pero sin cámaras, atrezo –*props*–, vestuario –*costumes*–, etc.; V. *walk-through, dress rehearsal*)].

DTS *n*: AUDIO V. *Digital Theatre Systems*.

dub[1] *v*: CINE doblar; *dub*, que nace como abreviación de *double* –doblar–, consiste en la inserción en una película de una nueva pista sonora, normalmente la traducción sincronizada del diálogo original a otra lengua; también se llama *looping* porque se hace con unas imágenes en bucle con el fin de afinar las sincronización de sonidos y labios –*lip sync*–. [Exp: **dub**[2] (CINE mezclar; consiste en añadir sonido o efectos sonoros, diálogo a una película o cinta sonora), **dub**[3] (AUDIO pasar o trasponer una grabación sonora de una cinta a otra; a veces se incorpora el material antiguo a otro nuevo mediante técnicas de mezcla), **dubbing** (CINE/TV doblaje; mezcla; V. *dub*[1], *mix, lip-sync*), **dubbing [sound]stage** (CINE sala de doblaje), **dubbing sheet** (CINE/AUDIO hoja de doblaje; contiene instrucciones dadas por el mezclador de sonidos)].

due *a*: GESTIÓN debido, exigible, vencido ◊ *Those bills are due on July 5th*; V. *deadline*. [Exp: **due bill** (MEDIA intercambio –*barter*– de publicidad por servicios o productos del anunciante)].

dull *a/v*: IMAGEN/GRÁFICA apagado, mate, sin brillo; opacar, oscurecer, nublar, quitar/ rebajar/atenuar el brillo; V. *dim, dead*. [Exp: **dulling spray** (IMAGEN/GRÁFICA atenuador, matizador, mateador; normalmente es un *spray* que quita, rebaja, matiza o atenúa el brillo de una superficie)].

dumbing down *col n*: GRAL/MEDIA adocenamiento, trivialización, entontecimiento, atontamiento, bajada de nivel –*Poor quality TV programmes are responsable for the downing down of society*–.

dummy[1] *n/a*: MKTNG maqueta preliminar; ficticio; V. *dummy page, mock-up*. [Exp: **dummy**[2] (GRAL corpóreo, muñeco, maniquí; se da el nombre de «corpóreo» a una figura tridimensional, aunque también puede ser bidimensional, normalmente de cartón o de plástico, empleada en la publicidad de un artículo; V. *tailor's dummy*), **dummy name** (MKTNG nombre falso o ficticio; se usa a fin de comprobar la veracidad de los repartos de publicidad o marketing por correo; también se llama *decoy*), **dummy page** (GRÁFICA maqueta; página modelo con el texto y las ilustraciones pegadas para orientar al impresor)].

dump *v/n*: GRAL/MKTNG descargar, verter; deshacerse de, tirar; vertedero, montón; V. *unload*. [Exp: **dump display** (MKTNG exhibición de productos amontonados), **dumping** (MKTNG dumping; deshacerse de existencias de productos vendiéndolas apiñadas o en grandes cantidades por debajo de su precio)].

dupe[1] *v*: IMAGEN/CINE sacar un negativo –*print a duplicate negative*– de un positivo –*from a positive print*–; sacar una copia inversa –*print a duplicate reversal print*–; se aplica también, como nombre, a las copias –*duplicates*–, a las pruebas –*proofs*–, diapositivas –*slides*–, etc.; V. *generation*. [Exp: **dupe**[2] (IMAGEN/CINE copia o duplicado negativo obtenido a partir de un positivo –*positive print*–; en el cine es un duplicado del negativo, al que se le podrán añadir efectos especiales, también llamado en este caso *picture dupe negative*; V. *printing master*), **dupe negative/positive** (IMAGEN/CINE internegativo, interpositivo; V. *internegative, interpositive*)].

duplex *a*: GRAL dúplex, bilateral. [Exp: **duplex paper** (GRAL papel dúplex; se caracteriza por tener distinto tono –*tint*– o color en cada cara)].

duplicate *n/v*: GRAL/CINE/GRÁFICA copia, duplicado; multicopiar, duplicar, repicar, sacar una copia; V. *negative duplicate, dupe, print a copy; trasnfer*. [Exp: **duplicate audience** (MKTNG audiencia duplicada; V. *audience duplication*), **duplicate, in** (GRAL por duplicado), **duplication** (PUBL/MKTNG duplication; V. *merge purge, audience duplication, daily effective circulation; original; copying; generation; double carding, gross rating point*),

duplicator *n*: GRÁFICA duplicator.

durable goods *n*: MKTNG artículos/bienes duraderos o no perecederos ◊ *Washing machines and cookers are durables*; V. *perishable; dry; discount shed*.

dust cover/jacket/wrapper *n*: MKTNG/GRÁFICA sobrecubierta, funda, «camisa»; es una funda de papel que se pone suelta sobre la encuadernación de los libros, generalmente con dibujos, fotos o títulos más llamativos que los de la cubierta; V. *front cover, jacket copy*.

Dutch *a*: GRAL holandés. [Exp: **Dutch angle** (CINE ángulo/plano holandés; es un plano angulado –*angled shot*– en el que el horizonte y los objetos están inclinados –*canted*– para sugerir o connotar tensión, confusión o desequilibrio psicológico; V. *connotation, canted shot, angle of view*), **Dutch door** (PUBL/GRÁFICA desplegable holandés; es un despegable de

dos páginas dobles consecutivas que al abrirse forman ocho páginas de publicidad; V. *gatefold*), **Dutchman** (GRÁFICA artificio/picaresca para ocultar los desperfectos; los ingleses usan con frecuencia el adjetivo *Dutch* para referirse a lo que aparenta ser y no es; así *a Dutch treat* es una invitación a medias, en la que cada uno paga lo suyo, a *Dutch defence* es una rendición, etc.)].

dye *n/v*: GRAL/GRÁFICA tinte; tintar, teñir; V. *tint*.

dynamic *a*: GRAL dinámico, activo, vivo; se emplea en expresiones como *dynamic loudspeaker* –altavoz dinámico–, *dynamic microphone* –micrófono dinámico–, etc.; V. *static*. [Exp: **dynamic cutting/editing** (CINE/TV corte/montaje dinámico [de planos]; es el montaje de planos –*shots*– en el que la transición de uno a otro resulta brusca, por medio de cortes inesperados en el espacio o en el tiempo, con el fin de crear determinados efectos expresivos o narrativos; V. *invisible cutting, matched cutting*), **dynamic frame** (CINE fotograma dinámico; se llama así a la técnica de modificación del tamaño del fotograma, mediante técnicas de iluminación –*lighting*–, diseño –*design*–, enmascaramiento –*masking*–, composición –*composition*–, etc., para sugerir determinados efectos), **dynamic range** (RADIO rango/campo dinámico; es la diferencia en decibelios entre los niveles más altos y los más bajos de presión acústica; por ejemplo, el rango dinámico de la FM es mayor que el de la AM)].

dystopia *n*: CINE distopía; es una película futurista –*futuristic film*– en la que se describe una sociedad opresiva, oscura y que en general hace infelices o falsamente felices a sus miembros, como *Metropolis, 1984* o *Fahrenheit 451*.

E

E[1] *n*: MKTNG Europa; letra que colocada en el envase de un producto sirve para garantizar que éste cumple las normas establecidas por la Unión Europea. [Exp: **E**[2] (AUDIO es la nota musical *mi* en la escala inglesa, en la que la *C* corresponde a «do»; V. *bass, treble, flat, sharp, natural*), **e-**[3] (GRAL forma elíptica de «electrónico»), **e-business** (MKTNG comercio electrónico; negocio por medios electrónicos), **e-mail** (GRAL correo electrónico; emilio *col*; comunicar por correo electrónico ◊ *They e-mailed us the text*; V. *electronic mail, @, dot; snail mail*)].

EAAA *n*: PUBL Asociación de Agencias Europeas de Publicidad; V. *European Advertising Agencies Association*.

ear[1] *n*: GRAL oído, oreja. [Exp: **ear**[2] (PRENSA esquina/pico de portada; es un espacio, normalmente triangular, en la parte superior derecha o izquierda de un periódico o revista, que contiene un anuncio, información sobre el tiempo, etc.), **ear**[3] (TIPO trazo descendente de letra minúscula como en *q*; V. *apex, ascender, cross stroke, descender, ear, embellishment, spur, stem, stroke, tail, tilde, vertex*), **earmark** (GESTIÓN marca, señal, etc., efectuada para identificar bienes, partidas, cuentas, etc.; asignar, afectar, destinar, apartar, reservar o consignar fondos, cuentas, impuestos, ingresos fiscales, etc., para el pago de determinadas cuentas o para fines específicos o concretos ◊ *Earmark funds for a purpose*; V. *allocate*), **earmarking** (GESTIÓN asignación presupuestaria; V. *allocation*), **ear phone** (AUDIO auricular, audífono; V. *headset, headphone*), **earpiercing** (AUDIO estridente; V. *shrill*), **ear shot** (cine primer plano de perfil –*in profile*–; V. *close-up*)].

early[1] *a*: MKTNG/TV/RADIO temprano, primero, madrugador; original, anticipado. [Exp: **early acceptors** (MKTNG innovadores, noveleros; también llamados *innovators*, son los amigos de las novedades o los primeros que se apuntan a ideas, productos o servicios nuevos; son los que después de una prueba –*trial*– los adoptan inmediatamente, y constituyen el 5 % de la lista de adoptantes de un producto o servicio –*adopters*–; V. *laggard*), **early adopters** (MKTNG primeros adoptantes; están formados por el 15 % de la lista de adoptantes –*adopters*– que sigue a los innovadores o *early acceptors*), **early finish/start** (RADIO/TV cierre temprano, apertura anticipada de una emisora antes de su horario normal de programación –*scheduled time*–), **early fringe**

(RADIO/TV programación de tarde; es el segmento de la programación radiotelevisiva norteamericana –*daypart*– comprendido entre las 4 y las 7.30 de la tarde, esto es, entre *daytime* y *prime access*; el coste de los anuncios publicitarios en esta franja no es tan elevado como en *prime time*), **early majority** (MKTNG los primeros de la gran masa de adoptantes, que constituyen el 35 % del total; V. *late majority, laggards; adopter categories*), **early morning** (RADIO/TV la mañana; a efectos publicitarios, es el segmento de la programación radiotelevisiva norteamericana –*daypart*– comprendido entre las 6 y las 10 de la mañana; va seguido de *daytime*), **early news** (RADIO/TV noticiario de la tarde; es el noticiario emitido en la programación de tarde o *early fringe*)].

earn *v*: GESTIÓN ganar, devengar, obtener, percibir; producir ◊ *Earn one's living*. [Exp: **earned rate** (MKTNG/GESTIÓN tarifa real o efectiva ◊ *The earned rate after deducting the discount came to £250*; en publicidad es la tarifa que se carga a un cliente después de aplicar los descuentos –*rebates/discounts*– pertinentes)].

ease in/out *v*: CINE iniciar/salir con suavidad o sin cortes bruscos [un plano –*shot*–, una panorámica –*pan*–, un zoom, etc.] ◊ *The camera held the close-up for 10 seconds then eased out*; V. *home in*.

easel *n*: GRAL caballete, asnilla, sostén portátil; también llamado *card stand*, se emplea como sostén portátil de anuncios, letreros, lienzos de pintores, etc. ◊ *Prop a canvas on the easel*. [Exp: **easel shot** (TV plano marco ◊ *The TV programme showed easel shots of the pictures in the exhibition*; plano o encuadre fijo en el cual la cámara enfoca un cuadro, un libro, llamado así porque durante la toma la cámara hace de «caballete» enmarcando la imagen, una carta u otro texto)].

echo *n*: AUDIO eco; V. *lounge, reverberation*.

eco-advertising *n*: PUBL publicidad que explota los temas ecológicos; a veces puede ser una tapadera o maniobra –*cover-up*–; V. *green, greenwashing, environmentalist advertising*.

ECU *n*: CINE/TV equivale a *extreme close-up*; se emplea esta sigla en los guiones cinematográficos –*script*–; V. *ELS*.

edge[1] *n*: IMAGEN/GRAL borde, canto, contorno, margen, cenefa ◊ *Handle a photograph by the edge*; V. *frayed edge*. [Exp: **edge**[2] (MKTNG ventaja, delantera ◊ *Have the edge over one's competitors*), **edge**[3] (GRÁFICA perforar, trepar; V. *edging*[3]), **edge beat** (IMAGEN titileo de pantalla; también llamado *twinkling*, consiste en una distorsión de la pantalla similar al titileo de las estrellas), **edge effect** (IMAGEN/GRAL efecto borde; el objeto de este efecto es realzar los contornos de una imagen para que tenga mayor nitidez), **edge flare** (IMAGEN/GRAL pérdida de contraste en los bordes de la imagen), **edge, have the over sb** (MKTNG llevar ventaja sobre ◊ *Have a slight edge over one's competitors*), **edge in** (RADIO/TV introducir paulatina o gradualmente, fundir poco a poco; describe la técnica –el sustantivo es *edge-in*– mediante la cual la transición de un programa a otro, o el comienzo de la música del programa nuevo, se realiza de forma gradual, a diferencia de la técnica del *blast-in* o «introducción a tope» o «a todo gas»), **edges uncut** (GRÁFICA sin desbarbar), **edges untrimmed** (GRÁFICA cantos sin desvirar), **edging**[1] (GRAL borde, ribete; cenefa; V. *frame, box*), **edging**[2] (IMAGEN/TV realce de perfil, contorneo; se trata de una técnica para realzar el contorno de un objeto dentro de un plano mediante la superposición en el perfil del mismo de otro color distinto del suyo), **edging**[3] (GRÁFICA trepado; línea de puntos para facilitar la separación de un cupón, tarjeta de respuesta, etc.)].

edit *v*: GRAL/CINE/AUDIO editar [un libro, una cinta sonora]; montar [una película]; componer [un anuncio gráfico] ◊ *The original text of the report was heavily edited*; el anglicismo «editar», debido sobre todo a la informática –*computer science*–, ha calado en el español con la acepción de corregir, revisar o adaptar manuscritos, documentos sonoros, diseño, publicidad, etc.; el verbo español «editar», con su sentido tradicional, debe traducirse al inglés por *publish*; V. *editing, mount an ad*. [Exp: **edit a film** (CINE montar una película; consiste en unir –*splice*– convenientemente los planos rodados –*shots*–, elegidos por el director y montador; V. *editing; assemble*), **edited highlights** (MEDIOS resumen, selección de los momentos más interesantes ◊ *Show edited highlights of the weekend's football matches*; V. *replay*), **editing** (PRENSA/CINE revisión y corrección de pruebas; montaje [de una película]; esta labor, también llamada en el cine *cutting*, la hace el montador –*editor, cutter*– siguiendo instrucciones del director y consiste en podar –*delete*–, agregar o reorganizar los *shots, scenes and sequences* –planos, escenas y secuencias– o los elementos de la banda sonora –*sound track*–, procedentes de la filmación, en el orden deseado para llegar al producto final; V. *montage; add-on editing, assemble editing; continuity editing; invisible editing; jump out*), **editing desk/room** (CINE mesa/sala de montaje), **edition**[1] (GRAL/PUBL/MKTNG edición; es una palabra muy polisémica en inglés, que significa: ① revisión, comprobación y corrección de un texto, tabla, figura, etc.; éste es el significado primario derivado del verbo *edit* –preparar para la publicación–, el cual también ha entrado en el español, sobre todo, a partir de la informática, que suele ofrecer, por ejemplo, la creación de una tabla, una nota a pie de página, etc., y su *edition* –«edición»– o corrección, modificación, etc.; ② tirada, número total de ejemplares publicados; conjunto de ejemplares de una versión concreta de una publicación como en *The Sunday edition of the paper*; V. *copy, print-run*; ③ versión, formato, forma en que sale una publicación como en *A paperback edition of a novel; an annotated edition of Shakespeare*; ④ emisión de un programa de noticias por radio o televisión como en *Thursday's edition of the six o'clock news*), **edition**[2] (CINE montaje [de una película]; es la labor, también llamada *cutting*, que hace el montador –*editor*– de una película; consiste en unir todos los planos de una película –*splice the shots of a motion picture*–; V. *edit a film, montage*), **editor**[1] (PRENSA director, director adjunto, redactor; en general el término inglés se refiere a la persona encargada de la preparación de la información para su publicación; como esta responsabilidad está compartida por diversas personas, sobre todo en los periódicos importantes, la traducción dependerá del contexto; de esta manera *The editor of "The Clarion"* será el director del mismo, mientras que *The European editor of "The Clarion"* será el director adjunto para asuntos europeos, y *The sports editor* será el redactor jefe de deportes), **editor**[2] (CINE montador; también llamado *cutter*, es el especialista encargado de unir todos los planos de una película –*splice the shots of a film*–, y de esta forma fijar la estructura narrativa de la misma de acuerdo con las instrucciones del director; V. *edition*[2], *continuity, splice, edit a film, editing*), **editor**[3] (GRÁFICA compilador), **editor-in-chief** (PRENSA/RADIO/TV redactor jefe de un periódico, de un programa de radio o de televisión), **editorial** (PRENSA/MEDIOS editorial; ① como sustantivo es el artículo que expresa la opinión del *editor* o director de la prensa escrita; por extensión, es el comentario en el que se expresa la opinión oficial de una cadena de radio o televisión; ② a veces se refiere al espacio no publicitario, esto es, lo que se llama *editorial matter* –contenido de texto de un periódico–, frente a *advertising matter* –contenido publicitario–; ③ como adjetivo, se aplica la acepción «editorial» a los todos significados relacionados con *edit* y *editor*; V. *leader, leading article*), **editorial assistant/director** (PRENSA/MEDIOS ayudante/director de redacción), **editorial department** (PRENSA redacción), **editorial page** (PRENSA página editorial; esta página, en la que suele ir el editorial o artículo de fondo, contiene en letras destacadas el nombre de la publicación o *masthead*, y en una casilla o en una columna, información sobre su dirección y teléfono, la frecuencia de publicación, los nombres del equipo directivo, el funcionamiento y la tirada –*circulation*–; V. *flag*), **editorialist** (PRENSA editorialista; V. *leader writer*)].

edu *n*: INTERNET terminación de dirección de Internet –*web address*–, que indica que se trata de una entidad educativa –*educational organization*–, normalmente una universidad de Estados Unidos; las direcciones de otros países suelen acabar en las siglas asignadas al país, como pueden ser *es* –España–, *uk* –Gran Bretaña–, *mx* –México–, etc.; V. *com, mil, edu, net, org, gov*.

effect *n*: IMAGEN/AUDIO efecto; es la técnica que sirve para crear una ilusión óptica, auditiva, etc.; V. *edge effect, special effects*. [Exp: **effects box** (IMAGEN/CINE caja de efectos; equivale a *matte box*), **effects light** (IMAGEN luz de efectos), **effects track** (AUDIO/CINE/TV banda de efectos sonoros; también llamada *sound*

effects track, es la banda sonora –*soundtrack*– en la que se han grabado los efectos sonoros –*sound effects*– que luego será mezclada con las bandas musicales y las de diálogos –*music and dialogue bands*–)].

effective *a*: GRAL eficaz, convincente, llamativo, conseguido, logrado; operativo, práctico, de valor, efectivo; real ◊ *An effective measure; He was more effective as a salesman than as a manager*; los adjetivos *effective* y *efficient* no significan lo mismo: *effective* se dice de la persona o cosa que logra los fines marcados, mientras que *efficient* se aplica a la persona o cosa que consigue los fines marcados utilizando menos medios o recursos, o de la que alcanza metas superiores con los mismos medios que los demás. [Exp: **effective capacity** (GRAL capacidad real), **effective date of termination** (GRAL fecha real de extinción de un contrato), **effective circulation** (EXTERIOR impacto efectivo; en publicidad exterior, es el número real –*effective number*– de personas que pasan por delante de un anuncio y tienen ocasión de verlo; se suele calcular que lo hacen la mitad de los transeúntes y conductores de coches particulares y la cuarta parte de los que van en transporte público), **effectiveness** (GRAL eficacia, efectividad ◊ *Estimate the effectiveness of an advertising campaign*; equivale a *efficacy*, aunque ésta es de registro algo más formal)].

effectual *a*: GRAL/MKTNG eficaz, útil ◊ *Base a marketing strategy on effectual demand.*

efficacy *n*: GRAL/MKTNG eficacia, poder, validez, eficiencia; el término es sinónimo de *effectiveness* aunque pertenece a un registro algo más formal; V. *efficiency*.

efficiency *n*: GRAL/MKTNG eficiencia, rendimiento, productividad; eficacia; buena marcha ◊ *She was given a bonus for her efficiency as head of* sales; V. *effectiveness*. [Exp: **efficient** (GRAL/MKTNG eficiente, eficaz, de gran rendimiento ◊ *The new photocopying machine is much more efficient*; V. *effective*)].

electric *a*: GRAL eléctrico. [Exp: **electric spectacular** (EXTERIOR anuncio eléctrico; es un anuncio o valla cuyo diseño, texto e ilustración, está formado por luces), **electrician** (GRAL electricista; eléctrico *col*; V. *gaffer, juicer*)].

electron *n*: IMAGEN electrón. [Exp: **electron beam** (IMAGEN haz de electrones [en el tubo de rayos catódicos]), **electron gun** (IMAGEN cañón electrónico de un televisor; produce un haz de electrones concentrado y constante), **electronic** (GRAL electrónico; aparece en múltiples expresiones como *electronic graphics* –grafismo electrónico–, *electronic publishing* –edición electrónica–, etc.; V. *animatronics*), **electronic animation** (GRAL/CINE animación informatizada, también llamada *computer animation*), **electronic clapper** (CINE claqueta electrónica; V. *clap slate, clapperboard*), **electronic enhancement** (AUDIO realce electrónico; se consigue mediante el uso de micrófonos para asegurar la dispersión uniforme del sonido en una sala), **electronic mail, e-mail** (GRAL correo electrónico; comunicar por correo electrónico ◊ *We e-mailed them a price list*; es un sistema para enviar mensajes entre ordenadores –computers– conectados a redes locales o globales –local or global networks–; V. *dot, snail mail*), **electronic notice board** (GRAL tablón de anuncios electrónico; se emplea en la publicidad estática; V. *arena advertising*), **electronic pen** (DISEÑO lápiz [virtual] electrónico; se emplea en diseño gráfico), **electronic press** (MEDIOS medios electrónicos, prensa electrónica; antes de la aparición de Internet, el tér-

mino se utilizaba para referirse a la radio y la televisión, mientras que en la actualidad se refiere a aquellos medios de comunicación en los que la información se distribuye mediante redes de ordenadores –computer networks–), **electronic slate** (CINE claqueta electrónica; también llamada *electronic clapper*; V. *clapperboard*)].

electroprinting *n*: GRÁFICA electroimpresión, impresión electrónica; se trata del proceso mediante el cual se graba en una película la banda sonora, incluidos los diálogos, sincronizando imágenes y sonido.

electrostatic microphone *n*: AUDIO micrófono electroestático; se llama micrófono de condensador –condenser microphone–; V. *cardioid microphone*.

electrotype *n*: TIPO electrotipo, electrotipia; galvanotipia; el electrotipo es una plancha de metal –metal plate– empleada en la impresión tipográfica –letterpress printing– que se sirve de procedimientos electroquímicos; la electrotipia es la aplicación de los electrotipos a la impresión tipográfica, o arte de reproducir los caracteres de imprenta por procedimientos electroquímicos.

element *n*: TV plano –shot– de un anuncio televisivo o *commercial*.

elevator shot *n*: CINE plano de grúa vertical.

elite *n*: TIPO elite, es el cuerpo de letra –typesize– estándar de máquina de escribir; caben 12 caracteres de *elite* en una pulgada; V. *pica, courier*[3].

ellipsis *n*: LING/SEMIÓ/GRAL/CINE elipsis; ① en lingüística es la omisión de algún elemento del discurso que se puede recuperar por el sentido; la omisión suele producir, en ocasiones, efectos sugestivos que pueden mover la hilaridad del receptor; en los anuncios publicitarios basados en la elipsis se forman juegos de palabras como en «Madrid empieza con *m* y termina con *t*», que tiene sentido si se interpreta como «La palabra Madrid empieza con *m* y la palabra termina empieza con *t*»; a veces se representa la omisión en el discurso escrito con puntos suspensivos entre paréntesis (...); ② en el cine son los períodos de tiempo que han sido omitidos de la narración; los recursos llamados *fade* –fundido–, *dissolve* –encadenado– y *wipe* –cortinilla– se emplean para introducir elipsis narrativas; ③ en sentido general es cualquier omisión deseada; V. *jump cut*. [Exp: **elliptical cutting** (CINE montaje elíptico; es un tipo de montaje rápido, y a veces desconcertante –*disconcerting*–, que omite muchos de los instrumentos de transición –*transitional devices*– que crean un flujo uniforme, como los fundidos –*fades*–, etc.; V. *cutting, editing*)].

ELS *n*: CINE/TV equivale a *extreme long shot*; se emplea esta sigla en los guiones cinematográficos –*scripts*–; V. *ECU*.

em *n*: TIPO «eme»; es la unidad de medida tipográfica equivalente al espacio ocupado por la letra *m* en un determinado cuerpo de letra –*type size*–; V. *en*.

embargo *n*: MEDIOS embargo informativo; son las instrucciones por parte de la fuente de la noticia, especialmente en notas de prensa –*press releases*–, de no utilizar antes ni después de un plazo determinado; V. *hold a story, put a holding order on*. [Exp: **embargoed material** (MEDIOS material embargado)].

embellish *v*: GRAL adornar. [Exp: **embellished painted bulletin** (EXTERIOR valla pintada con adornos, efectos de luces y/o animación también llamada *semi-spectacular*; V. *spectacular*), **embellishments** (GRAL/EXTERIOR adornos, aderezos, embellecimientos, rasgo ornamental; en vallas y en publicidad exterior son aditamentos sólidos que se pegan a los anuncios para darles una perspectiva tridimensional; V. *trimmings; letter*)].

embezzle *v*: GESTIÓN desfalcar, malversar, sustraer dinero, hurtar. [Exp: **embezzlement** (GESTIÓN desfalco, malversación de fondos; apropiación indebida; V. *misappropriation*), **embezzler** (GESTIÓN desfalcador, malversador)].

emblematic shot *n*: CINE plano emblemático ◊ *The film ends with the typical emblematic shot of the old couple walking hand in hand towards the sunset*; se trata de un plano en el que se resume, de forma emblemática o cuasisimbólica, el contenido narrativo –*narrative content*– de una película, sobre todo, en lo que afecta a su tratamiento de los aspectos de género –*genre*–, tiempo, lugar, acción y carácter del personaje; cuando se coloca al principio del film actúa como metonimia –*metonymy*– del mismo; cuando se coloca al final funciona de clausura narrativa –*narrative closure*–, esto es, como un resumen de todo lo que se ha visto.

emboss *v*: GRÁFICA gofrar; estampar/grabar en relieve ◊ *A book embossed with the stamp of a public library*; consiste en estampar en seco, sobre papel o en las cubiertas de un libro, motivos en relieve; cuando el estampado es en hueco en inglés se llama *blind embossing*; V. *diestamping*. [Exp: **embossed finish** (GRÁFICA acabado gofrado o en relieve; V. *antique finish, English finish*), **embossed stationery** (GRÁFICA artículos de escritorio con membrete en relieve ◊ *Use embossed stationery to create an impression*), **embossed wallpaper** (GRÁFICA papel pintado/papel de paredes estampado en relieve), **embossing** (GRÁFICA gofrado; estampado/golpe en seco, sobre papel o en las cubiertas de un libro, motivos en relieve; V. *relief; blind embossing; bed*)].

emission *n*: GRAL emisión; radiación. [Exp: **emission cut** (TV copia estándar; también llamada *fine cut*, es la copia de un anuncio publicitario lista para ser emitida por televisión; V. *answer/final print*)].

emotional appeal *n*: GRAL efecto emotivo; recurso dirigido a las emociones ◊ *Use children in advertising for emotional appeal*; V. *fear appeal*.

emulator *n*: AUDIO emulador, sintetizador polifónico de sonido; V. *synthesizer*.

emulsion *n*: IMAGEN/CINE emulsión; capa sensible a la luz –*photosensitive coating*– del material fotográfico o cinematográfico –*on photographic film, paper, filmstock*, etc.–; normalmente es una suspensión coloidal de bromuro de plata –*silver halide grains*– en gelatina –*in a thin gelatine layer*–. [Exp: **emulsion speed** (IMAGEN/CINE velocidad de emulsión; es el índice de sensibilidad de la cinta virgen –*filmstock*– de acuerdo con la escala de la American Standards Association, ASA; los índices más elevados corresponden a las velocidades más altas de sensibilidad a la luz; las películas de alta velocidad tienen un grano –*grain*– más áspero –*coarse*– que las de velocidad lenta; V. *definition, lens speed, speed*)].

en *n*: TIPO «ene»; es la unidad de medida tipográfica equivalente al espacio ocupado por la letra *n* en un determinado cuerpo de letra –*type size*–; V. *em*.

encode *v*: GRAL codificar; V. *decode*. [Exp: **encoder** (TV codificador; V. *decoder; unscramble; encryption, encrypt*)].

encrypt *v*: TV/GRAL cifrar, codificar, encriptar; V. *scramble, encode*. [Exp: **encryption** (TV/GRAL cifrado, encriptación, codificación; es el proceso de codificación electrónica de la señal, haciendo ilegibles los datos –*making data unreadable*– excepto para el receptor, limitando de esta forma el acceso a ella sólo a los que tengan un descodificador)].

end *n/v*: GRAL fin, meta, objetivo; extremo, cabo; terminar, finalizar. [Exp: **end-user** (MKTNG usuario final, consumidor; V.

ultimate consumer), **end rate** (MEDIOS tarifa efectiva, tarifa final, el precio más bajo [de un programa o espacio publicitario]; resulta después de aplicar todos los descuentos; V. *earned rate*), **end titles** (CINE títulos o créditos al final de una película), **/ends** (TIPO fin del texto; indicación en la esquina inferior derecha –*bottom right-hand corner*– de la página para señalar que el texto acaba allí; V. */mf, /more*)].

endorse *v*: MKTNG/GRAL apoyar, respaldar, aprobar, alabar, promover, ensalzar ◊ *Endorse the qualities of a product*. [Exp: **endorsement** (MKTNG respaldo, aprobación; promoción, testimonial; alabanza, ensalzamiento), **endorsement campaign** (MKTNG campaña testimonial o de apoyo; V. *promotion/sponsoring campaign*)].

engagement book *n*: GRAL agenda de trabajo; V. *book, diary, agenda*.

engineer *n*: GRAL ingeniero; V. *sound engineer, gaffoon*.

English finish *n*: GRÁFICA acabado mate; se suele emplear papel con este acabado para la confección de libros de campaña testimonial; V. *antique finish, embossed finish*.

engrave *v*: GRÁFICA grabar; consiste en labrar en hueco o en relieve –*embossed/raised*– un letrero, una figura o cualquier representación; V. *carve, cut, etch; impress; photoengrave*. [Exp: **engraved block** (GRÁFICA, grabado; V. *block*[3]), **engraver** (GRÁFICA grabador, fotograbador), **engraving** (GRÁFICA grabado; tiene tres acepciones: ① el proceso, arte o técnica del grabado; ② la plancha en la que se realiza, y ③ el producto propiamente dicho; V. *photoengraving*)].

engross[1] *v*: GRAL acaparar, absorber ◊ *A news item that engrossed readers' attention*; V. *corner*. [Exp: **engross**[2] (GRÁFICA/TIPO escribir con caracteres grandes y con muchos rasgos decorativos; la expresión deriva del francés *en gros* –en grande, con letras grandes– y, dado que era éste el estilo preferido por los pasantes para su labor de copistas de documentos legales, la palabra llegó a significar también «copiar un documento»), **engrossing**[1] (GRAL apasionante, de sumo interés, dominante, arrollador, que acapara toda la atención, interesantísimo ◊ *An engrossing film about Spain*; V. *absorbing*), **engrossing**[2] (GRÁFICA/TIPO caligrafía decorativa; V. *handwriting*)].

enhance *v*: GRAL realzar, mejorar, aumentar, incrementar ◊ *Enhance performance/capacity/quality*. [Exp: **enhanced image** (IMAGEN imagen mejorada o de mayor nitidez), **enhanced keyboard** (GRAL teclado expandido), **enhancement** (GRAL realce, incremento, aumento, intensificación; V. *electronic enhancement, audio/image enhancement*), **enhancement of capacity** (GRAL ampliación de la capacidad), **enhancer** (AUDIO generador de armónicos; V. *exciter*)].

enlarge *v*: IMAGEN/GRAL ampliar; V. *blow-up*. [Exp: **enlargement** (IMAGEN/GRAL ampliación ◊ *Publish an enlargement of a photograph*), **enlarger** (IMAGEN ampliadora; es un instrumento que amplía imágenes)].

ensemble *n*: ESPEC conjunto, grupo; equivale a *group* y a *band*, aunque sólo se usa para música clásica o jazz; V. *string ensemble, choral ensemble*.

entertainment[1] *n*: GRAL diversión, placer, entretenimiento. [Exp: **entertainment**[2] (CINE/TV/ESPEC espectáculo ◊ *Work in the entertainment business*; V. *show, performance*), **entertainment**[3] (GRAL agasajo, atención ◊ *Keep a budget for entertainment*; V. *hospitality, treat*), **entertainment**[4] (ESPEC atracción de una feria o parque de atracciones ◊ *Open a new entertainment*), **entertainment allowances/expenses** (GESTIÓN gastos de representación; V. *travel and entertainment allowance*), **entertainment figure** (CINE/TV/ESPEC figura del mundo del espectáculo; V. *performer*), **entertainment guide** (CINE/ESPEC cartelera de espectáculos, agenda cultural; V. *publicity board*)].

entrance *n*: GRAL entrada; V. *exit, access*. [Exp: **entry**[1] (GRAL/CINE entrada; V. *time*[2], *access*), **entry**[2] (GESTIÓN asiento contable, apunte o anotación contable, partida, registro, inscripción; palabra, vocablo o artículo de un diccionario ◊ *Check entries in the accounts*; V. *time*[2], *access; adjusting entry, debit entry, credit entry*)].

enunciation, enounced *n*: SEMIÓ/LING/CINE enunciación; enunciado; el término *enunciation* es la traducción del francés *énonciation*, esto es, el acto de enunciar o emitir –*utter*– un mensaje.

envelope *n*: GRAL sobre; V. *return envelope*. [Exp: **envelope stuffer** (GRAL publicidad en la correspondencia; son hojas publicitarias que se incluyen en la correspondencia comercial, al enviar facturas, etc.)].

environment *n*: GRAL/MKTNG entorno, ambiente, medio, contexto; medio ambiente ◊ *Compete in a new media environment*; V. *green*. [Exp: **environmentalist advertising** (PUBL publicidad ecologista; V. *greenwashing, eco-advertising*)].

epic, epic film *n*: CINE película épica; ◊ *Ben Hur is a typical cinema epic*; se utiliza en sentido muy amplio, para designar las producciones de alto presupuesto –*costly productions*– de temas antiguos –*set in the ancient world*–; V. *chopsocky, disaster film, sword and sandal film, sword and sorcery film, science fiction film, musical, science fiction*.

episode *n*: CINE episodio; un episodio es un incidente –*incident*– o suceso –*event*–

que forma parte de una secuencia –sequence– dentro del desarrollo del relato –narrative progression–; V. syntax, scene. [Exp: **episodic** (CINE episódico)].

equalization, EQ n: AUDIO ecualización; consiste en ajustar las frecuencias de reproducción de un sonido. [Exp: **equalizer** (AUDIO ecualizador [de sonido]; es un aparato o dispositivo, normalmente integrado en los equipos de audio de alta fidelidad, cuyo fin es compensar las posibles distorsiones de frecuencia de dichos equipos)].

Equity n: CINE sindicato británico de actores; en Gran Bretaña, todo actor ha de estar afiliado a este sindicato, cuyo nombre completo es el British Actors Equity Association o BAEA.

error n: GRAL error, equivocación. [Exp: **errors and omissions, e and o** (CINE errores y omisiones; es un tipo de seguro –insurance– que protege a las productoras –production companies– contra acusaciones de plagio –plagiarism–, difamación –defamation–, etc.), **errors and omissions excepted, e & o. e.** (GESTIÓN salvo error u omisión, s.e.u.o.)].

escalator cards/panels n: EXTERIOR anuncios en las paredes a ambos lados de una escalera automática del metro, etc.; V. showcard, panel.

escape n/v: fuga, huida; escaparse, fugarse. [Exp: **escape film** (CINE película de fugas; suelen estar localizadas en una cárcel o campo de prisioneros –POW camp–; V. chopsocky, disaster film, epic film, sword and sandal film, sword and sorcery film, science fiction film), **escapism** (CINE evasión, escapismo; V. daydreaming), **escapist** (CINE escapista), **escapist entertainment** (CINE espectáculos de evasión ◊ The picture had the weak plot typical of escapist entertainment)].

essay n: GRAL ensayo; V. exposition^2.

essential area n: GRÁFICA área utilizable [de una página]; también llamada safe action area, critical area, usable area y safety^2, es el espacio de la página destinado al texto e ilustraciones; V. print area.

establish v: GRAL/CINE situar, establecer; consiste en presentar –introduce– y dejar claro a los espectadores –make plain to the audience– la identidad y naturaleza de un personaje, emplazamiento, etcétera. [Exp: **establishing shot** (CINE plano de establecimiento, plano de situación; es un plano general –long shot– que orienta al espectador –viewer– mostrándole la posición o emplazamiento –location– de la escena que sigue)].

estimate n/v: GESTIÓN estimación, presupuesto; cálculo estimativo, previsión, apreciación; estimar, evaluar, tasar, computar, calcular, presupuestar, hacer un presupuesto.

etch v: GRÁFICA morder, grabar con aguafuerte o por electrólisis; V. depress, rotogravure. [Exp: **etching** (GRÁFICA grabado, [mordido con] aguafuerte; se refiere tanto al proceso como al producto; V. zinc etching)].

ethnic music n: AUDIO música étnica; suele aplicarse a aquella basada en ritmos africanos; si es música popular occidental se habla de folk music –música popular, música folk–; V. blues, country, dance music, disco music, folk music, ethnic music, grunge, hard rock, house music, jazz, pop, punk rock, rap, reggae, rock and roll, rockabilly, symphonic rock, techno.

euphemism n: MEDIOS/LING eufemismo; la expresión f-word se emplea como eufemismo de fuck; V. blue.

European Advertising Agencies Association, EAAA n: MKTNG Asociación Europea de Agencias de Publicidad; V. AAAA.

evaluation *n*: MKTNG evaluación; V. *atomistic/holistic evaluation.*

evanesce *v*: GRÁFICA desvanecer, desaparecer gradualmente; difuminarse; evaporarse; V. *diffuse*[2]. [Exp: **evanescence** (GRÁFICA desvanecimiento, esfumación, difumino ◊ *The gradual evanescence of a face that purges with the background*; V. *diffuser*)].

evening *n*: TV/RADIO franja horaria o segmento de programación comprendido entre las 7 de la tarde y medianoche; V. *daytime, morning drive, afternoon drive, overnight.*

evidence *n*: GRAL pruebas; V. *supporting evidence; advertising strategy.*

excessive lead time *n*: MKTNG demora excesiva; excesivo plazo de gestación; V. *lead time.*

exciter *n*: AUDIO generador de armónicos; V. *enhancer.*

exclusive *n*: MEDIOS exclusiva; al igual que en castellano, puede utilizarse como adjetivo, como en *An exclusive story from our Hollywood correspondent*, o como nombre, sinónimo de *scoop*; V. *breaking news, scoop.*

executive *n/a*: GESTIÓN ejecutivo, directivo; V. *creative.* [Exp: **executive creative director** (GESTIÓN director creativo ejecutivo; es el máximo responsable de la creatividad de una agencia; forma con el redactor –*copywriter*–, el director de arte –*art director*– y el director creativo o *producer* el equipo de profesionales de la creatividad publicitaria; V. *creative*), **executive in charge of postproduction** (CINE encargado de posproducción), **executive in charge of production** (CINE productor ejecutivo; V. *executive producer*), **executive producer** (CINE productor ejecutivo; también llamado *executive in charge of production*, suele ser el financiero o el representante de los que financian la producción de una pelí-

cula y no participa –*is not involved*– en cuestiones técnicas de la filmación –*the filmmaking process*–, pero no deja de ser responsable de la producción en general; suele encargarse de cuestiones comerciales y jurídicas –*business and legal issues*–; tiene a sus órdenes al director de producción –*production manager*– y al secretario de producción –*unit manager*–; V. *associate producer, line producer*)].

exhibit *n/v*: MKTNG muestra; artículo u objeto expuesto en una feria o exposición; exhibir, mostrar ◊ *Arrange the exhibits in a stand at a trade fair*; V. *display, air, lay out.* [Exp: **exhibition**[1] (GRAL exposición, muestra ◊ *Show major paintings at an art exhibition*), **exhibition**[2] (CINE exhibición, consiste en la proyección –*screening*– con fines comerciales –*for profit*– de una película ante unos espectadores), **exhibition stand** (MKTNG expositor, soporte para la exposición de publicidad o de productos para la venta ◊ *The commercial traveller provided the shopkeeper with a display stand to exhibit the product*; V. *exhibition stand, news stand*), **exhibitor**[1] (PUBL expositor; persona o empresa que expone en una feria; V. *fair*), **exhibitor**[2] (CINE exhibidor; en el cine es jurídicamente el dueño o responsable de una sala de exhibición, un teatro, un cine, etc.)].

expanded/extended type *n*: TIPO tipo expandido; la anchura de estas letras es superior a su altura; V. *condensed type.*

expensive *a*: MKTNG caro; V. *cheap, budget, poundstretcher.*

experimental film *n*: CINE película experimental; V. *arty, avantgarde.*

expert *a/n*: especialista, experto, perito, entendido, técnico; pericial. [Exp: **expertise** GRAL pericia, competencia, conocimientos especializados; V. *know-how*)].

expiry date *n*: MKTNG caducidad, fecha de

caducidad [de un producto]; V. *best before, sell-by date.*

explosion wipe *n*: CINE/TV cortinilla en forma de explosión; es un barrido rápido del centro hacia afuera; V. *fan wipe, fade-out, dissolve, iris-out.*

export drive *n*: MKTNG campaña publicitaria de fomento de la exportación.

expose[1] *v*: MEDIOS dar a conocer, comunicar ◊ *Be exposed to the limelight*; V. *exhibit, reveal.* [Exp: **expose**[2] (IMAGEN/CINE velar [una foto] ◊ *Expose a film*; V. *fog, exposure*[2], *overexpose, underexpose*), **exposed film** (CINE [película] impresionada o velada; el significado depende del contexto; V. *raw film*)].

exposé[1] *n*: MEDIOS enumeración/exposición de detalles, hechos o datos ◊ *An exposé of the main particulars.* [Exp: **exposé**[2] (MEDIOS artículo-denuncia, programa-denuncia ◊ *A major exposé of the government's intelligence operations*; se trata de un artículo de prensa o un programa radiofónico o televisivo centrado en la denuncia de la actuación de algún personaje público o en la revelación de datos escandalosos de su vida íntima; V. *gutter press, scandal, scoop*),

exposition[1] *n*: MKTNG exposición; equivale a *public exhibition.* [Exp: **exposition**[2] (LING/CINE exposición, presentación, discurso expositivo; es la modalidad discursiva, empleada en el ensayo, la conferencia, el sermón, los folletos de instrucciones, las primeras imágenes de una película, etc., para la presentación o introducción de datos, hechos o argumentos; V. *description, narration, persuasion, dialogue, essay*)].

exposure[1] *n*: IMAGEN exposición; V. *double exposure, multiple exposure.* [Exp: **exposure**[2] (PUBL/TV publicidad, contacto con el público, aparición en público, frecuencia de aparición en público; atención pública; V. *depth of exposure, weight*),

exposure[3] (GRAL contacto con un anuncio o con un medio o con algún producto de los medios de comunicación; público total o receptores efectivos de un anuncio; V. *opportunities to see*), **exposure counter** (IMAGEN contador de disparos efectuados en una cámara fotográfica), **exposure index** (IMAGEN índice de exposición; se mide en ASA; V. *sensitivity*), **exposure latitude** (IMAGEN latitud de exposición; también llamada sencillamente *latitude*, es la gama –*range*– de luz dentro de la cual se puede exponer una película; V. *ASA; develop*), **exposure meter** (IMAGEN fotómetro; exposímetro; es un instrumento que mide la intensidad de la luz para el cálculo del tiempo de exposición; también se llama *photometer* o *light meter*)].

expressionism *n*: ARTE/CINE expresionismo; es el movimiento estético surgido a principios del siglo XX, sobre todo en Alemania; como reacción contra el impresionismo, propugnaba –*advocated*– el uso libre de medios técnicos –*liberal use of technical devices*– llegando incluso a la distorsión artística –*artistic distortion*– con el fin de evocar la expresión subjetiva –*subjective expression*– de la experiencia interior del artista –*the artist's inner experience*–, ya que el arte del medio creativo –*the art of the medium*– es el que realmente transporta el significado de la película –*carries the meaning of the film*–; V. *abstraction, cubism, dadaism, figurative, formalism, impressionism, naturalism, realism, representation, surrealism, symbolism.*

extemporize *v*: GRAL/AUDIO improvisar; V. *ad lib, improvise, wing* col.

extend *v*: GRAL extender. [Exp: **extended type** (TIPO V. *expanded type*), **extender** (AUDIO/GRAL alargadera; V. *line extender*)].

exterior, EXT *n*: CINE exterior; V. *interior.*

external *a*: GRAL externo; V. *internal*. [Exp: **external reverse** (CINE contraplano externo; es la imagen de dos o más personajes que dialogan, estando uno de frente y otros de espalda; luego, alternan, esto es, los que están de frente aparecen de espaldas y a la inversa; entre estos cambios puede haber un contraplano interno *–internal reverse–*, a saber, un primer plano de uno de los personajes; V. *three-camera reverse*), **external rhythm** (CINE ritmo externo; es el ritmo general de la película; V. *internal rhythm*)].

extra *n*: CINE extra; figurante, comparsa; actor/actriz que tiene un papel secundario *–minor part–* como puede ser formar parte de una multitud de espectadores *–a crowd of spectators–*; V. *crowd, supporting cast*. [Exp: **extra charge/cost** (MKTNG recargo; V. *surcharge, mark-on, additonal charge/cost, overcharge*), **extras casting** (CINE encargado de figuración; se encarga de seleccionar los figurantes o «extras»; V. *casting director*)].

extreme *n*: CINE primerísimo plano; V. *detail shot*. [Exp: **extreme close-up** (CINE gran primer plano; primerísimo plano; V. *detail shot*), **extreme long shot, ELS** (CINE plano larguísimo; también llamado *distance shot*, es la toma a gran distancia o en lejanía; es una vista panorámica de un emplazamiento exterior *–exterior location–* tomada a gran distancia; V. *long shot*)].

eye *n*: IMAGEN ojo o abertura [de una cámara]; equivale a *aperture*; es la abertura variable del obturador *–shutter–* cuya función es limitar la cantidad de luz que pase por el objetivo *–lens–*. [Exp: **eye-catching** (MKTNG llamativo, vistoso; que llama la atención ◊ *That film owes its success to a succession of eye-catching interiors*), **eyeline** (CINE línea de visión; dirección de la mirada de un intérprete), **eye-line matching** (CINE enfoque alterno sujeto-objeto; técnica cinematográfica que consiste en presentar planos alternos, el primero de un personaje que mira hacia un punto fuera del alcance de la cámara, mientras el segundo enfoca el objeto supuestamente contemplado; se diferencia del plano de cámara subjetiva o «punto de vista» *–point of view–* en que éste respeta escrupulosamente la perspectiva y aquél no), **eyeliner** (GRAL perfilador o lápiz de ojos; V. *make-up*)].

F

F *n*: AUDIO es la nota musical *fa* en la escala inglesa, en la que la *C* corresponde a «do»; V. *bass, treble, flat, sharp, natural.* [Exp: **F-number, F-stop** (IMAGEN número-f; el término alude al grado de abertura del diafragma –*lens aperture*–; cuanto mayor es el número-f tanto menor es el grado de abertura del diafragma; V. *T-number, iris, open up*), **f-word** (MEDIOS palabrota, expresión grosera, taco; se trata del eufemismo –*euphemism*– que describe el taco *fuck* ◊ *There have been new attempts to ban the f-word*; V. *blue*)].

face[1] *n*: GRAL cara [de una persona, una moneda, hoja, etc.], fachada [de un edificio], anverso, superficie de una valla –*hoarding*– u otro soporte en el que se fija el anuncio; V. *back, single, face.* [Exp: **face**[2] (GRAL enfrentarse con, arrostrar; estar de cara a; estar en frente de ◊ *The window faces the street*), **face**[3] (EXTERIOR mirar hacia, estar orientado a, dar a ◊ *A north facing hoarding visible to southbound traffic*; V. *facing; single face*), **face**[4] (TIPO tipo; equivale a *typeface*; V. *boldface*), **face shot** (CINE plano de cara), **face-to-face** (GRAL cara a cara, *vis-à-vis*), **facing** (EXTERIOR orientación de una valla –*advertising poster*– respecto del flujo de tráfico; V. *had-on location,* *face*[3]), **facing advertising** (PUBL/PRENSA frente a anuncio; enfrentado-a; se dice de la inserción publicitaria –*ad placement*– en una página que está frente a otra que también contiene anuncios), **facing text matter** (PUBL/PRENSA frente a texto; se dice de la inserción publicitaria –*ad placement*– en una página que está frente a otra que contiene texto; V. *against text; op-ed; position*)].

facilities *n*: GRAL instalaciones, equipo; dotaciones y medios; bienes; prestaciones, servicio-s, recursos.

facsimile, facsimile broadcasting, fax *n/v*: GRÁFICA/GRAL/MEDIOS facsímil; enviar por fax ◊ *Fax us your answer as soon as possible*; como en español, tiene dos significados en inglés: ① la perfecta reproducción o copia –*exact copy or reproduction*– de un documento; ② método de transmisión de escritos, ilustraciones, etc., por medios electrónicos, también llamado *fax*; el término *facsimile broadcasting* se refiere al medio de transmisión.

fact *n*: GRAL hecho. [Exp: **fact sheet** (CINE hoja de rodaje, también llamado *timing sheet* y *rundown sheet*)].

factor[1] *n*: GRAL factor, elemento básico, recurso fundamental. [Exp: **factor**[2] (MKTNG factor; agente mercantil; agente comisionado; comisionista; apoderado; el *factor* se diferencia del *agent* en que el primero guarda en depósito las mercancías que vende como intermediario), **factor analysis** (MKTNG análisis factorial; sirve para revelar los factores subyacentes en la asociación entre variables; V. *variable*)].

factory *n*: GRAL fábrica, factoría, planta industrial. [Exp: **factory price** (GESTIÓN/MKTNG precio de fábrica)].

fad *col n*: GRAL manía, capricho, moda pasajera ◊ *The fad for electronic gadgets*; V. *fashion, hot*. [Exp: **fad item** *col* (GRAL/MKTNG caprichón *col*, artículo o producto de moda o de corta vida ◊ *Big stores place fad items on the ground flour where people will see them*)].

fade[1] *n/v*: CINE/TV/AUDIO fundido, encadenado [de imágenes o de sonidos]; fundir imágenes o tomas; ① es la transición paulatina de un plano –*shot*– a otro durante su proyección en la pantalla, normalmente para indicar un cambio de lugar o tiempo; puede ser de dos clases: *fade-out* –fundido cerrado, de salida o cierre– y *fade-in* –fundido abierto, de entrada/apertura–; el *fade-out*, que se emplea como recurso para cerrar una escena, consiste en el progresivo oscurecimiento de la imagen hasta llegar a negro; el *fade-in*, que se utiliza para abrir una escena, consiste en la aparición progresiva de una imagen partiendo de negro; desde la llegada del color se pueden emplear colores distintos al negro; ② en sonido, el cierre y apertura consisten en la respectiva caída o subida del volumen o nivel sonoro; ③ en televisión también se aplica a la pérdida, y posterior recuperación, de la imagen o sonido en la pantalla; ④ también se aplica a la iluminación del plató –*set illumination*–; V. *live fade; cross fade; dissolve, focus out, ellipsis, slow fade, optical printer,*

merge; focus in/out; blurred. [Exp: **fade**[2] (GRÁFICA/IMAGEN desteñirse, apagarse, atenuarse, perder color; V. *faded; discolouration, wash out*), **fade**[3] (MKTNG debilitarse, perder intensidad, decaer, perder fuelle, perder terreno ◊ *Our competitors are fading*), **fade in** (AUDIO/IMAGEN fundido de entrada o de incremento gradual del sonido o de la imagen desde cero o desde negro), **fade down** (AUDIO/IMAGEN atenuar o reducir el volumen de un sonido –*sound level*–; fundido de bajada o de salida; equivale a *tone down*; V. *board/production fade*), **fade to black** (CINE/TV desvanecimiento gradual de una imagen hasta llegar a desaparecer), **faded** (IMAGEN lavado, apagado, desteñido; sin brillo o contraste; V. *discolouration*), **fader** (CINE/TV/AUDIO potenciómetro, atenuador o controlador del sonido, la imagen o la iluminación; V. *attenuator, pan, pot, dimmer*), **fading** (CINE/TV/AUDIO desvanecimiento, pérdida de calidad de la imagen o el sonido; disminución en el volumen sonoro ◊ *Short wave transmission is especially subject to fading*), **fading area** (CINE/TV/AUDIO zona de fallos en la recepción de imágenes y de sonidos)].

fair[1] *a*: GRAL justo, leal, equitativo, razonable, imparcial; bueno. [Exp: **fair**[2] (MKTNG feria, salón, exposición; se emplea en expresiones como *fairground* –recinto ferial–, *furniture fair* –feria del mueble–, *leather goods fair* –feria de marroquinería–, *toys fair* –feria del juguete–, *samples fair* –feria de muestras–, *trade fair/show* –feria de muestras, feria comercial–, *world fair* –feria mundial–, etc.; V. *exhibitor, show*), **fair and feasible** (GRAL justo y factible), **fair and just** (GRAL justo y equitativo), **fair and square** (GRAL en buena ley; con las de la ley), **fair competition** (GRAL competencia leal o justa), **fair deal** (GRAL trato justo, juego limpio; se aplica, sobre todo, al acuerdo de no vender por debajo del precio pactado), **fair play** (GRAL proceder leal, juego limpio), **fair price** (GRAL justiprecio, precio justo), **fair quality** (GRAL calidad buena o contrastada), **fair trade** (GRAL comercio libre y leal), **fair copy** (GRÁFICA versión/copia/ejemplar/texto en limpio; V. *rough draft*)].

fairy money *col n*: MKTNG vales-descuento, descuento, descuento mediante cupón ◊ *Give customers fairy money in a soap powder promotion.*

fake[1] *a/n*: GRAL falso, simulado; imitación, falsificación, impostura ◊ *The labels on the product turned out to be fakes.* [Exp: **fake**[2] (MEDIOS falsificar, falsear, imitar ◊ *The double who stood in for the actress actually faked her voice*; V. *manipulate*), **fake process** (IMAGEN/GRÁFICA reproducción a color de una ilustración o foto en blanco y negro con fotolitos –*separations*– hechos a mano)].

fall *n/v*: GRAL/MKTNG caída, baja, descenso, bajada; caer, bajar, descender; V. *boom, rise; collapse.* [Exp: **fall in popularity** (MKTNG caída; caer en los índices –*ratings*– de popularidad ◊ *Take a product off the market after a steep fall in popularity*), **fallback stock** (MKTNG existencias de seguridad; nivel mínimo de existencias ◊ *Make sure there is always a good supply of fallback stock*; V. *safety stock*)].

false advertising *n*: MKTNG/GRAL publicidad engañosa ◊ *Accuse a competitor of false and misleading advertising*; V. *corrective advertising.*

fame *n*: GRAL fama; V. *celebrity.* [Exp: **famous name** (TV/CINE famoso; V. *hound; celebrity*)].

family *n*: TIPO familia de tipos; equivale a *type family.* [Exp: **family brand** (MKTNG marca blanca, marca de la casa; también se llama *umbrella brand, blanket family brand* y *own/private label*)].

fan *n*: ESPEC entusiasta, aficionado ◊ *The film star was surrounded by scores of fans demanding autographs*; en este caso es una forma abreviada de *fan[atic].* [Exp: **fan wipe** (CINE/TV cortinilla/barrido en forma de arco; es uno de los recursos de transición progresiva –*gradual transition*– utilizados para indicar, en una película, cambio de tiempo, lugar o tema por medio de un efecto óptico; V. *fan wipe, explosion wipe, fade-out, dissolve, iris-out*)].

fancy *a/n/v*: GRAL/MKTNG fantástico; exorbitante; de lujo, de campanillas, chic; fantasía, capricho, objeto de deseo; apetecerle a uno; considerar bueno, dar la preferencia a. [Exp: **fancy goods** (MKTNG artículos de lujo, artículos de regalo), **fancy prices** *col* (MKTNG precios desorbitados/exorbitantes)].

fanfare *n*: AUDIO toque de corneta/trompeta, fanfarria; se trata de una señal musical que consiste normalmente en una serie fuerte y briosa de notas tocadas por la trompeta, corneta u otro instrumento similar, para anunciar el momento culmen de una ceremonia o la llegada a un acto público de carácter festivo de los personajes principales ◊ *The announcement of the name of the Oscar winner was preceded by a loud fanfare on the trumpet.* [Exp: **fanfare, with a great** (AUDIO a bombo y platillo; V. *hype*)].

fanfold paper *n*: GRÁFICA papel continuo; V. *paper, continuous listing paper.*

fantasy commercial *n*: TV anuncio publicitario basado en personajes de fantasía.

farce *n*: CINE/TV farsa; es una comedia de ritmo acelerado –*fast-moving comedy*–, que contiene humor visual –*physical humour*–, y a menudo una trama –*plot*– y emplazamiento –*location*– muy restringidos; V. *comedy.*

farm out *v*: CINE/TV/GRAL subcontratar,

ceder, prestar [a un empleado bajo contrato] ◊ *They farm out all their artwork.*

fashion[1] *n*: GRAL/MKTNG moda; se encuentra en expresiones como *fashion parade/show* –desfile de modelos–, *high fashion* –alta costura–, *fashion leader* –primero/abanderado de la moda, número uno de la moda–, *fashion magazine* –revista de modas–, etc.; V. *hot, fad, trend, high fashion; top model.* [Exp: **fashion**[2] (GRAL crear, elaborar, hacer, idear ◊ *Fashion a new management structure*), **fashion, be all the** (GRAL estar de última moda, ser el no va más), **fashion, be out of** (GRAL haber pasado de moda), **fashion designer** (GRAL modista, diseñador de modas), **fashion house** (GRAL casa de modas), **fashion magazine** (GRÁFICA revistas de modas), **fashion parade/show** (GRAL/MKTNG pase/desfile de modelos; V. *high fashion*), **fashionable** (GRAL de moda, elegante, de buen tono, de postín, que se lleva, actual, «in»; V. *sound*)].

fast *a*: CINE/GRAL rápido; en el cine se emplea con el sentido de ① *fast film* o película sensible; ② *fast lens* u obturador rápido; y ③ como acrónimo formado por las palabras *focus, aperture* –apertura–, *shutter* –obturador–, *tachometer* –tacómetro–, que son elementos que se deben comprobar antes de iniciar el rodaje –*filming*–. [Exp: **fast dissolve** (CINE encadenado rápido; V. *soft cut*), **fast film** (CINE película sensible, esto es, *a film with a high emulsion speed*; V. *fast*), **fast lens** (CINE obturador rápido, esto es, lente de la máxima apertura; V. *fast*), **fast motion** (CINE en cámara rápida, a velocidad acelerada, también llamada *accelerated motion*; la película se rueda a menos de 24 encuadres –*frames*– por segundo, de modo que cuando se proyecta a velocidad normal, las acciones son más rápidas; suele emplearse para efectos cómi-

cos; V. *cartoon, slow motion, undercrank*), **fast-moving/selling consumer goods** (MKTNG productos de venta rápida o de fácil salida), **fast-paced** (CINE de ritmo rápido ◊ *James Bond films are fast-paced action stories*; V. *action*)].

favoring shot *n*: CINE plano privilegiado, favorecido o destacado [de un protagonista sobre los demás].

fax *n/v*: GRAL fax; enviar por fax; V. *facsimile.*

FCC *n*: MEDIOS/DER Comisión Federal de Comunicaciones; V. *Federal Communications Commission.*

fear appeal *n*: MKTNG/GRAL recurso al miedo ◊ *Adverts warning of the damaging personal or social effects of body odour, hair loss or heart attacks are based on the so-called 'fear appeal'*; se aplica esta expresión al contenido psicológico negativo de los anuncios que se dirigen a la sensación de vulnerabilidad del espectador ante situaciones potencialmente desagradables en su vida personal o social, como por ejemplo, que «le abandone su desodorante», etc.; se supone que tales eventualidades se evitarán comprando el producto anunciado.

feature[1] *n*: GRAL rasgo, característica, detalle; característica estelar; en plural significa «facciones» ◊ *Her eyes are her best feature.* [Exp: **feature**[2] (MKTNG artículo [en campaña] de promoción; es un artículo que forma parte de una gran campaña publicitaria y promoción general ◊ *A two-page feature on a new range of products*; V. *plug, puff, splash*), **feature**[3] (CINE largometraje, también llamado *feature film*; película principal o *major feature film* de un programa doble –*double bill*–; V. *A-movie, telefeature, featurette*), **feature**[4] (PRENSA artículo de fondo de una revista, columna periodística, tira cómica, etc., también llamado *feature article/story*), **feature**[5] (PRENSA publicar

un artículo sobre alguien ◊ *The Dean of the Faculty was featured in the local press*), **feature**[6] (CINE aparecer, actuar; V. *featuring*), **feature**[7] (GRAL resaltar, dar relieve a, figurar ◊ *The Pope's visit to Africa was featured on the news*; V. *display, publicize, make a feature of*), **feature an article on sb/sth** (MEDIOS/ PRENSA publicar/traer un artículo sobre algo o alguien ◊ *Most women's magazines feature articles/editorials on cooking, child rearing, housekeeping and other home-related subjects*), **feature article/ story** (PRENSA/MEDIOS artículo de fondo o especializado, también llamado *feature*[4] ◊ *A feature article on the introduction of the euro*; V. *feature an article; feature writer, column*), **feature film** (CINE largometraje, también llamado *feature*[3]; V. *A-movie, featurette*), **feature/soft lead** (PRENSA entradilla blanda; V. *hard lead*), **feature-length** (CINE largometraje), **feature writer** (PRENSA articulista; V. *columnist, contributor, feature article*), **featurette** (CINE cortometraje; película de 20 a 30 minutos; también se llama *short*), **featuring** (CINE con la actuación de; V. *starring, feature*[5])].
federal *a*: GRAL federal. [**Federal Communications Commission, FCC** *US* (MEDIOS/DER Comisión Federal para las Comunicaciones; es el organismo independiente encargado por orden del gobierno federal de los EE.UU. de la supervisión y control de los medios de comunicación; tiene competencias administrativas y cuasijudiciales), **Federal Trade Commission, FTC** *US* (MEDIOS/ DER Comisión Federal del Comercio; en lo que afecta a los medios de comunicación entiende de la publicidad falsa y de la protección de los derechos de los consumidores; tiene competencias administrativas y cuasijudiciales)].
fee *n*: GRAL derecho; impuestos, honorarios,

cuota, emolumento; retribución; comisión; tasa, matrícula; se suele usar en plural, como en *agreed fees* –honorarios pactados–; V. *service charge, freelance; commission.*
feed[1] *v*: GRAL alimentar, nutrir; suministrar, proporcionar ◊ *Feed data into a computer*; en sentido coloquial equivale a dar, dar con queso *col*, «meter, colar» *col*, suministrar, como en *Who fed you that story?*; V. *sheet-fed printer*. [Exp: **feed**[2] (RADIO/TV [re]transmitir, dar el pase a; alude a la acción de retransmitir, suministrar o enviar un programa desde los estudios centrales a los periféricos para que éstos lo emitan; señal ◊ *Feed a network programme to local radio stations*; V. *supply, transmit, feed point, network feed*), **feed**[3] *US* (TV/RADIO material de programación), **feed line** (CINE frases para dar el pie; en el rodaje –*shooting*–, son frases dichas fuera de la cámara, como pie –*cue*– para los actores), **feed point** (TV/RADIO emisora central; centro radiotelevisivo desde donde se envían los programas a a las emisoras de la cadena; V. *cartridge, take-up spool*), **feed spool** (CINE bobina de alimentación; V. *cartridge, take-up spool*), **feedback** (SEMIÓ/ MKTNG retroalimentación; es el regreso de parte de la señal de salida a su fuente de salida; en la comunicación humana el oído cumple la función de retroalimentación porque sirve de entrada o regreso del mensaje emitido; de esta forma uno se oye a sí mismo y puede corregir los defectos que detecte en su mensaje; en publicidad es la respuesta a un anuncio publicitario recibida en el medio desde el que se emitió; V. *in progress*)].
felt *n*: GRAL fieltro. [Exp: **felt side** (GRÁFICA cara; cara principal de una hoja de papel, opuesto a dorso o reverso; se llama así por tener la superficie más lisa o asedada, como si de fieltro –*felt*– se tratase ◊ *Stack*

paper in the printer with the felt side uppermost; V. *glossy*), **feltpen, felt-tip pen** (GRÁFICA rotulador; V. *marker*)].

festival *n*: CINE/GRAL festival; en él se reúnen los cineastas –*filmmakers*–, publicistas –*publicists*–, la prensa –*the press*– y el público –*the public*–; V. *première, gala performance, opening.*

fibre *n*: GRAL/GRÁFICA fibra; cuando se refiere al material empleado en la fabricación del papel se escribe *fibre* tanto en el inglés británico como en el norteamericano; cuando alude a la fibra óptica –*optical glass fibers*– en los EE.UU. se escribe *fiber*; V. *linen paper*. [Exp: **fibreoptic cable** (TV/RADIO cable de fibra óptica; se trata de un cable compuesto de hebras de cristal puro, utilizado abundantemente en las telecomunicaciones por ser capaz de transmitir mucha más información que los cables convencionales; V. *optical fibre*), **fibre-optics** (TV/RADIO fibra óptica; tecnología basada en la fibra óptica, transmisión por fibra óptica ◊ *The quality, efficiency and cheapness of fibre-optics has revolutionised telecommunications*; V. *information technology*)].

fiction *n*: GRAL/CINE ficción. [Exp: **fictitious** (GRAL/MKTNG ficticio, falso; fraudulento, inexistente)].

fiddle *col n/v*: GRAL trampa, timo; embaucar, engañar, amañar, hacer chanchullos ◊ *Fiddle the books*; V. *accountancy.*

fidelity *n*: GRAL/AUDIO fidelidad; V. *loyalty; high fidelity.*

field[1] *n*: GRAL/AUDIO/IMAGEN/CINE/TV campo; especialidad; se emplea en expresiones como *field of vision* –campo visual–, *magnetic field* –campo magnético, etc.; en cine equivale al área enmarcada –*framed area*– de un plano –*shot*–; en esta acepción también se llama en inglés *action field* o *field area*; en televisión es la mitad de la imagen de una pantalla; V.

depth of field. [Exp: **field**[2] (MKTNG especialidad, campo, fuera de la oficina; se emplea en expresiones como *field man* –vendedor, agente de ventas–, *first in the field* –la primera en su especialidad–, *in the field* –fuera de la oficina, visitando a los clientes, analizando el mercado–, etc.), **field area** (CINE campo de un plano –*shot*–, también llamado simplemente *field* o *action field*), **field production checklist** (CINE hoja de control [de equipo] para filmación en exteriores; contiene una relación detallada de lo que se necesitará para rodar en exteriores), **field questions** (PRENSA improvisar las respuestas, dar respuestas improvisadas –*unrehearsed responses*– ◊ *The director fielded tough questions from the press*; V. *press conference*), **field research** (GRAL/MKTNG investigación de campo, análisis cualitativo –de actitudes, opiniones, gustos, motivaciones, hábitos de compra, etc.– hecho en la calle ◊ *Base one's strategy on the results of field research*; V. *focus research, desk research*), **field sales research** (GRAL/MKTNG investigación de campo, análisis cualitativo de actitudes, opiniones, etc.), **field staff** (GESTIÓN/MKTNG personal desplazado; comprende los representantes y viajantes; V. *travelling salesman, representative*), **field survey** (MKTNG encuesta en campaña, encuesta mediante entrevistas), **field test** (MKTNG experimento, prueba o comprobación realizada *in situ* o sobre el terreno), **fieldwork** (GRAL/MKTNG trabajo/investigación de campo ◊ *In order to find the right market for a product a lot of fieldwork is necessary*; equivale a *field research*)].

filth *n*: GRAL basura; V. *trash, garbage, gutter press, yellow journalism.*

fifty-fifty *n*: CINE cincuenta-cincuenta; es un plano corto de dos intérpretes de perfil.

figure of speech *n*: LING/SEMIÓ figura del lenguaje, lenguaje figurado; en estilística se llama figura del lenguaje a ciertos modos de hablar que, apartándose de otro más corriente o sencillo, aunque no siempre más natural, dan a la expresión de los afectos o las ideas singular elevación, gracia o energía; la publicidad y, por supuesto, la literatura hacen uso constante de las figuras del lenguaje; las figuras del lenguaje más importantes son: ① las de identidad –*comparison, metaphor, metonymy, personification, simile, synecdoche*, etc.; ② las de contraste –*contrast, antonymy, antithesis, oxymoron, paradox*, etc.; ③ las de repetición –*alliteration, onomatopeia, tautology, pleonasm, metabole*, etc.; ④ las lúdicas –*anagram, pun*, etc.–. [Exp: **figure of thought** (LING/SEMIÓ figura del pensamiento; se distinguen las figuras del pensamiento de las figuras del lenguaje en que en las segundas el efecto estilístico se puede localizar en una sola palabra, mientras que en las primeras se encuentra en todo el enunciado o discurso, como en la ironía –*irony*–, la paradoja –*paradox*–, el anticlímax –*bathos*–, etc.)].

file *n/v*: GRAL fichero, archivo; archivar; V. *folder*. [Exp: **file copy** (RADIO/TV copia de archivo de un programa o emisión; V. *archive*), **file transfer protocol, FTP** (INTERNET protocolo de transferencia de archivos, FTP; es un sistema de transportar archivos –*files*– a través de redes –*networks*–; son las siglas de *File Transfer Protocol*; V. *Anonymous FTP*), **filing** (GESTIÓN clasificación, archivo; ⸱ trabajo de clasificación o de archivo), **filing basket/tray** (GESTIÓN bandeja de documentos para su archivo), **filing cabinet** (GESTIÓN archivador; v. *cabinet*), **filing card** (ficha de registro)].

fill *v*: GRAL llenar, rellenar. [Exp: **fill the bill** *col* (GRAL venir como anillo al dedo, reunir las condiciones ◊ *We're looking for an actress with an Irish accent and she fills the bill perfectly*), **fill light, fill** (CINE luz de relleno; es un foco pequeño, que sirve para suavizar y eliminar las sombras de la luz principal –*key light*–; V. *filler light*), **filler** *col* (MEDIOS artículo de relleno en prensa escrita –*print media*–; programa de relleno en radio o televisión ◊ *Broadcast a fifteen-minute documentary as a filler between programmes*; V. *cushion; padding, shelf filler; bumper*), **filler light** (CINE luz auxiliar; tiene como objetivo suavizar las sombras de la fuente principal de iluminación o *key light*), **filler material** (GRAL/CINE material de relleno; alude a artículos de poca enjundia en la prensa escrita o a programas de corta duración, como cortometrajes –*shorts*– o documentales –*documentaries*– en la radio y la televisión para rellenar huecos ◊ *The article about plant life was typical filler material*; V. *shorts, feature film*)].

fillet *n*: GRÁFICA filete; V. *border, rule*[2]; se dice del adorno consistente en una o varias líneas, que tiene varios usos en la imprenta.

film[1] *n*: CINE película, film, filme, cinta; esta palabra tiene varias acepciones en las dos lenguas: ① largometraje –*full-length feature*–, esto es, una representación cinematográfica de una historia, acontecimiento, etc.; en este sentido equivale a *movie*, como en *A John Ford film*; ② cortometraje publicitario, también conocido como *commercial* –spot–; ③ celuloide –*celluloid*–; ④ transparencias, esto es, negativos fotográficos revelados; ⑤ capa –*thin covering*– como en *A film of dust on the table*; ⑥ papel flexible y transparente utilizado en el envasado –*wrapping, packaging*–; ⑦ membrana. [Exp: **film**[2] (CINE cinematográfico; tiene este significado en función atributiva, como en *film festival* –festival cinematográfico–, *the film industry* –la industria cinematográfica–, *film star* –estrella cinematográfica–, *film version* –versión cinematográfica–, etc.), **film**[3] (CINE rodar, filmar ◊ *A movie filmed in Spain*; convertir en película, hacer/crear una película de, realizar la versión cinematográfica de, como en *Film Jane Austen's "Persuasion"*; V. *shoot, take*), **film buff** *col* (CINE cinéfilo, experto en cine, forofo del cine ◊ *The film buffs slated the Hollywood production*), **film crew** (CINE equipo de rodaje o filmación; V. *crew, stage crew, cast*), **film clip** (CINE fragmento de película descontextualizado; tiene el mismo efecto que una cita o *quote* en un texto; V. *clip*[2]), **film-cutter** (CINE montador de una película, también llamado simplemente *cutter*; su labor es el montaje de la misma), **film d'art** (CINE película de arte y ensayo; es un movimiento cinematográfico francés que coincide con los llamados *art films*), **film gauge** (CINE ancho de cinta o película; el ancho estándar de las películas comerciales es de 35 mm, aunque también se han empleado, en películas de temas épicos, el de 65 mm y el de 70 mm), **film library** (CINE cinemateca, filmoteca; V. *record library, library sound, newspaper library, cinematheque*), **filmmaker** (CINE cineasta; V. *shoot*), **film noir** (CINE cine negro; esta expresión francesa la suelen emplear los cinéfilos y los críticos de cine en lugar del término común *thriller*; los mejores ejemplos de este género reflejan la alienación existencial, la corrupción del poder, la ansiedad y la paranoia de la posguerra mundial), **film on location** (CINE rodar en exteriores ◊ *Filmed on location in Prague*; rodar *in situ*, en ambientes auténticos o en un lugar, país o región que confiere mayor autenticidad o verosimilitud a la acción de la película; es lo contrario de rodar en

los estudios –*at the studios*–; V. *location*), **film print** (CINE copia final, copia estándar o copia cero; filmación; V. *fine cut, film printer*), **film printer** (CINE filmadora; impresora para sacar duplicados de cintas maestras), **film projection booth** (CINE cabina de proyección), **film-script, filmscript** (CINE guión cinematográfico; V. *shooting script, scenario*), **film still** (CINE fotograma; también se llama *still* o *cinema still*; V. *frame*), **film teaser** (CINE tráiler de una película, de carácter enigmático, para despertar interés; pasado cierto tiempo, al *teaser* le sigue el *trailer*), **film theater** *US* (GRAL sala de cine ◊ *Live sports on TV have greatly reduced audiences at film theaters*; V. *cinema*), **film transfer** (TV/CINE kinescopado; es el pase de imágenes de vídeo a imágenes de celuloide), **filmic** (CINE fílmico; V. *cinematic*), **filmic space** (CINE espacio fílmico; es la ilusión de espacio real tridimensional –*real, tridimensional space*–, creado por imágenes bidimensionales en movimiento –*bidimensional, moving images*–), **filmic time** (CINE tiempo fílmico; es la ilusión de secuencia temporal –*temporal sequence*– creada dentro de los aproximadamente 90 minutos de tiempo real de la película), **filmography** (CINE filmografía; es la relación de trabajos de un cineasta, actor, director, guionista, etc.), **filmsetting** (GRÁFICA fotocomposición), **filmstock** (CINE cinta virgen; V. *unexposed, raw stock, reversal filmstock; blank tape*), **filmstrip** (IMAGEN/CINE filmina; película de imágenes fijas)].

filter *n*: GRAL/CINE/IMAGEN/AUDIO filtro; es el dispositivo eléctrico, electrónico, acústico u óptico –*electric, electronic, acoustic or optical device*– destinado a impedir el paso de ciertas señales, vibraciones o radiaciones de ciertas frecuencias y a permitir el de otras, con el fin de conseguir determinados efectos de sonido o imagen. [Exp: **filter paper** (GRÁFICA papel de filtro; V. *paper*), **filter question** (MKTNG pregunta selectiva; filtro; se emplea en los cuestionarios de publicidad para descartar a los que no están interesados en el producto; V. *paper*)].

final *a*: GRAL final. [Exp: **final art/artwork** (DISEÑO arte final; V. *original*), **final cut** (CINE/AUDIO versión definitiva de una película y, en su caso, de una pista sonora –*soundtrack*–, de la que se sacarán las copias –*duplicates*–; V. *workprint, postproduction*), **final print** (PUBL copia cero; es la copia definitiva de un *spot* publicitario, también llamada *answer print*), **final trial composite** (CINE copia cero; V. *answer print, check print, sample print*)].

finance *a/n/v*: GESTIÓN financiero; finanzas, fondos, recursos; ciencia financiera; financiar, costear, solventar. [Exp: **financial** (GESTIÓN financiero, monetario, bancario, hacendista; son innumerables las unidades léxicas transparentes que se forman con *financial*, como *a financial budget, financial operations, a financial plan, the financial world,* etc.), **financing** (GESTIÓN financiación, financiamiento)]

finder *n*: MKTNG intermediario; V. *middleman, agent, broker, jobber*. [Exp: **finder's fee** (MKTNG honorarios pagados/cantidad pagadera al intermediario por facilitar clientes –*accounts*– a la agencia de publicidad)].

fine cut *n*: TV/CINE copia estándar; también llamada *emission cut*, en televisión es la copia de un *spot* publicitario lista para ser emitida por televisión; en el cine puede equivaler a *final cut* –versión definitiva– o la versión previa a la definitiva; V. *workprint*.

finger *n*: INTERNET dedo; es un programa que ofrece información sobre un usuario específico –*specific user*– conectado a un sistema, en el que aparece el nombre y apellidos, hora de la última conexión y otros datos.

finish[1] *n*: GRÁFICA acabado/remate de un producto, sobre todo, el papel ◊ *The mixture of oils gives the paper a smooth finish* ; V. *antique finish, embossed finish, English/matt/gloss/rough finish; machine finish; calender; super; load*. [Exp: **finish**[2] (RADIO/TV cierre; V. *early finish/start*)].

fire[1] *n*: GRAL fuego, incendio. [Exp: **fire**[2] col (GESTIÓN despedir; V. *dismiss, give sb the push* col), **firewall** (INTERNET cortafuegos; es el sistema de seguridad de la red interna de un sitio –*a site's inner network*– que impide el acceso no autorizado –*unauthorized access*– a los usuarios; V. *authentication, password*)].

firm[1] *a*: GRAL/GESTIÓN firme, fijo, definitivo; inequívoco, en firme; se emplea en expresiones como *firm offer* –oferta en firme–, *firm price* –precio definitivo–, etc. [Exp: **firm**[2] (GESTIÓN empresa, sociedad mercantil, compañía)]

first *a*: GRAL/CINE primer, primero; en cine, se suele utilizar delante del nombre que representa a un profesional que tiene otros a sus órdenes; así, se habla normalmente de *assistant cameraman* –ayudante de cámara–, pero cuando hay alguien a sus órdenes, esto es, un «ayudante del ayudante» o «segundo ayudante de cámara», en ese caso el *assistant cameraman* se convierte en *first assistant cameraman*. [Exp: **first aid** (GRAL/CINE primeros auxilios), **first answer print** (CINE/TV primera copia de una película; V. *answer print*), **first appearance** (CINE/TV/ESPEC debut; presentación o primera actuación en público de una compañía teatral o de un artista ◊ *Her first appearance on the stage was a failure*; V. *cast*), **first assistant camera** (CINE ayudante de cámara, primer ayudante de cámara; V. *as-*

sistant camera), **first assistant director** (CINE ayudante de dirección, auxiliar de dirección; V. *assistant director*). **first assistant film editor** (CINE ayudante de montaje; V. *assistant film editor*), **first-class** (GRAL de primera clase), **first cover** (PRENSA portada, cubierta [de una revista]; V. *fourth cover*), **first in the break** (RADIO/TV principio de bloque, en cabecera de bloque publicitario; V. *last in the break; adjacency; break position; in-programme placement*), **first in the field** (MKTNG la primera en su especialidad; V. *field*), **first night/performance/showing** (GRAL estreno [de una obra] ◊ *The concerto received its first performance at the Vienna festival*), **first-night nerves** *col* (CINE/ESPEC nervios, nerviosismo del día de estreno; V. *butterflies, jitters*), **first run** (CINE pase privado; proyección restringida; antes del estreno para el gran público, es habitual que los encargados de la distribución –*distributors*– de una película organicen el preestreno –*private viewing, press view, preview*–, seguido de su proyección limitada en un número pequeño de cines seleccionados; la presentación de una película al público ofrece distintas formas de distribución, además del *first run*: *general release* –estreno general–, *second run* –exhibición amplia–, *showcase* –proyección en salas selectas– y *four-walling* –exhibición por parte del distribuidor–; V. *preview, advance showing*)].

fisheye, fisheye lens *n*: IMAGEN/CINE ojo de pez, lente de ojo de pez; es una lente de ángulo muy amplio –*wide-angled*– que agranda –*enlarges*– el centro de la imagen y disminuye los contornos; en cine, sirve para simular alucinaciones –*hallucinations*– o crear efectos grotescos –*grotesque effects*–; V. *special effects, wide-angle lens*. [Exp: **fishbowl** (RADIO/TV «pecera»; es una cabina de

observación de un estudio de grabación, a la que suelen ir clientes y patrocinadores publicitarios)].

fit *v*: GRAL/GRÁFICA/PUBL ajustar, encajar; en artes gráficas equivale a *cast*[3]. [Exp: **fit the bill** (GRAL/MKTNG cumplir las condiciones, satisfacer los requisitos ◊ *She was chosen for the part because her height, age, voice and looks all fitted the bill*)].

fix *v*: GRAL/IMAGEN fijar, sujetar, asegurar ◊ *Fix the colours*. [Exp: **fixation** (IMAGEN fijado de imágenes fotográficas, también llamdo *fixing*, por medio de un fijador o *fixer*), **fixative** (GRÁFICA fijador; líquido que esparcido con un pulverizador –*spray gun*– sirve para fijar dibujos hechos con carbón –*charcoal drawings*–, acuarelas –*watercolour paintings*–, etc.), **fixed camera** (CINE cámara fija; es la que permanece sin moverse durante una toma; V. *pan*), **fixed position** (PUBL emplazamiento fijo; V. *preferred position*), **fixer** (IMAGEN fijador; líquido que sirve para impedir la descoloración –*discoloration*– de una imagen fotográfica), **fixing** (IMAGEN fijado; equivale a *fixation*)].

flag[1] *n*: PRENSA cabecera [de un periódico]; también llamada *nameplate*, *flag line* o *title line*, es el título que aparece en la portada de un periódico; mancheta; V. *masthead*. [Exp: **flag**[2] (GRÁFICA marca, señal; señalar, indicar; es la marca o señal que hace el corrector de pruebas –*proofreader*– para indicar los cambios que hay que introducir), **flag**[3] (GRAL/PUBL bandera, banderola; es un pequeño colgante que contiene un mensaje publicitario; V. *hanger*), **flag product** (MKTNG producto estrella; V. *leader product*)].

flame *n*: GRAL/INTERNET llama; desahogo; en Internet es un comentario o mensaje airado –*an angry remark or message*– en un grupo de noticias –*newsgroup*– o lista de correo –*mailing list*–, normalmente dirigido a un usuario –*user*– que ha infringido –*violated*– de algún modo la netiqueta o etiqueta en la red –*netiquette*–, y puede dar lugar a guerras de desahogo –*flame wars*–; V. *netiquette*. [Exp: **flame drum** (CINE simulador de llamas; es un cilindro giratorio –*rotating cylinder*– que se coloca delante del foco y proyecta sombras que parecen generadas por llamas –*flame-like shadows*–)].

flap *n*: GRAL solapa [de un sobre, libro, etc.], pieza movible, tapa de una caja, pestaña de un embalaje de cartón/plástico.

flare *n*: IMAGEN resplandor; V. *antiflare, edge flare*.

flash *n*: GRAL/IMAGEN destello [de luz], relámpago, flas ◊ *The whirling of cameras and the popping of flashes*; V. *news flash; post-flashing*. [Exp: **flash cutting** (CINE corte/montaje a flashes, montaje relámpago o en «flash»; consta de planos seguidos y rápidos de pocos fotogramas a modo de *flash*), **flash forward** (CINE escena prospectiva; narración anticipada; prolepsis; son escenas o planos del futuro insertados en el presente como anticipo del «tiempo futuro» de la gramática del discurso narrativo cinematográfico), **flash frame** (CINE fotograma relámpago, plano *flash*; es el plano –*shot*– que tiene muy pocos fotogramas –*frames*–, a veces sólo uno, que apenas percibe el público), **flashback** (CINE escena retrospectiva; vuelta al pasado; analepsis; son escenas o planos del pasado insertados en el presente como técnica de recuperación del «tiempo pasado» de la gramática del discurso narrativo cinematográfico; V. *playback, prolepsis*), **flashy** (GRAL llamativo, ostentoso, chillón, hortera *col* ◊ *Flashy artwork*; V. *shocking, startling*)].

flat[1] *a*: GRAL claro, definitivo; rotundo, categórico; neto; uniforme. [Exp: **flat**[2] (MKTNG átono, apático, sin cambios, fijo ◊ *Flat market*), **flat**[3] (CINE bastidor; cada una de las piezas formadas por telas o papeles pintados montadas en un armazón de madera sobre ruedas, con que se forma la decoración lateral en el escenario del teatro ◊ *Wheel out a flat representing a forest*; V. *folding flat, wild wall, float, frame, batten*), **flat**[4] (AUDIO bemol; alude a la nota musical cuya entonación es un semitono –*semitone*– más baja que la de su sonido natural; es lo contrario de *sharp* –sostenido–; V. *sharp*), **flat**[5] (ESPEC soso, monótono, sin gracia), **flat price** (GESTIÓN precio único, tarifa plana), **flat-rate system** (sistema de tarifa única)].

Fleet Street *n*: PRENSA calle de Londres, en el casco viejo o *city*, en la que tradicionalmente se encontraban las sedes de los periódicos; por extensión, equivale a veces a «la prensa londinense» ◊ *Heed the latest Fleet Street talk*; V. *Wapping*.

flexography *n*: GRÁFICA flexografía; técnica empleada en la impresión de envases no rígidos como el plástico, el papel o el cartón; V. *rubber plate*.

flick *col n*: CINE peli *col*, película. [Exp: **flicks, the** *col* (CINE cine; V. *movies, pictures*), **flick through** (GRAL hojear; V. *supplement*), **flicker** (IMAGEN parpadeo; parpadear ◊ *The flickering images on a black-and-white cinema screen on the TV screen*; V. *jitter, judder*), **flickering** (IMAGEN parpadeo de imagen)].

flier *US n*: MKTNG octavilla, folleto publicitario de baja calidad; V. *high flier, pamphlet, brochure*.

flight *n*: PUBL oleada, ciclo publicitario; en este ciclo hay períodos de ráfagas –*burst*– y otros de descanso; V. *wave, flight; advertising campaign; in-flight*. [Exp: **flight saturation** (PUBL fuerte concentración publicitaria dentro de una oleada o ciclo)].

flip *n*: GRAL capirotazo; giro o movimiento rápido que se comunica a un objeto con un golpe de los dedos o un movimiento de la muñeca ◊ *Flip over the pages of a brochure*. [Exp: **flip side** (AUDIO cara B de un disco; alude también a la canción o composición grabada en ella ◊ *I thought the flip side was better than the hit single*), **flipper** (CINE/IMAGEN viseras, alas para alterar la anchura de la luz generada por un foco o *luminaire*; V. *barn doors*)].

float[1] *n*: GRAL/MKTNG/CINE/TV carro, carroza; plataforma móvil o sobre ruedas ◊ *A giant float carrying advertising*; en los estudios cinematográficos alude a la plataforma rodante sobre la que se monta la cámara para filmar algunas escenas con objetivos móviles, y en el teatro a cualquier pieza móvil que facilita los cambios rápidos del escenario entre bambalinas; V. *dolly, flat*. [Exp: **float**[2] (GRAL candilejas; equivale a *footlights*), **float**[3] (PUBL ① paspartú, espacio en blanco en torno a un anuncio; ② centrar un anuncio en el espacio disponible; ③ insertar un anuncio en un espacio mayor que el previsto en la plancha –*printing plate*–), **float**[4] (GESTIÓN ① efectivo en caja; anticipo; ② fondos en tránsito; alude al dinero recibido del cliente y no abonado aún al proveedor o *supplier*), **floating island** (PRENSA anuncio-isla; anuncio rodeado por texto impreso)].

floodlight *n*: GRAL foco, reflector ◊ *Use floodlights for dramatic effects in photography*; V. *highlight, broad, scoop*. [Exp: **floolight, by/with/under** (GRAL con luz artificial ◊ *An evening match played under floodlights*)].

floor[1] *n*: GRAL suelo, piso; parqué; pista de baile ◊ *The couples took the floor for the dance competition*. [Exp: **floor**[2] (CINE/TV plató, piso; V. *stage*), **floor manager**[1] (CINE/TV regidor; es el jefe del plató y

ayudante del realizador o *director*, jefe de piso), **floor manager**[2] (MKTNG director de planta de unos grandes almacenes), **floorshow** (GRAL espectáculo o número de cabaret ◊ *The restaurant has a floorshow to entertain guests*)].

flop[1] *col n/v*: CINE/MKTNG fracaso; fracasar ◊ *In spite of all the money it cost and the all-star cast, the film was a box-office flop*. [Exp: **flop**[2] *col* (IMAGEN imprimir en negativo invertido, sacar en contraimagen o espejo del original; es probable que esta acepción proceda de «flip-flop», en el sentido de «volver del revés, dar la vuelta a»; V. *reverse*)].

flourescent *a*: IMAGEN fluorescente.

flourish[1] *n*: GRÁFICA floritura, floreo; adorno o embellecimiento en la escritura o en el discurso ◊ *The advert was printed in italic type with lots of flourishes*. [Exp: **flourish**[2] (AUDIO floritura; pasaje musical ceremonioso o llamativo –*a showy or ceremonial musical passage*–; V. *fanfare*)].

flow *n/v*: GRAL flujo; fluir; V. *traffic flow, audience flow, stream*.

fluff, fluffer *col n*: CINE en el cine pornográfico, el miembro del equipo –*crew*– encargado de mantener «en forma» a los actores masculinos; V. *porn*.

flush[1] *n/v*: GRAL igualar, nivelar, poner a nivel o a ras; igualado, nivelado, a nivel, a ras. [Exp: **flush**[2] GRÁFICA/TIPO alinear, justificar ◊ *Flush the text right for the address and date*; V. *justify, indentation*), **flush cover** (PRENSA portada cuyo margen derecho está alineado con el del texto de las páginas interiores)].

flutter sign *n*: PUBL letrero de lentejuelas –*spangles*– que, al revolotear –*flutter*– con la brisa, dan la sensación de movimiento; V. *mobile*.

fly *v*: GRAL volar. [Exp: **flyer** (MKTNG prospecto, folleto publicitario; equivale a *flier*), **flyleaf** (GRÁFICA guarda; las guardas son las hojas de papel en blanco que se ponen al principio y al final de un libro ◊ *A copy of the book signed by the author on the flyleaf*].

FM *n*: AUDIO frecuencia modulada *–frequency modulation–*.

foam board *n*: MKTNG cartón pluma.

focus *n/v*: CINE foco; enfoque; nitidez de la imagen; enfocar ◊ *It was difficult to identify the face because the photograph was out of focus*; V. *in focus, back focus; home in on*[2.] [Exp: **focal distance** (IMAGEN distancia focal; es la distancia entre el centro del objetivo y su punto focal; V. *hyperfocal distance*), **focal length, focus depth** (IMAGEN distancia focal; V. *depth of field*), **focus group** (MEDIOS/MKTNG grupo de discusión, grupo muestra, grupo tipo, grupo representativo ◊ *Test the reactions of a focus group*; es un conjunto de televidentes *–TV viewers–* o consumidores posibles *–potential consumers–* que se considera estadísticamente significativo, ante el cual se proyecta un programa o anuncio que se desea emitir, a fin de probar sus reacciones *–reactions–* o recuerdo *–recall–*; el término también se aplica a la discusión en grupo; V. *day-after recall, suggested recall; brainstorming*), **focus in** (TV/CINE/IMAGEN enfocado; enfocar; consiste en pasar de una imagen borrosa a otra nítida; V. *blurred, out-of-focus; fade in*), **focus out** (TV/CINE/IMAGEN desenfocar; consiste en pasar de una imagen nítida a otra borrosa; V. *blurred; fade out*), **focus, out of** (IMAGEN desenfocado, movido, borroso ◊ *The faces in the background of the photograph were out of focus*; V. *blurred, fuzzy; hazy*), **focus puller** (TV/CINE/IMAGEN foquista; esta función, que consiste en ajustar el foco de la cámara *–camera focus–*, suele hacerla normalmente el ayudante de cámara *–assistant cameraman–*; V. *assistant camera/cameraman*)].

fog *n/v*: IMAGEN niebla; velar; V. *expose*. [Exp: **fog machine** (CINE máquina de humo), **fogging** (IMAGEN velado; zona borrada o desenfocada de un negativo o una fotografía)].

fold *n/v*: GRAL pliegue, plegar; doblar ◊ *The folds of an advertising brochure*; V. *leaf*. [Exp: **folder**[1] (GRAL carpeta; archivador, clasificador; V. *file, binder*), **folder**[2] (PUBL folleto desplegable, díptico; V. *dyptich, sales folder*), **folding flat** (CINE bastidor plegable; V. *flat*), **folding machine** (GRÁFICA plegadora), **foldout** (PRENSA desplegable de portada; desplegable, también llamado *gatefold*; se trata de un anuncio en página doble desplegable en el interior de la portada)].

foley, foleying *n*: CINE/AUDIO efectos de sala, doblaje de efectos; son los efectos de sonido *–sound effects–* que se graban una vez acabado el rodaje *–once shooting has been completed–*, durante la posproducción *–postproduction–*; suelen ser movimientos corporales, tales como pasos *–footsteps–*, rumor de ropa *–rustling clothes–*, puñetazos *–punches–*, etc., que se añaden a la banda sonora *–soundtrack–* de forma que concuerden *–match–* con la acción; V. *looping, dubbing*. [Exp: **foley artist** (AUDIO encargado de efectos de sala; éstos se añaden a la banda sonora jadeando *–panting–*, arrastrando los pies *–shuffling his feet–*, etc.; también se le llama *foley walker, foley mixer* o sencillamente *foleyman*), **foley mixer** (AUDIO encargado de efectos de sala; V. *foley artist*), **foley stage** (AUDIO sala de efectos; es una sala grande con distintos tipos de suelo *–different floor surfaces–* y objetos para crear efectos de sonido *–sound effects props–*, como campanas *–bells–*, silbatos *–whistles–*, motores *–engines–* y, naturalmente, las cáscaras de coco *–coconut shells–* que imitan el trotar de los caballos), **foley studio**

(AUDIO estudio de efectos de sala; es donde se mezclan y sincronizan estos efectos), **foley walker** (AUDIO encargado de efectos de sala, doblador de efectos; V. *foley artist*), **foleyman** (AUDIO encargado de efectos de sala; V. *foley artist*)].

folio *n*: DISEÑO/GRÁFICA folio, página, libro.

folk music *n*: AUDIO música folk; suele aplicarse a aquella basada en música popular occidental, como la irlandesa, etc.; si proviene de ritmos africanos se habla de *ethnic music* –música étnica–; V. *blues, country, dance music, disco music, ethnic music, grunge, hard rock, house music, jazz, pop, punk rock, rap, reggae, rock and roll, rockabilly, symphonic rock, techno.*

follow[1] *v*: GRAL seguir, continuar; estar al tanto. [Exp: **follow**[2] (PRENSA breve adición a un artículo; equivale a *shirttail* y a *follow-up*[2]), **follow shot** (CINE plano [de seguimiento] de acción; en este plano la cámara sigue el desarrollo de la acción del protagonista desde una posición fija; V. *following shot*), **follow-up**[1] (MKTNG [plan de] seguimiento, análisis o evaluación posterior; recordatorio, perseverancia, continuación; alude en general a la insistencia en una línea de actuación con el fin de conseguir el resultado apetecido, como en *A good marketing strategy was ruined for want of follow-up*; como verbo equivale a ① hacer un seguimiento, como en *Follow up the results of market research*; ② completar, rematar la faena, como en *Follow up an exchange of views with a firm offer*; ③ repetir, insistir, perseverar, como en *Follow up an advertising campaign*; en uso atributivo equivale a «de seguimiento» o «complementario», como en *follow-up letter, follow-up campaign*, etc.; V. *call-back, continuity; monitoring*), **follow-up**[2] (CINE/PRENSA continuación, seguimiento; se aplica en cine, periodismo, etc., a una entrega, una nueva película con los mismos personajes, un nuevo artículo sobre la misma noticia, etc.; V. *hard news, news story*), **follow-up advertisement** (MKTNG publicidad de seguimiento o de recordatorio), **follow-up campaign** (MKTNG campaña de seguimiento; V. *patronage campaign, sponsoring campaign*), **follow-up letter** (MKTNG carta de seguimiento), **follow-up study** (GRAL estudio complementario), **follow-up system** (MKTNG estrategia de seguimiento), **following shot** (CINE plano de seguimiento del protagonista; en este plano la cámara se mueve en la misma dirección y a la misma velocidad que el protagonista; también se le llama *moving shot, running shot* o *tracking shot*; V. *follow shot*)].

font, fount *n*: TIPO fuente tipográfica, tipo de letra; familia de un mismo tipo; es el conjunto de tipos de letra de imprenta –*type*– del mismo estilo –*typeface*– y del mismo tamaño –*size*– o peso –*weight*–; en un sentido más laxo *font* equivale a estilo de letra o *typeface*; en inglés británico también se escribe *fount*; V. *scale font; type.*

foot *n*: GRAL pie; medida equivalente a 0,3048 metros. [Exp: **footage**[1] (CINE metraje; «pietaje»; secuencia más o menos larga de imágenes de una película ◊ *Show footage from a film as visual back-up*; la expresión inglesa, derivada de *foot* –pie– alude en primer lugar a la extensión de la tira de la película; por ejemplo, durante el proceso de montaje –*editing*– se puede decir *The editor cut out a lot of footage showing traffic passing*; no obstante, como muestra el primer ejemplo, el término se refiere con frecuencia a las imágenes o la secuencia en sí; V. *saftey footage, short film, length, full-length feature film*), **footage**[2] (CINE imagen/película de archivo; V. *library shot, stock footage*), **footnote**

(GRÁFICA nota a pie de página; V. *dagger*)].

footlights *n*: GRAL candilejas; V. *float²; douse.*

footprint *n*: GRAL/TV huella, pisada; zona de cobertura de un satélite o de una emisora convencional ◊ *Pick up the signal from inside the footprint*; V. *coverage area.*

fore *n*: GRAL delantera, lugar destacado o preponderante; V. *come to the fore.* [Exp: **forecast** (GRAL/MKTNG previsión, prever; V. *sales forecast*), **foreground** (GRAL/CINE primer plano; sacar al primer plano, resaltar; V. *background; close-up*), **foreground music** (CINE música directa, también llamada *source music*)].

foreign *a*: extranjero. [Exp: **foreign desk** (PRENSA redacción de internacional, departamento de extranjero; V. *newsdesk, sports desk*), **foreign release/version** (CINE versión en lengua extranjera [de una película cuya lengua original es otra], versión traducida, versión extranjera)].

form *n*: GRAL/GRÁFICA forma, molde; es el molde encerrado en una caja –*locked in a chase*– que se pone en la prensa para imprimir una cara de todo el pliego; también es la página contenida en el molde; V. *colour form, mold.* [Exp: **forms close date** (GRÁFICA/PUBL fecha de cierre [de la página]; es el último día para poder entregar a la imprenta –*printer*– el texto, ilustraciones, etc. de un anuncio; V. *closing date, deadline*)].

form¹ *n*: GRAL forma; impreso, formulario ◊ *Fill in an application form*; V. *blank.* [Exp: **form²** (GRAL/PRENSA/GRÁFICA forma, molde; en la imprenta es el conjunto de letras, signos, dibujos, etc., que se colocan sobre la cama –*bed*– de la plancha de impresión; V. *type form, mold*)].

format *n*: GRÁFICA/CINE formato; V. *arrangement, shape, style, set-up; aspect ratio.*

fortnightly *a*: GRAL bisemanal, quincenal; V. *monthly, weekly.*

fount *n*: TIPO V. *font.*

four-colour *n/a*: GRÁFICA a cuatro tintas, cuatricromía; V. *two-colour, three colour.* [Exp: **four-colour press** (GRÁFICA impresora a cuatro tintas, impresora que saca cuatro tintas por pasada), **four-colour process** (GRÁFICA cuatricromía; V. *two-colour process*), **four plus cover** (MKTNG cobertura cuádruple; situación en la que probablemente un público determinado habrá recibido el mismo mensaje un mínimo de cuatro veces; V. *net cover; cover⁶*), **four-walling** (CINE alquiler del local por parte del distribuidor; en esta modalidad los distribuidores alquilan el local para la exhibición de una película, en vez de abonar un porcentaje de los beneficios obtenidos en la exhibición; la presentación de una película al público tiene distintas formas de distribución, además del *four-walling: first run, second run, show-case* y *general release*), **fourth cover** (PRENSA contracubierta, también llamada *back cover*; V. *first cover*)].

forward¹ *a/adv*: GRAL progresivo, hacia adelante; prospectivo; V. *flash forward.* [Exp: **forward²** (GESTIÓN remitir, enviar, expedir, reexpedir), **forward integration** (MKTNG integración progresiva, prospectiva o hacia adelante; alude al control de los minoristas –*retailers*– o mayoristas –*wholesalers*– por parte de la empresa productora; V. *backward integration*), **forwarding** (MKTNG expedición, despacho; remesa; remisión por correo de una carta a la nueva dirección desde la antigua)].

foyer *n*: ESPEC vestíbulo.

fractal *n*: ARTE/DISEÑO fractal; ① figura geométrica –*geometric pattern*– formada por un número de elementos, cada vez más pequeños, que se repiten infinitamente; ② nombre de la geometría, diseñada por Mandelbrot en 1977, según la cual las formas de las imágenes y las del mundo en general –*patterns in images and in the world*– constan de repeticiones cada vez más detalladas de ellas mismas –*progressively more detailed repetitions of themselves*–; como resultado se obtiene un algoritmo que permite técnicas de compresión más potentes –*powerful compression techniques*– y gráficos digitales –*digital graphics*– sorprendentes; V. *cubism*.

fragment *n*: GRAL fragmento; V. *segment; slice of life*.

frame[1] *n*: IMAGEN/CINE/TV fotograma, cuadro; un fotograma es cada una de las fotos fijas –*still photographs*– que grabadas en celuloide constituyen una película cinematográfica –*motion picture*–; en televisión se habla de «cuadros» ◊ *Editing sometimes involves frame-by-frame analysis*; V. *shot, stills, freeze-frame, flashframe*. [Exp: **frame**[2] (CINE encuadrar, enmarcar; encuadre; «encuadre» es el espacio seleccionado para ser captado en cada toma –*take*– de una cámara fotográfica o cinematográfica; V. *frame composition, tighten the frame*), **frame**[3] (TV cuadro, imagen; la televisión emite 30 «imágenes» por segundo, cada una de las cuales consta de 525 *scan lines* ◊ *Superimpose one frame on another*), **frame**[4] (EXTERIOR soporte, bastidor que sujeta la publicidad exterior; V. *base, batten*), **frame**[5] (INTERNET marco; es una función de algunos navegadores –*browsers*– que divide la pantalla mostrando dos o más páginas a la vez; V. *browser, website*), **frame advance** (IMAGEN/TV/ CINE avance cuadro a cuadro ◊ *Use the frame advance to bring out background details*; se distingue de la cámara lenta –*slow motion*– en que se trata de una sucesión más clara de imágenes está-

ticas, frente a la aparente continuidad de la cámara lenta; V. *fast camera, overcranking, slow motion*), **frame aerial** (TV/CINE antena de cuadro), **frame-by-frame** (PUBL fotograma a fotograma), **frame composition** (CINE encuadre; «encuadre» es el nombre técnico de la composición obtenida por cada toma de una cámara fotográfica o cinematográfica dentro de los límites marcados por el ángulo del objetivo), **frames per second, FPS** (CINE cuadros por segundo), **framing** (CINE encuadre; se emplea en dos sentidos: ① el espacio que capta en cada toma –*take*– el objetivo –*lens*– de una cámara fotográfica o cinematográfica, y ② el proceso de elección del citado espacio, también llamado «campo», teniendo en cuenta los planos –*shots*– que se van a utilizar, la línea de corte –*cutting heights*– de los actores, etc.)].

franchise *n/v*: MKTNG franquicia; otorgar/dar licencia a; alude a la cesión del derecho de explotar una marca determinada ◊ *Hold the franchise; operate under franchise*; V. *brand franchise*. [Exp: **franchise chain** (MKTNG cadena sucursalista; cadena de empresas o tiendas con franquicia; se trata de una cadena de tiendas con el mismo nombre e imagen, aunque cada una de ellas pertenezca a un propietario distinto; V. *voluntary chain*), **franchised dealer** (MKTNG vendedor en régimen de franquicia), **franchised label** (MKTNG marca franquiciada), **franchisee** (MKTNG franquiciado, concesionario), **franchiser/franchisor** (MKTNG franquiciador), **franchising** (MKTNG franquicia; concesión de franquicia o licencia)].

fray *v*: GRAL deshilacharse. [Exp: **frayed edge** (GRÁFICA de barba; V. *trim*)].

free *a*: GRAL libre, franco, independiente, gratis, gratuito; V. *complimentary*. [Exp: **free admission** (GRAL/ESPEC entrada gratuita o libre), **free advertising** (GRAL publicidad gratuita; se dice de la que se da en las noticias; también se le llama *free puff*), **free of charge** (MKTNG gratis ◊ *Provide after-sales service free of charge*; V. *in-flight publication*), **free press** (MEDIOS prensa libre o independiente, libertad de prensa; V. *First Amendment*), **free puff** (GRAL equivale a *free advertising*), **free-standing** (GRAL independiente, autónomo, exento; se aplica sobre todo a los objetos de arte, los artículos de adorno o material impreso *–printed matter–* para indicar que no guardan relación necesaria con el contexto en el que aparecen ◊ *A free-standing advert/sculpture*), **free-standing insert** (MKTNG encarte suelto; es una hoja o folleto de publicidad que se introduce sin fijación alguna en los pliegues *–folds–* de un periódico o revista, aunque también puede ir en cartas, facturas, etc., para ser repartido con ellas; V. *accordion insert, blow-in card*), **freehand, freehand drawing** (GRAL/DISEÑO dibujo a mano alzada o a pulso ◊ *You need a steady wrist to draw freehand*), **freelance** (GRAL/PRENSA autónomo, independiente, temporero, por libre, por cuenta propia, francotirador ◊ *Freelance journalists are less restricted in their comments than staff reporters*; se aplica al periodista u otro profesional que, sin pertenecer a la plantilla de la empresa *–in-house staff–* de una empresa o agencia ni ser asalariado suyo, colabora con ellas a cambio de unos honorarios pactados; también se aplica como sustantivo *–a freelance–* y en uso cuasiadverbial *–to work freelance–*; V. *paparazzi*), **freelancer** (MKTNG temporero, colaborador autónomo ◊ *He preferred to work as a freelancer and enjoy greater independence*; V. *commission*), **freesheet**[1] (MKTNG publicación gratuita; V. *trade paper*), *Freesheet*[2] (MKTNG publicación de la

Audit Bureau of Circulation, ABC[1] u Oficina de Justificación de la Difusión, OJD), **freeware** (INTERNET programas gratuitos, programas de libre distribución, de dominio público; están disponibles en Internet *–available on the Internet–* y pueden redistribuirse *–they may be redistributed–*; V. *shareware, wares, hardware, software*), **freewheeling** *col* (GRAL desenfadado, suelto, desenvuelto, sin trabas, espontáneo, libérrimo ◊ *His freewheeling style of directing actors*; este término, que procede del ciclismo, donde *freewheel* significa «bajar una cuesta o andar a rueda libre», indica que la actuación descrita se caracteriza por una actitud abierta, relajada o desembarazada no exenta en ocasiones del riesgo, la irresponsabilidad o la falta de control o dirección; se habla así de *a freewheeling discusssion* o *a freewheeling management style*, etc.; V. *laid-back*)].

freeze *v/n*: CINE congelar; congelado de imagen. [Exp: **freeze frame** (CINE congelado de imagen; es una técnica aplicada en la fase de posproducción, consistente en la inmovilización de una imagen para producir un efecto de realce; suele ir acompañado de un efecto sonoro estridente o desapacible, como cuando se presenta la imagen de un muerto)].

frequency *n*: AUDIO/GRAL/MKTNG frecuencia; V. *average frequency, bandwidth; acoustics; buying frequency, media frequency, ultra high frequency*. [Exp: **frequency discount** (MKTNG descuento por frecuencia; V. *continuity discount*), **frequency modulation, FM** (AUDIO frecuencia modulada; V. *amplitude modulation*)].

fret *n*: AUDIO traste; designa, bien los salientes *–ridges–* a lo largo del mástil de un instrumento de cuerda, como una guitarra, bien los espacios entre ellos; V.

fretless. [Exp: **fretless** (AUDIO sin trastes; además de los instrumentos que no los tienen, como el violín –*fiddle, violin*–, también puede ser un bajo –*bass guitar*– o una guitarra a la cual se le hayan quitado o limado)].

friendly *a*: GRAL amistoso, cómodo, amable, agradable; V. *reader-friendly, user-friendly.*

fringe[1] *n*: GRAL borde, banda. [Exp: **fringe**[2] (TV/IMAGEN distorsión de los bordes de una imagen; alude a las bandas claras u oscuras provocadas por la difracción de la luz u otras interferencias similares; V. *fringing*), **fringe light** (IMAGEN contraluz; V. *backlight, contour light*), **fringe, fringe time** (RADIO/TV franja horaria anterior y posterior al horario estelar –*prime time*–; se divide en *early fringe* o programación de tarde –entre las 16 y las 19.30– y *late fringe*, que sigue al horario estelar), **fringe theatre** (ESPECT teatro alternativo o experimental), **fringing** (IMAGEN/TV es un transitorio o *glitch* consistente en un halo producido por la superposición de dos o más imágenes; realce indeseado de las siluetas de las zonas de color)].

front[1] *n*: PRENSA anverso; V. *back; obverse.* [Exp: **front**[2] *col* (MKTNG entrada; V. *downpayment, deposit*), **front cover** (PRENSA portada; cubierta; carátula; también llamada *first page* y *title page*; V. *half-title*), **front curtain** (ESPEC telón, V. *curtain, backdrop*), **front man** *col* (TV presentador de televisión; V. *anchorman*), **front matter** (PRENSA texto preliminar, materia introductoria o previa; alude a toda la información impresa, incluidos los datos relativos a la fecha y lugar de publicación, datos biográficos sobre el autor, una relación de otras obras suyas, un prólogo o ensayo introductorio, información biográfica, etc.; V. *back matter*), **front page** (PRENSA portada, primera plana; es frecuente el uso atributivo en expresiones como *front page item/ news/story* –noticia destacada o de primera plana–; V. *make/hit the front page*)].

frothy *a*: GRAL/CINE superficial, frívolo, frivolón *col*, sin sustancia ◊ *A frothy comedy with a non-existent plot*; V. *caper, lightweight.*

fulfil *v*: GRAL cumplir, llevar a cabo, realizar, satisfacer, cumplimentar. [Exp: **fulfillment** *US* (MKTNG cumplimentación del pedido, ejecución del pedido, tramitación del pedido; en mercadotecnia se aplica al proceso de entrada –*reception*–, ejecución –*servicing*– y seguimiento –*tracking*– de los pedidos recibidos por marketing directo, incluyendo las reclamaciones –*complaints*– y las solicitudes de información –*inquiries*–)].

full *a*: GRAL pleno, lleno. [Exp: **full face shot** (CINE plano de la cara completa), **full costing** (MKTNG costeo de absorción, cálculo del coste de absorción; en este método de costeo, llamado también *absorption costing* –costeo total–, todos los costes de fabricación se encuentran incluidos en el coste de un producto), **full figure shot** (CINE plano de cuerpo entero; V. *full shot*), **full frontal nudity** (CINE desnudo integral ◊ *Critics who frown on displays of full-frontal nudity*; V. *hard porn, soft porn*), **full-length motion [picture/film]** (CINE largometraje; V. *feature film; shorts, footage, short film*), **full-length portrait** (IMAGEN toma de cuerpo entero), **full line/measure** (PRENSA a lo ancho de la columna), **full-out** (GRÁFICA párrafo no sangrado; suele ser el primero de un texto; V. *indent*), **full page** (PRENSA a toda plana ◊ *A full page story*; V. *double page spread*), **full-page spread** (PUBL anuncio a doble página ◊ *The ad took up a full-page spread in a national daily*; V. *spread, double truck*), **full run** (PUBL inserción de un anuncio en todas la ediciones de un periódico en un determinado día; V. *full showing*), **full-service advertising agency** *US* (PUBL agencia que ofrece servicios completos de publicidad y marketing, desde la ideación de las necesidades –*concept development*–, el asesoramiento en técnicas comunicativas –*communication advice*–, las campañas –*campaign*–, la planificación de medios –*media planning*–, la compra de espacios, propia de una central de compras –*space/media buying service*–, las relaciones públicas –*public relations*–, la promoción de ventas –*sales promotion*–, etc.; V. *advertising agency*), **full-service merchant wholesaler** (MKTNG mayorista que facilita u ofrece servicios de marketing al minorista), **full shot** (CINE plano de cuerpo completo o de una escena completa, también llamado *medium long shot*), **full showing** (MKTNG exhibición/exposición al máximo; se trata de un contrato de publicidad exterior en todos los soportes –autobuses, vallas, etc.– y medios de una determinada zona; V. *full run*), **full stop** (TIPO punto y seguido; V. *colon, semicolon, stop*)].

fumetti *n*: DISEÑO bocadillo; V. *balloon*.

fungus spots *n*: CINE manchas de hongos; aparecen en los rollos de película, debido a que algunos de los compuestos químicos –*chemicals*– de las emulsiones –*emulsions*– son de origen vegetal.

funny man *n*: CINE/TV cómico ◊ *Some critics describe Samuel Beckett's Vladimir as the funny man to Estragon's straight man*; este término se emplea sobre todo en contraposición al de *straight man* en los espectáculos en los que actúa un dúo cómico; el primero es el «listo», el rápido, el espabilado o el bromista, mientras que el segundo es el «tonto», el «lerdo» o el lento; V. *cross-talk, cross purposes, stand-up comic, deadpan humour, straight man*.

futurism *n*: CINE futurismo; es un movimiento artístico –*artistic movement*–, nacido en Italia en 1909, que propone sustituir los valores artísticos tradicionales –*traditional artistic values*– por el culto al progreso y a las máquinas; V. *avant-garde, dadaism, surrealism*.

fuzzy *a*: IMAGEN borroso, desenfocado; V. *blurred, hazy; sharp; soft; out-of-focus*.

fx *n*: IMAGEN/AUDIO forma abreviada de *fax* y de *effects*; en la acepción de *effects* puede ser equivalente a *opticals* y a *sound effects*.

G

G[1] *n*: CINE [apto] para todos los públicos; es una calificación –*certificate*– emitida por la *Motion Picture Association of America* o *MPAA*; equivale a *general*; V. *suitable for all audiences, PG.* [Exp: **G**[2] (AUDIO es la nota musical *sol* en la escala inglesa, en la que la *C* corresponde a «do»; V. *bass, treble, flat, sharp, natural*)].

gadget *col n*: GRAL aparato, chisme *col*, chirimbolo *col*, artilugio ◊ *The studio was full of all sorts of gadgets used by the special effects people.*

gaffe *col n*: LING/GRÁFICA gazapo, metedura de pata; V. *boob, goof, clanger, misprint, error, mistake, blooper; commit a gaffe.* [Exp: **gaffer** (CINE/TV jefe de eléctricos, electricista-jefe, jefe de luminotecnia, diseñador de iluminación, eléctrico, electricista; también llamado *chief lighting technician*, como responsable de la luminotecnia –*lighting*–, trabaja a las órdenes del director de imagen o *lighting director*; en argot se le llama *juicer*; V. *best boy, grip*), **gaffoon** (TV/RADIO ingeniero de efectos sonoros)].

gag *n*: TV/CINE chiste, broma, número; se trata de un intercambio rápido o un episodio corto en una película o espectáculo, que provoca la hilaridad de los espectadores por lo ocurrente, lo inesperado o lo ágil; se suele diferenciar de la simple broma –*joke, crack* o *witty remark*– por ir acompañado de alguna acción cómica, absurda o de destreza, aunque hay quien emplea el término con la acepción de «comentario festivo o chistoso»; también se emplea a veces, quizá abusivamente, como equivalente a *stunt* –truco de especialista–, aunque falte el elemento humorístico; V. *slapstick comedy, practical joke, zany, caper; stunt, stuntman, stuntwoman.* [Exp: **gagster** (TV/CINE/RADIO escritor de guiones de situaciones o gestos humorísticos –*gags*–; actor especializado en «gags»)].

gain[1] *n/v*: MKTNG ganancia, beneficio, utilidad, lucro; obtener, ganar, conseguir, adquirir; V. *profit; benefit.* [Exp: **gain**[2] (AUDIO ganancia [de señal]; es la amplificación de sonido –*sound amplification*– durante la grabación de audio –*audio recording*– o la reproducción –*playback*–; V. *amplifier, automatic level control, equalizer, sound mixer, loudness*)].

gala *n*: CINE gala, fiesta, festival. [Exp: **gala night** (CINE velada [artística], fiesta, noche de estreno; V. *première, opening*), **gala performance** (CINE/ESPEC función de gala)].

gallery *n*: GRAL galería; tiene las mismas

acepciones que su equivalente español: ①
estudio de un fotógrafo profesional; ②
pinacoteca, museo u otro local donde se
exponen colecciones de pinturas y otras
obras de arte; ③ paraíso del teatro,
«gallinero», etc.; V. *press gallery/box*.

galley *n*: GRÁFICA galera, galerín; galerada;
la galera o galerín es ① una larga tabla
metálica –*a long metal tray*– que servía
para poner las líneas de letras; ② también
es la parte de la composición contenida
en la misma o *composed type*; *galley*
equivale igualmente a ③ galerada, esto
es, *galley proof*; la expresión *galley boy*
significa «chico de los recados o aprendiz de una imprenta». [Exp: **galley proof**
(GRÁFICA galerada, prueba de impresión,
prueba de imprenta no paginada; también
se la llama simplemente *galley*; V.
machine pull)].

game show *n*: RADIO/TV programa concurso
◊ «Un, dos, tres» *was the most successful
game show on Spanish TV*; V. *quiz show,
panel game*.

gamma *n*: CINE/IMAGEN gamma; es la medida de la gama de contrastes de tono de
una cinta virgen expresada por medio de
un logaritmo; «alta gama» quiere decir
alto contraste.

gang[1] *col n*: GRÁFICA pila, montón, juego,
conjunto; en sentido coloquial se dice del
material tipográfico y de las ilustraciones
que se combinarán en la impresión. [Exp:
gang[2] *col* (GRAL/MEDIOS pandilla *col*, cuadrilla *col*, nube [de fotógrafos o reporte-
ros] ◊ *A gang of photographers crowded
round the door of the theatre*; V. *posse*),
gangster film (CINE película de gangs-
ters; aunque estrictamente se refiere a
aquellas películas de ritmo rápido –*fast-
moving films*– sobre el Chicago de los
años treinta, puede aplicarse a cualquier
película sobre delincuentes violentos
–*violent criminals*– o incluso, a veces, al
cine negro –*film noir*–; V. *chopsocky,*

*disaster film, epic film, escape film,
sword and sandal film, sword and
sorcery film, science fiction film*)].

gap *n*: GRAL/IMAGEN/AUDIO brecha, vacío,
hueco, separación, intervalo, laguna; en
electrónica es la separación entre electro-
dos. [Exp: **gap loss** (IMAGEN/AUDIO descenso de la señal por una alineación indebida de las cabezas de lectura)].

gate *n*: GRAL entrada; taquillaje, recaudación, [ingresos por] taquilla ◊ *The match
produced a bumper gate*; se trata de la
forma abreviada de las expresiones *gate
money* –dinero recaudado en taquilla– o
gate receipts –recaudación por taquilla–
V. *box office, gross*[2]. [Exp: **gatefold**
(PRENSA/MKTNG desplegable [de portada];
se trata de un anuncio, también llamado
foldout, en página doble desplegable en
el interior de la portada), **gateway**
(INTERNET pasarela; es un sistema que
permite el intercambio de información
–*information exchange*– entre redes
incompatibles –*incompatible networks*–
que usan protocolos distintos; V. *protocol, router*)].

gathering *n*: GRÁFICA ensamblaje u ordenación de todos los pliegos o cuadernillos
–*signatures*– de un libro para su encuadernación –*binding*–; V. *octavo*.

gauge *v/n*: GRAL medir, calibrar; medida,
calibre; grosor, ancho; indicador, calibra-
dor; V. *film gauge, type/line gauge;
impression*.

gauze *n*: GRAL gasa; se emplea para la difusión de la luz, disimulando irregularidades, realzando la impresión de espacio,
etc.; V. *scrim, tissue paper*.

gay film *n*: CINE película homosexual; película al gusto homosexual; se aplica, además de a aquellas películas de cineastas
homosexuales –*homosexual filmmakers*–
o sobre temática homosexual –*homosexual themes*–, a aquellas que gustan al
público homosexual, como las protagoni-

zadas por Judy Garland, Bette Davis o Joan Crawford.

gel, gelatine *n*: TV/CINE/IMAGEN gelatina; membrana o filtro para crear efectos de luz o colorearla; también llamado *jelly*.

gem *n*: TIPO gema; es un tipo de letra pequeña de unos 4 puntos –*points*–.

gender *n*: GRAL género. [Exp: **gender changer** (GRAL adaptador)].

general *a*: GRAL general; V. *G*. [Exp: **general assignment reporter** (PRENSA reportero general, periodista no especializado; alude al periodista que se dedica a la calle y cubre las noticias allá donde se producen o realiza entrevistas «a pie de noticia»; V. *assignment editor*), **general editor** (PRENSA director general), **general release** (CINE estreno general; proyección simultánea –*simultaneous exhibition*– de una película en un gran número de cines y ciudades; la presentación de una película al público ofrece distintas formas de distribución, además del *general release*: *first run* –proyección restringida–, *second run* –exhibición amplia–, *showcase* –proyección en salas selectas– y *fourwalling* –exhibición por parte del distribuidor–; V. *preview, advance showing*)].

generation *n*: CINE generación; es la clase de cosas derivadas de una clase anterior; en el cine, a la película cuando está siendo rodada –*when the shot is taken*– se la llama primera generación; a la copia –*print*– de este negativo se la llama segunda generación; al internegativo –*internegative*– sacado del positivo se le llama tercera generación; cada generación sufre un deterioro en la calidad de la imagen; V. *original, duplication*.

generator *n*: CINE generador, grupo electrógeno; es un motor mecánico –*mechanical engine*– que produce electricidad –*electricity*– a base de gasoil –*diesel fuel*–, utilizado para filmar en exteriores –*location shooting*–; V. *genny*.

generic *a/n*: GRAL/MKTNG genérico; producto sin marca –*unbranded products*–. [Exp: **generic advertising** (MKTNG publicidad genérica; en este tipo de anuncios, impresos –*print advertisements*– o radiotelevisivos –*broadcast advertisements*– sólo se cita el producto y no se mencionan los puntos de venta en donde se puede adquirir –*local outlets*–; también puede aludir a la publicidad de un artículo producido por varias empresas, destinada a elevar la demanda del citado artículo; suele ser lo opuesto a *selective advertising*), **generic lead** (MEDIOS/PRENSA titulares genéricos, titulares no relevantes o sensacionalistas)].

genlock *n*: CINE/IMAGEN genlock; es un dispositivo –*device*– que mezcla –*mixes*– o superpone –*superimposes*– dos imágenes que provienen de fuentes con frecuencias de actualización de pantalla –*screen refresh rates*– diferentes, como un magnetoscopio –*VCR*– y un generador de títulos –*title generator*–; V. *subtitles, credits*.

genny *US col n*: CINE grupo *col*, generador; V. *generator*.

genre *n*: CINE/LING género; se refiere a cada una de las clases en que se dividen las obras literarias y artísticas, como la narrativa –*prose fiction*–, el teatro –*drama*–, la serie negra –*thriller*–, la comedia romántica –*romatic comedy*–, etc.; entre los géneros periodísticos destacan la noticia, el reportaje, el artículo divulgativo, la crónica, etc. V. *epic; poetics; musical movies, science fiction movies, sword and sorcery genre*.

geostationary *a/n*: TV geoestacionario; también llamados «geosincrónicos» –*geosynchronous*–, se dice de aquellos satélites que giran al tiempo que la esfera terrestre, de forma que siempre están situados sobre el mismo lugar de la superficie de la tierra. [Exp: **geosyncronous** (TV geosincrónico; V. *geostationary*)].

ghost[1], **ghost image** *n*: IMAGEN/GRAL imagen fantasma, espectro; doble imagen; es una imagen adicional en una pantalla de televisión causada por reflejo de la primera; en fotografía es la imagen desplazada; también se llama *ghosting*[1]; V. *lagging ghost*. [Exp: **ghost**[2], **ghost-write** (PRENSA ejercer de negro ◊ *She ghosted the film script attributed to her husband*; en esta acepción la expresión es la forma abreviada de *ghost-writer* y de *ghost-write*), **ghostwriter** (PRENSA «negro»; se dice de la persona que escribe un libro firmado por otro), **ghosting**[1] (IMAGEN equivale a *ghost image*), **ghosting**[2] (MKTNG técnica del atisbo, exposición parcial del producto; se trata de una técnica de empaquetar –*packaging*– de tal manera que una pequeña parte del artículo en venta quede a la vista, gracias a una ventanilla u otra abertura en el envoltorio; equivale a *window*[3])].

gift[1] *n*: GRAL regalo, obsequio; V. *award, prize*. [Exp: **gift**[2] (GRAL ganga, oferta increíble ◊ *At the price it's a gift!*; V. *bargain*), **gift**[3] (GRAL talento, don, gracia, facilidad; V. *talent*), **gift coupon/voucher** (MKTNG cupón de regalo, vale-regalo ◊ *Market soap powder with a gift-voucher in the packet*; V. *gift-token*), **gift-shop** (MKTNG tienda de regalos, tienda especializada en artículos de regalo), **gift token** (MKTNG vale-regalo ◊ *Buy a friend a gift-token as a birthday present*; V. *book token, record token, token*), **gift-wrap** (MKTNG envolver para regalo, envolver en papel de regalo ◊ *We gift-wrap all purchases over the Christmas period*; V. *package, wrap*), **gift-wrapping** (MKTNG papel de regalo, envoltorio de regalo)].

gimmick[1] *n*: TV/CINE/RADIO/MEDIOS frase típica, gesto, numerito o truco característico; se refiere a una frasecita, un número o un gesto repetido en muchas ocasiones de suerte que el público llega a asociar el uno con el otro ◊ *Gimmicks are a cheap way of achieving popularity*. [Exp: **gimmick**[2] (MKTNG truco/recurso/gancho publicitario ◊ *Two for the price of one is an old marketing gimmick*; V. *advertising/publicity gimmick/ploy; patter, sales patter, strategy; stunt; hook*)].

giraffe *col n*: CINE/TV jirafa *col*; es un tipo de grúa –*crane*–, en el extremo de la cual suele colocarse un micrófono –*microphone*–; V. *boom, tongue*.

give *v*: GRAL dar, entregar. [Exp: **give a customer a patter** *col* (MKTNG soltar el rollo publicitario a un cliente; V. *patter*), **give a subject an airing** (GRAL airear/ventilar una cuestión o asunto; V. *air*), **give sb the bird** *col* (GRAL abuchear/patear a alguien, silbar a alguien ◊ *The audience gave the film the bird*), **give sb the push** *col* (GRAL poner a alguien de patitas en la calle; V. *dismiss*), **give sb their cue** (CINE/TV/ESPEC darle a uno el pie o la entrada; darle a uno la señal convenida, poner a alguien sobre aviso; V. *take one's cue from, cue in*), **giveaway** (GRAL/MKTNG regalo)].

glass case *n*: MKTNG escaparate, vitrina; V. *show case, shopwindow*.

glassine[1] *n*: GRÁFICA papel vegetal. [Exp: **glassine**[2] (IMAGEN prueba de bronce, también llamada *bronze proof*; consiste en cubrir algunas letras con polvo de bronce para darles opacidad)].

glazed paper *n*: GRÁFICA papel glasé, papel charol; V. *paper*.

glitch *n*: IMAGEN/TV fallo técnico, problema técnico transitorio; ruido de imagen, «glitche» ◊ *We've hit a glitch with the picture*; es cualquier fallo transitorio que afecta al buen funcionamiento de un aparato eléctrico; V. *artifact; gremlin, bug, fringe, fringing, blink, snag*.

global village *n*: MEDIOS aldea global; el término, acuñado por Marshall McLuhan en los años sesenta, contempla el mundo como una comunidad en la que las distancias se han visto reducidas e incluso eliminadas –*distances have been reduced or even eliminated*– por los medios de comunicación, especialmente la televisión.

gloss *n*: GRÁFICA/IMAGEN brillo, lustre, barniz; V. *haze, transparency; optical*[3]. [Exp: **gloss finish** (GRÁFICA acabado brillante; V. *English/matt/rough finish*), **gloss paint** (GRAL pintura al esmalte), **glossy**[1] (GRAL brillante, lustroso, brillantoso *col*; satinado; esmaltado, como en *glossy paintwork* –pintura esmaltada–; V. *shiny*), **glossy**[2] (PRENSA revista ilustrada; contiene muchas fotos y está impresa en papel satinado; en este sentido es abreviatura de *glossy magazine*; el plural es *glossies*), **glossy paper** (GRÁFICA papel satinado, papel cuché, papel brillo; V. *felt side; paper, machine-coated paper, machine-finish paper, calender*)].

glue *n/v*: GRAL goma; pegar; V. *gum.*

go *v*: GRAL ir. [Exp: **go like a bomb** (GRAL/CINE venderse como churros *col*, ser un gran éxito de ventas, ir sobre ruedas *col*; salir a pedir de boca *col* ◊ *Their new CD is going like a bomb*), **go off/on the air** (RADIO/TV cerrar/abrir una emisión, emisora o programa ◊ *We go off the air at midnight*; V. *be on the air*), **go/stand the pace** (GRAL/MKTNG aguantar el ritmo/el tirón ◊ *The company couldn't stand the pace and ended up folding*), **going** (GRAL normal, corriente, en marcha, en plena actividad, que funciona, vigente; se emplea en expresiones como *going concern* –empresa/negocio que goza de buena salud o que sale adelante; empresa en pleno funcionamiento o actividad–, *going value* –valor de un negocio por estar en funcionamiento o en ejercicio, valor actual–, *going year* –año en curso, año presupuestario–; V. *ongoing*),

going rate (MKTNG tarifa/precio de mercado; V. *market rate*)].

gobo *n*: CINE pantalla opaca amortiguadora de reflejos y de ruidos, durante el rodaje o grabación; V. *scrim, matte.*

gondola *n*: MKTNG góndola; expositor circular de autoservicio de cinco o seis estantes en donde se expone la mercancía; también es el espacio por donde pasarán los clientes de un supermercado. [Exp: **gondola end** (MKTNG cabecera de góndola; espacio privilegiado en las estanterías para exposición de productos, correspondiente a los extremos de las mismas; V. *point of sale*)].

goodwill *n*: MKTNG/DER fondo de comercio, prestigio e imagen profesional, clientela de una empresa o negocio; reputación comercial, gancho, tirón, etc. V. *institutional advertising.*

goods *n*: MKTNG bienes, productos, artículos, géneros; este término, que sólo se utiliza en plural, es sinónimo de *merchandise, shipment* y *wares*; V. *branded goods, brown goods, convenience goods, orange goods, red goods, yellow goods; impulse goods; commodities, cargo.*

goof *col n*: GRAL/CINE/TV gazapo *col*, metedura de pata; error de continuidad ◊ *The worst goof was the amputated hand that reappeared in the following take*; V. *continuity error*)].

gore *col n*: MEDIOS/CINE sangre, vísceras, sangre y vísceras, casquería; género cinematográfico –*genre*– caracterizado por su insistencia en el terror sanguinolento; se aplica tanto a series y películas de terror –*horror films and series*– como a las noticias con este tipo de contenidos; V. *bloody, gruesome, splatter, tomato sauce.*

gossip *n/v*: GRAL/MEDIOS chismorreo, cotilleo, habladurías, chismorrear; V. *scandal, rumour.* [Exp: **gossip magazine** (PRENSA revista del corazón), **gossip shop** (GRAL mentidero; V. *grapevine*)].

Gothic *n*: TIPO letra gótica, también llamada *Old English*; la de forma rectilínea y angulosa, que se usó antiguamente, y durante más tiempo en Alemania; el término es confuso porque se emplea para dos tipos de letras diferentes; el que es letra gótica de forma inequívoca es *black letter*; V. *sans serif*. [Exp: **gothic film** (TV película de terror; aunque a menudo se usa con el mismo significado que el genérico *horror film*, designa en forma estricta aquellas de temática sobrenatural −*supernatural*− o misteriosa −*eerie*−, a diferencia de las de casquería −*gore films*− o de pura violencia; V. *gore*)].

gouache *n*: GRÁFICA guache; V. *line and wash drawing*.

gov *n*: INTERNET terminación de dirección de Internet −*web address*−, que indica que se trata de una entidad gubernamental −*government organization*−, normalmente de Estados Unidos; las direcciones de otros países suelen acabar en las siglas asignadas al país, como pueden ser *es* −España−, *uk* −Gran Bretaña−, *mx* −México−, etc.; V. *com, mil, edu, net, org*.

grade *n/v*: GRAL grado, clase, categoría, clasificación, calidad; clasificar. [Exp: **grading** (GRÁFICA gradación de colores, etalonaje, también llamado *colour correction*, es el proceso de corrección y ajuste de los colores en el negativo de un película, de forma que las tomas de distintos momentos tengan la misma luminancia −*luminance*− y crominancia −*chrominance*−; el verbo «etalonar» es *grade*; V. *colour grading*), **gradual** (GRAL gradual), **gradual build-up campaign** (MKTNG campaña publicitaria escalonada/que va de menos a más; V. *blitz, build-up*)].

grain *n*: IMAGEN/GRÁFICA grano; es la partícula individual sensible a la luz que permanece después de la disolución de la emulsión fotográfica; de su menor o mayor tamaño depende el mayor o menor detalle de la fotografía; también es la dirección de la fibra del papel; se emplea en expresiones como *against/with the grain* −contra/a favor de la dirección de la fibra−; V. *emulsion speed*. [Exp: **grained paper** (GRÁFICA papel de superficie granulada; V. *paper*), **graining** (GRAL/PRENSA/GRÁFICA textura granular; V. *embossing*)].

grammar *n*: CINE gramática, gramática cinematográfica; es el conjunto de montaje −*cutting*−, movimientos de cámara −*camera movements*− y efectos visuales −*optical effects*− que hacen a las películas comprensibles y fluidas −*intelligible and fluent*−; aunque la teoría todavía no ha podido equiparar esta gramática a la de las lenguas naturales −*natural languages*−, sí es cierto que existen una serie de normas −*rules*− que siguen todos los cineastas; V. *imaginary line, jump cut*.

grapevine *col n*: MEDIOS radio macuto *col*, mentidero ◊ *I heard about his resignation through the grapevine*; V. *gossip shop*.

graph *a/n*: GRAL gráfico. [Exp: **graphic** (GRÁFICA gráfico), **graphic arts** (GRÁFICA artes gráficas), **graphic characters** (GRÁFICA caracteres gráficos; V. *alternate characters*), **graphic design** (GRÁFICA diseño gráfico), **graphics** (GRÁFICA/PRENSA artes gráficas; gráficas, grafismo, trabajo de ilustración ◊ *You do the text and leave the graphics to us*; V. *artwork, text*)].

grass *n*: IMAGEN neblina −*haze*− en la parte inferior de la pantalla.

gravure *n*: GRÁFICA huecograbado; ① es la técnica de impresión mediante planchas o cilindros grabados en hueco −*etched plates or cylinders*−; ② la plancha utilizada en el procedimiento; ③ la reproducción obtenida con este procedimiento; V. *photogravure, letterpress, offset; intaglio*.

gray/grey *a*: gris; V. *crossed gray scale; staircase*. [Exp: **gray/grey chart** (IMAGEN/GRÁFICA escala de grises; V. *colour chart*), **gray paper** (GRÁFICA papel de estraza; V. *brown paper*), **gray-scale image** (GRAL/DISEÑO imagen en escala de grises; es una imagen formada por una gama de hasta 256 niveles de gris; V. *halftone*)].

greaseproof paper *n*: GRÁFICA papel vegetal; V. *paper*.

Greeking *n*: GRÁFICA texto ficticio inventado o postizo; texto para llenar el hueco como IOIOIOIOIO o *lorem ipsum*; se trata de texto ininteligible empleado en la fase de planificación de un anuncio, para simular la ubicación y el espacio que ocupará el texto real; *greeking* deriva de la palabra inglesa *Greek* –griego– y más concretamente de la expresión *It's Greek to me* –«Eso para mí es griego»–; V. *walla walla*.

green *a*: GRAL verde; relacionado con el medio ambiente; se emplea en expresiones como *green customer* –cliente sensible a las cuestiones medioambientales–, *green marketing*– mercadotecnia sostenible basada en actividades empresariales sensibles al medio ambiente– o en productos biodegradables –*biodegradable*–, etc.; V. *environment, eco-*. [Exp: **green light** (GRAL/CINE luz verde; también utilizable como verbo, consiste en aceptar un guión –*screenplay*– o proyecto de película; en general también significa autorizar cualquier propuesta –*proposal*–), **greenwashing** (PUBL anuncio que explota los temas medioambientales en su publicidad; a veces puede ser una maniobra o tapadera –*cover-up*–; V. *eco-advertising, environmentalist advertising*)].

gremlin[1] *n*: GRAL duende, diablillo; V. *artefact, glitch, bug*. [Exp: **gremlin**[2] (IMAGEN/AUDIO duendecillo; se trata de un ser imaginario, de espíritu travieso o maligno, a quien se culpa jocosamente de los fallos o averías surgidos de improviso en los aparatos mecánicos o electrónicos, sobre todo en los programas de ordenador; en su origen la expresión, formada por analogía con la palabra *goblin* –duendecillo malicioso de la mitología nórdica–, pertenecía al argot de los aviadores británicos durante la segunda guerra mundial, que achacaban a la intervención de dichos seres invisibles las averías sufridas por sus aviones; V. *bug, glitch*)].

grey *a*: GRAL gris; V. *gray*.

grid[1] *n*: GRAL parrilla, reja; emparrillado; red eléctrica ◊ *The electricity grid*. [Exp: **grid**[2] (IMAGEN cuadrícula ◊ *Compose characters on a grid*), **grid**[3] (RADIO/TV parrilla de programación; se trata de una formación regresiva del verbo *gridiron*, al creerse que *-iron* significaba «hierro»; V. *gridiron, programme grid*), **grid iron** US (GRAL campo de fútbol americano; se llama así por la cuadrícula de líneas blancas pintadas en el césped)].

grip *n*: CINE ayudante de cámara, maquinista; es el encargado del equipo de mantenimiento en el plató o *set* ◊ *Grips work closely with gaffers*; V. *assistant cameraman, pusher*.

gross[1] *n/v*: GRAL/MKTNG/GESTIÓN bruto, íntegro, grueso, total; en bruto, sin deducciones; se opone a *net*; ingresar, ganar en total ◊ *The film grossed £10m*; aparece en muchas expresiones de tipo económico como *gross billing* –facturación sin descuentos por la publicidad en un soporte publicitario o *media vehicle*–; *gross domestic product, GDP* –producto interior bruto, PIB–; *gross loss* –pérdida bruta–; *gross margin* –margen comercial bruto, tasa de beneficio bruto–; *gross mark-down* –rebaja total–, *gross national product, GNP* –producto nacional bruto–, etc. [Exp: **gross**[2] (CINE [ingresos totales por] taquilla; V. *gate, rentals*), **gross**

audience (RADIO/TV/GRAL audiencia total, también llamada *gross impressions* y *total audience*), **gross average audience** (RADIO/TV/GRAL audiencia total media; para su cálculo se suma la audiencia total corregida de las dos primeras emisiones de un programa, dividiendo por dos la cifra que resulte), **gross circulation** (RADIO/TV/GRAL exposición máxima; audiencia total o máxima; número total de lectores; se trata de la cifra máxima de personas que tienen acceso a un mensaje publicitario, un periódico, etc.), **gross cost** (GESTIÓN/MKTNG/MEDIOS coste bruto; coste bruto de la inclusión de un anuncio publicitario en un medio de comunicación, incluidas todas las comisiones; precio máximo del tiempo o el espacio publicitario; V. *mark-up*), **gross impressions** (MEDIOS audiencia total, cifra total de receptores de un anuncio publicitario, con independencia de que algunos lo hayan captado más de una vez; equivale a *gross audience* y *total audience*; V. *impressions*), **gross rating point** (MEDIOS unidad de audiencia –*rating point*– íntegra o bruta, esto es, sin tener en cuenta duplicaciones –*duplications*–; V. *net rating point*)].

ground *n*: AUDIO tierra; toma de tierra. [Exp: **ground lighting** (IMAGEN haz de luz dirigido hacia arriba), **ground station** (TV/RADIO estación terrestre), **groundwood paper** (PRENSA papel prensa; V. *newsprint*)].

group[1] *n/v*: GRAL/GESTIÓN grupo, agrupación, consorcio; agrupar-se; en forma atributiva significa «colectivo» por lo general, y se combina espontáneamente con muchos sustantivos con el significado de «consolidado, del grupo, que afecta a todas las empresas de un grupo», como en *group decisions, group figures, group finance,* etc. [Exp: **group**[2] (RADIO/TV conjunto, grupo ◊ *The lead guitarist has left the group*; equivale a *ensemble* y a *band* y se usa en expresiones como *a rock group* –un conjunto de rock–), **group account director** (GESTIÓN/PUBL director de grupo de cuentas), **group advertising** (GESTIÓN/PUBL publicidad de un grupo de minoristas), **group discussion** (GESTIÓN discusión/análisis de grupo; V. *focus group, seminar, workshop, brainstorming*), **group product manager** (MKTNG/GESTIÓN jefe de una línea de productos; V. *product manager*)].

growth *n*: MKTNG crecimiento; V. *cash cow, star, dog.*

gruesome *a*: MEDIOS espantoso, horrible, sanguinolento, macabro; ◊ *Gruesome murders attract large audiences*; V. *gore, bloody.*

grunge *n*: AUDIO [música] «grunge»; su nombre deriva de *grungy* –andrajoso, pordiosero–, que era el adjetivo despectivo aplicado a la apariencia de estos grupos; el nombre también se aplica a la estética correspondiente; V. *blues, country, dance music, disco music, ethnic music, folk music, hard rock, house music, jazz, pop, punk rock, rave, rock and roll, rockabilly, symphonic rock, techno.*

guarantee, guaranty *n/v*: MKTNG/DER garantía, aval; avalar; las palabras *guarantee, warranty* y *guaranty* son parcialmente sinónimas; en principio, *guarantee* se emplea en el habla cotidiana, *warranty*, en contextos jurídicos o escritos, y *guaranty* es la más obsoleta.

guest *n*: RADIO/TV [personaje] invitado a un programa; V. *studio guest, host.*

guide *n*: GRAL guía; V. *TV guide, listings, entertainment guide.* [Exp: **guideline** (GRAL pauta, guía, directriz, línea maestra; V. *cue; strategy*)].

guild *US n*: GRAL gremio, sindicato; equivalente al *union* británico, aparece en expresiones como el *Hollywood Directors' Guild* –Gremio de Directores de Hollywood–, *Directors' Guild of America* –Gremio de Directores de Estados Unidos–, etc.

gum *n/v*: GRAL goma; pegar; V. *glue.*

gun *n*: IMAGEN pistola; V. *sun gun, electron gun, laser gun.*

gutter[1] *n*: GRAL canalillo, arroyo; *fig* bajos fondos, barrios bajos ◊ *He was born in the gutter*; V. *gutter press.* [Exp: **gutter**[2] (GRÁFICA calle, corondel; margen entre dos páginas, surco o canal que divide las páginas pares de las impares de un libro u otra publicación por efecto del pliegue –*fold*– o la encuadernación –*binding*–; por extensión, es el margen o espacio en blanco –*blank space*– entre dos columnas; antiguamente se conseguía introduciendo entre las columnas un reglete or corondel –*gutter stick*–; V. *rule; margin, border, across-the-gutter*), **gutter bleed** (GRÁFICA sangrar hasta el margen interior o *gutter*; a sangre, impresión a margen perdido por el centro; extender el texto o la ilustración hasta el margen interior, a margen perdido), **gutter crossing** (PRENSA titular que atraviesa los márgenes entre dos páginas continuas), **gutter press** (PRENSA prensa sensacionalista, prensa amarilla ◊ *The trashy stories of sex and scandal that fill the pages of the gutter press*; V. *pops, exposé, scandal, scoop; trashy*)].

H

habitat *n*: GRAL/MKTNG/PUBL emplazamiento geográfico; en los estudios sociológicos, publicitarios, etc., como el análisis de audiencias, el emplazamiento geográfico, junto con la edad *–age–*, la clase social *–social class–*, el estilo de vida *–lifestyle–* y el estatus *–status–* son parámetros determinantes; V. *ACORN, MOSAIC.*

hack *col n*: PRENSA escritorzuelo, periodista de tres al cuarto o de poca monta; se emplea también en expresiones como *film hack –*director de poca monta*–, hack writer –*escritor de pacotilla*–*, etc. [Exp: **hacker** (INTERNET pirata, pirata informático; es aquel que goza alcanzando un conocimiento profundo sobre el funcionamiento interno *–the inner function–* de un sistema o red; V. *cracker*)].

hair *n*: GRAL pelo. [Exp: **hairdresser** (CINE peluquero; se encarga del cuidado de los peinados de los actores *–actors' hairstyles–* durante la filmación *–filming–*; V. *hairstylist*), **hairdressing room** (CINE/TV peluquería; V. *make-up room*), **hairline** (GRAL/TIPO línea, raya o trazo muy fino; muy fino, muy delgado; en tipografía alude a ① tipo de letra muy delgado, y ② regleta muy fina; es una planchuela de metal *–a thin strip of metal–* que sirve para interlinear o regletear, esto es, espa-

ciar la composición *–separate lines of type–* poniendo regletas entre los renglones *–lines of type–*; V. *lead*[4]), **hairstyle** (CINE peinado ◊ *The air conditioning made a mess of the lead actress's hairstyle*; V. *hairstylist, hairdresser*), **hairstylist** (CINE estilista, peluquero; se encarga del cuidado de los peinados de los actores *–actors' hairstyles–* durante la filmación *–filming–*; V. *hairdresser*)].

halation *n*: IMAGEN halo; es un brillo no deseado *–flare–* que aparece en la película revelada *–processed film–*, normalmente por reflejarse la luz desde la base de la película *–film base–*.

half *n/a*: GRAL mitad; medio. [Exp: **half apple** *col* (CINE cajoncito utilizado para dar altura a los actores, de unos diez centímetros de alto; es la mitad de un *apple box*; V. *apple box, trench*), **half cut** (GRÁFICA medio corte; se aplica al papel soporte de un adhesivo para facilitar su separación), **half page** (PRENSA [anuncio publicitario de] media página; V. *vertical half-page*), **half-page spread** (PRENSA [anuncio de] media página doble enfrentada), **half-title** (GRÁFICA portadilla, anteportada, falsa portada; también se le llama *bastard title*, y corresponde al título del libro que va solo en una página, precediendo a la portadilla o *title page*; V. *front cover*), **halftone, half tone** (GRÁFICA media tinta, fotograbado a media tinta; semitono, medio tono; es una imagen en blanco y negro reproducida en papel en la que las gradaciones de luz se obtienen mediante una combinación de puntos de distintos tamaños –*different-sized dots*–; el concepto básico de la media tinta, a saber, la traducción de una gama continua de valores en un sistema binario discreto, es la base de la televisión, la informática, etc.; V. *continuous tone, grayscale image, outline halftone, drop-out halftone*)].

halides *n*: IMAGEN haluros; son los compuestos –*compounds*– de plata –*silver*– y diversos halógenos –*halogens*–, tales como el bromuro de plata –*silver bromide*–, etc., que contiene la emulsión de las películas –*film emulsion*–; al reaccionar con la luz, crean las imágenes que se extraen con el revelado –*processing*–.

halo effect *n*: MKTNG efecto aureola; en la jerga de los expertos en mercadotecnia se llama así a la serie más o menos imprecisa de impresiones positivas retenidas en la memoria de los consumidores de un producto y reveladas por las respuestas que dan a las preguntas formuladas en una encuesta o *survey*.

halogen lamp *n*: IMAGEN luz halógena.

ham *n*: GRAL inepto, incompetente, chapuzas *col*, chapucero *col*. [Exp: **ham²** (CINE/ESPEC actor/actriz sin recursos o de tercera ◊ *The actor who played the male lead was a real ham*), **ham it up** (CINE/ESPEC sobreactuar, exagerar, representar un papel de una forma muy exagerada, llevar un papel al borde de la parodia ◊ *Experienced actors sometimes enjoy themselves hamming it up in comic roles*; V. *frothy, lightweight*)].

hammocking *col n*: TV acomodo, selección estratégica del horario idóneo para un espacio televisivo; alude a la práctica de buscar un hueco cómodo –literalmente una hamaca o *hammock*– para un programa nuevo o de baja audiencia, situándolo entre dos espacios con buena aceptación ◊ *Hammock a new programme between the sports coverage and a popular quiz show*; V. *slot, lead-in, lead-out, bridging.*

hand *n/v*: GRAL mano; entregar con la mano. [Exp: **hand-held** (GRAL portátil ◊ *A hand-held apparatus*; V. *portable*), **hand composition/setting** (GRÁFICA composición manual; V. *typesetting*), **hand-held camera** (CINE/TV cámara portátil o manual; cámara al hombro, manejo manual de la cámara, técnica de filmar con la cámara al hombro del operador ◊ *The hand-held camera sequence gave an effect of immediacy*; V. *neorealism, over-the-shoulder shot*), **handbill** (MKTNG folleto, prospecto; V. *brochure*), **handout** (GRAL/PRENSA octavilla, folleto; esquema; nota de prensa; ① con el significado de octavilla o folleto equivale a *advertising leaflet*; ② nombre familiar por el que se conoce a las notas de prensa –*press releases*–; ③ esquema para seguir una clase o conferencia), **handwriting** (GRÁFICA caligrafía; V. *engrossing*)].

handle *v/n*: GESTIÓN comerciar, manejar, tratar, encargarse de; mango, asidero. [Exp: **handler** (MKTNG tratante, comerciante, negociante; V. *dealer, trader, merchant*), **handling** (GESTIÓN tramitación, gestión; servicio de equipaje), **handling and shipping** (GESTIÓN gastos de envío; V. *packing and marking, packing charges*)].

hang *v*: GRAL colgar. [Exp: **hanger** (EXTERIOR colgante; es un cartel, con anuncios en ambas caras, que cuelga del techo de los grandes almacenes; V. *cliffhanger*), **hanging indentation** (GRÁFICA/TIPO sangría francesa; también se llama *reverse indentation/indention*)].

hard *a*: GRAL/IMAGEN duro; se aplica, bien a

las imágenes con mucho contraste –*high contrast*–, bien a la iluminación –*lighting*– que acentúa los bordes –*produces sharp edges*– y crea dicho contraste. [Exp: **hard copy** (GRÁFICA/IMAGEN impresión, copia impresa, imagen en papel; V. *soft copy; medium of print, run off, print run*), **hard core** (GRAL/CINE porno duro; es aquel en el que las escenas de sexo son reales, a diferencia del porno blando –*soft core*–, en el que son simuladas; V. *blue movie, nudie, skinflick, smoker, stag movie*), **hard hyphen** (LING guión duro; es el que forma parte de una palabra compuesta; V. *soft hyphen; dash*), **hard lead** (PRENSA/MEDIOS entradilla dura; contiene esta entradilla datos concretos sobre las noticias; V. *soft lead; lead²*), **hard porn, hard-core porn** (CINE/PRENSA/IMAGEN pornografía dura; V. *full-frontal nudity, soft porn*), **hard rock** (AUDIO rock duro; es una variante del *rock*, con ritmo más acentuado, mayor uso de guitarras distorsionadas –*distorted guitars*– y estética más enloquecida –*frenzied aesthetics*–; para algunos es sinónimo de *heavy metal*, aunque sus seguidores consideran el *heavy* más «duro»; V. *blues, country, dance music, disco music, folk music, ethnic music, grunge, heavy metal, jazz, pop, punk rock, rap, rave, reggae, rock and roll, rockabilly, symphonic rock, techno*), **hard sell/selling** (MKTNG venta dura, técnicas agresivas de venta ◊ *Many people are put off by hard-sell techniques*; V. *soft sell*), **hardback, hardcover** (GRÁFICA libro de tapa dura; V. *paperback*), **hardtop** US col (CINE sala de cine cubierta; V. *drive-in cinema*), **hardware** (GRAL instrumental, aparato, equipo, maquinaria, soporte físico; V. *software; wares, shareware, discount shed*)].

harmonic *a/n*: AUDIO armónico; V. *overtone, pitch, frequency*.

harvest strategy *n*: MKTNG estrategia de recogida de beneficios; consiste esta estrategia de inversión –*investment strategy*– en reducir al mínimo los fondos de promoción –*promotional funds*– de un producto –*SBU, product*– con el fin de recoger beneficios o generar *cash flow*; V. *divest strategy, harvest strategy, build strategy*.

hash mark *n*: TIPO sostenido; es el signo # del teclado de un ordenador ◊ *The hash mark is often used in the USA to signify 'number'*; V. *ampersand, punctuation*.

hat rack US col *n*: TV presentador florero col, busto parlante col; se suele decir familiarmente de aquellos presentadores de informativos que leen muy bien, pero que son incapaces de llevar a cabo funciones de periodista ◊ *It is useless to ask a hat rack to conduct a debate*; V. *broadcaster, announcer², radio announcer, anchor, host; continuity man; NAB*),

hatch *v*: GRÁFICA sombrear; V. *shade*. [Exp: **hatches, matches and despatches** col (PRENSA ecos de sociedad; es la forma coloquial de describir las *intimations pages*, esto es, la sección de un periódico en la que se anuncian los nacimientos –*hatches*–, enlaces –*matches*– y necrológicas –*despatches*–; V. *announcement; intimations page; small ads page*.

haze *n*: IMAGEN/CINE neblina, nebulosidad; falta de definición o nitidez de la imagen ◊ *There's too much haze in the photograph*; V. *fog, snow; gloss, transparency; optical³*. [Exp: **haze filter** (IMAGEN filtro ultravioleta o con efecto de neblina), **hazy** (IMAGEN brumoso, borroso; V. *blurred, fuzzy; sharp; soft*)].

HDTV *n*: IMAGEN televisión de alta definición; V. *high definition television*.

head¹ *n*: AUDIO/IMAGEN cabeza, cabezal; también llamado *tape head*, se refiere tanto al de un magnetoscopio –*video recorder*– como al de un magnetófono

–tape recorder–. [Exp: **head**² (PRENSA V. *headline*¹), **head end** (TV centro de control de la televisión por cable; V. *inter active cable*), **head-on location** (EXTERIOR anuncio/emplazamiento, orientado *–facing–* hacia la dirección del tráfico), **head the bill** (MEDIOS encabezar el reparto ◊ *A well-known Hollywood actress headed the bill*; V. *billing, top the bill*), **header** (GRÁFICA/INTERNET cabecera; en Internet es la parte inicial de un mensaje *–message–*, que contiene datos sobre el remitente *–sender–*, el destinatario *–addressee–*, etc.), **heading**¹ (TIPO/PRENSA/MKTNG titular, título, encabezamiento, epígrafe ◊ *You'll find the information under the heading "Places to visit"*; V. *headlines, running head, caption*), **heading**² (INTERNET encabezamiento; es el tipo *–font–* y tamaño de letra *–font size–* que deben tener lòs títulos *–titles–* en las páginas Web *–Web pages–*; no se debe confundir con cabecera *–header–*; V. *header*), **headline** (PRENSA/MEDIOS titular [de prensa, de radio, televisión o de un anuncio gráfico *–print ad–*], resumen de noticias ◊ *Banner headlines proclaimed the team's victory*; tanto los titulares de prensa como los de los anuncios suelen utilizar letra destacada o *display type*; V. *deck; headline news, news headline, make the news, hit the news; lead story; bumped heads, bank*), **headline news** (PRENSA noticia de primera página ◊ *The president's resignation made the headline news*, V. *news headline; hit the headline, make the headlines*), **headliner** (CINE/ESPEC actor de primera fila; V. *billing, star billing*), **headphones** (AUDIO auriculares, cascos; V. *earphone; headset*), **headset** (AUDIO auriculares; es el aparato en su conjunto; V. *headphones*)].

hearty *a*: GRAL cordial. [Exp: **hearty ovation** (ESPEC aplauso cerrado; V. *sustained applause; ripples of applause*)].

heat *n*: GRAL calor. [Exp: **heat filter** (IMAGEN filtro de calor; es el filtro óptico *–optical filter–* que hay dentro del proyector, que refleja *–reflects–* o absorbe *–absorbs–* la luz, evitando que la película se arrugue o se incendie *–warps or catches fire–*; V. *filter*)].

heavy¹ *a*: GRAL grave, fuerte, importante, considerable, abundante; oneroso, pesado ◊ *Heavy fall in the prices*. [Exp: **heavy**², **heavies** *col* (PRENSA prensa seria o de calidad; se suele usar el nombre en plural; V. *broadsheet, quality press; tabloid*), **heavy**³ (MKTNG fijo, leal, constante, entusiasta; V. *heavy user*; V. *light*), **heavy advertising** (PUBL publicidad masiva; V. *heavy up*), **heavy market** (MKTNG mercado deprimido, lento o a la baja), **heavy metal** (AUDIO heavy, heavy metal; es una variante del *rock*, con ritmo más acentuado y mayor amplificación *–higher amplification–*; para algunos es sinónimo de *hard rock*, aunque sus seguidores consideran el *heavy* más «duro»; V. *blues, country, dance music, disco music, folk music, ethnic music, grunge, hard rock, house music, jazz, pop, punk rock, rap, reggae, rock and roll, rockabilly, symphonic rock, techno*), **heavy up** *col* (PUBL intensificar la publicidad de un producto en un medio de difusión; V. *build up*), **heavy user** (MKTNG consumidor fijo, leal o entusiasta; V. *user; consumer; occasional user*), **heavy viewer** (TV adictos a la tele ◊ *Heavy viewers are usually light readers*; V. *couch potato*)].

herder *col n*: CINE segundo ayudante de dirección; el nombre, equivalente a «pastor» en inglés, da a entender que los actores o los extras son como un rebaño *–herd–* de ganado; V. *cattle call*.

hero shot *col n*: CINE toma buena; se aplica a la que consigue llegar al montaje final *–final edit–*; V. *cutting, editing*.

hi-fi *a/n*: GRAL [de] alta fidelidad. [Exp:

hi-fi [insert] (PUBL anuncio que se envía al periódico en huecograbado para su inserción en la tirada corriente o *print run*)].

hide *v*: GRAL ocultar, esconder; V. *camouflage*. [Exp: **hidden camera/microphone** (CINE/TV cámara/micrófono oculto)].

high *a*: GRAL alto, elevado. [Exp: **high angle** (CINE picado; se dice del plano cinematográfico –*shot*– efectuado de arriba abajo; V. *zenital shot*), **high-angle shot** (CINE plano aéreo o vista de pájaro; equivale a *bird's eye shot*), **high definition television, HDTV** (IMAGEN televisión de alta definición; en este sistema, la imagen de la pantalla se acerca a la cinematográfica, al incrementarse el número de líneas en pantalla –*screen*– de 610 a 1.170; V. *definition; jaggies*), **high fashion** (GRAL/MKTNG alta costura), **high fidelity** (AUDIO alta fidelidad), **high flier/flyer**[3] (MKTNG prospecto de publicidad), **high key** (CINE/IMAGEN con alta intensidad luminosa; gris es la más baja; V. *low key*), **high-pitched** (AUDIO agudo, perteneciente a las frecuencias altas del espectro; V. *bass, treble, earpiercing*), **high speed camera** (IMAGEN cámara de alta velocidad; se utiliza para conseguir efectos de cámara lenta –*slow-motion effects*– o, a mayores velocidades, para fines técnicos, tales como juzgar resultados de carreras –*racing results*–; paradójicamente, también se la llama «cámara superlenta» no por la forma de filmar, sino por el efecto producido al reproducir –*when playing back*– el efecto contrario, el movimiento acelerado –*fast motion*– se consigue filmando a muy baja velocidad; V. *slow motion*), **high-tech** (MEDIOS tecnología punta o de vanguardia; V. *state-of-the-art technology, leading edge technology*), **highbrow** (GRAL intelectual, culto, pseudointelectual, pretencioso,

«superculto»; la expresión suele tener un matiz irónico o peyorativo ◊ *A film straining too hard to be highbrow*; V. *lowbrow, middle-brow*), **highlight**[1] (GRAL/MEDIOS resaltar, marcar con rotulador ◊ *Advertising copy highlighting the good points of a product*; V. *display, marker*), **highlight**[2] (GRAL/MEDIOS lo más destacado, importante o sobresaliente, resumen de los momentos más interesantes de un acontecimiento ◊ *Show highlights of a tennis championship in the evening*; V. *edited highlights*), **highlight**[3] (IMAGEN toque de luz, destacar mediante el uso de colores, la iluminación, etc. ◊ *Students of photography are trained to use highlights and contrasts effectively*; V. *floodlight*), **highlights** (GRAL reflejos, mechas [en el pelo]; V. *make-up*), **highlight area** (GRÁFICA/IMAGEN zona blanca, más clara o más iluminada de un gráfico o fotografía; V. *drop-out halftone*), **highlight halftone** (GRÁFICA directo o semitono en el que los puntos han sido eliminados de la zonas blancas o de mayor luz –*highlight area*– para aumentar el contraste; también llamado *drop-out halftone*)].

hint *n*: GRAL insinuación, indirecta; V. *innuendo*.

hire *n/v*: GRAL alquiler, arriendo, contratación; alquilar, tomar en arriendo; V. *rent*. [Exp: **hire-purchase, HP** (MKTNG compra-venta a plazos; el comprador accede a la posesión del bien cuando abona la entrada o primer plazo y será su propietario cuando pague el último plazo; V. *instalment buying/purchase*)].

hiss *v/n*: GRAL/AUDIO abuchear; siseo; es un ruido de alta frecuencia –*high-frequency noise*– V. *glitch; distortion; bias*[2]; *bloop*), **hissing and booing** (ESPEC pitada col; V. *catcall, boo*)].

hit[1] *n*: GRAL impacto; éxito de ventas, triunfo, obra taquillera ◊ *The show was a* *smash hit in London*; V. *box office; impression; smash-hit, rolling in it/money.* [Exp: **hit**² (INTERNET impacto; es el número de veces que se ha accedido a un archivo *–file–* por parte de un navegador *–browser–*; V. *banner*), **hit the front page, hit the headlines** (PRENSA salir en primera plana, aparecer en la primera página ◊ *There was a leak and the details of the scandal hit the headlines*; equivale a *make the front page* y *make the headlines*; V. *headline news, news headlines*)].

hitchhiker *n*: PUBL anuncio en una pausa publicitaria *–break–* o entre dos programas patrocinados.

hoard *v*: GRAL/MKTNG acaparar; V. *stockpile, corner, overstock, engross*¹. [Exp: **hoarding** (EXTERIOR valla publicitaria ◊ *A face that appears on all the hoardings*; V. *billboard, outdoor poster, advertising hoardings*)].

hog *col v*: GRAL/TV monopolizar, acaparar, chupar *col* cámara ◊ *Hog the discussion on a TV chat show*; V. *chat show*. [Exp: **hog the camera/limelight** *col* (TV chupar cámara; V. *upstage*)].

hold¹ *n/v*: GRAL/GRÁFICA/AUDIO custodia, retención o conservación de material tipográfico, audiovisual, etc., para uso posterior; mantener, sostener; V. *keep standing; kill.* [Exp: **hold**² (TV/CINE parada, congelado o control horizontal o vertical de un cuadro o *frame*), **hold**³ (CINE toma de reserva; también llamada *keep take*, es una toma *–take–* que no se revela, pero que se guarda por si se cambia de opinión *–in case of second thoughts–*; V. *cutting, editing*), **hold a story** (PRENSA embargar una noticia ◊ *The story about their marriage was held until 12 o'clock*; V. *put a holding order on a story*), **hold strategy** (MKTNG estrategia de mantenimiento; consiste esta estrategia de inversión *–investment strategy–* en mantener

los fondos de promoción *–promotional funds–* de un producto *–SBU, product–* con el fin de conservar *–maintain–* su cuota relativa de mercado *–relative market share–*; V. *divest strategy, harvest strategy, build strategy*), **holding power** (TV/RADIO capacidad de retención de la audiencia de un programa; V. *retain*), **holdover audience** (MEDIOS audiencia heredada, audiencia de arrastre, también llamada *carry-over audience*; V. *audience flow*)].

holistic evaluation *n*: MKTNG evaluación global de una campaña publicitaria o de mercadotecnia.

hologram *n*: IMAGEN holograma; es una imagen tridimensional *–three-dimensional image–* creada por un haz de radiación dividido *–a split beam of radiation–*; V. *special effects.* [Exp: **holography** (IMAGEN holografía; es el proceso o arte de creación de hologramas)].

home *n*: GRAL casa, hogar ◊ *There is a TV in nearly every home in the country*; en posición atributiva equivale a ① «doméstico», como en *home video* –vídeo doméstico–; ② «hogareño o familiar», como en *home life* –vida hogareña–; ③ nacional o interior, como en *home market* –mercado interior–; ④ «a fondo», con valor adverbial en expresiones como *drive home a point, press/push home an advantage.* [Exp: **home cinema/theatre** (AUDIO/IMAGEN cine en casa; término para designar a sistemas de audio/vídeo *–audio/video equipment–* destinados a su disfrute en el hogar *–home use–*; constan de una televisión *–TV set–*, sistema de vídeo y audio *–video and audio system–* y descodificador de sonido envolvente *–surround sound decoder–*), **home in on**¹ (GRAL dirigirse directamente a, centrarse en, centrar el mensaje en, elegir como blanco ◊ *The advert homes in on the user-friendly aspects of the product*),

home in on[2] (IMAGEN/TV enfocar, sacar en primer plano ◊ *The camera homed in on the actress's eye-catching dress*; V. *focus, close-up; tighten up, zoom in*), **home news** (PRENSA nacional, sección de nacional; V. *editorial, home news, leader, city, sports*), **home page** (INTERNET página inicial, página raíz; es la primera página de una dirección de Internet –*Web site*– a partir de la cual se comienza a navegar –*navigate*– por sus diferentes secciones), **home videos** (TV «vídeos de primera», vídeos caseros), **homer** col (GESTIÓN trabajito extra col, chollito col; alude al trabajo por encargo realizado en su tiempo libre y en beneficio propio, por un trabajador especializado, normalmente utilizando el material y la maquinaria de la empresa que lo emplea ◊ *Make a bit of extra money doing homers on the side*; V. *job*), **homes using TV, HUT** (MKTNG/TV porcentaje de televisores conectados a un determinado programa en un determinado momento; V. *PUT, PUR, rating, share, metered market*)].

hoo-ha col n: GRAL/MKTNG follón col, alboroto, alharacas ◊ *There was the usual hoo-ha in the media*; V. *hype*.

hook n/v: GRAL/MKTNG/CINE gancho; encanto, atractivo, seducción; producto gancho; enganchar; en el mundo del cine, el «gancho» o «encanto» debe estar en los primeros diez minutos de la película; V. *pulling power, appeal*. [Exp: **hook up** (GRAL/TV enganche, conexión; conectar, enganchar ◊ *If you purchase the satellite equipment, they'll hook you up for free*), **hooked on sth** col (GRAL enganchado a/con algo, colgado de, enviciado con algo; entusiasmado con algo ◊ *Millions of viewers are hooked on soap*)].

horizontal advertisement n: PUBL publicidad horizontal o conjunta; también llamada *joint advertising*, es la que organiza un gremio u organización empresarial.

horn n: AUDIO megáfono; V. *megaphone, loudspeaker*.

horror film n: CINE película de terror, película de miedo; en general, es cualquier película que pretende aterrorizar –*terrify*– a los espectadores mediante historias –*tales*– de monstruos –*monsters*–, fantasmas –*ghosts*– y similares; V. *gothic films, gore films*.

horse n: GRAL caballo. [Exp: **horse opera** col (CINE película del oeste, también llamada *oater*; V. *soap opera*)].

host[1] n: RADIO/TV presentador de radio o televisión; V. *talk show, studio guest, broadcaster, announcer*[2], *radio announcer, anchor, host; continuity man; hat rack; NAB*. [Exp: **host**[2] (RADIO/TV presentar un programa o espectáculo; V. *talk show*), **host**[2] (GRAL ser la sede de, albergar), **host computer** (INTERNET ordenador anfitrión es un ordenador que actúa como servidor –*web server*–; V. *server*)].

hot a: GRAL cálido, caliente. [Exp: **hot head** (CINE cabeza caliente; es la cámara controlada desde un ordenador), **hot shop** col (PUBL agencia pequeña de publicidad dedicada sólo a trabajos creativos; también llamada *creative boutiques*; cuando alcanzan un cierto volumen se convierten en *à la carte agencies*), **hot type** (GRÁFICA tipografía caliente; V. *cold type*)].

hound v: GRAL/MEDIOS acosar, perseguir, atosigar, presionar ◊ *The press photographers were accused of hounding the famous actress*; V. *media coverage, paparazzi; candid photo*.

house n/v: GRAL casa; albergar ◊ *The building houses a leisure centre and a concert hall*; tiene, además, otras acepciones derivadas de la primera: ① empresa, como en *Publishing house, house rules* –normas de la casa–, *finance house*, ② sala [de proyección], ③ público asistente, como en *The film is playing to packed* *houses*, ④ sesión, como en *There are always a lot of kids at the first house*; ⑤ en función atributiva significa «de la [propia] empresa», en expresiones como en *house ad* –publicidad insertada por la misma editorial, por ejemplo para anunciar algún servicio o la venta de números atrasados de una revista–; *house magazine* –revista de la empresa–, *house policy* –política o normas internas de la empresa–, etc.; V. *in-house advertising, art house*. [Exp: **house ad** (PUBL publicidad de los programas de la misma emisora), **house, house music** (AUDIO [música] *house*; es una música de baile –*dance music*– típica de finales de los ochenta, con ritmo muy marcado –*heavily accented beat*– y frecuente *scratch*, esto es, efecto que imita el de un disco rayado, conseguido manualmente –parando el giradiscos con la mano– o electrónicamente; más tarde se convirtió en el *acid house*; V. *blues, country, dance music, disco music, folk music, ethnic music, grunge, hard rock, house music, jazz, pop, punk rock, rap, reggae, rock and roll, rockabilly, symphonic rock, techno*), **house-to-house salesman** (MKTNG vendedor a domicilio; V. *door-to-door selling*), **household** (MKTNG casa, unidad familiar; V. *area of dominant influence, consumer profile*), **household appliances** (GRAL electrodomésticos)].

HTTP *n*: INTERNET HTTP, Protocolo de Transferencia de Hipertexto; es el prefijo de muchas direcciones de Internet, que corresponde a las siglas inglesas *Hypertext Transfer Protocol*; V. *hypertext, HTML*.

hue *n*: IMAGEN tono, color, matiz; sensación predominante dentro de un color; el espectro luminoso –*visible spectrum*– consta de los siguientes tonos –*hues*– básicos: rojo, amarillo, verde, azul, añil y violeta –*red, orange, yellow, green, blue,* *indigo, and violet*–; V. *colour, brightness, luminance, shade, tint, tone, value*.

HUT *n*: MKTNG siglas de *homes using TV*; V. *rating, share*.

hype *n*: MEDIOS/MKTNG propaganda exagerada, bombo publicitario, publicidad excesiva, histeria de los medios de comunicación ◊ *After all the media hype, the show was a disappointment*; V. *plug, hoo-ha*. [Exp: **hype up** (MEDIOS/MKTNG anunciar a bombo y platillo, lanzar un estruendo publicitario, dedicar ríos de tinta a ◊ *The product was hyped up in a massive campaign*)].

hyper- *pref*: GRAL hiper-. [Exp: **hyperfocal distance** (IMAGEN distancia hiperfocal; es el punto –*point*– al que debe enfocarse la lente –*at which a lens must be focused*– para conseguir la mayor profundidad de campo –*depth of field*–; V. *focal distance*), **hyperlink** (INTERNET hiperenlace, hipervínculo, ultraenlace; son enlaces –*links*– dentro de documentos HTML que se pueden seguir para pasar a otros recursos en la red –*Web resources*–; V. *clickable image map, html, surf*), **hypermarket** (MKTNG gran superficie, hipermercado; V. *self-service*), **hypermedia** (INTERNET hipermedia; son enlaces multimedia –*multimedia links*– que llevan a recursos de sonido, gráficos, de vídeo o texto –*sound, graphics, video and text resources*–; V. *hypertext, multimedia, html*), **hypertext** (INTERNET hipertexto; es un sistema no lineal –*non linear*– de búsqueda y recuperación de datos –*information browsing and retrieval*–, que contiene enlaces –*links*– a otros documentos relacionados –*related documents*–; V. *web page*)].

hyphen *n*: LING/GRÁFICA guión; V. *soft hyphen, hard hyphen; dash*. [Exp: **hyphenate** (LING poner guiones, separar mediante guiones)].

I

IBC *n*: PRENSA interior de contraportada; V. *inside back cover*.

icon, iconicity, iconic *n/a*: SEMIÓ/INTERNET ① icono, iconicidad, icónico; los *icons* son signos caracterizados por mantener con sus representados una relación de semejanza; dicho con otras palabras, la relación entre el icono y la realidad que representa no es convencional sino preexistente, como por ejemplo, las señales de tráfico que indican «ciclistas», «desprendimiento», «pavimento deslizante», etc.; en informática *icon* es el nombre que se da a las representaciones pictóricas; ② en Internet es un símbolo gráfico –*a graphic symbol*– que aparece en la pantalla del ordenador –*on a computer screen*–, para representar alguna acción que tiene que realizar el usuario, tal como ejecutar un programa –*run a programme*–, imprimir un texto –*print a text*–, etc.; V. *image, index; clip art*.

identification, ID *n*: TV/RADIO anuncio o cuña de pocos segundos de duración, también llamado *identification spot/commercial*, que suele emitirse al principio y al final de un bloque publicitario; V. *network/station identification, signature tune*.

ideology *n*: CINE/SEMIÓ ideología; V. *epic*.

idiot *col a*: GRAL tonto, idiota. [Exp: **idiot box** (TV caja tonta *col*; se refiere a la televisión como fuente de sin sentidos que impide pensar), **idiot card/sheet** *col* (TV/CINE nombre coloquial que se da al *cue card/sheet* o *prompter card*; es la «chuleta» o tarjetón en la que está escrito el papel de un actor por si se le olvida mientras está en escena; tiene una connotación despectiva, por lo que equivaldría a «chuleta para ineptos»)].

IFC *n*: PRENSA V. *inside front cover*.

illuminate *v*: GRAL iluminar. [Exp: **illuminated ad/advertisement** (EXTERIOR [anuncio] luminoso; V. *backlit*), **illuminated billboard/panel** (EXTERIOR [cartel] luminoso)]; V. *regular²*, *unilluminated advertising structure*)].

illustration *n*: DISEÑO/GRÁFICA ilustración; V. *artwork*. [Exp: **illustrator** (DISEÑO/GRÁFICA ilustrador, bocetista; V. *artwork*)].

image *n*: SEMIÓ/IMAGEN imagen; el término «imagen» tiene varias acepciones: ① icono –*icon*– o representación viva de las personas u objetos; las imágenes más conocidas son la imagen visual –*visual image*– y la imagen sonora –*sound image*– como en *A huge image of Ava Gardner*; ② cuadro que se ve en una pantalla de televisión, como en *Adjust the image*; ③ figura del lenguaje –*figure of speech*– como la metáfora –*metaphor*–, el símil –*simile*–, la metonimia –*metonymy*–, etc.; ④ como elipsis de imagen comercial –*brand image*– o empresarial –*corporate image*–; ⑤ copia exacta de una zona de memoria en informática; V. *eye-catching departure, visual distortion; brand image, corporate image; figures of speech; blurring, aberration, out of focus*. [Exp: **image advertising** (MKTNG publicidad de imagen; el objeto de esta publicidad es poner de relieve el prestigio de una empresa, sin analizar los productos, servicios, etc., que ofrece; V. *institutional/corporate advertising*), **image campaign** (MKTNG campaña de imagen; tiene como objeto fortalecer y mejorar la estima y el reconocimiento que el público tiene de un producto, una empresa, un servicio, etc.; V. *corporate campaign*), **image consultant** (IMAGEN asesor de imagen), **image enhancement** (IMAGEN realce de imagen mediante el uso del contraste, el brillo o la nitidez; V. *electronic enhancement*), **image resolution** (GRÁFICA/IMAGEN resolución de imagen; cantidad de información almacenada en una pantalla de fotograbado a media tinta –*halftone*– expresada en píxeles por pulgada –*ppi*– necesaria para imprimir una imagen; V. *digital resolution; bit resolution, screen resolution, output resolution*), **imagery** (LING/SEMIÓ imaginería; es el conjunto de imágenes usadas por un autor, una escuela o una época, un cuadro, una película, etc.; V. *visual imagery, symbol*), **imagery transfer** (MKTNG transferencia de imagen; es el traslado deseado por el anunciante del conocimiento, percepción o información –*awareness*– de un programa o artista hacia el producto anunciado), **imaginary line** (CINE línea [de

eje] imaginaria, eje de acción, línea de interés; es la línea imaginaria establecida por la acción –dirección de las miradas, movimiento de los actores– que separa a dos intérpretes que dialogan frente a la cámara; también se llama *action axis* y *axis of action*; V. *internal reverse*)].

imitation *n*: CINE imitación, réplica; V. *spinoff*.

impact *n/v*: RADIO/TV/MKTNG impacto, impresión, efecto, capacidad para conmover, influencia; es el efecto producido en la opinión pública por una noticia, un anuncio y los medios de difusión en general; como verbo se pronuncia con el acento en la segunda sílaba y es más propio del habla norteamericana que de la británica, aunque en castellano el término «impactar» esté entrando en el uso común a través de la insistencia en los medios de comunicación, influidos, sin duda, por el prestigio de sus homólogos norteamericanos; sin embargo, para muchos sigue siendo más correcta una perífrasis como «tener efecto», «hacer mella», «impresionar» en este sentido, y hasta el uso de «efecto, influencia» como sustantivo; V. *impression, contact*. [Exp: **impact scheduling** (RADIO/TV/PUBL presentación persistente; consiste esta programación en repetir la emisión del mismo anuncio, con el mismo mensaje, varias veces en un mismo programa con el fin de producir el mayor impacto posible en el grupo deseado o *target group*; V *schedule*)].

implication, implicature *n*: LING implicación; indicación indirecta, sugerencia; la sugerencia, cuando nace no sólo por la combinación de las palabras del enunciado sino sobre todo por el contexto situacional en el que se emitió, en lingüística conversacional se llama implicatura; V. *allusion, connotation*.

impression[1] *n*: MEDIOS/MKTNG impacto, recepción, impresión; llegada de un anuncio a los destinatarios ◊ *Gauge the effect of an advert by the number of impressions*; es la suma total de contactos sensoriales –*exposures*³– de un anuncio a todos los medios; es el número de hogares o personas que están en contacto con un anuncio publicitario, sin tener en cuenta la duplicación; V. *gross impressions*. [Exp: **impression**² (GRÁFICA impresión; V. *reprint*), **impressionism** (GRAL/CINE/LING impresionismo; movimiento artístico que intenta reproducir las impresiones que producen en el individuo las cosas de la naturaleza, más que reproducir lo que realmente son; en literatura, cine, etc., el impresionismo se caracteriza por el uso de detalles y asociaciones mentales que sugieren impresiones sensoriales de la realidad; V. *abstraction, cubism, dadaism, expressionism, figurative, formalism, impressionism, naturalism, realism, representation, surrealism, symbolism*)].

imprint¹ *v/n*: GRÁFICA imprimir, grabar; estampar; impronta; impresión, huella ◊ *The imprint produced on a photographic plate*; la impronta es la reproducción de imágenes en cualquier materia blanda o dúctil, como papel humedecido, cera, lacre, escayola, etc. [Exp: **imprint**² (GRÁFICA/EXTERIOR pie de imprenta; datos del anunciante; editorial ◊ *A book published under a Dutch imprint*; el «pie de imprenta» está formado por unas líneas en las que consta el nombre de la editorial, el lugar y año de la impresión, etc., que suelen ponerse al principio o al fin de los libros y otras publicaciones; los «datos del anunciante» aparecen en una franja en la parte inferior de un anuncio exterior)].

improvise *v*: GRAL improvisar, V. *ad lib, wind*. [Exp: **improvisation** (CINE improvisación; consiste en representar una escena –*act out a scene*– sin ayuda del guión –*script*–; V. *adlib*)].

impulse *n*: GRAL impulso; capricho, ventolera *fig*. [Exp: **impulse buying/purchasing** (MKTNG compra por capricho o por impulso ◊ *Supermarket sales often depend on impulse buying*; V. *emotional buying motives*), **impulse goods/items/merchandise** (MKTNG extras, artículos de capricho; V. *novelties, fad*), **impulse purchase/sales** (MKTNG compra/venta impulsiva o caprichosa), **impulse system** (TV sistema automático o interactivo; alude al método automático de seleccionar los programas televisivos en la modalidad de «pago por visión» –*pay per view*– enviando los códigos correspondientes mediante la pulsión de unos botones incorporados al aparato receptor –*receiver*– en lugar de realizar el pedido por teléfono)].

in¹ *adv/prep*: GRAL dentro, dentro de. [Exp: **in**² (MKTNG de moda ◊ *Long skirts are in again this summer*; V. *out*), **in-ad coupon** (MKTNG cupón/vale de descuento [contenido en un anuncio impreso]; es utilizable en un punto de venta del producto anunciado), **in-basket** (GESTIÓN bandeja con documentos de entrada; V. *out-basket; incoming*), **in-flight publication** (PRENSA revista/lectura de a bordo; se trata de revistas y demás materia de lectura puestas a disposición de los viajeros por la línea aérea; se aplica también a la publicidad que se distribuye gratis –*free of charge*– a los pasajeros de una línea aérea), **in-focus** (IMAGEN enfocado ◊ *The edges were blurred but the centre of the photograph was in focus*; V. *blurred, defocus, deep focus photography, home in on*²), **in-home** (MKTNG doméstico, en cada casa ◊ *The advertising campaign focused on the in-home audience*; se aplica al público receptor de mensajes publicitarios en su propia casa a través de los medios de comunicación, y por extensión a los aparatos o publicaciones en sí, en contraste con el teatro, el cine, etc.; se emplea en expresiones como *in-home readers*, que alude a los lectores que leen las revistas en casa y no en la peluquería, en las salas de espera, etc.), **in-house** (GRAL interno, propio de la empresa ◊ *The firm organizes in-house courses for its staff*; el término se aplica a cualquier cosa que pertenece a la empresa o está destinada sólo a sus empleados, desde cursos *–courses–* a campeonatos deportivos *–sports tournaments–*), **in-house advertising agencies** (MKTNG agencias de publicidad internas, esto es, las que pertenecen a la propia empresa), **in-house staff** (GRAL personal de plantilla; V. *freelance*), **in-programme placement** (RADIO/TV/PUBL [publicidad] dentro del programa; V. *first/last in the break; adjacency; break position*), **in-sheet** (PRENSA [publicación] en hojas sueltas, no encuadernado), **in-the-can** (CINE [película] filmada *–shot–* pero no montada *–edited–* ◊ *Work on the in-the-can sequences*; V. *postproduction*), **in-the-market traffic** (EXTERIOR tráfico total de una determinada zona a efectos publicitarios), **in-tray** (GESTIÓN bandeja de documentos de entrada o pendientes; V. *out-tray*)].

incandescent *a*: IMAGEN incandescente; se aplica a la luz cálida producida por un filamento de tungsteno *–tungsten filament–*, en oposición a la luz más fría o fluorescente; V. *flourescent*.

inch *n*: GRAL pulgada. [Exp: **inches per second, ips** (AUDIO pulgadas por segundo; es la velocidad a la que la cinta de sonido *–sound tape–* pasa por la grabadora; V. *sound mixer*)].

incoming *a/n*: GRAL entrante, de fuera, nuevo, por llegar; entrada; V. *outgoing*. [Exp: **incoming advertisement** (EXTERIOR anuncio a la entrada de un núcleo urbano), **incoming calls** (GRAL/GESTIÓN llamadas desde el exterior), **incoming**

mail (GESTIÓN correspondencia recibida; V. *outgoing mail*), **incoming orders** (MKTNG pedidos recibidos; V. *outgoing invoices*)].

increase *v*: GRAL aumentar, incrementar; V. *decrease*.

indent[1] *v*: GRÁFICA sangrar [una línea] ◊ *Indent a paragraph*; V. *blocked paragraph, full-out*. [Exp: **indent**[2] (MKTNG orden de compra; a diferencia del verbo, el sustantivo se pronuncia cargando el acento en la primera sílaba; se emplea en expresiones como *indent house* –agencia de importación–; *indent for* –hacer un pedido de algo–; V. *purchase order, specific indent*), **indentation, indention** (GRÁFICA sangrado; V. *flush, hanging indention, reverse indention*)].

independent prime *n*: RADIO/TV [anuncio] colocado en una emisora independiente durante el horario de mayor audiencia *–prime time–*; alude tanto a la cuña o espacio *–spot–* como al anuncio en sí.

index *n*: GRAL índice; V. *summary*.

India/Indian ink *n*: GRÁFICA tinta china. [Exp: **India paper** (GRÁFICA papel biblia, también llamado *Bible paper*; V. *paper*)].

indicator *n*: GRAL/AUDIO/IMAGEN luz, señal, avisador.

indirect *a*: GRAL indirecto; se emplea en expresiones como *indirect media* –medios de publicidad indirectos–; son medios de difusión como la radio, el teléfono o la prensa; *indirect sound* –sonido indirecto–, etc.

individual media *n*: MEDIOS soportes [físicos] para la publicidad; V. *advertising medium, media vehicle*.

indoor *a*: GRAL interior, en casa, de puertas adentro; en el mundo del espectáculo significa «en pista cubierta», como en *an indoor athletics meeting*; V. *outdoor*. [Exp: **indoors** (GRAL/CINE en casa; interiores ◊ *Target the audience indoors*; V. *stay-at-home; indoor*)].

inducement *n*: MKTNG aliciente, estímulo, incentivo, móvil; astilla, soborno ◊ *Offer price reductions as an inducement to buy*; V. *premium, incentive; unload.*

industrial *a*: ① industrial; ② laboral, ocupacional; referido a las relaciones laborales; en la segunda acepción se aplica al mundo de lo sociolaboral o profesional de la empresa, mientras que *corporate* alude a la esfera de la patronal o a los aspectos del derecho societario –*company law*–. [Exp: **industrial advertising** (PUBL publicidad industrial; es la que se hacen las empresas entre sí para venta de componentes, materias primas, etc., también llamada *business-to-business*), **industrial film** (CINE/TV documental, film publicitario; V. *documentary*)].

inflow *n*: TV flujo/afluencia de entrada; alude al sector de los telespectadores que conectan con un canal en el momento de comenzar un programa determinado ◊ *Keep an eye on the inflow figures*; V. *outflow; switch channels, tune in, viewer, zap.*

infomercial *n*: MKTNG anuncio-editorial; V. *advertorial, broadcast advertisement, radiotorial.*

inform *v*: GRAL informar; V. *announce, advice.* [Exp: **information** (GRAL información, datos; V. *exposition; source of information, dope*), **information display** (GRAL exposición o presentación de información, normalmente mediante monitores o pantallas; monitor o pantalla de información ◊ *The information display screens at an airport*); V. *display screen; soft copy*), **information highways** (GRAL autopistas de la información), **information network** (GRAL red informativa), **information not for attribution** (MEDIOS información no atribuible), **information processing** (GRAL proceso de datos; V. *data processing, word processor*), **information retrieval** (GRAL recuperación

informática de datos; V. *retrieval*), **information storage** (GRAL almacenamiento o archivo de datos), **information technology** (GRAL tecnología de la información; V. *fibre optics*), **information theory** (GRAL teoría de la información; V. *fibre optics*), **informercial** (PUBL publirreportaje; V. *advertorial*)].

infotainment *n*: MEDIOS infoespectáculo; el término, unión de las palabras *information* y *entertainment*, designa el tratamiento de la información de forma que sea amena –*entertaining*–, lo cual puede atraer a los anunciantes –*potential advertisers*– y generar ingresos –*income*–.

infringement *n*: DER violación de una norma legal; V. *breach of statutory duty.*

initial *a*: GRAL inicial. [Exp: **initial cap** (TIPO letra capitular o mayúscula inicial de un texto, también llamada *drop cap*; V. *cap*)].

ink *n*: GRÁFICA tinta; V. *India ink, tack.* [Exp: **ink-jet printing** (GRÁFICA impresión con chorro de tinta; V. *laser printer, matrix printer*), **inky** *col* (IMAGEN luz incandescente; V. *incandescent light*)].

inlay *n*: IMAGEN incrustación; es la inserción de una imagen dentro de otra con tecnología de posproducción.

innovation *n*: GRAL/MKTNG innovación, novedad. [Exp: **innovative** (GRAL/MKTNG innovador; V. *pioneering*), **innovator** (GRAL/MKTNG innovador, pionero; adelantado, madrugador; equivale a *early acceptor* y se dice de los primeros que se apuntan a aceptar o adoptar ideas, productos o servicios nuevos; los opuestos son los llamados *laggards* o rezagados; V. *adoption*)].

innuendo *n*: GRAL insinuación, indirecta; V. *hint.*

input *n/v*: GESTIÓN/MKTNG entrada, insumo; alimentación, inyección, compras; cantidad y valor de los bienes que pasan de un sector a otro en una tabla de entradas y salidas; consumo de un factor en un proceso; información recibida en un ordenador con el fin de operar con ella; aducto; entrar; introducir; V. *output*. [Exp: **input-output analysis** (MKTNG análisis de entradas y salidas; análisis insumo-producto, análisis «input-output»; alude al análisis macroeconómico que examina las interrelaciones sectoriales del sistema económico), **input-output table, IOT** (GESTIÓN tabla de entradas y salidas, tabla intersectorial), **input-output terminal** (INTERNET terminal de entrada y salida)].

inquiry *n*: MKTNG solicitud de información, averiguaciones, investigación. [Exp: **inquiry desk** (GRAL mostrador de información)].

inset *n/v*: GRÁFICA recuadro; encarte; insertar; encartar.

insert[1] *n/v*: PRENSA encarte; es una hoja o folleto de publicidad que se introduce en los pliegues –*folds*– de un periódico o revista, aunque también puede ir en cartas, facturas, etc., para repartirlo con ellos; puede ser libre –*free-standing insert*– o sujeto –*attached*–; encartar; V. *outsert, magazine insert, hi-fi insert, loose insert, accordion insert, package insert; blow-in card, pre-print*. [Exp: **insert**[2] (GRAL/TIPO intercalar; insertar, introducir, incluir, colocar dentro ◊ *Insert a loose-leaf ad in a magazine*; V. *caret, proofreading*), **insert**[3] (PRENSA publicar ◊ *Insert a public notice in the advertising pages*), **insert**[4] (CINE inserto, también llamado *insert shot*), **insert**[5] (PUBL lugar en donde se dan o se piden datos en un anuncio), **insert an ad** (PRENSA poner/insertar un anuncio [en un periódico]; V. *put an ad in a newspaper*), **insert shot** (CINE inserto; se dice del plano aislado tomado después del rodaje de una secuencia concreta, que se monta en una película, anuncio, etc., con el fin de atraer la atención del espectador o de subrayar

la importancia de la escena filmada; V. *splice; detail shot, establishing shot, extreme long shot, location shot, long shot, medium shot, open shot, package shot, packshot, pan/panning shot, product shot, reverse shot, sequence shot, tilt shot, tracking shot, travelling shot, upshot, zenital shot*), **insert stage** (CINE plató de mesa; se emplea para rodar miniaturas; también se le llama *table top*), **insertion** (MEDIOS/PRENSA inserción, inclusión, publicación; es la publicación de un anuncio en un medio o soporte gráfico –*print vehicle*–; cuando la publicación se efectúa en un medio o soporte audiovisual –*broadcast media*–, se llama «pase» –*appearance*–; V. *ad placement, insertion order; tearsheet*), **insertion order** (MKTNG orden de inserción de un anuncio; esta orden, que se envía a una publicación, se considera una orden de compra –*purchase order*–; contiene datos sobre el tamaño –*size*–, frecuencia –*frequency*– , fecha –*date*–, tarifas –*rate*– y ubicación solicitada –*requested placement*–; V. *place an advertisement*)].

inside back cover, IBC *n*: GRÁFICA/PRENSA interior de contraportada, también llamada *third cover*. [Exp: **inside cover** (PRENSA/GRÁFICA interior de portada), **inside front cover, IFC** (PRENSA/GRÁFICA interior de portada, también llamado *second cover*)].

inspect *v*: GESTIÓN/GRAL inspeccionar, controlar; V. *supervisor*. [Exp: **inspection** (GRAL inspección, revista, revision; V. *control*), **inspector** (GRAL inspector; V. *supervisor*)].

instalment[1] *n*: MKTNG entrega; plazo; pago parcial, escalonado o a plazo; cuota; en los EE.UU. se escribe *installment*; V. *buy on instalment*. [Exp: **instalment buying/ purchase** (MKTNG compra a plazos; V. *hire-purchase*)].

instantaneous *a*: GRAL instantáneo. [Exp:

instantaneous cut (CINE corte instantáneo; V. *soft*)].

institutional advertising *n*: GRAL publicidad institucional; se entiende como ① la publicidad de organismos públicos o de la administración, y ② la que hacen las empresas como gesto de buena voluntad; V. *corporate advertising, image advertising*.

insurance *n*: GRAL/DER seguro. [Exp: **insurance shot/take** (CINE toma de seguridad; también llamada *cover shot*, es la que se realiza por si las anteriores salen defectuosas –*faulty*–; V. *editing*)].

INT *n*: CINE abreviatura de *interior* utilizada en los guiones –*scripts*–; V. *interior*.

intaglio *n*: GRÁFICA intaglio; grabado en hueco; se emplea en la expresión *intaglio printing* –impresión intaglio–; en este procedimiento de impresión la imagen o zona de impresión –*printing surface*– está ligeramente hundida –*depressed*–, esto es, por debajo de la plancha –*beneath the surface of hard metal; V. relief printing, planographic, surface printing, lithography; print*⁴.

integration *n*: MKTNG integración; es la centralización de decisiones por parte de las empresas productoras respecto de los proveedores y los vendedores de sus productos; V. *backward/forward integration*)].

intellectual property *n*: DER propiedad intelectual; V. *copyright*.

intensity *n*: IMAGEN intensidad; la intensidad de un color depende de la mayor o menor amplitud –*amplitude*– de la longitud de onda –*wavelength*– y se manifiesta en su brillo –*brightness*–, si es un foco de luz, o en la luminosidad –*luminosity*– si es un objeto reflectante –*reflecting object*–.

intent-to-rent *n*: MKTNG [detección] de la intención de alquilar, es decir, del posible interés del público por la versión en vídeo de una película nueva; V. *awareness*.

inter- *pref*: GRAL inter-. [Exp: **interactive cable TV** (TV televisión interactiva por cable; es capaz de transportar mensajes desde y hasta el centro de control o *head end*), **intercompany comparison** (MKTNG comparación entre empresas; se trata de la comparación de los presupuestos publicitarios de varias empresas y de los resultados comerciales obtenidos; V. *intramedia comparison; intermedia comparison*), **interconnect** (TV/GRAL interconectar; sistemas interconectados; son sistemas de televisión por cable asociados para emitir anuncios televisivos simultáneamente), **intercut** (CINE montaje en paralelo, también llamado *cross-cutting* e *intercut*; consiste en montar escenas paralelas –*parallel actions*– que saltan de una a otra, con el fin de crear la sensación de que tienen lugar simultáneamente; también se aplica a planos sucesivos del mismo objeto), **interface** (INTERNET interfaz, interfase, interficie; es una conexión entre dos componentes de hardware –*hardware components*–, entre dos aplicaciones –*applications*– o entre una aplicación y un usuario –*user*–; V. *browser*), **interference** (AUDIO interferencia, ruido; V. *static noise; chroma noise*), **interleave** (GRÁFICA interfoliar, intercalar; V. *intersperse*), **interline** (GRÁFICA interlinear; V. *insert; leading*), **interlock** (CINE proyección a doble banda; V. *double headed projection*), **intermedia comparison** (MKTNG comparación de varios medios de comunicación como vehículos publicitarios ◊ *Carry out intermedia comparison before deciding on a promotional strategy*; V. *intramedia comparison; intercompany comparison*), **International Standards Organization, ISO** (GRAL Organización Internacional para la Normalización, Organización de Normas

Internacionales; entre las normas que dicta esta organización están las referidas a la radio, al cine y la televisión), **internegative** (IMAGEN internegativo; es el negativo sacado de un positivo –*positive print*–, con el cual se harán otros positivos; V. *dupe negative, interpositive*), **interoperability** (INTERNET interoperabilidad; es la capacidad de comunicación entre diferentes programas –*software*– y máquinas –*hardware*– de distintos fabricantes –*by different manufacturers*–; V. *protocol*), **interpositive, ip** (IMAGEN interpositivo; es el positivo en color obtenido con un negativo en color, a partir del cual se harán duplicados negativos; V. *dupe positive, internegative*), **interspacing** (TIPO interletrado; también llamado *letterspacing*, es el espacio entre las letras de una palabra; V. *kerning*), **intersperse** (GRÁFICA intercalar; V. *interleave*), ·**interview** (MEDIOS entrevista)].

interior monologue *n*: CINE monólogo interior; equivalente al soliloquio en el escenario teatral –*stage soliloquy*–, se realiza mediante una voz en off –*voiceover*– que expresa las reacciones y pensamientos del actor ante lo que ocurre; V. *stream of consciousness*.

intermission *n*: CINE intermedio; puede ser entre película y película, o a mitad de una película muy larga; su fin es estimular las ventas de golosinas –*confectionery*– en los cines.

internal *a*: GRAL interno. [Exp: **internal reverse** (CINE contraplano interno; es un plano corto –*close-up*– de un intérprete que aparece antes o después de un contraplano externo –*external reverse*–, esto es, la imagen frontal de un personaje que dialoga con otro que no se ve; V. *external reverse; three-camera shot*), **internal reverse pan shot** (CINE contraplano por panorámica interna), **internal reverse travelling shot** (CINE contraplano por tra-

velín interno), **internal rhythm** (CINE ritmo interno; es el creado por la duración de sonidos e imágenes dentro de una escena; V. *external rhythm*)].

internaut *n*: INTERNET internauta; se aplica a aquel que navega –*navigates*– por Internet.

Internet *n*: INTERNET Internet; escrito con mayúscula, es un medio global de comunicaciones –*a global communications medium*– en todo el mundo –*worldwide*– que da acceso a una vasta gama de información y servicios –*a vast range of data and services*–, formade por miles de ordenadores en todo el mundo), **Internet services provider** (INTERNET proveedor de servicios de Internet; son instituciones –*institutions*– o empresas –*firms*– dedicadas a proveer acceso a Internet, normalmente de forma comercial –*on a commercial basis*–)].

interim statement *n*: PRENSA certificación o declaración jurada de la tirada –*print run*– de una publicación.

interior, INT *n*: CINE interior; V. *exterior*.

intervention price *n*: MKTNG precio de intervención; V. *target/threshold price*.

intimations page *n*: PRENSA ecos de sociedad, páginas de sociedad ◊ *Read of a marriage in the intimations page*; sección de anuncios personales de un periódico; V. *announcement; hatches, matches and despatches; small ads page*.

intramedia comparison *n*: MKTNG comparación de distintas opciones publicitarias en el mismo medio ◊ *Change one's advertising policy after performing an intramedia comparison*; V. *intermedia comparison*.

Intranet *n*: INTERNET Intranet; es una red privada –*a private network*– dentro de una empresa u organización que utiliza las mismas tecnologías que Internet, aunque sólo para uso interno –*for internal usage*–.

intro *col n*: ESPEC/PUBL/RADIO/TV introducción, presentación; es la forma abreviada de *introduction*, y se emplea para aludir a: ① la presentación de un conferenciante –*lecturer*– o de un protagonista –*performer*–, a los primeros acordes o notas de una canción, a las líneas introductorias de un libro, etc., ② un programa introductorio o aperitivo de televisión, también llamado *lead-in*; V. *outro; opening*. [Exp: **introduce** (GRAL/MKTNG introducir, lanzar; V. *launch*), **introduction** (GRAL/MKTNG introducción, lanzamiento), **introductory offer** (MKTNG oferta de lanzamiento; V. *promotion*)].

inventory *n*: MKTNG existencias, depósito; V. *stock*. [Exp: **inventory account** (GESTIÓN cuenta de inventario o de almacén), **inventory break** (GESTIÓN ruptura de existencias, falta de existencias; V. *lack of inventory, stock-out*), **inventory management** (GESTIÓN gestión de existencias), **inventory shortage/shrinkage** US (GESTIÓN falta de stocks), **inventory turnover** (GESTIÓN movimiento/rotación de inventario)].

inverse *a*: GRAL inverso. [Exp: **inverse square law** (IMAGEN ley de la inversa de los cuadrados; es un principio físico según el cual la intensidad –*strength*– de la luz y el sonido es inversamente proporcional –*inversely proportional*– al cuadrado de la distancia entre el objeto y la lámpara o micrófono; en la práctica, supone que el sonido o la luz disminuyen con la distancia mucho más de lo que haría pensar el sentido común –*common sense*–; V. *reciprocity law; lighting*)].

invert *v*: GRAL invertir; V. *reverse*. [Exp: **inverted commas** (TIPO comillas; V. *quotation marks*), **inverted triangle** (PRENSA triángulo invertido; es la estructura básica de la noticia periodística –*news story*–, en la cual la información esencial –*essential information*– va al principio, mientras que los detalles –*details*– van más adelante, para que puedan prescindir de ellos tanto el lector como el corrector de textos –*sub editor*– si falta tiempo o espacio; V. *intro*)].

invest *v*: GESTIÓN invertir; V. *divest*. [Exp: **investment** (GESTIÓN inversión), **investment strategy** (MKTNG estrategia de inversión; nacen estas estrategias del análisis de una cartera de productos –*portfolio analysis*–; las cuatro estrategias de inversión más importantes son de ampliación –*build strategy*–, de diversificación –*divest strategy*–, de recogida de beneficios –*harvest strategy*– y de mantenimiento –*hold strategy*–)].

invisible editing *n*: CINE montaje invisible; también llamado *academic editing*, alude al emparejamiento sucesivo de dos planos –*shots*– filmados con cámaras diferentes; V. *dynamic cutting, matched cutting; add-on editing*.

invoice *n/v*: GESTIÓN factura, facturar; se encuentra en expresiones como *invoicing* –facturación–, *invoicing department* –departamento de facturación–; V. *billing*.

irony *n*: LING/SEMIÓ ironía; es la figura del pensamiento –*figure of thought*– en la que se dice lo contrario de lo que se piensa con el fin de dejar claro lo que se quiere expresar.

iris *n*: GRAL/IMAGEN diafragma, iris; en cine y fotografía es el mecanismo que, con un funcionamiento similar al del iris del ojo humano, permite abrir o cerrar un objetivo –*lens*– para que entre la cantidad de luz deseada; también se le llama *diaphragm* y *stop*; V. *open up*. [Exp: **iris in, iris out** (CINE/TV cortinilla circular hacia dentro, cortinilla circular hacia afuera; son dos técnicas de puntuación –*punctuation*– del discurso cinematográfico; en la primera, que se emplea para abrir una escena, el iris o diafragma se sitúa en un círculo que se abre cada vez más; en la segunda, que se emplea para cerrar una escena, el procedimiento es el inverso; V. *wipe; punctuation*), **iris cine** (IMAGEN cortinilla circular, ya hacia dentro *–iris in–*, ya hacia fuera *–iris out–*)].

island display *n*: MKTNG escaparate isla; alude a la técnica de exhibir un producto en un espacio abierto o en un expositor, al que se puede acceder desde todas partes. [Exp: **island position** *US* (PRENSA/RADIO/TV anuncio [en posición] isla ◊ *Go for the impact of island position*; ① en las publicaciones se trata de un anuncio gráfico *–print ad–* colocado en medio de texto de información general; ② en los medios audiovisuales es un anuncio que no se encuentra en ningún bloque publicitario, sino que va precedido y seguido por un programa)].

ISO *n*: GRAL/TV equivale a *isolated camera* o a *International Standards Organization*.

isolated camera, ISO *n*: TV cámara aislada; recibe este nombre la cámara utilizada en una retransmisión deportiva y que se centra exclusivamente en un sector concreto del terreno de juego, con independencia de lo que ocurra en el resto del campo; así puede captar, por ejemplo, las jugadas polémicas o conflictivas, o los detalles más significativos del juego ofensivo. [Exp: **isolation factor** (MKTNG factor de aislamiento; es la efectividad de venta *–selling effectiveness–* de una exposición publicitaria considerada en sí misma, sin estar incluida en un grupo de anuncios televisivos *–commercials–*, ni en una serie de anuncios impresos *–print ads–*)].

issue[1] *n*: GRAL tema, cuestión, asunto, problema; desenlace [de un problema]; se emplea en la expresión *at issue –*en tela de juicio, bajo consideración, en litigio– ◊ *The real point at issue is the psycho-*

logical effect of violence on TV. [Exp: **issue**[2] (PRENSA ejemplar; número [de un periódico o revista]; en este último caso alude al conjunto de ejemplares, incluidas todas las ediciones que se hayan hecho; se emplea en expresiones como *issue life* –tiempo de vida de una publicación periódica–; normalmente se estima que el de un semanario *–weekly–* es de tres semanas y el de una publicación mensual *–monthly–*, tres meses), **issue**[3] (PRENSA/MEDIOS emitir, publicar, hacer público; V. *broadcast, put out, issue, run, publish; dead air, airing*)].

italics *n*: TIPO cursiva, bastardilla; V. *cursive; type family, typeface*. [Exp: **italicize** (TIPO poner en cursiva ◊ *Remember to italicize book titles*)].

item[1] *n*: GRAL/MKTNG pieza, punto; artículo, elemento; mercancía ◊ *Lead with a news item on a major accident*; en inglés se emplea para hacer contables los nombres incontables; por ejemplo, *news* –noticias, noticiario–, que es incontable, se convierte en *a news item* para indicar «una noticia»; V. *article; advertising item; leading item; above-the-line, fad item*. [Exp: **item**[2] (PRENSA artículo de un periódico ◊ *Read an interesting item on progress in cancer research*; V. *story*), **item**[3] (GESTIÓN punto del orden del día, artículo; V. *item on the agenda*), **item**[4] (GESTIÓN asiento, apunte, partida o capítulo de un balance o de un presupuesto; V. *entry, balance item*), **item of news** (MEDIOS noticia), **item on the agenda** (GESTIÓN punto del orden del día), **itemize** (GESTIÓN desglosar; V. *break down*)].

ITV *n*: TV equivale a *Independent Television* en el Reino Unido; y también a *Industrial Television* –televisión industrial–, *Instructional Television* –televisión educativa–, etc.; V. *BBC*.

J

jack *n*: GRAL enchufe hembra; entrada[5]; se emplea en expresiones como *jack panel* –tablero o banco de entradas–; V. *socket, plug*. [Exp: **jack panel** (GRAL tablero de enchufes hembra)].

jacket *n*: GRÁFICA sobrecubierta, cubierta [de un libro], carátula [de un disco] ◊ *A book with a photograph of the author on the jacket*; V. *cover, sleeve; dust jacket, wrapper; blurb*. [Exp: **jacket copy** (GRÁFICA texto de sobrecubierta, normalmente relativo a la obra o a su autor; V. *dust jacket*)].

jaggies *n*: TV/IMAGEN picos, escalones; alude a las rayas o irregularidades que distorsionan los bordes y perfiles de las imágenes en una pantalla de televisión o de ordenador, o que disminuyen la nitidez de los tipos de imprenta; son debidas a la falta de resolución de la propia pantalla; V. *blur, high definition, anti-aliasing, aliasing*.

jam[1] *v/n*: GRAL apretujar, embutir; atascar; atestar, abarrotar; atasco, saturación ◊ *A stadium jammed with people*; V. *cram, crush, wedge*. [Exp: **jam**[2] (GRÁFICA recargar, apretar, llenar la página con un exceso de texto y material gráfico sin dejar apenas espacios en blanco; sobrecarga o exceso de texto/material ◊ *Use a larger type size to get rid of the jam effect*), **jam**[3] (RADIO/TV interferir [una emisión radiofónica o televisiva por medios electrónicos] de forma intencionada, impedir la recepción clara de una señal; ensombrecer ◊ *Jam a satellite signal*)].

jargon *col n*: LING/GRAL jerga, [exceso de] terminología técnica o pseudotécnica, argot ◊ *Journalists should try to avoid using jargon when writing copy*; el término, a menudo peyorativo –*derogatory*–, se aplica a cualquier léxico especializado –*specialized vocabulary*– utilizado por un grupo profesional, que resulta difícil de entender al resto de los hablantes; V. *journalese*.

jazz *n*: AUDIO jazz. [Exp: **jazz up** (GRAL/PUBL animar, poner una nota de color a, dar un poco más de vida ◊ *Jazz up an ad with some creative graphics*), **jazzy** *col* (GRAL/PUBL animoso, chillón, atrevido ◊ *A jazzy-looking poster for a new film*; V. *flashy, startling, shocking*), **jazz format** (RADIO [programa] de formato jazz; es un modelo de programación de música radiofónica)].

jelly *n*: TV/CINE gelatina; membrana o filtro para crear efectos de luz o colorearla; también llamado *gel* y *gelatine*.

jet *n*: GRAL chorro, surtidor. [Exp: **jet printing** (GRÁFICA impresión con chorro de tinta, también llamada *ink-jet printing*)].

jiggle *v/n*: GRAL menear, sacudir; meneo. [Exp: **jiggle show** *col* (TV/ESPEC programa o espectáculo con mucha teta al aire *col*; V. *T and A*)].

jingle *n*: TV/RADIO eslogan musical, musiquilla, canción, acompañamiento musical; es la melodía repetitiva y pegadiza que acompaña a un anuncio televisivo –*commercial*– o a una cuña publicitaria –*radio spot*–; V. *signature tune, logo, arrangement, lyricist, score, theme song*.

jingoism *n*: MEDIOS chovinismo, patrioterismo; técnica mediática de nacionalismo exacerbado para desviar la atención de los problemas interiores, consistente en ensalzar lo propio y unir a todos contra el enemigo exterior; V. *afghanistanism*.

jitter *col v/n*: GRAL/CINE/TV temblar, parpadear; temblor, parpadeo, palpitación ◊ *A jitter on the TV screen*; V. *flicker, judder*. [Exp: **jitters, the** *col* (ESPEC/TV nerviosismo, tembleque *col*, canguelo *col*), **jittery** *col* (ESPEC/TV nervioso, acojonado *col*)].

job *n*: GRAL trabajo, empleo, puesto [de trabajo], tarea ◊ *Line up 4 print jobs*; de estos significados salen otros: ① empleo temporal u ocasional, tarea concreta, destajo como en *Get paid by the job*; ② realizar tareas concretas por encargo, trabajar a destajo como en *Job for a firm of printers*; y de esta última acepción se derivan expresiones como ③ *jobber* –trabajador especializado que desempeña su oficio por encargo–; ④ *jobbing printer* –impresor que trabaja por encargo; se dedica normalmente a imprimir tarjetas de visita –*visiting cards*–, folletos –*brochures*– y material publicitario por lotes, etc.; V. *homer, journeyman*. [Exp: **job lot** (GRAL/MKTNG lote, conjunto de artículos heterogéneos adquirido a un precio reducido ◊ *Buy a firm's used office equipment as a job lot*), **jobber** (GRAL/MKTNG intermediario; agente; aparece en expresiones como *premium jobber, broker, rack jobber*; V. *job, finder, middleman, agent, dealer; rack jobber*)].

join *v*: CINE unir, juntar, empalmar; unión, juntura, empalme; equivale a *splice*; ◊ *A good editor learns both where to cut and how to join*; V. *splice*. [Exp: **joiner** (CINE montador de *joins* o *splices*), **joint** (GRAL/CINE unión, conexión, empalme; conjunto, combinado; se usa en expresiones como *joint author* –coautor–, *joint promotion* –promoción publicitaria conjunta– en la que dos o más empresas anuncian sus productos en el mismo anuncio televisivo–, *joint venture* –sociedad de capital riesgo, empresa de alto riesgo compartido, agrupación temporal, empresa en común o mancomunada–, *joint venture campaign* –campaña mancomunada; la realizan varias empresas que tienen intereses comunes– ◊ *The advertising campaign was a joint effort by the publicity, marketing and sales manager*; V. *splice, cement splicer*), **joint advertisement** (PUBL publicidad conjunta; también llamada *horizontal advertising*, es la que organiza un gremio u organización empresarial)].

journal *n*: PRENSA revista o publicación especializada, publicación científica ◊ *Publish the proceedings of a congress in a learned journal*; ha quedado anticuado el uso de esta palabra en el sentido de «periódico» o «diario» con la acepción periodística, aunque se conserva en el título de una publicación tan prestigiosa como *The Wall Street Journal*; V. *magazine*. [Exp: **journalese** *col* (PRENSA jerga periodística; V. *jargon*), **journalism** (MEDIOS/PRENSA periodismo ◊ *That text was journalism at its best*), **journalist** (MEDIOS/PRENSA periodista; V. *reporter*)].

journeyman *n*: GRAL/GRÁFICA aprendiz de

impresor; sin embargo, normalmente designa al trabajador especializado que desempeña su oficio por encargo o por cuenta ajena; es frecuente el uso atributivo de este término ◊ *Work as journeyman printer*; V. *job*.

joystick *n*: IMAGEN palanca de control o de mando; se emplea para desplazar las imágenes en la pantalla de un ordenador ◊ *Skilful joystick control is a must for success with video games*; V. *peripheral, mouse*.

JPEG *n*: INTERNET JPEG; método para comprimir imágenes fotográficas por Internet, con poca pérdida de resolución –*resolution loss*–, que se ha convertido en el formato estándar para la transmisión de imágenes; corresponde a las siglas inglesas *joint photographic experts group*; V. *MPEG*.

judder *v/n*: GRAL/IMAGEN/TV temblar, vibrar; sacudida, temblor, vibración ◊ *Notice a judder on the screen*; V. *flicker, jitter*.

juicer *col n*: CINE/TV jefe de electricistas, eléctrico *col*; esta palabra nace de *juice* –zumo, jugo–, que es electricidad en sentido familiar, esto es «fluido eléctrico»; el término más corriente es, sin embargo, *gaffer*.

jumble *n*: GRAL/MKTNG revoltijo; se usa en expresiones como *jumble basket* –cestón de artículos de oferta, rebaja o de saldo–, *jumble display* –mesa con artículos de oferta, rebaja o de saldo–.

jump *v/n*: GRAL/CINE salto; saltar-se; también se emplea en el sentido de «omitir/omisión de» algún plano, escena, etc., programado ◊ *Jump a page in printing*. [Exp: **jump cut** (CINE encadenado al corte, corte de salto; corte de transición brusca que produce *ellipsis* –elipsis–; también llamado *quick cut*, se dice que hay un corte de transición brusca cuando con el mismo fondo cambia súbitamente la posición de los actores, o cuando, con la misma posición de los actores, cambia el fondo de la acción; se dice que el corte de salto es un índice claro de montaje deficiente; V. *ellipsis, match cut, seamlessness, abrasion, American montage*), **jump leads** (GRAL pinzas, cables puente; alude a los cables utilizados para conectar un aparato eléctrico a una batería externa ◊ *Use jump leads to start an engine*), **jump out** *col* (CINE/TV saltarse, cortar, eliminar [sobre todo, fotogramas] ◊ *Jump out sequences during editing*), **jumper cable** *US* (GRAL equivale a *jump leads*)].

juncture *n*: LING/PUBL/CINE juntura; es el modo de transición de un sonido a otro en el enunciado –*utterance*–; constituye una fuente creadora de equívocos –*ambiguities*– importantes en publicidad, como «La más cara que he visto» y «La máscara que he visto», o «Mujeres o diosas» y «Mujeres odiosas»; en el cine tiene varias acepciones: ① montaje sin ruptura –*seamlessness*–; ② conjunción entre el espectador y el discurso cinematográfico, también llamado, en este caso, *suture*; V. *ambiguity, polisemy, pun*.

junior *a*: GRAL/GESTIÓN de poca experiencia; de entrada [en un escalafón o carrera], pequeño; V. *senior*. [Exp: **junior page** (PRENSA anuncio de tamaño inferior a una página, rodeado de información general, también llamado *junior unit* o *pony unit*), **junior panel** (EXTERIOR cartel de tamaño reducido; consta normalmente de 6 pliegos –*sheets*–, frente al normalizado que consta de 24 o 30 pliegos; también se le llama *junior unit*), **junior spread** (PRENSA/PUBL anuncio de dos caras consecutivas de tamaño inferior a una página, también llamado *pony spread*), **junior staff** (GESTIÓN personal en formación o de poca experiencia, personal auxiliar), **junior unit** (PRENSA equivale a *junior page*)].

junk mail *n*: MKTNG «correo basura», propaganda enviada por correo; alude al material publicitario que se envía por correo o se introduce en el buzón sin que el destinatario lo haya solicitado ◊ *Find one's letter-box full of junk mail*; V. *bulk mail*.

junket *col n*: GRAL/PRENSA viaje pagado a periodistas ◊ *Most media organizations consider junkets unethical.*

justify, justification *n/v*: TIPO alinear, justificar; alineación; igualar el largo de los renglones de un texto para que se ajusten a los dos márgenes de la página; se emplea en expresiones como *justified type* –con los márgenes justificados–; en este caso, el texto está alineado tanto al margen derecho como al izquierdo–; V. *align, flush; left-justified, right-justified.*

K

KB, kilobyte *n*: GRAL kilobyte, K, KB.

keep *v*: GRAL conservar, mantener; V. *under wraps*. [Exp: **keep down** (GRÁFICA todo en minúsculas; se trata de la orden que se le da al impresor para que escriba todo en minúsculas –*lowercase letters*–), **keep standing** (GRÁFICA conservar; guardar planchas y tipografía; se trata de la orden que se da al impresor respecto de las planchas –*printing plates*– o tipografía –*type*– utilizadas, para indicar que se usarán en próximas reimpresiones –*reprints*–; V. *kill, hold*), **keep takes** (CINE tomas de reserva; son las que se guardan por si interesa incluirlas en la versión final; V. *insurance shot*), **keep up with the Joneses** (MKTNG obsesión por no ser menos que los demás en cuanto a la posesión de bienes; los «Jones» aludidos representan la personificación de los vecinos a los que no se quiere ver tomar la delantera ◊ *People spend millions on useless items just to keep up with the Joneses*; V. *consumerism, planned obsolescence, bandwagon effect*)].

kerning *n*: TIPO/GRÁFICA ajuste automático [o manual] del interletrado –*letterspacing*– de una palabra con el fin de mejorar su legibilidad y aspecto; V. *linespacing*.

key[1] *n*: GRAL clave, llave; en función atributiva significa «principal», como en *key account* –cliente importante en una agencia de publicidad–; V. *key light*. [Exp: **key**[2] (GRAL código; clave, dotar de claves o códigos [ocultos]; también se llama *key code*; se emplea en la publicidad por correo para saber cuál es el tipo de anuncio que propició la carta de solicitud de información o *inquiry*; se emplea en expresiones *key an advertisement* –incluir una clave oculta en un anuncio–; V. *code*), **key**[3] (GRAL interruptor; V. *switch*), **key**[4] (CINE grado de intensidad luminosa en una escena; V. *low/high key; chroma key*), **key**[5] (GRÁFICA plancha de imprimir en negro, también llamado *black printing plate*), **key light** (CINE fuente principal de iluminación; V. *filler light, backlighting*), **keyboard** (TIPO teclado; V. *enhanced keyboard*), **keyline** (PUBL/CINE fotomontaje; se puede entender en dos sentidos: ① técnica de hacer una composición fotográfica en que se utilizan fotografías con intención artística o publicitaria, ② el producto o resultado de la técnica), **keyword** (LING/MKTNG palabra clave; unidad lingüística que contiene el beneficio que espera recibir el comprador ◊ *The keyword in the cam-*

paign is "sophisticated"; V. *USP, ABC method, AIDA, claim*)].

kick *n/v*: GESTIÓN/GRAL patada, impacto secundario, impulso; revulsivo; impulsar, actuar como/servir de revulsivo ◊ *Supply an industry with a kick*; V. *impact, boost.* [Exp: **kickback** *US* (GESTIÓN incentivo; mordida, tajada ◊ *Take kickbacks in exchange for services*), **kicker**[1] *col* (GESTIÓN incentivo, plus, bonificación, gancho, reclamo; V. *loss leader, bait-and-switch US, hook, appeal, crowd-pleaser*), **kicker**[2] (PRENSA/PUBL antetítulo pequeño, línea introductoria [de un anuncio publicitario]; también se llama *stinger*; V. *headline*), **kicker**[3] (MEDIOS/TV/ESPEC coletilla, frase de cierre [de un anuncio], remate [de un chiste]; cola; también se llama *punch line* y *tag*; cuando es la frase de cierre de un anuncio facilita el nombre del concesionario del producto, su teléfono y dirección, etc.; V. *strapline; claim*), **kicker**[4] (CINE luz lateral, luz adicional, luz posterior; se emplea en los planos en los que se resalta el perfil –*profile shots*–; V. *ear shot; backlight*)].

kidvid *col n*: TV programa[ción] infantil; palabra formada de *kid* –niño– y de *video.*

kill[1] *v*: GRAL/GRÁFICA matar, destruir, eliminar, quitar, tachar, suprimir, anular ◊ *Kill the first version of the story and print the second.* [Exp: **kill**[2] (GRÁFICA suprimir, destruir ◊ *Kill a printing plate*; en artes gráficas es la orden que se da al impresor

para que destruya planchas –*printing plates*– o tipografía –*type*– porque no se van a utilizar en nuevas reimpresiones; V. *keep standing, hold*), **kill copy** (GRÁFICA/PRENSA ejemplar para tachar; texto o material marcado para ser suprimido; material que se ha de eliminar ◊ *Eliminate the kill copy*), **kill fee** (MEDIOS compensación/indemnización por anulación de contrato; la paga la empresa que decide no publicar el texto contratado; V. *pay or play*)].

kiosk *n*: PUBL/GRAL kiosco, chirimbolo *col*; mupi *col*; expositor cilíndrico que forma parte del llamado mobiliario urbano, en donde se ofrece publicidad exterior; V. *gadget, bus shelter, marquee.*

kit *n*: GRAL equipo, equipamiento.

knee shot *n*: CINE plano americano; encuadre de un personaje hasta las rodillas; también llamado *medium shot* y *three-quarter shot.*

knock *v*: GRAL golpear. [Exp: **knock-offs** (MKTNG imitaciones; V. *pass-off*; V. *manipulation*), **knockabout** (ESPEC astracanada; V. *slapstick*), **knocking ad/copy** *col* (MKTNG contrapublicidad, publicidad despectiva; texto/eslogan publicitario que denigra el producto de la competencia), **knockoff brand** (MKTNG marca-imitación)].

know-how *col n*: GRAL asistencia técnica, pericia, experiencia, práctica; V. *expertise.*

Kraft paper *n*: GRAL papel de embalar muy resistente.

L

lab *n*: GRAL/IMAGEN/AUDIO laboratorio; forma elíptica de *laboratory*.

label *n/v*: MKTNG/AUDIO etiqueta, rótulo, tejuelo; sello discográfico; referencia; marbete; etiquetar, calificar, clasificar; tachar a alguien de ◊ *A new release from the "Goodsounds" label*; V. *tag; brand, own/private label, franchised label*. [Exp: **labelling** (MKTNG etiquetaje, etiquetado, clasificación; V. *lettering, marks sensing*), **labelling machine** (MKTNG máquina etiquetadora)].

laboratory, lab *n*: GRAL/IMAGEN/AUDIO laboratorio; V. *develop, process*.

lacklustre *a*: GRAL/ESPEC mediocre, deslucido, apagado, soso ◊ *A lacklustre performance*; V. *vapid*.

lacquer *n*: AUDIO laca; es la capa –*coating*– que se aplica a los discos para protegerlos contra los roces; V. *abrasion, laminate, overlay*.

lag *n/v*: GRAL/TV/MKTNG retardo, efecto retardo; retraso, demora; retrasarse, retardarse, rezagarse, quedarse atrás ◊ *In some cases advertising seems to be lagging behind consumer products*; en televisión es el tiempo que media entre la emisión de una señal y su recepción, como en *A half-second's lag in the transmission*. [Exp: **laggard** (MKTNG rezagado; son los últimos en aceptar, si es que las aceptan, las innovaciones del mercado; V. *early acceptor/adopter, adoption*)], **laggard industries** (GRAL industrias anticuadas), **lagged effects** (MKTNG efectos de arrastre; equivale a *carry-over effects*), **lagging ghost** (IMAGEN imagen fantasma a la derecha de la primaria; se debe al desfase o retardo en la transmisión de la señal)].

laid-back *col a*: GRAL relajado, desenfadado, abierto, espontáneo, tranquilo ◊ *The laid-back style of many modern actors*; este término, de origen norteamericano, nació en la cultura *hippy* de los años sesenta; significa literalmente «repantigado, recostado en actitud relajada» y se aplica en el mundo de la empresa, el espectáculo, el ocio o los medios de comunicación a la persona cuyo atractivo estriba en su forma de ser y de actuar tranquila y sin crispación; V. *freewheeling*. [Exp: **laid paper** (GRÁFICA papel verjurado; lleva una filigrana de rayas –*watermarked parallel lines*–)].

laminate *v*: GRÁFICA/AUDIO laminar, plastificar; recubrir el papel, los discos, etc., con una lámina de acetato de celulosa, plástico, etc. para su mayor protección; V. *abrasion, lacquer, acetate, overlay*.

lamp *n*: IMAGEN lámpara, foco; V. *bulb, brute.*

landscape *n*: IMAGEN/GRÁFICA paisaje; en forma atributiva significa «apaisado».

lantern *n*: IMAGEN foco, lámpara, también llamado *luminaire*; V. *barn doors.*

lap, lap dissolve *n*: CINE encadenado; es la transición de un plano –*shot*– a otro de forma que queda el primero disuelto en el segundo, el cual acaba con la imagen enfocada; cuando los planos se encuentran a mitad de camino se dice que están superpuestos –*superimposed*–; recibe también otros nombres, como *dissolve, superimposition, cross-lap, cross-dissolve* y *mix*; V. *fade, ripple dissolve; fast dissolve, soft cut; out-of-focus dissolve, cut-lap.*

large-scale production *n*: MKTNG producción a gran escala; V. *mass production.*

laser *n*: IMAGEN láser. [Exp: **laser beam** (IMAGEN rayo láser), **laser disc** (TV disco láser), **laser gun** (TV pistola láser), **laser printer** (GRÁFICA impresora láser; V. *matrix printer*)].

last in the break *n*: RADIO/TV/PUBL final de bloque [publicitario]; V. *first in the break; adjacency; break position; in-programme placement.*

late *a/adv*: MKTNG/TV/RADIO retrasado; tarde; en marketing se emplea en expresiones como: ① *late majority*, que se refiere a la segunda parte de la gran masa de adoptantes de un producto o servicio –*adopters*–, aproximadamente el 35 %; V. *early majority, adopter categories*; en radio y televisión se usa en expresiones como: ② *late fringe*, que es la franja horaria que sigue al horario estelar –*primetime*–, comprendida entre las 11 y medianoche; ③ *late news* –[noticias de] última hora, últimas noticias–; además de estas franjas horarias –*dayparts*– existen otras, como *early morning, access, early fringe, daytime, prime, early news.* [Exp:

late night (TV/RADIO madrugada; se usa en expresiones como *late night TV* o *late, late shows* –programas de madrugada–; V. *early morning*)].

laughtrack *n*: CINE/TV risa enlatada; contiene sonrisas, aplausos y las reacciones propias del público; también se llama *canned laughter.*

launch *v/n*: GRAL/PUBL/MKTNG lanzar; lanzamiento ◊ *The launch of a new magazine*; V. *campaign; commercial launch; relaunch; promotion; abandonment of product.* [Exp: **launch campaign** (MKTNG campaña de lanzamiento; es la campaña publicitaria –*advertising campaign*– dirigida a presentar un producto; V. *follow-up campaign, sustaining campaign*), **launch price** (MKTNG precio de lanzamiento)].

lav, lavaliere mike *n*: AUDIO micrófono de pinza; también llamado *neck mike*, va colgado del cuello o sujeto en la solapa.

lavender copy/print *n*: CINE copia intermedia; es una copia positiva de una película sacada en cinta de grano muy fino para obtener con ella nuevos negativos.

law *n*: DER derecho, ley. [Exp: **lawsuit** (DER demanda, pleito), **lawyer shows** (TV series de abogados, también llamados *courtroom dramas* ◊ *The general public knows more about law from lawyer shows than from live trials*; V. *cop series*)].

lay *v*: GRAL colocar, disponer. [Exp: **lay in** (CINE/AUDIO montaje de sonido en el lugar adecuado de la banda sonora o *soundtrack*; V. *laying sounds*), **lay in a stock** (MKTNG hacer provisión de, proveerse; V. *stock*[1]*, take stock*), **lay out** (GRAL/MKTNG/DISEÑO disponer, trazar, diseñar, ordenar, arreglar, alinear ◊ *Lay out articles in a window display*; V. *display, exhibit*), **lay over** (GRÁFICA pisar; es montar un elemento gráfico encima de otro), **layback** (AUDIO adición de una pista de audio –*audio track*– a una cinta maestra de vídeo –*videotape master*– para edulcorarla; V. *sweeting*), **laydown, layover** (AUDIO pase de la pista sonora de una cinta de vídeo –*videotape soundtrack*– a una cinta de audio –*audiotape*–), **layer** (GRÁFICA capa; V. *coat*), **laying sound/tracks** (CINE/AUDIO sincronización de sonido e imagen; V. *lay in*), **layout**[1] (GRAL distribución, trazado, ordenación ◊ *Take pains over the layout of the stand*; V. *arrangement*), **layout**[2] (GRÁFICA maquetación, boceto, diseño ◊ *She's responsible for the overall layout of the magazine*; ① es el arte o proceso de ordenación del material gráfico y artístico de un anuncio gráfico –*print ad*–, el cual comprende tanto las especificaciones tipográficas del texto como el cuerpo de la letra –*typesize*–, el diseño de la letra –*typeface*–, los títulos, etc., así como las de las fotos e ilustraciones –*artwork*–; a estas últimas también se las llama *artistic layouts*; igualmente se aplica el uso del término *layout* a los dibujos animados –*cartoon films*–; ② diseño global de una página o libro; V. *rough layout, comprehensive layout, paste-up, dummy, page make-up, paste-up*), **layout artist/man** (GRÁFICA maquetador, maquetista, diseñador; es la persona que hace la maquetación; en muchas empresas coincide con el diseñador o *designer*), **layout paper/sheet** (GRÁFICA papel cebolla; V. *onionskin*)].

LCD screen *n*: IMAGEN pantalla de cristal líquido; equivale a *liquid crystal display*.

lead[1] *n/v*: MEDIOS noticia principal; destacar o poner como noticia destacada ◊ *The paper led with an account of the company's collapse*; también llamado *lead story*, es la noticia más destacada de un noticiario –*newscast*–; V. *lead paragraph, item, news item*. [Exp: **lead**[2] (PRENSA entradilla; equivale a *lead para-*

graph, y es el primer párrafo que sigue a [los titulares de] la noticia principal o destacada, en donde se resume el lugar, el tiempo y los personajes protagonistas de la noticia; la parte que sigue al *lead* se llama *body copy* –cuerpo de texto– V. *hard/soft lead*), **lead**[3] (CINE actor/actriz principal, papel principal ◊ *She was offered the female lead in a Hollywood production*; cuando se emplea en plural, *leads*, se refiere a los protagonistas masculino y femenino; V. *talent*), **lead**[4] (TIPO/GRÁFICA plomo; regleta de plomo; esta palabra es un homógrafo de las anteriores pero no un homófono, ya que se pronuncia /led/, a diferencia de las otras, que se pronuncian /liːd/; consiste en una planchuela de metal –*a thin strip of metal*– que sirve para interlinear o regletear –*separate lines of type*–, esto es, espaciar la composición poniendo regletas entre los renglones –*lines of type*–; V. *hairline, ledding*), **lead-in** (TV previo, entrada, programa introductorio, programa-aperitivo; se dice de los programas que sirven de entrada o anticipo a los estelares ◊ *Use a popular comedy series as a lead-in programme on a big sports evening*; estos programas, también llamados *down-leads*, y de una forma más coloquial *intros*, van dirigidos al público en general; V. *hammocking, segue, lead out*), **lead-in audience** (RADIO/TV audiencia inicial; audiencia creada por el programa introductorio o *lead-in*, que sigue sintonizando el programa siguiente), **lead-in line** (RADIO/TV/CINE entrada, pie; alude a la clave, pista o frase que actúa de señal o aviso para que el locutor de radio o televisión empiece a hablar ◊ *The newsreader waited for the lead-in line*; V. *cue*), **lead-in programme** (RADIO/TV programa cebo, programa previo, programa aperitivo ◊ *Sometimes football is a good lead-in programme to keep audi-*

ences tuned into the news coming later; es el programa que utilizan las cadenas televisivas y las emisoras de radio para atraer a los espectadores; se suele situar al principio de la franja horaria *–daypart–*, con el objetivo de que, una vez finalizado, aún quede en el mismo canal una audiencia residual *–residual audience–* para los programas menos populares), **lead-mold electrotype** (GRÁFICA plancha de tipografía de plomo con revestimiento de cobre), **lead-off** (TV noticia principal o de apertura, noticia de arranque; programa inicial, programa/emisión estreno ◊ *The lead-off was a piece about a major earthquake in Asia*), **lead-out** (TV continuación; puede ser: ① un programa que sigue a otro introductorio *–lead-in–*, ② el final de un programa o programación; en este caso equivale a *outro*; V. *segue, bridging, hammocking*), **lead paragraph** (MEDIOS/PRENSA entradilla; equivale a *lead²*; es el primer párrafo, normalmente en negritas *–boldface–* que sigue a la noticia principal o destacada, en el que se resumen los puntos esenciales de la misma ◊ *Always keep your lead paragraph terse and to the point*), **lead role** (CINE papel principal, papel de protagonista; equivale a *lead³*; se suele distinguir entre el protagonista femenino *–female lead–* y el masculino *–male lead–*; V. *lead*), **lead story** (PRENSA noticia más destacada, titular; equivale a *lead¹* ◊ *The lead story concerned a sensational murder trial*; V. *headlines*), **lead time** (TV/RADIO/MKTNG ① plazo de gestación ◊ *Calculate a lead time of two months for the launch of the new programme*; alude al tiempo que transcurre desde que se contrata un programa de radio/televisión y el de su aparición en las ondas *–on-the-air date–*; ② plazo de entrega; alude al tiempo que transcurre desde la compra de un producto hasta su entrega *–delivery–* por el proveedor; ③ tiempo de decisión; se refiere al tiempo que necesita un consumidor para decidirse a comprar algo que se le ha ofrecido)].

leader¹ **[article]** *n*: MEDIOS/PRENSA artículo de fondo, editorial ◊ *Yet another vapid leader on the evils of terrorism*; V. *viewpoint*. [Exp: **leader²** (CINE cinta en blanco; también llamada *leader tape*, es la cola de cinta virgen que sirve para rebobinar, en cuyo caso también se llama *tail*; trozo de cinta que precede a la película con información sobre las secuencias contenidas en la misma, llamada *slate information*; también se suele dar el nombre de *leader* a la información identificadora de la secuencia; V. *Academy leader*), **leader³** (TIPO/GRÁFICA guía/línea de puntos; consta de varios puntos [......] o guiones [----] que unen, por ejemplo en la tabla de contenidos, el título de un capítulo y la indicación del número de su página; V. *dotted line*), **leader brand** (MKTNG marca líder), **leader product** (MKTNG producto estrella; V. *flag product*), **leader tape** (CINE cola; equivale a *leader²*), **leader writer** (PRENSA/MEDIOS editorialista)].

leading¹ *a*: GRAL destacado, importante, puntero, principal, líder, experto, que va en cabeza ◊ *A leading theatre critic*. [Exp: **leading²** (TIPO interlineado; plomería de compositor; esta palabra es un homógrafo de la anterior pero no un homófono, ya que se pronuncia /'ledɪŋ/, a diferencia de la primera, que se pronuncia /'liːdɪŋ/; algunos incorrectamente la escriben *ledding*; también llamado *linespacing*, es el espacio entre los renglones *–lines of type–* medido en puntos *–measured in points–*; se llama así porque cuando la composición se hacía manualmente, los compositores ampliaban el espacio entre líneas de texto introduciendo tirillas de plomo *–lead–* entre renglón y renglón; V. *kerning, interline*), **leading actor/man** (CINE/TV protagonista, primer actor; V. *understudy*), **leading actress/lady** (CINE/TV protagonista, primera actriz; V. *leading role*), **leading article** (PRENSA artículo de fondo; equivale a *leader article*), **leading edge** (MKTNG en cabeza, en vanguardia, posición adelantada, delantera ◊ *Motor car adverts tend to stress that the manufacturer is at the leading edge of technology*; la expresión, actualmente en boga, se refiere literalmente al borde de ataque de una hélice o del ala de un avión o al punto de máximo impulso de una señal electrónica; en uso atributivo equivale a «[de] punta, en cabeza, de/en vanguardia» como en *Leading edge technology*), **leading item** (MKTNG artículo líder, mercancía estrella), **leading question** (GRAL pregunta con respuesta incluida o sugerida; pregunta sesgada o con trampa ◊ *Broadcasting standards discourage the use of leading questions but skilled interviewers manage to slip them in*; V. *bias, loaded question, screening question, open question, prompted answer question*), **leading role** (CINE/TV/ESPEC papel principal; V. *supporting role; play a role*)].

leaf *n*: GRÁFICA hoja ◊ *Place a bookmark between the leaves of a volume of verse*; V. *overleaf, loose-leaf*. [Exp: **leaflet** (PUBL octavilla, folleto; repartir octavillas o folletos ◊ *They leafleted the whole town during the marketing campaign*, V. *brochure, throwaway, booklet, handout, advertising leaflet, promotion[1]*)].

leak[1] *n*: MEDIOS filtración [de información]; filtrar ◊ *Leak the story to the press*; V. *scoop*. [Exp: **leak[2]** (AUDIO ruido [de fondo], distorsión, contaminación; se llama así cualquier ruido o distorsión del sonido captado por los micrófonos durante una grabación)].

lease *n/v*: arrendamiento; tomar en arrendamiento; arrendar ◊ *An expanding company that takes a lease on new industrial premises*. [Exp: **lease man** (EXTERIOR/GESTIÓN empleado de una agencia publicitaria encargado de la búsqueda y negociación de parajes o emplazamientos para la construcción de vallas publicitarias; V. *plant*)].

lecture *n/v*: GRAL conferencia; conferenciar; V. *address, speech*.

ledding *n*: GRÁFICA V. *leading[2]*.

left *a*: GRAL izquierdo; V. *camera left; right*. [Exp: **left-hand page** (GRÁFICA página par de un libro; V. *right-hand page, recto, verso, odd-numbered page, even-numbered page*), **left-justified** (GRÁFICA alineado/justificado a la izquierda; implica que el margen derecho se quede sin justificar ◊ *Left-justified text is common in printed letters*; V. *justification, flush, right-justified*)].

leftover matter *n*: GRAL/PRENSA/GRÁFICA texto de sobra, texto de relleno; es el texto compuesto –*typesetting*– que se guarda por si hace falta para relleno –*padding*– ◊ *Keep leftover matter in a separate file*; V. *filler*.

leg *n*: GRAL/CINE/TV pata, pierna; en plural –*legs*– se aplica en sentido coloquial al film o programa de televisión del que se espera una buena aceptación por parte del público. [Exp: **leg art** *col* (GRAL foto [publicitaria] de mujer atractiva, ilustraciones con «tías buenas» *col*; V. *pinup, cheesecake*), **legger, legman** *col* (PRENSA/MEDIOS reportero [local] de a pie, o currante *col*; corresponsal de apoyo; ayudante; es el ayudante del corresponsal de plantilla –*staff reporter*–, encargado de realizar el trabajo previo, de hacer consultas rutinarias de datos y en general, de «andar de acá para allá» en misiones de colaboración y apoyo ◊ *Work as a legman for the local paper*; V. *stringer,* *mule*), **legwork** *col* (GRAL trabajo preliminar/previo, trabajo de investigación; se llama así sobre todo cuando supone mucho visiteo o mucho andar «de la Ceca a la Meca» ◊ *The staff reporter got the stringer to do all the legwork*; V. *stringer, correspondent*)].

legal *a*: DER legal. [Exp: **legal warning** (DER texto legal, advertencia; V. *mandatory copy*)].

legend *n*: GRÁFICA leyenda; es el texto explicativo que acompaña a un plano, grabado, cuadro, etc.; en realidad es un *caption*[1] más largo y explicativo; V. *caption, cut line, heading, title*.

legitimate *a*: GRAL legítimo, auténtico. [Exp: **legitimate theatre** (ESPEC teatro auténtico; se emplea esta expresión al hablar del teatro genuino y excluir otras variantes como el *vaudeville*, la comedia burlesca *−burlesque−*, las variedades *−variety shows−*, etc.)].

leitmotif, leitmotiv *n*: GRAL/CINE/TV/AUDIO tema principal, *leitmotif* ◊ *The leitmotif of the new TV series is the need for social solidarity*.

length *n*: GRAL/MKTNG duración; extensión, tiempo, segundaje; es el número de segundos que dura un anuncio o cuña publicitaria; V. *footage; open-ended*. [Exp: **length of approach** (EXTERIOR extensión del campo visual, metraje de visibilidad; alude a la distancia a partir de la cual es visible una valla publicitaria u otro reclamo exterior para la persona que se aproxima *−approaches−* al mismo ◊ *Roadside hoardings can have a length of approach of up to 100 yards*)].

lens *n*: IMAGEN/CINE/TV objetivo, lente; es la lente o conjunto de lentes a través de las cuales penetran en una cámara fotográfica los rayos luminosos que provienen del objeto; V. *aperture, shutter, diaphragm; fish-eye lens, wide angle lens, telephoto lens, magnifying lens*. [Exp: **lens angle**

(CINE ángulo de visión de un objetivo; el campo de cobertura que abarca, campo/ángulo de visión; V. *angle of view*), **lens aperture** (IMAGEN abertura del diafragma; V. *shutter, diaphragm*), **lens speed** (IMAGEN tiempo de exposición; V. *emulsion speed*)].

lesser media *n*: MEDIOS/MKTNG medios menores o secundarios para la captación de la audiencia, tales como los folletos, los carteles, las vallas publicitarias, la propaganda que se envía por correo, etc.; V. *mass media, below-the-line media*.

letter *n/v*: TIPO letra; rotular; las principales partes de una letra *apex* −ápice−, *arm* −hombro−, *ascender* −trazo ascendente−, *cross stroke* −raya cruzada u horizontal−, *descender* −trazo descendente−, *dot* −punto−, *ear* −trazo descendente de una letra minúscula−, *spur* −espolón−, *stem* −árbol−, *stroke* −trazo−, *tail* −trazo descendente−, *vertex* −vértice−, tilde *−tilde−*. [Exp: **letter**[2] (GRÁFICA carta; letra; rotular; aparece en expresiones como *letter of adherence* −carta de aceptación o adhesión [normalmente a las normas sindicales]−, *letter of intent* −carta de intenciones−), **letterhead** (GRÁFICA membrete; V. *logo*), **lettering** (GRÁFICA/MKTNG rotulación [a mano]; V. *labelling*), **letterpress** (GRÁFICA tipografía; impresión tipográfica; también se le llama *letterpress printing* ◊ *The invention of the letterpress revolutionised printing*; tiene varias acepciones: ① proceso de impresión que usa tipos *−types−* en lugar de planchas *−plates−*, fijados en una superficie en relieve entintada *−raised-relief inked surface−*; ② el material impreso con el procedimiento anterior; ③ el texto de una publicación excluidas las ilustraciones; V. *offset, gravure, photoengraving, lithography, rotogravure, xerography, electrotype*), **letterpress supplement** (PRENSA suplemento de un periódico en tipografía sobre papel prensa –*newsprint*– en vez de en huecograbado –*rotogravure*–; V. *Sunday supplement*), **letters** (PRENSA cartas, cartas al director; su nombre completo es *letters to the editor*; V. *editorial, home news, leader, city, sports*), **letterspacing** (TIPO interletrado; también llamado *interspacing*, es el espacio entre las letras de una palabra con el fin de que el texto quede justificado; V. *kerning*)].

level *n*: GRAL/AUDIO nivel, volumen [sonoro]; V. *loudness*.

liabilities *n*: GESTIÓN pasivo, deudas, obligaciones; exigible; V. *assets*. [Exp: **liability policy** (DER póliza de responsabilidad civil)].

libel *n/v*: DER/MEDIOS difamación, libelo; difamar ◊ *Accuse a newspaper of libelling one in an article*. [Exp: **libel action** (DER querella/demanda por difamación)].

library *n*: GRAL archivo, fondo; material de archivo [sonoro, fotográfico, cinematográfico, etc.]; V. *film library, newspaper library, record library*. [Exp: **library footage/picture/shot** (CINE foto/imagen de archivo cinematográfico, también llamado *stock footage*; V. *shot, stock shot, footage*), **library music** (CINE [música de] archivo; V. *footage; stock music*), **library sound** (CINE sonido de archivo)].

licence, license US *n*: DER licencia, permiso, autorización, cesión [de derecho de autor –*copyright*–, patente –*patent*–, etc.] ◊ *Manufacture under licence; licence to broadcast*. [Exp: **license** (DER autorizar, ceder permiso, permitir, licenciar ◊ *License a distributor to rent out a video tape*), **licensee** (DER [con]cesionario, persona/empresa autorizada), **licensing** (DER autorización, [con]cesión; sistema de licenciar o ceder derechos ◊ *Problems over licensing with the arrival of satellite TV*), **licensing board/agency** (DER junta/organismo/agencia supervisora de la concesión de licencias, órgano rector

de la cesión y adquisición de derechos [de comisión, de publicación, de exposición, etc.])].

life cycle *n*: MKTNG ciclo de vida [de un producto]; V. *issue*[2]. [Exp: **lifestyle** (MKTNG/PUBL estilo de vida; en los estudios sociológicos, publicitarios, etc., como el análisis de mercados, de audiencias, etc., el estilo de vida, junto con el estatus –*status*–, la edad –*age*–, la clase social –*social class*– y el emplazamiento geográfico –*habitat*– son parámetros determinantes; V. *ACORN, MOSAIC*)].

lift *n*: TV/RADIO/PUBL material grabado que se utiliza en nuevas producciones; anuncio de televisión corto sacado de otro más largo.

ligature *n*: TIPO ligadura; en tipografía es el trazo que une dos letras; también se dice de dos letras unidas para formar una.

light[1] *a*: GRAL ligero, suave, claro, como en *a light comedy* –comedia ligera–, *a light voice* –voz suave–, *a light reader* –lector poco entusiasta–, *light blue* –azul claro– ◊ *Light readers are usually heavy viewers*; V. *light weight; heavy*. [Exp: **light**[2] (IMAGEN luz; piloto; señalizador; V. *ambient light, arc light, artificial light, backlight, balancing light, bounced light, key light, filler light, spotlight, footlights, cue, indicator*), **light beam splitting system** (IMAGEN sistema de iluminación de haces múltiples), **light box** (PUBL caja de luz; sirve para exhibir carteles publicitarios), **light bulb flighting** (PUBL programación de un anuncio publicitario en semanas alternas –*alternate weeks*–), **light meter** (IMAGEN fotómetro; es un instrumento que mide la intensidad de la luz, también llamado *photometer* o *exposure meter*), **light pen** (DISEÑO lápiz óptico), **light typeface** (TIPO letra fina; el cuerpo –*type size*– de esta letra es delgado; V. *expanded/extended type, condensed*), **lighted sign** (EXTERIOR V. *spec-*

tacular), **lighting** (IMAGEN/ESPEC iluminación, luminotecnia, alumbrado ◊ *The success of the play was due in part to its extraordinary lighting*; V. *chief lighting technician, base lighting, cameo lighting, crosslighting, mood lighting*), **lighting cameraman** (CINE/PUBL iluminador, director de fotografía; foquista; también llamado *cinematographer* y *director of photography*; operador [en cine publicitario]), **lighting director** (CINE/IMAGEN director de imagen, director de iluminación, luminotécnico; V. *gaffer*), **lighting effects** (IMAGEN juego de luces, efectos luminosos), **lighting grid** (IMAGEN parrilla de luces en un estudio), **lighting unit** (ESPEC unidad de luminotecnia; V. *luminaire*), **lightness** (IMAGEN brillantez; es el brillo de los colores de superficie; V. *brightness, value, luminance*), **lightweight** (GRAL/CINE trivial, superficial, frívolo, ligero, de poco peso, de poca importancia ◊ *A lightweight comedy, a lightweight publication*; V. *frothy*)].

limbo [background] *n*: CINE fondo neutro blanco; fondo infinito; fondo de una escena en el que no se perciben detalles definidores; también se le llama *cyclorama* y *panorama cloth*; por extensión, también se aplica a la escena rodada con este tipo de fondo; V. *background, abstract background*.

limelight *n*: CINE/ESPEC foco, candelero; V. *footlights*. [Exp: **limelight, be in the** (GRAL/TV estar en primer plano o en el centro de atención; V. *hog the camera/limelight*)].

line *n*: GRAL/MKTNG/PUBL línea, raya, recta; frontera, línea divisoria; separación; artículo; es una palabra con muchas acepciones en los diversos campos relacionados con la publicidad: ① en marketing, equivale a producto, artículo; especialidad, ramo; negocio, compañía comercial, como en *Plug the new line in perfume*; ②

en televisión, es cada una de las 625 líneas en que se divide la imagen de televisión para su transmisión o reproducción; también se la llama *scanning line*; V. *dot, element, field, frame*; ③ en tipografía es una fila de caracteres, como en *A line of bold type*; V. *halftone*; *continuous tone*; ④ en tipografía también equivale a *agate line*; ⑤ en las artes escénicas, es el enunciado más o menos breve emitido por un actor o actriz, como en *That's a very funny line when it's properly delivered*; V. *lines*; ⑥ aparece en muchos compuestos como *above-the-line, baseline, assembly line, below-the-line, bottom line, by-line, cutline, deadline, headline*. [Exp: **line and staff** (GESTIÓN organigrama de mandos intermedios), **line and staff organization** (GESTIÓN organigrama de tipo lineal y funcional), **line and wash drawing** (GRÁFICA guache; V. *gouache*), **line art/copy** (GRÁFICA ilustración a línea; ilustración sin grises ni matices), **line caster, line casting machine** (GRÁFICA linotipia), **line cut** (GRÁFICA fotograbado en línea [esto es, no en directo o medias tintas –*hafltones*–]; también llamado *line engraving*, se usa en tres sentidos: ① técnica empleada para fotograbar en línea; ② el grabado –*reproduction*– o producto de esta técnica; ③ la plancha –*plate*– preparada para llevar a cabo el procedimiento; V. *photoengraving, line art/copy*), **line department** (GESTIÓN departamento de ejecución o de operaciones), **line drawing/illustration** (GRÁFICA dibujo a línea; dibujo sin grises ni matices; V. *shading*), **line engraving** (GRÁFICA fotograbado en línea; equivale a *line engraving*), **line extender** (AUDIO línea supletoria), **line filling** *US* (MKTNG descubrimiento de/actuación sobre las potencialidades no explotadas en un mercado o gama de productos), **line frequency** (TV frecuencia de línea), **line**

gauge (GRÁFICA regla de impresor, también llamado *type gauge*), **line length/measure** (GRÁFICA ancho de columna), **line lighting** (IMAGEN iluminación lateral y posterior para producir siluetas de objeto), **line negative** (IMAGEN negativo de un dibujo a línea, siluetas de objeto), **line of business** (MKTNG rama, sector; profesión ◊ *We don't pay overtime in our line of business*), **line of command** (GESTIÓN orden jerárquico), **line of credit** (GESTIÓN línea de crédito, descubierto permitido), **line of goods/products** (MKTNG partida, línea/serie de artículos), **line of samples** (MKTNG muestrario; V. *swatchbook*), **line rate** (PRENSA tarifa por línea), **line scanning** (TV barrido de línea), **lineage** (GRÁFICA/PRENSA número de líneas de un anuncio), **lineage depth** (GRÁFICA/PUBL anchura/profundidad de un anuncio; V. *width; corner bullet*), **linear** (GRAL lineal), **lines** (ESPEC/CINE papel [que debe memorizar un actor o actriz] ◊ *The actors only had a week to learn their lines*), **lines per square centimetre** (GRÁFICA líneas por centímetro cuadrado, lineatura)].
linen paper *n*: GRÁFICA papel de tela, papel con acabado –*finish*– de tela; V. *fibre*.
lineup[1] *n*: GRAL alineación, formación, composición, organización, constitución de un grupo, grupo, equipo ◊ *A formidable lineup of talented copywriters.* [Exp: **lineup**[2] (TV/RADIO rejilla, programación global prevista ◊ *That's the lineup for next month on our channel*), **lineup**[3] (CINE reparto ◊ *On the acting side the film has an impressive lineup*; V. *billing*[2], *cast, headline*[2]), **lineup**[4] (TV/RADIO sumario, resumen de contenidos, indicación ordenada de las noticias o capítulos que se van a tratar; también llamado *rundown* ◊ *Here is a brief lineup of today's top stories*), **lineup**[5] (MKTNG línea de servicios o productos de una empresa o fábrica ◊ *Add a new article to the firm's lineup*; V. *range*)].
link *n*: INTERNET/GRAL enlace; basados en la noción de hipertexto –*hypertext*–, los *links* son direcciones que aparecen en una página –*webpage*–, que se pueden visitar –*visit*– haciendo clic con el ratón –*by clicking the mouse*–; por convención, los enlaces todavía no visitados aparecen en color distinto a los que ya se ha accedido; V. *visit, hypertext*).
linotype *n*: TIPO linotipia.
lip-sync, lip synchronization *n*: CINE sincronización de labios y sonido, doblaje, también llamado *mouthing, post-sync, direct voice* ◊ *There are insuperable problems of lip-sync in dubbed versions of films.*
liquid crystal display, LCD *n*: IMAGEN pantalla de cristal líquido.
listening *n*: RADIO audición; V. *hearing, viewing, tuning.* [Exp: **listening area** (RADIO zona de cobertura; también llamado *coverage* o, en televisión, *viewing area*)].
listing *n*: GRAL lista, listado, relación ◊ *A complete listing of this evening's TV programmes*; V. *TV guide.* [Exp: **listings** (ESPEC/PRENSA guía del ocio o de los espectáculos, agenda cultural, cartelera ◊ *Check the listings to see what's on at the theatre*; V. *entertainment guide*)].
lithography *n*: GRÁFICA litografía; tiene las siguientes acepciones ① arte o proceso consistente en imprimir dibujos, escritos, etc., grabándolos previamente en una piedra caliza compacta; en la actualidad la piedra ha sido sustituida por planchas de cinc o aluminio –*zinc or aluminium plates*–; ② el material impreso con el procedimiento anterior; V. *offset, gravure, photoengraving, letterpress, rotogravure, xerography.*
litmus paper *n*: GRÁFICA papel de tornasol; V. *paper.*

live[1] *a/adv*: RADIO/TV en directo, en vivo; se pronuncia /laɪv/ ◊ *The whole argument between the two anchormen was seen live by thousands of viewers*; V. *taped, in progress, in performance, off tube*. [Exp: **live**[2] (GRÁFICA/TIPO material tipográfico, como planchas –*plates*–, ilustraciones –*cuts*–, etc., en uso o reutilizables; equivale a *live matter*; V. *dead matter*), **live coverage** (RADIO/TV retransmisión en directo ◊ *Live coverage of the tennis match on TV*; V. *scheduled programme*), **live fade** (TV/RADIO fundido en directo; es la reducción del volumen del sonido efectuada en el estudio, en directo, a diferencia de la que se hace en la sala de grabación), **live matter**[1] (GRÁFICA/TIPO material tipográfico, como planchas –*plates*–, ilustraciones –*cuts*–, etc., en uso o reutilizables; equivale a *live*[2]; V. *dead matter*), **live matter**[2] (GRÁFICA/TIPO zonas [de las planchas] que imprimen), **live sound** (AUDIO sonido directo; es el que se graba junto a la filmación de una actuación o escena ◊ *With live sound you sometimes miss part of what the actors are saying*; V. *actual/direct sound*), **live tag** (AUDIO cola en directo; mensaje directo, que da información local sobre dirección, precios, teléfono, etc., que sigue a un anuncio grabado), **lively** (GRAL alegre, animado, animoso, fresco, vivo ◊ *She gave a lively performance as the pert young American tourist*; V. *cheerful, lighthearted*)].

load[1] *n/v*: GRAL carga; cargar ◊ *The camera is loaded; load the cassette into the recorder*; V. *spot load*. [Exp: **load**[2] (GRÁFICA añadir sustancias al acabado de un papel para mejorarlo; V. *finish, antique finish, embossed finish, English/matt/gloss/rough finish*), **load factor** (EXTERIOR grado de saturación; variable «carga»; se trata de un factor corrector o variable que ayuda a refinar el cálculo del impacto de los anuncios colocados al borde de las carreteras –*roadside hoardings*–; obedece a la necesidad de tener en cuenta no sólo el número de vehículos que pasan por el emplazamiento –*site*– sino también el número de pasajeros –*load*– o «carga» en cada uno de ellos; suele calcularse un promedio de 1,75 por coche particular, cifra que aumenta en el caso de los autocares ◊ *Bear in mind the load factor in assessing the impact of roadside advertising*), **loaded** (CINE/TV recargado; se aplica a guiones, secuencias, etc. ◊ *Loaded sequences make special demands on the concentration of cinema audiences*), **loaded question** (MKTNG pregunta tendenciosa o sesgada; V. *leading question, screening question, open question, prompted answer question*), **loading** (MKTNG recargo)].

loanout *n*: GRAL/CINE préstamo, cesión ◊ *Come to a loanout arrangement to allow an actor under contract to work on another film*.

lobby *n*: GRAL vestíbulo, hall, antesala; grupo de presión; V. *video news release*. [Exp: **lobby cards** US (CINE fotocuadros, fotogramas promocionales; son las fotos que hay a la entrada de los cines, bien de la película que se está exhibiendo, bien de futuros estrenos; V. *première, release, distributor*)].

local *a*: GRAL local, de ámbito local; regional, de ámbito restringido ◊ *A local TV network; local radio*; en su aplicación a los medios de comunicación, se opone a *nationwide* y *national*, acompañando a emisoras –*stations*–, programas –*programmes*–, agencias –*agencies*–, tarifas –*rates*– etc. [Exp: **local editions** (PRENSA ediciones regionales de un periódico, llamada *zoned editions* en los Estados Unidos), **local movie theater, local cinema** (CINE cine de barrio), **locale** (GRAL localidad, escenario, marco ◊ *The film* *placed heavy emphasis on the peculiarities of the locale*; V. *stage, scene, site, setting, location*), **location**[1] (GRAL emplazamiento, ubicación; V. *site, position, venue*), **location**[2] (CINE exteriores, lugar de filmación, localización ◊ *Filmed on location in Ireland and Canada*; se trata del lugar real o paraje natural que sirve de referencia y ambientación –*setting*– para el rodaje de una o más escenas de una película; V. *studio, film on location, scene, location shooting, establishing shot*), **location manager** (CINE jefe/director de exteriores; V. *location unit, unit manager*), **location search** (CINE búsqueda de exteriores; es el proceso de selección de exteriores apropiados, de acuerdo con el guión y las limitaciones presupuestarias), **location shooting** (CINE rodaje en exteriores; V. *film on location, scene, hand-held camera, neorealism; set takes*), **location unit** (CINE unidad de exteriores; V. *unit manager*)].

lock *v/n*: GRAL cerrar; bloquear; desactivar; cierre; V. *caps lock*. [Exp: **lock into** (GRAL/CINE integrarse plenamente en, quedar atrapado en una relación; en el cine la expresión *lock into it!* significa «identifícate con el papel», «métete en el personaje», «asume el papel» ◊ *The film locks into the tense relationship between the couple*), **lockup** (GRÁFICA cierre o acoplamiento de tipografía y grabado en un marco metálico –*chase*– que luego se imprimirá; V. *quoin*)].

log[1] *n/v*: GRAL/MKTNG registro, diario, cuaderno donde se anotan todas las incidencias y el progreso de un viaje, negocio, un trabajo o cualquier otro proceso; apuntar, registrar, hacer un seguimiento minucioso de ◊ *Log the progress of the shooting of the film*; V. *record*. [Exp: **log**[2] (RADIO/TV registro/cuaderno de programación ◊ *Record the start-time on the programme log*; V. *air-log*), **log**[3] (CINE diario del rodaje, cuaderno de incidencias y progreso del rodaje; también se le llama *camera log*), **log on/in** (GRAL conectar, iniciar la sesión, entrar/acceder a un sistema electrónico o programa de ordenador ◊ *We logged on at 6:23*), **log off/out** (GRAL desconectar, salir del sistema, finalizar la sesión, salir de un sistema electrónico o programa de ordenador), **login** (INTERNET clave; conectarse; como nombre, es el nombre de cuenta –*account name*– que se utiliza para acceder a una red de ordenadores –*access a computer network*–; como verbo, es la acción de escribir –*type*– el nombre de usuario –*username*– y contraseña o clave –*password*– en una terminal de ordenador –*computer terminal*–; V. *password, account, remote login*)].

logistics *n*: MKTNG logística; se llama así a la administración estratégica de los movimientos y almacenamientos de materiales, productos acabados y semiacabados de los proveedores, respecto de los intereses de los consumidores; V. *strategy*.

logo, logotype *n*: MKTNG logo, logotipo; es el distintivo peculiar de una casa comercial, sus productos o sus servicios; consiste en una marca tipográfica única con una combinación particular de letras –*letters*–, formas gráficas –*graphic shapes*– y colores –*colours*–; aparece impreso en los productos, los envoltorios –*packaging*– y el membrete –*letterhead*– de la empresa; V. *music logo, jingle*.

long *a*: GRAL largo. [Exp: **long playing record, LP** (AUDIO elepé, disco de larga duración), **long primer** (TIPO tamaño tipográfico de diez puntos), **long shot, LS** (CINE plano general; es una escena amplia que abarca paisajes y actores tomados desde lejos; también llamado *wide shot*, es lo opuesto a *close-up* o primer plano ◊ *The film begins with a long shot of the city seen from a hill*; V. *ex-*

treme/medium long shot, wide-angle lens), **long take** (CINE toma larga; V. *mobile long take*), **long wave** (RADIO onda larga; V. *short wave, medium wave, waveband, AM radio station*), **long-winded** (LING denso, prolijo, verboso ◊ *Advertising messages must not be long-winded, that is, they must not waste words*; V. *wordy, terse, loaded*)].

look *v*: GRAL mirar; V. *view*. [Exp: **look-alike** (ESPEC sosia, doble; persona que se parece mucho físicamente a otra popular o conocida, o se disfraza de ella ◊ *A fake photograph using a Sean Connary look-alike*; V. *make-up, walkaround*), **looking room** (CINE aire; en inglés «espacio hacia donde dirigir la mirada»; se llama así al espacio diáfano o en blanco que se deja entre el perfil o semiperfil del rostro del protagonista y el borde del encuadre *–frame–* hacia el que dirige la mirada; V. *close up*)].

loop[1] *n*: AUDIO/CINE bucle, sinfín; alude al círculo cerrado formado que une el principio de una cinta o película al fin de la misma; el efecto producido al ponerlo en marcha es el de la continuidad o reiteración del sonido o la imagen grabados ◊ *Play a loop in a cartoon for comic effect*. [Exp: **loop**[2] *col* (CINE corto pornográfico, «loop»; es el que se exhibe en salas de cine, a diferencia del *smoker*, que se ofrecía en clubes privados; V. *blue movie, nudie, skinflick, smoker, stag movie*), **looping** (AUDIO V. *dub*)].

loose[1] *a*: GRAL/PRENSA suelto, inconexo, vago, impreciso ◊ *A piece of very loose writing*. [Exp: **loose**[2] *col* (CINE relajado, desinhibido, desenvuelto ◊ *An actor with that "loose", modern quality*), **loose**[3] (MKTNG suelto, sin envase, a granel; V. *in bulk*), **loose ends** (GRAL cabos sueltos; V. *narrative closure*), **loose insert** (PRENSA/MKTNG encarte suelto, inserto volante; es el que no va cosido ni pegado a la revista, sino que solamente se intercala dentro de ella, aunque sin rebasar los cortes de ésta ◊ *Give away perfume samples as loose inserts in a magazine*; también se le llama *free-standing insert*; V. *magazine insert, accordion insert, blow-in card*), **loose-leaf** (GRÁFICA hoja suelta; V. *in sheets*), **loose-leaf binder** (GRÁFICA carpeta de hojas sueltas), **loose the frame** *col* (CINE descargar/aligerar el encuadre; se descarga el encuadre cuando el director pide a los actores que están en los márgenes que salgan del encuadre para que se puedan mover con facilidad los protagonistas), **loosen up** (TV aumentar el espacio de los protagonistas; es una orden del realizador de televisión de que se aleje la cámara *–zoom out–* para aumentar el espacio en el que se mueve un personaje ◊ *Order the camera to loosen up at the end of the sequence*)].

lorem ipsum *n*: GRÁFICA texto ficticio, también llamado *Greeking*.

lose *v*: GRAL perder. [Exp: **lose face** *col* (IMAGEN/MEDIOS quemar la imagen; V. *be overexposed*. [Exp: **loss** (MKTNG/GRAL/AUDIO pérdidas; pérdida del volumen de un sonido; V. *profit, benefit, gain*), **loss, at a** (MKTNG con pérdida ◊ *Sell shelf-warmers at a loss*), **loss leader** (MKTNG artículo de propaganda o de reclamo publicitario, gancho, reclamo ◊ *Use the tactic of the loss-leader to attract custom*; V. *kicker*[4], *bait-and-switch US, hook, appeal, crowd-pleaser*), **loss-leader price** (MKTNG precio de reclamo; al poner este precio, que suele ser inferior al de coste, la empresa espera que los clientes compren también otros productos por un monto que compense con creces las pérdidas)].

lot *n*: GRAL tanda, lote, unidad comercial, porción, parte, cantidad ◊ *Lot of merchandise*; V. *batch*.

loud *a*: AUDIO en voz alta, fuerte. [Exp:

loudness[1] (AUDIO volumen de un sonido; V. *gain, amplifier, automatic level control, equalizer, level, intensity*), **loudness**[2] (AUDIO realce/refuerzo de graves; también llamado *bass boost*, es un efecto que incrementa el volumen sólo de las frecuencias bajas cuando se reproduce a muy poco volumen; su existencia se debe a que el oído humano necesita mayor intensidad para percibir estas frecuencias; V. *proximity effect*), **loudspeaker** (AUDIO altavoz, caja acústica, pantalla acústica, megáfono; V. *baffle*)].

lounge *n*: GRAL/AUDIO salón; por extensión, se dice del efecto de reverberación producido en una sala grande; V. *reverberation, echo*.

low *a*: GRAL bajo. [Exp: **low angle** (TV/CINE contrapicado ◊ *Come onto the subject from a low angle*; se dice de la toma cinematográfica efectuada de abajo arriba; V. *upshot*[2]; *zenital shot*), **low cost** (GRAL de coste reducido, de precio reducido; funciona como eufemismo de *cheap*; V. *reduced price, economical; poundstretcher*), **low key**[1] (GRAL/AUDIO en tono bajo, con tono moderado, sin aspavientos, sin perder la compostura ◊ *A low-key statement to the press*), **low key**[2] (ESPEC sobrio, comedido, sin exageraciones ◊ *Her deliberately low-key performance was much praised*; V. *high-key, underplay, overstate*), **low key**[3] (CINE/IMAGEN con baja intensidad luminosa, que va del gris al negro; V. *high-key*), **low price, low priced** (GRAL de/a precio reducido; funciona como eufemismo de *cheap*; V. *reduced price, budget, econo-*

mical; poundstretcher), **lowbrow** (TV/CINE/RADIO vulgar, populista, de bajo contenido intelectual ◊ *The film is trying to be straightforward but it is actually very coarse and lowbrow*; V. *highbrow, middlebrow, slapstick*), **low-profile** (GRAL discreto, sobrio, que evita llamar la atención, moderado, comedido; poco comprometido; de imagen discreta), **lower-case, lowercase** (TIPO caja baja; minúsculas; V. *upper case; small letters, small capital; keep down*), **lower prices** (MKTNG abaratar; V. *mark down, cheapen*)].

loyalty *n*: MKTNG lealtad, fidelidad; V. *brand loyalty, customer, client pyramid; fidelity*.

LP *n*: AUDIO elepé; V. *long-playing record*.

lpi *n*: DISEÑO V. *lines per inch*.

ludicrous *a*: GRAL ridículo, absurdo; V. *deadpan*.

luminaire *n*: IMAGEN foco, lámpara, también llamado *lantern*; V. *barn doors, beam coverage, lamp; unit*[3].

luminance *n*: IMAGEN luminancia, luminación; información de la intensidad –*intensity*– de una señal o mensaje codificado –*coded message*–; la información blanco-negro está contenida en la luminación, mientras que la información cromática está contenida en la «crominancia» –*chrominance*–; V. *hue, brightness, shade, tint, tone, value; grading*.

lure *n*: MKTNG reclamo; V. *charm, attraction, appeal, catchword, buzzword*.

lyricist *n*: TV/RADIO/CINE/AUDIO letrista. [Exp: **lyrics** (TV/RADIO/CINE/AUDIO letra de una canción ◊ *Write both the music and the lyrics*)].

M

machine *n/v*: GRAL máquina; maquinaria; fresar, tornear, labrar, ajustar; en sentido atributivo se emplea en expresiones como *machine composition* –composición tipográfica a máquina *–machine finish* –acabado a máquina–, *machine-made/-produced* –hecho a máquina–, *machine-readable* –legible por medios técnicos–; *machine set* –compuesto o ajustado a máquina–; V. *hand, mold.* [Exp: **machine-coated [paper]** (GRÁFICA papel calandrado de baja calidad, también llamado *process coated*; V. *calender, glossy paper, coated paper, art paper*), **machine finish [paper]**, mf (GRÁFICA papel calandrado de alta calidad; V. *calender; glossy paper*), **machine pull** (GRÁFICA galerada; V. *galley proof*)].

mackle *n*: GRÁFICA perdido; maculatura, también llamado *macule*; es un pliego mal impreso, que se desecha por estar manchado o con impresión doble o borrosa.

macro lens *n*: IMAGEN macro, macrolente, macroobjetivo; también se llama *macro*; es un objetivo utilizado para primeros planos o *close-ups* y las tomas de cuerpo entero *–full-length portraits–.*

macule *n*: GRÁFICA perdido; maculatura, también llamado *mackle*; es un pliego mal impreso, que se desecha por estar manchado o con impresión doble o borrosa.

made-for-TV movie *n*: CINE telefilm; suelen ser películas baratas y sin muchas pretensiones; el equivalente de este tipo de película de la primera mitad del siglo XX eran las llamadas *'B'-movies*; V. *direct-to-video, telefeature, telefilm.*

mag *col n*: GRAL forma abreviada de *magazine* o de *magnetic*; ◊ *Buy a mag to read on the train*; aparece en unidades como *mag stripe* –banda magnética– o *magnetic stripe*; V. *rag mag.*

magazine[1] *n*: GRÁFICA/PRENSA revista; suele contener entrevistas, artículos de información general o de divulgación, notas de sociedad, etc., con abundante ilustración gráfica y fotográfica; V. *journal, glossy*[2]. [Exp: **magazine**[2] (RADIO/TV programa de variedades, con entrevistas y espectáculos musicales), **magazine**[3] (GRAL chasis [de la película], bandeja [de diapositivas], carrusel [de diapositivas]), **magazine concept** (PUBL/TADIO/TV formato magazine; en publicidad radiotelevisiva se aplica con dos acepciones: ① venta de los distintos espacios publicitarios del magazine a distintos anunciantes; ② compra de espacio radiotelevisivo de acuerdo con una determinada audiencia garantizada, aunque no se especifique el tiempo o momento exacto de la emisión de los anuncios), **magazine format** (RADIO/TV formato magazine; es el programa de radio o televisión cuya distribución recuerda al de una revista o *magazine* en la que se suceden secciones o espacios muy variados, cada uno de los cuales está patrocinado por un anunciante –*advertiser*– distinto), **magazine insert** (PRENSA encarte de revista; V. *accordion insert, blow-in card*)].

magenta *n*: GRÁFICA/DISEÑO/IMAGEN magenta; color rojizo, combinación de rojo y azul; es uno de tres colores primarios sustractivos –*subtractive primary colours*– en que se descomponen las imágenes de color; los otros tres son el cian y el amarillo; V. *cyan, yellow; additive primary colours.*

magnet optical *n*: IMAGEN magneto óptico. [Exp: **magnetic, magnetize** (AUDIO magnético; magnetizar; V. *degauss*), **magnetic field** (AUDIO campo magnético), **magnetic [sound] track** (AUDIO banda sonora [de una película] magnética; magneto; magnético; V. *soundtrack, mixer*)].

magnetoscope *n*: IMAGEN/AUDIO magnetoscopio; reproductor de cintas de vídeo; V. *videotape recorder, VCR, video display unit.*

magnify, magnification *v/a*: GRAL ampliar; ampliación ◊ *Magnify an image 200 times*; V. *blow-up, enlarge.* [Exp: **magnifying glass/lens** (IMAGEN lupa, cuentahílos; se utiliza para analizar la textura de una fotografía o de una letra, especialmente los trazos o hilos –*strokes*– de ésta)].

mail *n/v*: GRAL correo, enviar por correo; V. *post; junk-mail, air mail, e-mail, snail mail, incoming/outgoing mail.* [Exp: **mail advertising** (PUBL publicidad por correo), **mail, by** (GRAL por correo), **mail drop** (MKTNG/GRAL buzón; dirección de

correo [físico o electrónico] ◊ *Collect a message from one's mail drop*; V. *mail shot*), **mail-order** (PUBL/MKTNG [de] venta por correo, [de] pedido postal; se emplea en expresiones como *mail-order catalogue* –catálogo de ventas por correo–, *mail-order firm* –empresa de ventas por correo–, *mail-order selling/shopping* –venta/compra por catálogo, correo o correspondencia–), **mail shot** (MKTNG/GRAL «buzoneo», envío [masivo] de correo; alude al sistema de envío masivo de información por correo, tanto convencional como interno o electrónico; es frecuente su uso como vehículo –*advertising vehicle*–; el uso en español de la palabra inglesa «mailing» es espurio en este sentido, al igual que palabras como *footing, parking*, etc. ◊ *The use of mail shot in modern advertising is resented by many consumers*; V. *Robinson list, junk mail, mailing piece*), **mailing** (GRAL acción de enviar, envío [de correo, etc.] ◊ *Electronic mailing is a convenient way of circulating information*; V. *mail drop, mail shot*), **mailing list** (PUBL/MKTNG/ GRAL/INTERNET ① lista de suscriptores, de receptores, de clientes o de abonados; alude a cualquier lista con los nombres, direcciones y demás datos personales que mantiene las empresas e instituciones para el envío de pedidos –*orders*–, catálogos –*catalogues*–, etc. ◊ *Update the mailing list*, ② en Internet es un foro de debate –*discussion forum*– en el que los participantes se suscriben a una lista –*subscribe to a list*– y reciben mensajes por correo electrónico –*by e-mail*–; V. *real-time chat*), **mailing piece/shot** (PUBL envíos de publicidad a domicilio; V. *mail shot*), **mailman** US (GRAL cartero; V. *postman*)].

main *a*: GRAL/AUDIO/IMAGEN principal; se emplea en forma elíptica como «unidad principal». [Exp: **main console** (AUDIO/

IMAGEN mesa de control; V. *mixing console*)].

maintenance *n*: GRAL mantenimiento.

major *a*: GRAL principal. [Exp: **major retail outlets** (MKTNG grandes superficies de venta), **majors** *US col* (CINE los «grandes»; son los estudios de producción y distribución –*movie producer/distributor studios*– más importantes de Hollywood, es decir, MGM/UA, 20th Century Fox, Sony Pictures, Warner Bros, Paramount Pictures, Universal, y Disney; por extensión, a veces se aplica también a las películas de estas empresas cinematográficas)].

make *v*: GRAL hacer, producir; V. *produce, manufacture*. [Exp: **make a [rough] sketch of sth** (GRÁFICA/DISEÑO esbozar, abocetar; V. *clean rough*), **make a splash** *col* (MKTNG causar sensación, provocar un gran revuelo ◊ *The actress's divorce made a great splash in the tabloids*; V. *puff, feature*⁷), **make good** (PUBL inserción por compensación), **make ready** *US* (RADIO/TV pase gratuito de un anuncio, también llamado *bonus spot*; el objeto de esta inserción gratuita es compensar al anunciante por un error, omisión, fallo en la emisión o no emisión de un anuncio; V. *adjustment*), **make ready** *US* (GRÁFICA imposición; es el ajuste y nivelación –*adjustment and levelling*– de los componentes tipográficos y de ilustración para ser imprimidos; V. *camera ready*), **make the front page, make the headlines** (PRENSA salir en primera plana, saltar a los titulares, merecer el tratamiento de noticia principal ◊ *The former employee's revelations made the front page*; equivale a *hit the headlines*; V. *feature on the front page*), **making** (PRENSA realización, ejecución, elaboración; se emplea en expresiones como *a news item in the making* –una noticia en ciernes, en gestación o que se está produ-

ciendo–; V. *budding*; en plural significa «la base, los mimbres, las trazas, la hechura», como en *She has the makings of a great singer*)].

make-up¹ *n*: CINE/TV maquillaje ◊ *The actor's tired features were concealed under tons of make-up*. [Exp: **make-up**² (DISEÑO/GRÁFICA maquetación; también se llama *layout*; consiste en la disposición y distribución de los elementos gráficos y artísticos –*artwork*–, y tipográficos –*type*–. de una página, anuncio, publicación, etc.; V. *page make-up, layout, paste-up*), **make-up artist** (CINE/TV maquillador-a; V. *beautician, stylist, chief make-up artist*), **make-up editor** (PRENSA/GRÁFICA jefe/responsable de la maquetación), **make-up restriction** (GRÁFICA/PRENSA limitaciones de formato que impone un periódico a los anunciantes), **make-up room** (CINE/TV sala de maquillaje; V. *hairdressing-room*)].

manage *v*: GESTIÓN dirigir, gestionar, llevar, administrar, controlar; planificar, intervenir; V. *run*. [Exp: **management**¹ (GESTIÓN dirección, gestión, gerencia, administración; junta directiva; cargos; en este último sentido aparece en expresiones como *senior management* –altos cargos– y *middle management* –mandos intermedios–; V. *administration, news management*), **management**² (GESTIÓN la patronal, empresa; V. *union*), **management access time** *US* (gestión tiempo de acceso a la dirección; tiempo que tarda en llegarle a la dirección la información por ésta solicitada; V. *access time*), **management supervisor** (GESTIÓN director/supervisor de cuentas; en las agencias publicitarias es el responsable de que haya una buena gestión con los clientes o *accounts*; V. *account supervisor*), **manager** (GESTIÓN gerente, gestor, administrador, director de empresa; V. *advertising manager, product manager,* *campaign manager; director*), **managerial** (GESTIÓN gerencial), **managerial style** (GESTIÓN estilo gerencial; se suele hablar de seis estilos gerenciales: *affiliative, authoritative, coercive, democratic, pacesetting, coaching*), **managing** (GESTIÓN gestión), **managing director** (GESTIÓN consejero delegado, director gerente; director ejecutivo o general; administrador, gestor, ejecutivo, jefe, responsable; V. *executive*), **managing editor** (PRENSA redactor-jefe, jefe de sección)].

mandatory *a*: GRAL obligatorio, de obligado cumplimiento. [Exp: **mandatory copy/message/text** (DER texto de inserción exigida por la ley ◊ *Health warnings on cigarette packets are mandatory copy*; se usa *mandatory message* cuando se aplica a anuncios emitidos por las ondas; V. *legal warning*)].

manga *n*: CINE manga, dibujos animados japoneses; suelen tener un alto contenido sexual y violento y el término se utiliza tanto para los cómics como para las películas de este tipo; V. *anime*.

mani[l]la envelope/paper *n*: GRÁFICA sobre/papel de Manila; V. *paper*.

manipulate *v*: MEDIOS/MKTNG manipular [precios, noticias, etc.]; V. *fake, knock-off, pass-off*. [Exp: **manipulation** (MEDIOS/MKTNG manipulación)].

manufacture *v*: MKTNG fabricar, producir; V. *produce, make*. [Exp: **manufactured article/goods/products** (MKTNG manufacturas; productos manufacturados o elaborados)].

manuscript, MS *n*: PRENSA/CINE/TV manuscrito, texto original; V. *script*.

margin[1] *n*: GRÁFICA margen [de una página o escrito]. [Exp: **margin**[2] (MKTNG margen [comercial o de beneficios]; V. *profit margin, mark-up*), **marginalia** (GRÁFICA materia textual impresa en los márgenes, como aclaraciones, información suplementaria, etc.)].

mark[1] *n/v*: GRAL/MKTNG marca, señal, seña; marcar, señalar; V. *adjustment mark, trademark; brand*. [Exp: **mark**[2] (CINE marcas; se suelen hacer en el suelo del estudio o plató con cinta –*tape*– o tiza –*chalk*–, para indicar a los actores y a la cámara dónde han de situarse; V. *director*), **mark down** (MKTNG abaratar, rebajar/reducir el precio; V. *cheapen, lower prices, mark up*), **mark-down** (MKTNG descuento, rebaja en el precio de un producto ◊ *Offer a 7 % mark-down*), **mark-on** (MKTNG margen, recargo; margen entre coste y precio de venta; V. *surcharge, additional/extra charge/cost, overcharge*), **mark sensing** US (MKTNG lectura automática de etiquetas; V. *labelling*), **mark to the market** (MKTNG ajustar al valor del mercado), **mark-up**[1] (MKTNG margen comercial; margen de beneficio del comerciante ◊ *Factor in the middleman's mark-up*; es el porcentaje que se añade al coste bruto –*gross cost*– de un producto, en el que están incluidos los gastos generales –*overheads*– y los beneficios comerciales –*profit*–), **mark-up**[2] (MKTNG subida/aumento en el precio de un producto; recargar, aumentar/subir el precio ◊ *Additional production costs have led to a 5 % mark-up in the retail price*; V. *profit margin*), **markup pricing** (MKTNG fijación de precio mediante la adición del margen comercial –*trading margin*– al precio de adquisición –*bought-in price*– del mayorista o *wholesaler*), **marker** (GRÁFICA rotulador; V. *feltpen, felt-tip pen; highlight*)].

market *n*: MKTNG mercado; tiene las mismas acepciones que en español: ① actividad de compra y venta de productos, valores, etc.; ② lugar o edificio público destinado permanentemente a la actividad anterior; ③ el potencial de consumidores de un producto o servicio; ④ el comportamiento, con sus oscilaciones, de la oferta y la demanda, etc.; V. *target market and target group; in-the-market traffic, mark to the market; segment.* [Exp: **market area** (MKTNG zona comercial; V. *sales area*), **market basket** (MKTNG bolsa de la compra), **market/going/current/usual price** (MKTNG precio corriente/normal/actual/del mercado), **market leader** (MKTNG artículo líder o de gran venta en el mercado; V. *loss leader*), **market niche** (MKTNG/PRENSA cuota, porción de mercado; hueco abierto/asequible para el mercado de un producto ◊ *Even the most bizarre publications have their market niches*; V. *niche marketing*), **market penetration** (MKTNG penetración/participación en el mercado), **market potential** (MKTNG capacidad/potencial en/para el mercado; comprende la cuota de mercado –*market share*– máxima que se espera puede alcanzar un producto), **market price** (MKTNG precio de mercado), **market profile** (MKTNG perfil del mercado, alude a la descripción geográfica de los clientes potenciales de un producto o servicio; también se le llama *target profile*; V. *target market*), **market rate** (MKTNG tarifa del mercado, sueldo del mercado; lo que cuesta o se paga en el mercado; V. *going rate*), **market research/survey** (MKTNG estudio/investigación/prospección del mercado), **market segment/segmentation** (MKTNG segmento/segmentación del mercado; el segmento de mercado está formado por el conjunto de consumidores que reaccionan de igual manera ante los estímulos del marketing), **market share** (MKTNG cuota de mercado), **market size** (MKTNG volumen de ventas; dimensión del mercado), **market survey** (MKTNG estudio/análisis de mercado), **market test** (MKTNG análisis/encuesta/prospección de mercado; alude a cualquier análisis de mercadotecnia encaminado a com-

probar el éxito o las perspectivas de un producto entre sus destinatarios), **market trend** (MKTNG tendencia del mercado), **marketable** (MKTNG vendible; V. *vendable/vendible, saleable, sellable, merchantable*), **marketer/marketeer** (MKTNG comerciante, especialista [en estrategias y tácticas] de mercados, especialista en ventas en mercados), **marketplace** (MKTNG el mercado ◊ *Television has not replaced newspapers or radio in the marketplace*)].

marketing *n*: MKTNG mercadotecnia; mercadología; comercialización, mercadeo, marketing; el marketing se ocupa del estudio objetivo de las condiciones del mercado, el perfil de los consumidores y las estrategias empleadas, de acuerdo con el resultado de dicho análisis, en la comercialización de un producto o servicio; para ello se vale de los cuatro elementos básicos –*marketing mix*–, también conocidos como las cuatros «pes»: *product* –producto–, *price* –precio–, *place* –distribución– y *promotion* –promoción–; a veces se habla de una quinta «p», *packaging* –envoltorio, presentación, envasado– ◊ *Marketing is a game played in the mind of the prospect*; V. *supporting evidence; demarketing, countermarketing, niche marketing.* [Exp: **marketing channels/facilities** (MKTNG canales/medios de comercialización de un producto; V. *marketing outlets*), **marketing costs/expenses** (MKTNG costes/gastos de comercialización), **marketing desk** (MKTNG sección/departamento de mercadotecnia o marketing), **marketing director** (MKTNG director de marketing; su función es la dirección de la comercialización de los productos y servicios de una agencia publicitaria; dependen de él los jefes de productos –*product managers*– y los jefes de familias de productos –*group product managers*–; V.

media director), **marketing intelligence** (MKTNG información comercial; alude a la reunida por los responsables de mercadotecnia para su integración en las estrategias de comercialización ◊ *Show skill in gathering marketing intelligence*), **marketing mix** (MKTNG mezcla o combinación de marketing ◊ *Aim at the ideal marketing mix*; alude a la composición o conjunto conformado por los responsables del marketing de una empresa a partir de los cuatro elementos básicos, esto es, *product* –producto–, *price* –precio–, *place* –distribución– y *promotion* –promoción–; a veces, se habla de una quinta «p», o *packaging*; V. *product manager*), **marketing outlet** (MKTNG canal de ventas, salida de mercado)].

marriage split *n*: PRENSA/MKTNG acuerdo entre anunciantes para repartirse los espacios publicitarios de un periódico; el término alude a la técnica empleada en la declaración de la renta, según la cual la división por dos –*splitting*– de todos los ingresos y rentas es muy beneficioso a efectos fiscales.

married print *n*: CINE copia casada; es el positivo con sonido e imagen, también llamado *composite, composite print*; V. *married print; double head, answer print, timing, fine cut, emission cut*.

martini *col n*: CINE último plano de rodaje del día; V. *champagne shot; abby singer shot*.

mask *n/v*: IMAGEN máscara, pantalla; ocultar, tapar; se emplea coloquialmente la palabra «cachear», calcada del francés *cacher* –ocultar–; en fotografía se emplea esta máscara entre una fuente de luz –*source of light*– y una parte del negativo para evitar la exposición –*exposure*– de la citada parte; V. *drop-out mask, opaque*. [Exp: **mask out** (DISEÑO/GRÁFICA enmascarar, tapar, cubrir con una máscara parte de un dibujo, foto, etc.,

para evitar su reproducción ◊ *Mask out the bystanders in a photograph of a celebrity shopping*), **masking** (IMAGEN/AUDIO enmascaramiento de imagen o de sonido; V. *hide*)].

mass *n*: GRAL masa; en posición atributiva significa «en masa, de masa, generalizado, masivo, de interés general, a gran escala, de gran circulación, popular, colectivo, en serie» ◊ *The mass circulation of newspapers*. [Exp: **mass advertising** (PUBL campaña publicitaria masiva; suele aprovechar todos los medios de comunicación; V. *hoardings*), **mass communication** (GRAL comunicación de masas), **mass media** (MEDIOS medios de difusión o de comunicación, medios de comunicación social o de masas ◊ *Newspapers, magazines, film, radio and television are called mass media because they can reach large audiences*), **Mass Media Bureau** *US* (MEDIOS Oficina/Agencia de los Medios de Comunicación Social; organismo estadounidense, dependiente de la *Federal Communications Commission* –Comisión Federal de Comunicaciones– y encargado del seguimiento y control de las emisiones radiofónicas y televisivas en los EE.UU.), **mass production** (MKTNG producción en serie/masa), **mass publication** (PRENSA publicación/circulación masiva ◊ *The mass circulation of the popular dailies*].

master[1] *a/n*: GRAL principal, responsable; en posición atributiva se emplea con el sentido de «original», «general», etc. V. *main, quizmaster*. [Exp: **master**[2] (GRAL/AUDIO/IMAGEN matriz u original; se aplica a las grabaciones originales; elaborar matrices u originales de grabaciones audioorales o audiovisuales ◊ *Master copy; digitally mastered disk*; V. *printing master; dupe*), **master**[3] (GRAL título de posgrado llamado «magister» o master ◊ *Master in Business Administration*),

master control board (IMAGEN control principal o mesa [de iluminación]; V. *board*), **master copy** (GRAL/AUDIO/IMAGEN original), **master print** (CINE original, matriz), **master script** (CINE guión de rodaje; es un guión muy pormenorizado del desarrollo del conjunto de la acción de una película; también se llama *shooting script* y *director's script*; V. *scenario*), **master shot** (CINE panorámica, toma maestra; plano principal de una escena; también llamado *cover shot* –plano de cobertura–, es un plano largo –*long shot*– de una escena dramática que sirve de fondo para el desarrollo de la acción; permite al espectador formrse una idea de conjunto del lugar –*setting*–, la acción –*action*– y el ambiente –*atmosphere*– integrados por otros planos más cortos o de mayor detalle; el montador –*editor*– podrá intercalar –*insert*– planos americanos –*medium shots*–, contraplanos –*reverse*–, primeros planos –*close-ups*–, etc., para un análisis de los detalles más importantes, de acuerdo con su criterio; V. *establishing shot*), **master tape** (TV cinta matriz/maestra; cinta editada; es aquella a partir de la cual, una vez montada, se realizan las copias), **mastering** (AUDIO/IMAGEN proceso de elaboración de discos y cintas maestros)].

masthead *n*: PRENSA mancheta, título o nombre de un periódico o revista impreso en la parte superior de la página –*editorial page*– ◊ *Devise a new masthead for the re-launch of a newspaper*; V. *flag*.

mat[1] *n*: GRAL salvamanteles. [Exp: **mat**[2] (GRÁFICA mate; véase *matt*, *matte*; V. *superglossy*, *dull*)].

match *v*: GRAL emparejar, ajustar, combinar, casar; hacer juego; pareja; juego; se aplica a planos –*shots*–, colores –*colours*–, etc. ◊ *Match a text with a photograph*. [Exp: **match cut** (CINE corte a escena paralela; corte de transición entre escenas paralelas; se refiere al corte mediante el cual se suceden dos escenas unidas por la similitud entre sus contenidos visuales, auditivos o metafóricos; ocurre cuando se pasa de un plano a otro dentro de la misma escena; este corte es propio del montaje lineal –*seamlessness*–; V. *jump cut, ellipsis, juncture*), **matches** (PRENSA/MEDIOS bodas, enlaces matrimoniales; V. *hatches, matches and despatches, intimations page, announcement*), **matching** (GRAL emparejamiento, igualación)].

matinée *n*: GRAL sesión/función de tarde ◊ *We could only get tickets for the matinée performance*; V. *performance*.

matrix *n*: GRAL/GRÁFICA matriz, teja; en imprenta la «teja» es una plancha curvada de plomo, grabada en negativo y relieve por su parte convexa, que por la cóncava se adapta a un cilindro de las máquinas rotativas. [Exp: **matrix printer** (GRÁFICA impresora matricial; V. *laser printer*)].

matt[e][1] *a*: GRAL mate; matar el brillo, deslustrar, dejar/hacer mate, contrarrestar el efecto de brillo ◊ *Filters with layers of colour matted on the glass*; también se escribe *mat*. [Exp: **matt[e]**[2] (IMAGEN máscara, filtro o capa amortiguadora de reflejos; reflejo producido por el citado filtro; V. *gobo*)].

matter[1] *n*: GRAL/PRENSA contenido, material, tema ◊ *Editorial matter*. [Exp: **matter**[2] (GRÁFICA tipografía compuesta –*set*– o que se está componiendo; V. *dead/live matter, advertising matter, printed matter, back matter, body matter*)].

me-too product *col n*: MKTNG/PUBL producto plagio, producto imitamonos; V. *copycat article col*.

meaty *a*: GRAL/PRENSA jugoso, sustancioso, con enjundia ◊ *Tabloid journalists love to get their teeth into a meaty story*; V. *quote*.

mechanics *n*: GRAL mecánica, aspecto técnico, funcionamiento, aspectos prácticos, técnica, detalles técnicos; ① a veces equivale a «mecanismo» como en *It's not difficult to master the mechanics of photography*; ② en singular equivale a «[ciencia] mecánica», como en *Mechanics is a branch of engineering*. [Exp: **mechanical** (GRÁFICA/IMAGEN ① fotolito, cuatricromía; V. *colour separation*; ② maquetación formada por texto –*copy*– e ilustraciones –*artwork*– listos para elaborar las planchas –*printing plates*–)].

media *n*: MEDIOS medios de comunicación o de difusión; el singular de esta palabra es *medium*; por tanto, lo correcto es usar *medium* seguido de un verbo en singular, y *media* de un verbo en plural; en líneas generales se refiere a la vía, canal o conducto que pone en comunicación dos cosas; en publicidad *medium* tiene dos acepciones principales: ① en sentido general, es el conducto comunicativo que permite la transmisión y difusión de un mensaje publicitario –*advertising message*–; se suele hablar de dos grupos de *media*, el gráfico –*print media*– y el de la difusión por las ondas –*broadcast media*–; de acuerdo con el sentido que percibe el mensaje, los medios pueden ser visuales –*visual media*–, orales-auditivos –*oral-aural media*– y audiovisuales –*audiovisual media*–, a los cuales habría que añadir el medio táctil o háptico, que es el empleado por el sistema de escritura Braille y el olfativo –*olfactory*–; ② en una acepción más restringida, *medium* es el soporte físico concreto que transporta el anuncio, aunque en este sentido también se utiliza *medium/media vehicle*, como los periódicos –*newspapers*–, las revistas generales –*magazines*–, las revistas profesionales – *trade journals*–, el fax –*fax machine*–, la radio, la televisión, etc.; ③ los periodistas y profesionales de la comunicación, la publicidad, etc., como en *Someone had better deal with the media when they arrive*; ④ en función atributiva significa «mediático» como *media culture* –cultura mediática–, etc.; los *media* se ordenan en cuatro grupos: *print media, broadcast media, out-of-home media y direct-mail media*; V. *outdoor media, out-of-home media, indoor media, mass media, direct media*. [Exp: **media buyer** (medios director de medios o de compras; agente o empresa de publicidad que compra espacios o tiempos publicitarios –*advertising space or time*– en varios medios de comunicación para sus clientes; su misión dentro de una agencia de publicidad es negociar en el mercado las mejores condiciones de adquisición de medios publicitarios –*advertising media*–; V. *media buying director, media buyer, buying service/specialist, media buying specialist, time/space buying specialist/service*), **media buying** (MEDIOS compra de espacio publicitario ◊ *Media buying is a skilled business whose object is to buy the most effective advertising at the lowest price*), **media buying agency/service/specialist** (MEDIOS central de compras; empresa compradora de medios de comunicación; es una empresa publicitaria especializada en la compra de espacios o tiempos publicitarios en los medios de comunicación –*purchase of media for advertising purposes*– para sus clientes en las mejores condiciones del mercado; también llamada *space/time buying specialist, time buying service/specialist o buying service/specialist*; V. *media buyer*), **media buying director** (MEDIOS director de compra; es el responsable máximo de la compra de medios publicitarios –*advertising media*– y de espacios o tiempos publicitarios –*advertising space or time*– para los clientes o *accounts* de una agencia publicitaria; V. *media buying service*), **media coverage** (MEDIOS/MKTNG cobertura/difusión periodística dada por los medios de comunicación a un asunto; audiencia total de un anuncio o campaña durante un tiempo convencional; es sinónimo de *reach* ◊ *Complain about excessive media coverage*; V. *hound, controversy, media overexposure*), **media department** (MEDIOS gabinete de prensa, departamento de medios de comunicación o difusión [de una empresa]; V. *press office, press officer*), **media director** (MEDIOS director de medios; se encarga de la planificación y compra de medios de comunicación; la planificación –*media planning*– hoy la suele hacer el planificador de medios de comunicación –*media planner*– y la compra el director de compra –*media buying director*–; V. *media director*), **media event** (MEDIOS evento importante, acontecimiento que provoca un gran despliegue informativo –*coverage*–; a veces se emplea con cierto sarcasmo, con la implicación de que son los periodistas los que crean los acontecimientos ◊ *The Oscar award ceremony is a huge media event*; V. *blanket coverage*), **media frequency** (MEDIOS/MKTNG frecuencia de exposición; es el número de veces que un público-objetivo –*target group*– ha sido expuesto a un mensaje publicitario en todos los medios de comunicación), **media group** (MEDIOS grupo de comunicación; puede estar integrado por prensa escrita –*written press*–, emisoras de radio –*radio stations*–, cadenas de televisión –*TV channels*– e incluso editoriales –*publishers*– pertenecientes a los mismos dueños, normalmente llamado *media mogul* o «magnate de la comunicación»; V. *combo*), **media independent** (MEDIOS/PUBL central de compras; agencia de publicidad dedicada a la compra de espa-

cios y tiempos pero no al trabajo creativo; V. *a la carte agency*), **media mix** (MEDIOS mezcla o combinado –*mix*– de varios medios publicitarios –*advertising media*– en una campaña publicitaria –*advertising campaign*–, por ejemplo «exterior» –*outdoor*–, revistas –*magazines*–, etc.), **media mogul** (MEDIOS magnate de la comunicación, dueño de un grupo de comunicación; V. *media group, tycoon*), **media overexposure** (MEDIOS cobertura periodística/televisiva, etc., excesiva o abusiva; V. *media coverage*), **media people** (MEDIOS periodistas y profesionales de los medios de difusión), **media planner** (GRAL/MKTNG planificador de medios; su misión es analizar el mercado y determinar el uso apropiado de cada medio publicitario –*advertising media*– con el fin de que se cumplan los objetivos marcados en la promoción de un artículo o servicio; un planificador de cuentas –*account planner*– puede utilizar varios planificadores de medios para llevar a cabo su trabajo; V. *media buys*), **media planning** (MKTNG planificación de medios de comunicación en una campaña publicitaria), **media research** (MKTNG estudio de los medios de comunicación; V. *general mass media survey, base*), **media schedule** (MEDIOS programación de inserciones y publicaciones de anuncios, programación de una campaña publicitaria), **media strategy** (MKTNG estrategia de difusión publicitaria; V. *strategy*), **media studies** (MEDIOS estudios de periodismo y de medios de difusión), **media supplier** (MEDIOS proveedor de medios de comunicación o publicitarios; V. *multimedia buys*), **media vehicle** (MEDIOS soporte [físico] publicitario; a veces, también se le llama *medium[1]*; V. *advertising medium, individual media*), **mediate** (MEDIOS/GRAL mediar ◊ *Mediate in a dispute between public and private TV companies*)].

medium[1] *n*: MEDIOS medio, medio de comunicación; V. *media, system*. [Exp: **medium**[2] (GRAL mediano, medio; intermedio ◊ *The product is in the medium price range*; V. *medium shot; average*), **medium approach** (EXTERIOR proximidad intermedia; es la distancia media entre la estructura metálica, de obra, etc., –*advertising structure*– en la que se apoya el anuncio y el primer punto a partir del cual éste es visible, que se estima en 40 metros para el peatón –*pedestrian*–; V. *medium approach*), **medium close-up, medium close shot, MCU, MCS** (CINE/TV plano medio corto; primer plano medio; es el plano intermedio entre el *close-up* –primer plano– y el *medium shot* –plano americano–), **medium full shot** (CINE plano general corto), **medium long shot** (CINE plano medio largo; es un plano intermedio entre el plano general y el plano medio; V. *long shot*), **medium of print** (GRÁFICA la letra impresa, medio gráfico ◊ *Electronic journals are all very well, but it's nice to read articles in the medium of print*; V. *hard copy*), **medium shot** (CINE/TV plano americano; plano medio; plano tres cuartos, también llamado *three-quarter shot* y *knee shot*; es un plano que recoge las imágenes de los actores hasta las rodillas, intermedio entre el plano completo –*full shot*– y el primer plano –*close-up*–; V. *shot*), **medium wave** (RADIO onda media ◊ *A programme broadcast on the medium wave band*; V. *short wave, long wave, waveband, AM radio station*)].

medley *n*: AUDIO popurrí, miscelánea; es un arreglo –*arrangement*– de una serie miscelánea de composiciones; se diferencia, por una parte, de *mix* –mezcla– en que este último connota una buena combinación en la que cada elemento se funde con todos los demás, y, por otra, de *mixture* –mezcolanza– en que éste va en sentido contrario, destacándose la dificultad de la fusión; en el *medley* cada pieza mantiene su característica inconfundible, pero la serie responde a un principio común de selección, como por ejemplo la familiaridad o popularidad –*familiarity and popularity*– de las melodías seleccionadas, o su brío –*brio* o *jauntiness*– su condición clásica, su autoría –*authorship*– el período de su composición, etc.

meeting-point *n*: MKTNG/GRAL punto de encuentro [para viajeros, visitantes de lugares públicos]; se utiliza como sitio de exhibición publicitaria –*advertising display*– ◊ *Prominent places like meeting-points are excellent advertising sites*. [Exp: **meeting room** (GESTIÓN sala de juntas)].

megaphone *n*: AUDIO megáfono; V. *horn, loudspeaker*. [Exp: **megastore** (MKTNG megatienda)].

melodrama *n*: CINE melodrama, folletín, drama emotivo.

melody *n*: AUDIO melodía; V. *tune*.

merchandise *n/v*: MKTNG mercancía, mercaderías, géneros; efectos; primeras materias; comercializar, gestionar el mercadeo, la promoción y las ventas; abrir líneas, buscar salidas; V. *commodity, goods; wares*. [Exp: **merchandise pack** (MKTNG presentación del producto envasado con regalo o premio incluido ◊ *Offer tee-shirts free with the merchandise pack*), **merchandise turnover** (MKTNG rotación de existencias), **merchandiser** (MKTNG expositor de un producto; V. *display unit, backcard*), **merchandising** (MKTNG comercialización; puesta de mercancías en el mercado; actividades comerciales de refuerzo en una campaña publicitaria o de promoción; «merchandising»; explotación de la imagen de una empresa mediante la venta de productos que llevan su nombre o logotipo, como en *Sell sportwear, pens, lighters* *and videos as part of a football team's merchandising*; también la industria cinematográfica emplea el término *merchandising* para aprovechar –*exploit*– el éxito de ciertas películas, con la venta de muñecos que representan a los personajes y centenares de artículos que llevan imágenes de la película o reproducciones de los títulos y demás letreros alusivos a la misma; es un término polisémico; ① alude, dentro de la *place* –distribución– del *marketing*, a las estrategias incitadoras de la compra de un producto en el punto de venta, entre las que se incluyen la presentación del producto y la disposición de los expositores –*in-store displays*–, estanterías o vitrinas –*showcases*–, el material de publicidad, etc., que, dirigidas a los consumidores –*consumers*–, se realizan en el punto de venta –*point of sale*–; ② también se aplica este término a las actividades de promoción que se dirigen· a los vendedores –*sales force*–, los mayoristas –*wholesalers*–, minoristas –*retailers*–, concesionarios –*dealers*–, etc.; V. *character merchandising, cross merchandising, below-the-line media*), **merchandising service** (MKTNG servicio de comercialización; en este servicio se desarrollan los mensajes publicitarios destacando las ventajas que ofrecen los productos o servicios anunciados), **merchant** (MKTNG comerciante, negociante, mercader, marchante, tratante; V. *dealer, trader, handler*), **merchantable** (MKTNG vendible; V. *vendable/vendible, saleable, sellable, marketable*)].

merge *v*: GRAL/CINE fundir [imágenes o tomas], fusionar, mezclar; V. *fade*. [Exp: **merge purge** (GRAL/MKTNG actualización de ficheros, «desduplicación»; consiste en la puesta al día de los ficheros de clientes suprimiendo los datos repetidos ◊ *Carry out a merge purge on the mailing-list*; V. *duplication*)].

mesmerize *v*: GRAL/ESPEC fascinar, cautivar, hipnotizar ◊ *Viewers were mismerized by the colourful spectacle.*

message *n*: GRAL/LING mensaje ◊ *Long-winded advertising messages*; V. *advertsing message, copywriting; advertiser's message, long-winded, wordy, redundancy.*

metal coating *n*: GRAL revestimiento metálico; V. *plastic coating.*

metaphor *n*: LING/SEMIÓ metáfora; es la figura del lenguaje –*figure of speech*– por excelencia, usada con frecuencia en todos los lenguajes, incluidos el publicitario, el cinematográfico, etc.; consta con frecuencia de una comparación elíptica como en *She is [as beautiful as] a rose*; otras veces la metáfora consiste en el uso descriptivo de un término referido a un objeto o situación al que no es propiamente aplicable en sentido literal, como cuando decimos *to see the light* –ver la luz– cuando queremos expresar la idea de comprender; V. *metonymy, image, synecdoche.*

meter *n/v*: GRAL contador; medir ◊ *Check the meter to see how many photographs are left*; V. *light meter*. [Exp: **metered market** (TV/MKTNG mercado televisivo medido/evaluado con contador; V. *HUT, PUT, PUR, rating, share, metered market*)].

metonymy *n*: SEMIÓ/LING metonimia; es una figura utilizada en el lenguaje publicitario y el cinematográfico, formada por la sustitución del nombre de una cosa por uno de los atributos o rasgos semánticos; por ejemplo en *The ships crossed the deep* existe una metonimia al usar *deep*, que es una cualidad del océano, en vez de *ocean*; V. *metaphor, synecdoche.*

mf *n*: GRÁFICA papel calandrado de alta calidad; equivale a *machine finish [paper].*

/mf *n*: TIPO sigue en la página siguiente, .../...; en la esquina inferior derecha –*bottom right hand corner*– de la página, indica que el texto continúa en la página siguiente; V. */more, /more follows, /ends*.

mic, mike *col n*: AUDIO micro, forma coloquial de micrófono; V. *microphone*. [Exp: **microphone** (AUDIO micrófono; también se le llama *mike* o *mic*; V. *shotgun microphone*)].

microwave *n*: RADIO microonda; frecuencia de radio por encima de los 1.000 mHz.

midnight movie *n*: TV cine de medianoche; a veces connota un contenido erótico o de «cine golfo»; V. *porn; overnight*.

middle *n/a*: GRAL medio, centro. [Exp: **middle break** (RADIO/TV pausa [en medio de un programa] para la sintonía o logo de identificación de la emisora), **middle management** (GESTIÓN mandos intermedios ◊ *Rely on middle management to stimulate the workforce*; V. *producer*), **middle-of-the-road, MOR[1]** *col* (GRAL regularcillo *col*, de una discreta medianía, sin pasarse *col* ◊ *A middle-of-the-road TV programme*), **middle-of-the-road, MOR[2]** *col* (RADIO para gente cuarentona *col*, para/de carrozones *col*; en esta acepción se aplica al formato de programación pensada para los oyentes de mediana edad; consiste en la difusión de música melódica y tranquila, y de canciones populares de décadas anteriores y sólo las más suaves del momento), **middlebrow** (GRAL/CINE medianamente culto; con pretensiones; sin pasarse ◊ *Despite some challenging and intelligent scenes, the book is somewhat middlebrow*; casi siempre tiene un matiz negativo, dando a entender que la obra en cuestión nada entre dos aguas y vacila entre el tratamiento populista y el claramente culto e intelectual; V. *highbrow, lowbrow*), **middleman** (MKTNG intermediario, mediador, comerciante, corredor ◊ *Reduce costs by cutting out the middleman*; V. *agent; jobber, finder; broker, intermediary*)].

mike *col n*: AUDIO «micro» *col*; V. *microphone, mic*. [Exp: **mike boom** (AUDIO/CINE brazo de micrófono; V. *boom*)].

milline *n*: TIPO/GRÁFICA «miline», unidad de texto publicitario; la palabra está formada por la fusión de *mil[lion]* y *line*; consecuentemente, esta unidad es igual a una línea ágata –*agate line*– impresa en un millón de ejemplares de la misma publicación. [Exp: **milline rate** (GRÁFICA/GESTIÓN coste de un «miline»; aunque es una medida obsoleta actualmente, se calcula multiplicando la línea ágata por un millón y dividiendo dicha cantidad por la cifra de la tirada –*circulation*–)].

mimesis *n*: LING/SEMIÓ mímesis; imitación; V. *realism*.

miniature *n*: DISEÑO maqueta, miniatura; V. *mock-up, dummy; model*.

minibrute *n*: CINE/TV minibruto; V. *brute*.

minimalist cinema *n*: CINE cinema minimalista; es un realismo simplificado, minimalista por su escasa dependencia de las técnicas del medio cinematográfico; V. *realism, formalism, expressionism, impressionism, dadaism*.

minimum depth requirement *n*: GRÁFICA/PRENSA requisito de contratación de espacio mínimo; alude a la exigencia de los periódicos de que el anunciante contrate un espacio mínimo para la contratación de su anuncio; suele cifrarse en una pulgada de columna –*column inch*–.

minute-by-minute profile *n*: GRÁFICA/PRENSA perfil de la audiencia de un programa radiotelevisivo minuto a minuto.

mis- *pref*: dis-, des-, in-; el prefijo inglés *mis-*, en la mayoría de los casos, connota «error, incorrección, falsedad, fracaso, anulación, mala intención», etc. [Exp: **miss one's cue** (ESPEC no salir a escena en el momento debido; se dice del actor que, por no estar atento al «pie» –*cue*– que le dan, no sale en el momento apropiado y entorpece la continuidad –*conti-*

nuity– de la obra; en sentido figurado equivale a perder una buena ocasión ◊ *The journalist lost her cue and let a rival paper "steal" the story*; V. *cue*), **misallocation** (GESTIÓN asignación ineficiente/desacertada o inadecuada; V. *allocation*), **misapplication** (GESTIÓN malversación o distracción de fondos), **misappropriate** (GESTIÓN malver sar, distraer fondos; V. *embezzle*), **misappropriation** (GESTIÓN malversación, defraudación, apropiación indebida, distracción de fondos; V. *embezzlement, appropriation*), **misleading** (GRAL engañoso), **misleading advertising** (MKTNG/GRAL publicidad engañosa ◊ *Accuse a competitor of false and misleading advertising*; V. *corrective/false advertising*), **mismanagement** (GESTIÓN mala administración), **mismatch**[1] (GRAL/GESTIÓN asimetría, discordancia, desfase, descuadre de posiciones), **mismatch**[2] (CINE desajuste; es un efecto accidental, o a veces deliberado, por el cual las tomas se montan –*shots are edited*– fuera de la secuencia lógica o narrativa –*logical or narrative sequence*–), **misprint** (GRÁFICA errata)].

mise-en-scène *n*: CINE puesta en escena, montaje; éstas son las principales acepciones: ① la creación de un ambiente determinado en una producción cinematográfica por medio del atrezo –*props*–, vestuario –*costumes*–, escenografía –*sets*–, iluminación –*lighting*–; equivale en esta acepción a *staging* o escenotecnia; ② los elementos anteriores de elementos que intervienen en el rodaje de un plano o *shot*; ③ la técnica cinematográfica formada por planos prolongados o sostenidos –*sustained shots*–, fotografía de amplio campo focal –*deep-focus photography*– y movimiento de cámara –*camera movement*–, que se caracteriza por mantener la unidad del espacio y del tiempo de una situación dramática y el

plano secuencia –*sequence-shot*–, frente a la técnica del montaje –*editing*– que no presenta los acontecimientos de forma plena sino que sólo alude a ellos; en este sentido se puede decir que hay producciones cinematográficas basadas más en la técnica de puesta en escena que en el montaje o a la inversa; en los sentidos 1 y 2 cada vez se usa más la palabra *production*.

mix[1] *n/v*: GRAL/MKTNG mezcla, combinado, composición; ingredientes; mezclar; conjunto de ingredientes, materias o disciplinas; se emplea este término para referirse a los «combinados» que se requieren tanto en una actividad académica –por ejemplo, un plan de estudios– como en una actividad económica –por ejemplo, un plan de actuación–; de esta forma se habla de *A&P mix*, de *marketing mix,* de *media mix,* de *product mix*, etc.; V. *advertising strategy*. [Exp: **mix**[2] (AUDIO combinación de varias pistas de audio, sobre todo de voz y de música efectuada en la edición de un *spot*, para componer la pista sonora –*soundtrack*– final; V. *medley, mixture, mixer, mixing console*), **mix**[3] (CINE superposición; punto medio del fundido o *dissolve*; es el momento en el que el final de una escena se encuentra con el principio enfocado de otra; recibe varios nombres, entre ellos, *lap, lap-dissolve, cross-lap* y *cross-dissolve*), **mixage** (CINE mezcla; equivale a *mixing*), **mixdown** (CINE/AUDIO fusión y mezcla; alude a la técnica que mezcla grabaciones procedentes de pistas múltiples para crear una versión en una pista única ◊ *Produce some unusual sound effects by using mixdown*; V. *track*), **mixer** (AUDIO mezclador; también llamado *sound editor*, es el ingeniero electrónico que combina y ajusta señales acústicas, como las de la banda sonora de una película –*soundtrack of a movie*–, o señales acústicas y de imagen; V. *sound mixer*), **mixing** (CINE mezcla; consiste en la combinación en una sola de varias bandas sonoras, sobre todo de efectos especiales –*sound effects*– y de voz; V. *montage, camera mixing*), **mixing console** (AUDIO mesa de mezclas; V. *main console; board*)].

mobile *a/n*: GRAL/PUBL móvil, ambulante, portátil; en publicidad es el cartel colgado del techo que se mueve gracias a las corrientes de aire; V. *flutter sign*. [Exp: **mobile camera/unit** (CINE/TV cámara/ unidad móvil; V. *cruiser, telecruiser; van*), **mobile long take** (CINE/TV plano secuencia; secuencia sin corte)].

mock *v*: GRAL burlarse de de, mofarse de, parodiar, ridiculizar, poner en ridículo ◊ *The play mocks the traditional values of the middle classes*; V. *irony*. [Exp: **mock²** (GRAL simulado, fingido, en simulacro ◊ *Use the mock trial format for a TV series about the law*), **mock-up** (DISE-ÑO/GRAL ficticio; maqueta; «monstruo»; alude a un tridimensional a pequeña escala de un aparato, edificio, urbanización, etc., cuya construcción se proyecta ◊ *Prepare a mock-up during the design of a set*; V. *dummy*), **mockery** (GRAL burla, parodia)].

model *n*: GRAL modelo; las acepciones de esta palabra son similares a las del español: ① arquetipo, ejemplo a seguir ◊ *John Ford's westerns are models of the genre*; ② estilo o diseño de un producto ◊ *Display the new model at a big motor show*; ③ profesional que posa para un artista, que actúa en una producción cinematográfica, o que exhibe prendas de moda ◊ *Fashion models are often better paid than actors*; V. *top model*; ④ maqueta; V. *dummy, mock-up*; ⑤ en función atributiva equivale a «modelo, modélico» como en *a model actress; a model layout*; y a «[en] miniatura», «[de] maqueta» como en *A toy company that*

makes model aeroplanes; ⑥ como verbo significa «modelar» como en *They model their music on the style of the sixties*; «trabajar como modelo, mostrar/presentar/llevar [la ropa creada por un modisto] como en *She models for a top Paris designer*. [Exp: **model maker** (MKTNG maquetista; el que hace maquetas; V. *layout artist*), **model set** (DISEÑO maqueta, miniatura; V. *mock-up, dummy; miniature*), **model shot** (CINE plano de una miniatura), **modelling lamp/light** (IMAGEN/CINE fuente de luz continua; iluminación general de un objeto o escena)].

modem *n*: INTERNET modem; es una palabra formada por la fusión de *modulator* y *demulator*; es un instrumento –*device*– que convierte los datos digitales –*digital data*– de un ordenador en señales analógicas –*analog signals*–, lo cual permite a los ordenadores intercambiar archivos –*exchange files*– y comunicarse por teléfono –*over the phone*–; V. *dedicated line, dialup, conversion*.

modern *n*: TIPO moderna; letra románica de trazos finos –*thin strokes*– con tacones finos y rectos –*thin, straight seriffs*–. [Exp: **Modernism** (LING/CINE modernismo; es un movimiento artístico nacido a principios del siglo XX como reacción frente a la tradición del realismo y el romanticismo y que, debido en parte al auge de la cada vez más poderosa tecnología, se caracteriza por la experimentación y la manipulación de la forma; V. *post-modernism, post-structuralism*)].

modulation *n*: AUDIO modulación; V. *amplitude modulation, frequency modulation*.

module *n*: MEDIOS/MKTNG módulo; es una unidad de medida que se emplea para fraccionar los espacios de televisión, de un periódico, etc.

mogul *n*: GESTIÓN magnate; V. *media mogul, tycoon*.

moiré *n*: IMAGEN moiré, muaré; interferencias formada por estructuras de líneas onduladas –*patterns of wavy lines*–.

mold *n*: GRAL/TIPO molde; V. *mould.*

money back *n*: MKTNG devolución garantizada ◊ *A money back guarantee.*

monitor *n/v*: GRAL/IMAGEN/MKTNG monitor, pantalla; seguir, hacer un seguimiento de, controlar, vigilar, observar ◊ *Monitor the progress of a product after launching*; V. *watchdog, follow-up; screen.* [Exp: monitoring (GRAL/MKTNG control, seguimiento, supervisión)].

mono *a*: AUDIO mono; opuesto a estéreo, es la forma abreviada de *monoaural* o *monophonic*; alude a la información de audio a través de un único canal; V. *stereo.*

monologue *n*: CINE monólogo; en inglés y en castellano puede tener varias acepciones, bien como sinónimo de soliloquio –*soliloquy*–, bien como entremés teatral –*dramatic sketch*– interpretado por un actor; V. *soliloquy, dialogue, stream of consciousness.*

monopoly *n*: MKTNG monopoly; V. *oligopoly.*

monotype *n*: GRÁFICA monotype.

monster movie *n*: CINE película de monstruos; es un subgénero de las películas de terror –*horror films*–; V. *gore, gothic films.*

montage *n*: CINE montaje; V. *American montage, editing, mount an ad.*

monthly *n*: GRAL/PRENSA mensual, publicación mensual; V. *fortnightly, weekly.*

mood *n*: GRAL estado de ánimo; clima; ambiente; humor ◊ *A newspaper article designed to capitalise on the popular mood of anger*; se emplea en expresiones como *mood lighting* –luz ambiental–, *mood music* –música de fondo–, etc.; V. *background music; tone; climax.*

MOR *n*: RADIO V. *middle-of-the-road.*

morbid curiosity *n*: GRAL morbo.

/more *n*: TIPO sigue en la página siguiente, .../...; en la esquina inferior derecha –*bottom right-hand corner*– de la página, indica que el texto continúa en la página siguiente; V. /*more follows, /mf*), /more follows (TIPO sigue en la página siguiente, .../...; en la esquina inferior derecha –*bottom right-hand corner*– de la página, indica que el texto continúa en la página siguiente; V. /*mf, /more, /ends*)].

morphing *n*: TV/CINE efecto de cambio de formas, morf; es un efecto gráfico de posproducción.

morning drive, AM drive *n*: MKTNG la mañana, horario de mañana; franja de la programación radiofónica –*daypart*– comprendida entre las 6 y las 10 de la mañana ◊ *Radio is at its peak of audience at morning drives and afternoon drives*; además de *morning drive*, a efectos de publicidad los más importantes de la radio norteamericana son *daytime, afternoon drive, evening, overnight.*

mosaic *n*: IMAGEN/TV mosaico. [Exp: MOSAIC (MKTNG mosaico; es la clasificación de los barrios, distritos o vecindades en 58 categorías de acuerdo con su forma de vida –*lifestyle*–; V. *acorn, target audience*)].

motif *n*: GRAL/SEMIÓ/LING motivo; en las artes verbales y escénicas, alude al elemento, tema o idea que constituye un rasgo importante del conjunto de la obra o composición, como en *One of the distinctive motifs of this very thoughtful film*; en las artes plásticas o gráficas es un adorno –*ornament*– o rasgo físico de forma o color repetido de modo regular; en música es un tema recurrente como en *A mournful motif on the strings*; aunque la palabra inglesa *motive* se puede emplear con los mismos significados, se suele preferir la versión francesa para evitar la posible confusión con el significado de «causa, intención», habitual en el uso de la primera; V. *leitmotif, theme, topic.*

motion *n*: GRAL movimiento. [Exp: **motion display** (GRAL exposición/expositor de elementos móviles; V. *mobile*), **motion picture** (CINE película cinematográfica, llamada coloquialmente *movie*), **motion-picture industry** (CINE industria cinematográfica), **motion-picture set** (CINE plató; también se le llama simplemente *set*)].

mould, mold *US n/v*: GRAL/TIPO molde, matriz; moldear, troquelar ◊ *Display stands made of moulded plastic*; V. *shape, lead-mold, form, mould, die, die out.* [Exp: **moulding, molding** *US* (EXTERIOR/GRAL moldura [de anuncio exterior])].

mount *n*: GRAL soporte, montura, marco, portaobjetos; V. *camera mounts; device.* [Exp: **mount an ad** (PUBL montar un anuncio; consiste en colocar convenientemente todos sus componentes, esto es, texto, fotos, logotipo, etc., para construir la copia cero –*answer print*–; V. *edit a film, montage*)].

mouse *n*: IMAGEN ratón; periférico del ordenador; V. *peripheral.*

mouthing *n*: CINE sincronización de labios y sonido, también llamado *lip-sync* o *post-sync*; viene del significado frecuente del verbo *mouth*, esto es, «formar las palabras de manera exagerada con la boca, pero sin pronunciarlas», cosa que se hace para no ser oído por un tercero o cuando hablante y oyente no pueden oírse por la presencia de un obstáculo, como una puerta de cristal, etc.

MS *n*: GRÁFICA manuscrito; V. *manuscript.*

movement *n*: GRAL movimiento; V. *camera movement.*

movie programme *n*: CINE programa doble. [Exp: **movie theater** *US* (CINE sala de cine; V. *film theater*), **movieola/Moviola** (AUDIO/CINE/IMAGEN moviola; sincronizador de sonido e imagen), **movies** *col* (CINE películas, cine; V. *motion pictures*)].

moving shot *n*: CINE plano de seguimiento del protagonista; en este plano la cámara se mueve en la misma dirección y a la misma velocidad que el protagonista; también se le llama *following shot, running shot* o *tracking shot*; V. *action shot.*

muffle *v*: AUDIO amortiguar, atenuar ◊ *The sound was muffled because of the heavy curtains and the poor placing of the microphone*; V. *dampen, deaden, mute.*

mule *US col n*: MEDIOS burro de carga *col*, bestia de carga *col*, reportero de a pie; es el nombre familiar que reciben los reporteros de menor categoría, debido a que trabajan muchas horas, recorren grandes distancias en pos de la noticia y cargan con el peso de las noticias menos rutilantes y espectaculares ◊ *A famous journalist who worked for years as a mule with the local networks*; V. *big foot.*

multi- *pref*: GRAL multi. [Exp: **multiburst** (IMAGEN señal de ajuste de varias salvas de color; V. *burst*), **multideck** (MKTNG expositor de pisos –*deck*– o bandejas horizontales), **multidirectional microphone** (AUDIO micrófono multidireccional), **multimedia**[1] (AUDIO/IMAGEN/INTERNET interacción de varios texto, imagen y sonido, etc., normalmente con soporte CD-ROM; V. *hypermedia*), **multimedia**[2] (MKTNG [campaña] multimedia; alude a la campaña publicitaria –*advertising campaign*– que utiliza sonido, imágenes de vídeo o televisión y texto), **multimedia buys** (MKTNG compra de multimedia; alude a la adquisición de espacio publicitario en los distintos soportes –*media vehicles*– de un proveedor o de varios proveedores en régimen de cooperativa –*cooperative agreement*–), **multipack** (MKTNG paquete/envase grande que contiene paquetes/envases individualizados del mismo producto, *multipack*; V. *container, pack, packaging*), **multiscreen** (IMAGEN multipantallas, multivisión;

visión en pantallas adyacentes), **multi-task** (IMAGEN/AUDIO multitarea), **multi-track** (AUDIO [magnetófono] multipista), **multiviewer** (IMAGEN multivisor))].

multiple *n/a*: GRAL/AUDIO múltiple; amplificador con varias salidas, también llamado *presidential patch*; en plural significa clavijas interconectadas en un panel de conexiones o *patch panel*. [Exp: **multiple exposure** (IMAGEN multiexposición; grabación de varias imágenes en el mismo fotograma o *frame*; V. *double exposure*), **multiple miking technique** (AUDIO multifonía múltiple; consiste en utilizar un micrófono para cada uno de los instrumentos musicales)].

murky *a*: IMAGEN oscuro, opaco, turbio; V. *dark, dim, bright*.

music *n*: AUDIO/CINE/TV música; partitura; forma parte de muchas unidades léxicas como *music box* –caja de música–, *music band* –banda de música–, *music hall* –teatro de variedades–, *music logo* –sintonía musical–, *music lover* –melómano–, *music stand* –atril–, etc.; V. *set music to, library music, contrapuntal music, signature, jingle*. [Exp: **music consultant** (CINE asesor musical), **music track** (AUDIO/CINE/TV banda musical; V. *effects track, dialogue band*), **musical** (CINE musical; película o espectáculo del que la música y las canciones, y a veces los números coreográficos –dance routines–, forman parte esencial; el argumento –plot– suele ser secundario, reduciéndose a una serie de pretextos para las actuaciones musicales; V. *comedy, documentary, drama, thriller*), **musical comedy** (CINE/ESPEC comedia musical; comedia ligera o sentimental aderezada con abundantes escenas musicales, canciones, bailes, etc.), **musical logo** (AUDIO/RADIO sintonía identificadora de una emisora de radio; V. *network identification; signature*)].

mute[1] *a/v*: AUDIO/TV mudo, apagar el sonido ◊ *Press the mute button; mute the sound of the TV*. [Exp: **mute**[2] (AUDIO sordina, poner sordina; disminuir la intensidad y variar el timbre de un sonido ◊ *The muted wailing of the brass characteristic of blues music*; V. *damper*)].

N

NAA *n*: PRENSA Asociación norteamericana de periódicos; V. *Newspaper Association of America.*

NAB *n*: RADIO/TV V. *National Association of Broadcasters.*

NAC *n*: CINE V. *New Adult Contemporary.*

name *n/v*: GRAL/ESPEC nombre; nombrar; se puede emplear en el sentido de «famoso» del mundo del espectáculo; V. *naming.* [Exp: **name brand** *US* (MKTNG marca de prestigio, renombre o confianza; marca «de toda la vida»; V. *store name*), **name plugging** (MKTNG publicidad insistente de una marca), **nameplate** *US* (PRENSA cabecera [de un periódico]; también llamada *flag* o *title line*, es el título que aparece en la portada de un periódico; también algunos incorrectamente lo llaman *banner*; es el nombre registrado como propiedad de una persona o entidad mercantil que suele ir en la primera página *–first page, front cover, title page–* de la publicación; V. *flag, masthead²*), **naming** (MKTNG/PUBL creación de marcas verbales; están formadas por acrónimos totales o parciales como *Inespal–* In̲dustria E̲spañola del Al̲uminio– o por la unión, fusión, amalgamamiento, etc., de palabras enteras o mutiladas, como *Servired* –Red Nacional de Cajeros Automáticos–, de

forma tal que se puedan emitir oralmente en una sola unidad léxica, atractiva comercialmente, sin tener que recurrir a toda la expresión larga; V. *packaging*)].

narration *n*: LING/CINE narración ◊ *A formal analysis of film narrative*; es la modalidad discursiva en la que el narrador –personaje creado por el autor– cuenta una historia y permite que hablen los personajes de la misma por medio del estilo directo *–direct speech–*, el estilo indirecto *–indirect speech–*, el estilo libre indirecto *–free indirect speech–* y el monólogo interior– *stream of consciousness–*; en el cine hay, además, muchas otras formas de contar, por ejemplo, las acciones paralelas *–parallel actions–*, el montaje acelerado *–accelerated montage–*, etc.; conviene subrayar que la voz narrativa que asociamos con una novela o relato es siempre un constructo *–construct–* cuyas opiniones, actitud, preferencias y valores no son directamente atribuibles al autor del texto; esta situación queda más clara en las narraciones en primera persona, por la presencia de rasgos personales –edad, situación social, sexo, momento histórico, etc.– que diferencian claramente ambas personalidades; pero incluso en el caso clásico de la narración omnisciente en tercera persona *–three-person omniscient narration–* importa distinguir entre uno y otro en el análisis crítico y la atribución del pensamiento; V. *discourse, absolute film, poetics, stylistics; exposition, description, persuasion, dialogue; flash forward.* [Exp: **narrative** (CINE relato, narración; narrativa, narrativo), **narrative closure** (CINE clausura narrativa; en las artes narrativas literarias, dramáticas y cinematográficas, alude a las técnicas empleadas y los medios argumentales elegidos para atar todos los cabos de una historia y aclarar definitivamente las relaciones entre los personajes, dando así la sensación satisfactoria de una obra bien hecha *–well-made work–;* cuando no es así, y se dejan cabos sueltos *–loose ends–* se habla de una narración abierta *–open-ended narrative–;* V. *emblematic shot, closure*), **narrator** (LING narrador; personaje creado por el autor para narrar o contar una historia o describir un paisaje)].

narrow *a/v*: GRAL estrecho, reducido; restrictivo, restringido, escaso; de miras estrechas, intolerante ◊ *An article that takes a narrow view of political affairs;* V. *broad.* [Exp: **narrow-angle lens** (CINE teleobjetivo; se trata de una lente de angular estrecho *–narrow angle of view–,* también llamado *telephoto lens*), **narrow angle of view** (CINE ángulo de visión estrecho; es el propio de los primeros planos *–closeups–;* V. *wide angle of view*), **narrow band** (AUDIO banda estrecha; V. *bandwidth*), **narrow casting** (RADIO/TV programación para audiencias selectas o reducidas; también puede referirse a la emisión de programas de televisión por cable *–cable TV–*), **narrow demand** (MKTNG demanda escasa o reducida), **narrow dispersion** (AUDIO ángulo de dispersión estrecha)].

National Association of Broadcasters, NAB *n*: RADIO/TV Asociación norteamericana de presentadores/profesionales de la radio y de la televisión *–broadcasters–.* [Exp: **National Audience Demographics, NAD** (RADIO/TV datos demográficos de las audiencias norteamericanas; son las cifras de las audiencias que siguen las emisiones radiofónicas y televisivas en los EE.UU., recogidas en los informes Nielsen que se publican cinco veces cada año), **National Readership Audience** (MKTNG encuesta nacional sobre número de lectores), **nationwide** (GRAL nacional, estatal, de ámbito nacional o estatal; sin sucursales; es lo opuesto a *local*)].

natural *a/n*: GRAL/AUDIO natural, nota natural; en música alude a la nota musical no modificada por bemol *–flat–* ni sostenido *–sharp–;* por ejemplo, *e natural –*mi sostenido– se distingue de *e flat –*mi bemol–, y *g natural –*sol natural– de *g sharp –*sol sostenido–; se emplea sobre todo, bien para indicar que los accidentes propios de la escala marcada se deben ignorar en un caso determinado, o bien para recordar al músico que el bemol o sostenido anterior ya no es de aplicación, por lo que procede realizar la nota en cuestión en su forma natural; V. *flat, sharp.* [Exp: **natural lighting** (CINE luz natural; además de la del sol, de la luna y las superficies que los reflejan *–reflecting surfaces–,* es la de velas *–candles–,* hogares encendidos *–blazing heaths–,* etc.), **naturalism** (CINE naturalismo; este tipo de representación cinematográfica intenta reflejar el determinismo científico, de forma tal que todas las acciones de un personaje están predeterminadas por leyes biológicas, ambientales, sociológicas, económicas o psicológicas; V. *abstraction, cubism, dadaism, expressionism, formalism, impression-*

ism, realism, representation, surrealism, symbolism)].

navigate *v*: INTERNET navegar; consiste en moverse por la red siguiendo enlaces de hipertexto –*hypertext links*– de un documento a otro; V. *surf, channel surfing.*

NC-17 *n*: CINE para mayores de dieciocho años; esta calificación –*certificate*–, introducida por la Motion Picture Association of America o MPAA, se denominaba anteriormente X, pero ésta fue sustituida en 1990 al confundirla mucha gente con la calificación XXX, reservada a las películas que contenían escenas explícitas de sexo –*explicit sex scenes*–; V. *PG, PG-13, XXX.*

neck mike *n*: AUDIO micrófono colgado del cuello, también llamado *lavaliere.*

negative, neg *n*: IMAGEN negativo; V. *positive to negative process, negative line.* [Exp: **negative costs** (GESTIÓN costes, negativos, costes/gastos de producción; presupuesto necesario para la producción de películas y programas de televisión; es la suma de los llamados *above-the-line costs* y *below-the line costs*; V. *non-negative costs, P & A*), **negative cutting** (CINE corte de negativo; consiste en ajustar el negativo a la versión final –*final version*– de la película, según decida el director; a partir de este negativo se hacen las copias –*prints*–), **negative duplicate** (GRÁFICA contratipo)].

neighbourhood showing *n*: EXTERIOR presencia total por barrios de un anuncio exterior; conjunto de vallas en un barrio referidas al mismo producto; V. *showing.*

NEMO *n*: RADIO/TV V. *non emanating from main office.*

neon sign *n*: EXTERIOR letrero/cartel/rótulo luminoso o de neón; V. *illuminated ad/ billboard.* [Exp: **neonized bulletin** (EXTERIOR letrero luminoso ◊ *Neonized bulletins are commonly found in city centres, railways stations and busy public places*)].

neorealism *n*: CINE neorrealismo; este tipo de representación cinematográfica se caracteriza por un populismo que aborda los problemas de la clase trabajadora, con rodaje en exteriores –*location shooting*– y, sobre todo, con mucha filmación con la cámara al hombro –*hand-held camera*–; nacido en la Italia de posguerra –*postwar Italy*–, utiliza a menudo con actores no profesionales –*amateur performers*–; V. *impressionism, expressionism, realism, formalism, avantgarde, dadaism, futurism, impressionism.*

net[1] *a/n*: GRAL/MKTNG/PUBL neto, líquido ◊ *Salary net of tax*; se opone a *gross*; en publicidad es la cantidad que abona la agencia publicitaria al dueño de los medios o vehículos tras deducir la comisión que le corresponde a aquélla; también equivale a *net cost.* [Exp: **net**[2] (GRAL embolsarse, ganar, producir unas ganancias netas ◊ *The film netted £10 m*), **net**[3] *col* (MEDIOS forma abreviada de *network* –red, cadena–), **net**[4] (MEDIOS equivale a *net unduplicated audience*), **net**[5] *col* (INTERNET forma abreviada de Internet ◊ *Shopping on the net*), **net audience** (RADIO/TV/GRAL audiencia neta; alude al número de hogares –*households*– o personas –*individuals*– receptores de un anuncio en un período de tiempo; V. *gross impressions, reach, total audience*), **net circulation** (EXTERIOR difusión neta; en el caso de publicidad exterior alude al número de personas que ven sin dificultad un anuncio o una valla en un determinado período de tiempo), **net cost** (GESTIÓN coste neto; en publicidad es el coste que se abona a una agencia con los descuentos incluidos; también se le llama simplemente *net*[1]), **net coverage** (MEDIOS cobertura simple, difusión neta; V. *coverage*[2]), **net paid circulation** (MEDIOS unidades netas vendidas, difusión neta entre compradores/adquirentes [de una publición] de acuerdo con el *Audit Bureau of Circulation* –Oficina de Justificación de la Difusión, OJD–, está formada por el número de periódicos o revistas vendidos por suscripción o en el quiosco de prensa –*news stand*–; V. *paid circulation*), **net profit** (GESTIÓN beneficio neto), **net rating** (MEDIOS índice de audiencia neto, deducidas las duplicaciones), **net rating point** (MEDIOS unidad de audiencia neta; V. *rating, point, gross rating point, cumulative audience*), **netiquette** (INTERNET netiqueta, etiqueta en la red; son las reglas de etiqueta –*rules of etiquette*– que rigen la interacción en línea –*online interaction*– en Internet; V. *flame*), **netizen** (INTERNET ciudadano de la red, ciudadano de Internet; proviene de la fusión de las palabras inglesas *network citizen*; V. *hyperspace*), **netvertising** (PUBL publicidad en Internet; V. *advertising; banner ad, target ad, cyberspot*), **network** (GRAL/RADIO/TV red, cadena; como verbo, significa transmitir/emitir en cadena ◊ *A group that networks radio broadcasts*; normalmente se aplica a: ① las emisoras de radio o de televisión vinculadas entre sí, ② la empresa que produce, o vende, programas para las aludidas emisoras, ③ un grupo de agencias de publicidad independiente; V. *ad hoc network, chain, radio network, web*), **network associate** (GRAL/RADIO/TV emisora asociada a la red), **network feed** (RADIO/TV transmisión a la red de emisoras asociadas, ya en directo –*live*– ya en diferido –*recorded broadcast*–; V. *supply, transmit, feed point, edited highlights, feed²*), **network identification** (RADIO/TV sintonía o imagen identificadora de una emisora de radio o de televisión; V. *signature, musical log*), **network option time** (RADIO/TV tiempo disponible para publicidad en una cadena; alude al tiempo para espacios publicitarios pendiente de contratación)].

never-outs *US n*: MKTNG artículos de demanda continua.

new adult contemporary, NAC *n*: GRAL gente joven; joven adulto ◊ *A magazine aimed at adult contemporaries*; V. *adult contemporary*. [Exp: **New Age** (RADIO música de la nueva era –*new age*–; nacida del rock electrónico –*electronic rock*– de los setenta, es una clase de música etérea, espiritual y relajante, caracterizada por melodías dulces y sonidos suaves producidos por una mezcla de medios naturales y electrónicos; acompaña a veces a películas de ciencia ficción –*science fiction*– y a programas dedicados a los misterios del universo), **new business** (MKTNG nuevos clientes, captación de nuevos clientes ◊ *Salesman hired to work up new business for the firm*), **new product development agency** (PUBL agencia publicitaria de lanzamiento y promoción de productos nuevos; está especializada en las distintas fases publicitarias de un producto nuevo desde la asignación de marca –*branding*–, de envoltorio –*packaging*–, etc., hasta el servicio posventa –*after-sales service*–)].

news *n*: MEDIOS noticia; ① hecho noticiable ◊ *No news is good news, except for journalists*; V. *story, chronicle, report*; ② noticias, programa informativo, informativo, noticiario ◊ *The news is interrumpted twice by commercial breaks*; se trata de un sustantivo colectivo, por lo que el singular es incontable; para construir el concepto contable –una noticia, varias noticias– hay que recurrir a perífrasis como *an item of news, two pieces of news* o *three [news] stories*; V. *story* [Exp: **news agency** (PRENSA agencia de noticias; V. *newspaper syndicate*), **news agency copy** (PRENSA texto de agencias, noticias de agencia), **news agent** (PRENSA vendedor de periódicos; en genitivo –*newsagent's*– o en plural significa la tienda misma o el negocio, es decir, aproximadamente «quiosco de prensa» ◊ *He runs a newsagent's in the centre of the city*; V. *newsboy, paperboy*), **news angle** (PRENSA V. *angle*), **news, be in the** (MEDIOS salir en las noticias, andar en boca de todos, ser la comidilla del momento, dar que hablar ◊ *They've been in the news a lot recently with all this talk of a takeover*), **news bulletin** (PRENSA/RADIO/TV boletín, boletín informativo; anuncio, comunicado, diario hablado ◊ *There will be another news bulletin on the hour*; V. *newsreel*), **news desk** (PRENSA sección/redacción de noticias, redacción ◊ *Check on the latest developments at the news desk*; V. *sports desk, foreign desk*), **news flash** (RADIO/TV avance informativo, noticias de última hora, flash informativo ◊ *A news flash just in from China*; V. *breaking news, headline newscast*), **news headlines** (MEDIOS titulares, resumen informativo; V. *headline news*), **news in brief** (PRENSA breves, noticias breves; conocidas coloquialmente como *nibs*, suelen ocupar una columna –*column*– en el borde –*edge*– de la página; V. *stop press*), **news item** (MEDIOS noticia ◊ *A short item in the «news in brief»*; V. *news story, lead*), **news management** (PRENSA política informativa, tratamiento que se da a las noticias, sesgo o manipulación informativa ◊ *Objectivity is virtually forgotten in a world ruled by news management*), **news peg** (PRENSA percha informativa *col*, pie, pretexto, base o fundamento para una noticia; punto de partida de un artículo ◊ *A news peg is necessary to write an editorial, a cartoon, an interview*; también se le llama *angle²*), **news programme** (RADIO/TV noticiario, informativo, diario informativo, diario hablado), **news story** (TV/RADIO noticia, hecho noticiable, relato, artículo; V. *news item, story*; V.

follow-up, hard news), **newsboy** (GRAL vendedor de periódicos [en la calle, en los bares, etc.] ◊ *Buy a paper from the newsboy at the corner*), **newscast** (RADIO/TV noticiario, informativo, telediario; V. *news bulletin, newsreel, news programme*), **newscaster¹** (RADIO/TV presentador de noticiarios; V. *sportscaster*), **newscaster²** (PUBL cartel electrónico; es un presentador electrónico de anuncios cuyas palabras se escriben y se borran en sentido horizontal), **newsflash** (MEDIOS/PUBL flash informativo), **newshole** *US* (MEDIOS/PUBL porcentaje de espacio o tiempo dedicado a la información respecto al asignado a la publicidad en cualquier periódico o medio), **newsletter** (PRENSA boletín informativo, hoja informativa ◊ *Advertise in local newsletters and trade papers*; alude a una publicación, normalmente modesta, que ofrece información sobre las actividades de una asociación, un colectivo, un club o un sector industrial; V. *freesheet, trade paper*), **newsman** (MEDIOS locutor, periodista de informativos; V. *newscaster*), **newspaper** (PRENSA diario, periódico; V. *magazine, journal*), **Newspaper Association of America, NAA** (PRENSA Asociación norteamericana de periódicos nacionales), **newspaper circulation** (MKTNG tirada de un periódico; V. *readership circulation*), **newspaper library** (PRENSA hemeroteca; V. *film library; film library, record library*), **newspaper syndicate** (PRENSA agencia de prensa, agrupación o cadena de periódicos ◊ *A columnist writing for a newspaper syndicate*; es una agencia que concierta la publicación simultánea en los periódicos afiliados de artículos, noticias y textos de opinión redactados por periodistas contratados por ellas; V. *news agency*), **newspaperman** (PRENSA periodista, reportero; V. *journalist, newsman*), **newsprint**

(GRÁFICA papel prensa; V. *paper, pulp*), **newsreader** (MEDIOS locutor, periodista de informativos; V. *newsreader*), **newsreel** (RADIO/TV noticiario; noticias filmadas, documental cinematográfico de la actualidad ◊ *A documentary on the postwar depression using old newsreel footage*; la forma clásica de este tipo de noticiario cinematográfico en España era el «Nodo» y en el mundo anglosajón *Pathé News*; V. *newsbulletin*), **newsroom** (MEDIOS [sala de] redacción ◊ *Interview a studio guest in the newsroom*; V. *news desk, newsroom, editorial department/ team/office/staff, copy desk, desk*), **newsstand** (GRAL quiosco de prensa), **newsstand circulation** (PRENSA número de ejemplares vendidos en quioscos u otros puntos de venta –*outlets*–; así se calcula la cifra de ventas –*circulation*– de un periódico o revista con exclusión de los abonados –*subscribers*–), **newsworthy** (MEDIOS noticiable, de interés periodístico ◊ *It's the editor who decides whether a story is newsworthy*), **newsy** (MEDIOS informativo, noticioso; V. *informative*)].

next to reading matter *n*: PRENSA [anuncio] junto a texto escrito [no junto a otros anuncios]; V. *position, against text, preferred position, against text.*

nib[s] *col n*: PRENSA noticias breves, siglas de <u>n</u>ews <u>i</u>n <u>b</u>rief; V. *news in brief* .

niche *fig n*: MKTNG nicho, cuota, espacio/ segmento de mercado; filón *col*; acomodo, puesto de trabajo, colocación conveniente; a veces se emplea la palabra francesa *creneau* –hueco o agujero–; uno de los objetivos del marketing es descubrir los huecos y llenarlos; a veces pueden estar en los productos de precio reducido –*low-price creneau*–, o en el tamaño –*size creneau*– por ejemplo, el de los coches, etc. [Exp: **niche marketing** (MKTNG marketing de sectores especializados; alude a los segmentos especializados como el del turismo, la salud, los barcos, etc.; V. *market niche*), **niche marketeer** (MKTNG comerciante especializado en determinados productos, de los cuales ofrece una amplia gama), **niche industries** (MKTNG industrias con posibilidades ◊ *His speciality is reviving troubled companies in niche industries*)].

nickname *n*: GRAL apodo, alias.

Nielsen *n*: RADIO/TV es la principal agencia de medición de índices de audiencias de radio y de televisión –*radio and television audience rating system*– en los Estados Unidos, que puede facilitar información en tiempo real –*real-time information*–; de los muchos índices publicados por este servicio de investigación de medios de difusión –*media research service*– destacan el de audiencias de emisoras o *NSI* –*Nielsen Station Index*– y el de audiencias medias de todas las cadenas nacionales o *NTI* –*Nielsen Television Index*–; V. *Arbitron, overnight*.

night *n*: GRAL noche. [Exp: **night effect** (IMAGEN efecto noche; simulación de la iluminación nocturna; V. *day for night*), **nighttime** (RADIO medianoche; V. *all night*)].

nitrate film, nitrate, nitrate base *n*: CINE película de nitrato, nitrato, base de nitrato; son formas abreviadas de *cellulose nitrate base* –base de nitrato de celulosa–, que se utilizaba como base para las películas, pero que se abandonó por muy inflamable –*highly flammable*–; V. *celluloid*.

nix *US col n/v*: GRAL ¡nada!, ¡de eso, nada!, ¡ni hablar!; cortar radicalmente, rechazar de plano ◊ *The features editor nixed her piece*. [Exp: **nixie** *col* (PRENSA devoluciones, envío devuelto [por correo al tener dirección incorrecta, ilegible o insuficiente]; V. *misdirected setter*)].

no *adv*: no, sin; el adverbio *no* actúa como prefijo negativo en ciertas expresiones, al igual que *non* o *not*. [Exp: **no bills** (GRAL se prohíbe fijar carteles), **no comment** (PRENSA «sin comentarios», «no hay declaraciones» ◊ *All the journalists's questions met the inevitable «no comment»*; V. *quote, off the record*), **no-downpayment** (MKTNG sin entrada)].

noise *n*: IMAGEN/AUDIO/TV/SEMIÓ/LING ruido; interferencia; en este último sentido se refiere a los datos no deseados –*undesired data*– que dificultan la transmisión de la información principal, tanto en la imagen como en el sonido o la comunicación lingüística; V. *response; hiss, distortion; glitch; chroma noise.* **noiseless** (AUDIO insonorizado; V. *soundproof),* **noiseless camera** (CINE cámara insonorizada; viene dentro de una carcasa aislante –*soundproof case*–, de forma que los micrófonos no recojan el ruido del motor)].

non- *pref*: no, dis-, in-, a-, des-, etc. [Exp: **non-bleed** (GRÁFICA a caja; en la llamada composición a caja se dejan márgenes –*border, margin, gutter*– en torno al anuncio), **non-emanating from main office, NEMO** (RADIO/TV información captada en fuentes lejanas; se dice del programa que no nace en la sede central, programa adquirido o contratado de fuera, programa de producción ajena; por extensión, punto de origen de dicho programa; V. *remote, outside broadcast),* **non-negative costs** (CINE/TV costes no negativos; se aplica este término al presupuesto de promoción de películas y programas de televisión; V. *negative costs, above-the-line costs, below-the-line costs)].*

normal lens *n*: IMAGEN objetivo o lente estándar; su amplitud es similar a la del ojo humano.

notch filter *n*: AUDIO filtro de rechazo de banda, también llamado *band reject filter.*

notice *n*: GRAL letrero, aviso, anuncio; V. *reading notice.* [Exp: **notice/bulletin board** (GRAL tablón de anuncios; se emplea en la publicad estática –*arena advertising*–; V. *electronic notice board)].*

notify *v*: GEN informar, comunicar, anunciar, hacer público; V. *advise, inform, report, announce*[1]. [Exp: **notification** (GRAL comunicación, notificación), **notification date** (RADIO/TV fecha de confirmación de la contratación de espacio o tiempo publicitario; V. *deadline)].*

novelist *n*: CINE/ESPEC novelista; V. *playwright.*

nuance *n*: IMAGEN/GRÁFICA matiz; V. *shade, hue.*

nudity *n*: ESPEC/CINE desnudo; V. *soft/hard porn, soft score, full-frontal nudity; sexploitation.* [Exp: **nudie** *col* (CINE película porno; V. *blue movie, skinflick, smoker, stag movie)].*

number *n*: ESPEC número [musical], chiste, etc.; V. *performance, part; gag , joke, crack, witty remark.* [Exp: **number board** (CINE claqueta; contiene indicaciones técnicas de la toma que se va a grabar; equivale a *take board*; V. *clapstick)].*

nuts and sluts *US col n*: TV tertulia de chismes sexuales y sentimentales; tertulia de cotilleo de escándalo o de mal gusto; el significado literal de la expresión es «chiflados/chalados y frescas/desvergonzadas» y alude a la fórmula populista de espacio televisivo que consiste en reunir en el plató a un grupo de famosos y «famosillos» que, provocados por el conductor –*host*– del programa, se enzarzan en disputas sobre trivialidades, se insultan, airean los últimos escándalos y sacan los trapos sucios de todo el mundo, todo ello aderezado con buenas dosis de sexo y de lenguaje grosero y chabacano; también se llama *tabloid talk show.*

O

oater *US col n*: CINE película del oeste, película de vaqueros o de caballos, «cuna de vaqueros»; también conocida como *horse opera*, se trata de una película del oeste de baja calidad, llamada *oater*, esto es, «avenero», por la cantidad de caballos, que se alimentan de avena –*oats*– ◊ *The purpose of oaters is to provide escapist entertainment*; V. *western, cowboy film, soap opera.*

OBC *n*: PRENSA/GRÁFICA cubierta posterior; siglas de *outside back cover.*

obelisk *n*: TIPO cruz, †; es una marca tipográfica de referencia, también llamada *dagger*; V. *asterisk.*

obituary *n*: PRENSA/MEDIOS [nota] necrológica ◊ *The late composer was warmly remembered in several obituaries*; V. *hatches, matches and despatches.*

oblique[1] *a/n*: GRAL/TIPO oblicuo, inclinado; en tipografía es la barra inclinada, /, llamada *slash* o *stroke* en Gran Bretaña. [Exp: **oblique**[2] **[shot]** (CINE plano –*spot*– inclinado; V. *tilt*)].

obscene *a*: GRAL obsceno, soez.

obsolescence *n*: MKTNG obsolescencia ◊ *The built-in obsolescence of most domestic appliances*; V. *planned obsolescence; product manager.*

obverse *n*: GRAL/GRÁFICA anverso; V. *front; back.*

occasion *US n*: RADIO/TV pausa publicitaria; V. *advertising break.* [Exp: **occasional user** (MKTNG consumidor/usuario ocasional; V. *user; consumer; heavy user*)].

OCR *n*: IMAGEN reconocimiento óptico de caracteres; V. *optical character recognition; scanner.*

octavo *n*: GRÁFICA octavo; se dice del pliego de papel –*sheet*– formado de tal forma que cada hoja o *leaf* es la octava parte del pliego total ◊ *An octavo edition of an old poet's work*; también se dice de los libros que tienen dicho tamaño; se representa con *8vo*; V. *signature, gathering.*

odd *a*: GRAL impar. [Exp: **odd page** (GRÁFICA página impar; V. *even page, pagination, side*), **odd pricing** (MKTNG precios no acabados en números redondos –*odd numbers*– para hacerlos más atractivos psicológicamente; también se llama *odd-even pricing*; V. *psychological pricing*), **oddments** (MKTNG retales, gangas, saldos, artículos de saldo; V. *sales*)].

off[1] *adv/adj*: GRAL/AUDIO/IMAGEN apagado, desconectado ◊ *The TV is off.* [Exp: **off**[2] (CINE/ESPEC de fondo, de fuera del escenario, «en off» ◊ *A voice was heard off calling her name*; en este caso es equivalente a *off the stage* –fuera de la escena o escenario–), **off**[3] (MKTNG de/como descuento ◊ *7 % off all our prices while stocks last*; en este caso es una forma abreviada de *take off* –quitar, descontar–; V. *raincheck*), **off beam [performer]** (TV alejado/separado del micrófono, con el micrófono cerrado; también llamado *off mike*), **off-camera** (TV/CINE fuera de plano/encuadre, fuera del alcance de la cámara ◊ *An actor who disappears off camera*; V. *off-screen, off-stage*), **off-camera announcer** (RADIO voz en off, locutor en off; también llamado *off screen announcer*), **off card rate** (PUBL/RADIO/TV/PRENSA tarifa especial, reducida o convenida; V. *rate card*), **off invoice** (MKTNG descuento no incluido en factura), **off-licence** (MKTNG permiso para vender bebidas alcohólicas que van a ser consumidas fuera del establecimiento; establecimiento con este permiso), **off-line** (PUBL boceto previo de un anuncio de televisión; son las líneas maestras que servirán de base para su realización posterior en el ordenador), **off mike** (RADIO alejado del micrófono, con el micrófono cerrado ◊ *Give a technician an order off mike*; V. *off-beam*), **off-peak rate** (RADIO/TV/GRAL tarifa especial o reducida, tarifa plana o llano, tarifa de horario de poca demanda, tráfico, movimiento o consumo ◊ *Make international phone cals at the off-peak rate*; V. *prime time*), **off screen** (CINE fuera de escena ◊ *An actor's gesture that causes the audience to imagine events off screen*; V. *off camera*), **off-screen announcer** (CINE voz en *off* ◊ *Upcoming programmes described by the off-screen announcer*), **off stage** (CINE/ESPEC fuera de escena; V. *off camera*), **off the air** (RADIO/TV fuera de antena ◊ *A violent argument between two studio guests off the air*; alude a las intervenciones en los estudios o platós que no son recogidas por los micrófonos o las cámaras), **off the cuff** *col* (MEDIOS impro-

visado; [sacárselo] de la manga, de improviso, dicho sin reflexión o sin tiempo de preparación ◊ *It was an off-the-cuff remark and he later withdrew it*; V. *impromptu*), **off-the-peg** (MKTNG de la percha, «prêt-à-porter»; V. *tailor made, off-the rack*), **off the price** (MKTNG de descuento sobre el precio marcado; equivale a *off³*), **off-the-rack** US (MKTNG de la percha, «prêt-à-porter» ◊ *Buy one's suits off the rack*; V. *display rack; off-the-peg*), **off-the-record** (PRENSA/MEDIOS confidencial, reservado, sin que conste la fuente; extraoficialmente; en confianza; sin citar la procedencia ◊ *These comments are strictly off the record*; ① se dice de la información dada por un organismo oficial a la prensa con el compromiso de no citar la fuente o *source*; ② también se dice de la información que se da a un periodista con el compromiso de no utilizarla ni citarla; lo contrario de *off the record* es *You can quote me on this* o *You can publish this*; V. *release of information, news leak, no comment*), **off-the-shelf goods** (MKTNG bienes/mercancías en existencia ◊ *Offer no discount on off-the-shelf goods*), **off-the-shelf price** (MKTNG precio en almacén ◊ *The increase in distribution costs will affect the off-the-shelf price*), **off tube** (MEDIOS retransmisión con comentarios desde el estudio; es aquella transmisión de un acontecimiento en directo –*live event*– en la que la emisora de televisión no desplaza comentaristas –*commentators*– al lugar, sino que recibe las imágenes servidas por otra cadena y realiza los comentarios mediante un monitor instalado en el estudio), **offprint** (PRENSA separata; es la impresión por separado de un artículo o capítulo publicado en una revista o libro; V. *reprint*)].

offer *v/n*: GRAL/MKTNG ofrecer; oferta; V. *supply; demand*. [Exp: **offers over** (PUBL se invitan ofertas a partir de...; fórmula que aparece habitualmente en los anuncios por palabras –*small ad section*– de los periódicos en referencia al precio mínimo –*mínimum asking price*– al que se ofrece una propiedad en venta; la expresión significa literalmente «ofertas por encima de...», y, como es lógico, se coloca antes de la cantidad pedida; V. *convenience, des res*)].

office *n*: GESTIÓN oficina, despacho, consulta; cargo; V. *desk, table, counter; position, post.*

offset, offset printing *n*: GRÁFICA offset, impresión en offset; en este procedimiento de impresión los caracteres de la plancha litográfica son trasladados, por procedimientos fotoquímicos, a una hoja de cinc o aluminio y a otra flexible de caucho; esta última es susceptible de ser enrollada en un cilindro y empleada en una máquina rotativa; por otro lado, el clisé así obtenido permite la tirada sin desgaste de mucho mayor número de ejemplares que el empleado por el procedimiento ordinario y, por su blandura, admite la utilización para la impresión del papel de periódico –*newsprint*–; esto explica por qué se usa el offset en los grabados de los rotativos; V. *rotary press, gravure, letterpress, lithography, rotogravure, xerography*), **offset lithography** (GRÁFICA fotolitografía; también llamada *photolithography*), **offsetting** (GRÁFICA mancha por contacto de páginas recién impresas; también se llama *setoff*; V. *slip-sheet*)].

oil painting *n*: GRÁFICA óleo; V. *watercolour painting, charcoal drawing; fixative.*

oligopoly *n*: MKTNG oligopolio; V. *monopoly.*

omnibus *a*: GRAL general, amplio, que comprende varias facetas, [de] multiuso, [de alcance] global, extenso ◊ *An omnibus bill.* [Exp: **omnibus [edition]** (GRÁFICA

antología, colección, edición que reúne varios textos de un autor a un precio asequible para todos –*omnibus*– ◊ *An omnibus edition of X's short stories*), **omnibus cooperative advertisement** (PUBL anuncio de varios productos; este anuncio lo hace un minorista, quien carga a cada proveedor la parte proporcional a cada producto)].

on[1] *adv/a*: GRAL/MEDIOS conectado, enchufado, encendido, en funcionamiento, en escena. [Exp: **on**[2] (PUBL/CINE en cartel ◊ *Gone with the Wind has been on/running for many years*), **on camera** (CINE/IMAGEN en cámara; recogido por la cámara; V. *off camera*), **on show** (PUBL/CINE en cartel; V. *on/running*), **on-line** (GRAL conectado, en línea, en el aire, en directo, en la pantalla [de un ordenador] ◊ *On-line help is available at any stage of the programme*), **on-pack promotion** (MKTNG publicidad/vale de descuento/bases de una oferta comercial impresos en el envase del artículo o fijados al mismo ◊ *Gift vouchers provided as on-pack promotion*; V. *coupon, off, voucher*), **on spec**[1], **on specification** (GRAL hecho por encargo ◊ *Articles written on spec are seldom refused*; on spec es la abreviatura de *on specification*, aunque también puede ser la de *on speculation*), **on spec**[2], **on speculation** (MKTNG anuncio hecho para un cliente, por si le gusta, sin que haya habido un encargo), **on-screen logo** (TV logotipo de pantalla, mosca *col*), **on the air** (TV/RADIO en el aire transmitido por medio de antena ◊ *The programme will be on the air this autumn*; V. *over the air*), **on the record [information]** (MEDIOS/PRENSA información pública, que consta [en acta], que ha sido reconocido oficialmente o en público ◊ *The chairman's offer to sell his shares is already on the record*; V. *off the record*), **ongoing** (GRAL en curso; V. *in progress*)].

one *a*: GRAL uno. [Exp: **one-man business** (MKTNG empresario individual; V. *sole trader*), **one-liner** (MKTNG frase publicitaria –*slogan*– o titular –*headline*– de una sola línea ◊ *"Buy now, pay later" was an extremely successful one-liner*), **one-sheet poster** (EXTERIOR anuncio [en soporte publicitario] de un solo pliego o *sheet*; normalmente este tipo de anuncio aparece en las estaciones de metro), **one-time rate** (GESTIÓN/MEDIOS tarifa [sin descuentos] básica por un solo anuncio, también llamada *base rate* o *basic rate; package rate, add-on rate*)].

onionskin paper *n*: GRÁFICA papel cebolla; V. *paper, palude paper*.

onset *n*: AUDIO ataque; es el modo en que comienza un sonido –fricción, cierre glótico, vocálico, etc.–; V. *attack*.

op-ed *n*: PRENSA [anuncio] frente o contiguo a la página editorial; se trata de la forma abreviada de *opposite editorial*; V. *against text; position*.

opacity *n*: IMAGEN opacidad. [Exp: **opalescent** (IMAGEN opalescente, translúcido), **opaque** (IMAGEN opaco; opacar; tapar/cubrir [para evitar su reproducción]; consiste en retocar el negativo para quitar manchas, defectos, etc.; V. *mask*), **opaque projector** (IMAGEN proyector de imágenes opacas, proyector de opacos; V. *overhead projector*)].

open[1] *v*: GRAL/MEDIOS abrir, inaugurar, estrenar-se, empezar ◊ *The show opens on Broadway next month*. [Exp: **open**[2] (GRAL abierto, sin resolver, receptivo ◊ *I'm open to offers*), **open-air movie theatre** (CINE cine de verano o al aire libre; V. *drive-in theatre*), **open-end, open-ended** (GRAL abierto, ampliable, variable, modificable, sin límite– susceptible de modificaciones ◊ *An open-ended debate before the TV cameras*; V. *closed-end, narrative closure*), **open-end programme** (RADIO/TV programación abierta, esta programación deja abierto el contenido concreto de los espacios publicitarios, para que éstos se llenen con anuncios de interés local), **open-end question** (MKTNG [en un cuestionario] pregunta de respuesta abierta ◊ *Leave three or four open-end questions in a survey of consumer preferences*), **open order** (MKTNG pedido pendiente; V. *closed order*), **open question** (GRAL pregunta abierta, cuestión abierta/pendiente, cuestión sin resolver ◊ *It's an open question whether his acting career will survive the adverse publicity*; V. *loaded question, prompted answer question*), **open rate** (MKTNG tarifa básica o mínima, sin ningún tipo de descuento; también llamada *base rate, basic rate* y *one-time rate*), **open shot** (MKTNG plano abierto; V. *splice; shot*), **open trade** (MKTNG transacción no concluida; negocio abierto), **open up** (CINE/IMAGEN abrir el diafragma; V. *iris*), **opener**[1] *col* (MEDIOS noticia de apertura, principal, noticia que «abre» ◊ *The opener was a piece on a serious international incident*), **opener**[2] *col* (GRAL/GESTIÓN primera jugada ◊ *Respond cautiously to a surprising opener in a tricky negotiation*; V. *door-opener*), **opening** (GRAL/CINE/MKTNG apertura, inauguración; abertura; encabezamiento; como adjetivo significa «inaugural»; se emplea en expresiones como *The opening of a new museum* –inauguración de un nuevo museo–, *the opening of Parliament* –la apertura del Parlamento–, *opening night* –noche de estreno–, etc.; V. *première; overture; prelude; intro*), **opening billboards/credits** (CINE/TV/PUBL créditos –*credits*– iniciales o de apertura; en televisión es una cartela o *chart* con el nombre del patrocinador –*sponsor*–; V. *closing credits*), **opening hours** (GRAL horas de atención al público)].

opera *n*: CINE/ESPEC opera; V. *horse opera, soap opera.*

operator *n*: CINE operador; V. *camera operator.*

opinion *n*: MKTNG opinión; V. *public opinion.* [Exp: **opinion former/leader** (MKTNG líder/creador de opinión, persona influyente [en la opinión pública]), **opinion poll** (MKTNG encuesta, sondeo de opinión; V. *survey, sampling*)].

opposite editorial *n*: PRENSA [anuncio] frente o contiguo a la página editorial; también llamado *op-ed*; V. *against text; op-ed, position*).

opportunities to see, OTS *n*: PUBL/EXTERIOR oportunidades de ser visto; también llamado *opportunity of exposure*, es el parámetro empleado para medir la eficacia de un anuncio, especialmente los exteriores; se obtiene dividiendo la unidad de audiencia bruta –*gross rating point*– por la cobertura. –*coverage*–.

optics *n*: IMAGEN/AUDIO óptica; la óptica estudia la génesis y la propagación de la luz; la óptica física –*physical optics*– trata de las propiedades de la luz, y la óptica geométrica –*geometrical optics*– de los principios que rigen la formación de imágenes, las lentes, los espejos y los instrumentos que hacen uso de la luz; V. *fibre optics*. [Exp: **optical**[1] (AUDIO óptico; se emplea en expresiones como *optical disc* –disco óptico–; *optical illusion* –ilusión óptica–; *optical sound* –sonido óptico–, etc.; *optical technology* –tecnología óptica–; V. *digital*. **optical**[2] (CINE truca, efecto especial –*special effect*–; se suele usar en plural; también llamado *optical effects*, es el nombre genérico que se da a los efectos especiales ópticos y sonoros, como *dissolves* –encadenados–, *fades* –fundidos–, *wipes* –cortinillas–, efectuados tanto en el rodaje –*shooting*– como en la posproducción, especialmente con la impresora óptica –*optical printer*–; V. *fx*), **optical**[3] (CINE rasgo óptico [de una película]; se suele llamar *opticals* a tres rasgos físicos de las películas ◊ *The opticals –gloss, haze and transparency– are physical properties of film*), **optical**[4] (CINE pista sonora óptica; equivale a *optical soundtrack*), **optical answer print** (CINE/TV copia cero, copia estándar; V. *answer print*), **optical character reader, OCR** (GRAL lectora óptica, lector óptico de caracteres), **optical disk** (IMAGEN/AUDIO disco óptico), **optical effects** (CINE/TV truca; es el nombre dado a los cambios y efectos especiales obtenidos en el laboratorio, tales como *fades and dissolves*, sobre todo con la impresora óptica –*optical printer*–; también se les llama simplemente *opticals*; V. *optical*[3]), **optical fibre** (AUDIO/IMAGEN fibra óptica), **optical print** (CINE/TV copia cero; el nombre más corriente para la copia cero es, sin embargo, *answer print*; V. *optical answer print*), **optical printer** (CINE positivadora óptica, impresora óptica; V. *optical effects*), **optical recognition** (GRAL reconocimiento óptico; V. *optical character recognition*), **optical scanner** (GRAL lector óptico; V. *optical character reader*), **optical sound track** (AUDIO banda/pista sonora óptica [de una película] magnética; magneto; V. *magnetic sound track, soundtrack, mixer*), **optical track** (AUDIO banda/pista sonora óptica [de una película] magnética; magneto; equivale a *optical sound track*), **optical recording** (CINE grabación óptica; en esta grabación el sonido se convierte en luz modulada)].

orange goods *n*: MKTNG [bienes de] línea naranja; pertenecen a esta línea la ropa y prendas de vestir; V. *brown goods, white goods, red goods, yellow goods*.

orbit *n*: PUBL/MKTNG colocación de anuncios «en órbita» o en abanico; se refiere a la disposición y repetición de los anuncios publicitarios «en órbita», esto es, en torno a una variedad de programas y momentos del día, con el fin de que lleguen al público máximo y más diverso ◊ *Devise an orbit of adverts.*

orchestral arrangements *n*: CINE arreglos orquestales, también conocidos como *orchestration* o sencillamente *arrangements*; es la adaptación de una partitura –*score*– original al gusto del músico responsable o a las necesidades de la película o espectáculo, con combinaciones nuevas de instrumentos y cambios en los ritmos –*rhythms*–, el ambiente psicológico –*mood*–, etc.; V. *score.* [Exp: **orchestration** (CINE arreglos, arreglos orquestales, orquestación, instrumentación; V. *orchestral arrangements*)].

order *n*: MKTNG pedido, encargo; hacer un pedido; V. *mail-order shopping.* [Exp: **order acceptance** (MKTNG aceptación del pedido), **order card** (GESTIÓN tarjeta de pedido ◊ *Fill in the order card and return to the address given below*; V. *reply card; rate card; credit card*), **order fulfilment** (MKTNG despacho de pedidos; V. *unfulfilled order*), **order letter** (MKTNG/MEDIOS orden de reserva o de compra de espacio o tiempo publicitario)].

original[1] *a/n*: GRAL original; se emplea en todos los sentidos, esto, con el sentido de no adaptado, no duplicado, etc.; V. *generation, duplication, adaptation.* [Exp: **original**[2] (IMAGEN original; negativo de una foto o película), **original**[3] (DISEÑO/IMAGEN arte final; V. *artwork*[2])].

orphan *n*: GRÁFICA huérfano; se dice de la primera línea de un párrafo al final de una página que, al quedar aislada, no es estéticamente muy atractiva; V. *widow.*

oscar *n*: CINE oscar, premios de la academia ◊ *He was given an oscar for his performance in his latest film*; son premios anuales concedidos por la Academy of Motion Picture Arts and Sciences –*Academia de Ciencias y Artes Cinematográficas*– en categorías como las siguientes: película –*picture*–, director –*director*–, actor –*actor*–, actriz –*actress*–, actor y actriz secundarios –*supporting actor and actress*–, guión original –*screenplay written directly for the screen*–, guión adaptado –*screenplay based on material previously produced or published*–, dirección artística y escenográfica –*art direction and set decoration*–, vestuario –*costume design*–, sonido –*sound*–, montaje –*film editing*–, montaje de efectos de sonido –*sound effects editing*–, efectos especiales –*visual effects*–, maquillaje –*makeup*–, canción –*song*–, partitura original musical o de comedia –*original musical or comedy score*–, partitura original dramática –*original dramatic score*–, cortometraje animado –*short animated film*–, documental –*documentary*–, película en lengua extranjera –*foreign language film*–; se llaman *oscars* porque alguien comentó que la estatuilla –*statuette*– se parecía –*resembled*– a su tío Oscar; V. *academy awards.*

oscillator *n*: AUDIO oscilador.

out[1] *n/adv*: GRAL fuera, afuera. [Exp: **out**[2] (MKTNG pasado de moda ◊ *Long skirts are out this autumn*), **out**[3] (GRÁFICA publicado, que ha salido, que sale ◊ *Read all about it in our special issue out this week*), **out-basket** (GESTIÓN bandeja con documentos de salida; V. *in-basket; outgoing*), **out of focus** (IMAGEN desenfocado, fuera de foco; V. *fuzzy*), **out-of-focus dissolve** (IMAGEN/CINE encadenado/fundido con desenfoque; mientras una escena se desenfoca la siguiente se enfoca paulatinamente; equivale a *defocus transition*), **out-of-home** (MKTNG/PUBL/GRAL fuera del hogar; se aplica a ① la audiencia que recibe un mensaje publicitario fuera de su hogar –*out-of-home audience*–; ② la

publicidad que nos llega a través de medios de comunicación encontrados fuera del hogar –*out-of-home media*–, los cuales pueden ser *outdoor media* –exteriores–, *transit media* –móviles–, *in-store media* –interiores de comercios y almacenes– ◊ *Out-of-home media aim to reach an audience at every waking moment*), **out-of-home advertising display** (MKTNG anuncio publicitario exterior; V. *outdoor, daily effective circulation*), **out of pocket** (GESTIÓN con pérdidas; que no ha recuperado el gasto desembolsado ◊ *The deal has left the firm £1,000 out of pocket*), **out of pocket expenses** (GESTIÓN gastos reembolsables, desembolsos/gastos varios ◊ *Marketing staff may claim out-of-pocket expenses*), **out of stock** (MKTNG agotado, sin existencias, rotura de stock; V. *sold out; overstock*), **out of sync** (AUDIO/IMAGEN desincronizado; imagen y sonido desincronizados), **out-takes** (CINE descartes; tomas falsas; son planos filmados –*shots*– que se desechan durante el montaje –*editing*– de una película; V. *dailies, rejected takes*), **out-tray** (GESTIÓN bandeja de documentos despachados; V. *in-tray; outgoing*)]
outage *US n*: GRAL/RADIO/TV apagón, corte en el suministro de energía eléctrica; en el Reino Unido se le llama *power cut*.
outdoor *a*: MEDIOS/EXTERIOR exterior; V. *indoor; out-of-door media*. [Exp: **outdoor advertising** (MKTNG exterior, publicidad exterior o en la vía pública; es la publicidad que aparece en los soportes exteriores o *outdoor media/vehicles* ◊ *Step up outdoor advertising during the summer months*), **Outdoor Advertising Association of America, OAAA** (MKTNG Asociación Norteamericana de Publicidad Exterior), **outdoor media/vehicles** (MKTNG medios/soportes publicitarios, tales como las vallas –*hoardings*–, los letreros –*posters*–, los anuncios lumino-

sos –*illuminated signs*–, las carteleras –*billboards*–, etc. ◊ *Outdoor media rely heavily on the impact of photography*; V. *out-of-home, traffic count/flow; painted bulletins, posters; circuit*), **outdoor poster** (MKTNG valla publicitaria; V. *billboard, hoarding*)].
outfit *n*: RADIO/TV/GRAL equipo, negocio, organización; V. *deal, business, shop*.
outflow *n*: RADIO/TV salida, fuga o pérdida [de audiencia]; alude al porcentaje de la audiencia de un programa que apaga el aparato o cambia de canal a la conclusión del mismo; es lo contrario de *inflow*; V. *tune in, switch channel, viewer, zap, inflow*.
outgoing *a*: GRAL saliente; V. *incoming, out-tray, in-tray*. [Exp: **outgoing calls** (GRAL/GESTIÓN llamadas al exterior), **outgoing invoices** (GESTIÓN facturas despachadas o enviadas, facturas al cobro; V. *incoming orders*), **outgoing mail** (GESTIÓN correspondencia despachada; V. *incoming mail*), **outgoings** (GESTIÓN gastos, salidas; V. *income, expenses*)].
outlay *n/v*: GRAL/MKTNG desembolso, gasto de operación; desembolsar.
outlet *n*: GRAL/MKTNG salida; punto de venta, establecimiento, mercado; salida comercial ◊ *Cut back on commercial outlets as sales drop*; V. *distribution channel*; V. *major retail outlets*.
outline[1] *n/v*: GRÁFICA perfil, contorno, silueta [de una figura]; perfilar, siluetear, recortar una imagen ◊ *Outline the principal figure in red*; V. *contour, silhouette; diffuse*[2]. [Exp: **outline**[2] (GRAL/LING esquema, trazado, esbozo, idea general, resumen; esbozar, trazar/explicar a grandes rasgos, resumir, acotar ◊ *Outline policy at a press briefing*; V. *briefing, brief outline, broad outline*), **outline halftone** (GRÁFICA silueta; directo o semidirecto del que se ha eliminado el fondo), **outline sketch** (GRÁFICA esbozo,

bosquejo ◊ *Draw a rough outline sketch of the street plan*)].

output *n*: AUDIO/GRAL salida; producción, salida, educto; V. *input; exit.* [Exp: **output resolution** (GRÁFICA resolución de salida, es la capacidad en puntos por pulgada –*dpi*– de cualquier impresora o instrumento de salida; V. *digital resolution; bit resolution, screen resolution*)].

outro *col n*: TV/RADIO despedida, punto final, colofón [de un programa]; por analogía con *intro* –introducción, prólogo, prolegómeno– alude a la fórmula –verbal, musical, de crédito, etc.– utilizada como cierre de la emisión ◊ *Devise a new outro for the programme*; V. *intro.*

outsert *col n*: GRÁFICA encarte [suelto]; normalmente es información sobre el producto expuesta en su parte externa –*outside*–; V. *insert, loose.*

outside *adv/n*: GRAL exterior, parte exterior. [Exp: **outside back cover, OBC** (GRÁFICA cubierta posterior [de un libro]), **outside broadcast** (RADIO/TV emisión exterior, programa transmitido desde una unidad móvil; también llamado *remote*; V. *location, studio, set*)].

outsourcing *n*: GESTIÓN subcontratación de servicios propios; externalización empresarial, cesión a otros, de ciertas áreas de una empresa ◊ *Cut direct costs by increased outsourcing.*

outtake *US n*: CINE descartes; V. *out-takes.*

over *prep*: sobre, de más, por exceso; puede actuar como prefijo con el significado de «exceso», «sobre», en cuyo caso es antónimo de *under*. [Exp: **over-50s, the** (GRAL los mayores de 50 años), **over-the-shoulder shot** (CINE toma por encima del hombro o sobre el hombro; es la toma que se emplea, sobre todo, en las secuencias dialogadas; en ellas uno de los personajes, el que está de frente, ocupa dos tercios de la pantalla, y el que está de espaldas, el otro tercio; cuando es a la inversa, es decir cuando el que está de frente sólo ocupa un tercio de la pantalla, se le llama *1/3 over the shoulder* –un tercio por encima del hombro o sobre el hombro–; V. *apple box; shoulder shot, hand-held*), **overcharge** (MKTNG recargo, recargar; V. *mark-on, additional/extra charge/cost, surcharge*), **overcranking** (MKTNG ralentización; consiste en filmar a una velocidad superior a la normal con el fin de producir un movimiento lento cuando se proyecta a velocidad normal; V. *frame advance, undercranking*), **overdo** (GRAL/CINE exagerar, sobreactuar; V. *colour down, underplay*), **overexpose**[1] (PUBL/MEDIOS dar un exceso de cobertura o publicidad, ventilar/comentar hasta la saciedad, dedicar una atención excesiva a; V. *overexposure*[1]), **overexpose**[2] (CINE/IMAGEN sobreexponer, someter a un exceso de tiempo de exposición a la luz, bien por impericia en el manejo de la cámara, bien con el fin de conseguir un efecto óptico especial –*optical effect*– ◊ *These deliberately overexposed images produce a ghostly effect*), **overexposed, be** (PUBL quemar la imagen por exceso de aparición en los medios de comunicación; V. *lose face*), **overplay** (GRAL exagerar; V. *overdo, underplay, colour down, low key*), **overexposure**[1] (PUBL/MEDIOS/MKTNG exceso de cobertura o publicidad, atención excesiva [por parte de los medios de comunicación] ◊ *Publicity is a good thing but an actor's public image can suffer from overexposure*; V. *coverage, exposure, publicity*), **overexposure**[2] (CINE/IMAGEN sobreexposición; la sobreexposición se puede emplear intencionadamente para dar a la imagen impresa –*print image*– una connotación etérea –*dreamy*–, descolorida –*washed out*–, etc.), **overflow** (IMAGEN/AUDIO exceso de capacidad; se dice que hay exceso de capacidad cuando un componente o sistema no puede aceptar más), **overhead projector** (IMAGEN retroproyector; V. *opaque projector, back projector*), **overheads**[1] (GESTIÓN gastos generales o indirectos ◊ *Overheads include heating, lighting and administrative costs*; V. *cost, above-the-line costs, below-the-line costs*), **overheads**[2] (AUDIO micrófonos de ambiente), **overlap** (GRAL solapar, coincidir, montar uno sobre otro, superponer ◊ *The contents of the two programmes partly overlap*), **overlapping** (GRAL/ MKTNG/CINE/AUDIO solapamiento, coincidencia; ① en publicidad alude a campañas publicitarias coincidentes del mismo anunciante en distintos medios; ② en el cine es el momento en el que se superponen las dos imágenes de un fundido o *fade*; ③ también se aplica a la introducción del sonido de la imagen siguiente antes de que ésta aparezca), **overlapping dissolve** (CINE fundido encadenado), **overlay**[1] (GRÁFICA/DISEÑO camisa, funda de papel transparente o translúcido, sobrecubierta, lámina/transparencia superpuesta; pliego de papel doblado con que se cubre un documento de arte final; V. *laminate, acetate proof*), **overlay**[2] (IMAGEN sobreimpresión), **overload** (AUDIO/IMAGEN sobrecarga [de luz/imagen]), **overnight** (MEDIOS/RADIO/ TV de madrugada, de la noche a la mañana, «entre ayer y hoy», golfo *col*; alude a la franja publicitaria de radio y televisión comprendida entre medianoche y las primeras horas del día ◊ *The relaxed mood of overnight*; V. *midnight movie*), **overnights** (MEDIOS cifras de audiencia de última hora, variación de las cifras de audiencia desde ayer; alude a los informes *Nielsen* que recogen los últimos datos de las cifras de audiencia, mostrando las variaciones producidas en las últimas 24 horas), **overprint** (GRÁFICA sobreimprimir; V. *sub*), **overrun**[1] (GRAL invadir, inundar, rebasar el límite [de coste, tiempo, previsiones, etc.] ◊ *The interior with the Prime Minister overran by 10 minutes*), **overrun**[2] (GESTIÓN sobrecoste, exceso de coste ◊ *Meet an overrun of £10,000*), **overrun**[3] (PUBL/ MKTNG tirada larga, exceso de ejemplares de un anuncio, folleto, etc.; ejemplares adicionales impresos para sustituir a los defectuosos ◊ *Produce an overrun of 2,000 brochures following the fire at the print works*; V. *run, print run, underrun*), **overscanning** (AUDIO/IMAGEN sobrecarga [de luz/imagen]), **overstate** (GRAL exagerar, decir más de la cuenta o de lo necesario; V. *underplay, low key*), **overstock** (MKTNG/GESTIÓN acumular un exceso de existencias; abarrotar, acumular en exceso ◊ *Part of the losses was due to overstocking*; V. *corner; engross, out of stock*), **overtone** (AUDIO armónico; las ondas que son múltiplos de una determinada frecuencia fundamental y cuyas intensidades suelen ser menores que la frecuencia fundamental; V. *harmonic, pitch, frequency*), **overture** (AUDIO obertura; composición musical introductoria de una ópera, concierto, etc.; V. *prelude*), **overwhelming** (GRAL resonante, rotundo; V. *resounding*)].

own brand/label *n*: MKTNG marca blanca; genérico; también llamada *own/private label*, es la que llevan productos envasados y comercializados –*packaged and marketed*– con la marca –*brand name*– del minorista –*retailer*–, en lugar de la del fabricante –*manufacturer*– ◊ *The supermarket chain reported losses on its own-label products*; V. *family brand, blanket family bland*.

Oxford rule *n*: GRÁFICA V. *Scotch rule*.

P

p *n*: MKTNG p; se emplea en la expresión *the four p's of marketing* –las cuatro pes del marketing–, que son: *product* –producto–, *price* –precio–, *place* –distribución– y *promotion* –promoción–; V. *marketing*. [Exp: **P.A.**[1] **system** (GRAL sistema de megafonía ◊ *Make an announcement over the P.A. system*; V. *public address system*), **PA**[2] (PRENSA V. *Press Association*), **PA**[3] (CINE abreviatura de *production assistant*), **P&A** (PUBL/MKTNG/CINE presupuesto para la comercialización –*marketing*– de una película; se trata de las siglas que corresponden a *prints and advertising* –copia de la película y publicidad–; con frecuencia este presupuesto es superior al llamado *negative costs*; V. *above-the-line costs, below-the-lines costs; non-negative costs*)].

pace *n*: GRAL/CINE paso, ritmo, marcha; en el cine es «ritmo narrativo» ◊ *To a good director the pace of a film is crucial*; V. *fast-paced, rhythm, set the pace, go the pace, stand the pace*. [Exp: **pace oneself** (GRAL ir cogiendo el ritmo, dosificar el esfuerzo, no lanzarse ◊ *A firm learning to pace itself in a tricky market*), **pacesetter** (GRAL/MKTNG el marcapasos, el/la que impone el ritmo; V. *trendsetter*), **pace-setting managerial style** (GESTIÓN estilo gerencial imitativo; en este tipo de gestión, el gerente marca la pauta y norma de trabajo y espera que todos sigan su ejemplo; V. *affiliative managerial style, authoritative managerial style, coaching managerial style, coercive managerial style*)].

pack *n/v*: MKTNG embalaje, envase, paquete, fardo, bulto, lío; lote; embalar, envasar, enlatar, empaquetar ◊ *See instructions on underside of pack*; V. *box, carton, crate, can, bundle, package*. [Exp: **packing** (MKTNG embalaje, envasado, envase; se emplea en expresiones como *packing charges* –gastos de embalaje–, *packing cost* –gastos de embalaje–, *packing department* –departamento de embalaje–, etc.; V. *package, cushioning, handling and shipping*), **packing and marking** (MKTNG embalaje y marcado), **packing case** (MKTNG caja/cajón de embalaje; V. *box, display case*), **packing for shipment** (MKTNG embalaje marítimo), **packing in crates** (MKTNG embalaje en jaulas), **packing paper** (GESTIÓN papel de embalar), **packshot, package shot** (TV/CINE bodegón; también llamado *product shot* –plano de producto– ◊ *The spot ends with a ten-second packshot*; alude normalmente a la última escena de una película publicitaria en la que aparece en primer plano –*close-up*– el logotipo de la empresa con los productos anunciados dentro de sus envoltorios –*wrapping*– distintivos)].

package,[1] **pkge** *n/v*: MKTNG embalaje, envoltorio, envase; paquete; bulto, carga embalada; lote, conjunto; embalar, envasar; V. *accurate description; gift-wrap; bubble card/pack, breathing package, blister pack, bulge packaging, corrugated box, bubble card/pack, shrink-pack, plastic wrapping, vacuum sealed.* [Exp: **package**[2] (TV programa de televisión, también llamado *package programme/show*; comercialización de un producto o servicio como «paquete» o conjunto; conjunto de programas a los que se suscribe un abonado –*subscriber*– en televisión de pago ◊ *The package agreed by the TV companies includes the screening of films, sitcoms and soaps*), **package**[3] (GESTIÓN/MKTNG condiciones, propuesta; «paquete», paquete de beneficios laborales, conjunto o programa de medidas económicas, como en *salary package* –paquete de beneficios salariales–, *package tour* –viaje organizado–, *package holidays* –vacaciones organizadas–, etc.), **package**[4] (CINE «paquete» o propuesta global para rodar una película; el paquete contiene el guión, los protagonistas, el director, etc.; V. *packager*[2]) **package**[5] (MKTNG presentar un producto; crear la imagen de un producto; comercializar un producto o servicio como «paquete» ◊ *That's the way the service is being packaged*), **package**[6], **package deal** (MKTNG/CINE/TV/MEDIOS «paquete», oferta conjunta; venta de un conjunto de artículos o servicios a un precio económico y único; paquete de programas; venta de un conjunto de películas, programas de radio o de televisión a un precio económico y único), **package deal**[1]

(MKTNG/CINE V. *package*[6]), **package deal**[2] (TV tira; es el bloque publicitario televisivo de una determinada franja horaria –*daypart*– comprado para un período de tiempo fijado), **package insert** (PUBL encarte, hoja o folleto publicitario incluido en un producto ◊ *Assign an attractive layout for the package insert*; V. *layout*; la publicidad puede aludir a otros artículos –*goods*– de la empresa y a repuestos –*refills*– o piezas de recambio –*replacements*–), **package plan** (MKTNG plan de compras por paquetes formados por grupo de artículos, servicios, programas, series de películas, etc. ◊ *These films will be shown this autumn as part of the channel's new package plan*), **package programme/show** (TV programa de televisión, también llamado *package*[2]), **package rate** (PUBL/MKTNG/MEDIOS tarifa por paquete de programas; V. *base/basic rate, one-time rate, add-on rate*), **package shot** (MKTNG bodegón; equivale a *packshot*), **packager**[1] (GRAL/MKTNG envasador, responsable del envasado, distribuidor), **packager**[2] (CINE/TV productor [del paquete televisivo o cinematográfico]; empaquetador de ingredientes ◊ *The packagers of the series first bought the rights and then hired the director and cast*; alude al productor de un programa que «monta el paquete» reuniendo los elementos de la emisión: guión, director, actores, etc.; V. *producer*), **packaging** (MKTNG envases y etiquetas [para productos]; envasado, envoltorio; técnicas de creación de envases, paquetes o envoltorios con una imagen que sea atractiva al posible comprador –*prospective customer*– ◊ *Stress the importance of hygiene and eye-appeal in the packaging of products*; en la actualidad el término abarca todos los elementos de presentación, tanto física como de imagen, de cualquier producto, ya sea un artículo de consumo

–consumer article–, o producto financiero *–financial product–* o un programa o serie *–series–* de televisión; V. *naming, wrapping*)].

pad *n/v*: GRAL almohadilla, tampón; almohadillar, acolchar, rellenar ◊ *A padded envelope*; V. *ink-pad, cushion.* [Exp: **pad out** *col* (PRENSA/MEDIOS hinchar *col*, meter paja o relleno *col* ◊ *Pad out a news story with trivial details*), **padding**[1] (GRAL/MKTNG acolchamiento [en los embalajes]; V. *cushioning*), **padding**[2] *col* (MEDIOS/PRENSA paja *col*, relleno ◊ *The usual padding that afternoon viewers are treated to*; V. *filler, cushion, bumper; leftover matter*)].

page *n*: GRÁFICA/CINE página; en cine, se utiliza como medida de los avances de cada día *–day-to-day progress–* de una película, según el número de páginas del guión *–screenplay–* que se hayan rodado; V. *leaf, sheet, odd/even page.* [Exp: **page break** (GRÁFICA corte de página ◊ *Adjust the layout of a text so that the page breaks occur at convenient points*; V. *layout*), **page layout/make-up** (GRÁFICA/DISEÑO maqueta o diseño de la página; V. *layout, paste-up*), **pagination** (GRÁFICA paginación; V. *even page, odd page, side*)].

paid announcement *n*: PRENSA/PUBL anuncio por palabras; V. *intimations, small ads, classified ads, publicity; pay.* [Exp: **paid circulation** (PRENSA cifra de ventas fijas de un periódico o revista; es el número de ejemplares *–copies–* de un periódico o revista colocado mediante abonos *–subscription–* o ventas directas *–direct sales–*; por lo tanto no coincide con el número de lectores habituales *–readership–* ya que muchos leen la publicación, sin haberla comprado, en el lugar de trabajo *–workplace–* o en bares, cafeterías y otros establecimientos comerciales; en el caso de los abonados,

se cuenta cada venta una sola vez, aunque puede haber más de un lector por unidad familiar *–family unit–*; V. *net paid circulation*)].

paint *n/v*: GRÁFICA pintura; pintar, colorear. [Exp: **paint out** (EXTERIOR borrar, tapar/cubrir un espacio en blanco ◊ *Paint out the old ad before pasting up the new one*; cubrir en blanco el espacio de una valla publicitaria destinado a recibir un anuncio nuevo; es sinónimo de *blank out* y *coat out*), **paint/painted bulletin/display** (EXTERIOR valla pintada; V. *embellished painted bulletin, posted/printed bulletin, posting, printed bulletin*), **paint programme** (IMAGEN/DISEÑO programa para pintar directamente en el ordenador), **paintbox** (DISEÑO/IMAGEN caja de pinturas, paleta gráfica; gama de colores disponibles; se utiliza en la creación y retoque de ilustraciones por medios digitales u ópticos), **paintbrush** (DISEÑO pincel, brocha; V. *airbrush, brush*), **painted wall** (PUBL/EXTERIOR mural), **painting** (GRAL/CINE pintura, ajuste de colores; V. *oil painting*)].

palette *n*: DISEÑO paleta/gama de colores; V. *colour bars/chart, colour swatches.*

pamphlet *n*: GRÁFICA folleto, díptico/tríptico publicitario, hoja de propaganda ◊ *A pamphlet listing holiday prices*; en el inglés actual no suele tener la connotación política o partidista de su parónimo español «panfleto»; V. *brochure, flier.*

pan[1] *n/v*: CINE panorámica [horizontal o vertical], barrido; efectuar un barrido ◊ *The cameras panned the crows at the football match*; el *pan*, forma abreviada de *panorama*, también llamado *camera pan*, puede ser ① el movimiento horizontal o panorámico efectuado con una cámara; si es *pan left* el barrido será a la izquierda, y si es *pan right*, será a la derecha; ② la imagen obtenida con dicho movimiento; V. *tilt, camera pan, blur* *pan, swish pan, whip pan, zip pan.* [Exp: **pan**[2] *col* (GRAL/TV/CINE criticar con dureza, vapulear ◊ *The critics panned the film*), **pan pot, panoramic potentiometre** (IMAGEN potenciómetro panorámico; V. *fader, dimmer*), **panning/pan shot** (CINE panorámica, barrido; también se le llama *camera pan*; es una toma lenta de derecha a izquierda o a la inversa, distinta al *tilt shot*, toma de arriba abajo o a la inversa, y del *travelling shot*, en movimiento; V. *splice; shot; whip*), **panorama, pan** (CINE panorama; barrido; se dice del plano general o de gran angular –*extremely wideangle camera shot*–), **panorama cloth** (CINE fondo neutro; fondo infinito; fondo de una escena en el que no se perciben detalles definidores; también se le llama *limbo* y *cyclorama*; por extensión, también se aplica a la escena rodada con este tipo de fondo; V. *background, abstract background, cyclorama*)].

panchromatic *a*: GRÁFICA/IMAGEN pancromático.

panel *n*: GRAL panel; las principales acepciones son: ① tablero [de mandos/instrumentos], como en *Adjust the sound level on the instrument panel*; V. *jack panel*; ② comisión [de expertos], tribunal, jurado, como en *Refer the matter to a panel of experts*; para esta acepción se emplea a veces el anglicismo «panel», sobre todo en el castellano de algunos países latinoamericanos, pero su uso no está generalizado en el peninsular, que prefiere las traducciones indicadas; ③ anuncio de una valla o cartel, como en *escalator panel* –anuncio de las escaleras mecánicas del metro–. [Exp: **panel discussion** (GRAL/RADIO/TV tertulia, mesa redonda; debate o coloquio sobre un tema de interés o actualidad, con participación de periodistas y expertos invitados ◊ *An invitation to take part in a panel discussion on TV*),

panel game (RADIO/TV programa-concurso por equipos ◊ *He's a born raconteur who's often on TV panel games*; alude al formato de los programas concurso en los que participan personalidades conocidas, que forman varios equipos y que han de contestar a preguntas sobre materias muy diversas; V. *game show, quiz, raconteur*)].

pantograph *n*: GRÁFICA pantógrafo; este aparato permite copiar un dibujo a igual o diferente escala.

paparazzi *n*: PRENSA paparazzi; son fotógrafos independientes –*freelance photographers*– que persiguen a personajes famosos –*hound celebrities*– con el fin de hacerles fotos, que luego venderán a revistas y periódicos; se llaman así por un periodista de este tipo de *La dolce vita* de Fellini, que se llamaba *paparazzo*; V. *stolen photographs*)].

paper *n*: GRÁFICA papel; aparece en estas unidades léxicas: *airmail paper* –papel de avión–, *Bible paper* –papel biblia–, *blotting paper* –papel secante–, *blueprint paper* –papel heliográfico–, *bond paper* –papel de calidad, papel de hilo–, *brown paper* –papel de estraza–, *carbon paper* –papel carbón–, *coated paper* –papel cuché–, *continuous listing paper* –papel continuo–, *fanfold paper* –papel continuo–, *glazed paper* –papel glasé, papel charol–, *grained paper* –papel de superficie granulada–, *gray paper* –papel de estraza–, *greaseproof paper* –papel vegetal–, *glossy paper* –papel brillo o gloseado–, *India paper* –papel biblia–, *laid paper* –papel verjurado–, *onionskin paper* –papel de cebolla–, *packing paper* –papel de embalar–, *photographic paper* –papel fotográfico–, *plotting scale paper* –papel milimetrado–, *recycled paper* –papel reciclado–, *rice paper* –papel de arroz–, *sandpaper* –papel de lija–, *silver paper* –papel de estaño, papel de plata, papel albal–, *toilet paper* –papel higiénico–, *tracing paper* –papel de calcar, papel de croquis–, *wax paper* –papel de cera o parafinado–, *wrapping paper* –papel de embalar o de envolver, papel de regalo–, *writing paper* –papel de carta–; V. *aluminium foil, tinfoil; film*. [Exp: **paper scale** (GRÁFICA papirómetro; sirve este aparato para medir el peso del papel), **paper-shop** (GRÁFICA tienda especializada en prensa escrita, quiosco de prensa; V. *news agent, paperboy*), **paperback** (GRÁFICA libro en rústica; [edición] con tapas blandas; libro de bolsillo ◊ *Skim through the paperbacks at the airport bookstall*; V. *hardback*), **paperboard** (GRÁFICA cartón, cartulina; V. *cardboard, pasteboard*), **paperbound** (GRÁFICA en rústica o pasta blanda, también llamado *softcover*), **paperboy** (GRÁFICA repartidor de periódicos; V. *paper-shop*)].

papier mâché *n*: GRÁFICA cartón piedra, papel maché; V. *cardboard, pasteboard*.

parabolic aerial *n*: TV antena parabólica; V. *dish antenna, receiver dish, satellite dish*.

parade *n/v*: MKTNG/ESPEC desfile, exposición; desfilar; mostrar [modelos en un desfile], pasear, lucir; se encuentra en expresiones como *fashion parade* –desfile de modelos– ◊ *The models paraded the latest Paris fashions*; V. *show[1]*.

parallax *n*: IMAGEN paralaje; es la pequeña, aunque significativa diferencia –*slight but significant difference*– de encuadre –*framing*– entre lo que se ve por el visor –*viewfinder*– y lo que ve la cámara; V. *reflex camera*.

parallel action/development *n*: CINE escenas paralelas. [Exp: **parallel cutting/ montage** (CINE montaje en paralelo, también llamado *cross-cutting* e *intercut*; es una técnica narrativa –*narrative device*– cinematográfica mediante la cual se intercalan sucesivamente secuencias de dos o más escenas, con cortes –*cuts*– bruscos, con el fin de subrayar la simultaneidad –*simultaneousness*– de la acción al tiempo que aumenta la tensión dramática por medio de los paralelismos y contrastes; V. *split screen, accelerated montage*), **parallel port** (AUDIO/IMAGEN puerto paralelo; V. *serial port*)].

parchment *n*: GRÁFICA papel pergamino.

parent store *n*: MKTNG tienda central de otras sucursales; V. *chain store*. [Exp: **parental guidance, PG** (CINE recomendado para menores acompañados; es una calificación –*certificate*–, emitida por la *Motion Picture Association of America* o MPAA, que indica que el contenido de una película es apto para niños, pero recomienda el asesoramiento de los padres –*parental guidance*–; V. *PG, XXX*)].

parenthesis, parentheses *n*: TIPO paréntesis, ( ); también llamados *brackets*; V. *square brackets, parenthesis, angle bracket, angle[3]*.

parody *n*: CINE/LING/GRAL parodia; V. *mockery, travesty*.

part *n*: CINE papel; V. *role, cast list, performance, number; act/play the part*.

participate *v*: GRAL participar; V. *participation*. [Exp: **participating advertiser** (PUBL anunciante copartícipe; V. *participation*), **participating agency** (PUBL agencia copartícipe), **participating announcement, participation** (PUBL anuncio televisivo con varios patrocinadores)].

pass *v*: GRAL pasar. [Exp: **pass-along circulation** (MKTNG/PRENSA audiencia secundaria [en prensa], difusión indirecta o de pasada; es la difusión de una publicación que no ha sido comprada, por ejemplo, la resultante de la lectura de una revista en una sala de espera), **pass-offs** (MKTNG/ DER imitaciones fraudulentas; artículos o mercancías que son comercializadas haciéndolos pasar por producto de una marca conocida o registrada; V. *knock-offs*. [Exp: **passing-off** (DER/ MKTNG suplantación; ilícito civil de imitación o engaño ◊ *The "champagne" and the "sherry" cases are classic examples of the tort of passing-off*; incurre en este ilícito civil *–tort–* el comerciante que intenta aprovecharse de la fama de una marca o clase de mercancías intentando «hacer pasar» su producto como los de dicha clase o marca, o induciendo al público a engaño en la descripción o etiquetado *–labelling–* de los artículos en cuestión), **password** (INTERNET clave, contraseña, consigna; es una combinación secreta *–a secret combination–* de letras y símbolos *–letters and symbols–* que se necesita para conectarse *–log in–* a un ordenador; V. *alias, watchword*)].

passive cable *n*: TV canal de televisión pasivo; la programación que estas emisoras emiten no es de su producción; V. *active cable, cable TV*.

paste *n/v*: GRAL pasta; pegar, empastar; ligar, intercalar; V. *advertising hoardings*. [Exp: **paste-in** (PUBL/PRENSA encarte; anuncio pegado; vale o muestra pegada a una página de una revista o publicación; también se llama *tip-in/on*), **paste-up** (DISEÑO ① maqueta ◊ *Prepare the paste-up of the brochures for printing*; es una composición de la imagen que se imprimirá, formada por objetos planos y ligeros pegados a una superficie dura; ② arte final, equivalente a *artwork*; ③ maquetado, montaje, maquetar; algunos reservan el término *paste-up* para designar el procedimiento, esto es, «el maquetado» y «maquetar», mientras que para el producto utilizan *mechanical*; V. *layout*), **paste-up artist** (DISEÑO maquetador), **paste-up work** (DISEÑO maquetación), **pasteboard** (GRÁFICA cartón, cartulina ◊

A pasteboard display stand; V. *card board, paperboard*), **pasting** (MEDIOS crítica feroz, zurra *col*, tunda *col* ◊ *The new film got a pasting inthe British press*; V. *crit*)].

pastels *n*: GRÁFICA/IMAGEN pastel, color/tono pastel, al pastel, en tonos pastel ◊ *The pastel colours; do the art-work in pastels*.

patch[1] *n/v*: GRAL/GRÁFICA parche; ajuste; corrección; reparar, ajustar; en imprenta, es la parte de una plancha *–printing plate–* a la que se le han añadido elementos nuevos o correcciones; V. *presidential patch*. [Exp: **patch**[2] (MEDIOS zona, parcela, terreno, ronda, también conocida con el nombre de *run* o *beat*[2]), **patch panel** (AUDIO/GRAL panel de conexiones, panel de enchufes hembra; V. *presidential patch, jack panel, multiple*)].

patron[1] *n*: MKTNG cliente regular. [Exp: **patron**[2] (GRAL patrono, mecenas), **patronage**[1] (MKTNG clientela), **patronage**[2] (MKTNG patrocinio, mecenazgo), **patronage campaign** (MKTNG campaña de mecenazgo; V. *sponsoring campaign*), **patronise**[1] (MKTNG ser cliente regular de, frecuentar), **patronise**[2] **[a shop]** (MKTNG ser cliente de un establecimiento; V. *sponsor*)].

patter[1] *col n*: MEDIOS jerga, rollo publicitario, labia, palabrería propagandística ◊ *Have the sales patter off by heart*; V. *give a customer the patter*. [Exp: **patter**[2] (ESPEC agilidad verbal, discurso ocurrente, rollo desternillante ◊ *A standard comedian with clever patter*; V. *stand-up*)].

pattern *n*: GRAL pauta, modelo, patrón. [Exp: **patterned** (GRÁFICA estampado; V. *printed*)].

pause *n*: TV pausa, parada de imagen; V. *freeze, break*.

pavil[l]ion *n*: MKTNG pabellón, stand; V. *show room, stand, corporate architecture, tradefair, showroom*.

pay *n/v*: GESTIÓN paga, sueldo, abono, remuneración; pagar, satisfacer, retribuir, abonar, liquidar; hacer efectivo, desembolsar; cancelar; consignar, remunerar; producir ganancia; V. *paid announcements*. [Exp: **pay cable** (TV canal de pago, televisión por cable de pago ◊ *People often switch to pay cables because of the quality of the pictures*; V. *subscriber, satellite*), **payoff**[1] (MKTNG ventaja, beneficio, recompensa; V. *unique selling proposition*), **payoff**[2] (CINE desenlace; V. *denouement*), **pay or play** (MEDIOS/DER cláusula que garantiza al profesional que la empresa cumplirá el contrato o se le indemnizará con sus honorarios; V. *kill fee*), **pay-per-view, PPV** (TV televisión de pago o a la carta, pago por visión ◊ *Pay-per-view will probably be standard practice within ten years*; V. *addressable converter; scrambling technology; siphoning, subscriber*), **pay television, pay TV** (TV televisión de pago; V. *cable television*), **payable** (GRAL/GESTIÓN pagable, abonable; V. *accounts payable/receivable*), **payment** (GESTIÓN abono, pago ◊ *Demand payment before delivery*; V. *deposit, credit*), **payment/cash with order** (MKTNG remítase el importe junto con el pedido; sólo se atienden los pedidos que vayan acompañados del correspondiente pago; V. *cash items, cash order*), **payout** (GESTIÓN/MKTNG beneficios asignados a una inversión), **payroll accountant** (CINE cajero-pagador)].

payola *col n*: GRAL/MKTNG soborno, astilla *col*; práctica ilegal que consiste en el pago de sobornos a cambio de un trato de favor, normalmente con fines comerciales o para promocionar un producto, un disco, etc. ◊ *A payola racket run by a radio disk jockey*; V. *plugola*.

PB/W *n*: GRÁFICA V. *black & white page*.

peak *n*: GRAL/AUDIO/CINE pico, punta, cima, cumbre; cúspide; apogeo, cresta, nivel máximo [del volumen]; punto crítico, álgido o culminante ◊ *Sales reach their peak during the last few days of the Christmas rush*; se emplea en expresiones en las que se indica la mayor actividad –*peak business activity*–, el récord de ventas –*peak sales*–, etc.; V. *audience peak; off-peak*. [Exp: **peak**[2] (GRAL llegar al/alcanzar el punto máximo, tocar techo ◊ *Time an advertising campaing to peak a month before the start of the summer*), **peak advertising slot** (PUBL/TV/RADIO espacio publicitario que coincide con las horas de máxima audiencia ◊ *TV channels charge very heavily for spots that occupy the peak advertising slots*), **peak hour/time** (PUBL/TV/RADIO hora punta, estelar o de máxima audiencia; V. *off-peak; prime time*), **peak programme metre** (AUDIO picómetro; medidor de picos de una señal acústica), **peak rate** (MKTNG tarifa más alta, tarifa máxima) ◊ *Pay peak rates for advertising in the big national dailies*), **peak season** (GRAL temporada alta), **peak viewing figures/time** (MKTNG cifras/hora de máxima audiencia)].

pedestrian *n*: EXTERIOR transeúnte; V. *hoarding, poster, spectacular*.

pen name *n*: PRENSA seudónimo, también llamado *nom de plume*; V. *ghost writer*.

penetration *n*: MKTNG/PUBL penetración; es el grado de utilización de un producto por un consumidor; en publicidad es el grado de eficacia –*effectiveness*– de un anuncio en llegar a un grupo-objetivo –*target*–; V. *market penetration*.

pennant *n*: PUBL banderín; V. *banner*.

people using radio, PUR *n*: RADIO oyentes, porcentaje de audiencia radiofónica. [Exp: **people using TV, PUT** (TV televidentes; porcentaje de audiencia televisiva)].

percentile *n*: GRAL percentil.

perform v: GRAL actuar, ejecutar, representar, interpretar, trabajar, tocar; desempeñar, llevar a cabo, realizar; aparece con nombres y verbos propios de las artes escénicas –*performing arts*– como en *perform on the stage* –actuar/trabajar en el escenario–, *perform a symphony* –tocar, interpretar o ejecutar una sinfonía–, *dancers perform* –los bailarines actúan/bailan–, *singers perform* –los cantantes actúan/cantan–, etc.; V. *feature*⁶. [Exp: **performance**¹ (GESTIÓN cumplimiento, actuación, desempeño, ejercicio, ejecución ◊ *In the performance of his duties*), **performance**² (CINE/ESPEC actuación, interpretación, representación, número ◊ *Give an outstanding performance in the leading role*; V. *first performance, part, number*), **performance**³ (CINE sesión, función, pase; se aplica a las sesiones o funciones tanto del cine como de espectáculos musicales, circenses, etc. ◊ *Friday night performance was a sell-out*; V. *sell-out*), **performance**⁴ (MKTNG rendimiento, rentabilidad, resultados de un fondo, empresa, etc.; cumplimiento; eficacia; nivel de ejecución, resultado de la gestión; V. *yield, revenue, vendor performance*), **performance allowance** (MKTNG/GESTIÓN descuento al minorista –*retailer*– por colaboración en la promoción de un producto), **performance budget** (GESTIÓN presupuesto por funciones), **performance criteria** (MKTNG criterios orientadores para diseñar la estrategia de obtención de mayores rendimientos comerciales, como la productividad, las ventas, etc.), **performance, in** (ESPEC en directo; en vivo y en directo; en persona; ◊ *A chance to see Julio Iglesias in performance*; es equivalente a *live*, aunque el registro es un poco más formal, por lo que se emplea en los carteles publicitarios, los programas de actuación, etc.; además, por analogía con expresiones como *in concert* –aplicada a las actuaciones musicales en directo– o *on stage* –aplicadas a las teatrales, matiza algo más la clase de actuación anunciada; V. *off tube*), **performance criteria/indicators/indices** (GESTIÓN criterios/índices/indicadores de [medición de] rentabilidad), **performance rating** (GESTIÓN valoración de resultados; rendimiento efectivo), **performance standards** (GESTIÓN niveles de rendimiento), **performer** (CINE intérprete, actor, actriz, artista; instrumentista ◊ *Performers don't always get on well with directors*; V. *actor, actress; artist, talent; stunt; character; casting*), **performing arts** (GRAL/ESPEC artes escénicas o interpretativas ◊ *The performing arts often attract a more sophisticated audience than the cinema*), **performing rights** (DER derechos de actuación)].

period n: RADIO/TV período, franja horaria; V. *daypart*. [Exp: **period film** (CINE película de época; en general, se aplica a cualquier película ambientada –*set*– en un período distinto del presente, aunque más específicamente se refiere a aquellas situadas entre la Edad Media y la actualidad), **periodical** (PRENSA publicación periódica)].

peripheral a: IMAGEN/AUDIO periférico; secundario, menos importante, tangencial ◊ *In marketing virtually everything is peripheral to product quality*; V. *joystick, mouse*.

perishable goods n: MKTNG productos perecederos; V. *durable goods*.

perk col n: GESTIÓN plus, extra, emolumento, ventaja ◊ *Salary plus perks*; es la abreviación coloquial de *perquisite*. [Exp: **perk up** col (GESTIÓN animarse, repuntar, mejorar ◊ *Business is perking up*)].

perquisite n: GESTIÓN plus, extra, emolumento, complementos de sueldo; se usa más la forma coloquial *perk*.

persons using TV, PUT *n*: TV/MKTNG equivale a *people using television*.

persuasion *n*: LING/PUBL persuasión, convicción ◊ *Advertising relies heavily on the art of persuasion*; se puede entender el término «persuasión» como ① la modalidad discursiva encargada de convencer o persuadir al receptor del mensaje, y ② el procedimiento mediante el cual se cambia de opinión por influencia de un mensaje; la persuasión la emplean los abogados, los profesores, los predicadores, etc., y, sobre todo, se percibe en la publicidad política y comercial; se diferencia de la exposición en que intenta influir en el receptor, mientras que la exposición se centra en la presentación de información de la forma menos subjetiva; V. *exposition*.

pester *col v*: GRAL molestar, acosar ◊ *Journalist often pester stars with questions*; V. *harass, hound*.

pet scene *n*: CINE escena de tocamientos y manoseos; V. *sex*.

PG *n*: CINE equivale a *parental guidance*. [Exp: **PG-13** (CINE recomendado para mayores de 13 años acompañados; es una calificación –*certificate*–, introducida por la Motion Picture Association of America o MPAA, que indica que el contenido es ligeramente más fuerte que el de las calificadas como PG; V. *NC-17, PG, XXX*)].

phase *n*: GRAL fase, ciclo; en el ciclo de vida de un producto –*product life cycle*– se distinguen cuatro fases: *introduction phase* –fase de introducción–, *growth phase*– fase de crecimiento–, *maturity phase* –fase de madurez– y *decline phase* –fase de declive–; V. *shelf life, product rotation*.

phone *n*: AUDIO teléfono. [Exp: **phone-in**[1] (RADIO coloquio/tertulia/debate abierto al público; programa de participación de audiencia a través de llamadas ◊ *Take part in the phone-in on the local radio station*; V. *call-in radio*), **phone-in**[2] *col* (CINE actuación desapasionada y rutinaria –*passionless, routine performance*– por parte de un actor, como si mentalmente estuviera lejos del plató), **phone selling** (MKTNG venta por teléfono)].

photo, photograph *n*: IMAGEN fotografía; V. *print, photograph, still, snapshot, slide; stakeout, photography*. [Exp: **photo arrangement** (IMAGEN fotomontaje; alude tanto a la técnica de composición de dos o más fotografías como al resultado del procedimiento; V. *photomontage, collage*), **photo board** (PUBL/TV panel de fotos de anuncios; consiste en una secuencia de fotos fijas –*stills*– tomadas de anuncios televisivos –*television spots*–, normalmente de la competencia, a las que se les añade texto al pie; también se le llama *telecopy*; V. *storyboard, concept board*), **photo caption** (IMAGEN pie de foto), **photo-sensitive material** (IMAGEN material fotosensible), **photo-composition** (IMAGEN fotocomposición; V. *filmsetting*), **photocopy** (IMAGEN fotocopia; fotocopiar), **photoengrave** (GRÁFICA/IMAGEN fotograbar; es el procedimiento de impresión de texto –*copy*–, ilustraciones –*artwork*–, etc., con planchas en relieve –*relief printing plates*– obtenidas mediante procedimientos fotoquímicos; V. *etching; engrave*), **photoengraving** (GRÁFICA fotograbado ◊ *An article with some very original photoengravings*; se usa en tres sentidos ① técnica empleada para fotograbar; ② el grabado –*reproduction*– o producto de esta técnica; ③ la plancha –*plate*– preparada para llevar el procedimiento; V. *line cut, repro, offset, letterpress, lithography, rotogravure, xerography*), **photographed thought** (CINE pensamiento fotografiado); son muchos los recursos para representar el pensamiento de forma fotográfica por medio de *ripple, dissolves* o *fades*), **photographer** (IMAGEN fotógrafo; V. *press photographer, paparazzi*), **photographic image** (GRÁFICA fotolito; V. *photolithography*), **photographic paper** (GRÁFICA papel fotográfico; V. *paper; darkroom, contact print*), **photographic plate** (CINE/IMAGEN placa fotográfica; es una lámina de metal o vidrio sensible a la luz *–a light-sensitive sheet of metal or glass–* en la que se puede grabar una imagen fotográfica *–record a photographic image–*; V. *shutter*), **photography** (IMAGEN [arte de la] fotografía ◊ *Photography is my sister's hobby*; V. *stop-motion photography, process photography*), **photogravure** (GRÁFICA fotograbado; V. *photoengraving, offset, letterpress, lithography, rotogravure, xerography*), **photojournalism** (PRENSA periodismo gráfico; es aquel periodismo en el que el texto escrito *–written copy–* tiene menos importancia que las imágenes *–pictures–*; V. *press photographer*), **photojournalist** (PRENSA reportero gráfico), **photolithography** (GRÁFICA fotolitografía; también llamado *offset lithography*), **photomatic** (IMAGEN fotomático; es un anuncio televisivo formado por la filmación de fotos fijas o *stills*; V. *animatic*), **photomechanical** (GRÁFICA/NLING fotomecánico; fotomecánica; se emplea como adjetivo y como nombre; en este último caso, también llamado *photomechanical printing*, alude a cualquiera de los procedimientos de impresión *–printing methods–* obtenidos con clichés fotográficos *–photography–*; el término también se emplea para aludir a los cuatro fotolitos, o separación de cuatro colores –negro, magenta, cian y amarillo–, que junto con la prueba de color serán utilizados en el procedimiento de creación de la[s planchas de] impresión), **photometer** (IMAGEN fotómetro; es un

instrumento que mide la intensidad de la luz, también llamado *exposure meter* o *light meter*), **photoromance** (PRENSA fotonovela), **photomontage** (IMAGEN fotomontaje; alude tanto a la técnica de composición de dos o más fotografías como al producto; V. *collage, photoarrangement*), **photoplatemaker** (GRÁFICA fotograbador; V. *engraver*), **phototypesetting** (GRÁFICA fotocomposición, también llamado *photocomposition*), **phototypography** (GRÁFICA fototipografía)].

pica *n*: TIPO cícero; pica; unidad de medida empleada en composición o *typesetting* que equivale a 12 puntos o *points* o a la sexta parte de una pulgada, aproximadamente cuatro milímetros y medio; en las máquinas de escribir es el cuerpo de letra *–typesize–* formado por caracteres que caben diez por pulgada; V. *elite, courier*[3].

pick up[1] *v*: GRAL recoger, adquirir; aprender ◊ *Pick up the basics of advertising while working for the TV.* [Exp: **pick up**[2] (MEDIOS descubrir, saber indagar, tener conocimiento de ◊ *Information picked up by a journalist for his paper*), **pick up**[3] (RADIO sintonizar, captar ◊ *A radio that picks up lots of foreign stations*), **pickup**[4] *US col* (CINE películas hechas por unos estudios y adquiridas posteriormente por otros; tomas sueltas; se emplean para añadir detalles o corregir errores), **pick-up art** (TV/PUBL «animático», bosquejo de un anuncio televisivo), **pick-up [arm]** (AUDIO pick-up, fonocaptor, picú *col*; V. *record-player*), **pickup [material]** (PUBL material publicitario desechado del que se saca provecho ◊ *Splice in some pick-up material to give a period flavour to an ad*)].

pictorial arts *n*: GRAL artes pictóricas; entre las artes pictóricas destacan la pintura *–painting–*, el dibujo *–drawing–* y el diseño gráfico *–graphic design–*. [Exp:

pictorial artist (GRAL artista; V. *craftsperson; performing artist*)].

picture *n*: GRAL/CINE cuadro, pintura, imagen, dibujo; en plural significa «cine» ◊ *Go to the pictures after dinner*; V. *the flicks, movies*. [Exp: **picture dupe negative** (CINE película en negativo sacada de una en positivo, a la que se le podrán añadir efectos especiales, también llamado *dupe²*), **picture quality** (IMAGEN calidad de imagen)].

piece *col n*: PRENSA artículo periodístico ◊ *Write an amusing piece about the elections for the paper*; V. *copy, item, story, scoop*. [Exp: **piece of art** (GRAL/DISEÑO obra de arte; V. *artwork*), **piece rate** (GESTIÓN destajo, precio unitario o por pieza), **piece work, piecework** (GESTIÓN a destajo, trabajo a destajo)].

piggyback *col n*: TV/PUBL/GRAL anuncio tipo de «dos por el precio de uno», anuncio doble ◊ *Show a 30-30 piggy-back of the two ads*; alude a la emisión consecutiva, sin solución de continuidad, de dos anuncios de productos distintos fabricados o patrocinados por la misma casa; de esta forma dos anuncios se pasan en el tiempo de uno; la expresión tiene su origen en las expresiones familiares *to ride piggyback/to give a child a piggyback*, que se refieren a la diversión infantil en la que una persona mayor lleva a un niño a hombros o a cuestas; V. *back-to-back; triggyback*. [Exp: **piggyback offer** *col* (PUBL/MKTNG oferta doble, oferta a caballo; V. *piggyback*)].

pigment *n*: IMAGEN pigmento; cualquiera de las materias colorantes –*colouring substance*– que se usan en la pintura; V. *painting*. [Exp: **pigment segmenting** (GRAL/DISEÑO «talonado» de una tinta; segmentación de pigmentos; es la fragmentación porcentual de los componentes colorantes de una tinta o pintura)].

pilot *n*: GRAL piloto, modelo; V. *model*.

pin-up, pinup *col n*: IMAGEN foto [publicitaria] de hombre o mujer atractivos ◊ *She was the pin-up girl who appeared on all the calendars*; V. *leg art, cheesecake, beefcake*.

pink noise *n*: AUDIO ruido rosa; es un ruido cuyo nivel desciende 3 dB por octava, y que se usa para analizar el comportamiento de sistemas de sonido o salas de escucha; es un sonido parecido al que se oye cuando en un receptor de FM no sintonizamos ninguna emisora; V. *white noise*.

pioneering *a*: MKTNG de promoción, lanzamiento o introducción, innovador; V. *innovative*. [Exp: **pioneering stage** (MKTNG fase/etapa de lanzamiento/introducción de un producto)].

pitch¹ *n*: AUDIO frecuencia fundamental; V. *overtones*. [Exp: **pitch²** (PUBL labia publicitaria, argumentación contundente sobre las ventajas de un producto; anuncio; V. *sales pitch; patter*), **pitch³** (GRÁFICA densidad de letras por pulgada)].

pixel *n*: IMAGEN pixel; es una forma abreviada de *picture element*; se refiere a cada uno de los pequeños recuadros en que se descompone una imagen en la pantalla de un ordenador o de un televisor; se emplea en expresiones como *pixel depth* –profundidad de píxel, que es una medida de la intensidad–; *pixel pairing* –emparejamiento de píxeles para constituir un *byte*–, etc.; V. *pixilation; ppi; contouring*. [Exp: **pixilation** (IMAGEN pixilación; es la técnica de animación fotograma a fotograma –*frame by frame*–, esto es, mediante fotografía de parada de imagen –*stop-motion photography*– para crear efectos especiales en la escenografía –*sets*– y en los personajes reales –*live characters*–)].

placard *n*: GRÁFICA rótulo; V. *sign*. [Exp: **placard painter** (GRÁFICA rotulista; V. *sign painter*)].

place *n*: GRAL/MKTNG lugar; en marketing se entiende como «distribución» y es uno de los cuatro ingredientes básicos del marketing; V. *place, distribution, promotion, packaging*. [Exp: **place a phone call** (GRAL hacer una llamada telefónica), **place an ad/advertisement** (PUBL poner un anuncio ◊ *Enquire about the rates for placing an ad in the local paper*), **place an order** (MKTNG hacer un pedido ◊ *Place an order for 500 boxes of pens with the distributor*), **placement** (PUBL ubicación, colocación ◊ *The placement of the posters is a key factor in outdoor advertising*; V. *ad placement, insertion order, in-programme placement; ROP, run of paper, run of week*), **placement scheme** (PUBL programación de [una campaña de] anuncios publicitarios en un determinado medio de comunicación; V. *bursting[1]*)].

plagiarism *n*: MEDIOS plagio; V. *errors and omissions*.

plan *n/v*: GRAL/GESTIÓN plan; planear, planificar. [Exp: **planned obsolescence** (MKTNG/GESTIÓN obsolescencia programada; esta noción, que formalizó Vance Packard en su obra de los años cincuenta «Los persuasores ocultos» *–The Hidden Persuaders–*, designa una estrategia comercial según la cual los bienes de consumo *–consumer goods–* pierden su utilidad, pasan de moda *–go out of fashion–* o se vuelven obsoletos *–become obsolete–* al poco tiempo de su adquisición *–purchase–*, de forma que el consumidor *–consumer–* se ve obligado a comprar otros, favoreciendo así la producción y el crecimiento económico; V. *consumerism, product manager*), **planner** (GRAL/GESTIÓN planificador; se aplica a *account planner, media planner*, etc.), **planning** (MKTNG planificación)].

planography *n*: GRÁFICA planografía; método de impresión desde una superficie lisa, como la litografía o el offset.

plastic arts *n*: DISEÑO artes plásticas ◊ *Painting, sculpture and architecture are plastic arts*; V. *pictorial arts*. [Exp: **plastic coating** (GRAL revestimiento de plástico; V. *metal coating*), **plastic wrapping** (MKTNG envoltorio de plástico, retractilado; V. *shrink-pack, bubble card/pack, breathing package, blister pack, bulge packaging, corrugated box, bubble card/pack, shrink-pack*)].

plate[1] *n*: ARTE/DISEÑO lámina, ilustración ◊ *A book illustrated with fifty full colour plates*; es el dibujo estampado *–printed drawing–* en una hoja; V. *artwork, illustration*. [Exp: **plate[2]** (GRÁFICA plancha [de imprimir]; también llamada *printing plate*, es la lámina de metal, plástico, etc. *–sheet of metal, plastic, etc.–* que se emplea como superficie de impresión *–printing surface–*; V. *stencil, printing plate, lithography; etch, depress*), **plate[3]** (IMAGEN placa [fotográfica] o cliché/clisé, también llamado negativo *–negative–*; V. *photographic plate*)].

platen *n*: GRÁFICA platina; V. *bevel*.

platform *n*: INTERNET plataforma; es el tipo de ordenador *–computer–* o sistema operativo *–operating system–* en el que funciona una aplicación *–application–*; algunas de las más frecuentes son PC, Macintosh o Unix.

platter *col n*: AUDIO disco; V. *record*.

play[1] *n*: ESPEC obra de teatro, pieza dramática ◊ *His new play opens on the West End next week*; V. *character, part*. [Exp: **play[2]** (CINE tener éxito; al igual que *sell* o *read*, este verbo puede utilizarse con sentido pasivo, como en *Will the film play well?*), **play/act the part/role of** (CINE/ESPEC encarnar [un personaje], salir en el papel, desempeñar/hacer el papel de; V. *role, cast list, performance, number, leading/supporint role*), **playback** (MEDIOS reproducción de una grabación, play-back ◊ *On TV pop music shows you* *can always tell playback from live performance;* V. *flashback)*, **playback head** (AUDIO/IMAGEN cabeza lectora o de reproducción; V. *recording head)*, **player** (CINE actor; V. *dayplayer)*, **playwright** (CINE/ESPEC dramaturgo; V. *novelist, scriptwriter)].*

plot *n*: GRAL/CINE trama, argumento; V. *climax, anticlimax, denouement.* [Exp: **plotting scale paper** (GRÁFICA papel milimetrado; V. *paper)].*

plough/plow back *n*: GESTIÓN reinversión.

plug[1] *n*: GRAL enchufe [macho], enchufe clavijero; V. *socket, banana plug, jack.* [Exp: **plug**[2] (MKTNG publicidad encubierta, recomendación, mención publicitaria; «enchufe»; recomendar insistentemente, machacar; dar publicidad encubierta/incidental; consiste en la mención que se puede hacer de un producto o un servicio un personaje en medio de un programa de radio o de televisión o en el curso de una película ◊ *Plug a friend's new product on a radio show*; V. *product placement, plugola, payola, licensing, name plugging; cross plug; fire plug; pull the plug on a scheme)*, **plug to a new product** (MKTNG dar publicidad a un nuevo producto), **plugola** (PUBL/GRAL enchufismo publicitario, práctica ilegal o poco ética de pagar a un actor, presentador de televisión, etc., para que recomiende un producto o lo mencione repetidas veces en sus apariciones ante los medios de comunicación; V. *payola, product placement, licensing)*, **plugumentary** (CINE falso documental sobre una película; esta palabra, de matiz peyorativo, designa aquellas películas que vienen a ser un anuncio prolongado *–extended advertisement–* de una película, pero que quieren pasar *–pass off–* como documental; la forma más habitual son los «Así se hizo...» *–The making of...–*, que contienen entrevistas con los actores, directo-

res, etc.; V. *behind-the-scenes film; plugola)].*

PM *n*: CINE siglas de *production manager.*

poetics *n*: LING/CINE poética; ① en sentido restringido es la ciencia o rama de la crítica literaria que estudia la naturaleza de la poesía y las normas y principios que rigen su composición, sus géneros, su análisis, el lenguaje que le es propio y los efectos que éste produce; ② en sentido amplio, frecuente en la actualidad, es la rama de la crítica literaria, o teoría de la literatura *–literary theory–*, que estudia sistemáticamente los principios estructurales, lingüísticos, estilísticos y axiológicos del género *–genre–*; de esta manera se habla sin contradicción de «la poética de la novela actual» *–the poetics of the contemporary novel–*; hay quien habla en singular de *a poetic* para referirse a una poética concreta, pero quizá siga siendo más frecuente el empleo de *a poetics*; V. *Modernism, post-Modernism.*

point *n*: TIPO/GRAL punto; unidad de medida de los tamaños de los tipos de imprenta o *types*; cada punto equivale a $1/_{72}$ de una pulgada, y doce puntos forman un cícero o *pica*; V. *type size, point size.* [Exp: **point-of-purchase, POP** (MKTNG punto de compra), **point-of-purchase advertising, P.O.P.** (MKTNG/PUBL publicidad en el punto de venta ◊ *Point-of-purchase advertising usually takes the form of mass display of the goods)*, **point-of-sale, P.O.S.** (MKTNG/PUBL punto de venta; V. *apron*[2]), **point-of-sale advertising** (PUBL publicidad en el punto de venta; V. *below-the-line advertising)*, **point-of-sale material** (PUBL material publicitario disponible en el punto de venta), **point of view, POV** (MEDIOS/CINE punto de vista; al igual que en castellano, puede referirse tanto al lugar físico desde donde se observa *–There followed a few shots from the driver's point of view–* como al «punto de vista», es decir, la opinión personal, la ideología o los intereses concretos de un comentarista, un órgano o un grupo social ◊ *A news item heavily biassed towards the government's point of view*; V. *viewpoint, angle, approach*), **point of view shot** (CINE plano subjetivo), **pointer**[1] (IMAGEN puntero), **pointer**[2] (INTERNET puntero; es un enlace a direcciones relacionadas –*related resources*– que aparece en una página web –*web page*–; V. *hyperlink*)].

polarize *v*: IMAGEN polarizar; consiste en tratar la luz, pasándola por una lente especial, de forma que se eliminan reflejos y brillos no deseados –*unwanted glare and reflections*–.

polish *v/n*: GRAL/CINE pulir, perfeccionar; retoque; ① en cine, consiste en reescribir un guión –*rewrite a screenplay*–, normalmente en vísperas del rodaje –*on the eve of production*–; como nombre, es la cláusula contractual –*contract clause*– que prevé la posibilidad de estas revisiones; ② en la terminología del Gremio de Guionistas de Estados Unidos –*Writers' Guild of America*–, así como de los contratos que rigen su actividad, es una modificación o retoque del guión –*a script alteration*– que no llega a ser una revisión –*revision*–].

political *a*: GRAL político. [Exp: **political experts** (RADIO/TV expertos en política, comentaristas políticos; aunque la expresión puede referirse a los columnistas periodísticos –*press columnists*–, también se aplica a los comentaristas que aparecen en los informativos –*news casts*–, completando la información que lee el presentador principal –*anchorman*–, a fin de dar profundidad a la noticia; V. *analyst*), **political price** (MKTNG precio político; es aquel que determina el gobierno –*government*– a fin de favorecer a grupos determinados, sin tener en

cuenta las condiciones del mercado –*market conditions*–; V. *psychological price*)].

poll *n*: MKTNG encuesta, sondeo de opinión ◊ *Publish the results of a recent poll of consumer habits*; V. *opinion poll, survey, sampling*.

pony spread *n*: PRENSA anuncio a caballo; ocupa sólo una parte de dos caras consecutivas, también llamado *junior spread*; V. *piggyback commercial, double spotting*. [Exp: **pony unit** (PRENSA anuncio de tamaño inferior al normal, también llamado *junior unit*)].

pool[1] *n*: GRAL equipo, grupo, asociación ◊ *A pool of typists*. [Exp: **pool**[2] (GRAL/GESTIÓN fondo/reserva común, fuente/consorcio/asociación [de personas o empresas] en régimen compartido o de mancomunidad; mancomunado; compartir gastos; en medios de comunicación, consiste en compartir corresponsales –*correspondents*– o equipos para cubrir –*cover*– una determinada noticia –*story*–, etc. ◊ *Pool resources with another news agency to keep up with the latest developments*; V. *cooperative*)].

POP *n*: MKTNG V. *point of purchase*.

pop *col a*: GRAL/ESPEC popular; forma abreviada utilizada en algunas expresiones como *pop art* –arte pop–, *pop music* –música pop–, *pop song* –canción pop–, *pop star* –estrella de la música pop–; V. *folk*. [Exp: **pop in/on** (TV aparición o mención publicitaria de forma instantánea), **pop-up** (PUBL/GRÁFICA desplegable; folleto con un encarte –*insert*– en relieve; al abrirlo se levanta –*rises* o *pops up*– encarte), **pop, pop music** (AUDIO [música] pop; no ha de confundirse con la música popular en castellano, que sería *folk music*; V. *blues, country, dance music, disco music, folk music, ethnic music, grunge, hard rock, house music, jazz, punk rock, rave, reggae, rock and* *roll, rockabilly, symphonic rock, techno*), **popping** *col* (AUDIO sonido desagradable producido cuando un actor pronuncia la letra «p» demasiado fuerte o demasiado cerca del micrófono –*too loudly or too close to the microphone*–; aparece en expresiones como *pop filter*, que es el filtro que limita este efecto), **pops** *GB col* (PRENSA prensa popular, los tabloides; abreviatura de *popular papers*; se opone a los periódicos serios, llamados *heavies*; V. *gutter press, popular press*), **popular press** (MEDIOS «prensa popular»; también llamados «tabloides» –*tabloids*–, son periódicos normalmente de formato más pequeño y tipografía comparativamente más grande, de contenido sensacionalista y escandaloso y de amplia difusión en los países de habla inglesa; V. *yellow journalism, quality press*)].

pornography, porn *n*: GRAL/CINE pornografía; pornografía, porno *col*; material impreso o gráfico calculado para estimular el apetito sexual del espectador, sin otro fin educativo o artístico ◊ *Tighten the anti-pornography laws*; en cine, puede designar aquellas producciones de bajo presupuesto –*low-budget productions*– de temática sexual, es decir, las conocidas como «peli porno» –*blue movie, skin flick*–, pero también aquella película erótica realizada por grandes productoras –*mainstream erotic film*– que no es del agrado del que habla –*of which the speaker disapproves*–. V. *NC-17, PG, PG-13, skin flick, X, X-rated, XXX, fluffer*.

port *n*: AUDIO/IMAGEN puerto; V. *serial/parallel port*. [Exp: **portal** (INTERNET portal; es un acceso a Internet de naturaleza comercial, en el que se encuentran noticias del mundo –*world news*–, direcciones útiles –*useful addresses*–, etc.; entre los más famosos se encuentran Microsoft, Netscape y Yahoo; V. *browser*)].

portable *a*: GRAL portátil; V. *hand-held*. [Exp: **portable display** (PUBL expositor portátil o con patas plegables –*folding legs*–)].

POS *n*: MKTNG V. *point of sale*.

position[1] *n/v*: MEDIOS posición; emplazamiento o ubicación de un anuncio como en *Special positions may cost premium prices*; ubicar, colocar, «posicionar» como en *Position an ad in a strategic place*; en los anuncios impresos –*print ads*– es la sección o espacio concreto en que aparece el anuncio; en los anuncios de radio o televisión –*broadcast ads*– es el lugar que ocupa dentro del bloque publicitario –*ad break*–; V. *against text, next to reading matter; placement*. [Exp: **position**[2] (GESTIÓN puesto, cargo; V. *post, office*), **position of dominance** (MKTNG/DER abuso de posición dominante; V. *abuse of a position of dominance*), **positioning** (MKTNG/PUBL posicionamiento, colocación, ubicación, postura; alude a la posición que la percepción de los consumidores de un producto –*product*–, una marca –*brand*–, una unidad estratégica de negocios –*SBU*–, etc., le asigna respecto de los de la competencia –*competitors*–)].

positive *n*: IMAGEN positivo; V. *negativo*. [Exp: **positive to negative process** (IMAGEN [proceso de] negativar; consiste en sacar un negativo de un positivo; V. *reverse*).

posse *col n*: MEDIOS panda, pandilla, grupo nutrido; nube [de reporteros o fotógrafos] ◊ *A posse of journalists milled about outside the prime minister's official residence*; este término, que en la actualidad se suele emplear como se indica en el ejemplo, se refería en sus orígenes a la cuadrilla de hombres que acompañaban al *sheriff* cuando éste salía al encuentro de los forajidos y delincuentes peligrosos, tal como se recoge en muchas películas de vaqueros –*westerns*–; V. *gang, scout*.

post¹ *n/a/v*: GESTIÓN correos; postal; enviar por correo, echar al buzón; V. *mail*. [Exp: **post²** (GESTIÓN puesto, empleo, cargo; V. *position, office, post⁵*), **post³** (GRAL/PUBL avisar, pegar carteles fijar/poner [carteles] ◊ *Post [up] a notice on the board; Post no bills*; V. *bill; posted bulletin*), **post⁴** (GESTIÓN publicar resultados ◊ *Post profits of £5,000*), **post⁵** col (CINE equivale a *postproducción*), **post⁶** (GESTIÓN destinar, enviar ◊ *Be posted abroad*; V. *post²*), **post⁷** (GESTIÓN pasar asientos al Libro Mayor, contabilizar; registrar; anotar; se emplea en expresiones como *post a credit* –abonar, anotar en el haber–, *post a debit* –adeudar, cargar, anotar en el debe–; V. *posting*), **post-⁸** (GRAL post-), **post-analysis** (MKTNG/MEDIOS análisis posterior; alude al estudio detallado de la eficacia de un anuncio una vez ha sido lanzado), **post-code** (GRAL/MKTNG código postal; en los Estados Unidos se llama *zip code*), **post-modernism** (LING/CINE posmodernismo; el posmodernismo alude a un período cultural de los años ochenta y noventa, que caracterizado por la pluralidad cultural, el escepticismo hacia las ideologías y el eclecticismo hacia el arte y la vida, reacciona frente a los cánones y las restricciones del modernismo y del estructuralismo), **post-paid** (GRAL franqueo en destino; V. *pre-paid*), **post-production** (CINE posproducción; es la fase siguiente al rodaje –*shooting*–, que finaliza con la versión definitiva –*final cut*– tras el montaje –*cutting/editing*–, la sincronización de sonido e imagen –*mouthing*–, etc.; V. *developing, film edition, colour correction, inlay, super, production, pre-production*), **postproduction supervisor** (CINE encargado de posproducción), **post-structuralism** (LING/CINE posestructuralismo; en este movimiento intelectual se da más importancia en la comunicación al examen del significante que al del significado), **post-sync** (CINE sincronización de labios y sonido, también llamado *lip-sync* o *mouthing*), **post-synchronization** (CINE postsincronización; el sonido apropiado se monta posteriormente; V. *wild shooting*), **post-test** (MKTNG postest; estudio de mercado sobre la efectividad de una acción, producto, campaña, etc.), **postage** (GESTIÓN/MKTNG tarifa postal, franqueo), **postage and packing, p&p** (MKTNG gastos de franqueo y embalaje), **postage paid** (MKTNG franqueo concertado, porte pagado, con franqueo pagado), **postage stamp** (GRAL sello), **postage extra** (MKTNG gastos de envío no incluidos), **postal/money order** (GESTIÓN giro postal), **posted bulletin** (PUBL/EXTERIOR anuncio impreso fijado o colocado en una valla, también llamado *printed bulletin*; V. *paint/painted bulletin*), **poster** (PUBL/EXTERIOR cartel, póster; V. *banner, billboard, outdoor poster, one-sheet poster*), **poster artist/designer** (EXTERIOR cartelista, diseñador de carteles; V. *copywriter*), **poster company** (EXTERIOR cartelista; empresa que fija carteles), **poster hoarding** (EXTERIOR valla publicitaria), **poster panel** (EXTERIOR valla, panel, soporte o tablón para carteles; soporte de publicidad estática; V. *hoarding*), **posting¹** (PUBL/EXTERIOR fijación/colocación; es la fijación/colocación de unidades de publicidad exterior, ya con material impreso –*printed bulletin*– ya con pintura –*painting*–; V. *paint/painted bulletin*), **posting²** (GESTIÓN asiento; pase al Libro Mayor; V. *post⁷*), **posting date** (EXTERIOR día/fecha de fijación/colocación de un anuncio de publicidad exterior), **posting, packing and insurance** (MKTNG gastos de franqueo, embalaje y seguro), **postman** (GRAL cartero; V. *mailman*), **postmark** (GRAL matasellos; poner el matasellos), **postpaid** (GRAL franqueo concertado/pagado; portes pagados; V. *pre-paid*)].

potential customer *n*: MKTNG/PUBL cliente potencial, posible cliente, también llamado *prospect* o *prospective customer*.

pounce pattern *n*: EXTERIOR método para ampliar una ilustración –*artwork*– a tamaño de valla exterior –*bulletin size*– de 14 × 38 pies.

poundstretcher *n*: GRAL oferta, ganga ◊ *Do not miss our poundstretchers for this month*; funciona como eufemismo de *cheap*; V. *bargain; low price, low priced, reduced price, budget, economical, inexpensive*.

POV *n*: IMAGEN V. *point of view*.

power cut *n*: GRAL/RADIO/TV corte en el suministro de energía eléctrica; en los Estados Unidos se llama *outage*.

ppi *n*: IMAGEN número de píxeles –*pixels*– por pulgada, esto es, *pixel per inch*; V. *pixilation; dpi*.

practical *a*: GRAL práctico. [Exp: **practical joke** (CINE/ESPEC broma; V. *slapstick comedy, gag*), **practical set** (CINE decorado funcional, real o natural; alude al decorado montado con elementos auténticos –por ejemplo, puertas, ventanas, aparatos, etc., que funcionan–, ya en el plató o en los estudios, ya en un paraje real o natural; V. *set, studio, wild walls*)].

pratfall *col n*: ESPEC caída, costalazo *col*, batacazo *col*, porrazo *col* ◊ *Children love watching clowns' pratfalls at the circus*; V. *custard pie, knockabout, slapstick*.

pre-[1] *prf*: GRAL pre-; anterior a. [Exp: **pre**[2] *col* (CINE equivale a *pre-production*), **pre-empt** (GESTIÓN adelantarse a algún acontecimiento actuando primero), **pre-emptible** (GESTIÓN cancelable), **pre-emptive claim** (TV/RADIO/MEDIOS frase publicitaria con derechos adquiridos; se trata de adelantarse a utilizar una frase de reclamo o *claim*, que no podrá ser utili-

zada por la competencia), **preemptive right** (GESTIÓN/DER derecho preferente), **pre-paid** (GRAL franqueo/pagado en origen, abonado por anticipado; V. *postpaid*), **pre-print, pre-printed insert** (PRENSA/PUBL encarte preimpreso; este encarte lo imprime el anunciante o la agencia publicitaria y lo entrega a la publicación en donde será intercalado o incluido; V. *magazine insert, loose insert, accordion insert, package insert*), **pre-production** (CINE preproducción, fase previa; son las labores relacionadas con la película anteriores al comienzo de la filmación –*filming*–; suelen incluir, entre otras cosas, la preparación del guión –*script editing*–, la construcción de platós –*set construction*–, la búsqueda de exteriores –*location scouting*– y todo lo relacionado con la planificación económica, creativa y técnica; V. *production, post-production*), **pre-quel, prequel** (CINE «precuela»; continuación o nueva entrega de una película, con episodios de la vida y aventuras anteriores de los personajes creados en la versión original; esta clase de producción se propone aprovechar el éxito de la película original, y lógicamente repite muchos de los rasgos, trucos técnicos y efectos de ésta; el término se ha creado con el prefijo *pre-* y la segunda parte de *sequel* –segunda parte, continuación–; como en el mundo del cine se emplea «secuela» con el sentido que tiene en inglés de «segunda parte o continuación», parece imponerse la traducción de «precuela» para el invento lingüístico del inglés ◊ *They're shooting a prequel based on the adolescence of the original characters*; V. *sequel, series, serial, saga*), **pre-recorded broadcast** (TV/RADIO programa enlatado, en diferido ◊ *Prerecorded broadcasts are the rule and live TV is the exception*; V. *in the can, canned, delayed* *broadcast*), **preview** (CINE preestreno; [visionado] previo; visionar; V. *advance showing, sneak preview*)].

predatory *a*: GRAL predador, depredador, de rapiña; abusivo; de buitre. [Exp: **predatory pricing** (MKTNG fijación de precios a la baja para hundir a los competidores; tarifas abusivas o de buitre)]

preferred position *n*: EXTERIOR lugar o ubicación de preferencia, emplazamiento solicitado [por el anunciante] ◊ *Set up a hoarding 50 yards away from the preferred position*; V. *position, fixed position, against text, next to reading matter.*

prelude *n*: AUDIO/ESPEC preludio; introducción; composición musical o escénica que sirve de introducción a otra; V. *overture; opening.*

première *n*: CINE estreno ◊ *Attend the gala night celebrating the première of a film*; V. *opening.*

premium[1] *n*: GRAL/GESTIÓN prima; recargo; lo opuesto de *premium* es *discount*. [Exp: **premium**[2] US (MKTNG premio; incentivo, bono; bonificación; como sinónimo de *gift* o *prize*, es un artículo que se ofrece gratis o a precio reducido como aliciente –*inducement*– para promocionar –*promote*– un artículo o servicio ◊ *A T-shirt or coffee mug that displays the company's logo is a premium*), **premium advertising rates** US (PUBL/GESTIÓN tarifa de anuncios con recargo), **premium jobber** (GRAL/MKTNG intermediario, comisionista; V. *rack jobber*), **premium offer/pack** (MKTNG/ PUBL oferta especial o de regalo; normalmente contiene un obsequio publicitario o una reducción de precio; V. *prize deal, special offer, deal pack*), **premium price** (GRAL/GESTIÓN prima; recargo)].

presence *n*: AUDIO presencia, carisma, naturalidad; en inglés se dice que un sonido tiene «presencia» cuando parece auténtico, natural, genuino, etc.; V. *ambient sound, track, room tone.*

presentation[1] *n*: CINE representación; producción ◊ *He shot to stardom through the television presentation of the play*; V. *performance.* [Exp: **presentation**[2] (MKTNG presentación, exposición ◊ *Take a lot of care over the product presentation at a trade fair*; V. *display*)].

presidential patch *n*: AUDIO múltiple; amplificador con varias salidas, también llamado *multiple.*

press *n*: MEDIOS/GRÁFICA prensa, imprenta; «prensa» se aplica, como en castellano a ① los periódicos y las agencias de prensa; ② los periodistas, especialmente reporteros –*reporters*– y fotógrafos –*photographers*–, como en *The press were not allowed in until the end of the meeting*; ③ las opiniones vertidas sobre un tema en los periódicos, tanto en las reseñas de cine, teatro o libros –*reviews*– como sobre cualquier asunto en general, como en *The film got a very good press*; V. *journalism, popular press.* [Exp: **press agency** (PRENSA agencia de prensa ◊ *Most of the shorter news items come from press agencies*; V. *newsdesk*), **Press Association** (PRENSA es una de las agencias de noticias –*news agencies*– más importantes de Gran Bretaña; V. *news agency*), **press box** (MEDIOS cabina de prensa, cabina radiofónica; zona de prensa; es la zona reservada a periodistas en estadios o similares, que solía ser una cabina –*booth*– en la parte más alta, pero que tiende a sustituirse por una zona en las gradas –*stands*– con monitores, micrófonos, etc.; V. *press gallery*), **press briefing** (GRAL/PRENSA reunión informativa para la prensa; suelen convocarlas las instituciones o las empresas para dar cuenta de las decisiones o acontecimientos –*developments*– importantes), **press clips/cuttings** (PRENSA recortes de prensa), **press conference** (MEDIOS rueda de prensa ◊ *The marketing director fielded* *most of the questions at the press conference*; V. *press briefing, field questions*), **press cuts** (GESTIÓN/PUBL comprobante/justificante [de inserción], recorte; V. *checking copy, proof of purchase; voucher; certificate of transmission, tearsheet*), **press cutting agency** (GRAL/PRENSA servicio o agencia encargada de recoger determinados recortes de prensa de asuntos concretos, por ejemplo, la publicidad, a petición de un cliente; V. *clipping bureau/service*), **press gallery** (MEDIOS galería de prensa; es la zona reservada a periodistas en parlamentos), **press/push home an advantage** (GRAL maximizar una ventaja ◊ *It's basic marketing strategy to press home any advantage over your competitors*), **press office** (MEDIOS gabinete de prensa, departamento de medios de comunicación o difusión [de una empresa]; V. *media department, press officer*), **press officer** (MEDIOS jefe del gabinete de prensa [de una institución o empresa]; V. *media department*), **press photographer** (PRENSA periodista gráfico; V. *photojournalism*), **press release** (PRENSA/MEDIOS comunicado de prensa; remitido [de prensa]; gacetilla ◊ *Issue a press release briefly outlining the reasons for the manager's resignation*; V. *release information, stakeout*), **press run** (GRÁFICA tirada; V. *print run, run¹*)].

pressurize *col v*: GRAL/MEDIOS perseguir, acosar, atosigar; V: *hound, harass, pester* col, *badger*.

prestige advertising *n*: MKTNG/PUBLIC publicidad en revistas selectas.

price *n/v*: MKTNG precio, marcar el precio; el «precio» es uno de los cuatro ingredientes básicos del marketing; V. *place, product, promotion, packaging*. [Exp: **price cut** (MKTNG precio reducido), **price fixing agreement** (MKTNG pacto de precios; acuerdo de fijación de precios entre

competidores), **price floor** (MKTNG precio mínimo autorizado; V. *price ceiling*), **price label/tag** (MKTNG etiqueta de precios), **price off, price discount** (MKTNG oferta de precio, oferta con el precio rebajado; V. *sales*), **price reduction** (MKTNG rebaja en el precio ◊ *Offer price reductions as an inducement to buy*; V. *inducement, unload*), **price-sensitive product** (MKTNG producto cuya venta depende del precio que tenga, no de la calidad u otros factores), **pricing** (MKTNG determinación, cálculo o fijación de los precios; V. *common pricing, competitive/penetration/predatory/downstream pricing; mark-up princing, explicit pricing; cost-plus charging/pricing; odd pricing, target pricing*)].

primary *a*: GRAL primario; V. *secondary*. [Exp: **primary colours** (GRÁFICA/IMAGEN/DISEÑO colores primarios; son los colores que no pueden ser producidos por la combinación de otros; en general la expresión alude a los tres «colores de luz» –*additive primary colours*–, que son el rojo –*red*–, el verde –*green*– y el violeta –*violet*–; para los pintores son los llamados «colores de pigmento» –*subtractive primary colours*– es decir, el rojo, el amarillo –*yellow*– y el azul –*blue*–; en ambos casos son los básicos a partir de los cuales se obtiene el resto por combinación; V. *separation*), **primary reader** (PRENSA lector primario; es el que compra y lee el periódico; V. *secondary reader*)].

prime time *n*: GRAL/PUBL horario estelar; hora punta, estelar o de máxima audiencia; banda/franja horaria de mayor audiencia o interés publicitario en radio o televisión; hora de mayor coste ◊ *Prime time is when viewing is at its peak, generally between 8 and 12*; además de *access*, los segmentos o franjas horarias –*dayparts*– más importantes de la televisión norteamericana, a efectos publicitarios, son: *early morning, daytime, early fringe, early news, access, late news, late fringe*; V. *morning drive, afternoon drive; off-peak; peak time.*

print[1] *n/v*: GRÁFICA/PRENSA impresión; imprimir, sacar una copia; publicar ◊ *Print a story after checking the facts*; V. *publish, dupe; appear in print, get into print*. [Exp: **print**[2] (TIPO caracteres de impresión, letras de molde, versión impresa o publicada ◊ *She won't believe it until she sees it in print*; en esta acepción se utiliza en contraposición a *verbal/oral account* –versión verbal/oral–, o a *picture/image* –imagen–; V. *in print, out of print, small print, large print; publish*), **print**[3] (IMAGEN positivo, copia; V. *copy*), **print**[4] (CINE positivo, copia cero de una película ◊ *Finalise the print of the movie in the editing room*; V. *final/answer print*), **print**[5] (GRÁFICA grabado; estampado; grabar; estampar ◊ *A magazine with lots of colour prints*; V. *intaglio impression, plate, illustration*), **print advertisement** (PUBL anuncio gráfico/impreso), **print advertising** (PUBL [publicidad] gráfica), **print/work and turn** (GRÁFICA imprimir por las dos caras), **print area** (GRÁFICA mancha, caja; espacio impreso de una página, también llamado *type area*; V. *safety area*), **print, in**[2] (GRÁFICA impreso, publicado, disponible, en venta; V. *out of print*), **print media** (PUBL/MEDIOS letra impresa, medios de comunicación gráficos/impresos; V. *press, broadcast media*), **print off/out** (TIPO imprimir, sacar por la impresora ◊ *Print off a copy of the text and send it to the head office*), **print, out of** (GRÁFICA descatalogado, fuera de catálogo ◊ *Your order has been cancelled as the book is out of print*; V. *in print*), **print production department** (GRÁFICAS departamento o sección de producciones impresas), **print run**

(PRENSA tirada ◊ *Issue a print-run of 5,000 copies*; la tirada es el número de ejemplares de una publicación o anuncio publicitario que se imprimen; V. *run*[4], *circulation, unsold copies, copy, hard/soft copy, run off*), **print start** (GRÁFICA arranque de máquina), **print vehicle** (GRÁFICA medio gráfico), **print worker** (GRÁFICA tipógrafo; V. *compositor*), **printable** (TIPO/PRENSA imprimible, publicable ◊ *Despite some strong language, the article is printable*), **printed bulletin** (PUBL/EXTERIOR valla publicitaria con papel impreso; anuncio impreso fijado o colocado en una valla, también llamado *posted bulletin*; V. *painted bulletin*), **printed drawing/fabric** (GRÁFICA estampado ◊ *A lot of the dresses displayed by the models were in printed fabrics*; V. *patterned, fashion parade, top model*), **printed matter** (PUBL/GRÁFICA/PRENSA impresos, material textual; en este último sentido se opone a *artwork* –ilustraciones– ◊ *We concentrate more on printed matter than on artwork in this firmi*), **printed word** (GRÁFICA/PRENSA la letra impresa), **printer** (GRÁFICA imprenta, impresora; tipógrafo; V. *matrix printer, laser printer, optical printer; journeyman*), **printing** (GRÁFICA impresión, positivado; imprenta; V. *ink jet printing; AB printing, offset printing; jump*), **printing master** (GRÁFICA original, copia de primera generación; V. *dupe, master*), **printing plate** (GRÁFICA cliché tipográfico; plancha de imprimir; es la lámina de metal, plástico, etc. –*sheet of metal, plastic*–, etc., que se emplea como superficie de impresión –*printing surface*–; V. *patch, camera-ready*[1]), **printing press/ shop** (GRÁFICA prensa, imprenta; V. *rotary press, printer*), **printmaking** (GRÁFICA grabado), **printout** (GRÁFICA listado impreso, impresión, versión en soporte papel ◊

Give me a printout and a copy on disk)].

privacy *n*: PUBL/DER intimidad; en las listas Robinson *–Robinson lists–* se inscriben los que, deseando salvaguardar su intimidad, no quieren recibir correspondencia publicitaria ni marketing directo; V. *privacy, junk mail*. [Exp: **private label** (MKTNG marca blanca, también llamada *own label*; es la marca de distribuidor; marca de productos patrocinada por el vendedor en vez de por el productor, también llamada *dealer's brand*), **private viewing** (CINE pase privado ◊ *Arrange a private viewing of a new film for selected critics*; V. *blue movie*),

prize *n*: GRAL premio, galardón, regalo, obsequio; V. *gift, award*. [Exp: **prize offer** (MKTNG oferta de regalo; V. *premium offer*), **prizewinner** (GRAL premiado, galardonado), **prizewinning** (GRAL premiado, galardonado, laureado ◊ *The prizewinning novelist; the prizewinning entry*)].

proceeds *n*: MKTNG beneficio; V. *profit, benefit, gain; sales proceeds*.

process *n/v*: GRAL/IMAGEN proceso, tratamiento; procesar; revelar [una película] ◊ *Oversee the whole editing process*; V. *processing; colour separation, fake process*. [Exp: **process coated [paper]** (GRÁFICA papel calandrado de baja calidad, también llamado *machine coated*; V. *calender, glossy paper, coated paper, art paper*), **process letter** (TIPO carta con tipo de letra que imita a la de la máquina de escribir *–typing–*), **process photography** (IMAGEN fotografía de proceso o *process*; en esta modalidad se filma o rueda con la proyección *–projection–* de otra película que sirve de fondo *–background–* o de primer plano *–foreground–*), **process plate** (IMAGEN/GRÁFICA plancha para la impresión en cuatricromía; V. *colour separation*), **process**

printing (GRÁFICA impresión con dos o más planchas *–process plates–* en directo o semitono *–halftone–*; V. *colour separation*), **process shot** (IMAGEN plano de proceso; es un plano obtenido por la superposición de varias imágenes o por el rodaje de una escena con la proyección *–projection–* de una película que sirve de fondo *–background–* o de primer plano *–foreground–*), **processing** (IMAGEN revelado, también llamado *development*[1]; es el proceso químico que hace visible la imagen *–brings out the image–* impresa en la placa o película *–photographic plate or film–*, esto es, que se pasa de un negativo a un positivo o impresión *–positive print–*; V. *exposure, shutter*)].

prod *US col n*: CINE productor; V. *producer*.

produce[1] *n/v*: MKTNG producto; producir, fabricar; elaborar; V. *agricultural produce, make; manufacture; production*[1]), **produce**[2] (CINE escenificar; V. *stage*), **produce**[3] (GRAL presentar, mostrar, exhibir, rendir), **producer**[1] (GRAL/MKTNG productor; fabricante; es la persona o empresa que fabrica cosas o crea servicios), **producer**[2] (CINE productor; en el cine es la persona responsable de la logística, en la que se incluyen las cuestiones comerciales y financieras y, como tal, se encarga de la gestión general *–general management–* y de la contratación del personal *–the hiring of the crew–* y de la lista de reparto *–cast–*, con la colaboración de mandos intermedios *–middle management–*; V. *associate/executive/line producer, co-producer, packager*[2]), **producer**[3] (TV/RADIO realizador; es el responsable técnico de la ejecución del programa ◊ *My producer will be annoyed with me for saying these things on the show*), **producer**[4] (ESPEC director de escena; en el teatro es el responsable de la dirección de los actores, la interpretación del texto y los aspectos artísticos de la obra en general, pero no de las cuestiones técnicas ni económicas ◊ *It is really the producer's interpretation of a play which a theatre audience watches*), **producer**[5] (PUBL/TV director de producción; también llamado *production director*; es el que marca la impronta u orientación que se ha de seguir en la creatividad de los anuncios o *commercials* de una agencia; forma con el redactor publicitario –*copywriter*–, el director de arte –*art director*–, el director creativo –*creative director*– y el director creativo ejecutivo –*executive creative director*– el equipo de profesionales de la creatividad publicitaria, aunque también es responsable del control de calidad, de la selección de los proveedores, del control de costes y, por supuesto, productor final).

product *n*: GRAL/MKTNG producto; el «producto» es uno de los cuatro ingredientes básicos del marketing; V. *place, promotion, packaging; line*. [Exp: **product abandonment** (MKTNG abandono de producto; V. *launch, promotion, commercial launch, relaunch*), **product advertising** (MKTNG publicidad de un producto), **product allocation** (MKTNG asignación de productos; en publicidad tiene dos acepciones distintas: ① programación de publicidad por productos; aquí se trata del reparto de tiempo y espacio de publicidad cuando el anunciante los ha contratado como bloque –*block*– y tiene varios productos para colocar ◊ *Devise a product allocation scheme for five different articles*; ② asignación del presupuesto por producto; aquí el reparto o *allocation* es económico ◊ *Spend heavily on one particular article in the product allocation*; V. *allocation*), **product family** (MKTNG familia de productos), **product leader** (MKTNG artículo líder; se trata de un artículo con alta cuota de mercado),

product life [cycle] (MKTNG [ciclo de] vida de un producto; en el ciclo de vida de un producto se distinguen cuatro fases: *introduction phase* –fase de introducción–, *growth phase* –fase de crecimiento–, *maturity phase* –fase de madurez– y *decline phase* –fase de declive–; V. *shelf life, product rotation*), **product line** (MKTNG gama/abanico/línea de productos; alude a la gama de servicios o productos dentro de la misma categoría; V. *range of products; product mix*), **product lot** (MKTNG lote; artículos –*items*– que se ofrecen en una promoción de un producto –*product*–), **product management** (MKTNG gestión/programación de producto), **product manager** (MKTNG jefe de producto; es el responsable del desarrollo de los nuevos usos y aplicaciones de un producto, y de su gama, para evitar su estancamiento u obsolescencia –*obsolescence*– en el mercado; V. *group product manager; marketing director*), **product mix** (MKTNG gama total, composición o combinación de productos de una empresa ◊ *The difficulty of achieving the right product mix*; V. *product line*), **product placement** (CINE/MKTNG colocación de productos, emplazamiento de producto; inserción de un producto de consumo –bebidas no alcohólicas o *soft drinks*, automóviles, etc.–, mediante el pago correspondiente, en el guión de una película o programa de televisión ◊ *Wide-awake advertisers who use TV programmes for product placement*; V. *licensing; plugola, payola, sideline*), **product planning manager** (MKTNG jefe de programación de productos), **product promotion** (MKTNG promoción de producto), **product protection** (MKTNG/PUBL protección de productos, evitación de conflictos publicitarios ◊ *Space out rival adverts to ensure product protection*; alude a la separación prudencial en la emisión de anuncios de productos similares entre sí, para evitar la competencia directa; V. *timing, schedule*), **product range** (MKTNG gama de artículos; V. *range*), **product rotation** (MKTNG rotación del producto; se aplica al período de vida de un producto en la estantería; V. *shelf life, product life cycle, advertisement*), **product segmentation** (MKTNG segmentación de los productos; suele aludir a la división o agrupación de los productos o servicios que se ofrecen en el mercado de acuerdo con parámetros tales como los gustos, edades, actitudes, etc., de sus componentes; V. *audience segmentation, market segmentation*), **product shot** (MKTNG bodegón, también llamado *packshot*; es el nombre que se da en televisión al anuncio formado por un primer plano –*close-up picture*– del producto anunciado dentro de su envoltorio o *wrapping*; V. *splice; shot*), **productive** (MKTNG/GESTIÓN fructífero, provechoso, ventajoso, rentable; lucrativo; remunerador; V. *active, profitable*)].

production[1] *n*: CINE película, programa de televisión. [Exp: **production**[2] (CINE producción; es la fase de elaboración de una película durante la que se realiza la filmación –*the shooting of a film*–; también alude, en un sentido más general, al proceso completo de elaboración de una película; V. *pre-production, post-production; production manager*), **production**[3] (CINE/TV producción; financiación; V. *coproduction*), **production**[4] (CINE/TV puesta en escena; equivale a *mise-en-scène* ① y ②), **production assistant, PA** (CINE ayudante de producción; colabora con el director –*director*–, productor –*producer*– o jefe de producción –*production manager*–), **production board** (CINE claqueta; V. *clapslate, clapstick, clapperboard, take/production board*),

production coordinator (CINE coordinador de producción; también llamado *production manager, production supervisor* o sencillamente *PM*, se encarga de asuntos prácticos –*practical matters*–, como pedir equipo –*ordering equiment*–, buscar alojamiento cerca del lugar del rodaje –*near-location accomodation*– para los actores –*cast*– y el equipo –*crew*–, etc.; V. *production, pre-production, post-production*), **production department** (GESTIÓN departamento de producción audiovisual, tales como cuñas, *spots*, etc.; V. *post-production department*), **production director** (PUBL director de producción; equivale a *producer*), **production fade** (AUDIO atenuación controlada; se refiere a la realizada desde la consola de control –*console*– del sonido de una grabación hecha en un estudio; también se la llama *board fade*), **production manager, PM** (CINE director de producción; jefe de producción; es el jefe de todo el proyecto; a veces coincide con el *producer*; depende del productor ejecutivo –*executive producer*– y controla todos los aspectos organizativos, administrativos y financieros de una producción o película; V. *unit manager, production coordinator*), **production schedule** (CINE programación de producción; V. *call board/sheet; assistant director*), **production supervisor** (CINE coordinador de producción; V. *production coordinator*)].

profile *n*: GRAL perfil; V. *low profile, consumer profile, market profile; ear shot*.

profit *n*: MKTNG beneficios, ganancias; V. *loss, net profit, gain, benefit*. [Exp: **profit margin** (MKTNG margen comercial, margen de beneficios/ganancias; V. *trading margin; mark-up*), **profitable** (MKTNG/GESTIÓN fructífero, provechoso, ventajoso, rentable; lucrativo; remunerador; V. *active, productive*)].

programme, program *US n/v*: GRAL/TV/

RADIO programa, espacio televisivo o radiofónico, emisión; programar ◊ *Programme a series of concerts for the autumn*; V. *broadcast, plan.* [Exp: **programme grid** (TV/RADIO parrilla de programación), **programmer** (GRAL programador de informática, de espacios radiofónicos o televisivos, etc.), **programming** (MEDIOS/RADIO/TV programación)].

progress, in *a*: GRAL/MKTNG en marcha, en curso, en vías de realización ◊ *Marketing strategists need feedback while a campaign is in progress*; V. *ongoing.*

projection *n*: CINE proyección, imagen proyectada; V. *back projection.* [Exp: **projection booth/room** (CINE cabina de proyección), **projection operator** (CINE operador de cabina), **projectionist** (CINE operador; operario que maneja el proyector y el equipo sonoro en la proyección de películas), **projector** (GRAL proyector; V. *overhead projector, slide projector*)].

prolepsis *n*: CINE prolepsis, anticipación, escena prospectiva; narración anticipada; son escenas o planos del futuro insertados en el presente; nombre formal del «tiempo futuro» de la gramática del discurso narrativo literario o cinematográfico; V. *flash forward; analepsis, flashback.*

promo *n*: RADIO/MKTNG/TV forma abreviada de *promotion*; V. *house ad.*

promote *v*: PUBL/MKTNG promocionar, dar publicidad; V. *premium²*. [Exp: **promotion¹** (MKTNG promoción, fomento; presentación, publicidad, propaganda ◊ *Start the promo/promotion with a High Street leafleting campaign*; ① es uno de los cuatro ingredientes básicos del marketing; su función es facilitar la comunicación con los posibles clientes *−prospective customers−* e influir en sus decisiones; los instrumentos principales de la promoción son *advertising* −publicidad−, *sales force,* −equipo de ventas− y *public relations*

−relaciones públicas−; V. *price, place, product, packaging*; ② como sustantivo contable significa presentación comercial ◊ *A sales promotion on the floor of the supermarket*; V. *persuasion; p, on-pack promotion, sales promotion, marketing mix, launch, abandonment, withdrawal*), **promotion²** (GRAL ascenso, promoción ◊ *Win promotion on merit alone*), **promotion campaign** (MKTNG campaña promocional, propagandística o publicitaria; en esta campaña se suele ofrecer algún descuento *−discount−*, regalo *−gift−* o ventaja al cliente; V. *campaign, advertising campaign*), **promotion expenses/money** (MKTNG gastos de promoción; V. *development expenses*), **promotion price** (MKTNG precio de lanzamiento; V. *publicity price*), **promotional drive** (MKTNG campaña publicitaria o de promoción), **promotional leaflet** (MKTNG folleto publicitario, folleto de propaganda, prospecto), **promotional offer** (MKTNG oferta promocional), **promotional programme** (TV/RADIO microespacio, publirreportaje; es un anuncio emitido por las ondas *−broadcast advertisement−* cuya duración puede llegar a varios minutos, destinado a la promoción de un producto o servicio)].

prompt¹ *a*: puntual, pronto, rápido, en punta ◊ *A 10 % discount for prompt payment.* [Exp: **prompt²** (TV/CINE/ESPEC apuntar, recordar, soplar *col* ◊ *The actor forgot his lines and had to be prompted*), **prompt³** (TV/CINE/ESPEC apunte, chuleta *col*; apuntador; V. *autocue, cue card, teleprompter*), **prompt⁴** (GRAL/MKTNG inspirar, sugerir, provocar el recuerdo ◊ *An advertising questionnaire designed to prompt respondents*), **prompt box** (ESPEC concha del apuntador en el teatro), **prompt-book** (ESPEC ejemplar [del texto] del apuntador; también llamado *prompt copy*, contiene las frases *−lines−* de cada uno de los actores, junto con las acotaciones –*stage directions*– para guía del actor que sufra un olvido durante una representación –*performance*–), **prompt cash** (GESTIÓN pago al contado), **prompt copy** (ESPEC equivale a *prompt-book*), **prompt payment** (GESTIÓN pronto pago; pago al contado; V. *cash discount*), **prompt side** (ESPEC lado del escenario en el que se encuentra el apuntador; en Gran Bretaña es el lado izquierdo desde el punto de vista del actor; en los EE.UU. es el lado derecho), **prompted answer question** (MKTNG respuesta inducida; pregunta con respuesta sugerida; V. *open question, loaded question; recall, aided*), **prompted recall** (MKTNG recuerdo asistido, respuesta ayudada, también llamado *aided recall*; es la técnica empleada en la investigación y evaluación de la retención memorística de un anuncio a las 24 horas siguientes a su emisión, en la que se facilita al encuestado una serie de respuestas; V. *day after recall; spontaneous/unaided recall; suggested recall; unaided/aided recall*), **prompted reply** (MKTNG respuesta inducida/sugerida; V. *spontaneous reply*), **prompter** (TV/CINE/ESPEC apuntador; en el teatro es la persona, y en el cine o la televisión un papel escrito o dispositivo electrónico, que facilita al actor o presentador la letra o texto de su intervención en caso de olvido; V. *autocue, cuecards, prompt*), **prompter card** (TV/CINE guía del apuntador; «chuleta» o tarjetón en el que está escrita la letra del papel –*lines*– de un actor por si se le olvida mientras está en escena; también se la llama *cue card* o *idiot card*)].

proof *n*: GRAL prueba. [Exp: **proof corrector** (GRÁFICA corrector de pruebas; V. *flag*), **proof of purchase** (MKTNG comprobante [de compra], prueba de compra; V. *voucher*), **proofreader** (GRÁFICA corrector de pruebas; V. *copy-reader; reader*), **proofreading** (GRÁFICA corrección de pruebas; V. *caret, insert*)].

prop *n*: CINE/TV atrezzo, utilería; útil, accesorio ◊ *An old-fashioned vase used as a stage prop*; es cualquier objeto que un actor utiliza durante la filmación, como puede ser un teléfono, una pistola, cubertería, etc.; en plural –*props*– es el conjunto de cuadros, flores, libros, etc., que se usan en la escena del teatro o en un plató o *set*; el término es la abreviatura de *property/properties* –literalmente, bienes, posesiones, propiedades–; V. *hand prop, set dressing, sets and props; grip; breakaway*. [Exp: **prop man** (CINE «atrecista», «atrezista»; util[l]ero; responsable del «atrezo» de un rodaje o *shooting*; V. *attrezzo, stylist*), **prop master** col (CINE atrecista/atrezista; equivale a *property master*)].

property *n*: CINE atrezzo; en lugar de este nombre, demasiado formal, se suele usar la forma abreviada *prop*. [Exp: **property assistant** (CINE ayudante del atrecista; se encarga de la colocación del atrezo en su sitio, bajo la dirección del *property assistant*), **property master** (CINE atrecista/atrezista; llamado coloquialmente *prop man* o *prop master*, se encarga de conseguir el atrezzo –*props*– necesario para la película y de colocarlo en el lugar adecuado para cada toma ayudado por el *property assistant*)].

propaganda *n*: PUBL propaganda ◊ *The foreign correspondent's version of the story dismissed the official account as mere propaganda*; en inglés este término no es sinónimo de «publicidad» –*publicity, advertising*– ya que, con una connotación de proselitismo, significa ① la propagación sistemática de información doctrinal, y ② el material que se emplea en la propagación de los intereses y puntos de vista de una doctrina, sobre todo, política o religiosa, o del grupo que lo sostiene; V. *publicity, announcement.*

prospect[1] *n*: GRAL perspectiva, expectativas; probabilidad, porvenir ◊ *Prospects of commercial success; Advertise a post with good prospects.* [Exp: **prospect**[2] (MKTNG/PUBL cliente potencial, también llamado *potential/prospective customer* ◊ *Marketing is a game played in the mind of the prospect*; V. *cold call, lead*[5])].

prospectus *n*: PUBL prospecto informativo, folleto ◊ *Publish a prospectus along with the new shares issue*; V. *brochure, booklet, pamphlet, handout, handbill, leaflet, advertising leaflet.*

prosthetics *n*: CINE/TV protésica; V. *prosthetic appliances.* [Exp: **prosthetic appliances/make-up** (CINE prótesis, maquillaje protésico; es aquel maquillaje –*make-up*– que requiere añadidos protésicos –*prosthetic additions*–, de materiales como el látex –*latex*– o gelatina –*gelatine*– sobre la piel del actor; V. *special make-up effects, squib*)].

protagonist *n*: CINE/TV protagonista, el héroe o personaje principal –*hero or main character*– del relato –*story*–; «protagonista» en el sentido de actor o actriz que representa un papel es *leading actor/actress*. V. *antagonist.*

protection *n*: CINE/AUDIO duplicado [de seguridad] de una película o cinta; V. *backup copy.* [Exp: **protection master/print** (IMAGEN positivo de seguridad; es una copia que se guarda para sacar negativos en caso de que se pierda el original), **protection shell** (GRÁFICA plancha de seguridad; es una réplica en una fina lámina de cobre de una plancha de imprimir –*printing plate*–, también llamada *safety shell*), **protection shot**[1] (CINE toma de seguridad; también llamada *cover shot* o *insurance shot*, es la que se realiza y reserva por si una secuencia resulta difícil de montar; V. *cut, edit*), **protection**

shot[2] (CINE plano de cobertura; V. *cover shot*)].

protocol *n*: INTERNET protocolo; es una norma –*specification*– que describe cómo los ordenadores se dirigen unos a otros en una red –*network*–.

proximity effect *n*: AUDIO efecto proximidad; ① «acoplamiento»; es una distorsión leve –*minor distortion*– que puede aparecer cuando un micrófono direccional –*directional microphone*– recoge –*picks up*– las frecuencias bajas de la voz o de otros sonidos; V. *directional microphone, omnidirectional microphone*; ② es un realce de las frecuencias bajas –*low frequencies*–, normalmente incorporado en los micrófonos para la voz, que da mayor calor y profundidad a la voz humana; V. *loudness.*

psychodrama *n*: CINE psicodrama; cine interesado por el análisis de lo subconsciente y de la sexualidad personal; V. *docudrama.*

psychological price *n*: MKTNG precio psicológico; tiene dos acepciones en marketing: una, aquél que consideran los consumidores razonable –*reasonable*– para un producto; la otra acepción, sinónimo de *odd price* y de *charm price*, es aquel precio no acabado en números redondos, que da la impresión de ser inferior, como 1.995 pesetas o $1.99; V. *political price; odd pricing.* [Exp: **psychological thriller** (CINE película de terror psicológico, *thriller* psicológico; es aquélla en la cual lo interesante no es sólo el peligro, la violencia o la persecución –*danger, violence or pursuit*–, sino la mentalidad retorcida y atormentada –*the convoluted, tortured mentality*– del criminal, la víctima, el investigador o todos a la vez; V. *gore, thriller*)].

public *a*: GRAL público. [Exp: **public access channel** (TV canal de televisión por cable para uso comunitario; V. *access*), **public-**

address system, PA system (AUDIO megafonía, sistema de megafonía ◊ *Appeal for calm over the PA system*; V. *announcer*), **public domain** (DER dominio público; información, terrenos o propiedades que están a disposición del público), **public image** (MKTNG/PUBL imagen pública ◊ *A campaign designed to enhance the company's public image*; V. *enhance*), **public opinion** (MKTNG opinion pública; V. *survey, poll, opinion leader*), **public relations** (MKTNG relaciones públicas)].

publication *n*: GRAL publicación ◊ *She has sold the publication rights of her book.*

publicist *n*: MEDIOS/PUBL publicista; persona que escribe para el público; agente de publicidad, creativo; publicitario; V. *ad man, ad woman; press agent, publicity agent.*

publicity *n*: PUBL publicidad, propaganda ◊ *Cut back on publicity costs*; si bien los términos *advertising* y *publicity* son sinónimos parciales, el uso marca ciertas diferencias de matiz; en concreto *advertising* connota siempre la publicidad voluntaria, deseada o positiva, como en *The success of the sales campaign was largely due to good advertising*, mientras que *publicity* puede en ocasiones resultar adversa, como en *The director's comments brought some very bad publicity*; significa esto que el término *publicity* es más neutral u objetivo, por lo que es más frecuente que su sinónimo en el uso científico –*Study publicity as part of a course in Management Techniques*– y profesional –*Work for the publicity department of a large corporation*–; por la misma razón, el término *publicity*, como su parónimo español «publicidad», pero a diferencia de *advertising*, también significa «notoriedad, conocimiento público», así como el hecho de publicar una cosa o noticia, pudiéndose traducir en tales

casos por «publicidad, difusión, cobertura, etc.»; en todos los demás casos, cuando la idea que predomina es la del marketing o comercialización de los artículos de consumo, y las técnicas propagandísticas empleadas para ello, el término preferido es *advertising*. [Exp: **publicity board** (CINE/ESPEC cartelera de espectáculos; V. *entertainment guide*), **publicity drive** (PUBL/MKTNG campaña/acción publicitaria; V. *advertising drive*), **publicity gimmick/ploy** (PUBL cebo publicitario; V. *advertising bait*), **publicity price** (PUBL/MKTNG precio de lanzamiento), **publicity record** (DER documento público), **publicity release** (PRENSA/MKTNG comunicado o breve nota de prensa con carácter publicitario ◊ *A publicity release in a cinema magazine briefly mentioning the director's latest film*; V. *press release*), **publicity stunt** (PUBL truco o ardid publicitario ◊ *He parachuted into the packed stadium as a publicity stunt*), **publicize** (PUBL publicitar, dar a conocer, hacer público, publicar, divulgar; promocionar; publicitar ◊ *The case was widely publicized in the media*; V. *feature*)].

publish *v*: GRÁFICA/PRENSA publicar, editar, anunciar, divulgar. [Exp: **published opinion** (MKTNG opinión publicada [en la prensa y demás medios de difusión]; V. *public opinion*), **publisher** (PRENSA/GRÁFICA/MKTNG editorial, editor, editores ◊ *Her memoirs are to be released by a large international firm of publishers*; V. *release*)].

puff, puff piece, puffery col *n*: PUBL/PRENSA/MEDIOS panegírico, anuncio/artículo/reseña lleno de bombo, comentario exageradamente elogioso ◊ *Consumers are unlikely to be deceived by a mere puff*; puede traducirse este término por «bombo» o «coba», dado el registro coloquial, pero conviene señalar que gramaticalmente es contable, como se ve en el ejemplo, lo que lo diferencia de sinónimos parciales como *ballyhoo, hype,* etc. V. *boost, build-up, boost, feature, plug, splahs, whiff, splash.*

pull[1] *v*: GRAL tirar; V. *focus puller.* [Exp: **pull**[2] (GRAL/MKTNG/PUBL tirón *col*, gancho *col*, atractivo comercial o publicitario, ventaja, influencia ◊ *A film with a lot of pull*; V. *crowd-pleaser, crowd-puller, pulling-power*), **pull**[3] (GRÁFICA imprimir ◊ *Pull a sheet to see how the layout looks*; esta acepción deriva del sentido literal *–tirar–* en referencia a la acción mecánica de tirar de la barra de la plancha de la antigua prensa manual para efectuar la impresión por contacto; actualmente se aplica sobre todo a la impresión de primeras pruebas o borradores *–rough drafts–*), **pull**[4] (GRÁFICA borrador, primeras pruebas; V. *block pull, machine pull*), **pull a proof** (GRÁFICA hacer una prueba de imprenta o de grabado; equivale a *pull*[3]; V. *enamel proof*), **pull-back shot** (CINE plano de alejamiento; plano de seguimiento inverso; en este plano la cámara se aleja del sujeto con el fin de ampliar el contexto de la escena; V. *tracking shot*), **pulling power** (PUBL/MKTNG tirón/atractivo publicitario; V. *hook, appeal, pull*[2])].

pulp *n*: GRAL/PRENSA pasta de papel, pulpa de papel; publicaciones amarillistas, baratas o de baja calidad ◊ *A publisher specizalising in pulp.* [Exp: **pulp**[2] (GRAL/PRENSA reducir a pulpa, hacer pulpa; del significado del verbo se derivan los demás referidos a la literatura o las publicaciones triviales o amarillistas, ya que el destino de tales libros y revistas es verse pronto «reducidos a pulpa», es decir, reciclados para papel, como en *pulp fiction –novela mala*, narrativa barata, cuento basura*–, pulp magazine –revista frívola*, prensa amarilla o sensacionalista*–*; V. *gutter-press, tabloid, scandal-sheet, yellow*)].

pulsing *n*: PUBL publicidad/campaña sostenida, acompañada de alguna campaña ráfaga *–burst–*; V. *burst, wave, flight; drip advertising, blitz; spread out.*

pun *n*: LING/PUBL juego de palabras, V. *snail mail, ambiguity, polisemy, juncture.*

punch line *n*: TV/ESPEC coletilla, línea de cierre, remate [de un chiste]; equivale a *tag line.* ◊ *A comedian whose act depends on timing and good punch-lines.*

punctuation *n*: LING/CINE puntuación; signo de puntuación; en la escritura y en la imprenta es el conjunto de marcas y señales normalizadas empleadas en la separación de oraciones, frases, etc.; en el cine es el conjunto de técnicas, como *wipe, fade in, fade out, focus in, focus out, iris in, iris out,* etc., utilizadas en la separación de secuencias, escenas, etc.; V. *comma, semicolon, full stop, brackets, braces, square brackets, parenthesis, angle bracket.*

punk *n/a*: GRAL basura; rastrero, bajo; V. *cyberpunk.* [Exp: **punk, punk rock** (AUDIO punk; es una variante del *rock*, cuyas letras *–lyrics–* son insultantes a propósito *–deliberately offensive–* y muestran la alienación y el descontento con la sociedad *–alienation and social discontent–*; V. *blues, country, dance music, disco music, folk music, ethnic music, grunge, heavy metal, jazz, pop, rap, rave, reggae, rock and roll, rockabilly, symphonic rock, techno*)].

punter *col n*: GEN/MKTNG/MEDIOS cliente; espectador; miembro de la audiencia ◊ *It may not be intellectual TV, but the punters love it.*

PUR *n*: MKTNG equivale a *people using radio*; V. *PUT, share.*

puppet *n*: CINE/TV marioneta.

purchase *v*: GRAL comprar; V. *acquire, buy.* [Exp: **purchase order** (PUBL/GESTIÓN orden de compra; la envía la agencia de publicidad a un medio de comunicación para la inserción de un anuncio; V. *insertion order*)].

pure film *n*: CINE V. *absolute film.*

purvey *v*: MKTNG proveer, abastecer, suministrar, aprovisionar; V. *supply.* [Exp: **purveyor** (MKTNG abastecedor, proveedor, suministrador; V. *supplier, stockist, caterer, distributor*)].

push[1] *v/n*: GRAL empujar; empujón, empujoncito, empuje, dinamismo; V. *give sb the push.* [Exp: **push**[2] (MKTNG campaña de ventas; V. *sales campaign/drive*), **push**[3] (MKTNG incentivo económico que se da a los minoristas –*retailers*– para la promoción de los productos; equivale a *push money*; V. *premium, allowance*), **push/press home an advantage** (GRAL/MKTNG rematar/redondear una faena *col*, maximizar una ventaja ◊ *It's basic marketing strategy to push home any advantage over your competitors*), **push money** *col* (MKTNG incentivo económico que se da a los minoristas –*retailers*– para la promoción de los productos; V. *premium, allowance*), **push off** (CINE V. *pushover*), **push on** (CINE cortinilla en relieve; es una cortinilla –*wipe*– en la que la imagen sale de la pantalla como impulsada por una fuerza), **pusher** (CINE ayudante de cámara; se encarga de los movimientos de la plataforma móvil llamada *dolly*; V. *grip*), **pushover** (CINE cortinilla dinámica; es una cortinilla –*wipe*– en la

que unas imágenes desplazan a otras, también llamada *push off*)].

put *v*: GRAL poner; V. *place, insert.* [Exp: **PUT** (TV/MKTNG equivale a *persons/people using television*; V. *PUR, share*), **put a holding order on a story** (PRENSA embargar una noticia; V. *hold a story*), **put a newspaper to bed** *col* (PRENSA cerrar la edición de un periódico; V. *close, late, stop-press*), **put an ad in a newspaper** (PRENSA/PUBL poner un anuncio en un periódico; V. *insert an ad; ad placement*), **put in an appearance** (GRAL aparecer, presentarse, intervenir, dejarse ver ◊ *The actress put in an appearance at the launch of the perfume*), **put out** (GRÁFICA/TV publicar, ofrecer, emitir ◊ *They are going to put out a special programme on sea life*; V. *run, issue, publish, broadcast*)].

pyramid marketing, pyramid selling *n*: MKTNG venta piramidal, marketing piramidal; es un sistema basado en buscar distribuidores –*advertise for distributors*–, a los que se venden lotes de mercancías –*batches of goods*–; estos distribuidores han de buscar otros, a los que venden fragmentos –*subdivisions*– de dichos lotes, y así sucesivamente.

pyrotechnician *n*: CINE/GRAL pirotécnico; es el miembro del equipo –*crew*– experto en fuegos –*fires*– y explosiones –*explosions*–; V. *special effects.*

Q

qlty *n*: GRAL V. *quality*.

qty *n*: GRAL V. *quantity*.

quad, quadrat *n*: GRÁFICA cuadrado, cuadratín; es una pieza tipográfica de metal –*piece of type metal*– más baja que los tipos corrientes, que se emplea para dejar espacios en blanco entre las letras. [Exp: **quad crown** (EXTERIOR cartel de tamaño de 1.016 mm × 762 mm que se ve en las paredes del metro de Londres; V. *double crown, crown*)].

quadraphonic *a*: AUDIO cuadrafónico; es aquel sistema que utiliza cuatro canales y altavoces diferentes a fin de dar un efecto espacial –*spatial effect*– al sonido; normalmente éstos se disponen en las cuatro esquinas de la sala; V. *monophonic, stereophonic*.

qualify[1] *v*: GRAL habilitar-se, capacitar-se, autorizar-se; diplomar-se, obtener el título o diploma, cursar los estudios necesarios ◊ *Qualify as a chartered accountant*; V. *qualifying*. [Exp: **qualify**[2] (GRAL cumplir los requisitos o las condiciones, tener derecho a ◊ *A small company that qualifies for a European grant*), **qualify**[3] (GRAL restringir, limitar, modificar; introducir salvedades, poner reservas, moderar, atenuar ◊ *The author of the report qualified his approval of the manage-ment's performance*), **qualified**[1] (GRAL preparado, habilitado, autorizado, experto, profesional, idóneo, capaz, apto, que reúne las condiciones o requisitos ◊ *A fully qualified language teacher*), **qualified**[2] (GRAL condicional, limitado, con reparos, con salvedades ◊ *Qualified acceptance of a proposal*; es sinónimo de *conditional* o de *special*; por ejemplo, *a qualified opinion* puede ser «un dictamen autorizado» o «un dictamen restrictivo», esto es «una auditoría con reparos»; V. *conditional; absolute*), **qualifying** (GRAL que reúne los requisitos exigidos o esperados), **qualifying date** (GESTIÓN/GRAL fecha límite, plazo), **qualifying period** (GRAL período de prueba o de formación, período de carencia ◊ *Sign a full contract at the end of the qualifying period*; V. *apprentice*)].

quality, qlty *n*: GRAL/MKTNG calidad; cualidad, atributo; en función atributiva significa «de calidad», como en *quality produce* –producto de calidad–; V. *fading, picture quality*. [Exp: **qualitative** (GRAL/PUBL cualitativo; en publicidad normalmente se refiere a [la valoración de] la calidad de un anuncio, esto es, sus valores estéticos, artísticos, etc.; V. *quantitative*), **qualities, the** (PRENSA la prensa seria, los periódicos de calidad; V. *quality press, tabloid*), **quality certificate/ inspection/control** (MKTNG certificado/ inspección/control de calidad), **quality management** (MKTNG gestión de calidad), **quality press** (PRENSA la prensa seria, también llamada *the qualities*; V. *heavies, broadsheet; tabloid*)].

quantify *v*: GRAL cuantificar. [Exp: **quantifiable** (GRAL cuantificable), **quantitative** (GRAL/PUBL cuantitativo; en publicidad normalmente se refiere a [la valoración de] los medios invertidos; V. *qualitative*), **quantity, qty** *n*: GRAL cantidad. [Exp: **quantity discount** (MKTNG/GESTIÓN descuento por grandes cantidades)].

quarterly *a/adv/n*: PRENSA trimestral; trimestralmente, cada tres meses; publicación trimestral; V. *daily, monthly, weekly*.

question *n/v*: GRAL pregunta; cuestión; asunto, tema, problema; interrogar, preguntar; dudar; V. *leading question, loaded question, screening question, open question, prompted answer question; recall*. [Exp: **questionnaire** (MKTNG encuesta, cuestionario ◊ *Ask shoppers to fill in a questionnaire*; a veces también se le llama *schedule*; V. *survey, prompt, screening question, opinion poll; random, spread*[3])].

quick cut *n*: CINE corte de salto; también se le llama *jump cut*.

quiet on the set! *phr*: CINE/TV ¡silencio en el plató!; es la orden que da el ayudante de dirección –*assistant director*– para que pueda empezar el rodaje –*shooting*–; V. *action!, cut!, speed up the action!*

quire *n*: GRÁFICA mano de papel; V. *ream*.

quiz programme/show *n*: RADIO/TV programa concurso ◊ *Be on the panel of a quiz show*; V. *game show, panel game*. [Exp: **quizmaster** (RADIO/TV moderador de un programa concurso)].

quoin *n*: GRÁFICA caja/armazón/marco metálico en los que se acoplan tipografía y grabados para imprimir o elaborar las planchas –*plates*–, también llamado *chase*; V. *lockup*.

quota *n*: GRAL/CINE cuota, cupo, contingente; contribución ◊ *France has imposed strict quotas on film dubbing*; en el mundo del cine, designa el porcentaje impuesto en algunos países, que exigen que se exhiba un determinado número de películas de fabricación nacional para conceder licencias de doblaje –*dubbing*–; V. *sales quota, screen quota*. [Exp: **quota sampling** (MKTNG muestreo por cuotas)].

quotation[1] *n*: MKTNG presupuesto [solicitado], precio, cotización ◊ *Ask for a quotation before committing oneself to a purchase*. [Exp: **quotation**[2] (GRAL/GRÁFICA cita, entrecomillado ◊ *Quotations should be indented and single-spaced*; V. *indent, single-space, quote*), **quotation marks** (TIPO comillas; V. *quotes, smart quotes, inverted commas*), **quote**[1] (GRÁFICA/ PRENSA/MEDIOS citar, entrecomillar, dar/repetir las palabras textuales ◊ *I'll give you my view, but don't quote me on this*), **quote**[2] (GRAL/MKTNG dar, expresar, facilitar ◊ *Please quote the reference number in all correspondence*), **quote**[3] (PRENSA cita [textual], entrecomillado, comentario, observación ◊ *Journalists are always on the look-out for some meaty quote*; en la comunicación verbal se suele indicar dónde empiezan y terminan las citas textuales diciendo *quote* y *unquote*, que es tanto como decir «se abren comillas, se cierran comillas» o «entre comillas», es decir, que es el equivalente oral de las comillas tipográficas –*quotes/quotation marks, inverted commas*–; V. *no comment; film clip, quotation marks*), **quotes** US (PRENSA/GRÁFICA comillas angulares; V. *smart quotes*)].

R

R *n*: CINE autorizado a menores de 16 años acompañados; V. *restricted, G.*

rack *n*: MKTNG/PUBL perchero; estante, anaquel, lineal; soporte para equipo; es un expositor *–display–* formado por un armazón *–framework–* con pie *–stand–* que sirve para colocar o colgar cosas en barras *–bars–*, estanterías o pisos de estantes *–tiered shelves–*, perchas *–pegs–*, etc.; V. *off-the-rack/peg; hat rack.* [Exp: **rack focusing** (CINE foco selectivo; también llamado *selective focusing,* consiste en enfocar a una persona o cosa y desenfocar *–keep out of focus–* el fondo *–background–* y el primer plano *–foreground–*; V. *trope*), **rack jobber** (MKTNG ① agente de estanterías; es un intermediario que visita a los detallistas y se asegura de que no falten artículos de uso diario *–convenience goods–* en sus estantes; ② mayorista que alquila varios estantes a minoristas y se encarga de que no falten productos en los mismos; V. *jobber, shelf filler*)].

raconteur *n*: GRAL/ESPEC anecdotista ◊ *He's a born raconteur who's often on TV panel games.*

radio *n*: RADIO radio; V. *wireless; air, broadcast.* [Exp: **radio announcer** (RADIO locutor/presentador de radio; V. *presenter, speaker, announcer*), **radio messages** (RADIO mensajes radiados), **radio network** (RADIO cadena de radio), **radio spot** (RADIO cuña [radiofónica]; su duración no es superior a 60 segundos ◊ *Confine advertising to trade journals and radio spots;* V. *TV spots; lyricist, jingle*), **radiojockey** (RADIO «discjockey» radiofónico; V. *discjockey*), **radioplay** (RADIO obra de teatro radiofónico; V. *drama; stage play*), **radiotorial** *col* (RADIO editorial radiofónico; V. *advertorial, infomercial*)].

rag *col n*: PRENSA periodicucho ◊ *You never read anything but filth and lies in that rag;* el término, que literalmente significa «andrajo» o «piltrafa», se aplica coloquialmente a cualquier periódico o revista de mala calidad o de tendencia amarillista; asimismo, en el argot de los profesionales de la comunicación se aplica en tono jocoso a cualquier periódico, aunque sea de los considerados como serios *–quality press–* como en *I've been working for this rag for five years now and I love my job;* V. *tabloid, comic, scandal sheet, yellow journalism.* [Exp: **rag content** (GRÁFICA contenido de hilo o algodón del papel), **rag mag** *col* (GRAL revista realizada por estudiantes universitarios

–university students– con fines benéficos *–for charity–,* de contenido humorístico), **rag paper** (GRÁFICA papel de hilo, papel de alta calidad), **ragged** (GRÁFICA irregular, deshilachado, con los márgenes irregulares o sin justificar ◊ *Leave a right margin ragged*; V. *flush*), **ragged center** (GRÁFICA texto centrado con márgenes irregulares a ambos lados), **ragged left** (GRÁFICA texto alineado a la derecha y con el margen izquierdo sin justificar), **ragged right** (GRÁFICA texto alineado a la izquierda y con el margen derecho sin justificar)].

raincheck *n*: GRAL/MKTNG vale para volver al espectáculo que se suspendió a causa de la lluvia; por extensión, en marketing, es el vale que garantiza que el cliente podrá comprar un producto agotado, al mismo precio, cuando se reponga; V. *voucher, call credit*.

raise *n/v*: GRAL aumento/incremento de sueldo; elevar, alzar, subir, aumentar, levantar, ascender, mejorar; el uso de *raise* como sustantivo –aumento de sueldo –es propio del inglés americano, siendo *rise* la forma empleada en Gran Bretaña. [Exp: **raise a claim** (GRAL presentar una reclamación), **raise cash/funds/money** (GRAL arbitrar recursos; recaudar/recoger/movilizar fondos; sacar/conseguir dinero; procurar-se dinero o efectivo), **raised bands** (GRÁFICA nervios), **raised cheque** (GRAL cheque falsificado), **raised initial** (TIPO letra capitular, también llamada *drop cap* o *initial cap*)].

RAM *n*: AUDIO/IMAGEN/GRAL memoria aleatoria; V. *random access memory, buffer²*.

random *a*: GRAL/MKTNG aleatorio, fortuito, casual ◊ *Ask a random selection of customers to fill in a questionnaire*. [Exp: **random access memory, RAM** (AUDIO/IMAGEN/GRAL memoria aleatoria; V. *access¹*), **random, at** (MKTNG al azar; de forma aleatoria; aleatorio), **random combination** (MKTNG combinación aleatoria), **random draw, by** (MKTNG por suerte, **random digit dialing** (MKTNG encuesta telefónica al azar), **random draw, by** (MKTNG por suerte, por sorteo), **random sample** (MKTNG muestra aleatoria o tomada al azar), **random sampling** (MKTNG muestreo aleatorio o al azar), **random sampling error** (MKTNG error de muestreo aleatorio), **randomization** (MKTNG aleatorización), **randomize** (MKTNG aleatorizar, «randomizar»)].

range¹ *n*: GRAL gama, selección, surtido, abanico, serie; banda ◊ *A wide range of household products*. [Exp: **range²** (GRAL colocar, alinear, arreglar, ordenar, clasificar, jerarquizar; extenderse, abarcar, cubrir una gama, recorrer, variar, fluctuar, oscilar, alcanzar ◊ *The articles ranged on the shelves of a supermarket*; V. *shelf*), **range³** (AUDIO registro [musical] ◊ *A singing voice with an exceptionally wide range*), **range of products** (MKTNG gama/abanico de productos; V. *product line*)].

ranking *n*: MKTNG escala, clasificación, orden de importancia; ordenación por importancia, méritos, audiencia o cualquier otra variable; V. *rating*.

rap *n*: AUDIO rap; se trata de una clase de música contemporánea caracterizada por un conjunto de voz prácticamente hablada, pero con ritmo muy marcado, y acompañamiento musical de estilo jazz-pop, normalmente reiterativo y algo estridente; las letras, de contenidos amargos, violentos, críticos o desarraigados, expresan, mediante pareados de extrema sencillez, con frecuencia repentizados en apariencia, y con un lenguaje rudimentario y salpicado de términos coloquiales, groseros u obscenos, la rabia y la desolación características de la vida de los marginados que viven en los barrios más pobres de las grandes ciudades; los «raperos» originarios y más significados son norte-americanos de raza negra; V. *blues, country, dance music, disco music, folk music, ethnic music, grunge, hard rock, house music, heavy metal, pop, punk rock, jazz, rave, reggae, rock and roll, rockabilly, soul music, symphonic rock, techno.* [Exp: **rapper** (AUDIO rapero)].

rappel *n*: MKTNG rebaja.

raster [scan] *n*: IMAGEN barrido de pantalla; encuadre de pantalla; V. *scanning line.* [Exp: **raster screen** (IMAGEN filtro de pantalla de proyección)].

rate[1] *n*: PUBL/GESTIÓN tarifa, precio, tasa; índice, coeficiente, nivel, proporción, razón, relación; grado, baremo. [Exp: **rate**[2] (GRAL baremar, calificar, evaluar, clasificar, conceptuar; merecer, puntuar ◊ *Rate a product highly*), **rate base** (PUBL/GESTIÓN base para la tarifación; la base es la difusión –*circulation*– del periódico o audiencia –*audience*– míni-mas garantizadas o estimadas), **rate card** (PUBL/MEDIOS tarifa, lista de tarifas/pre-cios; en el caso de la publicidad contiene los precios de los espacios, programas, tiempos, etc., de un medio de comunica-ción o de una agencia de publicidad; V. *off card, single rate card*), **rate differential** (GRAL/PUBL escala de precios/tarifas; en publicidad alude a la diferencia entre las tarifas locales y nacionales marcada por un soporte –*vehicle*– concreto, por ejem-plo, la radio, la televisión, la prensa, etc.), **rate guarantee/protection** (PUBL/ MEDIOS cláusula de protección/garantía de tarifa; garantiza que se respetarán las tarifas convenidas aunque se produzcan aumentos para otros anunciantes), **rate-holder** (PUBL/MEDIOS anuncio mínimo que garantiza la continuidad en la tarifa acor-dada; se trata de un anuncio de pequeña dimensión o de corta duración que sirve para cumplir o mantener –*hold*– el con-trato en vigor y permitir así que el anun-ciante se beneficie de los descuentos con-venidos), **rate of sales** (MKTNG ritmo de ventas), **rating**[1] (GRAL/RADIO/TV/MKTNG clasificación, tasación, evaluación, valua-ción; puesto o posición ocupado en una lista o índice; índice ◊ *Have/score a rating of 7 on a scale from zero to ten*; aplicado a la radio o la televisión el índi-ce refleja el porcentaje –*percentage*– del universo estudiado que sintoniza un pro-grama en un minuto dado de su emisión, de forma que 1 punto de índice es igual al 1 % del grupo analizado; en marketing alude al índice de ventas; V. *GRP, HUT, PUR, PUT, PVT, share, TRP; metered market, blockbuster, audience*), **rating**[2] (CINE clasificación, calificación; es la categoría a la que se asigna –*assign*– una película según el tipo de audiencia para la que es adecuada –*audience suitabil-ity*–; se suele utilizar como criterios la cantidad –*amount*– o intensidad –*degree*– de violencia –*violence*– o sexo –*sex*– exhibidos, aunque en algunos paí-ses también influye el contenido político o religioso –*political or religious con-tent*– y, en este último caso, la presencia o no de la blasfemia –*blasphemy*–; a veces, los estudios negocian –*negotiate*– el contenido de la película a fin de evitar una clasificación determinada; en los EE.UU. se prefiere *certificate* antes que *rating*, porque este último evoca la «opi-nión» de un crítico, siempre subjetiva; V. *CARA, certificate, ranking, banned, NC-17, PG, PG-13, porn, pornography, skin flick, X, X-rated, XXX*), **rating cost** (MKTNG coste por punto de índice –*rating*– también llamado *cost-per-rating-point*), **rating point** (MEDIOS pun-to de índice; es igual al 1%, esto es, cada punto o unidad es la centésima parte de la escala de calificación –*rating scale*– de audiencias; V. *gross/net rating point*), **rating scale** (MEDIOS escala de clasificación de audiencias, que consta de cien puntos o *rating points*), **rating service** (PUBL/MEDIOS servicio o agencia independiente de medición de audiencias o *ratings*; en estos índices se muestran los horarios, la composición de las audiencias –*audiences*–, etc.), **rating system** (CINE sistema de clasificación de las películas de acuerdo con lo que se estima más idóneo para las distintas edades)].

ratio *n*: GRAL/CINE ratio, índice; en el cine es la relación entre la anchura y la altura de la imagen que se proyecta en la pantalla; también llamada *aspect ratio*, suele ser de 4 a 3, y en las anamórficas de 2,35 a 1; V. *sales ratio; rating*.

rave[1] *v*: GRAL estar/ponerse muy entusiasmado; deshacerse en alabanzas, poner por las nubes *col* ◊ *The critics are simply raving about her new play*. [Exp: **rave**[2] (ESPEC fiesta, juerga; macrofestival de música para jóvenes que dura muchas horas ◊ *The police reported that a number of youngsters at the rave were on Ecstasy pills*), **rave**[3] (AUDIO [música] bacalao; V. *blues, country, dance music, disco music, ethnic music, folk music, hard rock, house music, jazz, pop, punk rock, rock and roll, rockabilly, symphonic rock, techno*), **rave notices/reviews** (ESPEC críticas o reseñas de lo más favorables, reseñas entusiastas, reseñas/críticas que ponen una obra por las nubes *col* ◊ *The group's latest album got rave reviews in the music magazines*)].

raw stock *n*: CINE cinta virgen; V. *unexposed, filmstock*.

re- *prf*: re-, de nuevo; volver a. [Exp: **rerun, rerun** (CINE/RADIO/TV reestreno, reposición o repetición de un programa, película, etc.; V. *residual fees*), **reaction** (GRAL reacción; corrección, rectificación), **reaction shot** (CINE plano de reacción; en este plano la cámara se aparta de la escena principal para mostrar la reac-

ción de uno de los personajes; V. *cutaway*), **recall** (PUBL/MKTNG recuerdo [publicitario] ◊ *An exceptional case of 95 % recall of the contents of an ad*; en la investigación del impacto producido por un nuevo anuncio, normalmente en la televisión, en las 24 horas siguientes a su emisión se emplea la técnica del «recuerdo» –*recall method*–, la cual tiene varias formas: el recuerdo asistido –*aided recall, prompted recall*–, el espontáneo –*spontaneous/unaided recall*– y el sugerido –*suggested recall*–; V. *day after recall; reminder*), **recycled paper** (GRÁFICA papel reciclado; V. *paper*), **reenactment** (TV escenificación, reescenificación, recreación; también llamados *docudrama*, se trata de reproducciones de un suceso real, realizadas partiendo de los datos conocidos, tales como los hechos, participantes o consecuencias, que se utilizan para ilustrar una noticia o se emiten como programas con interés propio ◊ *The relatives complained because the reenactment of the murder included unnecessary details*), **refund** (MKTNG devolución, reembolso, reintegro, bonificación; V. *allowance, bonus, discount, refund, rebate, makegood*), **relaunch** (MKTNG relanzamiento, relanzar), **remake** (CINE nueva versión [de una película]; es una película más o menos basada en otra anterior ◊ *Remakes of old classics are often disappointing*; V. *reprise, repeat, cover version, sex remake*), **replay** (IMAGEN/AUDIO volver a reproducir; [nueva] reproducción; repetición de/repetir una imagen o una jugada en televisión ◊ *Show a replay of the foul from a different angle*; V. *edited highlights*), **reprint** (GRÁFICA reimpresión, reimprimir; V. *offprint, keep standing, impression*[2]), **reprise** (CINE repetición de parte de una canción; V. *remake, repeat*), **repro** (GRÁFICA reproducir, reproducción; es la forma abreviada de *reproduce* y *reproduction*), **rerun** (MEDIOS V. *re-run*), **resale price maintenance agreement** (MKTNG acuerdo de mantenimiento del precio de venta), **rescale** (GRÁFICA/PUBL redimensionar un anuncio para un espacio diferente, también llamado *resize*), **reset** (IMAGEN/AUDIO reiniciar el sistema; poner el sistema en el punto de arranque), **resize** (GRÁFICA/PUBL redimensionar un anuncio para un espacio diferente, también llamado *rescale*), **resound** (AUDIO resonar, retumbar), **resounding** (GRAL resonante, rotundo; V. *overwhelming*), **retake** (CINE repetición de una toma o plano), **retouch** (GRÁFICA/IMAGEN/DISEÑO retoque, retocar), **return**[1] (GRAL/MKTNG regreso, vuelta; devolución, reembolso, redención; devolver, cambiar, volver, retornar; V. *sale or return, redemption*), **return**[2] (GESTIÓN rendimiento, resultado, producto, beneficio, ganancia; recompensa; V. *yield*), **returned** (MKTNG devuelto; acompaña a *products, goods,* etc.), **return envelope** (MKTNG sobrerrespuesta), **review**[1] (GRAL revisar, someter a revisión, evaluar, examinar, analizar ◊ *Review marketing policy*), **review**[2] (GRAL revisión, nuevo examen, evaluación, análisis ◊ *Salaries in the sector are due to come under review*), **review**[3] (PRENSA/ESPEC reseñar; reseña, crítica ◊ *Read the reviews before going to the theatre*; V. *critic*), **review article** (PRENSA/ESPEC reseña, breve artículo crítico; es un artículo –*article*– que evalúa la calidad de un libro, una obra de teatro –*play*–, un musical –*musical*– o cualquier otro espectáculo; V. *criticism, pan*), **review board** (MEDIOS/PRENSA comité de redacción; V. *drafting committee*), **review copy** (MKTNG ejemplar de una publicación enviado a un crítico para que prepare la reseña; V. *sample copy*), **reviews** (PRENSA páginas de cultura; sección de un periódico en la que se publican las reseñas y artículos dedicados a las novedades editoriales y culturales en general ◊ *Turn straight to the reviews in the Sunday papers*; V. *city, editorial, leader, letters, sports*), **revision**[1] (GRAL revista, revisión; V. *inspection*), **revision**[2] (CINE revisión; en la terminología del Gremio de Guionistas de Estados Unidos –*Writers' Guild of America*–, así como de los contratos que rigen su actividad, es una modificación del guión –*a script alteration*– más profunda que un mero retoque –*polish*–, pero que no llega a exigir una redacción completamente nueva –*an entirely new draft*–), **rewind** (AUDIO/IMAGEN rebobinar, rebobinado ◊ *Press the rewind button*; V. *reel, spool; winding*)].

reach *n*: GRAL/MKTNG alcance, cobertura; audiencia total de un anuncio o campaña durante un tiempo convencional; es sinónimo de *media coverage* ◊ *Marketing strategy is modified in accordance with reach*; V. *coverage, exposure, frequency; vertical rotation.* [Exp: **reach and frequency** (PUBL/CINE/MKTNG cobertura y frecuencia; son dos parámetros empleados en la determinación de la audiencia acumulada de un programa, de una película, de un cartel publicitario, etc.), **reach curve** (GRAL/MKTNG curva de cobertura)].

read *v*: GRAL leer, leerse; al igual que *play* o *sell*, este verbo puede utilizarse con sentido pasivo, como en *Today's leader doesn't read very well* –el editorial de hoy no se lee bien, es difícil de leer, no se lee a gusto–. [Exp: **read-most** (PUBL «dicen haber leído la mayor parte [del texto de un anuncio]»; calificación aplicada a los encuestados que leen más de la mitad de un anuncio, de acuerdo con la metodología de Daniel Starch), **read-through** (CINE/ESPEC ensayo leído del guión; V. *rehearsal, camera rehearsal,* *dress rehearsal, run through, walk-through*), **reader** (GRÁFICA/AUDIO/IMAGEN lector; ① se ha ampliado el sentido para aplicarlo a los dispositivos o aparatos que convierten en textos los datos almacenados en cintas o discos ◊ *Scan the text through an electronic reader*; ② corrector de pruebas; en este último sentido es equivalente a *proofreader*; V. *recorder, scanner*), **reader ad** (PUBL/PRENSA anuncio breve redactado en forma de noticia o de editorial para ser leído, también llamado *reading notice*; no obstante, en la parte superior debe aparecer, por imperativo legal, el término *advertisement* –publicidad–; V. *advertorial*), **reader-friendly** (PRENSA fácil de leer, que se lee a gusto ◊ *Reader-friendly publications jay out information in the clearest and readiest way possible*; el término se ha acuñado a semejanza de «fácil de utilizar» –*user-friendly*–, que es la característica a la que aspira todo aparato informático o electrónico; V. *share*), **reader interest** (PUBL respuesta de los lectores, nivel de interés mostrado por los lectores; alude al interés que despierta un producto entre los lectores de un anuncio ◊ *Measure reader interest in terms of inquiries received*), **reader response** (PUBL/LING/SEMIÓ respuesta del lector [de anuncios]; en la acepción publicitaria es sinónimo de *reader interest*; como término de la teoría de la literatura, alude a una escuela de crítica literaria que concede al lector un papel preponderante en la creación de los significados de los textos literarios; según sus proponentes –principalmente alemanes en sus inicios en los años setenta–, el papel del lector, lejos de ser pasivo, como habían sostenido las escuelas tradicionales, y sobre todo la del *New Criticism* norteamericana y británica entre los años veinte y treinta, es crucial, ya que es durante el acto de la lectura –*the act of reading*– cuando se activan las potencialidades expresivas y significativas del texto literario; en su punto extremo, la teoría le niega al autor la paternidad de los significados de su obra, llegando a afirmar que el texto como tal no existe hasta que el lector lo activa –*activates*–), **reader service card** (PUBL encarte o boleto recortable para el servicio de información al consumidor; incluye espacios para datos que deben consignar los lectores de un anuncio interesados en obtener más información sobre el producto anunciado), **readers-per-copy** (GRÁFICA/PRENSA número de lectores que se calculan para cada ejemplar de una publicación; V. *circulation, readership, readership circulation*), **readership** (MKTNG lectores, público lector, número o masa de lectores; el término abarca a todos los lectores de una publicación o anuncio, incluidos los que no han adquirido personalmente el periódico o revista en cuestión; V. *audience*), **readership circulation** (PRENSA/MKTNG cifra total de lectores que se supone leen una edición o número –*edition*– de una publicación; se trata de una expresión algo pedante o tautológica, ya que cualquiera de los términos por sí solo se suele entender así en el uso común; en el término pesa el prurito de distinguir entre el total de lectores que son adquirentes o suscriptores y el que incluye a los que leen la revista o periódico sin haberlo comprado; como es lógico, la segunda cifra no puede ser más que aproximada; V. *circulation, readership, readers per copy, newspaper circulation*), **reading matter** (PRENSA material de lectura en prensa escrita; alude normalmente a los artículos, editoriales y noticias de un periódico; V. *advertising matter*), **reading notice** US (PUBL/PRENSA anuncio breve redactado en forma de noticia o de editorial, también llamado *reader ad*; no obstante, en la parte superior debe aparecer el término *advertisement* –publicidad–; V. *advertorial*), **reading time** (PRENSA tiempo dedicado a la lectura; tiempo que se tarda en leer algo ◊ *The editorials have an average reading time of two minutes*)].

real-time chat *n*: INTERNET charla en tiempo real, charla simultánea; a diferencia del *bulletin board system*, son conversaciones en directo –*live conversations*– que se llevan a cabo escribiendo en una terminal de ordenador –*typing on a computer terminal*–.

realism *n*: GRAL/CINE realismo; en el cine, la novela y el teatro, alude a la forma de representar la vida humana con la mayor fidelidad –*faithfulness*– y naturalidad; desde la más remota antigüedad se ha discutido sobre el significado concreto del término, puesto que algunos comentarios subrayan la importancia de los datos externos y cognoscibles –*knowable*– de la realidad, otros ponen el acento en los procesos interiores de intuición y percepción –*intuition and perception*–; en cualquier caso, los rasgos fundamentales del realismo literario y cinematográfico son la fidelidad en la representación de las costumbres y comportamientos, la naturalidad de los diálogos, la coherencia del desarrollo de la acción, la familiaridad de los estados psicológicos que motivan a los personajes y la evitación de los acontecimientos fantásticos o improbables; la fuerza determinante del contexto social y la huida de los excesos románticos son otras características del género; V. *abstraction, cubism, dadaism, expressionism, formalism, impressionism, naturalism, representation, surrealism, symbolism; verisimilitude*.

rear projection *n*: CINE proyección trasera; también llamada *back proyection*, es una técnica de fotografía –*photographic tech-*

nique–, utilizada para escenas que se desarrollan en vehículos, en la que la acción en directo –*live action*– se filma delante de una pantalla en la que se proyecta la acción de fondo –*background action*–; V. *matte shot*.

ream *n*: GRÁFICA resma; consta de 500 pliegos –*sheets*– o 20 manos de papel –*quires*–.

reason why *n*: PUBL/MKTNG justificación del beneficio básico o *basic consumer benefit*; V. *advertising strategy, press home an advantage*.

rebate *n/v*: MKTNG retorno, «rappel»; retorno al final del ejercicio; bonificación ◊ *Offer good customers a 7 % rebate on prices*; es un descuento especial dado por el proveedor al minorista por volumen de ventas; rebaja, descuento; desgravación fiscal; devolución o desgravación fiscal; exención parcial; devolución/reembolso de impuestos, restitución de impuestos; rebajar, descontar, disminuir, reducir; desgravar; V. *volume discount; decrease, abate*.

receipt *n/v*: MKTNG recibo, resguardo, carta de pago, comprobante; recepción; extender un recibo, finiquitar una deuda, dar recibo; en plural significa «ventas realizadas»; V. *voucher; acknowledgement*.

receive *v*: GRAL recibir. [Exp: **receivable** (GESTIÓN por cobrar; V. *accounts receivable; payable*), **receiver**[1] (MKTNG destinatario, receptor; V. *addressee*), **receiver**[2] (AUDIO/RADIO auricular; receptor; V. *set*[2]), **receiver dish** (TV antena parabólica; V. *parabolic aerial, dish aerial/antenna*), **receiving clerk** (MKTNG responsable de la recepción de las mercancías)].

reception *n*: RADIO/TV recepción; V. *broadcasting*.

recommendation *n*: MKTNG/GRAL recomendación. [Exp: **recommended retail price, RRP** (MKTNG precio recomendado para venta al público)].

record *n/v*: MEDIOS/AUDIO disco; grabar, registrar ◊ *They recorded their latest album at the New York studios*; V. *log, record, cut, band*. [Exp: **record library** (AUDIO discoteca; V. *film library; film library, newspaper library*), **record, off-the** (MKTNG confidencial, para no ser publicado, *off-the-record*; se aplica a la información dada a la prensa por un particular o representante con la condición expresa de que no se publique; V. *on record*), **record, on** (MKTNG que consta; se aplica a la información o datos de los que existe constancia grabada, escrita o almacenada en la memoria de los testigos ◊ *She's on record as saying that she'll never work for that director again*; V. *off-the-record*), **record store** (MKTNG/ AUDIO tienda de discos), **record-player stylus** (AUDIO aguja de tocadiscos; V. *cartridge*), **record-token** (MKTNG vale para comprar un disco, un casete o un disco compacto), **recording** (AUDIO/ IMAGEN grabación, registro; V. *taping*), **recording company/market** (AUDIO casa discográfica, mercado discográfico), **recording head** (AUDIO/IMAGEN cabezal de grabación; V. *playback head*)].

recto *n*: GRÁFICA recto, página par de un libro; V. *verso, right-hand/odd-numbered page*.

red goods *n*: MKTNG línea roja; pertenecen a esta línea los productos alimentarios; V. *brown goods, orange goods, yellow goods, white goods; convenience goods*. [Exp: **red head** (IMAGEN foco de haz muy amplio)].

redemption *n*: MKTNG/PUBL reembolso, redención; canje de cupones *–coupons–* por regalos; respuestas recibidas en una campaña de promoción; V. *return*.

RDS *n*: RADIO sistema para transmitir datos a través de la señal de radio; correspondiente a las siglas de *Radio Data System*, permite transmitir información como el nombre de la emisora, la sintonía automática *–automatic tuning–* al cambiar de zona geográfica, la interrupción automática de la reproducción del casete del vehículo cuando se transmite información sobre el tráfico *–traffic bulletins–*, etcétera.

reduce *v*: GRAL reducir, rebajar; V. *rebate, abate; increase*. [Exp: **reduced** (MKTNG «oferta», «artículo rebajado»; esta mención acompaña a la mercancía ofrecida a precios reducidos ◊ *Reduced to clear*; V. *clear⁵*), **reduction** (GRÁFICA/PUBL adaptación de un anuncio a un tamaño inferior; V. *resize, rescale*)].

redundancy¹ *n*: GRAL/LING redundancia, exceso de información, que es necesaria para que se puede entender el mensaje. [Exp: **redundancy²** (GESTIÓN destrucción/pérdida de empleo, expediente de regulación de empleo ◊ *A factory that announces 150 new redundancies*)].

reel *n*: AUDIO bobina; V. *newsreel, show reel, roll; rewind, winding*.

reflectance *n*: IMAGEN reflectancia; es la relación entre la luz incidente y la reflejada. [Exp: **reflected light/sound** (IMAGEN/AUDIO luz reflejada, sonido reflejado)].

reflex camera *n*: IMAGEN cámara réflex; está diseñada para permitir al operador *–operator–* ver por el visor *–viewfinder–* exactamente lo que ve la lente *–lens–*, evitando así el paralaje *–parallax–*.

reflexion [of light, waves, etc.] *n*: IMAGEN/AUDIO reflexión.

refraction *n*: IMAGEN refracción; es el cambio de dirección que experimenta la luz cuando pasa de un medio *–medium–* a otro con diferente densidad; V. *reflectance*.

reggae (AUDIO [música] reggae; es una música de origen jamaicano *–of Jamaican origin–*, que combina el estilo autóctono con elementos de música rock y de soul, interpretada con ritmo lento pero marcado sobre el tiempo débil –*on the offbeat*–; V. *blues, country, dance music, disco music, folk music, ethnic music, grunge, hard rock, house music, heavy metal, jazz, pop, punk rock, rave, rock and roll, soul music, symphonic rock, techno*).

register[1] *v*: GRAL lista, registro, relación; inscripción, asiento, inscribir-se, registrar-se, matricular-se, darse de alta. [Exp: **register**[2] (LING registro [idiomático]; grado de formalidad de una palabra o expresión; la palabra «perogrullada», por ejemplo, es más coloquial que «axioma», y *ad* lo es más que *advertisement*), **register**[3] (GRÁFICA registro; correspondencia igual de las planas de un pliego impreso con las del dorso), **registered trademark** (DER/MKTNG marca registrada), **registration marks** (DISEÑO/GRÁFICA marcas de registro; también llamadas «dianas» –*bull's eyes*–, son las marcas que aparecen en una imagen impresa que ayudan a alinear las placas; V. *bull's eyes*)].

regular[1] *a/v*: GRAL regular, ordinario, corriente, normal; periódico; habitual. [Exp: **regular**[2] (EXTERIOR valla no iluminada, valla normal, también llamada *un-illuminated advertising structure*; V. *spectacular*)].

rehearse *v*: CINE/TV ensayar ◊ *We've been rehearsing the new play for the last six weeks*. [Exp: **rehearsal** (CINE/TV ensayo; V. *walk-through, camera rehearsal, dress rehearsal; winging*), **rehearsal hall** (CINE/TV sala de ensayos)].

rejected takes *n*: CINE descartes; V. *outtakes*.

relative aperture *n*: IMAGEN abertura relativa; también llamada *f/number*, es la proporción existente entre el diámetro de la lente y la distancia entre la lente y el objeto; V. *aperture*.

relay[1] *n*: AUDIO/IMAGEN/GRAL relé; mecanismo de apertura o de cierre de los contactos con otra corriente eléctrica. [Exp: **relay**[2] (TV repetidor; V. *transponder; booster; satellite relay*), **relay station** (RADIO/TV repetidor [de radio, televisión], estación repetidora, también llamada *booster* y *repeater station*)].

release[1] *n/v*: GRAL/PRENSA comunicado, publicación; hacer público, publicar ◊ *The police released details of the killing to the press*; V. *press release*. [Exp: **release**[2] (MKTNG/ESPEC/CINE puesta en venta; poner/sacar a la venta [un libro o disco nuevo, etc.], estrenar; V. *general release, release print*), **release**[3] (CINE/AUDIO novedad, estreno, película, disco; equivale a *movie* o a *record* y se emplea en expresiones como *new releases* –novedades discográficas o cinematográficas, estrenos–), **release**[5] (DER/PUBL autorización/permiso legal [para usar en publicidad la imagen o palabras de un artista]), **release of information** (PRENSA/MEDIOS comunicado; V. *announcement, news leak*), **release print** (CINE copia comercial de una película)].

relief *n/a*: GRAL relieve, en relieve, tridimensional. [Exp: **relief printing** (GRÁFICA impresión en relieve; V. *embossing*)].

rely on *v*: gral fiarse de, confiar en; contar con, depender de; basarse en, alegar como fundamento en derecho. [Exp: **reliability** (GRAL/MKTNG fiabilidad, formalidad, seriedad, veracidad, crédito, confianza; V. *brand reliability, de-marketing*), **reliable** (GRAL/MKTNG fiable, serio, seguro, digno de crédito; fidedigno, veraz, de confianza, cumplidor), **reliance** (GRAL/MKTNG confianza; dependencia)].

remainder *n/v*: MKTNG resto; residuo, ejemplares de una edición no vendida; vender a precio de lote los ejemplares que quedan de una edición.

reminder *n*: MKTNG recordatorio ◊ *Send a customer a reminder of an unpaid bill.*

remnant space *n*: PUBL espacio sobrante ◊ *An advertiser who snaps up remnant space dirt cheap*; alude al espacio de un periódico que se vende a última hora a anunciantes por debajo de su precio; V. *snap up, dirt cheap.*

remote *n*: IMAGEN/AUDIO remoto, lejano, distante; también llamado *outside broadcast* y *nemo*, alude a la emisión cuya fuente de origen no es la emisora que transmite. [Exp: **remote control [device]** (IMAGEN/AUDIO mando a distancia; [dispositivo de] control remoto; V. *channel selector, channel surfing, zapping*), **remote login** (INTERNET conexión remota, conexión a distancia; consiste en entrar, mediante el teclado –*keyboard*– de un ordenador local –*local computer*–, a un ordenador que se encuentre en cualquier lugar del mundo –*anywhere in the world*–, gracias a protocolos de emulación –*emulation protocols*–; V. *browser*)].

renew *v*: MKTNG renovar. [Exp: **renewal** (MKTNG renovación)].

rentals *n*: CINE porcentaje [de taquilla] para el distribuidor; V. *gross²*.

rep *n*: GESTIÓN representante; forma elíptica de *rep.*

repeat *n*: TV reposición; es la repetición de un programa emitido anteriormente ◊ *The soap has stopped showing in the UK, but the repeats are doing very well in Australia*; en las páginas de programación de televisión –*TV pages*– de los periódicos, suele aparecer la abreviatura *rpt*; V. *remake.* [Exp: **repeater station** (RADIO/TV repetidor [de radio, televisión], también llamado *booster* y *relay station*), **repetition** (GRAL/LING repetición; muchas figuras del lenguaje –*figures of speech*–, por ejemplo, *alliteration, onomatopeia, tautology, pleonasm, metabole,* etc., se basan en la repetición)].

repertory *n*: CINE/ESPEC repertorio. [Exp: **repertory cinema** (CINE sala de repertorio; es la dedicada a películas de todos los tiempos procedentes de todo el mundo –*from all around the world*–, y no únicamente a los estrenos de Hollywood –*Hollywood releases*–; V. *art house; arty; buff*)].

reply *n*: GRAL/MKTNG respuesta, réplica; V. *spontaneous/prompted reply; response, recall.* [Exp: **reply card** (GESTIÓN tarjeta de respuesta; V. *rate card; credit card*)].

report¹ *v/n*: MKTNG/GRAL/PRENSA informar; informe ◊ *Prepare a report for Head Office*; V. *article; call report; bulletin; annual report.* [Exp: **report²** (MEDIOS/PRENSA/TV/RADIO informar, dar parte, redactar una crónica ◊ *Report for radio on the latest events in Hong Kong*), **report³** (MEDIOS/PRENSA/TV/RADIO reportaje, noticia, crónica, información ◊ *Reports are coming in of a major earthquake in Mexico*), **report⁴** (GESTIÓN/GRAL denunciar, expedientar ◊ *The manager was reported for inefficiency*), **reporter** (MEDIOS/PRENSA periodista, reportero; V. *journalist*), **reporting** (MEDIOS/PRENSA cobertura; V. *beat reporting*), **reporting restrictions** (PRENSA/DER restricciones informativas; secreto del sumario)].

representative, rep *n*: GESTIÓN representante; V. *jobber, agent, broker, selling agent, travelling salesman, field staff, commercial traveller.* [Exp: **representative sample** (MKTNG muestra representativa; V. *adequate sample*)].

reprography *n*: GRÁFICA reprografía; alude a cualquier sistema de reproducción de documentos, como las fotocopias –*xeroxing, photocopying*– u otro medio electrográfico; V. *letterpress, offset.*

research *n*: MKTNG/GRAL investigación; V. *market/media research.*

residual *n*: RADIO/TV derechos de redifusión –*reruns of programmes*–; son derechos que se paga a los intérpretes, también llamados *talent fees*, por la repetición –*rerun*– de un programa televisivo, entrevista, etc. [Exp: **residual audience** (RADIO/TV audiencia residual; término empleado por los analistas de audiencia –*audience analysts*– para referirse a los telespectadores u oyentes que siguen sintonizando un canal o una emisora una vez terminada una emisión; se distingue así de la nueva audiencia del programa siguiente ◊ *Discount a 25 % residual audience*)].

resolution *n*: IMAGEN resolución; tanto en inglés como en español, el concepto puede aplicarse a ① la capacidad de una lente –*lens*– para definir el detalle visual –*visual detail*–, el cual puede medirse ya como el número de líneas por pulgada –*lines per inch*– que pueden identificarse por separado, ya como el número de puntos por pulgada –*dots per inch*–, o de pixeles –*pixels*–, si se trata de una imagen digitalizada –*digital image*–; ② la precisión de cualquier otro instrumento visual, como una pantalla de televisión o de ordenador –*television or computer screen*–; V. *digital resolution; bit resolution, device resolution, screen resolution, image resolution, output resolution; definition, contrast; emulsion speed; dots per inch, lines per inch*.

resolving power *n*: IMAGEN resolución; se conoce más frecuentemente como *resolution*.

resource *n*: GRAL recurso, medio. [Exp: **resource centre** (GRAL centro de información, recursos y asesoramiento), **resource file** (MKTNG fichero de proveedores)].

respondent *n*: MKTNG encuestado, entrevistado ◊ *70 % of the respondents rated the programme "good" or "very good"*; V. *survey*. [Exp: **response** (GRAL/AUDIO respuesta; en audio es la capacidad de un mecanismo de grabación de sonido para

reproducir la fuente –*input*– original ◊ *Low response tapes are not suitable for quality recording*; V. *noise, reader response*)],

restrict *v*: GRAL restringir, limitar ◊ *Reader's letters are restricted to a maximum of 200 words*. [Exp: **restricted**[1] (GRAL limitado, estrecho de miras), **restricted**[2] (CINE autorizado a menores de 16 años acompañados; esta clasificación –*certificate*–, que se conoce por la inicial R, indica que pueden entrar menores de 16 años –*persons under 16 are admitted*– si van acompañados de un adulto –*accompanied by an adult*–; en algunos lugares la edad es de 17 años; V. *certificate*), **restricted access** (GRAL acceso limitado al personal autorizado; prohibido el paso a toda persona ajena al centro)].

results analysis *n*: GESTIÓN/MKTNG análisis de los resultados; antes del lanzamiento de una nueva campaña publicitaria –*launching of a new advertising campaign*– se examina el informe de la anterior; V. *brainstorming, detailed, breakdown*.

retail *n/v*: MKTNG venta/vender al por menor, al detalle o al menudeo ◊ *Concentrate one's marketing efforts on the retail trade*; V. *wholesale*. [Exp: **retail display allowance** (MKTNG bonificación al detallista por exponer el producto; también se le llama *display allowance*), **retail merchant** (MKTNG minorista; V. *co-branded credit card*), **retail outlet** (MKTNG puesto/establecimiento de venta al por menor; V. *major retail outlet*), **retail trade** (MKTNG al por menor; V. *wholesale*), **retail trader** (MKTNG al por menor, detallista, minorista; V. *wholesale trader*), **retailer** (MKTNG minorista, detallista; revendedor, vendedor al por menor ◊ *Some advertising agencies are retailers, while others are wholesalers*; V. *discounter, channel of* *distribution, wholesaler*), **retailing** (MKTNG comercio al por menor)].

retain *v*: GRAL conservar, retener; V. *holding power*. [Exp: **retainer** (GESTIÓN iguala; anticipo sobre los honorarios, cantidad fija pagada a un profesional cualquiera para aseguar –*secure*– servicios posteriores ◊ *Pay an advertising agency an annual retainer*), **retaining fee** (GESTIÓN anticipo; V. *advance, down payment*)].

reticle *n*: IMAGEN retícula; conjunto de filamentos en forma de líneas cruzadas que en el foco de algunos instrumentos ópticos ayudan a precisar la visión o a efectuar medidas.

retrieve *v*: GRAL recuperar, rescatar; subsanar ◊ *Retrieve information from a computer disk*. [Exp: **retrieval** (GRAL recuperación de/recuperar datos ◊ *Retrievable errors*; V. *information retrieval*)].

revenue *n*: GESTIÓN ingresos, rentas, ventas, cifra de negocios, entradas, recaudación, rendimiento, beneficio, ganancia; contribuciones a la hacienda pública; V. *sales revenues, performance*.

reverberation *n*: AUDIO reverberación; V. *lounge, echo*.

reversal *n/a*: GRAL inversión, revés. [Exp: **reversal film** (CINE cinta inversa; es una cinta virgen cuya emulsión o capa sensible a la luz –*photosensitive coating*–, tras la exposición –*exposure*– y revelado –*development*–, produce una copia positiva o transparencias/diapositivas), **reverse**[1] (GRAL invertir, volver al revés, dar marcha atrás, poner en marcha atrás; inverso, invertido, [lo] opuesto, [lo] contrario ◊ *The effect on sales has been the reverse of what he had hoped*; V. *invert*), **reverse**[2] (CINE contraplano; V. *external/internal reverse*), **reverse**[3] (IMAGEN negativar; en negativo; V. *positive to negative process, flop*[2]), **reverse**[4] (GRAL/GRÁFICA reverso; V. *obverse; back*), **reverse**

angle (IMAGEN/CINE/TV ángulo inverso; muestra la acción desde el plano opuesto; V. *angle shot*), **reverse indentation/ indention** (GRÁFICA sangría francesa; consiste en sangrar un párrafo de texto de manera que la primera línea sobresalga desde el margen izquierdo con respecto a las líneas siguientes, en lugar de alinearse con ellas hacia la derecha; también se llama *hanging indent*; V. *flush*), **reverse shot** (CINE contraplano; es un plano que muestra el ángulo inverso o el opuesto al anterior), **reverse side printing** (GRÁFICA retiración; estampar por el revés el pliego –*the back of the sheet*– que ya lo está por la cara –*face*–), **reversed type** (GRÁFICA letras blancas sobre fondo negro; V. *dropped-out type*)].

RGB *n*: IMAGEN siglas correspondientes a los colores *red, green* y *blue*; se emplea en expresiones como *RGB channels* y *RGB encoding*, esto es, canales y sistemas de gestión del color de pantallas o monitores con una gama de tres colores.

rhubarb *n*: CINE conversación de fondo, «bla-bla»; tradicionalmente, cuando el guión exigía que la multitud se mostrara intranquila o hablase entre sí, se pedía a los extras –*extras*– que murmuraran la palabra *rhubarb*, que daba el efecto deseado; V. *walla*.

rhythm *n*: GRAL/AUDIO ritmo, compás; V. *beat, pace, orchestral arrangement, external/internal rhythm*. [Exp: **rhythm and blues** (AUDIO «rhythm and blues»; contiene elementos de la música negra y del *blues*, con un ritmo marcado –*accented rhythm*– y acordes sencillos –*simple chord structure*–; V. *blues, country, dance music, disco music, folk music, ethnic music, grunge, hard rock, house music, pop, punk rock, rap, reggae, rock and roll, soul music*), **rhythmical break** (LING/CINE corte/contraste rítmico; V. *caesura*)].

ribbon microphone *n*: AUDIO micrófono bidireccional; V. *directional microphone.*

rice paper *n*: GRÁFICA papel de arroz; V. *paper.*

right-hand page *n*: GRÁFICA página impar de un libro; V. *recto, odd-numbered page, left-hand page.* [Exp: **right-justified** (GRÁFICA alineado/justificado a la derecha; implica que el margen izquierdo se quede sin justificar ◊ *The left column of cinema credits is usually right-justified*; V. *justification, flush, right-justified*)].

right of admission reserved *fr*: GRAL/ESPEC reservado el derecho de admisión.

rim lighting *n*: IMAGEN luz que dibuja la silueta o contorno.

rip off *col v*: GRAL robar, estafar, cobrar de más, a un precio muy alto. [Exp: **rip-off** (MKTNG robo, timo, estafa, precio escandaloso ◊ *It's a rip-off at that price*)].

ripple-s *n*: GRAL/IMAGEN rizo, onda; distorsión en forma de ondas en el monitor –*screen*– de un ordenador. [Exp: **ripple dissolve** (CINE fundido en forma de ondas; se emplea para dar la sensación de paso de tiempo; V. *photographed thought, fade*), **ripple of applause** (ESPEC aplausos tímidos ◊ *There was a ripple of applause when the new band came on*; V. *photographed thought, fade*)].

rise *n*: MKTNG alza; V. *boom, upswing.* [Exp: **riser** (CINE plataforma para elevar la cámara, los focos, el decorado, etc.; V. *apple box*)].

river *n*: GRÁFICA corriente blanca; es una pauta blanca irregular no deseada, que a modo de río recorre las líneas de un texto de arriba abajo.

road *n*: GRAL carretera. [Exp: **road movie** (CINE «road movie»; género de películas cuya acción principal gira en torno a los incidentes y aventuras vividos por los protagonistas durante un largo viaje por carretera, normalmente en los EE.UU.),

road show[1] (ESPEC espectáculo itinerante ◊ *Before they set up the theatre, they used to go out on road shows right across the USA*; alude a un espectáculo montado en diversos puntos geográficos por un grupo teatral que va de gira por las carreteras de un país o región con todo el material a cuestas), **roadblock, roadblocking** (PUBL salida bloqueada, bloqueo de carreteras; sin escapatoria posible *col*; en publicidad consiste en programar el mismo anuncio en todas las emisoras de radio o de televisión a la misma hora, con lo que al oyente o al telespectador –*viewer*– le llega el mensaje publicitario, aunque cambie de emisora –*switch channels*–)].

Robinson list *n*: PUBL lista Robinson; se inscriben en estas listas los que no desean recibir correspondencia publicitaria o de marketing directo, con el fin de salvaguardar, de esta forma, su intimidad; V. *privacy, junk mail, spam.*

rock, rock and roll *n*: AUDIO «rock, rock and roll»; es un tipo de música, derivado del *rhythm and blues* y del *soul*, interpretada con instrumentos amplificados –*electronically amplified instruments*–, con un ritmo persistente y muy marcado –*persistent, heavily accented beat*–; para algunos, el *rock and roll* es el más clásico, mientras que el rock es cualquier música actual con los rasgos anteriores, incluyendo hasta el rock duro –*hard rock*–; en castellano se escribe «rock», pero también «rockanrol» o «rocanrol», y ha dado lugar a derivados como «rockero», «rocanrolero» y «rocanrolear»; V. *blues, country, dance music, disco music, folk music, ethnic music, grunge, hard rock, house music, heavy metal, jazz, pop, punk rock, rap, rave, reggae, rockabilly, soul music, symphonic rock, techno.*

rockabilly *n*: AUDIO [música] rockabilly;

considerado por algunos sinónimo de *country rock*, es una fusión del rock, el blues y la música country –*country music*–; V. *blues, country, dance music, disco music, folk music, ethnic music, grunge, hard rock, house music, heavy metal, jazz, pop, punk rock, rap, rave, reggae, rock and roll, rockabilly, techno, symphonic rock.*

role *n*: CINE/TV/ESPEC papel; V. *part, play a role; leading/supporting role.*

roll[1] *v/n*: GRAL rodar, dar vueltas. [Exp: **roll**[2] (CINE comenzar a filmar ◊ *The cameras rolled and filming started*), **roll**[3] (GRÁFICA ponerse en marcha [la rotativa] ◊ *Do a final check before the presses start to roll*), **roll**[4] (IMAGEN rollo, carrete ◊ *A roll of film/cloth/wrapping/paper*; V. *reel*), **roll!, let them** (CINE/GRÁFICA ¡Acción!, ¡Que comience el rodaje!; ¡En marcha las máquinas!, ¡Saquemos la edición!), **roll out** (MKTNG introducción gradual), **roll-up**[1] (CINE cortinilla ascendente; es una técnica para cambiar de una imagen a otra por medio de una cortinilla o *wipe* que va de abajo arriba), **roll-up**[2] (CINE secuencia inicial sin sonido; se trata de una breve secuencia de imágenes sin acompañamiento sonoro al principio de una película ◊ *Start with a two-second roll-up*), **rolling shot** (CINE plano tomado desde una plataforma móvil o rodante), **rolling split** (MEDIOS compra de espacio publicitario periódico a periódico, a precio de mercado, hasta cubrir todo el territorio deseado)].

ROM *n*: AUDIO/IMAGEN memoria destinada exclusivamente a la lectura; V. *CD-ROM.*

Roman type *n*: TIPO letra romana, redonda o normal; es la letra que no es ni cursiva –*italics*– ni negrita –*bold*–; V. *typeface.*

room tone *n*: AUDIO sonido ambiente; se graba antes o después de la toma y se utiliza en posproducción; V. *presence, track, ambient sound.*

ROP *n*: PUBL/PRENSA equivale a *run-of-paper.*

rostrum camera *n*: IMAGEN cámara podio, cámara sobre tablero.

rotagravure, rotogravure *n*: GRÁFICA/PRENSA huecograbado; puede aplicarse ① a la impresión en la que el texto y las imágenes –*letters and pictures*– grabadas en hueco por medio de ácido –*etched*– en un cilindro de cobre –*copper cylinder*–, pasan a un tambor de papel, plástico, etc., en una rotativa –*rotary press*–; ② a las láminas impresas por este procedimiento, el suplemento de un periódico; V. *offset, gravure, photoengraving, letterpress, lithography, rotogravure, xerography.*

rotary press *n*: GRÁFICA rotativa; prensa revólver; es la máquina con que se imprimen, a gran velocidad, los periódicos; está formada por planchas curvas –*curved printing plates*– unidas a un cilindro giratorio –*revolving cylinder*– por el que se desliza el papel continuo –*a continuous roll of paper*–.

rotate *v*: GRAL girar, dar vueltas a; hacer girar, dar vueltas; rotar, alternar ◊ *Rotate staff on a weekly basis.* [Exp: **rotation**[1] (MEDIOS rotación, alternancia), **rotation**[2] (TV/MKTNG rotación o alteración del orden en que se emiten los anuncios contratados; V. *vertical rotation*), **rotation**[3] (EXTERIOR rotación o variación de los emplazamientos del material ◊ *Monthly rotation of the bulletins*)].

rotogravure *n*: GRÁFICA/PRENSA V. *rotagravure.*

rough *a/n*: GRAL/DISEÑO áspero, rugoso; boceto; borrador, en sucio; esbozo, esquema, croquis; equivale a *rough dummy/layout* ◊ *These drawings are just artist's roughs*; la palabra *rough* se utiliza en expresiones como *in rough, in the rough* que quieren decir «en borrador, en fase preliminar, en ciernes»; con este mismo sentido aparece en compuestos como *rough book* –cuaderno borrador–, *rough draft* –borrador–, *rough of a letter* –borrador de una carta–, *rough working* –borradores–, etc.; en publicidad se emplea *rough* como forma elíptica de *rough layout* –boceto–, *rough sketch* –esbozo–, *rough proof* –primeras pruebas–; V. *clean rough*. [Exp: **rough cut/edit** (CINE/AUDIO copión montado; primer montaje, montaje provisional de una película o cinta sonora –*soundtrack*–, también llamado *slop cut*; este primer montaje es muy importante porque da pistas al montador, director, productor y compositor musical acerca de la forma final que puede adoptar la cinta; V. *workprint, rough print*), **rough draft** (GRÁFICA borrador; V. *fair copy*), **rough dummy** (DISEÑO boceto; borrador; esbozo, esquema, croquis; equivale a *rough*), **rough finish** (GRÁFICA acabado sin pulir; V. *English/matt/matt finish, crash finish US*), **rough layout** (DISEÑO maquetación preliminar, boceto; borrador, en sucio; esbozo, esquema, croquis; equivale a *rough*), **rough out** (DISEÑO/GRÁFICA preparar un primer borrador, esbozar, pergeñar; trazar a grandes rasgos ◊ *Rough out a sketch/a preliminary plan of action*), **rough print** (CINE copia primera; es una copia sin corregir que se emplea para el análisis de planos –*shots*– y ajuste de colores –*timing*–, también llamada *slop print*; V. *workprint, rough print*), **rough sketch** (GRÁFICA boceto, esbozo; es la traza primera y no definitiva de una obra pictórica, y en general de cualquier producción del ingenio, sin perfilar y no acabada; V. *rough layout, sketch*)].

rout *v*: GRÁFICA quitar o rebajar los fragmentos o trozos metálicos innecesarios de los moldes –*casting*– o planchas –*printing plates*–.

router *n*: INTERNET direccionador, encaminador, enrutador; es un dispositivo –*de-vice*– que conecta una red local –*local network*– a Internet; V. *gateway*.

royalties *n*: GESTIÓN derechos de autor, regalías; V. *buy-out*[1].

rpt *n*: GRAL V. *repetition*.

rubber cement *n*: GRÁFICA/DISEÑO cemento, adhesivo gomoso; V. *art gum, wax, spray mount*. [Exp: **rubber plate** (GRÁFICA plancha de caucho empleada en la impresión en flexografía)].

ruby *n*: TIPO rubí; unidad convencional de medida de la altura de la línea tipográfica en el Reino Unido, equivalente al *agate line* norteamericano; V. *column inch, standard advertising unit*.

rule[1] *n*: GRÁFICA regla; norma. [Exp: **rule**[2] (GRÁFICA filete; los filetes son tiras metálicas –*metal strips*– de distintos grosor y diseño que se emplean para imprimir márgenes –*borders*– y líneas de separación entre columnas; V. *gutter*[2]; *Scotch/Oxford rule; column*)].

rumble strip *n*: AUDIO/CINE banda sonora.

rumour *n*: GRAL/MEDIOS rumor; V. *gossip, gossip shop*.

run[1] *n*: PRENSA tirada; también llamada *press/print run* ◊ *Print an editorial run of 2,000 copies*; V. *split run, underrun*. [Exp: **run**[2] *col* (MEDIOS/PRENSA zona, especialidad o distrito asignado a un periodista, también conocido con el nombre de *patch* o *beat*[2] ◊ *She worked for 10 years on the City and Courts run for a national daily*; V. *desk*), **run**[3] (GESTIÓN dirigir, estar al frente de ◊ *Run the marketing department*), **run**[4] (CINE durar ◊ *The film runs for 110 minutes*), **run**[5] (CINE/ESPEC estar en cartel ◊ *The play ran for six months on Broadway*), **run**[6] (CINE/ESPEC tiempo/permanencia en cartel ◊ *A box-office hit that had a very long run*; V. *box-office hit, general release, release*), **run**[7] (GRAL estar en vigor ◊ *Their advertising contract still has four months to run*), **run**[8] (GRÁFICA correrse el color o el tinte ◊ *The colours of the photo had run in drying*; V. *bleed*), **run**[9] (PRENSA/MEDIOS ofrecer, sacar, publicar, emitir ◊ *Run a series of programmes on unsolved crimes*; V. *broadcast, put out, publish*), **run**[10] (TV/RADIO/CINE número contratado de pases, emisiones o apariciones de un anuncio en una emisora de radio o televisión; V. *first run*), **run**[11] (CINE ensayo; V. *dry run, walk-through, run through*), **run**[12] (GRAL/GESTIÓN ofrecer, organizar ◊ *Run a special bus service for weekend visitors*), **run of book, ROB; run of paper, ROP** (PUBL inserción [de un anuncio] sin predeterminar lugar; contratación de espacio publicitario de una publicación, a la tarifa normal, dejando la ubicación del mismo a la discreción del periódico o revista; V. *placement*), **run of schedule, ROS** (RADIO/TV inserción [de un anuncio] sin predeterminar hora ni emisión; se dice del anuncio contratado a tarifa normal en una emisora de radio o de televisión para ser emitido cuando lo crea conveniente la dirección de la emisora; equivale a *run of book*, en la prensa escrita; V. *placement*), **run of week, ROW** (PUBL inserción [de un anuncio] sin predeterminar día; contratación de espacio publicitario de una publicación, a la tarifa normal, dejando el día de su publicación a la discreción del periódico o revista; V. *placement*), **run off** (GRÁFICA sacar, tirar, imprimir ◊ *Run off 10 copies of a document*; V. *hard copy, print, print run*), **run on**[1] (GRAL continuar, extenderse, alargarse ◊ *The film was so successful it ran on for an extra week*), **run on**[2] (CINE fundirse, solaparse, sucederse sin interrupción o sin solución de continuidad ◊ *The sequences run on from one another in a dizzying way*), **run on**[3] (GRÁFICA unir-se a la línea anterior ◊ *The line runs on from the previous paragraph*), **run-on**[4] (CINE/AUDIO superposición, fusión o solapamiento parcial de imágenes, secuencias o temas –*tracks*–, de manera que los segundos comienzan antes de que terminen los primeros ◊ *The run-on effects on the soundtrack*), **run-on**[5] (GRÁFICA unión de líneas o párrafos), **run-on**[6] (GRÁFICA puente, tirada puente; tirada adicional, sacada normalmente sin desmontar las fuentes ◊ *Print a run-on of 200 copies*; V. *print run*), **run size**[1] (GRAL lote, tanda, cantidad; alude al número de artículos fabricados –*produced/manufactured*– en el mismo lote; V. *batch*), **run size**[2] (GRÁFICA tirada, tiraje, número de ejemplares impresos; V. *circulation*), **run through** (CINE/TV ensayo preliminar; es el primer ensayo de una escena, con cámaras, efectos especiales, etc.; V. *walk-through, read-through*), **run-through shot** (CINE/TV plano de entrada y salida; el protagonista o el objeto entra por un lado y sale por el otro), **run time** (IMAGEN/AUDIO duración, tiempo de ejecución ◊ *A tape with a run time of 90 minutes*; V. *run*[4]), **run-in head** (GRÁFICA/TIPO titular corrido, seguido o sin partir), **run-in/on** (GRÁFICA/TIPO no cortar, quitar párrafo, todo seguido, sin partir; es una orden para que no haya particiones o divisiones de párrafo), **runaround** (GRÁFICA texto con espacio reservado para ilustración –*artwork*–, letra capitular –*drop cap*–, etc.; recorrer un texto; V. *contour*), **run-away**[1] (GRAL descontrolado, desbocado, galopante, disparado ◊ *Runaway inflation*), **runaway**[2] (GRAL arrollador, aplastante ◊ *Show edited highlights of the local team's runaway victory*; V. *edited highlights*), **runaway**[3] (CINE/ESPEC arrollador, clamoroso ◊ *The runaway success of her new West End play*; V. *review, crit*), **runaway production** (CINE producción en la que se han disparado los costes), **rundown** (RADIO/TV ① resumen informativo, como en *Here is a brief rundown of today's main news for viewers who have just joined us*; ② avance informativo de la programación, como en *a rundown of next week's programmes* –adelanto o avance informativo de la programación de la semana próxima–; V. *summary, brief, digest*), **rundown sheet** (CINE hoja de rodaje; también llamada *fact sheet* y *timing sheet*, es la lista en la que se enumera el orden de las actuaciones –*performances*– o el de las escenas –*scenes*–), **running**[1] (GRAL ① corriente, como en *running expenses* –gastos corrientes–, *running costs* –gastos corrientes o de mantenimiento–; ② consecutivo, seguido, como en *the second day running* –el segundo día consecutivo–), **running**[2] (GESTIÓN organización, gestión; funcionamiento, marcha ◊ *The everyday running of the sales department*; V. *run*[3]), **running**[3] (PUBL/CINE en cartel ◊ *Gone with the Wind has been on/running for many years*; V. *showing*), **running commentary** (RADIO/TV comentario [radiotelevisivo] de un acontecimiento en directo –*live event*– ◊ *Gaffes are particularly frequent during running commentary on sports events*; V. *live, taped, gaffe*), **running head/headline** (GRÁFICA/PRENSA título corrido, título de la página o del folio; entradilla; se trata del título que encabeza varias páginas de un periódico dedicadas a una noticia de gran importancia o con gran despliegue informativo –*massive coverage*–; en algunas novelas y libros de texto, es el encabezamiento que resume ordenadamente el argumento –*plot*– o contenidos concretos –*specific contents*–), **running shot** (CINE plano de seguimiento del protagonista; en este plano la cámara se mueve en la misma dirección y a la misma velocidad que el protagonista; también se le llama *following shot, moving shot* o *tracking shot*; V. *action shot*), **running text** (PRENSA/GRÁFICA texto corrido, texto [en tipo] normal; al texto que va en letras grandes se le llama *display lines*; V. *display*[3]), **running time** (CINE/TV/PUBL tiempo de duración [de una película, programa, anuncio, etc.]; V. *run time*)].

rushes *n*: CINE/TV/PUBL copión; también se le llama *dailies*; ① en el cine es el conjunto de planos –*shots*– del rodaje del día anterior –*previous day's shooting*– que examinará el director antes de comenzar la filmación; ② en publicidad es la primera copia de una escena cinematográfica, que servirá de base para la formación de un *spot* publicitario, antes de ser corregida, revisada o adaptada –*edited*–; V. *emission/fine cut, answer/final print*.

S

saddle stitch/wiring *n*: GRÁFICA encuadernación con grapas por el centro, cosido a caballo; V. *binding; side-stitch*.

safe *a/n*: GRAL/GESTIÓN seguro, fuera de peligro, sin riesgo; caja de caudales, caja fuerte. [Exp: **safe action area** (GRÁFICA/ IMAGEN área utilizable [de una página o de una pantalla]; también llamada *essential area, critical area, usable area* y *safety*[2], es el espacio destinado en la página o en la pantalla al texto e ilustraciones; V. *print area*), **safe light** (IMAGEN luz de seguridad; no afecta a la emulsión de las películas y se emplea en el cuarto oscuro –*darkroom*–), **safety**[1] (GRÁFICA/ PUBL seguridad, protección; zona de seguridad; es el espacio comprendido entre el borde de una página y el texto impreso –*printed copy*–, con el fin de que se pueda encuadernar sin que se pierda texto; se aplica también a los anuncios), **safety**[2] (GRÁFICA/IMAGEN área utilizable [de un página o de una pantalla]; equivale a *safe action area*), **safety**[3], **safety copy** (GRÁFICA/AUDIO/IMAGEN copia de seguridad [de un documento, cinta sonora, etc.]; V. *backup copy, copy*), **safety curtain** (CINE/ESPEC telón de seguridad), **safety film** (CINE película de seguridad; también llamada base de acetato –*acetate base*– o de triacetato –*triacetate base*–, es el material relativamente no inflamable –*non inflammable*– que se utiliza actualmente para las películas, y que sustituyó a las muy inflamables bases de nitrato –*nitrate base*–; V. *base*), **safety footage** (TV parachoques, colchón de seguridad; consta de metraje, secuencias, imágenes de seguridad, de emergencia o de relleno; se trata de películas cortas, vídeos, diapositivas, etc., que se tiene a mano para llenar los vacíos en la transición entre programas o cuando un programa ha sido más corto de lo previsto), **safety shell** (GRÁFICA plancha de seguridad; es una réplica en una fina lámina de cobre de una plancha de imprimir –*printing plate*–, también llamada *protection shell*), **safety stock** (MKTNG existencias de seguridad; nivel mínimo de existencias; equivale a *fallback stock*)].

saga *n*: CINE saga; es una serie de películas con los mismos personajes –*characters*–, que mantiene una continuidad argumental; por lo general no se habla de saga hasta la tercera película de la serie, y mientras tanto se habla de segunda parte –*sequel*–; V. *prequel*.

sale *n*: MKTNG venta, enajenación; también significa saldo o rebaja, sobre todo en plural ◊ *The January sales*; no obstante, en singular también puede tener este significado, de acuerdo con el contexto, como en *clearance sale* –saldo por liquidación–; V. *sell; buy, purchase, acquisition*. [Exp: **sale, on** (MKTNG en venta, de venta), **sale on approval/trial** (MKTNG venta a prueba, venta sujeta a aprobación), **sale or return** (MKTNG venta a prueba, en depósito o consignación; compra con derecho a devolución; contrato de retroventa ◊ *Goods may be purchased on a sale or return basis*; V. *return, sale on approval*), **sale, up for** (MKTNG en venta, que se subasta, con la etiqueta de «se vende» ◊ *The old site of the TV studios in the city centre is now up for sale*), **saleable** (MKTNG vendible, enajenable; apto para la venta al público; este término es más formal, con resonancias casi jurídicas, que *sellable* ◊ *To be deemed saleable, goods must meet the appropriate standards of quality*; V. *merchantable, vendable/vendible, sellable, marketable*), **sales¹** (MKTNG ventas; cifra/volumen de negocios/ventas; V. *sales turnover*), **sales²** (MKTNG rebajas, descuentos; V. *sale, oddment*), **sales aids** (MKTNG/PUBL material publicitario de apoyo al comerciante, argumentario de ventas; V. *dealer aids*), **sales agent** (MKTNG agente de ventas), **sales allowance/bonus** (MKTNG bonificación/rebaja sobre precio de factura), **sales area** (MKTNG zona comercial o de ventas; V. *market area*), **sales assistant** (MKTNG dependiente; V. *sales clerk, sales force*), **sales campaign** (MKTNG campaña comercial o de ventas; campaña de comercialización de un producto; V. *advertising drive/campaign, sales drive, campaign*), **sales catalogue** (MKTNG catálogo de ventas), **sales conference** (MKTNG reunión de planificación, sesión de trabajo para promover las ventas), **sales discount** (MKTNG descuento a clientes; descuento/bonificación por pronto pago o pago al contado), **sales drive** (MKTNG campaña comercial, promoción de ventas; V. *advertising drive, sales campaign*), **sales folder** (MKTNG folleto de ventas), **sales force/staff** (MKTNG personal de ventas; equipo comercial o de vendedores; V. *sales assistant, sales clerk, workforce*), **sales forecast** (MKTNG previsión de ventas), **sales gimmick** col (MKTNG/PUBL truco/recurso/invento/treta para vender ◊ *They're running one of those "Buy one, get one free" sales gimmicks*), **sales literature** (MKTNG/PUBL folletos de propaganda/publicidad; V. *dealer/sales aids; display cases*), **sales management** (GESTIÓN gestión de ventas), **sales manager** (GESTIÓN jefe/gerente de ventas; director comercial), **sales office** (MKTNG oficina de ventas), **sales performance** (MKTNG rendimiento comercial, resultados comerciales, cifras de ventas conseguidas; en la gestión hotelera se puede medir con varios criterios –*performance criteria*– que afectan a la toma de decisiones –*decision making*– para conseguir un buen rendimiento comercial ◊ *A poor sales performance for the year*), **sales pitch** (MKTNG labia o retórica para vender, rollo col publicitario ◊ *Their latest sales pitch is based more on charm than aggression*; V. *pitch, appeal, selling point*), **sales proceeds** (MKTNG productos o beneficios comerciales o de las ventas), **sales promoter** (MKTNG animador/promotor de ventas), **sales promotion** (MKTNG campaña de promoción de ventas; V. *promotion; sales drive/campaign*), **sales quota** (MKTNG cupo de ventas), **sales ratio** (MKTNG índice de ventas), **sales rebates and allowances** (MKTNG descuentos y rebajas sobre ventas), **sales receipt** (MKTNG comprobante de caja, ticket de compra), **sales return** (MKTNG devolución de un artículo vendido ◊ *Deduct sales returns when drawing up the balance*; V. *return*), **sales revenues** (MKTNG cifra de negocios; facturación; ingresos por ventas ◊ *Offset increased production costs against improved sales revenues*; V. *turnover*), **sales terms** (MKTNG condiciones de venta), **sales turnover** (MKTNG facturación total, volumen de ventas ◊ *You can only up sales turnover by increasing marketing outlay*), **sales volume** (MKTNG volumen de ventas; V. *sales revenues, turnover*), **saleslady/saleswoman** (MKTNG vendedora; V. *sales person; sales clerk, salesman*), **salesman** (MKTNG vendedor, agente, dependiente; V. *travelling salesman; saleswoman; sales clerk, door-to-door selling/canvassing, house-to-house salesman*), **salesmanship** (MKTNG aptitud en ventas; maña o habilidad del vendedor; tácticas o técnicas del vendedor ◊ *Good salesmanship involves knowing your product, knowing your customer and lying with a straight face*), **salesperson** (MKTNG vendedor; V. *saleswoman, salesman*)].

sample *a/v*: MKTNG/GRAL muestra, muestreo; ejemplar; probar; hacer un muestreo ◊ *Give away free samples of a face cream with an issue of a magazine*; V. *survey, opinion poll; trade fair/show/exhibition*. [Exp: **sample a product** (MKTNG probar un producto ◊ *Sample this product free at any of our branches*), **sample copy** (MKTNG ejemplar [gratuito] de muestra; V. *review copy*), **sample line** (MKTNG línea de muestreo), **sample only** (MKTNG «muestra gratuita sin valor venal»), **sample packs** (MKTNG muestras, paquetes de muestra ◊ *Instruct sales staff to leave sample packs with retailers*; V. *display cases, sales literature*), **sample point** (MKTNG punto de muestreo), **sample print** (CINE copia cero; V. *answer print, check print, final trial composite*), **sample size** (MKTNG tamaño de la muestra), **sample space** (MKTNG espacio de muestreo), **sample statistics** (MKTNG estadística de la muestra), **sample survey** (MKTNG encuesta por muestra o muestreo), **sampler** (AUDIO «sampleador», «sampler»; es un instrumento musical unido a un ordenador, que tras obtener una muestra –*sample*– de cualquier sonido puede modificarlo en todos sus parámetros; V. *synthetizer*), **sampling**[1] (MKTNG muestreo; es la técnica de selección de la muestra apropiada; V. *acceptance sampling, cluster sampling, random sampling*), **sampling**[2] (AUDIO/IMAGEN muestreo; es el método primario para convertir una señal analógica en otra digital), **sampling**[3] (MKTNG degustación; V. *tasting*), **sampling error** (MKTNG error de muestreo, error en la muestra), **sampling survey** (MKTNG encuesta por muestreo), **sampling tolerance** (MKTNG tolerancia del muestreo), **sampling variability** (MKTNG variabilidad en el muestreo), **sampling variance** (MKTNG varianza del muestreo)].

sandpaper *n/v*: GRÁFICA papel de lija, lijar ◊ *Sandpaper a rough edge*; como verbo también se encuentra la forma coloquial *sand*; V. *paper*.

sandwich[1] *col n*: PUBL cuña publicitaria en la que se puede incluir en un marco musical, referencias de tipo local como la dirección, el teléfono, etc., también llamado *donut* y *wraparound*. [Exp: **sandwich**[2] *col* (IMAGEN superposición de dos transparencias o de dos negativos), **sandwich man** (MKTNG/PUBL hombre-anuncio)].

sans serif *n*: MKTNG letra sin tacón; letra recta o de palo, también llamada *Gothic*.

satellite *n*: TV satélite. [Exp: **satellite antenna/dish** (TV antena parabólica), **satellite company** (TV empresa/corporación de televisión por/vía satélite), **satel-**

lite link (TV enlace vía satélite; son aquellas emisiones vía satélite que sólo pueden recibir las emisoras de televisión, a diferencia de los satélites de difusión directa –*direct broadcasting satellite*– que puede recibir cualquier usuario provisto de una antena parabólica –*satellite dish*–; V. *direct broadcasting satellite*), **satellite relay** (TV repetidor, satélite repetidor), **satellite station** (TV/RADIO canal/emisora vía satélite), **satellite TV** (TV televisión por satélite, «parabólica»; V. *cable, cable TV*)].

satin paper *US n*: GRÁFICA papel cuché o satinado; V. *art paper.*

satire *n*: CINE/TV/ESPEC sátira; la sátira ridiculiza, con la intención de desacreditar ◊ *"Gulliver's Travels" is a satire on human weakness and vanity*; V. *irony; theatre of the absurd.* [Exp: **satirize** (GRAL/CINE/ESPEC satirizar, representar satíricamente, burlarse de ◊ *The film satirizes the ambition and deception of politicians*)].

saturate *v*: GRAL saturar/abarrotar, colmar. [Exp: **saturate the market** (MKTING abarrotar/abarrotar el mercado; V. *glut, flood the market*), **saturation**[1] (IMAGEN saturación; en lo que a la tecnología del color –*colour technology*– se refiere, la saturación de un color es el grado de intensidad –*vividness*– de su tonalidad –*hue*–, y también el grado de diferencia entre dicho color y un gris de la misma luminosidad –*lightness*– o brillo –*brightness*–; se dice de la cantidad de grises que contiene un color; V. *colour, hue; chroma*), **saturation**[2] (AUDIO saturación; se produce cuando alguna banda de frecuencia contiene más energía de la que permite el soporte, con lo cual se deteriora la calidad de reproducción), **saturation**[3] (MKTNG/PUBL saturación, campaña masiva/concentrada/de saturación; alude a la campaña publicitaria caracterizada por la gran concentración de muchos anuncios emitidos o colocados en muy poco tiempo, con el fin de producir el máximo impacto –*maximum impact*–; V. *campaign, flight, saturation campaign*), **saturation campaign** (MKTNG campaña de saturación), **saturation point** (GRAL/MKTNG punto de saturación ◊ *Interest in a product slackens once a campaign has reached the saturation point*; V. *slacken*)].

SAU *n*: PUBL unidad publicitaria estándar; V. *standard advertising unit.*

SBU *n*: MKTNG unidad estratégica de negocio; V. *strategic business unit.*

scale[1] *n/v*: GRAL/GRÁFICA/IMAGEN/AUDIO/MKTNG escala; abanico; hacer a escala ◊ *Measure outcomes on a world-wide scale.* [Exp: **scale**[2] (GRAL ampliar/reducir a escala ◊ *Scale fonts/types*), **scale down** (GRAL reducir a escala), **scale up** (GRAL incrementar/ampliar a escala), **scale model** (GRAL modelo/maqueta a escala)].

scan[1] *n/v*: GRAL leer rápidamente, echar un vistazo, recorrer con la vista ◊ *The editor scanned the texts on the lookout for errors.* [Exp: **scan**[2] (IMAGEN convertir [una ilustración] en una imagen digital; barrido horizontal en la pantalla; V. *television scan*), **scan conversion** (IMAGEN proceso de conversión de una señal de vídeo en sus tres componentes: rojo, verde y azul), **scanner** (IMAGEN/AUDIO explorador, muestreador, escáner, escanógrafo; V. *reader*), **scanning** (TV/IMAGEN muestreo; barrido horizontal; V. *frame*), **scanning line** (TV/IMAGEN línea; cada una de las 625 estrechas franjas en que se divide la imagen de televisión para su transmisión o reproducción; V. *line scanning*)].

scandal *n*: MEDIOS escándalo, chismorreo-s ◊ *There is nothing but filth and scandal in that paper*; V. *exposé, gutter press; tabloid, sleaze, filth, tabloid talkshow.*

[Exp: **scandal sheet** *col* (PRENSA periodicucho lleno de chismorreos; publicación amarillista especializada en chismes y escándalos; V. *yellow journalism*), **scandal monger** *col* (MEDIOS chismoso, cotorra *col*, buitre *col*; aplicado a un periodista, significa el únicamente ávido de escándalos o chismorreo ◊ *I refuse to speak to that scandalmonger of a journalist*; la expresión se ha formado a imagen y semejanza de *ironmonger* –chatarrero– o *fishmonger* –pescadero– donde el elemento *monger* significa «vendedor, mercader»)].

scatter[1] *n*: AUDIO/IMAGEN dispersión, pérdida de direccionalidad de un haz de luz; V. *acoustic scattering*. [Exp: **scatter**[2] (PUBL atomización, fragmentación; en publicidad se emplea en expresiones como *scatter market* –mercado de espacios publicitarios de radio o televisión no vendidos en la campaña de pretemporada –*preseason upfront buying time*–; *scatter plan* –plan publicitario esparcido por distintos medios y a distintas horas, con el fin de que llegue a la mayor audiencia posible–)].

scenario[1] *n*: CINE/TV guión cinematográfico detallado –*film script with all the details of scenes, appearances of characters, stage-directions*, etc.–, aunque es menos detallado que el *shooting script* o *el screenplay* ◊ *Write the scenario for the film adaptation of a novel*; V. *script*. [Exp: **scenario**[2] (GRAL perspectiva-s, panorama ◊ *The film director painted a gloomy scenario for the future of the industry*; en esta acepción son frecuentes expresiones como *best-/worst-case scenario*– panorama más optimista/pesimista, mejor/peor situación, mejor peor caso posible o imaginable, etc., y *nightmare scenario* –futuro o panorama más negro–, etc.)].

scene *n*: CINE/TV escena, escenario, decorado; puede ser: ① una parte de una obra teatral en la que se mantiene el mismo marco o decorado –*setting*–; ② una unidad cinematográfica –*a unit of a motion picture*– formada por varios planos –*shots*– interrelacionados por referirse a un mismo incidente dramático –*episode*– o por suceder en el mismo lugar; ③ un episodio; conviene tener presente que *scene* en inglés se refiere sobre todo a lo representado, o al lugar considerado en relación a lo representado; no significa el lugar real donde están los actores, que es *stage* en el teatro y *set* en el cine; de ahí que se diga *a love scene* –una escena romántica/amorosa– o *The scene is set in Venice*– la obra está ambientada en Venecia; en sentido figurado conviene traducirlo por «lugar, ambiente, ámbito, mundo» antes que por «escena», por ejemplo, en *The sports scene* –el mundo/ámbito deportivo, los círculos deportivos–, *the London scene* –el mundillo londinense o la «movida» londinense–, etc.; V. *sequence, set, mise-en-scène; appear on the scene, behind the scenes*. [Exp: **scene-shifter** (ESPEC tramoyista; V. *stagehand, stage crew*), **scenery** (CINE decorado; V. *scene; stage designer*), **scenes, behind the** (GRAL/ESPEC entre bastidores; V. *backstage*)].

schedule[1] *n/v*: GRAL/GESTIÓN programa, programación [de radio o de televisión], calendario, plan [de trabajo], lista, relación; cuestionario; horario; cédula; programar, prever, planear; programar, proyectar, catalogar, fijar ◊ *Production schedule; Production is scheduled to begin in autumn*; V. *on schedule*. [Exp: **schedule**[2] (PUBL programación de una campaña publicitaria ◊ *The agency is busy with its autumn advertising schedule*; la expresión se usa sobre todo en plural en alusión a los anuncios programados y los medios previstos; V. *impact scheduling*), **schedule, ahead of** (GRAL antes del plazo

SCHEME 288

previsto), **schedule, behind** (GRAL con retraso ◊ *Their advertising campaign is already running three weeks behind schedule*), **schedule, on** (GRAL a la hora prevista, en el plazo previsto), **scheduled programme** (RADIO/TV programa regular o previsto, espacio programado ◊ *The scheduled programme was cancelled becuase of live coverage of the funeral*; V. *live coverage*), **scheduled time** (RADIO/TV horario previsto, horario normal de programación ◊ *The programme overran the scheduled time by two minutes*), **scheduling of programmes** (GRAL/RADIO/TV programación prevista ◊ *Scheduling of programmes is approximate and is subject to last minute changes*; V. *traffic department*)].

scheme *n*: GRAL esquema, proyecto, plan, programación, previsiones ◊ *Find a way to fit a new idea in with the prearranged scheme*; V. *placement scheme*.

science fiction *n*: CINE ciencia ficción, ficción científica. [Exp: **sci-fi** col (CINE ciencia ficción; se pronuncia *sai-fai*)].

scoop[1] *n*: MEDIOS exclusiva, primicia ◊ *The journalist's story of a high-level leak was a major scoop for his paper*; V. *exclusive, beat, breaking news, leak*. [Exp: **scoop**[2] (MEDIOS quitar/pisar la exclusiva, ganar la primicia a otro medio ◊ *The paper was furious at being scooped by its biggest rival*; V. *exposé, gutter press, scandal*), **scoop**[3] (IMAGEN reflector, foco en forma de pala; también llamado *floodlight*; V. *broad*)].

scorcher col *n*: PRENSA/MEDIOS notición col, bombazo col ◊ *Her piece on secret government funding is an absolute scorcher*; V. *big news*.

score *n*: AUDIO partitura, libreto; V. *jingle, arranger, lyricist*. [Exp: **scoreboard** (PUBL/EXTERIOR marcador [simultáneo]; gran pantalla en la que se recogen los resultados deportivos; es muy importante

en publicidad estática), **scoring** (CINE/TV sesión de grabación de la banda sonora de una película o de la música que ha de acompañar a un programa televisivo)].

Scotch rule *n*: GRÁFICA filete de doble línea, una gruesa y otra fina; también llamado *double dash* y *Oxford rule*.

scout *n/v* CINE cazatalentos, también llamado *talent scout*; reconocer el terreno; andar al acecho de algo, husmear ◊ *Journalists scouting about for news*; V. *posse*.

scramble *v*: GRAL codificar, cifrar; V. *encrypt; unscramble, descrambler*. [Exp: **scrambler** (AUDIO/IMAGEN codificador; V. *decoder, encoder, unscramble, encryption, encrypt*), **scrambling technology** (GRAL tecnología de cifrado o encriptación; V. *encrypt*)].

scrap[1] *n*: GRAL pedacito, trozo [de papel] ◊ *Write down a phone number on a scrap of paper*. [Exp: **scrap**[2] (PRENSA/PUBL dato mínimo o aislado, noticia/información muy breve o incompleta ◊ *A scrap of news*; V. *item, story*), **scrap**[3] (GRAL chatarra, material desechado; abandonar, desechar, abortar ◊ *Scrap a news story for want of confirmation*), **scrapbook** (PRENSA cuaderno, carpeta, álbum o dossier con recortes ◊ *A journalist who keeps a scrapbook of his major articles*; V. *clipping*)].

scratch, scratches *n*: IMAGEN rayas, arañazos, garabatos; son producidos por la degradación de la señal electrónica, caracterizada por la aparición de puntos; también se le llama basura –*dirt*–; V. *abrasion, drop-out, noise*. [Exp: **scratchboard** (GRÁFICA pizarra en la que se rayan los dibujos; consta de una superficie de color negro cubierta por una capa de arcilla de color blanco, que es la que se raya), **scratch paper** (GRÁFICA papel de borrador), **scratchcard** (MKTNG «rasca premio», lotería instantánea; al cliente, con la compra de un producto, se le da una tarjeta que debe «rascar» para saber si tiene premio)].

screamer *n*: PRENSA titulares de tamaño extragrande, titulares chillones ◊ *Popular dailies are fond of using screamers on the front page.*

screen[1] *n/v*: IMAGEN/CINE/TV/GRAL pantalla [cinematográfica, de televisión, etc.]; biombo; proyectar en pantalla; emitir, dar por la televisión ◊ *The Prime Minister's speech to the nation is to be screened live*; V. *small screen, silver screen, screen quota.* [Exp: **screen**[2] (CINE cine ◊ *The play was a hit on both stage and screen*), **screen**[3] (GRÁFICA trama, filtro, filtrar, tamizar; V. *coarse screen; halftone*), **screen**[4] (GRÁFICA plancha de vidrio –*glass plate*– utilizada en la confección de modelos de semitonos –*halftones*–), **screen**[5] (GRAL/GESTIÓN seleccionar, examinar minuciosamente, escudriñar ◊ *Candidates for senior posts are very carefully screened*), **screen quota** (CINE cuota de pantalla; mecanismo de protección de las producciones cinematográficas de un país; esta cuota obliga a la proyección de un determinado número de filmes de producción nacional –*domestic productions*–), **screen resolution** (GRÁFICA/IMAGEN resolución de pantalla; es el número de puntos por pulgada –*dpi*– en una pantalla de fotograbado a media tinta –*halftone*– necesarios para imprimir una imagen; V. *digital device resolution, resolution*; *bit resolution, screen resolution, image resolution, output resolution*), **screening**[1] (GRAL selección; V. *screening question, screen*[3]), **screening**[2] (CINE visionado; proyección [de una película] ◊ *Arrange a private screening of a film for a selected group of critics*; el término se emplea preferentemente aunque no exclusivamente para las proyecciones privadas o limitadas; V. *preview*), **screen-**

ing question (MKTNG pregunta discriminatoria o selectiva; V. *questionnaire, leading question, loaded question, open question, prompted answer question*), **screenplay** (CINE guión definitivo de una película; este guión comprende las escenas individualizadas con sus diálogos y la disposición de las cámaras –*camera set-up*–; V. *adaptation, shooting script, filmscript, scenario*)].

scrim *n*: CINE gasa, muselina; telón transparente, velo ◊ *A scrim painted with leaves and branches moves sideways across the stage*; este telón de tejido transparente se emplea para difuminar luces o crear efectos de ambientación; V. *gauze, backdrop; gobo, matter*).

script *n*: PRENSA/CINE/TV manuscrito; es la forma abreviada de *manuscript*, para lo cual éstas son las principales acepciones: ① guión [televisivo, radiofónico, cinematográfico] ◊ *Work together with the director on the script of a film*; V. *continuity*[3]; cuando se trata de un guión cinematográfico se usa *scenario* y *shooting script*, que son términos más especializados ② texto [de un discurso] ◊ *Make last minute alterations to the script of the chairman's speech*, ③ letra, caligrafía; alfabeto ◊ *A letter written in a neat script*; ④ letra tipo «script»; V. *film script, shooting script*. [Exp: **script girl/supervisor** (CINE secretario-a de rodaje; supervisor-a del guión; antes se le llamaba *script girl*; es el profesional encargado de anotar todas las tomas –*takes*– y, sobre todo, de la continuidad –*continuity*–, esto es, se asegura de que los detalles de un plano casarán con los de otro, aun cuando se hayan filmado en tiempos distintos), **script/scripted show** (TV espectáculo/programa con guión [no improvisado, preparado de antemano]; V. *ad lib programme*), **script-writer** (TV/CINE guionista, autor del guión; V. *playwright*)].

scroll, scrolling *n*: IMAGEN desplazamiento vertical de un texto línea a línea por la pantalla. [Exp: **scroll down/up** (IMAGEN hacer retroceder/avanzar el texto que aparece en la pantalla de un monitor –*display screen*–)].

SDDS *n*: AUDIO V. *Sony Dynamic Digital Sound*.

seal of approval *n*: MKTNG/PUBL visto bueno, [sello de] aprobación; en publicidad alude a un símbolo convencional impreso en el texto de un anuncio para significar que la publicación ha comprobado la calidad del artículo anunciado ◊ *The ad carried the magazine's seal of approval*.

seam *n*: GRAL costura. [Exp: **seamless** (GRAL/CINE sin costuras, seguido, sin rupturas o cortes), **seamless background** (CINE fondo infinito; es un fondo de una sola pieza, en el que no se percibe ningún cambio entre el plano horizontal y el vertical por no haber costuras –*seamless*–; V. *cove, cyclorama*), **seamlessness** (CINE montaje lineal; es un montaje sin rupturas, esto es, sin elipsis ni inexplicables transiciones temporales o espaciales; V. *jump cut, match cut, ellipsis, juncture*)].

search engine *n*: INTERNET buscador, motor de búsqueda; son programas disponibles en Internet, como *Yahoo*, *Excite* y otros, que permiten a los usuarios –*users*– buscar simultáneamente en multitud de direcciones –*websites*– utilizando las palabras de búsqueda –*search words*–; V. *browser*.

season *n*: GRAL/MKTNG estación, temporada, campaña; V. *campaign, off season*. [Exp: **season sale** (MKTNG oferta estacional), **season ticket** (GRAL/ESPEC abono, carné de socio), **season-ticket holder** (GRAL abonado, socio ◊ *A 40 % discount on admission prices for season-ticket holders*; V. *subscriber*), **seasonability** (MKTNG estacionalidad), **seasonal** (MKTNG estacional, de temporada, de

campaña), **seasonal sale** (MKTNG ventas/rebajas por fin de temporada), **seasoned** (GRAL veterano, con gran experiencia, curtido [en mil batallas] ◊ *A seasoned press photographer who has seen it all*)].

seating capacity *n*: ESPEC/CINE aforo.

second *a*: GRAL/CINE segundo; en el cine se suele utilizar como adjetivo de una función cuando la persona que la desempeña está al servicio de otra, de forma que se traduce como el «ayudante de» o «segundo», como en *second assistant cameraman*, que sería «segundo ayudante de cámara» o «ayudante del ayudante de cámara»; si existe un *second*, a su jefe inmediato se antepone un *first*, de modo que el *assistant editor* se convierte en *first assistant editor*. [Exp: **second cover** (GRÁFICA interior de portada, también llamada *inside front cover*), **second run** (CINE V. *first run*), **second to none, be** (MKTNG el mejor, el número uno, insuperable; no haber nada/nadie que le iguale ◊ *They claim their product is second to none*)].

section *n*: TV/PUBL sección; bloque publicitario; V. *break*.

segment *n*: MKTNG segmento; se emplea en expresiones como *market segment*, esto es, el grupo de consumidores a quienes se les aplica estrategias comerciales similares. [Exp: **segmentation** (MKTNG segmentación; suele aludir a la división de los mercados, productos, audiencias, etc., en subgrupos homogéneos de acuerdo con parámetros tales como los gustos, edades, actitudes, etc., de sus componentes, con el fin de llevar a cabo una estrategia comercial diferenciada para cada uno de ellos; V. *audience segmentation, countersegmentation, market segmentation, product segmentation*)].

segue *n*: TV/AUDIO transición de un tema a otro; elemento de unión entre dos espacios televisivos; cambio musical suave e imperceptible.

select *v*: GRAL/AUDIO seleccionar, sintonizar; V. *tune, screen*. [Exp: **selective** (GRAL/MKTNG selectivo), **selective advertising** (MKTNG publicidad selectiva; va dirigida a la promoción de una marca, mientras que en la genérica –*generic advertising*– varias empresas unen sus esfuerzos para promocionar un artículo o producto), **selective focusing** (CINE foco selectivo; V. *rack focusing*), **selector** (GRAL/AUDIO seleccionador; V. *channel selector*)].

self-adhesive *a*: GRAL autoadhesivo; V. *self-sticker*. [Exp: **self-liquidating offer** (MKTNG oferta autoliquidable), **self-liquidating premium** (MKTNG autoliquidable; premio por compra en gran volumen), **self-mailer** (GRAL carta plegada que no necesita sobre), **self-service, self-ticker** (MKTNG autoservicio)].

sell *v*: MKTNG vender; venderse; al igual que *play* o *read*, este verbo puede utilizarse con sentido pasivo, como en *This product sells well* –este producto se vende bien–; V. *sale, purchase*. [Exp: **sell-by date** (MKTNG fecha de caducidad ◊ *Remove products that have passed their sell-by date from the shelves*; V. *expiry date, best before, use-by date*), **sell for cash** (MKTNG vender al contado), **sell off** (MKTNG liquidar, saldar, realizar; vender las existencias viejas o los restos de una empresa estatal en proceso de privatización; V. *clear²*), **sell on trust** (MKTNG vender al fiado), **sell out¹** (MKTNG liquidar, agotar las existencias de un producto, no quedarle a uno existencias ◊ *We're completely sold out of that product at the moment*; V. *raincheck, sellout*), **sell-in** (MKTNG fase de presentación de un producto a los minoristas –*retailers*–, con la petición de que lo expongan en sus estantes; V. *sell-through*), **sell-off** (PUBL reventa de espacio o tiempo publicitario –*advertising space/time*– a otro anunciante), **sell-through** (MKTNG fase en la que se pide un esfuerzo al detallista para que aumente las ventas de un producto; V. *sell-in*), **sellable** (MKTNG vendible, enajenable; V. *saleable, merchantable, vendable/vendible, marketable*), **seller** (MKTNG vendedor, comerciante), **seller's market** (MKTNG mercado favorable al vendedor, mercado de vendedores; mercado en el que hay escasez de oferta de productos; V. *buyer's market*), **selling agent** (MKTNG agente de ventas, intermediario; V. *representative, broker, jobber*), **selling point** (MKTNG/PUBL argumento de venta ◊ *Focus the advertising campaign on major selling points such as price, quality and user-friendliness*; V. *sales pitch, user-friendliness*), **selling unit** (MKTNG unidad de venta), **sellout¹** (MKTNG producto que se vende rápidamente; agotamiento de las existencias; V. *fallback stock out*), **sellout²** (CINE/ESPEC éxito de taquilla; lleno ◊ *The event is a complete sellout*; V. *box-office hit, bomb¹* col)].

semi *pref*: GRAL semi; V. *half*. [Exp: **semiannual** (GRAL semestral), **semi-spectacular** (EXTERIOR valla pintada –*painted bulletin*– y con efectos de luces y/o animación, también llamada *embellished painted bulletin*; sin embargo no tiene el gran despliegue de medios de la valla espectacular o *spectacular*; V. *regular²*), **semicolon** (TIPO punto y coma; V. *punctuation*), **semifinished** (GESTIÓN semiacabado, semielaborado), **semiknocked down, SKD** (GESTIÓN semimontado), **semimanufactured products** (GESTIÓN productos semiacabados)].

seminar *n*: MKTNG seminario; V. *workshop, group discussion, focus group*.

semiosis *n*: SEMIÓ semiosis; V. *sign*. [Exp: **semiology/semiotics** (SEMIÓ semiolo-

gía/semiótica; en principio ambos términos son intercambiables; el primero, sin
embargo, se suele centrar más en los
aspectos sociales de los signos, por ejemplo, los de las modas, la dieta, el mobiliario, etc., y el segundo en los aspectos
formales de los signos dentro del sistema
al que pertenecen)].

senior *a*: GRAL/GESTIÓN con experiencia,
que ocupa un puesto de responsabilidad,
jefe; V. *junior, above-the-line people* col.
[Exp: **senior/top management** (GESTIÓN
alta dirección)].

sensationalism *n*: MEDIOS sensacionalismo;
es la utilización de contenidos *–subject
matter–* que despiertan un interés rápido
–quick–, intenso *–intense–* y por lo general superficial y pasajero *–superficial and
short-lasting–* ◊ *Sensationalism may be
immoral, but it sells*; V. *sleaze, tabloids,
scandal.* [Exp: **sensationalist** (PRENSA
sensacionalista), **sensationalize** (PRENSA
exagerar, redactar con estilo sensacionalista ◊ *Sensationalize a story by use of a
coarse, strident style*; V. *tabloid*)].

sensitize[1] *v*: CINE sensibilizar, concienciar ◊
*An aid campaign designed to sensitize
public opinion to the plight of the home-
less*; V. *awareness, consciousness-raising.* [Exp: **sensitize**[2] (CINE/IMAGEN sensibilizar; consiste en hacer sensible a la luz
–sensitive to light– una placa fotográfica
o película *–photographic plate or film–*;
aparece en expresiones como *a highly
sensitized photographic film –*una película de alta sensibilidad–*.

sensurround *n*: CINE sensurround; era un
truco de audio *–audio gimmick–* desarro-
llado por los estudios Universal, que aña-
día vibraciones de baja frecuencia *–low-
frequency vibrations–* a la banda de
audio *–audio track–*, de forma que los
espectadores tenían la impresión de ser
sacudidos *–shaken–* por terremotos
–earthquakes–, ataques aéreos *–air*

raids– y similares; V. *scene; stage designer.*

separation *n*: IMAGEN separación de los tres
colores primarios para preparar los cuatro
negativos; V. *colour separation, fake
process.*

sequel *n*: CINE segunda parte, continuación;
«secuela» ◊ *Keep the same actors for the
sequel to ensure box-office success*; V.
prequel, series, serial; saga.

sequence *n*: GRAL/ CINE secuencia, orden;
en líneas generales es el fragmento cinematográfico *–film fragment–* formado
por una serie de planos *–shots–* o escenas
–scenes– relacionados temporal, espacial
o temáticamente en donde hay uno o
varios episodios, montados *–edited–* para
formar una unidad estética o dramática
–dramatic or esthetic unit–; en las
secuencias por lo general hay un principio, un medio y un final y se las compara a los capítulos de una novela; V. *episode, unit; syntax.* [Exp: **sequence shot**
(CINE plano secuencia ◊ *A whole scene in
one shot is a sequence shot*; V. *splice;
shot, syntax; mise-en-scène; shot sequence, mobile long take*), **sequencing**
(CINE secuenciación; ordenación y control
de una secuencia de planos ◊ *It's the
editor's task to ensure that the sequencing
is coherent*; V. *splice, cut, edit*)].

serial *n*: TV/CINE serial, serie; novela por
entregas ◊ *The star of a detective serial
on television*; V. *series.* [Exp: **serial**[2]
(PRENSA en serie, en cadena, consecutivo), **serial interface** (AUDIO/IMAGEN
interfaz en serie), **serial number**
(AUDIO/IMAGEN número de serie), **serial
port** (AUDIO/IMAGEN puerto en serie,
puerto asíncrono; V. *parallel port*), **serial
printer** (AUDIO/IMAGEN impresora en
serie), **serialization** (PRENSA serializa-
ción, publicación por entregas ◊ *The
serialization of the book increased the
number of readers*; V. *feature article*),

serialize (PRENSA/TV convertir en serie televisiva; publicar por entregas ◊ *A number of classics of English literature are to be serialized on TV next year*)].

series *n*: CINE/TV/RADIO serie ◊ *The James Bond series was extremely popular in the sixties*; las películas o los programas de una serie tratan del mismo tema –*topic*– o el mismo personaje –*character*– pero son independientes entre sí, mientras que en el serial un programa, un capítulo o una película es continuación de la anterior; un ejemplo son las «series de abogados» –*courtroom dramas, lawyer shows*–; V. *serial, sitcom*)].

serif *n*: TIPO tacón de una letra, letra con tacón ◊ *The letters of this sentence have serif*; son pequeños trazados en los extremos de las letras; a las letras que tienen «tacón» se las llama *serif type* o simplemente *seriff* y también *Roman*; V. *sans serif, swash*.

serigraphy *n*: GRÁFICA serigrafía; procedimiento de impresión en el que las tintas de cada color atraviesan pantallas de seda –*silk screens*–.

serve *v*: MKTNG atender, despachar a un cliente ◊ *Are you being served?*; V. *attend to*. [Exp: **server** (INTERNET servidor; es un ordenador anfitrión –*host computer*– que responde a solicitudes de información –*requests for information*–; también se refiere a los programas –*software*– que posibilitan este proceso; V. *web page*), **service area/department/desk** (MKTNG servicio de atención al cliente; V. *after-sales service, customer service department, accommodation area/desk*), **service charge** (MKTNG suplemento/cargo por el servicio; se utiliza en facturas de restaurantes, mayoristas, etc.; V. *fee*), **service fee** (GESTIÓN honorarios, comisión de agencia), **service-quality benchmarking** (MKTNG gestión empresarial [basada en la aten-ción] de calidad [al cliente]; se obtiene buscando referencias –*benchmark*– en los competidores y los no competidores), **servicing** (MKTNG cumplimentación de un servicio o pedido; V. *tracking, fulfilment; back end*)].

session *n*: MKTNG pase, sesión; V. *show time, showing*. [Exp: **session fee** (CINE/ESPEC pago por sesión de trabajo de artistas, modelos, etc.; V. *residual*)].

set[1] *n*: CINE/TV plató; decorado; se llaman así cada uno de los recintos cubiertos de un estudio, acondicionados para que sirvan de escenario –*scenery*– en el rodaje de las películas y en la grabación de los programas de televisión; V. *scene, stage, closed set; scenery; strike camp; location*. [Exp: **set**[2] (ESPEC escenografía; decorado; V. *prop, scenery, location, outside broadcast, studio*), **set**[3] (RADIO/TV receptor, aparato, como en *TV set* o *radio set*; V. *receiver*), **set**[4] (GRÁFICA/TIPO componer [un texto]; V. *setting, compose*), **set**[5] (CINE ambientar, desarrollarse, situar-se, tener lugar ◊ *The action is set in London*; con frecuencia la mejor traducción de esta expresión consiste en poner como sujeto una palabra como «escena» o «acción», diciendo «la acción de la obra transcurre en Nueva York», etc.), **set designer** (CINE/TV decorador), **set dresser** (CINE/TV ambientador de un plató), **set dressing** (CINE/TV ambientación, acondicionamiento o adecuación de un plató ◊ *Set dressing involves minute details like the choice of plants or the colour and pattern of curtains*; V. *prop*), **set light** (CINE/IMAGEN luz base; también llamada *base light, background lighting* o *foundation light*, es la iluminación básica del plató, antes de añadirse ninguna otra), **set off** (GRÁFICA realzar, resaltar, dar realce ◊ *A portrait in which the features of the face are set off with shading*; V. *shade off, shading*), **set takes** (CINE

interiores; V. *location shooting*), **set to music** (AUDIO/CINE/TV poner música a ◊ *Set a well-known poem to music*), **set-up** (GRAL/CINE configuración, disposición, colocación; organización de focos, cámaras, micrófonos, etc., para un rodaje por planos –*shots*–; V. *arrangement, format, layout, style*), **setback** (EXTERIOR distancia entre una valla y la línea de tráfico), **setoff** (GRÁFICA mancha por contacto de páginas recién impresas; también se llama *offsetting*; V. *slip-sheet*), **sets and props** (CINE decorados y atrezo; V. *prop, grip*), **setting**[1] (CINE/GRAL ambientación, escenario, marco, entorno ◊ *The early scenes of the film establish the urban setting*; V. *locale, ambiance, atmosphere*), **setting**[2] (AUDIO arreglo musical, versión musical ◊ *A new setting of the composition for strings*; V. *arranger*), **setting**[3] (GRÁFICA composición ◊ *A number of errors crept into the text during setting*)].
settle *v*: GRAL/MKTNG acordar, saldar, liquidar; V. *clear*[2]; *sell off.*
sex *n*: GRAL sexo; V. *pet scene; topless radio, tabloid talk show.* [Exp: **sex remake** (CINE versión sexual; es una versión con temática sexual de una película famosa, que imita hasta en el título la ambientación –*atmosphere*–, los personajes –*characters*– y el argumento –*plot*– de la película original, como puede ser *Flesh Gordon* respecto de *Flash Gordon*), **sexploitation** (CINE película de sexo; está basada en la explotación de temas y escenas de contenido sexual; V. *nudity, soft/hard porn, softcore, full-frontal nudity*), **sexy**[1] (GRAL erótico), **sexy**[2] GB col (PRENSA jugoso, sabroso ◊ *Stories about everyday life are always sexier than politics*; la expresión, que se aplica a noticias periodísticas, no tiene nada que ver con el sexo, sino con el poder de atraer audiencia; V. *tabloids*)].
sfx *n*: CINE abreviatura de efectos especia-les; se trata de la abreviatura de *special effects.*
shade[1] *n/v*: IMAGEN sombra; matiz; sombreado; color, color mezclado con negro, dar sombra, proteger del sol, tamizar ◊ *Shades of blue; shades of meaning*; V. *light, shadow; hue, colour.* [Exp: **shade**[2] (GRÁFICA sombrear ◊ *A drawing with heavily shaded outlines*; V. *hatch*), **shade off** (GRÁFICA/IMAGEN/CINE mezclarse, fundirse, irse convirtiendo ◊ *The colours in the sequence gradually shade off into black and white*; V. *set off*), **shader** (CINE/IMAGEN operador encargado de los parámetros de la visión), **shading** (GRÁFICA sombreado ◊ *Create subtle visual effects by skilful use of shading*; V. *line drawing, set off, diffusing*), **shadow** (GRÁFICA sombra; sombrear, ensombrecer, oscurecer ◊ *The background figures are deeply shadowed*; V. *shade*), **shadow-mark** (GRÁFICA filigrana impresa; es un sustituto más económico de las verdaderas filigranas o *watermarks*)].
shape *n/v*: GRAL forma; moldear; V. *format, style, arrangement, set-up; mold.*
share *n*: MKTNG/CINE/TV/RADIO cuota [de mercado, de pantalla, de audiencia, etc.]; porcentaje de audiencia de un programa, con respecto al número de personas que están viendo la televisión u oyendo la radio en ese momento; V. *market share, HUT, PUT, PUR, rating, rating officer, metered market.* [Exp: **share of voice** (PUBL/MKTNG cuota de presencia [publicitaria]; es el porcentaje de presencia en los medios de comunicación de una marca o servicio respecto de la competencia), **shareware** (INTERNET programática compartida, programas compartidos; son programas –*software*– disponibles para «bajar» –*download*– desde Internet, que pueden probarse antes de comprar –*try before buying*–; una vez comprados, se reciben versiones actualizadas –*updated*

versions–, así como apoyo técnico –*technical support*–; V. *freeware, hardware, software*)].

sharp *a*: IMAGEN/AUDIO nítido, claro, bien definido, bien marcado; en música significa «sostenido», como en *F sharp* –fa sostenido–; en esta última acepción alude a la nota musical cuya entonación es un semitono –*semitone*– más alto que la de su sonido natural; es lo contrario de *flat* –bemol–; V. *natural, soft; blurred*. [Exp: **sharpness** (IMAGEN/AUDIO nitidez)],

shed *n*: MKTNG cobertizo, nave; V. *discount shed*. [Exp: **shedding** (IMAGEN/AUDIO pérdida, en forma de escamas, de parte de la capa magnética de una cinta con la consiguiente aparición de rayas y desvanecimientos de la señal)].

sheet *n*: GRÁFICA pliego, hoja de papel; chapa, plancha, lámina; coloquialmente puede referirse a un *tabloid*, como en *scandal sheet*; V. *leaf, sheet, page*. [Exp: **sheet-fed printer** (GRÁFICA impresora con alimentador de papel), **sheet music** (AUDIO partitura suelta), **sheets, in** (GRÁFICA sin encuadernar; V. *loose-leaf*)].

shelf *n*: MKTNG estante, balda, anaquel, repisa; lineal; V. *rack, tray*. [Exp: **shelf filler** (MKTNG vigilante de estanterías, reponedor; su función es procurar que los estantes estén siempre llenos y reponer progresivamente los productos vendidos; V. *filler, rack jobber*), **shelf life** *col* (MKTNG tiempo de permanencia en estantería; alude al tiempo transcurrido entre la colocación de un artículo en exposición y su venta o retirada definitiva; se miden dos cosas: ① la permanencia en exposición de los productos perecederos –*perishable foodstuffs*–, como medida de control sanitario; ② el ritmo de venta –*sales rhythm*– de un artículo cualquiera ◊ *These toiletries have an average shelf life of 10 days*; V. *product life cycle, product rotation*), **shelf price** (MKTNG precio de venta al público; V. *[recommended] retail price, final/market price, shelf price*), **shelf warmer** (MKTNG artículo que no se vende ◊ *Sell off shelf-warmers at a loss*; V. *product life, sleeper; slow-moving goods, steady seller, running*²)].

shiny *a*: GRÁFICA brillante, lustroso; satinado ◊ *A paperback with a shiny cover*; V. *glossy, bright, matte*.

shirt-tail *n*: PRENSA breve adición [a un artículo o noticia], faldón; V. *follow*².

shipment *n*: MKTNG cargamento, carga, mercancía; V. *goods, merchandise, cargo*.

shock *n/v*: GRAL/MEDIOS choque, impacto; horrorizar, conmocionar. [Exp: **shocking** (GRAL/MEDIOS espeluznante, horrible, espantoso, escandaloso, vergonzoso ◊ *Shocking language*; V. *flashy*)].

shoehorn *v*: PUBL amazacotar, sobrecargar, meter con calzador; poner un número excesivo de elementos gráficos o escritos en un anuncio; V. *breathe*.

shoot *v*: CINE filmar, rodar, hacer una toma ◊ *The scene was shot in one take*; V. *record; three-camera shooting*. [Exp: **shooting** (CINE/TV rodaje; V. *three-camera shooting*), **shooting call** (CINE/TV hora de ensayo, aviso de ensayo, llamamiento a unos actores para que acudan a ensayar o rodar, también llamada *call board/ sheet* o *call* ◊ *The actress cancelled her lunch date when the shooting call came through*; V. *call*¹), **shooting-script** (CINE guión de rodaje; también llamado *master script* y *director's script*, es el guión definitivo a partir del cual se realiza la película; V. *scenario, film script*)].

shop *n*: MKTNG tienda; V. *creative shop; design shop; gift-shop; boutique*. [Exp: **shop window** (MKTNG escaparate), **shopper** (MKTNG comprador, cliente, persona que va de compras o de tiendas), **shopping** (MKTNG compras; V. *mail-order shopping, teleshopping, window shop-*

ping), **shopping basket** (GRAL/MKTNG cesta de la compra; además de su significado literal, designa tanto en inglés como en castellano al conjunto de bienes y servicios –*goods and services*– consumidos en un determinado momento –*consumed at a given time*– por la familia media de un país –*the average family of a country*–; V. *consumer price index, cost of living*), **shopping centre/complex/ mall** (MKTNG galería/centro comercial), **shopping channel** (RADIO/TV teletienda, canal televisivo de compras; son canales normalmente ofrecidos por cable –*cable*– o por parabólica –*satellite TV*–; en este último caso, aunque suelen emitir sólo en inglés o en dos idiomas como máximo, se dirigen a todos los países de cobertura, para cada uno de los cuales existe un número de teléfono específico para realizar los pedidos –*place orders*–), **shopping spree** (MKTNG fiebre/locura compradora; sesión intensa de compras donde se tira la casa por la ventana)].

short, short film *n*: CINE corto, cortometraje; película de 20 a 30 minutos; también se le llama *featurette*; V. *feature, footage*. [Exp: **short wave** (RADIO onda corta ◊ *Pick up foreign stations more clearly on short wave*; V. *medium wave, waveband*), **shortfall** (MKTNG deficiencia; disminución; insuficiencia; diferencia; déficit ◊ *Figures released today show a 10 % shortfall in exports*; V. *underlivery*)].

shot[1] *n*: IMAGEN foto; V. *snapshot*. [Exp: **shot**[2] (CINE plano de un film ◊ *The opening shots were taken from a high platform*; tiene varios significados: ① unidad funcional mínima del discurso cinematográfico formada por cada una de las escenas de una película tomadas de forma continua sin cambio de escenario, personaje o tiempo; ② cada una de las tomas –*takes*– elegidas, que debidamente empalmadas –*spliced*– por el editor –*cut-*ter– constituirá el producto final –*final form*–; se pueden hacer varias tomas o *takes* de un mismo plano y sólo una de ellas se utilizará en el montaje –*editing*– de la película; ③ acción o proceso de tomar los planos; los tipos de planos clásicos son siete: *extreme close-up, close-up, medium close-up, medium shot* y *medium long shot, long shot* y *extreme long shot*, también llamado *distance shot*; no obstante, el punto de vista –*viewpoint*– que se adopte en la toma de un encuadre o *frame* ha dado lugar a muchos otros planos, tales como *detail shot, establishing shot, insert shot, location shot, open shot, packshot, package shot, product shot, pan/panning shot, product shot, reverse shot, sequence shot, tilt shot, tracking shot, travelling shot, upshot, zenital shot, etc.*), **shot sequence editing** (CINE montaje por secuencias clásicas; este montaje comienza con el plano general –*long/ cover shot*–, a continuación pasa a los planos americanos –*medium shots*– y acaba en el primer plano –*close-up*; V. *shot-sequence*), **shotgun microphone** (AUDIO micrófono direccional)].

shoulder *n*: GRAL/GRÁFICA hombro; parte de la plancha que no imprime desde la que nacen los ojos o relieves de los tipos de impresión. [Exp: **shoulder shot** (CINE toma/plano desde los hombros a la cabeza; V. *over-the-shoulder*)].

show[1] *v/n*: GRAL/MKTNG exposición, feria, salón; exponer, mostrar, demostrar, enseñar ◊ *The show got good reviews in the press*; se encuentra en expresiones como *agricultural show* –feria agropecuaria–, *boat show* –salón náutico–, *fashion show* –desfile/de modelos–; *flower show* –exposición floral–; V. *exhibition; fair*[2], *pavillion; parade*. [Exp: **show**[2] (ESPEC espectáculo; exhibición, concurso; se emplea en expresiones como *air show*

–exhibición acrobática aérea–, *horse show*– concurso hípico, etc.; V. *on show*), **show bill** (ESPEC cartel; V. *bill*), **show business** (ESPEC mundo del espectáculo), **show marketing** (MKTNG marketing acompañado de espectáculo o pasatiempo relacionado con el producto que se presenta), **show reel** (AUDIO bobina de presentación [de anuncios publicitarios]; V. *reel*), **show slides** (GRAL pasar diapositivas), **show-stopper** col (ESPEC número sensacional, exitazo col; actuación colosal ◊ *Her dance routine in the new musical is an absolute show-stopper*; V. *routine*), **showcard** (EXTERIOR rótulo, letrero; V. *escalator cards*), **showcase**[1] (MKTNG vitrina; V. *display cabinet/case/ window, glass case*), **showcase**[2] (CINE proyección [de una película] en varias salas selectas; la presentación de una película al público ofrece distintas formas de distribución, además del *showcase*: *first run* –proyección restringida–, *second run* –exhibición amplia–, *general release* –estreno general– y *four-walling* –exhibición por parte del distribuidor–; V. *preview, advance showing, first run, four walling, general release*), **showing**[1] (EXTERIOR grupo de vallas que forman una unidad; V. *neighbourhood showing*), **showing**[2] (CINE proyección, pase; exposición ◊ *There is a second showing at 8.30*; V. *session, advance showing, viewing*), **showroom** (MKTNG sala de exposiciones/muestras, salón; V. *stand, exhibition; catalogue showrooms*), **showy** (GRAL llamativo, espectacular, extravagante ◊ *She was wearing a very showy low-cut dress*; V. *flourish, stunning*)].

shrill a: AUDIO estridente; V. *earpiercing*.

shrink v: GRAL encoger-se, reducir-se. [Exp: **shrink-pack** (GRAL/MKTNG envase de plástico), **shrink-wrap** (GRAL/MKTNG envase de plástico, envasar/empaquetar en plástico o al vacío ◊ *Shrink-wrapped*

cuts of meat; V. *bubble card/pack, breathing package, blister pack, bulge packaging, corrugated box, bubble card/pack, plastic wrapping*), **shrinkage** (MKTNG merma, déficit, pérdidas, fugas; contracción, encogimiento, reducción ◊ *Shrinkage of stocks*)].

shutter n: IMAGEN/CINE obturador; es el dispositivo mecánico de la cámara fotográfica por el que se controla el tiempo de exposición de la película a la luz –*exposure time*–; aparece en expresiones como *shutter release* –disparador–; *shutter speed* –tiempo de exposición–; V. *lens, diaphragm; exposure*.

side n/a: GRÁFICA cara/lado de un papel, secundario, complementario; en forma atributiva significa «secundario, complementario» como en *side effects* –efectos secundarios–, *side story, sidebar* –historia/noticia secundaria o complementaria–, etc.; V. *sideline; felt side, even page, odd page, pagination*. [Exp: **side light** (IMAGEN iluminación lateral; también se le llama *cross light*), **side position** (EXTERIOR carteles a los lados de un vehículo), **side-stitch** (GRÁFICA grapado por un lado; V. *saddle stitch/wiring*), **sideline [business]** (MKTNG negocio o actividad mercantil complementaria o derivada de otra ◊ *Product placement has been a rather lucrative sideline for film producers*)].

SIG n: INTERNET V. *Special Interest Group*.

sign[1] n: GRÁFICA/SEMIÓ/GRAL signo, señal; indicador, letrero, rótulo; cartel, pancarta ◊ *An illuminated sign with the title of the film*; es todo aquello de carácter visual o auditivo, que representa o evoca otra cosa, por ejemplo, las señales de tráfico, las palabras, la danza de las abejas, el humo; los signos pueden ser iconos –*icons*–, índices –*index, indices*– y símbolos –*symbols*–; V. *mark, semiotics, placard, sign painter*. [Exp: **sign off**

(TV/RADIO despedirse, firmar [una carta, un texto], poner término a una emisión, terminar/despedir un programa, cerrar la emisión ◊ *The announcer thanked his listeners and signed off*), **sign on** (GRAL apuntarse, firmar [el registro] ◊ *Sign on with the new outfit*), **sign painter** (DISE-ÑO/GRÁFICA rotulista; V. *placard/card painter*)].

signature[1] *n*: GRAL firma. [Exp: **signature**[2] (GRÁFICA ① pliego, cuadernillo; estos pliegos o cuadernillos se ordenan *–are gathered–* para su encuadernación *–binding–*; ② marca/señal de pliego; antes se ponía en las primeras planas de estos pliegos; también llamada *signature mark*), **signature**[3] **[tune]** (TV/RADIO [música de] sintonía identificadora ◊ *Hear the signature tune when the next programme starts*; V. *call sign, call letters, station identification; blast; jingle*), **signal** (AUDIO señal; V. *time signal*)].

silent film/movie *n*: CINE película muda; en plural *–silent films/movies–* es equivalente a cine mudo; V. *mute*[3], *sound films, talkie*. [Exp: **silent zone** (RADIO/TV área fuera de cobertura o de onda; V. *dead area*)].

silhouette *n/v*: IMAGEN silueta; siluetear, destacar-se, recortar-se; V. *outline, stand out*. [Exp: **silhouette lighting** (IMAGEN/CINE/TV iluminación trasera, iluminación de silueta)].

silk-screen *n*: GRÁFICA serigrafía; V. *serigraphy*.

silver paper *n*: GRÁFICA papel de estaño, papel de plata; V. *paper, tinfoil, aluminium foil*. [Exp: **silver print** (IMAGEN prueba definitiva de un negativo para una plancha de *offset*), **silver screen** (CINE el cine; V. *big/small screen*)].

simulcast *n*: AUDIO transmisión simultánea por una emisora de radio y de televisión; V. *narrowcasting*.

sine wave *n*: AUDIO onda sinusoidal.

single *a*: GRAL único, sencillo. [Exp: **single face** (EXTERIOR cartel impreso por una sola cara; V. *facing*), **single page** (PRENSA a toda página), **single rate card** (PUBL tarifa publicitaria oficial única para anuncios de ámbito local y nacional; V. *rate card, off card*), **single system** (CINE/TV grabación única de imagen y sonido en el mismo soporte), **single truck** (PUBL anuncio a una página entera; V. *double truck*)].

siphoning *n*: GRAL/TV desviación; compra de programas de pase gratuito por las televisiones de cable o de pago; V. *pay-per-view*.

sitcom *n*: TV comedia de situación, serie cómica o de humor; es la forma abreviada de *situation comedy* ◊ *The star began her career with a small part in a sitcom*; V. *series, soap opera; appearance*[1].

site *n*: GRAL/EXTERIOR/TV emplazamiento; V. *position; web site, up for sale*.

situation comedy *n*: TV comedia de situación, serie cómica o de humor; también llamada *sitcom*.

size[1] *n/v*: GRAL tamaño, talla; magnitud, alcance, dimensión; clasificar según tamaño o talla ◊ *A machine that sizes the product*. [Exp: **size**[2] (GRÁFICA cola gelatinosa utilizada en la impermeabilización del papel), **sized paper** (GRAL papel satinado; V. *calender*)].

sketch *n/v*: GRÁFICA bosquejo de un dibujo o *drawing*, esbozo de una pintura o *painting*; apunte, boceto, diseño; abocetar, trazar, dibujar; bosquejar, esbozar; V. *rough sketch, rough layout, visual*[2], *comprehensive*. [Exp: **sketch**[2] (ESPEC pieza teatral o musical corta; número, «sketch», numerito *col*; alude casi siempre a una breve actuación cómica, de contenido satírico o paródico ◊ *Perform a witty sketch in a review*), **sketch artist** (GRÁFICA bocetista), **sketch map** (GRÁFICA croquis), **sketch pad** (GRÁFICA cuaderno/bloc de dibujo)].

skid *n*: IMAGEN plataforma con ruedas sobre la que se montan trípodes para cámaras; V. *crab dolly, dolly, float, advertising float.*

skim *v*: GRAL desnatar; leer por encima. [Exp: **skimming** (MKTNG reducción gradual del precio de un artículo tras la fecha de su presentación)].

skin flick *col n*: CINE película porno *col*, también llamada *blue movie*; es una expresión formada por *skin* –piel, pellejo– y *flick* –«peli» *col*–; V. *NC-17, PG, PG- 13, porn, porno, pornography, X, X-rated, XXX*. [Exp: **skin pack** (MKTNG envase burbuja; empaquetado vesicular; embalaje de plástico de burbuja, también llamado *blister pack*; V. *breathing package, bulge packaging, corrugated box*)].

skip frame/print *n*: CINE copia cinematográfica de la que se ha eliminado un fotograma de cada dos seguidos, con el fin de producir un efecto acelerado; V. *slow mo.*

slack *a*: GRAL/MKTNG flojo, débil, parado, muerto, de poca actividad; se dice de los negocios, mercados, la coyuntura, etc. [Exp: **slack period** (MKTNG época de atonía o de baja/poca actividad empresarial, etc. V. *downturn, slack period*), **slacken, slacken off** (MKTNG disminuir, decaer, aflojar, reducir-se, perder intensidad ◊ *Sales generally slacken off after the Christmas rush*), **slackness** (MKTNG atonía)].

slant *n*: TV/CINE/RADIO inclinación, enfoque, sesgo; V. *bias.*

slapstick [comedy] *n*: TV/CINE/ESPEC comedia bufona, payasada-s, astracanada; alude al género cómico o a la farsa marcada por la acción muy física, con abundancia de golpes, caídas y tortazos ◊ *The show is pure slapstick with plenty of pratfalls and custard pies*; V. *knockabout, custard pie, knockabout, pratfall, screwball, black comedy.*

slash *n*: TIPO barra oblicua o inclinada, /. [Exp: **slasher, slasher film** (CINE película de degollina, película de escabechina; es un subgénero de las películas de terror –*horror films*– muy popular en los ochenta, cuyo argumento gira en torno a un grupo de jóvenes que muere a manos de algún maníaco con un cuchillo o un hacha –*an axe-or knife-wielding maniac*–; su ejemplo más conocido es la serie de Viernes 13 –*Friday the 13th*–; también se llama *stalk and slash film* –película de «acecha y degüella»– o *slice and dice film* –película de «hacer a alguien trocitos»–; V. *gore; splatter film*)].

slate *n*: CINE claqueta; pizarra; también llamada *clapperboard* o *clapstick*, es la tablilla de identificación de una toma; a la información contenida en esta tablilla se la llama *slate information*; V. *clapboard, clapper, electronic slate; leader²*.

sleaze *n*: MEDIOS corrupción, corruptelas, escándalos, asuntos turbios, secretos inconfesables ◊ *Public life lately has been marked by continual stories of sleaze*; V. *scandal, exposé, gutter press; tabloid, sleaze, filth, tabloid talkshow.* [Exp: **sleazy** (MEDIOS turbio, sórdido, escandaloso ◊ *A magazine specializing in politicians' sleazy affairs*)].

sleeper¹ *col n*: MKTNG artículo de difícil venta ◊ *Get rid of sleepers by offering them free with the purchase of other goods*; V. *slow-moving goods; shelf warmer*. [Exp: **sleeper²** (CINE película que, a pesar de no tener mucho éxito en su estreno –*first release*–, produce beneficios más tarde de forma inesperada; V. *cult movie*)].

sleeve *n*: GRÁFICA funda [de disco], carátula; V. *cover, jacket; dust jacket, wrapper; blurb.*

sleuth *n*: PRENSA sabueso, detective.

slice *n*: GRAL trozo, pedazo, rebanada. [Exp:

slice of life (PUBL segmento, escena o fragmento de la vida; escena real; en publicidad se usa esta expresión cuando el contenido del anuncio intenta reflejar un momento de la vida real; el término inglés es la traducción del francés *tranche de la vie*)].

slide *n*: IMAGEN diapositiva, filmina, transferencia ◊ *A speaker who projects slides as visual back-up to his talk*; V. *transparency, show slides*. [Exp: **slide projector** (IMAGEN proyector de diapositivas; V. *overhead projector*), **slide tray** (IMAGEN carrusel; V. *carrousel*), **sliding rate** (GESTIÓN tarifa publicitaria con escala móvil, proporcional al número de anuncios; V. *single rate card, rate card, off card*)].

slip-sheet *v*: GRÁFICA intercalar hojas de papel en blanco entre páginas impresas para evitar que se manchen por el contacto –*offsetting, setoff*–.

slogan *n*: PUBL/MKTNG eslogan ◊ *Come up with a clever slogan to market a new product*; suele ser una expresión concisa o ingeniosa que se emplea en un anuncio o en su cierre –*claim*–; representa la expresión condensada o la cómica del mensaje publicitario –*claim/message*–; V. *sound bite*.

slop cut *n*: CINE/AUDIO copión montado; primer montaje, montaje provisional de una película o cinta sonora –*soundtrack*–, también llamado *rough cut*; este primer montaje es muy importante porque facilita las pistas necesarias al montador, director, productor y compositor musical sobre la forma final que puede adoptar la cinta; V. *workprint, rough print*. [Exp: **slop print** (CINE copia primera; es una copia sin corregir que se emplea para el análisis de planos –*shots*– y ajuste de colores –*timing*–, también llamado *rough print*; V. *workprint, rough print*)].

slot *n*: RADIO/TV espacio televisivo o radiofónico para un programa, bloque publicitario, cuña informativa, etc. ◊ *The new music show fills the 7 o'clock slot on Thursday evenings*; V. *programme, advertising slot/space; time slot; unavailable, on order*.

slow *a*: GRAL lento. [Exp: **slow fade** (CINE/TV fundido encadenado), **slow motion, slow-mo** (CINE/TV cámara lenta o ralentizada ◊ *The impact of slow-motion scenes of violence*; alude al rodaje acelerado de una película para producir un efecto de lentitud al proyectar la imagen a la velocidad normal; V. *fast camera; skip frame/print, overcranking*), **slow-moving/-selling consumer goods** (MKTNG artículos de salida lenta o difícil; V. *fast-moving consumer goods, goods sleeper; shelf warmer*)].

slump *n/v*: MKTNG caída en picado o repentina; bache económico caer repentinamente o en picado; V. *downturn, slack period*.

small ads *n*: PRENSA anuncios por palabras; V. *classified ads, des res*. [Exp: **small ads page** (PRENSA sección de anuncios por palabras ◊ *You can sometimes get real bargains in the small ads pages*; V. *announcement; hatches, matches and despatches, intimations page*), **small caps, small capitals** (MKTNG versalitas; V. *type family, typeface*), **small letters** (TIPO minúsculas; V. *lower case*), **small screen** (TV la pequeña pantalla, es decir, la televisión; V. *big, screen, silver screen*)].

smart quotes *n*: TIPO comillas francesas o angulares «»; V. *quotation marks; quotes*.

smash *col n*: CINE exitazo, también llamado *smash hit*.

smearing *n*: IMAGEN/TV mancha; borrosidad de los perfiles; en la imagen, es un transitorio –*glitch*– de las imágenes gráficas analógicas ocasionado por el desplazamiento de la imagen debido a un defecto de la señal.

smokers *col n*: antiguamente, cortometrajes pornográficos; se llamaban así porque se exhibían en clubes privados de caballeros, y cuando pasaron a salas se convirtieron en *loops*; V. *skinflick, blue movie, nudie, stag movie.*

smudge *v*: GRAL/IMAGEN emborronar; V. *blur.*

snag *n*: IMAGEN pega, inconveniente; V. *glitch, blink, artifact; gremlin, bug, fringe, fringing.*

snapper *n*: MKTNG incentivo/estímulo para efectuar una compra; V. *incentive, inducement, premium, boost*[2].

snapshot *n*: IMAGEN [foto] instantánea.

sneak in/out *n*: CINE fundido lento [de entrada/salida] de sonido o imagen; V. *fade.* [Exp: **sneak preview** (CINE preestreno ◊ *Attend a sneak preview of the new film*; anticipo no oficial o improvisado para medir la reacción de los asistentes; V. *advance showing, sneak preview*)].

snip *n*: MKTNG ganga *col*, chollo *col* ◊ *The perfume is a snip at £15 a bottle*; V. *bargain.*

snipe *n*: EXTERIOR parche que contiene una actualización de la información exhibida en un cartel.

snow *n*: IMAGEN nieve; interferencias parecidas a copos de nieve que cubren la pantalla; V. *glitch.*

soap opera, soap *col n*: TV/RADIO folletín, serial, culebrón ◊ *Most TV channels show soap in mid-afternoon*; se las llama «ópera de jabón» porque las primeras series las patrocinaron –*sponsor*– fabricantes de jabón; también se las conoce como *daytime drama*; V. *sitcom*)].

sob *v/n*: GRAL sollozar; sollozo. [Exp: **sob sister** *US* (PRENSA encargada del consultorio sentimental de una revista o periódico; escritor o escritora de folletines o

dramones o *sob stories*; V. *agony aunt*), **sob story/stuff** (TV/CINE folletín, dramón; historia lacrimógena; V. *agony aunt, tearjerker*)].

social class *n*: GRAL/MKTNG/PUBL clase social; en los estudios sociológicos, publicitarios, etc., como el análisis de audiencias, la clase social, junto con la edad –*age*–, el estatus –*status*– y el emplazamiento geográfico –*habitat*– son parámetros determinantes.

socket *n*: GRAL toma, enchufe hembra, enchufe de base; V. *plug.*

soft[1] *a*: GRAL/AUDIO blando; suave, como en *soft music* –música suave–, *soft voice* –voz suave–, etc. [Exp: **soft**[2] (IMAGEN foto, imagen o película difuminada o desenfocada; V. *blurred; sharp*), **soft copy** (IMAGEN/GRÁFICA copia blanda, imagen o texto mostrado en un monitor o *display screen* o almacenado como archivo –*file*– en un ordenador; V. *hard copy*), **soft core** (CINE porno blando; es aquel en el que las escenas de sexo son fingidas, a diferencia del porno duro –*hard core*–, en el que son reales; V. *blue movie, nudie, skinflick, smoker, stag movie*), **soft cut** (CINE corte blando; es una técnica de transición –*transition*– entre planos –*shots*– a mitad de camino entre el corte instantáneo –*instantaneous cut*– y el encadenado rápido –*fast dissolve*–; V. *punctuation, cut*[1]), **soft edge** (CINE/IMAGEN borde borroso; se dice de las imágenes que presentan los márgenes borrosos –*blurred borders*– de forma intencionada en cualquier recurso de transición –*transition*– de planos, como los barridos –*wipes*–, encadenados –*dissolves*–, etc.), **soft focus** (CINE/IMAGEN enfoque suave), **soft focus filter** (CINE/IMAGEN filtro difusor), **soft hyphen** (TIPO guión blando; en informática o tipografía recibe este nombre el guión que se emplea en la división de palabras al final de una línea; el guión que forma parte de una palabra compuesta se llama *hard hyphen*; V. *dash*), **soft lead** (PRENSA/MEDIOS entradilla blanda; también llamada *feature lead*, contiene información introductoria sin datos concretos; V. *hard lead, lead²*), **soft porn/ pornography** (CINE/PRENSA pornografía blanda, también llamada *soft core*; V. *full-frontal nudity, hard porn*), **softcore** (CINE película de pornografía blanda o simulada, también llamada *softporn*; V. *full-frontal nudity, hard porn*), **softcover** (GRÁFICA en rústica o pasta blanda, también llamado *paperback* o *paperbound* ◊ *A softcover edition of a novel paperback*; V. *hardcover*), **software** (GRAL aplicación o programa de informática, material de paso [en medios audiovisuales]; V. *hardware, shareware; wares*)].

soil *v*: GRAL ensuciar, manchar. [Exp: **soiled** (GRÁFICA signos de uso)].

sold out *a*: MKTNG agotado; V. *out of stock*.

solder *n/v*: GRÁFICA soldadura; soldar; V. *sweating*.

sole agent *n*: MKTNG exclusivista, agente exclusivo.

solid matter/set *n*: GRÁFICA bloque sólido de texto; líneas de texto sin interlinear.

soliloquy *n*: CINE soliloquio; es un monólogo dramático que crea la ilusión de que el actor reflexiona pensando en voz alta *–the illusion of unspoken reflections–*; V. *monologue*.

sonometer *n*: AUDIO sonómetro; es un instrumento destinado a medir y comparar los sonidos e intervalos musicales; V. *audimetre*.

Sony Dynamic Digital Sound *n*: AUDIO SDDS; es una norma *–standard–* de grabación *–recording–* y reproducción *–sound reproduction–*; V. *DNR, DTS*.

soul music *n*: AUDIO [música] soul; nacida de los cantos espirituales negros *–black gospel singing–*, se caracteriza por la intensidad emotiva *–intensity of feeling–*;

V. *blues, country, dance music, disco music, folk music, ethnic music, grunge, hard rock, house music, heavy metal, jazz, pop, punk rock, rap, rave, rock and roll, rockabilly, symphonic rock, techno*.

sound *n*: AUDIO sonido, música; estilo ◊ *The unmistakable Beatles sound*; en forma atributiva significa «sonoro» como en *soundtrack* –cinta/banda sonora–. [Exp: **sound bite** *col* (GRAL/MKTNG frase pegadiza, expresión que está de moda ◊ *Radio DJs are fond of repeating the sound bites put about by fashionable performers*; alude a las expresiones acuñadas espontáneamente por los personajes populares o los políticos y que se repiten mucho durante un período, aunque no tengan mucho sentido; V. *slogan*), **sound-dampening material** (AUDIO material amortiguador de sonidos; V. *absorption, deaden, soundproof*), **sound director** (AUDIO jefe de sonido; es el responsable de la calidad técnica y artística de los registros sonoros de una película), **sound editor** (AUDIO mezclador; también llamado *sound editor*; V. *sound mixer*), **sound effects** (CINE efectos sonoros ◊ *A horror movie with creepy sound effects*; V. *mixing, fx*), **sound effects track** (AUDIO/CINE/TV banda de efectos sonoros; V. *effects track*), **sound engineer** (AUDIO/CINE/TV ingeniero/técnico de sonido, sonista), **sound film** (CINE película sonora, cine sonoro; V. *silent film, talkie*), **sound head** (CINE cabezal; V. *blooping patch*), **sound level/volume** (AUDIO volumen de un sonido; V. *fade down*), **sound library** (AUDIO fonoteca), **sound mixer** (AUDIO mezclador; V. *sound editor; sound engineer*), **sound recording** (AUDIO grabación sonora; V. *soundstage*), **sound player** (INTERNET reproductor de sonido; es una aplicación *–application–*, que asociada a un navegador *–browser–*, reproduce archivos de sonido *–sound files–*; V.

browser), **sound stage** (AUDIO/CINE plató; ① estudio de grabaciones sonoras o *sound recording*; ② estudio de filmación; es un edificio insonorizado –*soundproof*– en el que se montan los platós o *sets* para los rodajes; V. *studio filming, filming on location*), **sound system** (AUDIO cadena de música, equipo musical o de sonido, equipo estéreo), **soundproof** (AUDIO insonorizar, insonorizado, insonorización; puede ser verbo, adjetivo y nombre ◊ *A carefully soundproofed recording studio*; V. *dead; dampen, mute; sound stage; barney, blimp; sound-dampening material*), **soundproofing** (AUDIO insonorización), **soundtrack** (CINE banda de sonido, banda sonora de una película; técnicamente, es todo el sonido de una película –*audio component*–, por extensión, se aplica a la grabación de la música de una película, que se vende aparte ◊ *Buy the soundtrack of a popular film*; V. *magnetic/optical sound track, sound mix, dub, mixer*), **soundwave** (AUDIO onda sonora)].

source *n*: GRAL fuente, origen ◊ *Check the source of a report*; V. *story*. [Exp: **source music** (CINE música implícita o directa; música diegética; también llamada *direct music* o *foreground music*, es la tocada por algún instrumento musical o fuente dentro de una escena, a diferencia de la música de fondo –*background music*–; V. *background music, mood music; soundtrack*), **source of information** (GRAL/PRENSA/MEDIOS fuente de información, contacto; V. *contact*)].

space *n/v*: GRAL/MEDIOS/GRÁFICA espacio; espaciar; separar las letras con espacios, renglones, etc.; V. *advertising space; back-up space, white space; watch this space*. [Exp: **space acquisition/buy** (GESTIÓN/MEDIOS compra de espacio publicitario; V. *time acquisition*), **space availability** (GESTIÓN/MEDIOS disponibilidades de

espacio ◊ *The size and length of an advert may depend on space availability*; alude a los espacios disponibles para publicidad en los medios de comunicación), **space-broker** (MEDIOS agente de publicidad; alude al intermediario que subcontrata espacios publicitarios adquiridos a los medios de comunicación), **space buyer** (MEDIOS comprador de medios, responsable de la adquisición de espacio publicitario), **space buying service/specialist** (MEDIOS central de compras; comprador de medios, empresa compradora de medios; es una empresa publicitaria especializada en la compra de espacios o tiempos publicitarios en los medios –*purchase of media for advertising purposes*– para sus clientes en las mejores condiciones del mercado; también llamada *media-buying agency, media buying specialist, time buying service/specialist* o *buying service/specialist*; V. *media buyer*), **space discount** (MEDIOS descuento por espacios contratados), **spacing** (TIPO espaciado, interlineado ◊ *Double/single spacing*; V. *line-spacing, letterspacing, kerning*)].

spaghetti western *n*: CINE «spaghetti western»; es el término que designa las películas del oeste –*westerns*– rodadas –*shot*– en Italia, como las de Sergio Leone protagonizadas por Clint Eastwood; V. *western*.

spam *US n*: INTERNET mensaje publicitario no solicitado; en algunos Estados norteamericanos está sancionado con multa el envío de esta publicidad no solicitada; la palabra *spam* formada por *sp[iced h]am* es la marca de un tipo de lata de carne envasada; hoy se emplea con el significado de «todo es lo mismo en el menú, por eso no tiene sabor, ni gracia, etc.»; este último significado nace de la *sitcom* –comedia de situación– *Monty Python* en la que todos los menús del café en la que tiene lugar contienen *spam*; V. *Robinson*

list, junk mail. [Exp: **spammer** (INTERNET personas/empresas que envían mensajes publicitarios no solicitados)].
speaker *n*: RADIO locutor, presentador; V. *announcer, anchor, host.*
special *a*: GRAL especial, de ocasión, extraordinario. [Exp: **special effects** (CINE truca; efectos especiales ◊ *Special effects are absolutely crucial in space films and monster movies*; son efectos artificiales –*artificial effects*– utilizados para crear impresiones –*illusions*– en una película; se diferencian de los efectos visuales –*visual effects*– en que los efectos especiales se crean en el plató –*set*–, mientras que los visuales se añaden durante la posproducción –*post-production*–; V. *f/x, SFX, animatronics, visual effects, optical*[1]), **Special Interest Group, SIG** (INTERNET Grupo de Interés Especial; es un grupo de trabajo –*working group*– dedicado a estudiar un tema concreto; V. *newsgroup, discussion forum*), **special make-up effects** (CINE efectos especiales de maquillaje; es la combinación del maquillaje y los efectos especiales; V. *squib*), **special offer** (MKTNG/PUBL oferta especial con obsequio o reducción de precio; V. *deal, premium offer*), **special warranty deed** US (MKTNG documento de garantía especial; V. *general warranty deed*)].
specific indent *n*: MKTNG orden de compra cerrada, también llamada *closed indent*, dada a un agente, fijando la marca, tamaño, precio, etc.;V. *indent*[2].
speckle *n*: GRAL mota, pinta; motear, jaspear, vetear. [Exp: **speckled paper** (TIPO papel jaspeado)].
spectacular *n*: EXTERIOR valla de gran tamaño con efectos de luces, animación, etc.; V. *semi- spectacular, regular*[2].
speech *n*: LING discurso, habla. [Exp: **speech synthesizer** (LING sintetizador del habla)].

speed *n*: IMAGEN velocidad; se refiere a ① la velocidad de la cámara y el proyector, que es de 24 cuadros –*frames*– por segundo en las películas sonoras –*sound films*–, de 16 cuadros por segundo en las películas mudas –*silent films*–, de 30 en la televisión de Estados Unidos y de 25 en la de los demás países; ② el tiempo de exposición –*lens speed*– de un objetivo; ③ la velocidad de la emulsión –*emulsion speed*–, esto es, el tiempo que ésta tarde en capturar –*capture*– y fijar –*fix*– la imagen impresa por la luz; V. *definition.* [Exp: **speed up the action!** (CINE/TV ¡acelerar [el ritmo de] la acción!; es la frase con la que el director pide a los intérpretes durante el rodaje –*filming/shooting*– que le den más viveza y mayor vitalidad a la escena; V. *colour it!*)].
spike[1] *n*: GRAL púa, pincho, pinchapapeles. [Exp: **spike**[2] (PRENSA descartar, rechazar, cortar, decidir no publicar [una noticia] ◊ *The editor spiked the story as it was based on unconfirmed reports*)].
spill *v*: GRAL/MEDIOS desbordarse, derramarse, rebosar, superar los límites; se emplea en expresiones con *spill-in* para indicar que el área de influencia ha rebosado la cobertura esperada, por ejemplo, la señal de una emisora de radio o de televisión, que llega a un lugar no previsto, la tirada de un periódico que se lee en una zona limítrofe, etc.
spin[1] *n/v*: GRAL [hacer] girar; efecto. [Exp: **spin**[2] *col* (MEDIOS/MKTNG giro/impacto positivo, manipulación interesada de las noticias, sesgo, ventaja, creación de imagen, versión subjetiva o interesada, «maquillaje» con que se presenta ante el público una noticia o la explicación de las diversas políticas de un gobierno u otro organismo público ◊ *Put spin on the announcement of the government's education policy*; el significado metafórico y coloquial del término deriva del lite-

ral, que es el efecto que se transmite a una pelota en deportes como el golf o el tenis haciéndola girar y botar a un ángulo calculado de antemano; alude, por tanto, a la práctica de utilizar los métodos más sofisticados del marketing en la versión que se da de las noticias relativas a la política o a las actuaciones de los poderes públicos, presentándolas a las luz más favorable y magnificando el impacto positivo de las mismas; V. *angle, news management*), **spin-doctor** *col* (MEDIOS/MKTNG gurú *col*, experto en la creación de imagen, maestro en el arte de manipular los medios de comunicación, as del «spin»), **spinoff**[1] (GRAL/GESTIÓN subproducto, producto derivado, efecto indirecto o incidental), **spinoff**[2] (CINE/TV creación indirecta, programa creado a base de retales o material de desecho; programa-imitación ◊ *The series is a spinoff from a programme popular in the early seventies*)].

spine *n*: PRENSA lomo [de un libro o de cualquier publicación], también llamado *backbone* ◊ *Read the titles on the spines of books*; V. *cover, dust cover, dust jacket*.

splash[1] *v/n*: GRAL salpicar, salpicadura. [Exp: **splash**[2] (PRENSA publicar a toda plana, dar mucho bombo a *col* ◊ *The story was splashed across the front page of every paper*), **splash**[3] *col* (MKTNG bombo publicitario *col*, revuelo, sensación, gran impresión ◊ *Unveil a product with a great splash of publicity*; V. *make a splash on, puff, feature*[7])].

splatter[1] *v*: GRAL salpicar, embadurnar, rociar, manchar. [Exp: **splatter**[2] *col* (CINE **splatter, splatter film** (CINE película de mucha sangre o violencia ◊ *Another of those splatter movies*; se llama así porque es como si la sangre «salpicara» –*splattered*– a la cámara; V. *gore, tomato sauce; slasher*)].

splice *v*: CINE/SONIDO unir, empalmar, pegar, ajustar ◊ *Splice the shots of a film together*; V. *edit, join*. [Exp: **splicer** (CINE/AUDIO empalmadora), **splicing** (CINE/AUDIO empalme; V. *cutter, cement splicer*)].

split *v/n*: IMAGEN/AUDIO dividir, partir; división, partición; es una técnica de posproducción utilizada en la división de la pantalla, la pista sonora, etc. [Exp: **split screen** (CINE pantalla partida o dividida; alude a la técnica de proyectar simultáneamente escenas distintas que ocupan zonas claramente diferenciadas de la pantalla ◊ *Use a split screen to follow the fortunes of different characters at the same time*; V. *wide screen*), **split second** (GRAL fracción de segundo), **split-second timing** (CINE/ESPEC sincronización perfecta, ritmo de actuación calculado al milisegundo ◊ *The effect of the scene depends on split-second timing by the actors*; V. *timing*), **split-track recording** (AUDIO grabación en pistas independientes)].

spokesman *n*: GRAL portavoz.

sponsor *n*: GRAL patrocinador, padrino, promotor; patrocinar, apadrinar, promocionar ◊ *A TV programme sponsored by a footwear manufacturer*; el patrocinador financia o compra en exclusiva espacios radiofónicos o televisivos –*broadcast slots*– o un determinado segmento de un determinado programa –*segment of a programme*– con fines comerciales o publicitarios –*for commercial or advertising purposes*–. [Exp: **sponsoring campaign** (MKTNG campaña de patrocinio; V. *patronage campaign, follow-up campaign*), **sponsorship** (GRAL patrocinio ◊ *Withdraw one's sponship of a programme*; los términos *sponsorship* y *patronage* son sinónimos parciales, aunque hay diferencias entre ellos; *sponshorship* se refiere a la aportación a los gastos de financiación de un programa radiofónico o televisivo a cambio de la publicidad recibida, mientras que *patronage* denota simplemente un apoyo o mecenazgo más desinteresado a una actividad social o cultural; V. *sponsoring campaign*)].

spontaneous recall/reply *n*: MKTNG recuerdo espontáneo, respuesta espontánea; V. *survey, opinion poll, day-after recall, aided/unaided recall, suggested recall.*

spoof *col n/v*: GRAL/TV/CINE/PRENSA parodia; parodiar ◊ *The film is a clever spoof of a successful western*; normalmente se refiere a una versión humorística de otra cosa, como de un anuncio, programa o película, como lo fueron *Hot Shots* y *Spaceballs* de *Top Gun* y *Star Wars*, respectivamente; V. *hoax, take-off.*

spool *n*: CINE carrete, bobina, rollo; se refiere tanto al cilindro alrededor del cual va enrollada la cinta o película como a la propia cinta o película; V. *cartridge, feed spool, take-up spool; rewind.*

sports *n*: GRAL deportes. [Exp: **sports broadcast** (TV/RADIO retransmisión deportiva, espacio deportivo; V. *sportscasting*), **sports commentator** (TV/RADIO comentarista deportivo; V. *sportscaster*), **sports desk** (PRENSA/MEDIOS sección/redacción de deportes; V. *foreign desk*), **sports editor** (PRENSA/MEDIOS redactor deportivo; V. *political editor*), **sportscast** US (TV/RADIO retransmisión deportiva, espacio deportivo ◊ *Catch up with the basketball results in the evening sportscast*: V. *sports broadcast*), **sportscaster** US (TV/RADIO comentarista deportivo; V. *sports commentator, weathercaster*)].

spot[1] *n*: GRAL mancha; lugar, sitio. [Exp: **spot**[2] (RADIO/TV/PUBL anuncio de cine, radio o televisión, cuña publicitaria; los «spots» radiofónicos se llaman «cuñas» o *radio spots*; los televisivos son *TV spots* o *commercials*; el término *spot* se puede referir al contenido del anuncio, esto es,

el *announcement*, o al tiempo que dura el *spot* durante la pausa publicitaria o *break*; V. *advertising spot, radio spot*), **spot**[3] (IMAGEN foco de luz dura y estrecha), **spot advertising campaign** (RADIO/TV campaña de anuncios publicitarios), **spot buy** (PUBL/GESTIÓN compra de tiempo publicitario en la radio o la televisión; V. *buying service/specialist, media buying service, space/time buying specialist, time buying service/specialist or media buying agency, media buyer*), **spot cash** (GESTIÓN pago al contado; pago y entrega inmediata; dinero contante), **spot load** (TV/RADIO carga publicitaria; número de anuncios o cuñas por hora; V. *weight*), **spot media** (MEDIOS medios audiovisuales; medios en los que emiten –air– cuñas publicitarias), **spot, on the** (MEDIOS *in situ*, sobre el terreno, destacado en el lugar preciso ◊ *A report from our man on the spot*; V. *correspondent*), **spotlight** (IMAGEN/TV/MEDIOS foco, reflector, luz direccional, cañón [de luz]; iluminar, destacar, poner de relieve, subrayar ◊ *An article spotlighting the drug problem*; V. *laser beam; baby spotlight; scoop, broad*[2], *floodlight*), **spotlight, be in the** (GRAL ser el centro de atención; estar en el primer plano), **spotlight on, turn the** (GRAL centrar la atención en, poner en el centro de la actualidad ◊ *Turn the spotlight on the new generation of film directors*), **spotmetre** (IMAGEN fotómetro de precisión)].

spray gun *n*: IMAGEN pulverizador; V. *fixative*. [Exp: **spray mount** (GRÁFICA pegamento, spray adhesivo; pegar; aunque era una marca de adhesivo hoy se emplea este término de forma genérica para indicar «pegar» en la maqueta o *mechanicals*; V. *art gum, rubber cement, wax*)].

spread[1] *n*: MEDIOS/GRAL extender-se, difundir-se, propagar-se, divulgar-se ◊ *The news spread like wildfire*. [Exp: **spread**[2] (MEDIOS/GRAL extensión, divulgación, propagación, difusión, diseminación, proliferación ◊ *The rapid spread of computer technology*), **spread³** (MKTNG abanico, gama, espectro ◊ *The questionnaires brought out a surprising spread of opinion*; V. *survey*), **spread⁴** (PRENSA/PUBL página doble enfrentada; anuncio impreso a plana entera; se trata de un anuncio gráfico –*print ad*– que ocupa el espacio íntegro de dos caras contiguas, también llamado *double-page spread, two-page spread* o *full-page spread*), **spread⁵** (PRENSA noticia importante; en prensa el término *spread* puede aludir a: ① noticia que por su importancia requiere un titular de columna, ② noticia que por llevar ilustración necesita más espacio que el de una simple columna), **spread⁶** (MKTNG margen de beneficio del comerciante, también llamado *mark-up¹*)].

sprocket¹ *n*: GRAL diente, piñón, engranaje, tambor dentado. [Exp: **sprocket²** (CINE rueda dentada de una cámara o proyector sobre el que se engranan los ojos o perforaciones de las películas), **sprocket hole** (CINE perforación por la que pasa el diente)].

spur *n*: TIPO espolón; es una especie de rasgo descendente de algunas mayúsculas como la *G*; V. *apex, ascender, cross stroke, descender, ear, embellishment, stem, stroke, tail, tilde, vertex*.

spy film *n*: CINE película de espías o de espionaje; V. *genre*.

square brackets *n*: TIPO corchetes [ ]; V. *brackets, parenthesis, angle bracket, angle³*.

stag *n*: GRAL ciervo; en forma atributiva significa «sólo para hombres»; *no stags* significa «sólo se admiten hombres con su pareja». [Exp: **stag movie** US col (CINE película porno; V. *blue movie, nudie, skinflick, smoker*)].

stage¹ *n*: ESPEC escena, escenario; teatro, las tablas ◊ *A work originally written for the*

stage; V. *scene*. [Exp: **stage²** (ESPEC representar, escenificar, poner en escena ◊ *A performance staged by a repertory company*; V. *produce, repertory*), **stage³** (GRAL etapa, fase, tramo ◊ *Preparations for the advertising campaign are in the final stages*), **stage adaptation** (CINE adaptación para la escena), **stage costumes** (CINE/ESPEC vestuario; V. *wardrobe, staging*), **stage crew** (ESPEC equipo de tramoyistas; V. *crew, film crew, cast*), **stage designer** (ESPEC escenógrafo, decorador; V. *set*), **stage direction** (ESPEC acotación ◊ *A text with very clear and specific stage directions*), **stage director** (ESPEC director de escena; V. *producer*), **stage door** (ESPEC entrada de artistas, puerta trasera de un teatro reservada para los artistas ◊ *Photographers waited for the actress at the stage door*), **stage fright** (ESPEC nervios que experimenta el actor; miedo al público a la escena o a la representación; miedo escénico que afecta al actor, sobre todo al novel o inexperto; V. *first-night nerves*), **stage lighting** (ESPEC/GRAL iluminación, efectos luminosos, luminotecnia; V. *lighting*), **stage-manage** (ESPEC dirigir; organizar, orquestar, preparar cuidadosamente ◊ *A coup against the company chairmen stage-managed by a leading shareholder*), **stage manager** (ESPEC director de escena, regidor; V. *producer*), **stage name** (ESPEC nombre artístico ◊ *An actress called Mary Smith who goes by the stage name of "Bella Donna"*), **stage play** (CINE/ESPEC obra de teatro; V. *drama; radio play*), **stage set** (CINE plató; V. *box set, sound stage*), **stage whisper** (ESPEC aparte; comentario supuestamente reservado pronunciado en un tono deliberadamente alto ◊ *"Does her husband know she's here with this man?" she asked in a stage whisper*), **stagecraft** (ESPEC arte escénico, técnica escénica, escenotecnia

◊ *A brilliant instance of his stagecraft*), **stagehand** (ESPEC tramoyista, ayudante escenográfico; V. *scene-shifter, stage crew*), **staging** (ESPEC/CINE/TV puesta en escena, escenificación, montaje, organización ◊ *The staging of an impromptu press conference at the railways station*; es la creación de un ambiente determinado en una producción cinematográfica por medio del atrezo –*props*–, vestuario –*costumes*–, escenografía –*sets*–, iluminación –*lighting*–; etc.; en este sentido es equivale a *mise-en-scène*[1]), **stagestruck** col (ESPEC obsesionado, cautivado o fascinado por el mundo del teatro o cegado por la ambición de alcanzar la fama en él ◊ *A stagestruck youngster who ran away to Hollywood*), **stag[e]y** (GRAL teatral, efectista, exagerado ◊ *The Minister's stagy manner of dealing with the press*; V. *flashy, showy*)].

staircase *n*: IMAGEN escala de grises; V. *gray*.

stake *n*: GRAL interés, participaciones [en una empresa o negocio]. [Exp: **stakeholder** (MKTNG partícipe, interesado, parte interesada de una empresa), **stakeout** (MEDIOS operación de vigilancia o puesto que se ocupa para ello; en los medios de comunicación alude a la vigilancia montada por un cámara o fotógrafo para conseguir una determinada toma –*shot*– ◊ *Press photographers mounted a stakeout near the actor's home*)]

stall *n*: MKTNG puesto, quiosco, tenderete; V. *stand, kiosk, outlet*.

stalk and slash film *n*: CINE película de «acecha y degüella», película de degollina, película de escabechina; V. *slasher*.

stamp *n*: GRAL/MKTNG sello, timbre, vale, cupón ◊ *Award customers one trading stamp for every £5 spent*; V. *coupon, voucher*. [Exp: **stamping** (GRÁFICA estampado, estampación; V. *embossing; bed, die-stamping*)].

stand[1] *n*: GRAL caseta, puesto, local de exposición, tienda, stand ◊ *Open a stand at a trade fair*; V. *news stand, exhibition stand, display stand*. [Exp: **stand**[2] (GRAL peana, pie, tarima, plataforma; soporte ◊ *Display newspapers on a stand*; V. *base; news stand, exhibition stand, display stand*), **stand alone** (PRENSA foto periodística sin texto; V. *without*), **stand-by/standby** (GRAL/MKTNG/RADIO/TV suplente, de repuesto, de reserva, en lista de espera; en radio y televisión es un programa que se tiene en reserva para casos de emergencia ◊ *The assistant sales manager was present as a standby*), **standby, on** (GRAL de guardia, como reserva o suplente; preparado para intervenir ◊ *Put senior personnel on 24-hour standby*), **standby-space** (PRENSA/PUBL espacio publicitario, con descuento, que se ofrece cuando quede espacio libre, a discreción del periódico), **stand-in** (TV/ESPEC sustituto, suplente, doble; no es un suplente para el rodaje, sino para los preparativos tales como ajuste de luces, de cámara, etc., con el fin de que no se canse el actor principal; V. *double, stunt*), **stand in for** (TV/ESPEC suplir, sustituir ◊ *The double who stood in for the actress actually faked her voice*), **stand out** (GRAL sobresalir, destacar-se, recortar-se, llamar la atención, impresionar ◊ *There were a couple of films at the festival that stood out from the pack*; V. *outline, silhouette*), **stand-up** (TV/MEDIOS comparecencia, aparición ante las cámaras, crónica a pie de noticia ◊ *The reporter's stand-up was filmed outside an office in Pall Mall*; alude en particular a las intervenciones en las que los corresponsales de los informativos de la televisión aparecen de pie y micrófono en mano en plena calle, o en otro lugar público, para dar en directo una crónica de la actualidad –*up-to-the minute news story*–; V. *up-*

date), **stand-up comedian/comic** (CINE/ TV cómico, contador de chistes, cómico de micrófono; en sus orígenes la expresión aludía al cómico espontáneo o voluntario, es decir un miembro del público asistente a un espectáculo de club o cabaret que se ponía de pie –*stood up*–, micrófono en mano, para contar chistes o anécdotas divertidas entre los números oficiales; con el tiempo ha ido ganando popularidad esta figura, ya profesionalizada, como lo demuestran las trayectorias del estadounidense Lenny Bruce o el escocés Billy Connolly; V. *cross-talk, cross purposes, deadpan humour, funny man, straight man*), **standing** (GRAL vigente, permanente, regular, sin necesidad de renovación; se emplea en expresiones como *standing committee* –comisión permanente–, *standing order* –pedido regular o permanente; orden de domiciliación bancaria, etc.–)].

standard *n/a*: GRAL estándar, norma, modelo, tamaño, criterio, nivel, calidad, formato; normalizado ◊ *Ensure that products are up to standard*; V. *bastard; Advertising Standards Association, Broadcasting Standards Commission*. [Exp: **standard advertising unit, SAU** (MKTNG unidad estándar/normalizada de tamaño de anuncios; se usa para los que se publican en la prensa; V. *small ad*), **standard art** (PUBL ilustraciones compradas en agencias –*syndicates*–, también llamada *syndicated art* y *stock art*), **standard deviation** (MKTNG desviación media; V. *variance*)].

staple[1] *n*: MKTNG materias primas, productos básicos. [Exp: **staple**[2] (GRÁFICA grapa, grapar), **stapler** (GRÁFICA grapadora)].

star[1] *n/v*: CINE estrella, astro, famoso, célebre, estelar, especial; protagonizar, encabezar el reparto ◊ *A film starring Rock Hudson*; V. *actor, actress, celebrated, prominent, distinguished, leading role*.

[Exp: **star**[2] (MKTNG producto estrella; V. *leader product; dog, cash cow*), **STAR**[3] (MKTNG índice de audiencia de la televisión de habla española en EE.UU; corresponde a *Spanish Television Audience Research*), **star atraction** (CINE/TV atracción estelar, estrella invitada ◊ *She was the star attraction at the gala*), **star billing** (CINE rango de estrella, condición/consideración de máximo protagonista ◊ *Give an actor star billing in the advertising*), **star performance** (CINE actuación estelar o magnífica o digna de una estrella ◊ *She gave a star performance as Ophelia*), **star quality** (CINE cualidades propias de una estrella o actor de primera magnitud, madera de estrella ◊ *A director with a nose for star quality*), **star targets** (GRÁFICA/DISEÑO marcas en estrella; son ruedas impresas que se utilizan en los fotolitos en color para alinear las placas), **starring** (MKTNG protagonizado por, con la actuación de)].

startle *v*: GRAL/PRENSA sobresaltar, alarmar. [Exp: **startling** (GRAL alarmante, sorprendente ◊ *Some magazines increase circulation by resorting to startling pictures, flashy asrtwork and shocking language*; V. *flashy, shocking*)].

state-of-the-art *a*: GRAL de vanguardia, [de] punta, [de] último modelo, de lo más novedoso ◊ *An office equipped with state-of-the art equipment*. [Exp: **state-of-the-art technology** (MEDIOS tecnología punta o de vanguardia; V. *high-tech; leading edge technology, top*)].

statement *n*: GRAL/MEDIOS declaración; V. *press release*.

static *a*: GRAL estático. [Exp: **static noise** (AUDIO ruidos parásitos), **static shot** (CINE toma estática; V. *pan, travelling shot*)].

station *n*: RADIO/TV emisora, estación, canal ◊ *Tune in to a radio station*; V. *tune, satellite*. [Exp: **station break** (TV/RADIO desconexión de una cadena; V. *station identification*), **station call letters, station identification** (TV/RADIO letras de identificación de una emisora de radio o un canal de televisión: V. *signature tune*)].

stationery *n*: GRÁFICA [artículos] de papelería, material de oficina.

statistics *n*: MKTNG estadística; se refiere tanto a la ciencia como a los datos –*data*– obtenidos; en el primer caso el verbo que lo acompaña va en singular, como en *Statistics is a science*; sin la *-s* equivale a un dato estadístico o a una estadística en concreto, como en *We can't rely on just one statistic*. [Exp: **statistical** (MKTNG estadístico)].

status *n*: GRAL/MKTNG/PUBL clase social; en los estudios sociológicos, publicitarios, etc., como el análisis de audiencias, el estatus –*status*–, junto con la edad –*age*–, la clase social –*social class*– y el emplazamiento geográfico –*habitat*– son parámetros determinantes.

stay tuned *v*: TV permanecer sintonizado [a una emisora], no cambiar de canal ◊ *Stay tuned for the latest sports news coming up next*; V. *watch this space, tune*.

steady *a*: GRAL firme, estable. [Exp: **steady cam** (CINE cámara fija), **steady seller** (MKTNG producto de buena venta, con venta regular o garantizada; producto que se vende bien; V. *best-seller, shelf warmer, sleeper; slow-moving goods, running*²)].

stem *n*: TIPO árbol de letra; V. *apex, ascender, cross stroke, descender, ear, embellishment, spur, stroke, tail, tilde, vertex*.

stencil *n*: GRÁFICA cliché/clisé de multicopista; V. *plate, negative*.

step *n*: GRAL medida, paso, actuación. [Exp: **step in** *col* (MKTNG arañar cuota de mercado)].

stereo *a*: AUDIO estéreo; V. *Dolby*. [Exp:

stereophonic (AUDIO estereofónico; es el sistema que, por medio de dos o más canales, alimenta –*feeds*– dos o más altavoces diferentes a fin de dar un efecto espacial –*spatial effect*– al sonido; V. *monophonic, quadraphonic*), **stereotype** (GRÁFICA/LING estereotipo, cliché; clichar, grabar en relieve en una superficie; tanto «estereotipo» como «cliché» tienen dos significados en español y en inglés: ① entre impresores, es una plancha clichada, esto es, grabada en relieve; ② una imagen, concepto o idea aceptada comúnmente por un grupo o sociedad con carácter inmutable ◊ *An advert that appeals to social stereotypes*)].

stick *v*: GRAL pegar; poner, colocar ◊ *Stick a poster on the wall*. [Exp: **stick to** (GRAL ceñirse a, mantenerse fiel a, seguir con ◊ *Consumers who stick to their favourite brands*; V. *brand loyalty*), **stick up** (GRAL colocar [en sitio visible] ◊ *Stick up a notice on a bus shelter*), **sticker** (PUBL pegatina, etiqueta autoadhesiva; V. *wafer*), **sticky** (GRAL/GRÁFICA adhesivo; V. *adhesive; rubber cement, art gum*), **sticky label** (MKTNG etiqueta autoadhesiva, rótulo autoadhesivo)].

still *n*: CINE/IMAGEN fotografía; foto fija; fotograma; cuando equivale a fotograma también se llama *film/cinema still* ◊ *Decorate a restaurant with stills from famous films*; estas fotografías pueden ser *production stills* y *frame stills*; las primeras, que se dedican a la promoción publicitaria de la película, se realizan en el plató –*set*–; las segundas se sacan de la película acabada; V. *print, slide; frame*.

sting, stinger¹ *n*: PRENSA/PUBL énfasis musical; acorde musical enfático para resaltar el nombre de un producto, un protagonista, etc.; antetítulo pequeño, línea introductoria [de un anuncio publicitario], también llamado *kicker*².

stitch¹ *v*: GRÁFICA coser ◊ *Stitch the sheets*

together before binding. [Exp: **stitch**^{2} (GRÁFICA punto, puntada), **stitches, be in col** (GRAL troncharse/morirse de risa *col* ◊ *The audience were in stitches at the comedian's act*; V. *stand-up comedian*), **stitching** (GRÁFICA cosido; V. *binding; saddle stitch*)].

stock^1 *n*: MKTNG/GRAL existencias, mercancías, depósito; provisión, surtido ◊ *A shop with a good stock of hi-fi equipment*; V. *fallback/safety stock, lay in a stock, take stock.* [Exp: **stock**^{2} (MKTNG vender, tener existencias de, tener en almacén ◊ *We don't stock cosmetics*), **stock**^{3} (MKTNG de serie, de surtido, corriente, normal, común ◊ *Stock items; stock sizes*), **stock**^{4} (MKTNG vulgar, trillado, traído y llevado ◊ *A play based on stock characters in stock situations*), **stock**^{5} (CINE cinta virgen, celuloide, metraje ◊ *All films prior to the forties were produced on black and-white stock*; V. *filmstock, footage*), **stock**^{6} (GRÁFICA papel de impresión), **stock art** (PUBL ilustraciones compradas en agencias –*syndicates*–, también llamada *syndicated art* y *standard art*), **stock, in** (MKTNG disponible, en almacén), **stock, out of** (MKTNG agotado, sin existencias ◊ *We're out of stock of that model*; V. *out of print*), **stock footage** (CINE imagen de archivo cinematográfico, también llamado *library footage*; V. *shot, stock shot, footage*), **stock music** (TV música de archivo, también llamada *library music*), **stock shot** (CINE plano despersonalizado; se dice del que simula un plano de archivo o *library shot*; también se le llama *clipping*), **stock turnover** (MKTNG rotación de inventario o existencias ◊ *Our stock turnover speeds up in the weeks before Christmas*; alude al ritmo al que se agotan y se renuevan las existencias de un artículo), **stock up** (MKTNG acumular; V. *hoard; store, accumulate*), **stockist**

(MKTNG proveedor, distribuidor; V. *distributor, broker supplier, caterer, purveyor*), **stockpiling** (MKTNG/MEDIOS acumulación de existencias, acaparar; en la televisión consiste en comprar programas a agencias –*syndicates*– antes de que los pueda tener la competencia; V. *corner, engross*), **stocktaking** (MKTNG inventario, balance)]

stolen photographs *n*: PRENSA fotos robadas; V. *paparazzi.*

stone *n*: GRÁFICA piedra [de litografía]; mesa donde se componen las formas –*forms*^{2}–.

stop^1 *n*: TIPO punto y aparte; también llamado *new paragraph*; V. *punctuation devices, comma, colon, full stop, square brackets, parenthesis, quotation marks, angle bracket, angle*^{3}. [Exp: **stop**^{2} (IMAGEN diafragma, iris; V. *f-stop*), **stop-motion photography** (IMAGEN/CINE fotografía de parada de imagen; es la técnica mediante la cual la cámara fotografía fotograma –*frame*– tras fotograma, introduciendo los cambios y ajustes necesarios para crear la ilusión óptica –*trick*– de movimiento de sus personajes y objetos; V. *fast motion, pixillation*), **stop press** (MEDIOS [noticias de] última hora ◊ *I read the first report on the accident in the stop press*; la expresión alude tanto al contenido de la noticia como al apartado del periódico en el que aparece publicada; se llama así porque es lo último que se imprime antes de que se pare el rotativo)].

storage *n*: MKTNG almacenamiento, depósito, almacenaje; V. *information storage; analogue, digital.* [Exp: **store** (MKTNG almacén; almacenar; V. *stock up, hoard, accumulate; warehouse*), **store name** (MKTNG marca de la casa, marca comercial de mayorista ◊ *The grocery chain's products bore the store name*; V. *brand name, name brand*), **store traffic** (MKTNG tráfico/movimiento de clientes)].

story[1] *n*: GRAL cuento, historia, relato; argumento, trama ◊ *The acting is good but the film has rather a weak story*; V. *plot*. [Exp: **story**[2] (MEDIOS/PRENSA noticia, artículo, hecho noticiable, suceso, reportaje ◊ *The days's main news story was the election campaign*; V. *news item, feed*[2]), **storyboard** (TV panel/tablero del relato, guión gráfico; anuncio en imágenes; secuencias de imágenes que resumen un «spot» publicitario; se trata de una serie de viñetas pegadas a un tablero, con el texto –*caption*– debajo o al lado de cada una, en forma de tira cómica –*comic strip*– que contiene los planos programados –*planned shots*– de la historia que será filmada como *spot* publicitario; se emplea como punto de partida del guión, para articular el presupuesto y, sobre todo, para que el cliente capte la estructura del *spot*; V. *photo board, concept board; decoupage; art editor; verbal storyboard*)].

straight man *n*: CINE/TV el listo o espabilado de un dúo cómico; el tonto o lerdo es conocido como *funny man* ◊ *His serious features and wonderful sense of timing made him the ideal funny man*; V. *crosstalk, cross purposes, stand-up comic, funny man, deadpan humour*.

strain *n*: AUDIO acorde; cuerda; V. *chord, string*.

strap, strap-line *n*: MKTNG antetítulo ◊ *The strap-line provides a context for the main headline*; V. *tag-lines, deck*.

strategy *n*: GRAL/MKTNG estrategia; enfoque general o aproximación –*approach*– que se adopta para la solución de un problema de marketing, de publicidad, etc.; se emplea en muchas expresiones, como *communicative strategy* –estrategia comunicativa–, *creative strategy* –estrategia creativa–, *market strategy* –estrategia de mercado–, *media strategy* –estrategia de medios–, etc.; V. *tactics, tech-*

niques, logistics. [Exp: **strategic business unit, SBU** (MKTNG unidad estrategia de negocio; producto; es una unidad formada por productos, marcas –*brands*–, divisiones, segmentos de mercado –*market segments*– que tienen algo en común, como puede ser su distribución), **strategic marketing** (MKTNG marketing estratégico, marketing según pautas estratégicas), **strategic planning** (MKTNG planificación de la estrategia, definición de objetivo estratégicos), **strategic safety stock** (MKTNG existencias de seguridad, nivel mínimo de existencias; V. *buffer fund*)].

streaking *n*: IMAGEN rayas; consiste en el ensanchamiento horizontal no deseado de la imagen de la pantalla; se debe a sobrecargas o pérdidas de baja frecuencia en la señal de vídeo.

stream *n*: IMAGEN/AUDIO flujo; V. *bit stream*. [Exp: **stream of consciousness** (ESPEC monólogo interior; V. *interior monologue*), **streamer** (PRENSA titular a toda página; V. *window streamer*)].

strike *n/v*: GRAL huelga; golpear, pegar. Exp: **strike camp** (CINE «levantar el campamento»; consiste en desmontar el decorado cuando ya se han filmado todas las escenas; V. *set, scenery*), **strike-on composition** *n*: GRÁFICA tipografía fría, también llamada *cold type*.

string[1] *n*: GRAL/AUDIO cuerda. [Exp: **string**[2] (INTERNET cadena; es una secuencia de caracteres –*character sequence*–, normalmente equivalente a una o varias palabras, que se utilizan para realizar una búsqueda –*search*–; V. *browser*), **strings** (AUDIO instrumentos de cuerda; V. *brass, percussion, wind, woodwind*), **string ensemble** (ESPEC conjunto de cuerda), **string quartet** (AUDIO cuarteto de cuerdas), **stringer** *col* (PRENSA corresponsal, delegado local de una agencia de noticias –*news agency*–; V. *correspondent, legger, legwork, beat*)].

strip [programme], stripping *n*: TV serie de televisión emitida a la misma hora todos los días; en la misma franja horaria; programa o anuncio programado en la misma franja horaria normalmente cinco días a la semana. [Exp: **strip cartoon** (PRENSA tira de humor o cómica; V. *comic strip; animation*), **striplight** (IMAGEN fila de luces; V. *floodlight*), **strip title** *US* (GRÁFICA/PRENSA subtítulo; V. *subhead, bank*^{2}*, deck head, headlines, caption*^{3})].

stroke *n*: TIPO trazo o hilo de una letra; V. *letter stroke.*

studio^1 *n*: CINE/RADIO/TV/AUDIO estudio; conjunto de edificios o dependencias destinados a la realización de películas cinematográficas, a emisiones de radio o televisión, o a grabaciones discográficas ◊ *A movie filmed in our Hollywood studios*; V. *artwork studio; location, outside broadcast, set.* [Exp: **studio**^{2} (GRÁFICA taller [gráfico/fotográfico]), **studio audience** (TV público asistente, público presente en los estudios), **studio director** (CINE director de interiores), **studio filming** (CINE rodaje en interiores; el lugar en donde se filman los interiores se llama *sound stage*; V. *filming on location*), **studio guests** (TV/RADIO [artistas, personajes] invitados), **studio manager** (PUBL jefe de estudio; es el responsable de un estudio de arte final –*artwork*^{2}–)].

stuffing *n*: MKTNG embuchado; ensobrado; tarea consistente en meter en sobres el material publicitario.

stun *v*: GRAL aturdir; dejar helado/pasmado ◊ *The country was stunned by the news of the minister's resignation*; V. *shock.* [Exp: **stunning**^{1} (GRAL sensacional, magistral, apabullante ◊ *She gave a stunning performance in the role*), **stunning**^{2} (GRAL deslumbrante, espectacular, despampanante *col* ◊ *The model looked stunning in the dress*)].

stunt^1 *n*: MKTNG ardid, truco, maniobra ◊ *Serious marketing agencies avoid obvious money-grabbing stunts*; V. *gag, publicity stunt.* [Exp: **stunt**^{2} (CINE/ESPEC acrobacia, escena espectacular, ejercicio impresionante de fuerza o agilidad, proeza ◊ *The acrobats performed some amazing stunts on the trapeze*; en el cine las escenas que requieren estas habilidades especiales, y que amén de su espectacularidad comportan riesgos físicos, las suelen protagonizar dobles o especialistas –*stuntmen/stuntwomen*–, que sustituyen a los actores o actrices que aparentemente las realizan; V. *body double, stuntman*), **stuntman, stuntwoman** (CINE especialista, doble; los especialistas realizan las escenas de mayor riesgo, como caídas, saltos, etc.; V. *stunt*)].

style *n*: GRAL estilo, diseño, modelo, forma; V. *format, style, arrangement, set-up.* [Exp: **stylist** (CINE/TV estilista; se cuida de los detalles estéticos del atrezo; también puede ser un peluquero, mientras que el *beautician* es el esteticista, es decir, el encargado de limpiezas de cara y maquillaje; V. *prop man; make-up artist, beautician*), **stylistics** (LING estilística; V. *absolute film, poetics, narration*)].

sub-^{1} *pref*: GRAL sub-; V. *under.* [Exp: **sub**^{2} **col** (PRENSA corrector de textos de un periódico; también puede utilizarse como verbo, como abreviatura de *sub-edit*; V. *sub-editor*), **sub-edit, subedit** (PRENSA retocar, corregir ◊ *The copy, once sub-edited, was reduced to a minimum*; V. *sub-editor*), **sub-editor** (PRENSA corrector de textos del periódico; en Estados Unidos se llama *copy editor*), **subcontract** (GESTIÓN subcontratar), **subhead/ subheading** (PRENSA subtítulo, también llamado *topic headline*; V. *subtitle, bank*^{2}*, deck head, headlines; caption*^{3}), **subliminal** (GRAL subliminal), **sublimi-**

nal advertising (PUBL publicidad subliminal), **subliminal shot** (CINE plano subliminal; son planos que duran menos de un segundo destinados, bien a desconcertar o a alarmar –*disconcert or alarm*– al espectador, bien a influir en su subconsciente), **subtext** (GRAL/CINE subtexto; este término, que en general se refiere al significado implícito –*implicit*– o metafórico –*metaphorical*– de un texto, designa en cine aquello que sugieren los actores, con sus frases –*lines*– o con sus gestos o movimientos –*gestures or movements*–; V. *connotation*), **subtitle**[1] (GRÁFICA/PRENSA/CINE/TV subtítulo ◊ *A French film with subtitles in English*; también llamado *strip title*, en los Estados Unidos también puede aludir también al título –*heading*– de un capítulo, de una sección o de un artículo de prensa; V. *bank*[2], *deck head, headlines; subhead; caption*[3]), **subtitle**[2] (GRÁFICA/PRENSA/CINE/TV subtitular ◊ *The book is subtitled "The story of a Dublin Childhood"*), **subwoofer** (AUDIO altavoz de subgraves; suele ser un altavoz independiente; V. *woofer, tweeter*)].

subjective *a*: GRAL/LING subjetivo; siguiendo las dos acepciones de *point of view*, esto es, el «punto de vista» como lugar de observación y como actitud ante aquello que se observa, el término *subjective* designa aquello que es «subjetivo» en el sentido de «visto desde un lugar determinado», como en *subjective camera* –cámara subjetiva–, pero también aquello que está influido por la ideología del que lo describe o narra, como sinónimo de «tendencioso» –*biased*–; en este último caso, la semiótica considera que no existe la total objetividad –*there is no such thing as complete objectivity*–, puesto que desde el momento en que se selecciona para narrar un acontecimiento –*an event is chosen*– y no otros, la elección ya es subjetiva, y por tanto no podemos

hablar de objetividad, sino de diversos grados de subjetividad –*different degrees of subjectivity*–. [Exp: **subjective camera** (CINE cámara subjetiva; da la impresión a los espectadores –*audience*– de que están viendo los acontecimientos a través de los ojos del personaje –*through the eyes of the character*–; V. *point of view shot*)].

subscribe *v*: GRAL suscribir, contribuir; suscribir; abonar-se ◊ *Subscribe to a magazine*. [Exp: **subscribed circulation** (PRENSA abonados; V. *circulation*), **subscriber** (TV/PRENSA abonado; V. *season ticket-holder, pay per view, pay cable*), **subscription** (TV/PRENSA abono, suscripción ◊ *Pay the monthly subscription charge*; V. *pay per view, pay cable*; *cut-rate subscription*)].

subtractive primary colours *n*: GRÁFICA/DISEÑO/IMAGEN colores primarios sustractivos; también llamados colores de pigmentación, son el magenta, el cian y el amarillo –*magenta, cyan, yellow*–; V. *additive primary colours; primary colour*.

suggest *v*: GRAL sugerir, estimular. [Exp: **suggested recall** (MKTNG recuerdo estimulado, recuerdo asistido mediante pistas; V. *day after recall; aided recall; spontaneous recall*), **suggestive selling-station concept** (MKTNG concepto de punto de venta atractivo o con gancho; concepto de mercadotecnia que subraya la originalidad o fantasía en el decorado o presentación del punto de venta)].

summarize *v*: GRAL resumir, hacer resumen de; V. *abridge*. [Exp: **summary** (GRAL resumen, sumario; V. *index, abridgement, abstract*)].

sun gun *n*: IMAGEN antorcha; V. *electron gun, laser gun*.

Sunday supplement *n*: PRENSA [suplemento] dominical; V. *letterpress supplement*.

super[1], *n*: TV/CINE sobreimpresión, superposición; texto superpuesto en la imagen de un anuncio publicitario de televisión; la superposición se efectúa en la fase de posproducción. [Exp: **super**[2], **supercalendered [paper]** (GRÁFICA papel supersatinado sin revestimiento –*coating*– alguno; V. *crash; finish; calender*), **superglossy** (GRÁFICA satinado, brillante; esmaltado), **superimpose, super**[1] (IMAGEN/GRÁFICA/CINE superponer, sobreimprimir; superposición, sobreimpresión; V. *surprint*), **superimposed titles** (PRENSA título, epígrafe, subtítulo; equivale a *title, headline* o *heading*, tanto de un capítulo, como de un artículo, sobre todo en la prensa escrita ◊ *The caption was designed to grab*), **superimposition, super**[1] (CINE superposición; punto medio del fundido o *dissolve*; es el momento en el que el final de una escena se encuentra con el principio enfocado de otra; recibe varios nombres, entre ellos *lap, lapdissolve, cross-lap, cross-dissolve* y *mix*; V. *American montage*)].

supervise *v*: GESTIÓN/GRAL inspeccionar. [Exp: **supervisor** (GESTIÓN/GRAL inspector, director; V. *account supervisor, management supervisor, script supervisor, inspector*)].

supplement *n*: PRENSA suplemento ◊ *Flick through the Sunday supplement*.

supply[1] *v/n*: MKTNG suministrar, proveer, distribuir, abastecer; suministro, abastecimiento, provisión ◊ *A further supply of office material*. [Exp: **supply**[2] (MKTNG existencias, surtido ◊ *Headed notepaper is in short supply*), **supply**[3] (MKTNG oferta; en esta acepción se opone a *demand* –demanda– ◊ *The law of supply and demand*), **supplier** (MKTNG distribuidor, abastecedor, proveedor, suministrador; V. *caterer, purveyor, victualler*), **supplies** (MKTNG suministros, aprovisionamiento, pertrechos ◊ *Ensure supplies reach the outlets as they are needed*)].

support[1] *n/v*: GRAL apoyo, respaldo, ayuda; apoyar, respaldar, ayudar ◊ *Provide support to the workers in the field*; en uso atributivo significa «de apoyo» como en *support group* –grupo de apoyo–, *support price* –precio de apoyo/sostén–. [Exp: **support**[2] (GRAL soporte ◊ *The hoarding has 3 iron supports*), **support**[3] (MKTNG publicidad efectiva; se trata de la cuantificación del apoyo prestado a un producto durante una campaña publicitaria, medido según el número de mensajes –*message*– emitidos ◊ *Publicity charges will depend on the support provided*; V. *advertising weight*), **support band** (ESPEC telonero; V. *supporting act*), **supporting act** (ESPEC número telonero), **supporting actor/actress** (CINE actor secundario, actriz secundaria), **supporting cast** (CINE figuración, extras; es el conjunto de figurantes o extras; V. *extra*), **supporting evidence** (PUBL/MKTNG prueba de apoyo, la prueba clara y definitiva; V. *advertising strategy*), **supporting role** (CINE/TV/ESPEC papel secundario, papel de reparto; V. *play a role; leading role*)].

surcharge *n*: MKTNG recargo; V. *mark-on, additional/extra charge/cost, overcharge*.

surf *v*: INTERNET navegar; consiste en buscar información –*search for information*– de forma no lineal –*in a nonlinear way*–; V. *html, navigate*. [Exp: **surf the channels** col (TV cambiar de canales para ver qué programas hay; V. *zap*), **surfing** (TV V. *channel surfing*)].

surplus *n*: MKTNG superávit, excedente, sobrante; plusvalía; en función atributiva significa muchas veces «excedentario», como en *surplus country, surplus population, surplus production*, etc.; V. *trade surplus*.

surprint *v*: GRÁFICA/IMAGEN superponer o sobreimprimir rótulos –*lettering*– en una imagen; V. *superimpose*.

surrealism *n*: ARTE/CINE surrealismo; movimiento artístico caracterizado por la yuxtaposición evocativa de imágenes incongruentes –*evocative juxtaposition of incongrous images*– a fin de incluir elementos del subconsciente y de lo onírico –*subconscious and dream elements*–; V. *abstraction, avantgarde, cubism, dadaism, expressionism, formalism, futurism, impressionism, naturalism, realism, representation, symbolism*.

surround sound *n*: AUDIO sonido envolvente, sonido «surround»; también llamado simplemente *surround*, es un sistema de sonido que crea la impresión de sonido multidireccional –*multidirectional sound*– mediante la colocación de altavoces –*speaker placement*– y procesamiento de la señal –*sound processing*–; V. *Dolby, SDDS, DTS*. [Exp: **surround-sound decoder** (CINE descodificador de sonido envolvente; V. *home cinema*)].

survey[1] *n*: GRAL [pronunciado /'sɜːveɪ/] panorámica, estudio general, informe o balance general ◊ *Provide a survey of the commercial history of an area*. [Exp: **survey**[2] (MKTNG [pronunciado /'sɜːveɪ/] encuesta, sondeo, estudio; en las encuestas se pregunta a una muestra –*sample*– sobre un asunto para saber cuál es la opinión dominante; V. *sampling, day-after survey, halo effect, questionnaire, field, field survey, spread*[3]), **survey**[3] (GRAL [pronunciado /sə'veɪ/] estudiar, evaluar, pasar revista a, ofrecer un balance de ◊ *Survey the achievements of a group of companies*), **survey respondent** (MKTNG encuestado)].

suspend *v*: GRAL suspender, posponer; V. *in abeyance*. [Exp: **suspended interest/ story** (CINE/MEDIOS noticia o artículo con suspense; alude a la noticia contada mediante la técnica del suspense, es decir, revelando la verdadera situación o desvelando el misterio al final; V. *cliff-*

hanger), **suspense** (CINE intriga, incertidumbre, inquietud, ansiedad, zozobra, preocupación o suspense ◊ *Hitchcock is generally recognised as the master of suspense*; V. *mystery*)].

sustain *v*: GRAL sostener, mantener; sufrir ◊ *Sustain a loss; sustain damage*. [Exp: **sustainable development** (GRAL desarrollo sostenible), **sustained applause** (ESPEC aplauso cerrado o prolongado), **sustaining advertising** (PUBL publicidad de mantenimiento), **sustaining campaign** (MKTNG campaña de mantenimiento; como su nombre indica, su objetivo es que no se olvide el nombre de una marca o servicio que existe en el mercado; V. *advertising campaign, campaign*)].

suture *n*: CINE sutura, juntura; equivale a *juncture*.

swash *n*: GRAL cola. [Exp: **swash letter** (TIPO letra con cola –*swash*–; letra florida o historiada; algunas fuentes –*fonts*– ofrecen este tipo de letra que normalmente son letras mayúsculas en cursiva con florituras; V. *serif*), **swashbuckler** (CINE película de capa y espada, película de espadachines; V. *horror film, road movie, spy film, sword and sandal, sword and sorcery film*)].

swatch *n*: DISEÑO muestra, muestrario, colección de muestras ◊ *Show a customer a swatch of curtain material*; se refiere también a los recuadros de color impresos a los lados de una imagen en color en las barras de calibrado –*calibration bars*–; V. *colour swatches, calibration bars*. [Exp: **swatchbook** (MKTNG muestrario, libro de muestras; V. *line of samples*)].

sweating *n*: GRÁFICA fijación de una plancha de imprimir –*printing plate*– a su base por medio de soldadura –*soldering*–; también se le llama *anchoring*; V. *solder*.

sweep *v/n*: GRAL barrer, recorrer; barrido,

rastreo, peinado, recorrido. [Exp: **sweeps, sweeps periods** (MEDIOS períodos de publicación de las cifras de audiencia de los programas de televisión; se llaman así porque para preparar los informes hay que hacer un «barrido», «rastreo» o extenso recorrido de todos los datos disponibles; por extensión, el término se aplica también a las encuestas en sí; V. *audience figures, rating*)].

sweeten *v*: GRAL edulcorar. [Exp: **sweetener** *col* (GESTIÓN soborno, astilla *col*; V. *bribe, payola, cut⁶ col*), **sweetening** (AUDIO edulcoración; adición de una pista sonora –*soundtrack*– a una cinta original; es la música y efectos sonoros que se añaden a una cinta para hacerla más agradable; V. *layback, laydown*)].

swish pan *n*: CINE/IMAGEN barrido borroso; en este barrido, también llamado *blur pan, whip* y *zip pan*, sólo aparecen con nitidez las escenas iniciales y finales, mientras que las centrales son borrosas.

switch¹ *n*: AUDIO/IMAGEN interruptor, conmutador; V. *bank²*. [Exp: **switch²** (GRAL cambiar-se, trasladar-se ◊ *Customers who switch brands after an advertising campaign*), **switch board** (AUDIO/IMAGEN panel de control, cuadro de luces; V. *control/dimmer board; console*), **switch channels** (TV cambiar de canal; V. *tune in, viewer, zap, outflow, inflow*), **switch off/on** (AUDIO/IMAGEN apagar; encender), **switch over** (AUDIO/IMAGEN cambiar de canal ◊ *We switched over when the adverts came on*; V. *zap*)].

sworn statement *n*: GRAL declaración jurada.

sword and sandal epic *col n*: CINE peplum *col*; son películas ambientadas en la antigüedad romana o en la Biblia. [Exp: **sword and sorcery genre** *col* (CINE espada y brujería *col* ◊ *"Conan the Barbarian" became a cult movie for sword and sorcery lovers*; normalmente está situada en la época medieval, con

grandes dosis de magia –*magic*– y luchas a espada; V. *comedy, epic*)].

SWOT analysis *n*: MKTNG análisis DAFO; el acrónimo inglés *swot* corresponde a las palabras inglesas *strengths, weaknesses, opportunities, threats*; el acrónimo español corresponde a «debilidades, amenazas, fortalezas, oportunidades»; es un método de análisis de desarrollo de una estrategia de marketing basado en la evaluación de los puntos fuertes y débiles de la empresa y en las oportunidades y amenazas del mercado.

symbol *n*: LING/GRAL/SEMIÓ símbolo; es una clase de signo –*sign*– en el que hay un vínculo convencional entre el significante y el significado, por ejemplo, el *agua* como símbolo de pureza, el *fuego*, del amor, etc.; en publicidad el símbolo tiende a recordar una marca –*brand*– o un mensaje publicitario –*advertising message*–; V. *imagery, visual imagery, brand*. [Exp: **symbolism** (CINE simbolismo; V. *abstraction, cubism, dadaism, expressionism, formalism, impressionism, naturalism, realism, representation, surrealism*)].

symphonic rock *n*: AUDIO rock sinfónico; se caracteriza por la combinación de instrumentos eléctricos amplificados, clásicos del rock, con instrumentos orquestales –*orchestral instruments*–, especialmente violines –*violins*– y viento –*brass*–, así como la utilización de temas distintos –*different themes*– dentro de la misma canción; V. *country, dance music, disco music, folk music, ethnic music, grunge, hard rock, heavy metal, house music, jazz, rave, pop, punk rock, rap, reggae, rock and roll, soul music*.

sync *n*: CINE V. *synchronization*. [Exp: **synchronization, sync** (CINE sincronización de labios y sonido; V. *out of sync*), **synchronizer** (CINE sincronizador [de imagen y sonido])].

syndicate[1] *n*: PRENSA/MEDIOS/MKTNG agencia, agrupación, organización; ① en televisión y periodismo es una agencia que compra artículos –*features*–, tiras –*comic strips*–, fotografías –*photographs*–; etc., y los vende a periódicos y revistas suscritos o «sindicados» para su publicación simultánea; ② agencia concesionaria de los derechos de emisión o publicación de determinados programas; ③ por extensión, también significa vender, publicar o distribuir artículos, tiras cómicas, fotos, etc., por este procedimiento a través de una agencia o *syndicate* en varios periódicos o medios de difusión ◊ *A syndicated story; syndicated journalism*; V. *bid, newspaper syndicate, syndication*). [Exp: **syndicated art** (PUBL ilustraciones compradas en agencias –*syndicates*–, también llamadas *standard art* y *stock art*), **syndicated programme** (TV programa de televisión vendido o distribuido a emisoras que pertenecen a distintas cadenas; cuando los programas pertenecen a la red de emisoras se habla de –*network programming* –programación de la red–), **syndication** (MEDIOS distribución/venta de programas o artículos a emisoras o periódicos individuales, que es distinto de *network distribution*, esto es, la distribución a centros de la misma cadena)].

synecdoche *n*: SEMIÓ/LING sinécdoque; figura del lenguaje muy utilizada en la publicidad y en el cine, está formada por la utilización de una parte por el todo, o a la inversa; por ejemplo, en *The sails crossed the ocean* existe una sinécdoque al emplear *sails* –velas– en vez de *ships* –barcos–, esto es, la parte por el todo, como cuando en español se dice «mano de obra»; V. *metaphor, metonymy; Wardour Street*.

synergy *n*: GRAL sinergia; combinación, cooperación; efectividad adicional como consecuencia de la acción combinada de varios elementos; se dice que hay sinergia cuando la efectividad final es superior a la de cada una de sus partes por separado; se usa este concepto en la programación de campañas de publicidad, en acciones de publicidad, marketing, etcétera.

syntax *n*: LING/CINE sintaxis; en gramática es el conjunto de reglas que presiden el orden de las palabras para formar oraciones; en el análisis cinematográfico formal se emplea a veces en referencia al conjunto de unidades y de reglas que rigen el discurso cinematográfico; la unidad funcional mínima es el plano –*shot*– que, al igual que la palabra en lingüística, carece de sentido si no está contextualizado, en este caso en la secuencia –*sequence*–; también el discurso cinematográfico está gobernado por signos de puntuación –*punctuation devices*–.

synthespian *n*: CINE actor virtual, actor por ordenador; el término, patentado por la empresa Kleiser-Walczak Construction Co., designa una imagen por ordenador de un actor, bien utilizada para acabar una película en caso de muerte del actor en mitad del rodaje, bien para actores completamente ficticios creados por ordenador; la palabra es una fusión de *synthetic* y *thespian* –actor–.

synthetizer, synth *col n*: AUDIO sintetizador, sinte *col*; es un instrumento musical que crea distintos tipos de onda sonora, para luego modificarlos y crear infinidad de sonidos; V. *speech synthesizer, sampler*.

system *n*: GRAL/AUDIO/IMAGEN sistema; soporte, medio; alude a los distintos tipos de cintas de vídeo o de audio; V. *medium, colour systems, public-address system, single system, sound system; D-1, D-2*.

T

T and A show *col n*: TV/ESPEC espectáculo de «tetas y culos» *col*; es la forma elíptica de *tits and ass*; V. *jiggle show*. [Exp: **T-number, T-stop** (IMAGEN número t, t-stop; es una medida electrónica –*electronic measurement*– de la cantidad de luz –*amount of light*– que atraviesa una lente y alcanza el punto focal –*focal point*– de la película –*film stock*–; es una medida algo más exacta que el *f-stop*; V. *f-stop*)].

tab *n*: GRÁFICA/PRENSA ① forma abreviada de *tabulator*; ② forma abreviada de *tabloid*.

table *n*: GRAL mesa, tabla. [Exp: **table of contents, TOC** (GRÁFICA tabla de contenidos), **table top** (CINE plató de mesa; se emplea para filmar objetos pequeños; también se le llama *insert stage*), **table work** (GRÁFICA/TIPO texto tipográfico dispuesto en formato tabular; disponer texto tipográfico en formato tabular)].

tableau *n*: ESPEC cuadro vivo; alude a la escena breve de una obra de teatro en la que los personajes se quedan inmóviles en actitud congelada, como si formasen parte de un cuadro –*tableau*– ◊ *Brief tableau, then slow curtain*. [Exp: **tableau shot** (CINE plano de retablo; se dice del que se toma a un grupo de personas que permanecen inmóviles y en silencio)].

tabloid[1] **tab** *n*: PRENSA tabloide, periódico de masas, periódico popular, periódico sensacionalista; estos periódicos, cuyo tamaño es inferior al considerado estándar –*broadsheet*– en los países de habla inglesa, dan noticias condensadas, de carácter sensacionalista y con grandes ilustraciones; el término se encuentra en expresiones como *tabloid journalism* –periodismo sensacionalista–, *tabloid shows* –programas de televisión basados en hechos reales, sin excluir muertes, malos tratos–, etc.; V. *yellow journalism, quality press*. [Exp: **tabloid**[2] (PRENSA cuadernillo de cuatro o más páginas insertados en un periódico; su tamaño es la mitad del periódico en el que está insertado), **tabloid talkshow** (TV tertulia de morbo y cotilleo; tertulia de sexo y de escándalos; V. *nuts and sluts*)].

taboo *a*: GRAL/MEDIOS prohibido, tabú; V. *censorship*.

tabulate *v*: GRÁFICA tabular. [Exp: **tabulator, tab** (GRÁFICA tabulador)].

tachistocope *n*: IMAGEN taquistocopio; con este aparato se proyecta una serie de imágenes en la pantalla a velocidad rápida con el fin de medir la agilidad de percepción visual y la de la memoria.

tachometer *n*: CINE tacómetro; indica la velocidad de la cámara.

tack *n*: GRÁFICA pegajosidad; este término alude al grado de pegajosidad de la tinta; V. *ink*.

tactic *n*: MKTNG/PUBL táctica ◊ *Hold a meeting of marketing directors to discuss tactics*; es la decisión o actividad publicitaria [o profesional] de segundo nivel, que se emplea para el desarrollo de los objetivos contenidos en la estrategia –*strategy*– publicitaria o de mercado; V. *technique*.

tag[1] *n/v*: GRAL etiqueta, rótulo, tejuelo, marbete; identificación; etiquetar, denominar ◊ *The manufacturer's tag includes washing instructions*; V. *label*[1]; *price tag*. [Exp: **tag**,[2] **tag line** (MEDIOS/TV/ESPEC coletilla, frase de cierre [de un anuncio], remate [de un chiste]; cola ◊ *The comic used his well-known tag over and over in every performance*; también se llama *punch line* y *kicker*; cuando es la frase de cierre de un anuncio facilita el nombre del concesionario del producto, su teléfono y dirección, etc.; V. *strap-line; claim; kicker; double-take*)].

tail[1] *n*: CINE cola [de la bobina de una película, de un plano o *shot*, de una secuencia o *sequence*, etc.]; V. *leader*[2]. [Exp: **tail**[2] (TIPO cola, rasgo descendente o bajada de una letra; equivale a *descender*)].

tailor *n/v*: GRAL/MEDIOS sastre; sesgar una noticia de acuerdo con la línea de un periódico; V. *bias*. [Exp: **tailor-made** (GRAL/MKTNG a medida, hecho a la medida; V. *customize*), **tailor's dummy** (GRAL maniquí)].

take[1] *v*: CINE/AUDIO toma; grabación sonora; grabar, hacer tomas ◊ *Twenty takes of the scene were needed before the director was satisfied*; una «toma» es una versión de un «plano», ya que de un mismo plano puede haber varias tomas; las que se desechan se llaman *outtakes* o descartes; ① acción de filmar una parte o sección de una película de una sola vez; ② porción o sección numerada de la película filmada de una sola vez; V. *shot, outtakes, break, retake*. [Exp: **take**[2] (CINE/ESPEC reacción, gesto, aspaviento, payasada; alude sobre todo al gesto exagerado o caricaturizado propio de un actor cómico, mediante el cual representa con exceso burlón reacciones fuertes como el asombro, el pavor, la confusión, la repentina comprensión, la ira, etc. ◊ *Some of her takes are more like a clowns's than a comic actress's*; V. *double-take*), **take**[3] (GESTIÓN ingresos, recaudación, caja ◊ *Count the take*; V. *takings*), **take board** (CINE claqueta; contiene indicaciones técnicas de la toma que se va a grabar; las tomas se llaman *take one, take two, etc.*; equivale a *number board*; V. *clapstick*), **take-home/takeaway foods** (MKTNG alimentos preparados que se compran para ser consumidos en casa; V. *takeout*), **take off** *col* (CINE/TV/ESPEC parodiar, imitar ◊ *That TV comic takes off the prime minister's voice to perfection*), **take-off** *col* (CINE/TV/ESPEC parodia, imitación), **take one's cue from** (CINE/TV/ESPEC recibir el aviso de; seguir el ejemplo de ◊ *The advertising company took their cue from their rival's successful spot*; V. *give sb their cue, cue in*), **take-up spool** (CINE bobina receptora; V. *cartridge, feed spool*), **takeout**[1] (GRAL comida para llevar; V. *take-home foods*), **takeout**[2] (PRENSA noticia amplia o completa), **takings** (GESTIÓN ingresos, recaudación; caja; V. *take, gate*)].

talent[1] *n*: GRAL talento, aptitud, capacidad, habilidad, gracia ◊ *She developed her talent at acting school*; V. *gift*. [Exp: **talent**[2] (CINE artistas [de talento]; es un nombre genérico que comprende a todo el personal que actúa ante las cámaras o el público, frente al personal técnico, que se llama *crew* ◊ *A plentiful supply of talent in Hollywood*; V. *artist, perfomer*), **talent call** (CINE hoja de convocatoria o citación a los artistas para rodaje o trabajos de grabación; V. *call*[1]), **talent contest** (TV/ESPEC concurso artístico ◊ *The singer first came to fame when she won a TV talent contest*), **talent cost** (CINE coste del personal artístico; es una parte del presupuesto anterior al rodaje *–above-the-line cost–*), **talent scout/spotter** (CINE cazatalentos ◊ *A talent scout who does the rounds of the local pubs and clubs watching performers*), **talent-spotting agency** (ESPEC agencia de promoción y lanzamiento de artistas), **talented** (CINE/ESPEC de/con talento ◊ *A talented musician*), **talents agency** (CINE/ESPEC agencia de promoción y lanzamiento de artistas)].

talk *n/v*: GRAL/INTERNET conversación, hablar, charlar; en Internet es un protocolo *–protocol–* que permite a dos personas conectadas a ordenadores en dos lugares distintos comunicarse por escrito entre sí en tiempo real; V. *chat, IRC*. [Exp: **talk programme** (RADIO/TV tertulia, programa de debate, mesa redonda, entrevistas, etc.), **talk show** (RADIO/TV tertulia, programa de entrevistas ◊ *Host a TV talk show*; V. *host, tabloid talkshow, magazine*), **talkback** (AUDIO interfono, intercomunicador; pone en contacto la sala de control con los auriculares del estudio), **talkie** *col* (CINE película sonora ◊ *Techniques that have been used since before the talkies*; V. *silent*), **talking head** (CINE/TV busto parlante, presentador florero *col*; en el cine, es la toma en primer plano *–close up–* de una persona que se dirige a la cámara; en televisión, se utiliza con matiz peyorativo *–in a derogatory way–* para designar aquellos locutores *–newsreaders–* que se limitan a

leer las noticias, sin inflexiones de voz ni expresividad; V. *hat rack*)].

tally *n/v*: GRAL cuenta, cómputo, recuento; registro, anotación; contar, computar, llevar la cuenta, puntear. [Exp: **tally light** (IMAGEN testigo; señal luminosa colocada encima de la cámara que cuando está en rojo indica que está rodando)].

tamper *v*: GRAL/DER falsificar, hacer modificaciones fraudulentas. [Exp: **tamper resistant** (MKTNG de difícil falsificación; se dice de los productos que tienen un envase o sello de difícil falsificación)].

tangible *a*: GRAL tangible, concreto, material, real. [Exp: **tangible/material assets** (GESTIÓN activo tangible; activo fijo material)].

tape *n/v*: AUDIO/IMAGEN cinta; grabar en cinta ◊ *Tape an interview/conversation*; V. *videotape, audiotape, tape*. [Exp: **tape head** (AUDIO/IMAGEN cabeza, cabezal; también llamado *head*, se refiere tanto al de un magnetoscopio *–video recorder–* como al de un magnetófono *–tape recorder–*), **taping** (AUDIO/IMAGEN grabación; V. *recording*)].

tapered dash *n*: MKTNG guión afilado; también llamado *Bodoni dash*.

target *n/v*: GRAL/MKTNG objetivo, blanco, meta, objeto; marcarse/fijarse como meta u objetivo, centrarse en, identificar como objetivo, candidato, etc. ◊ *Meet the sales target*; el término *target* es muy frecuente en marketing y en publicidad, donde se emplea como forma abreviada de *target group, target population, target price, target company*; V. *startargets*; *goal, objective, addressee*. [Exp: **target ad** (GRAL/PUBL/INTERNET anuncio-meta; también llamado «anuncio de destino», es similar al «anuncio de llamada» o *banner ad*, con la diferencia de que es interactivo y conduce de una página a otra hasta un punto de venta *–point of sale–* directa en Internet; V. *cyberspot*), **target**

audience (MKTNG audiencia objeto; audiencia objetivo, audiencia meta ◊ *The programme's target audience are youngsters from 16 to 21*; V. *ACORN*), **target company** (MKTNG empresa atacada, empresa que es el blanco de otra que la quiere adquirir), **target contract** (MKTNG contrato ansiado o pretendido, contrato objeto de las pretensiones), **target group** (MKTNG grupo objetivo, público objetivo, grupo objeto/meta; grupo previsto, perfil del consumidor; grupo de consumidores potenciales escogidos como meta de las actividades de marketing, grupo beneficiario; perfil del consumidor ◊ *Define the features of the target group*; se trata de una parte de la audiencia objeto –*target audience*– que ha sido seleccionada para una campaña publicitaria –*advertising campaign*–, por sus rasgos demográficos de posibles clientes –*prospects*–; equivale a *consumer profile* y, por tanto, se puede preguntar indistintamente "*What is our target group?*" o "*What is our consumer profile?*"; V. *ACORN; cybernauts*), **target market** (MKTNG mercado objetivo, mercado previsto, mercado escogido como meta; se trata de un grupo de personas elegido por una empresa que, por su perfil psicológico o demográfico, puede ser sensible a determinados mensajes publicitarios; V. *base*[2], *survey respondents*), **target population** (MKTNG universo/público objetivo), **target price** (MKTNG precio indicativo/pretendido; V. *threshold price; intervention price*), **target pricing** (MKTNG fijación de precios con el mínimo beneficio), **target profile** (MKTNG perfil del consumidor pretendido; V. *target audience*), **target time** (MKTNG tiempo pretendido ◊ *Double one's audience within the target time*), **targetcasting** (MEDIOS/TV televisión de cable para audiencias selectas; V. *narrowcasting*)].

tariff *n*: MKTNG derecho aduanero, arancel, tarifa, precio; en su función atributiva, *tariff* equivale a «aduanero» o «arancelario» como en *tariff agreement* –convenio aduanero–, *tariff barrier/wall* –barrera arancelaria–, *tariff dismantling* –desarme arancelario– *tariff union* –unión aduanera–, etc.

task force *n*: GESTIÓN grupo de trabajo, equipo operativo ◊ *Move a marketing task force into the target area*.

tasting *n*: MKTNG degustación.

TBA *n*: RADIO/TV se confirmará, pendiente de confirmación de fecha y hora; es la sigla formada por *to be announced* –pendiente de anunciarse–.

tear[1] *v*: GRAL/GRÁFICA/MEDIOS romper, desgarrar, arrancar; abrir ◊ *Tear open an envelope*. [Exp: **tear**[2] (GRAL lágrima), **tear along dotted line** (PUBL/GRÁFICA abrirse/arrancar por la línea de puntos o la perforación), **tear off/out** (PUBL/GRÁFICA arrancar/separar por la perforación), **tear-off coupon** (MKTNG cupón recortable), **tearjerker** col (CINE/ESPEC/AUDIO obra, película o canción lacrimógena, obra sentimental; dramón ◊ *His first major role was in a Hollywoord tearjerker as a handicapped hero*; V. *sob story*), **tearsheet, tearstrip** (GRÁFICA/MEDIOS hoja/página separable o recortable; justificante [de inserción]; también llamado *checking copy*, es la hoja –*sheet*– página que contiene el anuncio y que se arranca –*tear*– de la matriz –*original*– para enviarse al anunciante como comprobante de inserción o publicación –*insertion*–; V. *proof of purchase; voucher; certificate of transmission*), **tearstrip** (MKTNG hoja/página separable o recortable; justificante/justificante [de inserción])].

tease[1] *n/v*: GRAL embromar, tomar el pelo; provocar, calentar; bromista; embromador; provocador, provocativo, provocón, coqueto ◊ *An actor who always plays the role of the tease.* [Exp: **tease**² (PUBL/CINE «promo», tráiler seductor, avance breve de un programa a base de imágenes calculadas para despertar el interés o el apetito de la audiencia; V. *bumper*), **teaser** (PUBL/CINE/TV rompecabezas; juego intrigante, lúdico o enigmático; inductor publicitario; en televisión suele ser la palabra o frase pronunciada por el presentador antes de pasar a la publicidad, que sirve para crear una cierta curiosidad o expectación sobre lo que va a venir después del bloque publicitario –*advertising break*–; V. *film teaser; teaser campaign, teaser ad/commercial*), **teaser ad/commercial** (PUBL inductor publicitario, publicidad enigmática, lúdica o de intriga; publicidad que incita al público a resolver un misterio o a interpretar un enigma ◊ *Keep the audience guessing with a series of teaser ads*; en esta campaña se da información parcial sobre un producto que va a aparecer sin decir el nombre ni el tipo de producto, con el fin de despertar la curiosidad o el interés de la audiencia), **teaser campaign** (MKTNG campaña de intriga publicitaria, publicidad enigmática o lúdica dirigida a despertar la curiosidad; suele ser el prólogo de una campaña general)].

technical *a*: GRAL técnico. [Exp: **technical adviser** (GRAL/CINE asesor técnico; en cine, es el que se contrata para hacer verosímil –*believable/plausible*– algún aspecto de la trama –*plot*–), **technical barrier** (MKTNG barrera técnica), **technical data card** (GRAL ficha técnica; V. *advertiser data card*), **technical director** (CINE/TV director técnico; es el ingeniero que supervisa todas las cuestiones técnicas de vídeo y de audio), **technical drawing** (GRÁFICA dibujo técnico), **technical specifications** (GRAL ficha técnica; V. *technical data card*), **technical support**

(GRAL apoyo técnico; V. *technical data card*), **technician** (CINE/TV técnico, perito, ayudante técnico; V. *sound technician*), **Technicolor** (CINE tecnicolor), **technique** (GRAL técnica, actividad, tarea; es la decisión publicitaria de tercer nivel, cuyo propósito es llevar a cabo las actividades contenidas en una técnica; V. *strategy, tactic*)].

techno *n*: AUDIO tecno; [música] bacalao; la palabra *techno* en inglés puede designar lo que entendemos en castellano por «tecnopop», esto es, música pop con ritmo electrónico –*electronic beat*– y sintetizadores –*synthetizers*–, o también la música conocida en España como «bacalao», que también puede traducirse como *rave* o, sencillamente, *dance music*; V. *blues, country, dance music, disco music, folk music, ethnic music, grunge, hard rock, house music, pop, punk rock, rap, reggae, rock and roll, soul music, symphonic rock.*

teen *n/a*: GRAL adolescente, juvenil, propio de/dirigido a los adolescentes ◊ *A teen movie; Teen fasions.* [Exp: **teenage** (GRAL equivale a *teen*), **teenager** (GRAL adolescente), **teenybopper** *US col* (GRAL quinceañero ◊ *A song that a was a big hit with the teenyboppers*), **teenmag** *col* (GRÁFICA revista o publicación para quinceañeros), **teens** (GRAL la gente joven, los quinceañeros, la adolescencia ◊ *Clothes and music for teens to twenties*)].

tele- *pref*: GRAL tele-, distante, alejado. [Exp: **telecast** (TV transmisión por televisión; transmitir, emitir, televisar), **telecamera** (TV cámara de televisión), **telecine** (TV telecine; se dice del equipo empleado en televisión para la proyección de filmes convencionales), **teleconference** (GRAL teleconferencia), **telecopy** (PUBL/TV panel/tablero de fotos; consiste en una secuencia de fotos fijas –*stills*– tomadas de anuncios televisivos –*television* *spots–*, normalmente de la competencia, a las que se les añade texto al pie; también se le llama *photo board*; V. *storyboard, concept board*), **telecruiser** (TV equipo móvil de televisión), **telefacsimile, telefax** (GRAL fax, telefax), **telefeature** (TV telefilm), **telegramme** (GRAL telegrama), **telegraphic address** (MKTNG dirección telegráfica; V. *cable address*), **telemarketing** (MKTNG telemarketing; se basa en el uso del teléfono para la promoción y venta de productos), **telephone** (AUDIO teléfono; V. *phone*), **telephile** (TV teléfilo; V. *cinephile*), **telephoto** (PRENSA/MEDIOS telefoto, también llamada *wirephoto*), **telephoto lens** (CINE teleobjetivo; se trata de una lente de angular estrecho –*narrow angle of view*–, también llamado *narrow angle lens*), **telepic, telepix** col (CINE telefilm; *telepix* suele ser el plural ◊ *Many telepics/telepix are based on real events*; V. *telefeatue, telefilm, made-for-television movies*), **teleplay** (TV guión [escrito] para televisión ◊ *He wrote the teleplay from his own original script*; V. *script, telewriter*), **teleprinter** (GRAL teletipo, teleimpresora, «teleprinter»), **teleprompter** (TV/CINE teleapuntador; V. *autocue, cue cards, prompt*), **teleshopping** (MKTNG telecompra), **teletext** (TV teletexto), **telethon** (TV telemaratón, maratón televisivo/benéfico; es un programa de televisión –*TV programme*– que puede durar hasta 24 horas, en el que se combinan humor –*humour*–, actuaciones –*performances*– y entrevistas –*interviews*–, cuyo objetivo es recaudar fondos para algún fin benéfico –*collect funds for some specific charity*–), **teletype, teletypewriter** (GRAL teletipo; V. *teleprinter*), **televise** (TV televisar, retransmitir por televisión; V. *broadcast*), **television** (TV televisión), **television cutoff** (CINE área utilizable para televisión; lla-

mada también *safe-action area*; puede referirse a la parte de la imagen que se ve en televisión, pero también a las marcas del visor –*viewfinder*– que la delimitan, llamadas también *TV mask*), **television movie** (CINE telefilm; son películas con la misma duración que las exhibidas en cines –*features*–, normalmente financiadas –*funded*– por una cadena de televisión –*TV network*–, destinadas a estrenarse –*be premiered*– en televisión), **television network** (TV cadena de televisión), **television scan** (IMAGEN/TV movimiento horizontal del haz de barrido de la pantalla de televisión; V. *scan*), **telly** col (TV la tele *col* ◊ *Spend the evening watching the telly*)].

temp col *n*: CINE abreviatura de *temporary*; V. *temp track*. [Exp: **temp-track** (CINE banda sonora provisional; a veces se montan las películas con música ya existente, tomada en general de otras películas, para dar una idea al compositor de la música que se desea y ver qué escenas quedan bien con música y cuáles no, aunque en algunos casos el resultado es tan bueno para algunas escenas que la productora prefiere comprar los derechos de la música y no crear algo nuevo; V. *composer; soundtrack*)].

tempera *n*: GRÁFICA temple, pintura al temple; V. *watercolour*.

template *n*: GRÁFICA plantilla, planilla; V. *form*.

temporary *n/a*: GRAL/CINE provisional.

terse *a*: LING seco, lacónico; V. *wordy, long-winded, loaded*.

test *n*: GRAL prueba, ensayo. [Exp: **test card** (TV carta de ajuste)].

text *n*: PRENSA texto; V. *copy*. [Exp: **text-processing** (GRÁFICA tratamiento/procesamiento de textos), **texture** (GRÁFICA textura; texturar, cubrir una imagen con otra para darle un texto determinado)].

TFN *n*: GRAL V. *till further notice, till forbid*.

theatre *n*: ESPEC/CINE teatro, sala de cine; en los EE.UU. se emplea la grafía *theater* y también se le llama *film theater* o *movie theater*. [Exp: **theatre of the absurd** (GRAL teatro del absurdo; este género, nacido de la corriente existencialista del pensamiento filosófico en los años cuarenta y cincuenta, pone de relieve la falta de lógica en la existencia humana; V. *satire*), **theatregoer** (ESPEC aficionado al teatro ◊ *Around midnight the local restaurants fill up with theatre goers*; V. *audience*)].

theme *n*: GRAL/TV/RADIO tema, temática ◊ *The theme of the TV series is racial harmony*; tiene prácticamente las mismas acepciones que en español: ① asunto o materia de un discurso, película, conversación, etc.; ② pequeño trozo de una composición, con arreglo al cual se desarrolla el resto de ella; aparece en expresiones como *theme music* –tema musical–, *theme scheduling* –programación temática–; por ejemplo, una semana dedicada al cine negro, o al jazz, etc.; *theme song* –tema musical, canción o tema principal de una película–; V. *motif, topic; jingle*. [Exp: **theme tune** (RADIO/TV/AUDIO tema musical, canción o tema principal de una película), **thematic montage** (CINE montaje temático; es el que establece algún tipo de nexo temático o simbólico –*thematic or symbolic association*– entre objetos o acciones, en lugar de mediante una narración –*narrative*–; V. *avantgarde*)].

thinner *n*: GRÁFICA disolvente ◊ *Use thinner to dilute printing ink*.

third cover *n*: GRÁFICA V. *inside back cover*.

thirty-sheet poster *n*: EXTERIOR cartel exterior normalizado de 6,80 m de ancho por 2,90 de alto.

three *a*: tres. [Exp: **three-camera shooting** (CINE cobertura a tres cámaras; dos de ellas hacen respectivamente los contraplanos externo e interno –*external/internal reverse*–, y la tercera, el plano de establecimiento –*establishing shot*–), **three-colour printing** (GRÁFICA tricromía; V. *two-colour, four colour*), **three-dimensional** (IMAGEN tridimensional), **three-quarter shot** (CINE plano americano; plano medio; plano tres cuartos, también llamado *medium shot* y *knee shot*), **three-sheet poster** (EXTERIOR cartel exterior normalizado de 0,30 m de ancho por 1,52 de alto)].

threshold *n*: GRAL/IMAGEN/AUDIO umbral, límite ◊ *Our audience figures are approaching the two million threshold*; ① en fotografía se refiere al tiempo mínimo de exposición –*exposure*– necesario para que se produzca una imagen; ② en audición es la agudeza auditiva, esto es, la presión sonora mínima que se precisa para que la perciba el oído humano. [Exp: **threshold price** (MKTNG precio umbral; V. *intervention price, target price*)].

thriller *n*: CINE película de acción y de suspense, película de cine negro; V. *film noir, action scene, B-movie; chiller; cliffhanger*.

throw[1] *v/n*: GRAL lanzar, arrojar; proyectar; lanzamiento ◊ *The lamplight threw her shadow on the wall*. [Exp: **throw**[2] (CINE alcance de un proyector; se trata de la distancia efectiva entre proyector y pantalla ◊ *The projector has a throw of 100 feet*), **throwaway**[1] (GRAL desechable, de usar y tirar ◊ *Serve coffee in throwaway paper cups*), **throwaway**[2] (PUBL octavilla; V. *leaflet, brochure, booklet, handout, advertising*)].

thumbnail sketch *n*: GRAL breve semblanza o descripción, retrato rápido, reseña corta o breve resumen ◊ *Provide a thumbnail sketch of the new political leader*.

tie *v*: GRAL atar, unir, vincular. [Exp: **tie-in**[1]

(GRAL relación, conexión ◊ *The tie-in between advertising and entertainment*; se emplea en expresiones como *tie-in advertisement,* esto es, anuncio gráfico –*print advertisement*– vinculado [a otro aparecido en el mismo ejemplar o a productos relacionados]–, *tie-in promotion* –promoción conjunta de varios productos o marcas–), **tie-in²** (MKTNG relación comercial, acuerdo, compromiso o condicionante comercial ◊ *Take account of the international tie-ins with other industrial sectors*; V. *dealer tie-in*), **tie-up** (GRAL conexión, vínculo; compromiso, puede tener connotaciones negativas de «atadura» o «traba» ◊ *Get round the tie-ups in a contract by offering compensation*)].

tight¹ *n*: GRAL/TIPO comprimido, amazacotado, apretado, ajustado; ceñido ◊ *We're operating with a very tight schedule*; en artes gráficas se puede aplicar a la letra –*tight type*–, a las páginas –*tight pages*–, en las que hay demasiado texto o demasiados anuncios, etc. [Exp: **tight²** [**take**] (CINE toma cerrada; en esta toma no se deja espacio en torno al objeto; también se llama *in tight*; V. *close up*), **tight close-up/shot** (CINE primer plano ajustado o ceñido en él el objeto ocupa toda la pantalla; V. *close up*), **tighten the frame!** (CINE ¡ajuste de encuadre!; con esta voz el realizador pide a los intérpretes que se aproximen a la cámara para llenar los huecos vacíos), **tighten up!** (CINE ¡vaya aproximando [la cámara]!; es la orden que da el director al camarógrafo –*camera operator*– para que poco a poco acerque la cámara al objeto; equivale a *zoom in* o *dolly in*; V. *home in on²*)].

till *prep*: GRAL hasta. [Exp: **till forbid** (PUBL/PRENSA/MEDIOS hasta orden en contra; hasta nueva orden; V. *till further notice*), **till further notice** (PUBL/PRENSA/MEDIOS hasta nueva orden o nuevo aviso ◊ *Subscription cancelled till further notice*; V. *TFN*)].

tilt, tilt down/up *v*: CINE inclinarse/ladearse la cámara en el eje vertical apuntando hacia arriba o hacia abajo; hacer un contrapicado –*tilt down*–, hacer un picado –*tilt up*–. [Exp: **tilt angle** (CINE ángulo inclinado; V. *camera angle*), **tilt shot** (CINE plano inclinado o de inclinación; es una toma lenta de arriba abajo o a la inversa en la que la cámara gira en torno a su eje; es distinta al *panning shot*, toma de derecha a izquierda o a la inversa, y del *travelling shot* o plano en movimiento; V. *splice; shot*)].

time¹ *n*: GRAL/RADIO/TV tiempo, espacio ◊ *Fill radio time*. [Exp: **time²** (GRAL/MEDIOS cronometrar, calcular bien el ritmo o los tiempos ◊ *Good actors have to learn to time their entry*; V. *timing*), **time acquisition/buy** (MEDIOS compra de tiempo publicitario; V. *space acquisition*), **time bank** (MKTNG/GESTIÓN/RADIO/TV reserva de espacio publicitario; se refiere a la compra de tiempo o espacio para publicidad radiotelevisiva que se venderá a terceros con un margen de beneficios o *mark-up¹*), **time buyer** (RADIO/TV comprador de espacio publicitario en radio y televisión; V. *media buyer*), **time buying service/specialist** (MEDIOS central de compras; comprador de medios de comunicación, empresa compradora de medios; es una empresa publicitaria especializada en la compra de espacios o tiempos publicitarios en los medios –*purchase of media for advertising purposes*– para sus clientes en las mejores condiciones del mercado; también llamada *media buying specialist, space buying service/specialist* o *buying service/specialist*; V. *media buyer*), **time discount** (GESTIÓN/PUBL descuento o bonificación por contratación de espacio para anuncios radiotelevisivos; V. *allowance, blanket discount,* bulk discount, bonus; cash discount; corporate discounting, discount coupon; premium; time bank), **time out** (MEDIOS ajustarse al tiempo establecido ◊ *Sometimes whole chunks of tape are eliminated to have the programme time out*), **time segment** (RADIO/TV bloque horario; V. *commercial time segment, time slot*), **time signal** (RADIO/TV señales horarias ◊ *She realized how late it was when she heard the one o'clock time signal on the radio*), **time slot** (RADIO/TV bloque horario ◊ *Competition between TV channels hots up around the 7 p.m. time slot*; V. *time segment*), **timer**[1] (RADIO/TV temporizador; este dispositivo conecta o desconecta automáticamente cualquier receptor programable de radio o televisión), **timer**[2] (IMAGEN/CINE etalonador; V. *timing*[2]), **timing**[1] (GRAL/CINE sincronización, ajuste [exacto] entre imágenes y sonidos de una película; V. *lip-sync; split-second timing*), **timing**[2] (CINE/IMAGEN ajuste de colores; etalonado, etalonaje; es el proceso de corrección e igualación de los valores de los colores de los planos tomados a diferentes horas del día con distintas condiciones con el fin de dar uniformidad a la película; V. *colour correction, grading, answer print*), **timing**[3] (GRAL/ESPEC/MKTNG ① oportunidad, momento elegido en que se realiza alguna acción, elección del momento oportuno ◊ *The timing of the advertising campaign was all wrong*; ② cálculo de los tiempos, sentido del ritmo ◊ *Her success as a comic actress is largely due to her wonderful timing*; en esta acepción alude a la capacidad de sacar el máximo provecho del papel, o de producir el máximo efecto, gracias a la distribución de las pausas, los intervalos y el ritmo de las intervenciones, tanto verbales como de ejecución; V. *role*), **timing sheet** (CINE hoja de rodaje, también llamado *fact sheet* y *rundown sheet*)].

tinfoil *n*: GRÁFICA papel de plata, de estaño o de aluminio; papel Albal; V. *paper, silver paper, aluminum foil*.

tint *n/v*: GRÁFICA/IMAGEN tinte; matiz; tono; teñir, colorear, tintar, difuminar ◊ *Ink that gives prints a green tint*; V. *hue, luminance, shade, brightness, tone, value; dye*. [Exp: **tint block/plate** (GRÁFICA plancha de grabado a una sola tinta; normalmente se emplea para producir el color de fondo), **tinted film** (CINE película coloreada; V. *colourize*)].

tip, tipoff *n/v*: MEDIOS/PRENSA soplo, chivatazo; avisar, dar el soplo/chivatazo *col* ◊ *The journalist had been tipped off by the police and was first at the scene*. [Exp: **tip-in** (PUBL/PRENSA encarte; también se llama *paste-in*), **tip-on** (PUBL anuncio pegado; vale o muestra pegada a un anuncio)].

tissue paper *n*: GRÁFICA papel de seda; V. *paper*.

tits and arse show, T and A show *col/vulgar n*: TV/ESPEC espectáculo de tetas y culos *col/vulgar*; V. *jiggle show*.

title *n*: GRAL/PRENSA título; V. *bastard title, working title*. [Exp: **title line** (PRENSA cabecera [de un periódico]; también llamada *flag, nameplate line* o *title line*, es el título que aparece en la portada de un periódico; V. *masthead*[2]), **title music** (AUDIO tema musical principal, música de fondo de un programa, película, etc.; V. *theme, mood music, sound track, source music*), **title page** (GRÁFICA portada; carátula; equivale a *front cover*; V. *half-title, bastard title*; es la página en la que aparece el nombre del libro, el del autor y el del editor –*publisher*–; V. *bastard title*), **title role** (CINE/ESPEC papel principal o estelar, papel de protagonista ◊ *A film starring in the title role*; V. *cast, star*), **titles** (CINE títulos de crédito, créditos; V. *credit*)].

toilet *n*: GRAL baño, aseo personal. [Exp: **toilet paper** (GRAL papel higiénico; V. *paper*), **toiletries** (MKTNG artículos de aseo personal; V. *shelf life*)].

token *n*: MKTNG vale, bono, bono-descuento ◊ *Exchange ten tokens for a packet of sopa powder*; V. *gift-token, voucher*.

toll-free number *US n*: GESTIÓN número de teléfono con llamada gratuita; V. *direct response*.

tomato sauce *col n*: CINE [salsa de] tomate col, gore *col* ◊ *A scene flowing with tomato sauce*; tradicionalmente las escenas sangrientas se rodaban utilizando la salsa de tomate para representar la sangre, por lo que el término es peyorativo y se aplica a las películas «gore» –*gore movies*–, con escenas de violencia excesiva o en las que se nota demasiado el artificio.

tombstone[1] *n*: MKTNG/PRENSA lápida; anuncio-lápida de emisión sindicada cubierta; alude a la forma de lápida que tiene el anuncio de prensa de un préstamo sindicado o de cualquier otro que deba cumplir un requisito legal. [Exp: **tombstone**[2] (PRENSA efecto lápida; surge cuando hay dos titulares del mismo tamaño uno al lado del otro; también se llama *bumped heads*)].

tone[1] *n*: GRÁFICA/IMAGEN tono, tonalidad; tinte, blanco agrisado; V. *hue, luminance, shade, tint, tone, value; colour toning*. [Exp: **tone**[2] (DISEÑO tono, estilo, estado de ánimo; V. *mood; background music*), **tone down** (GRAL/AUDIO/IMAGEN ① moderar, atenuar ◊ *Tone down the language of an article*; ② reducir o disminuir el volumen; ③ atenuar, quitarle el brillo a), **toner** (GRÁFICA tinta seca, «toner»)].

tongue *n*: IMAGEN jirafa –*boom*– para movimientos horizontales de la cámara montada sobre una grúa; V. *boom, giraffe, camera mounts*.

tool[1] *n*: GRAL instrumento. [Exp: **tool**[2] (GRÁFICA estampar [en seco], decorar, trabajar, labrar ◊ *A book with the title tooled in gold*; V. *emboss*), **tooling** (GRÁFICA estampación, decoración [con hierros])].

top[1] *n/a*: GRAL/GESTIÓN/MKTNG/CINE parte superior; alto, máximo, superior, absoluto; tope, principio; se emplea en expresiones *top grade/quality* –de la mejor calidad–, *top official* –alto funcionario–, etc.; V. *from the top; table top*. [Exp: **top**[2] (GRAL/MKTNG superar, pasar de, exceder de ◊ *Sales have already topped last years's total*), **top**[3] (GRAL encabezar, ocupar la primera posición de/en ◊ *The firm topped the list of the ten leading exporters*), **top 10, 20, 40** (RADIO los 10/20/40 principales; el número varía, siendo 10 y 20 los más habituales en inglés, aunque en castellano la expresión clásica es «los cuarenta principales»; alude en todo caso a las canciones populares más vendidas en un país en un momento determinado), **top, from the** (CINE/AUDIO desde el principio; esta expresión la emplea el realizador cuando indica al actor que debe repetir el diálogo desde el principio, y también el director de orquesta cuando en el ensayo de una pieza indica que se debe repetir desde el principio; en este último caso en español se utiliza la expresión italiana «da capo»), **top light** (IMAGEN luz cenital), **top/senior management** (GESTIÓN alta dirección), **top/senior manager** (GESTIÓN alto ejecutivo; V. *above-the-line people*), **top the bill** (MEDIOS encabezar el reparto; V. *billing, head the billing, play a role*), **topless radio** (RADIO programa-tertulia sobre cuestiones sexuales íntimas –*intimate sexual matters*–; V. *sex, tabloid talkshow*), **topline** (PRENSA antetítulo; V. *heading, headline, subtitle, lead, deck*), **topper** (MKTNG expositor que se coloca en lugar público encima de algún objeto por donde tiene que pasar mucha gente ◊ *The vehicles on show at the trade fair all carried car toppers displaying their capabilities and prices*; V. *cash topper*)].

topic *n*: LING/GRAL tema, asunto, cuestión ◊ *The leading topic of discussion on radio chat shows is just new*; V. *motif, theme.* [Exp: **topic headline** (PRENSA subtítulo, también llamado *subhead*), **topical** (GRAL de gran actualidad, muy de moda, de interés actual ◊ *A programme in which topical issues are aired*)].

total *a/n*: GRAL total, completo; total, suma total, monto, montante; totalizar, ascender una cifra a. [Exp: **total audience** (MKTNG audiencia total; equivale a *gross impressions*), **total quality control, TQC** (GESTIÓN control de calidad total), **total quality management** (GESTIÓN gestión de calidad total; se caracteriza porque cada una de las etapas de cualquier proceso cumple los requisitos de calidad), **total sales revenue** (GESTIÓN facturación, volumen de negocios/ventas; representa la cifra total de los ingresos por ventas, también llamada *turnover*)].

trace[1] *n/v*: GRAL rastro, huella; rastrear, localizar, seguir la pista de ◊ *We were unable to trace the source of the story.* [Exp: **trace**[2] (GRÁFICA trazo, trazado; trazar; calcar ◊ *Trace the lines on semitransparent paper*), **tracing** (CINE calcado; V. *camera lucida*), **tracing paper** (GRÁFICA papel de calcar, papel de croquis; V. *paper*)].

track[1] *n/v*: GRAL rastro, huella; rastrear, localizar, seguir la pista ◊ *We were unable to trace the source of the story.* [Exp: **track**[2] (AUDIO pista; es el nombre de cada componente –*component*– o canal –*channel*– de una banda sonora –*soundtrack*–; por extensión se aplica a la canción o al tema musical ◊ *To listen to a track over and over*; V. *sound mix, multitrack*), **track**[3] (AUDIO sonido ambiente; V. *pre-*

sence, ambient sound, room tone), **track finding** (AUDIO/IMAGEN seguimiento de pistas; V. *automatic track finding*), **tracking**[1] (GESTIÓN/GRAL/MKTNG seguimiento; también llamado *follow-up*, es el control de tendencias, resultados, etc., del mercado; V. *follow-up; fulfillment; traffic department*), **tracking**[2] (CINE/AUDIO seguimiento; seguimiento de pista; en cine o televisión se dice de la cámara que «sigue» hacia adelante o hacia atrás a la persona que se filma), **tracking**[3] (AUDIO seguimiento, rastreo, localización [de una señal electrónica, de una pista, etc.; V. *automatic track finding*]), **tracking shot** (CINE travelín, plano de seguimiento del personaje; toma realizada con la cámara y el operador montados en una grúa o una plataforma móvil; se llama así porque la cámara sigue –*tracks*– los movimientos del actor al desplazarse; también se le llama *following shot, running shot* y *travelling shot* ◊ *The film opens with a long tracking shot of the hero running along the canal bank*; V. *action shot*)].

trade[1] *n/v*: MKTNG comercio, actividad comercial; negocio; tráfico; intercambios comerciales; industria, ramo, sector; mercancía; comerciar, negociar, traficar, contratar, llevar a cabo transacciones comerciales; esta palabra, junto con *sales* y otras, es nuclear en mercadotecnia; aun siendo sinónimos virtuales en inglés, los términos *trade* y *commerce* tienen en la práctica usos distintos; el primero es más concreto y cotidiano, mientras que el segundo es más abstracto; la práctica diaria del negocio es *trade*, en cualquiera de sus ramos y especialidades, mientras que el estudio abstracto, intelectual o universitario de las condiciones y relaciones de la realidad comercial forma el concepto de *commerce*; en posición atributiva, *trade* y también *trading* tienen el significado de «comercial», «mercantil» o «económico». [Exp: **trade**[2] (GRAL/GESTIÓN profesión, oficio, ocupación; sector, gremio ◊ *An actor well-known in the trade*), **trade advertising** (PUBL publicidad profesional o especializada; va dirigida a gremios o a profesionales en revistas de la especialidad; V. *trade magazine*), **trade brand** (MKTNG marca comercial; V. *trademark*), **trade debtors** (MKTNG clientes; deudores comerciales; V. *trade receivables*), **trade discount** (MKTNG descuento comercial a clientes), **trade fair/show/exhibition** (MKTNG feria de muestras, feria comercial; V. *sample, stand, presentation*[2]), **trade magazine/ paper** (MKTNG revista profesional o especializada; V. *trade advertising; freesheet*), **trade mark, trademark, TM** (MKTNG marca registrada, marca de fábrica, marca industrial; V. *registered trademark, patents and trademarks; verbal trademark; intangible assets*), **trade mark protection** (MKTNG protección de marcas), **trade name** (MKTNG nombre comercial; marca de comercio, nombre/ dibujo registrado como marca; nombre o denominación comercial, nombre de marca o de fábrica, razón social; V. *name of the company, business name*), **trade paper** (PUBL diario profesional o especializado; V. *trade advertising; freesheet*), **trade profit margin** (MKTNG margen comercial o de beneficios; V. *trading margin; markup*), **trade relations** (MKTNG relaciones comerciales), **trade surplus** (MKTNG balanza comercial favorable), **trademark unit** (MKTNG anuncio acompañado de la marca registrada; alude al caso en que una empresa, producto o servicio aparece, en una clasificación ordenada alfabéticamente, junto al logo o marca comercial asociados), **trader** (MKTNG comerciante, negociante, mercader, marchante, tratante; V. *dealer, merchant, broker*), **trading losses/profits**

(MKTNG pérdidas/beneficios de explotación o comerciales; V. *gross loss; net loss*), **trading margin** (MKTNG margen comercial o de beneficios; V. *margin of income/profit; trade profit margin; markup, markup pricing*), **trading stamp** (MKTNG cupón; V. *coupon*)].

traffic *n*: GRAL/MKTNG tránsito, tráfico; actividad comercial o profesional, cantidad de trabajo; en publicidad puede referirse a ① tráfico desde el punto de vista de la publicidad exterior; ② la cantidad de programas y anuncios transmitidos desde una emisora de radio o de televisión; V. *store traffic*. [Exp: **traffic count** (EXTERIOR conteo, cuenta o cómputo de tráfico ◊ *Do a traffic count before setting up a hoarding*; anotación del número de personas que pasan por un determinado punto, entran en determinado centro, etc., necesario para la planificación de la publicidad exterior o *outdoor advertising* ◊ *Do a traffic count before setting up a hoarding*; V. *traffic flow; tally*), **traffic department**[1] (TV/RADIO departamento de programación diaria –*day-to-day scheduling of programmes and announcements*–), **traffic department**[2] (MKTNG sección de coordinación de la actividad general –*traffic*– de los departamentos de una agencia de publicidad; V. *tracking*), **traffic flow** (EXTERIOR flujo de tráfico; es una gráfica del volumen o densidad de tráfico por una calle principal y sus arterias que forma parte de la planificación de publicidad exterior o *outdoor advertising*; V. *traffic count*)].

trailer *n*: CINE avance de una película, tráiler; sinopsis formada por las escenas más significativas de una película ◊ *Smokers stood in the foyer while trailers went on*; V. *film teaser*.

trannie, tranny *col n*: RADIO transistor, radio de transistores; V. *transistor radio*.

transact *v*: MKTNG negociar, hacer negocio,

llevar a cabo ◊ *Transact a deal*. [Exp: **transaction** (MKTNG transacción, negocio, gestión; V. *business*)].

transfer[1] *v/n*: GRAL transferir, trasladar, traspasar; transferencia; traslado, traspaso ◊ *She was transferred to the sales department*; V. *duplicate*. [Exp: **transfer**[2] (CINE repicar; V. *duplicate*), **transfer**[3] (GRÁFICA calcomanía, imprimir ◊ *Advertising for the film included transfers of the main character aimed at children*; V. *film transfer, image transfer, decalcomania*)].

transistor radio *n*: RADIO transistor, radio de transistores; V. *tranny*.

transit advertising *n*: EXTERIOR publicidad móvil; publicidad en autobuses, taxis, trenes, metros, transbordadores, y en general toda clase de vehículos de transporte público; también se llama *transportation advertising*.

transition *n*: CINE transición; es el paso de una escena a otra –*from one scene to the next*–, sin perder el hilo conductor, para lo que se utiliza cualquier efecto visual o sonoro como el fundido –*fade*–, la cortinilla –*wipe*–, etc.; V. *continuity editing; cut*.

transmission *n*: RADIO/TV transmisión, emisión; V. *lag*. [Exp: **transmit** (RADIO/TV transmitir; V. *supply, feed*[2]), **transmitter** (RADIO/TV transmisor, estación transmisora; V. *booster, relay, broadcast*)].

transparency *n*: GRAL/CINE transparencia; se usa en el sentido de ① diapositiva o *slide* de retroproyector –*overhead projector*–; y ② propiedad óptica de las películas; V. *gloss*.

transponder *n*: MKTNG transpondedor; es un dispositivo electrónico, que forma parte de los satélites de comunicación, encargado de recibir una señal, ampliarla y retransmitirla.

transportation advertising *n*: EXTERIOR publicidad móvil.

trap *n*: GRÁFICA superposición de colores

para obtener el matiz –*hue*– y la densidad cromática –*colour density*– deseada en la impresión.

trash *n*: GRAL basura. [Exp: **trash movies** (TV cine basura), **trash TV** (TV telebasura; se refiere a aquellos programas de contenidos violentos, obscenos o escandalosos –*violent, obscene or sleazy content*–, que se incluyen en la programación para ganar audiencia a toda costa), **trashy** col (GRAL barato, asqueroso, malísimo, de tercera, de pacotilla ◊ *A trashy film; trashy food; a trashy article*; V. *gutter press*)].

travel *n/v*: GRAL viaje; viajar; trasladarse. [Exp: **travel and entertainment expenses** (GESTIÓN gastos de viaje y representación), **travelling**[1] (GRAL ambulante, en movimiento, itinerante; de viaje, portátil; se emplea en expresiones *travelling clock* –despertador de viaje–, *travelling circus* –circo itinerante–, etc.), **travelling**[2] (CINE travelín; se emplea en dos sentidos: ① el vehículo o plataforma sobre ruedas que traslada a la cámara y al operador; ② el desplazamiento de la cámara montada sobre ruedas para acercarse al objeto, alejarse de él o seguirlo en su movimientos; este desplazamiento puede ser, respecto del sujeto, convergente, divergente y paralelo, según se acerque, se aleje, o vaya junto a él), **travelling/travel allowance** (GESTIÓN gastos de viaje; V. *per diem*), **travelling crane** (CINE grúa, travelín; plataforma con ruedas sobre las que va montada la cámara para la toma de movimientos; V. *crane, dolly, tracking shot*), **travelling/travel expenses** (GESTIÓN gastos de viaje; V. *travel and entertainment expenses*), **travelling shot** (CINE travelín, plano en *travelling*; es el tomado desde una cámara en movimiento; también se le llama *tracking shot*; que es distinto del *tilt shot*, toma lenta de arriba abajo o a la inversa, y del *panning* *shot*, toma de derecha a izquierda o a la inversa; V. *splice; shot, dolly shot*), **travelling salesman** (GESTIÓN viajante de comercio; V. *commercial traveller, representative; field staff*), **travelogue** (CINE documental sobre viajes, normalmente a países exóticos; a veces la crítica lo utiliza con sentido peyorativo –*in a derogative way*–, para referirse a planos innecesarios de paisajes dentro de una película; la palabra es una unión de *travel* y *monologue*)].

tray *n*: GRAL/MKTNG bandeja [para exposición] ◊ *Goods displayed on a tray by the cash desk*; V. *shelf*.

treat[1] *n/v*: GRAL tratar; trato. [Exp: **treat**[2] (GRAL agasajo, invitación; V. *entertainment, hospitality*)].

treatment (GRAL/CINE trato, tratamiento; en el cine «tratamiento» es la fase de desarrollo de las líneas argumentales antes de redactar el guión definitivo; V. *script*)].

treble *a/n*: AUDIO agudo, los agudos; V. *bass; high-pitched; earpiercing*.

trench *n*: CINE zanja, trinchera; durante el rodaje, sirve para introducir la cámara a fin de hacer un contrapicado –*low angle shot*– o para que camine por ella un actor, y de este modo no se note que otro es demasiado bajo; V. *apple box, half box*.

trend *n*: GRAL tendencia, moda; V. *fashion*. [Exp: **trendy** *col* (GRAL de moda; V. *fashionable*)].

trial *n*: GRAL prueba. [Exp: **trial performance** (CINE prueba artística, audición ◊ *Budding actors invited to a trial performance at the TV studio*; es la prueba a la que se someten los intérpretes –*performers*–, ya sean actores, bailarines, músicos, etc., antes de ser seleccionados; V. *casting*), **trial print** (CINE/TV copia cero; el nombre más corriente para la copia cero es, sin embargo, *answer print*)].

trick *n*: IMAGEN/CINE truco, ilusión óptica; V. *stop-motion photography*. [Exp: **trick opticals** (CINE truca ◊ *Computer technology has opened up the field of trick opticals*; V. *special effects*)].

triggyback *col n*: RADIO/TV cuña radiofónica o anuncio televisivo que se emite en tres segmentos separados, cada uno de los cuales dura un tercio del tiempo de un anuncio estándar ◊ *Media buyers sometimes find triggyback advertising cheaper*; se trata de un vocablo inventado y un poco infantil, derivado de *piggyback* mediante la sustitución de la primera sílaba por la de *tri-*, que sugiere *three* –tres–.

trim[1] *v*: GRAL/GRÁFICA recortar; cortar papel con guillotina, desbarbar, esto es, quitar del papel las hilachas –*loose thread*– o rebabas –*projecting edges*– ◊ *Trim the edges of a photograph with scissors*; desvirar, recortar el libro el encuadernador; V. *frayed edge, bleed; deckle-edge paper, untrimmed paper; edges uncut, edges untrimmed; crop*. [Exp: **trim**[2] (EXTERIOR moldura, bocel, marca, embellecedor, etc., de una valla de publicidad; cenefa; V. *billboard, outdoor poster; hoarding*), **trim flush** (GRÁFICA presentación [de un libro, etc.] con tapas y páginas cortadas con guillotina al mismo margen), **trim size** (GRÁFICA tamaño [del libro, papel, etc.] tras ser guillotinado), **trimming** (GRÁFICA cenefa; V. *edge, edging*), **trimmings** (GRÁFICA aderezos, adornos; V. *embellishments*)].

tripod *n*: IMAGEN trípode.

triptych *n*: GRÁFICA tríptico; dispositivo formado por tres elementos articulados entre sí, de de modo que puedan doblarse los laterales sobre el central; en publicidad es un folleto de seis caras de la misma estructura; V. *diptych*.

trope *n*: LING/SEMIÓ/CINE tropo ◊ *Confusion of sense owing to excess of tropes*; en líneas generales es cualquier recurso figurado o empleo de las palabras en un sentido distinto del que les es propio, ya sea símbolo, connotación, figura del lenguaje, etc.; en el cine estos recursos van desde el barrido borroso o *swish pan* hasta el foco selectivo o *rack focusing*; V. *punctuation*.

truck *n*: GRAL camión; se usa en los nombres *single truck* y *double truck*, referidos a publicidad. [Exp: **truck jobber** (GRAL/MKTNG intermediario; aparece en expresiones como *premium jobber, rack jobber, truck jobber*), **trucking shot** (CINE plano lateral; V. *following shot, running shot, tracking shot, action shot*)].

tube, the *n*: GRAL/TV el metro *col*; la tele *col*; V. *off tube*.

tune *n*: AUDIO melodía, tonada; V. *melody, theme tune, stay tuned*. [Exp: **tune in** (AUDIO sintonizar [una emisora de radio] ◊ *Tune in to a music programme*; V. *listening, viewing, select, station, stay tuned*), **tuning** (AUDIO sintonía; V. *listening, viewing*)].

turnover[1] *n*: MKTNG/GESTIÓN rotación; cifra o frecuencia de renovación o cambio [de existencias, personal, audiencia, etc.]; volumen de negocios, facturación ◊ *A firm with a high turnover; goods with a quick turnover*. [Exp: **turnover**[2] (MEDIOS audiencia total; en la medición de audiencias de un medio de comunicación, el término se aplica tanto a la audiencia total de un programa en comparación con la de otros del mismo medio de difusión o de uno rival, como al número total de espectadores que sintonizan o dejan de sintonizar un programa –*tune into the programme or switch over*– durante la emisión del mismo ◊ *Audience figures based on viewer turnover throughout a six-week period*; V. *audience turnover, sales turnover, stock turnover; total sales revenue*)].

turntable *n*: AUDIO plato del tocadiscos.

TV guide *n*: TV programación de televisión; V. *guide, listings*. [Exp: **TV series** (CINE telenovelas; V. *television movie*), **TV movie** (CINE telefilm; V. *television movie*)].

tweeter *n*: AUDIO altavoz de agudos; puede ser un altavoz independiente, llamado coloquialmente en castellano «trompeta», o la parte de la caja acústica destinada a los agudos; se llama así porque supuestamente suena como el piar –*tweeting*– de los pájaros; V. *woofer, subwoofer*.

twinkling *n*: IMAGEN titileo o parpadeo de pantalla ◊ *Adjust the screen control to get rid of twinkling*; también llamado *edge beat*, consiste en una distorsión de la pantalla similar al titileo de las estrellas.

two-colour *a*: GRÁFICA/IMAGEN bicolor, a dos tintas; V. *four-colour, three-colour*. [Exp: **two-colour process** (GRÁFICA/IMAGEN bicromía; V. *four-colour*), **two-page spread** (PRENSA V. *spread*)].

tycoon *n*: GESTIÓN magnate; V. *media mogul*.

type[1] *n/v*: TIPO tipo [de composición]; fuente, letra, carácter; familia de tipos; componer tipográficamente; es la pieza de metal de la imprenta y de la máquina de escribir en que está en realce –*raised*– una letra u otro signo; *type* se usa en sentido general; cuando se habla de un tipo de letra característico marcado por diseño o estilo se utiliza *typeface*; V. *font*. [Exp: **type**[2] (GRAL texto mecanografiado ◊ *A type of line*), **type**[3] (GRAL mecanografiar, teclear, escribir/pasar a máquina; V. *typewriter*), **type area** (GRÁFICA mancha, caja; espacio impreso de una página o reservado para la impresión, también llamado *print area*), **type family** (TIPO familia de tipos; conjunto formado por variedades de tipos de letra, en forma y en peso –*weight*–, creadas a partir del mismo estilo o *typeface*; las variedades suelen ser la cursiva o bastardilla

–italics–, la negrita *–bold–*, la versalita *–small caps–*, la condensada *–condensed–*, la extendida *–extended–*, las mayúsculas *–uppercase–*, minúscula *–lowercase–*, etc.), **type form** (GRAL/PRENSA/GRÁFICA forma, molde; en la imprenta es el conjunto de letras que se colocan sobre la cama *–bed–* de la plancha de impresión; V. *form*), **type gauge** (GRÁFICA regla de impresor, también llamado *line gauge*), **type size** (TIPO cuerpo; es el tamaño de letra expresado en puntos o *points,* cada uno de los cuales equivale a $^1/_{72}$ de una pulgada; por eso, también se le llama *point size*; V. *body matter/type; caps height, height*), **typecast** (CINE encasillar [en un personaje o tipo de personaje ◊ *He refused to do any more James Bond films for fear of being typecast*; V. *cast*), **typeface** (TIPO tipo de letra, estilo, diseño o modelo de tipo de letra impresa; entre los modelos o *typefaces* más importantes destacan *Times Roman, Courier,* etc.; V. *type family, font*), **typeset** (TIPO componer, composición; V. *compose; cold/hot type*), **typesetter** (TIPO cajista, tipógrafo; equivale a *compositor*), **typesetting** (TIPO tipografía, composición de textos; V. *composition; phototypesetting*), **typewriter** (GRÁFICA máquina de escribir; V. *type*[2]), **typing** (GRÁFICA mecanografía), **typewritten** (GRÁFICA mecanografiado, escrito a máquina ◊ *All articles submitted for publication must be typewritten*), **typist** (GRÁFICA mecanógrafo), **typographer** (GRÁFICA/TIPO tipógrafo), **typography** (GRÁFICA/TIPO tipografía; V. *typesetting*)].

typology *n*: GRAL tipología, clasificación; V. *audience typology*.

U

U *n*: CINE para todos los públicos; es la inicial de *universal*, y se corresponde con la *G* en Estados Unidos.

U-matic *n*: vídeo profesional de Sony.

UHF *n*: TV V. *ultra high frequency.*

ultimate *a*: GRAL último. [Exp: MKTNG **ultimate consumer** (MKTNG usuario, consumidor; V. *end-user*)].

ultra high frequency *n*: TV UHF, frecuencia ultra elevada; V. *VHS*. [Exp: **ultrasound** (AUDIO ultrasonido; su frecuencia se encuentra por encima de la gama del oído humano –*range of human hearing*–), **ultraviolet** (IMAGEN ultravioleta; se refiere a la luz situada más allá del espectro visible –*beyond the visible spectrum*– por el extremo violeta –*at the violet end*–; su longitud de onda –*wavelength*– se encuentra entre la de la luz visible y la de los rayos X –*X rays*–)].

umbrella *n*: paraguas, sombrilla; pantalla. [Exp: **umbrella advertising** (PUBL anuncio paraguas; es el anuncio de una organización de empresas en vez de el de un producto), **umbrella organization** (GESTIÓN organización paraguas; es la que consta de otras entidades menores)].

un- *pref*: in-, des-, sin, etc.; el prefijo inglés *un-* otorga un significado negativo –privación, negación, oposición– a la palabra de la que forma parte, equivaliendo a los españoles «in-», «des-», y también a «sin», «no» y otros; muchas veces se puede traducir por una locución de infinitivo con «sin» o «por», por ejemplo, *unallocated expenses* «gastos sin/por asignar», o bien por «gastos pendiente de asignación», «gastos de asignación aún sin determinar», etc. [Exp: **unacceptable** (MKTNG inaceptable), **unaided recall** (MKTNG recuerdo no estimulado, respuesta espontánea; alude a la capacidad de retención de los detalles de un mensaje publicitario mostrada por el encuestado que contesta a un cuestionario sin pistas –*clues*–, sugerencias –*suggestions*– ni otra ayuda cualquiera; por extensión, se refiere al grado de retención detectado o al porcentaje de los encuestados pertenecientes a esta categoría ◊ *The figures show 25 % unaided recall*; V. *spontaneous recall, aided recall, prompt*), **unavailable on order, UOO** (RADIO/TV sin espacio disponible; se transmitirá en cuanto se pueda; esta frase, empleada en la radio y la televisión, sirve para indicar a la emisora central que en ese momento no se dispone de espacio –*slot*– para transmitir el programa, el cual se emitirá en cuanto se pueda), **unbalanced budget** (GESTIÓN presupuesto desequilibrado/desnivelado; presupuesto sin ajustar/equilibrar), **uncollectable/uncollectible accounts** (GESTIÓN [cuentas] incobrables), **uncut edge** (GRÁFICA con los bordes sin desbarbar; V. *untrimmed paper, trim*), **unduplicated audience** (MEDIOS público/audiencia no duplicado; es el total de espectadores que haya visto un anuncio en cualquier medio publicitario, eliminando las duplicaciones o repeticiones; V. *cumulative audience*), **unexposed** (CINE virgen; se aplica a las cintas *–tapes–*, películas *–films–*, etc.; V. *blank, filmstock*), **unfair trading/competition** (MKTNG competencia desleal; V. *Code of Fair Trading, competition-oriented pricing*), **unload** (MKTNG descargar, liberarse; tiene tres acepciones: ① descargar mercancías, en sentido general, esto es, *discharge*; ② vender al minorista a precio por debajo del coste; en este sentido equivale a *dumping*; ③ deshacerse el minorista lo antes posible de un producto, por medio de incentivos *–inducements–*), **unscramble** (TV descodificar, desencriptar, descifrar ◊ *Unscramble a TV signal with a decoder*; V. *decoder*), **unscrambler** (TV descodificador, aparato descodificador), **unsold copies** (prensa devoluciones, ejemplares no vendidos o sin vender; V. *circulation, print run*), **unsolicited** (PRENSA no solicitado, no pedido ◊ *Magazines receive many unsolicited articles*; V. *editor*), **unsolicited mail** (PUBL propaganda publicitaria enviada sin que el destinatario la haya pedido; V. *junk mail*), **unsynchronized** (TV desincronizado; se dice de una secuencia cinematográfica cuando hay un desfase entre sonido e imagen; V. *lip-sync*), **untrimmed paper** (GRÁFICA papel de barba; V. *deckle-edged paper, uncut edge, trim¹*)].

under *pref*: sub-, infra-, secundario, etc.; la palabra *under* puede actuar como pre-

fijo, siendo sinónimo de *sub-* y antónimo de *over-* en la mayoría de los casos; el significado más típico es el de «sub» o «por debajo de», con las connotaciones de «secundario, accesorio, menor, inferior, mal, etc.». [Exp: **under construction** (INTERNET en construcción; es un término que describe una dirección de Internet *–a WWW site–* que todavía no se ha completado), **undercranking** (MKTNG proyección acelerada; rodar a menos de 24 encuadres *–frames–* por segundo; V. *fast motion, overcranking*), **undercut¹** (GRÁFICA plancha de imprimir en directo *–halftone–*, que no se puede utilizar como molde para hacer nuevas planchas porque los puntos *–dots–* están deteriorados por los lados), **undercut²** (MKTNG ofrecer mejor precio), **undercut the competition** (MKTNG vender por debajo de los precios de los competidores ◊ *They cornered the market by undercutting the competition*), **underdelivery** (MKTNG déficit, deficiencia, diferencia entre lo pactado y lo realizado o entre lo previsto y lo conseguido ◊ *Post analysis showed an underdelivery of 20 % on the estimated audience figures*; V. *deliver, shortfall*), **underexpose¹** (CINE/IMAGEN subexponer; V. *shutter speed, exposure²*), **underexpose²** (TV/MEDIOS no dar la cobertura adecuada a, darle una publicidad insuficiente/escasa a, escatimar el apoyo a; V. *overexpose*), **underexposure¹** (CINE/IMAGEN subexposición; la subexposición se puede emplear intencionadamente para dar a la imagen impresa *–print image–* una connotación turbia *–muddy–*, temerosa *–foreboding–*, etc.), **underexposure²** (TV falta de publicidad, cobertura o apoyo; escasez/insuficiencia de una campaña publicitaria; desconocimiento [de un producto] por falta de publicidad ◊ *Sales of the new line have been adversely affected by underexpo-*

sure; V. *campaign drive*), **underground**[1] (GRAL subterráneo, clandestino; bajo tierra, en la clandestinidad), **underground**[2] (CINE/ESPEC/AUDIO propio de la contracultura, «underground» ◊ *Music and films produced by underground groups in the sixties and seventies*; V. *exploitation film*), **underlay** (GRÁFICA/TIPO alza, calzar; el «alza» es un pedazo de papel que se coloca debajo de los caracteres para igualar la impresión o hacer que sobresalga donde convenga), **underplay** (GRAL minimizar, quitar importancia; interpretar de forma contenida o sin énfasis; V. *overplay, low key*), **underrun** (PRENSA/PUBL tirada corta; V. *run, overrun*), **undershoot** (CINE quedarse corto en la filmación, ya de una escena, ya de una película entera), **understudy** (CINE suplente; aprenderse el papel para poder sustituir al actor principal o *leading actor*), **underwater cinematography** (CINE filmación subacuática/submarina)].

union *n*: GESTIÓN sindicato; V. *management*[2].

unique *a*: GRAL único, singular. [Exp: **unique selling proposition, USP** (MKTNG frase clave para la venta, ventaja diferencial; es la oración que contiene la palabra o el argumento clave –*keyword*– que debe despertar el interés del posible comprador –*prospective buyer*– y convencerle por tratarse de un producto único, singular o acorde con sus intereses; V. *ABC, AIDA*.

unit[1] *n*: GRAL/LING/CINE unidad, elemento, módulo, núcleo; el lenguaje está formado por unidades básicas, como la palabra, la oración, etc.; entre las unidades del discurso cinematográfico destacan el plano –*shot*–, la escena –*scene*–, la secuencia –*sequence*–, etc.; V. *syntax, punctuation device*. [Exp: **unit**[2] (PUBL/MKTNG pieza publicitaria o de negocio; la publicitaria, también llamada *advertising unit*, alude a

cualquier anuncio emitido por la ondas –*commercial*–, anuncio impreso –*print ad*–, etc.; V. *item; strategic business unit, SBU, selling unit*), **unit**[3] (ESPEC/CINE forma elíptica de *lighting unit*; V. *luminaire*), **unit split** (RADIO división en dos de una cuña publicitaria, con dos anuncios diferentes), **unit manager** (CINE adjunto de producción; colabora con el director de producción –*production manager*–, en especial en trabajos administrativos y contables; también se le llama *location manager* porque está al frente de la *location unit*)].

universe *n*: MKTNG universo [de una encuesta]; V. *base*[3].

UOO *n*: RADIO/TV equivale a *unavailable on order*.

up[1] *adv*: GRAL/MKTNG arriba; que ha subido de precio o valor ◊ *Sugar is up 2 pence*; V. *down*. [Exp: **up**[2] (MKTNG subir, incrementar ◊ *You can only up sales turnover by increasing marketing outlay*), **up-and-over** (RADIO/CINE/TV subir hasta cubrir; es la elevación del volumen de la música, como recurso de transición, hasta hacer desaparecer el diálogo), **up-and-under** (CINE/AUDIO subir, bajar y mantener; es una orden del director para que se suba el volumen, se baje y se mantenga bajo durante el diálogo), **up-cutting**[1] (AUDIO solapamiento de los sonidos finales de una fuente con los que proceden de otras; pérdida de las palabras iniciales de un enunciado), **up-cutting**[2] (RADIO/TV desconexión de la emisora central para dar paso a la publicidad local), **up-front**[1] *col* (GRAL abierto, franco; desinhibido ◊ *She's very up-front in all her business dealings*), **up-front**[2] (MKTNG/TV por adelantado, antes de la temporada; pagado/pagadero por adelantado de una sola vez a la entrada; aplicado a los medios de comunicación significa la compra de espacio televisivo por anticipado), **up-**

date[1] (GESTIÓN actualizar, poner al día, modernizar; V. *modernize*), **update**[2] (MEDIOS avance informativo; V. *stand-up*), **up-front buying** (PUBL/GESTIÓN compra por adelantado de espacios televisivos para períodos largos, por ejemplo un año; aunque este sistema de compra suele ser más caro, se realiza para asegurarse los espacios de máxima audiencia –*prime time*– o franjas horarias –*dayparts*– importantes), **up-front fees** (GESTIÓN cuota de entrada, comisión pagadera por adelantado), **updated version** (GRAL versión actualizada), **updating** (GESTIÓN actualización), **upgrade** (MKTNG mejorar; ascender; V. *promote; demote, downgrade*), **upgrading** (MKTNG ascenso en graduación, mejora en explotación, etc.; aumento); **upload** (INTERNET «subir» *col*, cargar; consiste en transferir archivos –*transfer files*– desde un ordenador –*computer*– a un servidor de Internet –*web server*–; V. *download, website*), **upmarket** *col* (MKTNG/PUBL elegante, de calidad superior; propio de las capas más selectas del mercado; V. *down-market*), **upset price** *US* (MKTNG precio mínimo; precio mínimo al que el vendedor estaría dispuesto a vender), **upshot**[1] (GRAL resultado final ◊ *The upshot of all the negotiations was the cancelling of the contract*; V. *outcome*), **upshot**[2] (CINE contrapicado; se dice de la toma cinematográfica efectuada de abajo arriba; V. *low angle, zenital shot*), **upstage** (CINE/ESPEC en/hacia el fondo del escenario; eclipsar, anular, dejar en desventaja, chupar cámara *col* ◊ *She upstaged her better-known rival with her performance*; el significado metafórico del verbo viene dado por el hecho físico de que si un actor, durante un diálogo, se dirige hacia el fondo del escenario, obliga al otro a dar la espalda al público, cuya atención se centrará en el primero; lo contrario es *downstage*,

esto es, mirando a la cámara o al público; V. *backstage*), **upswing, upturn** (MKTNG repunte, mejora, reactivación, recuperación, reanimación, tendencia ascendente; cambio favorable en la coyuntura; V. *boomy, rise; downturn*)].

upper *a*: GRAL superior. [Exp: **upper-case** (TIPO mayúsculas o versales de caja alta ◊ *Use upper-case letter for the heading*; V. *capital, lower case*; V. *lower-case, small capital*), **upper echelon** (GESTIÓN la cúpula; las altas esferas; V. *above-the-line people*)].

urban *a*: GRAL urbano. [Exp: **urban bulletin** (EXTERIOR valla urbana de 14 × 4 metros; V. *painted/printed bulletin, bulletin*[2]), **urban drama** (ESPEC/CINE drama urbano), **urban furniture** (GRAL mobiliario urbano)].

URL *n*: INTERNET URL, Localizador Universal de Recursos; es una dirección –*address*– que indica al navegador –*browser*– dónde encontrar determinados recursos de Internet; son las siglas de la expresión inglesa *Universal Resource Locator*; V. *web page*.

use *v/n*: GRAL/MKTNG usar, consumir; uso. [Exp: **usable area** (GRÁFICA zona/porción/espacio/sección utilizable [de una página]; también llamada *safe action area, essential area, critical area* y *safety*[2], es el espacio destinado en la página al texto e ilustraciones; V. *print area*), **use-by date** (MKTNG fecha de caducidad ◊ *Check the use-by-date before buying a product*; V. *best before, sell-by date, expiry date*), **user** (MKTNG usuario; V. *heavy user; consumer, end-user*), **user agent** (INTERNET agente de usuario; es un programa cliente –*client*– que inicia una demanda a un servidor de red –*web server*–; suelen ser programas –*software*– visualizadores, editores, navegadores –*web surfers*– u otras herramientas de usuario final –*end user tools*–; V. *URL,* *web server*), **user calls** *US* (MKTNG visitas a clientes hechas por representantes de comercio; V. *callback*), **user-friendly** (MKTNG/GRAL asequible, manejable, de fácil manejo, que se usa a gusto, fácil de usar ◊ *Nowadays manufacturers stress the user-friendly features of their products*; V. *reader-friendly, home in on*)].

USP *n*: MKTNG V. *unique selling proposition*.

utility[1] *n*: MKTNG utilidad; capacidad de satisfacción de las necesidades. [Exp: **utility**[2] (GRAL servicio público; utilizado especialmente en plural como en *public utilities* –empresas de servicio público–)].

utterance *n*: SEMIÓ/LING enunciación; enunciado; V. *enunciation; juncture*.

V

vacuum *n*: vacío. [Exp: **vacuum-packed/ sealed** (MKTNG embalado/empaquetado/ envasado al vacío o con papel de plástico transparente; V. *shrink-wrapped, airtight*)].

valance *n*: CINE/ESPEC/PUBL cenefa, volante, bastidor; el objeto del *valance* es ocultar el marco superior de la ventana; en publicidad es una tira fina y estrecha que se coloca en la parte superior de una ventana, estantería o mostrador.

value *n/v*: GRAL/IMAGEN valor, valorar; dar valor a; se suele aplicar a los términos *luminance* y *lightness*. [Exp: **value added tax, VAT** (GRAL impuesto sobre el valor añadido, IVA)].

vamp *n*: CINE vampiresa; sin relación alguna con la sangre, es un sinónimo de la mujer fatal –*femme fatale*–. [Exp: **vampire movie** (CINE película de vampiros; es un subgénero –*subgenre*– del cine de terror –*horror films*–; V. *gore, gothic films*)].

van *n*: GRAL furgoneta; V. *mobile camera/unit, cruiser, telecruiser*.

vapid *a*: TV/RADIO insulso, insípido, sin interés; V. *lacklustre; leader article*.

vary *v*: GRAL variar. [Exp: **variable** (MKTNG variable; V. *factor analysis*), **variance** (GRAL/MKTNG variancia, varianza; es igual al cuadrado de la desviación media –*standard deviation*–)].

variety, variety performance, variety shows *n*: CINE/ESPEC/TV variedades, espectáculo/programa de variedades ◊ *The famous actor started as a dancer in variety shows*; V. *legitimate theatre, vaudeville, burlesque*.

varnish *n/v*: GRÁFICA/IMAGEN barniz; barnizar; V. *coating, lacquer*.

vaudeville *n*: ESPEC burlesco; obra burlesca; V. *burlesque, legitimate theatre, variety show*.

VCR *n*: TV siglas de *video cassette recorder* o grabador-reproductor de vídeo; V. *video cassette recorder, VHS, NTSC, PAL*.

vehicle *n*: MEDIOS soporte publicitario; medio publicitario concreto, punto/medio de salida publicitaria, vehículo publicitario; también llamado *individual medium/ media*, es el nombre que se da a un medio publicitario concreto –*specific advertising medium*–, que puede ser una publicación impresa –*print medium*–, una emisora de radio –*radio station*–, un canal de televisión –*TV channel*– determinado, un programa de radio o de televisión, etc.; V. *advertising vehicle; outlet, channel; circuit*)].

vend *v*: MKTNG vender. [Exp: **vendable/ vendible** (MKTNG vendible; V. *marketable, merchantable; salable/saleable*), **vendee** (MKTNG comprador; V. *vendor*), **vending** (MKTNG venta), **vending machines** (MKTNG máquinas expendedoras o vendedoras, venta automática; V. *automatic vending machine; dispenser*), **vendor** (MKTNG vendedor, proveedor; se aplica, con frecuencia, al vendedor de periódicos; V. *vendee*), **vendor performance/placing** (MKTNG índice/indicador del ritmo de venta o colocación de productos)].

verisimilitude *n*: GRAL verosimilitud; V. *realism*.

verbal *a*: verbal, oral. [Exp: **verbal agreement** (GESTIÓN acuerdo verbal), **verbal storyboard** (IMAGEN/PUBL guión verbal; está formado por una serie de instrucciones verbales; V. *storyboard*), **verbal trademark** (PUBL/MKTNG marca verbal; están formadas estas marcas verbales por acrónimos totales o parciales como *Inespal*, Industria Española del Aluminio– o por la unión de palabras enteras o mutiladas, como *Servired* –Red Nacional de Cajeros Automáticos–, de forma tal que se puedan emitir oralmente en una sola unidad léxica sin tener que recurrir a toda la expresión larga; V. *naming; packaging*)].

version *n*: GRAL/MEDIOS/CINE/PRENSA versión; alude a las distintas formas en la interpretación y relación de un suceso.

verso *n*: GRÁFICA verso, página izquierda de un libro o el reverso de una hoja; V. *recto, left-hand/even-numbered page*.

vertex *n*: GRÁFICA vértice; ángulo inferior de una letra, en el que se unen los dos trazos, como en la letra *V*; V. *apex, arm, cross stroke, ear, spur, stem, tail*.

vertical *a*: GRAL vertical. [Exp: **vertical discount** (MEDIOS descuento selectivo o limitado a diversas modalidades de compra de espacio publicitario), **vertical half-page** (PRENSA/PUBL [anuncio] de media página vertical), **vertical rotation** (MKTNG rotación/variación vertical; alude al sistema de alternancia del horario de emisión de un anuncio a lo largo de un período de tiempo –un día, una semana, un mes–, con el objeto de que el mensaje llegue al mayor público posible; V. *reach*)].

VHS[1] *n*: TV VHS; las siglas corresponden a las palabras *video home system*, o «sistema de vídeo doméstico»; V. *Betacam, VCR*. [Exp **VHF**[2] (TV VHF, frecuencia muy elevada; V. *UHF*)].

video *n*: TV/IMAGEN vídeo. [Exp: **video beam/projector** (IMAGEN teleproyector de vídeos), **video camera** (IMAGEN videocámara, cámara de vídeo; suele aplicarse a las pequeñas, portátiles, utilizadas por aficionados –*amateurs*–), **video cassette recorder** (CINE magnetoscopio, grabador-reproductor de vídeo, aparato de vídeo; es un electrodoméstico –*household appliance*– que puede grabar –*record*– y reproducir –*play*– cintas pregrabadas –*prerecorded*–; V. *video cassette recorder, VHS, NTSC, PAL*), **video editor** (TV/IMAGEN montador de vídeo; V. *editor*), **video news release, VNR** (MEDIOS material en vídeo preparado por las empresas, gobiernos o grupos de presión –*lobbies*– y destinado a su reproducción en los medios de comunicación; es el equivalente visual de la nota de prensa –*news release, press release*–), **video-on-demand** (INTERNET televisión a la carta; es un servicio de televisión –*television service*– que provee al usuario –*provides users*– el acceso a material de vídeo almacenado de forma digital –*digital video material*– en servidores de Internet –*Internet servers*–), **video operator** (MEDIOS operador de vídeo), **video tape recorder** (IMAGEN magnetoscopio), **video-**

disc (MKTNG videodisco), **videojournal-ist** (MEDIOS videoperiodista; se trata de un periodista que lleva una cámara de vídeo –*camcorder*–, filma –*shoots*– y narra –*narrates*– el suceso –*story*–, a menudo simultáneamente), **videotape** (MKTNG cinta de vídeo; V. *audiotape*), **videotape recorder** (MKTNG magnetoscopio), **videotape standards** (IMAGEN formatos de magnetoscopios), **videotext** (MEDIOS videotexto)].

view[1] *v*: TV ver, mirar, contemplar; ver [la] televisión ◊ *Anxiety that children spend too much time viewing*; V. *watch, preview*. [Exp: **view**[2] (CINE visionar ◊ *The jury viewed the film at a special showing*; V. *viewing*), **viewable** (MKTNG visible), **viewer** (TV espectador, telespectador, televidente; V. *tune in, switch channel, zap, outflow, inflow*), **viewer panel** (TV tribuna/jurado de telespectadores ◊ *Get a viewer panel to judge a quiz show*; V. *panel*), **viewership** (TV espectadores de televisión, telespectadores, televidentes, audiencia televisiva ◊ *A programme with a faithful viewership*; V. *audience, readership*), **viewfinder** (IMAGEN visor [de una cámara] ◊ *Line up the subject carefully in the viewfinder*), **viewing**[1] (TV televisivo; relacionado con la televisión o los espectadores), **viewing**[2] (TV visionado, visión; hecho o práctica de ver [la televisión] ◊ *Keep the children's viewing down to a few hours a week*), **viewing**[3] (TV programación, programas; contenido o calidad de los programas de televisión ◊ *Typically mindless afternoon viewing*; aparece en expresiones como *good viewing* –programas de calidad, televisión de la buena–, *Sunday viewing* –la programación del domingo, los espacios programados para el domingo–, *videos for home viewing* –vídeos domésticos o para ver en casa–, etc.; V. *listening, tuning*), **viewing area** (TV zona de cobertura;

también llamada *coverage area*; V. *tuning*), **viewing glass** (IMAGEN filtro de visión), **viewing people** (TV telespectadores; V. *listening, tuning*)].

viewpoint *n*: MEDIOS punto de vista ◊ *It's difficult to share the leader-writer's viewpoint*; al igual que en castellano, puede referirse tanto al lugar físico desde donde se observa, como al «punto de vista» figurado, por ejemplo, la ideología de un periodista o del medio de difusión; V. *point of view; subjective*.

vignette[1] *n*: GRAL/DISEÑO/IMAGEN viñeta, esbozo, estampa, ilustración ◊ *A storybook illustrated with vignettes of the characters*. [Exp: **vignette**[2] (CINE/TV estampa, retrato en miniatura ◊ *The documentary was a well-made ten-minute vignette of Europe between the two World Wars*; si bien el término *vignette* se aproxima bastante a su parónimo castellano, en inglés no se aplica a la caricatura –que es *cartoon*–, ni a la historieta o tira cómica –que es *comic strip*–; en cambio, en los anuncios televisivos, se aplica a la técnica mediante la cual las características o cualidades del producto ensalzado quedan reseñadas o realzadas –*stressed*– por las situaciones esbozadas; V. *drawing, illustration*), **vignette**[3] (GRÁFICA difuminar los bordes; cuadro con los bordes difuminados), **vignetted borders** (IMAGEN/GRÁFICA bordes suaves o difuminados), **vignetting** (IMAGEN difuminado, degradado, «degradé»; se aplica ① al fondo que va perdiendo progresivamente la intensidad de su color original y ② a la desaparición progresiva de una imagen absorbida por los colores de sus bordes)].

virgin stock/tape *n*: IMAGEN cinta virgen; V. *unexposed*.

virtual *a*: INTERNET virtual; se aplica a los objetos –*objects*–, actividades –*activities*– y otros que existen o se realizan –*exist or are carried on*– en el ciberespacio –*cyberspace*–, como museos, tiendas y otros; V. *cyberspace*.

visit *n/v*: GRAL/INTERNET visita; visitar, acceder a; V. *link*.

visual[1] *n/a*: IMAGEN [imagen] visual ◊ *We need visuals with a bit more impact*; también llamada *visual image*, puede ser una foto –*photograph*–, una ilustración –*illustration*–, un gráfico –*graph/chart*–, un boceto, o un trozo/fragmento de *clip art*, cuyo objetivo es llamar la atención. [Exp: **visual**[2] (PUBL/GRÁFICA boceto acabado; en este boceto se muestra la distribución o *arrangement* de los componentes del boceto; V. *comprehensive, sketch*), **visual aids** (MEDIOS medios de apoyo audiovisuales; V. *sales aids, dealer aids*), **visual effects** (CINE efectos visuales; son efectos artificiales –*artificial effects*– utilizados para crear ilusiones –*illusions*– en una película que, a diferencia de los efectos especiales –*special effects*–, no se crean en el plató –*set*–, sino que se añaden durante la posproducción –*post-production*–; V. *f/x, SFX, special effects*), **visual imagery** (LING imaginería; alude al conjunto de efectos textuales en una obra literaria que confluyen en la imaginación visual del lector y conforman un tejido coherente evocador de un ambiente –*atmosphere*–, clima emocional –*emotional climate*– o estado anímico –*state of mind*– determinados; pueden deberse tanto al uso literal de las palabras, en la descripción o la narración, como al empleo figurado –*figurative use*– de las mismas, mediante las metáforas, símiles, etc.; se distingue la imaginería del símbolo –*symbol*– en que este último, a diferencia de aquélla, suele ser unívoco, connotando sólo una idea abstracta mediante un referente concreto o sensorial), **visualize** (IMAGEN visualizar; V. *view*), **visualizer** (DISEÑO director de arte, bocetista), **visualization** (DISEÑO concepción material de una idea publicitaria)].

VNR *n*: MEDIOS V. *video news release*.

VO *n*: CINE voz en «off», abreviatura de *voiceover*, tal y como suele aparecer en los guiones.

voice *n/v*: GRAL/AUDIO voz; expresar una opinión. [Exp: **voice actor/artist** (TV artista de voz; alude al que no aparece en la pantalla y sólo se oye su voz; *voice artist* generalmente se refiere al artista que da voz a personajes de dibujos animados), **voiceover, VO** (TV voz en off, voz superpuesta; también se utiliza como verbo, con el sentido de «narrar en off»), **voiceover commercial** (TV/PUBL anuncio narrado o con voz en *off*), **voice track** (AUDIO banda o pista de voz o sonido)].

volume *n*: GRAL volumen; V. *length*. [Exp: **volume discount** (MKTNG retorno, «rappel», descuento por cifra de compras; es un descuento especial dado por el proveedor al minorista por volumen de ventas; V. *rebate*)].

voluntary *a*: GRAL espontáneo, voluntario. [Exp: **voluntary chain** (MKTNG cadena de tiendas con el mismo nombre e imagen, aunque cada una de ellas pertenezca a un propietario distinto; V. *franchise chain*)].

voucher *n*: GESTIÓN comprobante, justificante, recibo o resguardo de cualquier transacción; vale, cheque de descuento comercial ◊ *Luncheon voucher; pay part of the price by voucher*; V. *coupon, stamp; receipt, raincheck, call credit*.

VU meter, vumeter *n*: AUDIO vumetro; es un instrumento –*device*– que muestra en decibelios el nivel de la señal de audio –*audio signal level*– durante la reproducción –*playback*– o grabación –*recording*–; *VU* son las iniciales de *volume units*.

W

w, the five w's *n*: MEDIOS las cinco *w* de un periodista: *what, who, where, when, how*; V. *p*.

wafer, wafer seal *n*: PUBL oblea ◊ *Stick down the flap of an envelope with a colourful wafer seal*; V. *sticker*.

waist shot *n*: CINE plano medio corto; es una toma desde la cintura hasta la cabeza; V. *medium shot*.

walk[1] *n/v*: GRAL paseo, pasear. [Exp: **walk**[2], **walk-out** *col* (MKTNG venta fallida; se aplica a quien entra en una tienda y no compra nada), **walk-on** (CINE/ESPEC extra, figurante, comparsa; se llama así el actor que no tiene más papel –*role*– que salir a escena –*walk on*– para «hacer bulto»), **walk-on part** (CINE/ESPEC papel de figurante o extra ◊ *For years all she could get were walk-on parts in small productions*; V. *bit part, star*), **walk-through** (CINE ensayo –*rehearsal*– preliminar de una película o producción sin cámaras, también llamado *dry run*; igualmente se emplea en el sentido de representación mediocre o deslucida –*lacklustre performance*– ◊ *She gave a wooden performance as if it were just a walk-through*; V. *rehearsal, camera rehearsal, dress rehearsal, run-through, read-through*), **walkaround** (CINE/ESPEC ani-mador disfrazado –*customed*– de algún personaje popular del cine o del teatro; se llama así porque se pasea –*walks around*– entre los que visitan un parque temático –*theme park*– u otro lugar público ◊ *Children visiting the park were particularly taken with the walkarounds dressed up as Disney characters*; V. *animatronics, lookalike*), **walking shot** (CINE plano en movimiento; puede ser el tomado por una cámara en movimiento o el de un intérprete en movimiento)].

wall *n*: GRAL pared; V. *wild wall*. [Exp: **wall banner** (EXTERIOR pancarta colocada en la pared o suspendida con alambres), **wall painting** (EXTERIOR mural; es un anuncio de larga permanencia, pintado sobre una pared; equivale a *mural painting*), **wall-to-wall coverage** *col* (MEDIOS cobertura excesiva o implacable, cobertura minuto a minuto, despliegue informativo impresionante; se trata de una expresión festiva acuñada a partir de la *wall-to-wall carpeting* –suelo de moqueta, moqueta que cubre el suelo entero de pared a pared– y alude, evidentemente, a la cobertura informativa tan descomunal que no deja ni un detalle sin descubrir y acapara toda la atención y todo el tiempo de los periodistas afectados ◊ *There was wall-to-wall coverage of the president's address to the nation*; V. *media circus, media event, coverage*), **wallscape** (EXTERIOR mural; alude sobre todo al pintado en la pared de un edificio)].

walla walla *n*: CINE «bla-bla», conversación de fondo; V. *rhubarb; Greek*.

want ads *col n*: PRENSA anuncios por palabras; la expresión alude en concreto a los anuncios en los que el anunciante aclara lo que busca o compraría ◊ *The strange things people are after in want ads, classified ads*.

Wapping *n*: PRENSA zona del área metropolitana de Londres –*Greater London*– a la que se han trasladado las sedes de los periódicos en los últimos años; V. *Fleet Street*.

war film *n*: CINE película bélica; V. *horror film, sword and sandal, sword and sorcery*. [Exp: **war correspondent** (MEDIOS corresponsal de guerra; V. *special correspondent*)].

Wardour Street *n*: CINE calle de Londres donde se encuentran las productoras cinematográficas; se utiliza como sinécdoque del cine británico, como en *a typical Wardour street production*.

wardrobe *n*: CINE vestuario; V. *attrezzo, props, stage costumes, costume designer*. [Exp: **wardrobe assistant** (CINE ayudante [del equipo] de vestuario)].

wares *n*: MKTNG mercancía-s, género; V. *goods, merchandise; hardware, software*. [Exp: **warehouse** (MKTNG almacén, depósito; almacenar, acopiar; V. *store*), **warehousing** (MKTNG almacenaje)].

warning *n*: GRAL advertencia, aviso; V. *legal warning*. [Exp: **warning light** (CINE señal luminosa ◊ *The studio guests fell silent when the camera's warning light came on*; V. *camera cue; indicator*)].

warranty *n*: MKTNG garantía; V. *absolute warranty*.

wash[1] *v*: GRAL lavar. [Exp: **wash**[2] (GRÁFICA aguada), **wash down** (GRÁFICA lavar/desteñir [colores], virar), **wash drawing** (GRÁFICA aguada, dibujo/pintura a la aguada; V. *oil painting, charcoal drawing, watercolour*), **wash out** (GRAL/CINE/IMAGEN desteñir, descolorar; desteñido; fundido de salida en blanco; en el cine, es un recurso de transición similar al fundido de salida –*fade out*– con la diferencia de que en éste el cierre o salida es en negro ◊ *Washout is the most extreme form of overexposure*), **washed-out** (CINE/IMAGEN pálido, descolorido ◊ *Deliberate overexposure gave the colours a washed-out look*; V. *underexposure*)].

watch *v*: vigilar, permanecer atento; V. *watch this space*. [Exp: **watch this space** (MKTNG/EXTERIOR «no deje de estar atento a las ofertas que aparecerán aquí próximamente», «más información aquí próximamente» ◊ *Watch this space for up-to-date information on this month's bargain buys*; se trata de un aviso que suele aparecer en las vallas publicitarias, tablones y carteles colocados por una empresa que actualiza periódicamente la información publicitaria; V. *stay tuned*), **watchdog** (MEDIOS/MKTNG organismo/unidad de control interno, guardián del buen funcionamiento ◊ *Recommendations made by the advertising standards watchdog*; en marketing el término, que literalmente significa «perro guardián», se aplica a las organizaciones independientes, a veces sufragadas con fondos de los propios medios o anunciantes, que cuidan de que se respeten las leyes relativas a los medios de comunicación, a la publicidad, o a los propios códigos deontológicos que los anunciantes se imponen voluntariamente, como es el caso de la *Advertising Standards Association* inglesa), **watchword**

(MEDIOS/MKTNG consigna, contraseña; V. *password*)].

water *n*: GRAL agua. [Exp: **watercolour painting** (GRÁFICA acuarela; V. *oil painting, charcoal drawing, wash drawing*), **watermark** (GRÁFICA filigrana; marca de agua ◊ *Headed notepaper with the company's own watermark*; es la marca de fábrica en el papel, que se ve por transparencia; V. *shadowmark, dealer imprint; laid paper*)].

wave *n*: AUDIO/IMAGEN onda; V. *carrier*. [Exp: **wave** (MKTNG oleada, ciclo publicitario; V. *flight, burst; advertising campaign*), **waveband** (AUDIO banda de frecuencia; V. *band[1]*), **wavelength** (AUDIO longitud de onda)].

wax *n*: GRÁFICA/DISEÑO cemento, goma, lacre, cera; V. *art gum, rubber cement, spray mount*. [Exp: **wax paper** (GRÁFICA papel de cera o parafinado; V. *paper*)].

wearout *US col n*: PUBL saturación, pérdida, desgaste o erosión de la capacidad persuasiva de un anuncio; alude al punto de desgaste en el que un mensaje publicitario empieza a perder efectividad debido a la habituación de la audiencia ◊ *Change an ad before it reaches wearout*; V. *decay effect*.

weather *n*: GRAL tiempo. [Exp: **weather days** (CINE día de mal tiempo, días de rodaje perdidos por el mal tiempo atmosférico; días de tiempo atmosférico adverso), **weathercaster** (RADIO/TV presentador del pronóstico del tiempo, «hombre del tiempo»; V. *newscaster, sportscaster*)].

web[1] *n*: GRAL/RADIO/TV/INTERNET telaraña; red/cadena de radio o de televisión; V. *network*. [Exp: **web[2]** (GRÁFICA tambor de papel continuo), **web-fed press, web press** (GRÁFICA rotativa alimentada con tambor de papel; esta rotativa –*rotary printing press*– imprime a gran velocidad por sus planchas combadas –*curved pla-tes*– que se acoplan a tambores de papel continuo –*webs*–), **web page** (INTERNET página web, página en la red, dirección de Internet; V. *hypertext*)].

weekly *a/n/adv*: PRENSA semanario; [publicación] semanal: semanalmente ◊ *Publish an article in a popular weekly*.

weight[1] *n*: GRÁFICA/TIPO peso o espesor [del papel]; grosor de los trazos –*strokes*– de un tipo de letra. [Exp: **weight[2]** (PUBL esfuerzo promocional, atención o peso dedicado a una campaña publicitaria; importancia que se le da a una noticia, número de contactos o *exposures* planeados ◊ *It depends on the weight we decide to give the story*; V. *advertising campaign; spot load, tie-in promotion*), **weighted average** (MKTNG media ponderada), **weighting** (MKTNG ponderación; V. *contact weighting*)].

West End *n*: GRAL/ESPEC West End; es una zona del oeste de Londres donde se encuentran la mayoría de los teatros; aparece frecuentemente en expresiones como *West End production* o *West End listings* –producción, cartelera del West End–, y suele coincidir con las obras más comerciales; V. *fringe; Broadway*.

western *n*: CINE película del oeste, película de vaqueros, una de vaqueros *col* ◊ *John Fords's westerns are classics of the genre*; son películas ambientadas –*set*– en el «lejano oeste» –*Far West*–, también llamado «salvaje oeste» –*Wild West*–, en los Estados Unidos de antes de la guerra civil; V. *oater, escapist entertainment*.

wet *a*: GRAL húmedo. [Exp: **wet colour** (GRÁFICA color húmedo), **wet printing** (GRÁFICA impresión con tintas sucesivas sin dejar que se seque la anterior), **wet sound** (AUDIO sonido húmedo; sonido con reverberaciones)].

whiff[1] *n*: GRAL/PUBL soplo, soplillo; vaharada, olorcillo, tufillo *col*; en publicidad, en forma coloquial, es el anuncio introductorio, anticipo publicitario, precampaña o campaña previa para ir abriendo boca ◊ *This isn't so much an ad as as a whiff.* [Exp: **whiff**[2] (MEDIOS rumor, pista ◊ *When he gets a whiff of a possible story he goes after it like a ferret*)].

whip, whip pan (CINE/IMAGEN barrido borroso; en este barrido, también llamado *blur pan, swish pan* y *zip pan*, sólo aparecen con nitidez las imágenes iniciales y las finales, mientras que las centrales son borrosas; V. *pan shot; splice; shot*).

white *a*: GRAL blanco. [Exp: **white goods** (MKTNG [artículos de] línea blanca; pertenecen a esta línea los electrodomésticos –*household appliances*– como frigoríficos –*refrigerators*–, lavavajillas –*dishwashers*–, etc.; V. *brown goods, orange goods, red goods, yellow goods*), **white noise** (AUDIO ruido blanco; en el espectro da una respuesta plana), **white space** (GRAL/PUBL/GRÁFICA espacio en blanco entre texto o alrededor de un anuncio ◊ *The eye appeal of a text depends as much on white space as on print*; V. *advertising space*)].

wholesale *a/n/v*: MKTNG mayorista; vender al por mayor; en masa, venta al por mayor ◊ *An advertising agency that specialist in wholesaling to retailers.* [Exp: **wholesale dealer/trader** (MKTNG mayorista), **wholesale price** (MKTNG precio de mayorista, también llamado *trade price*), **wholesale trade** (MKTNG comercio al por mayor, mayorista), **wholesale trader** (MKTNG comerciante al por mayor), **wholesaler** (MKTNG mayorista ◊ *Special discounts are available to wholesalers*; V. *drop-shipper, full-service merchant wholesaler*)].

whoofer *n*: CINE aparato que lanza una nube de polvo al aire; junto con los efectos pirotécnicos –*pyrotechnics*–, se utiliza para imitar explosiones; V. *visual effects*.

wide *a*: GRAL amplio, ancho. [Exp: **wide angle** (CINE plano general o de gran angular; V. *panorama*), **wide angle lens** (CINE [objetivo] gran angular, «ojo de pez»; es el objetivo o lente –*lens*– que ofrece gran angulación –*angle of view*–; se emplea sobre todo en los planos generales –*long shots*–; es el ángulo subtendido por el objetivo de la cámara –*lens*–; V. *fish-eye lens; telephoto lens*; este término no debe confundirse con *camera angle*), **wide angle of view** (CINE ángulo de visión amplio; es el propio de los planos largos –*long shots*–; V. *narrow angle of view*), **wide dispersion** (AUDIO ángulo de dispersión ancho; V. *dispersion*), **wide screen** (CINE pantalla panorámica; V. *split screen*), **wide shot** (CINE plano general, también llamado *long shot*)].

widow *n*: GRÁFICA viuda, línea viuda; se dice de la última línea de un párrafo que queda al principio de página; V. *orphan*.

width *n*: GRÁFICA anchura/profundidad [de un anuncio]; V. *lineage depth; corner bullet*.

wild *a*: GRAL/CINE salvaje; aplicado al cine es la grabación separada de sonido e imagen que luego serán sincronizados en la fase de posproducción. [Exp: **wild recording** (AUDIO grabación del sonido no simultánea con las imágenes), **wild shooting** (CINE [rodaje de] planos sueltos, planos para relleno; son imágenes mudas cuyo sonido se montará posteriormente; V. *post-synchronization, direct sound*), **wild shot** (CINE plano sin sonido; el sonido se añadirá en la posproducción), **wild track** (CINE pista separada; sonido no sincrónico; es el sonido grabado con independencia de la imagen), **wild wall** (CINE bastidor rodante; V. *flat, folding flat*)].

wind[1] *v*: GRAL rebobinar. [Exp: **wind**[2] *col* (CINE acabar la filmación, ya definitivamente, ya hasta el día siguiente; la expresión *wind it up!* significa «termina, ya está bien por hoy»; V. *wrap*), **winding** (CINE/AUDIO/IMAGEN bobinado, devanado; V. *AB winding; rewind*)].

window[1] *n*: GRAL ventana. [Exp: **window**[2] *US* (CINE/MEDIOS período en que se poseen derechos de distribución o proyección de una película, de uso de transmisión vía satélite, etc.), **window**[3] *US* (MKTNG equivale a *ghosting*[2]), **window banner** equivale a *window streamer*), **window dresser** (MKTNG escaparatista), **window dressing**[1] (MKTNG escaparatismo; decoración de escaparates, vitrinas, etc.), **window dressing**[2] (GESTIÓN manipulación contable, maquillaje de balance, manipulación ◊ *After its recent poor showing, the firm brought in an advertising consultant to do some window-dressing*), **window light** (IMAGEN foco de luz suave; se debe a que el foco ha sido cubierto con material difusor), **window-streamer/ strip** (PUBL tira publicitaria expuesta en un escaparate ◊ *A nice display with well-dressed dummies and bright window-streamers*)].

wing *col v*: CINE improvisar; V. *ad lib, improvise, extemporize*. [Exp: **winging** (ESPEC/CINE improvisación; V. *rehearsal*)].

wipe *n*: CINE cortinilla, cierre por cortinilla ◊ *The repeated use of wipes in scene shifts gives the film an old-fashioned look*; también llamado *wipe-dissolve*, es uno de los recursos de transición gradual −*gradual transition*− utilizados para indicar un cambio de tiempo, lugar o tema por medio de un efecto óptico; consiste en una o varias líneas rectas o quebradas a lo largo de la pantalla que se desplazan de arriba abajo o de un lado a otro para retirar la escena en curso e introducir una nueva; el término, que literalmente significa «limpiar, pasar un trapo», deriva del *windscreen wiper*, esto es, el limpiaparabrisas de un coche; V. *fan wipe,*

explosion wipe, fade-out, dissolve, iris-in, iris-out.

wire *n/v*: GRAL cable, conector; conectar; cablegrafiar ◊ *Wire a makeshift theatre for sound*; V. *cable*. [Exp: **wire** *col* (AUDIO telegrama, teletipo; telegrafiar, enviar por teletipo ◊ *Print a story hot off the wire*), **wire service** (PRENSA servicio de teletipo), **wireless** (AUDIO inalámbrico), **wireless set** (AUDIO aparato de radio; V. *radio*), **wirephoto** (PRENSA/MEDIOS telefoto, también llamada *telephoto*)].

withdraw *v*: MKTNG retirar; V. *launch, abandon, promote*. [Exp: **withdrawal** (MKTNG retirada; V. *launch, abandonment, promotion*)].

without *prep/n*: GRAL/PRENSA sin; noticia a la que le falta la ilustración o foto; foto a la que le falta la noticia; V. *standalone*.

wood *n*: GRAL madera. [Exp: **woodcut** (GRÁFICA grabado en madera; V. *etching, intanglio*), **wooden** (GRAL de madera; rígido, inexpresivo, aletargado), **wooden performance** (ESPEC/CINE actuación acartonada; V. *walk-through*)].

woofer *n*: AUDIO altavoz de graves; puede ser un altavoz independiente o la parte de la caja acústica destinada a los graves; se llama así porque supuestamente suena como el «guau» −*woof*− de los perros; V. *subwoofer, tweeter.*

word *n*: GRAL palabra. [Exp: **word processor** (GRAL procesador de textos; V. *data processing, information processing*), **word-of-mouth** (GRAL radio macuto *col*, boca a boca *col*, comentarios entre amigos ◊ *All advertisers, however good their publicity, rely on word-of-mouth*; V. *hype, buzz*), **word-of-mouth advertising** (PUBL publicidad oral, publicidad boca a boca), **word-wrap** (GRÁFICA disposición de un texto en torno a una imagen o ilustración; en ordenadores significa salto de línea automático; también se llama *wrap*[3] ◊ *Set the margins and let the computer* *take care of the word-wrap*), **wording** (GRAL redacción; V. *drafting, drawing-up*), **wordy** (LING denso, prolijo, verboso ◊ *The golden rule of advertising is to avoid wordy messages*; V. *long-winded, dense*)]. **work** *n/v*: GRAL trabajo; obra; trabajar. [Exp: **work/print and turn** (GRÁFICA imprimir por las dos caras), **work out** (GESTIÓN elaborar, calcular, efectuar; idear, concebir; resultar, salir), **workforce** (MKTNG personal, plantilla o recursos humanos para la producción; V. *sales force*), **work issue** (PRENSA número cero de una revista, no puesto a la venta), **working** (GRAL funcional; operativo; activo; provisional, aproximado; se emplea en expresiones como *working aperture* –abertura operativa del obturador–, *working costs/expenses* –gastos de explotación–, *working data* –datos operativos–, *working day* –día laborable–, *working funds* –fondos de explotación–, *working hours* –horas hábiles, horario de trabajo, jornada laboral–, *working hypothesis* –hipótesis de trabajo–, *working group/party* –grupo de trabajo–, *working session* –sesión de trabajo–, *working table* –diagrama/gráfico de situación–, *working title* –título provisional–, etc.), **workprint** (CINE/AUDIO copia de trabajo, copión montado; es el positivo o copia básica que se emplea en la fase de edición –*editing, cutting*– de una película o banda sonora –*soundtrack*–; al primer montaje se le llama *rough cut*, y a la versión definitiva, *final cut* o *fine cut*, aunque algunos reservan el nombre de *fine cut* para referirse a la versión penúltima, susceptible de pequeños cambios; V. *rough cut, rough print*), **worksheet** (GESTIÓN hoja de cálculo), **workshop** (GESTIÓN taller de trabajo; método de trabajo; V. *seminar, group discussion, focus group*)]. **world** *n*: GRAL mundo. [Exp: **world wide web, WWW** (INTERNET malla máxima mundial, MMM; esta traducción ha sido propuesta por el Instituto Cervantes)]. **wove paper** *n*: MKTNG papel tela; V. *laid paper, writing paper*. **wrap**[1] *v*: MKTNG/GRÁFICA envolver; envolver con una faja cualquier producto para su posterior distribución ◊ *Wrap a customer's purchases in gift-paper*; V. *package, plastic wrapping, shrink-pack*. [Exp: **wrap**[2] *col* (CINE/TV terminar, acabar ◊ *The movie is scheduled to wrap next week*; equivale a *wrap up*), **wrap**[3] (GRÁFICA disposición de un texto en torno a una imagen o ilustración; en ordenadores significa salto de línea automático ◊ *Set the margins and let the computer take care of the word-wrap*), **wrap up**[1] (MKTNG/GRÁFICA envolver, enfajar; envolver con una faja cualquier producto; equivale a *wrap*[1]), **wrap up**[2] *col* (GRAL/CINE poner fin a, acabar ◊ *Wrap up a meeting*; en el cine es acabar la filmación; se emplea en la expresión *Wrap it up!* con el significado de «terminemos por hoy», ya definitivamente, ya hasta el día siguiente; finalizar la filmación de una película), **wrap up**[3] *col* (GESTIÓN cerrar ◊ *Wrap up a deal*), **wrap-up** *US col* (MKTNG producto que se vende muy bien, producto chollo), **wrap-up meeting** *US* (GESTIÓN reunión de conclusiones), **wraparound**[1] (MKTNG pancarta decorativa de forma circular), **wraparound**[2] (RADIO programa introductorio; cuña publicitaria en la que se puede incluir, en un marco musical, referencias de tipo local como la dirección, el teléfono, etc., también llamado *donut* y *sandwich*), **wrapper** (GRÁFICA envoltorio, sobrecubierta, cubierta de un libro; V. *dust jacket, jacket; blurb*), **wrapping** (MKTNG envoltorio, envoltura; V. *packshot, product shot*), **wrapping paper** (MKTNG papel de embalar o de envolver, papel de regalo; V. *paper*), **wraps, keep under** *col*

(MKTNG secreto, escondido ◊ *Keep a new product under wraps until the official launch*), **wraps, take off the** col (MKTNG revelar el secreto, presentar en público, sacar a la luz ◊ *Take the wraps off the latest model*)].

write[1] *v*: GRAL escribir. [Exp: **write out** (PUBL pasar a limpio, redactar), **write out a cheque** (GESTIÓN extender un cheque), **writing, in** (GRAL por escrito; V. *in black and white* col), **writing paper** (GRÁFICA papel de carta; V. *paper*)].

X

X *n*: TV encadenado; en el guión –*script*– se expresa con una *X* la orden de «encadenado» o *dissolve* que dará el realizador; V. *lap dissolve*. [Exp: **X, X-rated** (CINE sólo para mayores de 18 años; era la antigua calificación que designaba las películas para mayores de dieciocho años, ahora llamadas NC-17 en los Estados Unidos; no ha de confundirse con la «X» utilizada en España para las películas pornográficas –*porno films, skin flicks*–, que en inglés son XXX; V. *NC-17, PG, PG-13, XXX ◊ The film was x-rated because of the extreme violence of some scenes*), **XXX** (CINE clasificado XXX; es una calificación –*certificate*–, introducida por la Motion Picture Association of America o MPAA, que indica que el contenido es de sexo explícito –*explicit sex scenes*–; aunque es una calificación cinematográfica, también se utiliza para otros medios de comunicación, tales como revistas –*magazines*– o direcciones de Internet –*web sites*–; V. *blue movie, NC-17, PG, XXX*), **x-axis** (GRAL/CINE/IMAGEN eje x; eje horizontal; V. *y-axis, z-axis*), **x-height** (TIPO altura «x»; es la altura de las letras minúsculas –*lowercase*– de un determinado diseño de letra o *typeface*; se toma la letra «x» como referencia por no tener ni ascendentes o subidas –*ascenders*– ni descendentes o bajadas –*descenders*–), **x-line** (TIPO línea «x»; es la línea que marca el límite superior de las letras minúsculas –*lowercase*– de un determinado diseño de letras o *typeface*; se toma la letra «x» como referencia por no tener ni ascendentes o subidas –*ascenders*– ni descendentes o bajadas –*descenders*–)].

xenon lamp *n*: CINE/TV lámpara de xenón; V. *arc light*.

xerox *n/v/a*: GRÁFICA fotocopia; fotocopiar; fotocopiado ◊ *Xerox the report and send copies to the committee members; a xerox copy*. [Exp: **xerography** (GRÁFICA xerografía; alude tanto al procedimiento como a la fotocopia obtenida; V. *offset, gravure, photoengraving, letterpress, lithography, rotogravure*)].

Y

y-axis *n*: GRAL/CINE/IMAGEN eje y; eje vertical; V. *x-axis, z-axis*.

yearbook *n*: GRAL anuario.

yellow *n*: GRÁFICA/IMAGEN amarillo. [Exp: **yellow goods** (MKTNG aparatos/electrodomésticos, línea blanca; pertenecen a esta línea los frigoríficos *–refrigerators–*, lavavajillas *–dishwashers–*, etc.; V. *brown goods, orange goods, red goods, white goods*), **yellow journalism** (PRENSA/MEDIOS periodismo amarillo o sensacionalista; con este término, de cariz despreciativo *–derogatory–*, se describe aquella actividad periodística que busca el sensacionalismo *–sensationalism–* o los escándalos *–scandals–*, o que distorsiona *–distorts–* las noticias a fin de exagerar al máximo los detalles más escabrosos; V. *tabloids, filth, nuts and sluts, gutter press, rag, scandal sheet*), **yellow pages advertising/directory** (PUBL páginas amarillas, publicidad en las páginas amarillas de la Guía telefónica)].

yield[1] *n/v*: GESTIÓN rendimiento, rentabilidad, producto, rédito, renta; rentar, rendir, producir intereses, dividendos, etc.; V. *return, performance*. [Exp: **yield**[2] (GRAL ceder, abandonar, admitir, consentir, entregar, restituir), **yield a profit** (GESTIÓN dar/producir beneficio), **yield management** (GESTIÓN gestión por resultados o rendimiento), **yielding** (GESTIÓN rentable, productivo)].

Z

z-axis *n*: GRAL/CINE/IMAGEN eje z; eje de profundidad; es el que indica el grado de profundidad de la pantalla, que puede ir desde el objetivo hasta el horizonte; V. *x-axis, y-axis*.

zany *a*: CINE/ESPEC chiflado, alocado, loco, estrafalario, estrambótico ◊ *The Marx Brothers specialized in zany humour, clever gags and amusing capers*.

zap *v*: TV cambiar de canal televisivo –*switch channels*– mediante el uso de un dispositivo de control remoto –*remote control device*–, especialmente durante los espacios publicitarios ◊ *We spent the evening zapping through the channels*; V. *tune in, switch over, viewer, outflow, inflow, surf the channels*.

zenital shot *n*: CINE picado, picado cenital; se dice del plano cinematográfico –*shot*– efectuado de arriba abajo; V. *high-angle shot; splice; shot*.

zig-zag folding *n*: GRÁFICA/PUBL plegado en acordeón, también llamado *concertina folding*; V. *accordion insert*.

zinc etching *n*: GRÁFICA grabación de un semitono –*halftone*– en plancha de cinc con mordido o *etching*.

zip code *US n*: GRAL/MKTNG distrito postal; V. *post code*.

zone *n*: GRAL zona; V. *city zone, silent zone;*

area. [Exp: **zoned coverage** (MEDIOS cobertura periodística por zonas regionales), **zoned editions** *US* (PRENSA ediciones regionales de un periódico; algunos productos publicitarios sólo se anuncian en *zoned editions*, llamadas *local editions* en Gran Bretaña; V. *circulation*)].

zoom *n/v*: CINE zum, teleobjetivo especial para avance y retroceso de la imagen; objetivo de distancia focal variable; aproximar o alejar rápidamente un teleobjetivo a un objeto; cuando el movimiento es de aproximación se llama *zoom in* y cuando es de alejamiento *zoom out* ◊ *The camera zoomed in on the wreckage of the plane*. [Exp: **zoom back/out** (CINE zum de alejamiento; es aquella toma en la que la cámara nos aleja del objeto; realizar esta maniobra; V. *zoom, zoom in; dolly out*), **zoom in** (CINE/IMAGEN cierre de *zoom*, también llamado *zoom* de aproximación; es aquella toma en la que la cámara nos acerca al objeto; V. *zoom back/out; dolly in; tighten up*), **zoom lens** (CINE/IMAGEN zoom, zum, teleobjetivo), **zoom shot** (CINE toma con «zoom»; en el lenguaje cinematográfico se emplea para crear determinados efectos; por ejemplo, el «zoom» lento se puede emplear para crear un ambiente de intimidad al centrar la atención del espectador en el objeto)].

SPANISH-ENGLISH

A

abandonar *v*: GEN/MKTNG abandon, retire; S. *lanzar, promocionar.* [Exp: **abandono** (GEN/MKTNG abandonment, withdrawal; S. *lanzamiento, promoción; retirada; cancelación*), **abandono de producto** (MKTNG product abandonment; S. *promoción de producto*)].

abanico *n*: MKTNG range, spread[3], scale; S. *gama, espectro, selección, surtido.*

abaratar *v*: GEN/MKTNG cheapen, lower prices, mark down; S. *barato; caro; encarecer.*

abarrotar el mercado *v*: MKTNG saturate the market; S. *saturar el mercado.*

abastecer *v*: GEN/MKTNG supply, provide; S. *proveer, suministrar.* [Exp: **abastecimiento** (GEN/MKTNG supply; S. *surtido, suministro, provisión, existencias*)].

ABC *n*: MKTNG S. *método de ventas ABC.*

aberración *n*: IMAGE aberration.

abertura[1] *n*: GEN opening, gap; S. *abrir; apertura; obertura.* [Exp: **abertura**[2] (FILM bleed[3]; S. *salida de encuadre*), **abertura de diafragma** (FILM aperture, lens aperture, f-stop; S. *diafragma, obturador*), **abierto** (GEN/MKTNG open, open-end/ended; S. *abrir; ampliable, variable, modificable; cerrado; pregunta abierta, programación abierta*)].

abocetar *v*: GRAPHICS/DESIGN sketch, make a rough sketch of; S. *boceto; esbozar, trazar, dibujar, bosquejar.*

abonado *n*: GEN/MEDIA subscriber; season-ticket holder. [Exp: **abonados** (PRESS subscribed circulation), **abonar** (MNGMNT pay; credit; S. *acreditar; adeudar, debitar*), **abonarse** (GEN/MEDIA (subscribe to; become a subscriber to; buy a season ticket for; S. *suscribirse, pago por visión*), **abono**[1] (MNGMNT payment; credit; credit entry; S. *nota de abono; pago, débito*), **abono**[2] (MEDIA/GEN subscription; season ticket; S. *suscripción; carné de socio*), **abono**[3] (MKTNG call credit, voucher; S. *vale, resguardo, justificante*)].

abordar *v*: GEN approach, tackle, deal with.

abrasión *n*: GEN/FILM/IMAGE abrasion; S. *raspadura, rasguño, erosión, desgaste; revestimiento contra abrasión.*

abrir[1] *v*: GEN open, tear; S. *arrancar, romper, rasgar; abierto.* [Exp: **abrir**[2] (RADIO/TV open, start; go on the air; S. *inaugurar; abertura, apertura; abierto; cierre; cerrar*), **abrir**[3] **[una pared]** *col* (ADVTG get in first with an ad, be first to place an ad at a site), **abrir el diafragma** (IMAGE open up), **abrir/arrancar/rasgar/romper por la línea de puntos** (GEN tear along dotted line)].

absorber *v*: GEN/MKTNG absorb, engross[1];

S. *acaparar*. [Exp: **absorbencia** (GRA-PHICS absorbency), **absorbente**[1] (GEN absorbing; S. *embalaje absorbente*), **absorbente**[2] (AUDIO absorptive; S. *insonorización, material amortiguador de sonidos*), **absorción** (AUDIO absorption; S. *coeficiente de absorción*)].

abstracto *a/n*: FILM/GEN abstract; abstraction; S. *cubismo, dadaísmo, expresionismo, formalismo, impresionismo, realismo, representativo, simbolismo, surrealismo*.

abuchear *v*: GEN/SHOW boo, hiss, give the bird *col*; S. *silbar/patear*. [Exp: **abucheo** *col* (GEN/SHOW boo, hissing and booing, catcall *col*)].

abuso de posición dominante *n*: MKTNG/LAW abuse of a dominant position; S. *posicionamiento, colocación*.

acabado *n*: GRAPHICS finish; S. *remate; calandrar*. [Exp: **acabado a máquina** (GRAPHICS/GEN machine finish), **acabado brillante** (GRAPHICS gloss finish), **acabado gofrado o en relieve** (GRAPHICS embossed finish; S. *relieve en seco*), **acabado burdo** (GRAPHICS rough finish, crash finish *US*; S. *acabado sin pulir*), **acabado mate** (GRAPHICS matt/English/dull finish, dead matte), **acabado simulando papel antiguo** (GRAPHICS antique finish), **acabado simulando textura de saco** (GRAPHICS crash finish), **acabado sin pulir** (GRAPHICS rough finish; S. *acabado burdo*)].

acaparar[1] *v*: GEN/MKTNG stockpile, corner, overstock, hoard, engross[1]; S. *acumulación de existencias, absorber; acumular*. [Exp: **acaparar**[2] (MEDIA/PRESS hog *col*, monopolise, take up, capture)].

acceso[1] *n*: GEN entry, access; S. *salida, entrada*. [Exp: **acceso**[2] (TV access, access hour; S. *umbral de la hora estelar; canal de acceso público*), **acceso limitado** (GEN restricted access; S. *prohibido el paso a toda persona ajena al centro*),

acceder/entrar [en un ordenador, sistema electrónico, etc.] (GEN/INTERNET log on/in, visit, access; S. *desconectar, salir*)].

acción[1] *n*: GEN/FILM action; action!, let them roll!; S. *intervención, actuación; acelerar el ritmo de la acción*. [Exp: **acción**[2] (MKTNG drive; S. *campaña, ofensiva*), **acción publicitaria** (MKTNG advertising/publicity drive; S. *campaña publicitaria, ofensiva publicitaria*)].

aceptación *n*: GEN/MKTNG acceptance, approval, acknowledgement; S. *aprobación, reconocimiento, adopción*. [Exp: **aceptación de marca** (MKTNG brand awareness/acceptance; S. *conocimiento o preferencia de una marca*), **aceptación de pedido** (MKTNG order acceptance)].

acercamiento *n*: GEN approach[2]; S. *planteamiento*. [Exp: **acercar la cámara al objeto** (FILM home in, zoom in, tighten up), **acercarse** (GEN approach[1]; S. *plantearse, aproximarse; enfocar*)].

acetato *n*: DESIGN/GRAPHICS acetate, acetate print, cell, cel, overlay; S. *camisa; base/soporte de acetato*.

acolchar *v*: GEN cushion, pad. [Exp: **acolchamiento** [en embalajes] (MKTNG cushioning, padding; S. *embalaje*)].

acomodador *n*: FILM/SHOW usher.

acompañamiento musical *n*: TV/RADIO accompaniment; jingle; backing; S. *eslogan musical*.

acoplamiento[1] *n*: GEN coupling, connection. [Exp: **acoplamiento**[2] (AUDIO proximity effect, interference; S. *acoplarse*[2]), **acoplarse**[1] (GEN fit, fit in, adapt oneself), **acoplarse**[2] *col* (AUDIO interfere)].

acordar *v*: MKTNG/GEN agree, settle; S. *liquidar, saldar*.

acorde *n*: AUDIO chord, strain; S. *cuerda, instrumentos de cuerda*.

acordeón, [en] *n*: PRESS/GRAPHICS accordion fold/pleat, zig-zag folding; concertina; S. *plegado en acordeón*.

acosar *v*: GEN/MEDIA hound, harass, annoy, pester *col*; S. *perseguir, atosigar.*

acotación *n*: SHOW stage direction. [Exp: **acotado** (DESIGN/GRAPHICS contour; edge, border; S. *contorno, curva, perfil*), **acotar** (DESIGN/GRAPHICS contour, run around, outline; S. *moldear, recortar*)].

acreditar[1] *v*: MNGMNT credit; S. *adeudar.* [Exp: **acreditar**[2] (MNGMNT accredit, authorize; S. *autorizar*), **acreditación** (MNGMNT [letter of accreditation]; credentials; clearance; S. *credenciales, autorización, identificación*)].

acreedores *n*: MNGMNT accounts payable, creditors; S. *proveedores; deudores, clientes.*

acrobacia *n*: FILM acrobatics, stunt; S. *especialista, escena espectacular, proeza.*

acromático *a*: DESIGN/GRAPHICS/IMAGE achromatic; S. *cromático.*

actitud *n*: GEN attitude. [Exp: **actitud distante** (FILM/GEN aloofness)].

actividad *n*: MKTNG activity, business trade. [Exp: **actividad comercial** (MKTNG trade, commerce; S. *comercio, mercantil*), **activo** (MNGMNT assets; S. *patrimonio, haber, capital; pasivo*)].

acto *n*: GEN/FILM/SHOW act. [Exp: **actor/actriz** (FILM actor/actress, artist, performer, talent; S. *estrella, intérprete, doble; instrumentalista*), **actor/actriz de primera fila** (FILM/SHOW top performer, leading actor/actress), **actor de carácter** (FILM character actor), **actor de reparto o secundario** (FILM supporting actor), **actor/actriz de tercera fila o sin recursos** (FILM/SHOW ham *col*), **actor/actriz principal** (FILM/SHOW lead[3]), **actor/actriz secundario-a** (FILM/SHOW supporting actor/actress; S. *papel secundario*), **actor virtual** (FILM synthespian), **actuación** (FILM/TV/RADIO performance; acting; action; S. *interpretación, intervención, actuación, representación*), **actuación acartonada** (FILM wooden performance;

S. *rígido, inexpresivo*), **actuación estelar** (TV star performance), **actuación de, con la** (FILM featuring, starring; S. *protagonizado por*), **actuación especial** (FILM special appearance, cameo role; S. *papelito corto*), **actuar** (FILM/SHOW act, perform, feature[6]; S. *interpretar, aparecer, representar*)].

actual *a*: GEN present; current; fashionable. [Exp: **actualidad** (GEN/MEDIA current affairs, the latest news/developments; news; update; S. *crónica de actualidad, descifrar las claves de la actualidad política, poner en el centro de la actualidad*), **actualización** (GEN updating), **actualización de ficheros** (MKTNG merge purge; S. *desduplicación*), **actualizar** (GEN update, bring up to date, modernize; S. *poner al día; versión actualizada*)].

acuarela *n*: GRAPHICS watercolour [painting], wash [drawing]; S. *grabado, aguafuerte, óleo, dibujo a carbón, pintura al temple.*

acumulación *n*: GEN accumulation. [Exp: **acumulación de existencias** (MKTNG stockpiling; S. *acaparar*), **acumulación máxima de audiencia** (MEDIA/MKTNG audience accumulation; S. *audiencia total*), **acumular** (MEDIA/MKTNG accumulate, store [up], stock up; hoard; S. *acaparar*)].

acústica *n*: AUDIO acoustics; S. *frecuencia, amplitud.*

acutancia *n*: IMAGE acutance.

adaptar-se *v*: GEN adapt. [Exp: **adaptación**[1] (FILM/TV adaptation [of scripts, novels, etc.]; S. *versión*), **adaptación**[2] (AUDIO/IMAGE/GEN balance, balancing, adjustment; S. *balance, equilibrio, ajuste*), **adaptación a las necesidades del mercado** (MKTNG customization; S. *personalizar servicios*), **adaptación para la escena** (SHOW stage adaptation), **adaptador** (FILM/TV/GEN adapter; gender changer)].

adelantado *a/n*: GEN/MKTNG innovator; innovative, pioneering; S. *madrugador, innovador, pionero*. [Exp: **adelantar** (GEN/MNGMNT advance, bring forward), **adelantar información** (MEDIA disclose/release news/information), **adelanto** (GEN/MNGMNT advance; S. *anticipo*), **adelanto [de la programación]** (TV/RADIO rundown, advance), **adelanto, con** (MEDIA ahead of schedule; S. *con retraso, a la hora prevista*)].

aderezos *n*: GEN/OUTDOOR embellishments; trimmings; S. *adornos*.

adeudar *v*: MNGMNT debit; S. *abonar, acreditar; nota de cargo/adeudo*. [Exp: **adeudo** (MNGMNT debit; S. *abono*)].

adhesivo *a/n*: GRAPHICS adhesive, sticky. [Exp: **adhesivo gomoso** (GRAPHICS/DESIGN art gum, rubber cement, cement splicer; S. *cemento adhesivo*)].

adjudicar *v*: GEN award; allot, allocate, appropriate; S. *otorgar, asignar, repartir*. [Exp: **adjudicación** (GEN allotment, appropriation, allocation; S. *asignación, reparto, prorrateo*)].

adjunto de producción *n*: FILM unit manager, location manager.

administración *n*: GEN/MKTNG management, administration; S. *dirección, gestión, gerencia*. [Exp: **administrador** (MNGMNT manager; S. *director de empresa, gestor, gerente*), **administrar**[1] (GEN/MKTNG administrate, dispense; S. *expender, dispensar*), **administrar**[2] (MNGMNT manage, run; S. *dirigir, gestionar, controlar, intervenir*)].

adolescente *a/n*: GEN/MKTNG teen, teenage; teenager; S. *juvenil*.

adopción *n*: GEN/MKTNG adoption; S. *aceptación*. [Exp: **adoptar** (GEN/MKTNG adopt)].

adornar *v*: GEN/OUTDOOR decorate; embellish. [Exp: **adorno-s** (GEN/OUTDOOR ornament, decoration; embellishments, trimmings; S. *aderezos*), **adorno saliente** (TYPE boss[2]; S. *relieve, realce*)].

adosado *a*: GEN back-to-back; S. *consecutivo, seguido*.

adquirir *v*: GEN acquire, purchase, buy; S. *comprar*. [Exp: **adquirente** (MEDIA buyer, purchaser; S. *comprador*), **adquisición** (GEN buy, purchase, acquisition), **adquisición de [todos] los derechos** (MNGMNT buy-out, buyout[1])].

aducto *n*: MNGMNT/MKTNG input; S. *entrada*.

advertencia *n*: GEN warning; S. *aviso*.

adyacencia *n*: RADIO/TV adjacency; S. *anuncio adyacente, principio/final de bloque*.

AEA *n*: GEN S. *Asociación Española de Anunciantes*.

AEAP *n*: GEN S. *Asociación Española de Agencias de Publicidad*.

aerógrafo *n*: DESIGN airbrush, aerograph; S. *pincel automático*.

afganistanismo *n*: MEDIA Afghanistanism.

afiche *n*: OUTDOOR poster, bill.

aficionado *n*: FILM fan, enthusiast, amateur, buff *col*; S. *cineasta, cinéfilo; entendido, entusiasta*.

aforo *n*: FILM/SHOW seating capacity.

afrontar *v*: GEN address, face; S. *arrostrar*.

agasajo *n*: GEN/MKTNG entertainment[3]; treat; hospitality; S. *atención*.

ágata *n*: TYPE agate.

agencia *n*: MNGMNT/ADVTG agency; syndicate. [Exp: **agencia compradora de espacios** (ADVTG agency-of-record, AOR), **agencia coordinadora/compradora/principal** (MNGMNT/ADVTG agency-of-record, AOR), **agencia de noticias** (PRESS news agency; S. *delegado de una agencia de noticias, corresponsal*), **agencia de prensa** (PRESS press agency), **agencia de promoción y lanzamiento de artistas** (TV/SHOW talent-spotting agency; S. *cazatalentos*), **agencia de publicidad** (ADVTG advertising agency), **agencia de publicidad creativa** (ADVTG à la carte agency, hot shop *col*, creative shop/boutique *col*), **agencia de servicios**

completos (MKTNG/ADVTG full-service agency), **agencia de publicidad de lanzamiento y promoción de nuevos productos** (ADVTG new product development agency), **agencia especializada en trabajos específicos de publicidad** (ADVTG boutique), **agente** (GEN/ADVTG agent, broker, jobber, dealer), **agente de estanterías** (MKTNG rack jobber), **agente exclusivo** (MKTNG sole agent), **agente de espacio publicitario** (ADVTG/MEDIA space-broker; S. *comprador de medios, central de compras*), **agente de ventas** (ADVTG/MEDIA sales agent), **agente publicitario** (ADVTG advertising agent)].

agenda[1] *n*: GEN diary; engagement book; this term is used in expressions like *agenda cultural* –entertainment guide, listings–, *agenda de despacho* –desk diary–, *agenda de trabajo* –engagement book–. [Exp: **agenda**[2] (PRESS announcements, society page; S. *notas de sociedad, vida social, necrológicas*), **agenda cultural** (GEN/SHOW entertainments guide, publicity board, listings; S. *guía del ocio, cartelera*)].

AGEP *n*: GEN S. *Asociación General de Empresas de Publicidad.*

agotado *a*: MKTNG out of stock, sold out; S. *sin existencias; disponible; descatalogado.* [Exp: **agotar las existencias** (MKTNG sell out; S. *liquidar*)].

agradecimientos *n*: GEN/FILM acknowledgements; S. *lista de menciones, menciones, títulos de crédito.*

agrupación *n*: GEN/MNGMNT association, group[1]; S. *consorcio, grupo.*

agua *n*: GRAL water; S. *página en aguas.* [Exp: **aguada** (GRAPHICS wash[2], wash drawing; S. *dibujo/pintura a la aguada*), **aguafuerte** (DESIGN/GRAPHICS etching; S. *grabado, acuarela; mordido*)].

agudo *a*: AUDIO high, high-pitched, treble, earpiercing; S. *bajo.* [Exp: **agudos, los** (AUDIO treble)].

aguja de tocadiscos *n*: AUDIO record-player stylus.

aire[1] *n*: GEN air; S. *respirar.* [Exp: **aire**[2] (FILM looking room), **aire, en el** (ADVTG/RADIO/TV on the air, on line; S. *en antena; abrir/cerrar*), **airear una cuestión o asunto** (GEN air a topic, give a subject an airing; S. *ventilar una cuestión o asunto*)].

ajustado *a*: GEN tight, adjusted; S. *comprimido, amazacotado, apretado.* [Exp: **ajustar** (AUDIO/IMAGE/GEN adjust; match; patch, tune; regulate; S. *regular, poner a punto; poner a punto, casar, reparar*), **ajustarse al tiempo establecido** (ADVTG/RADIO/TV time out), **ajuste** (AUDIO/IMAGE/GEN balance, balancing, adjustment; patch; S. *balance, equilibrio, puesta a punto; corrección; carta de ajuste*), **ajuste automático [o manual] del interletrado** (TYPE/GRAPHICS kerning), **ajuste de colores** (IMAGE/DESIGN/GRAPHICS timing, colour correction; S. *etalonado*), **ajuste de contornos** (IMAGE/TV contouring), **ajuste de encuadre** (FILM tighten the frame!), **ajuste de texto** (GRAPHICS copy fitting)].

alabanza *n*: GEN/MKTNG endorsement; S. *respaldo, promoción.* [Exp: **alabar** (MKTNG endorse, praise; S. *promover, apoyar, respaldar*)].

alarde *n*: GEN/ADVTG display[1]; S. *demostración, despliegue.*

alargadera *n*: GEN extension cable/lead.

alarmar *v*: GEN startle; S. *horrorizar; sobresaltar, conmocionar.* [Exp: **alarmante** (GEN startling; S. *sorprendente*)].

albarán *n*: MKTNG delivery note, advice note.

alboroto *n*: GEN/TV hoo-ha col, fuss, commotion; song and dance col; S. *alharacas, follón* col.

alcance *n*: GEN/MKTNG coverage[2]; reach, size; S. *cobertura; magnitud; audiencia total.* [Exp: **alcance de un proyector** (IMAGE throw)].

aldea global *n*: MEDIA global village.
aleatorio *a*: GEN random; S. *fortuito, casual; al azar*. [Exp: **aleatorización** (MKTNG/GEN randomization; S. *fortuito, casual; memoria aleatoria*)].
alegoría *n*: LING/FILM allegory.
alegre *a*: GEN lighthearted, lively, cheerful; S. *desenfadado, ligero*.
aletargado *a*: GEN lethargic; dead, wooden; S. *inactivo, latente*.
alfanumérico *a*: GEN alphanumeric.
alharacas *n*: GEN/TV ballyhoo *col*, hoo-ha *col*; S. *follón* col, *alboroto*.
alias *n*: MEDIA/FILM/SHOW nickname, penname, stage name; S. *apodo, seudónimo*.
aliciente *n*: MKTNG incentive, inducement, premium, boost[2]; S. *estímulo, incentivo*.
alimentar *v*: GEN feed[1]; S. *nutrir, suministrar, proporcionar*.
alinear *v*: GRAPHICS align[1]; justify; S. *justificar*. [Exp: **alinear**[2] (GEN range, lay out; S. *colocar, arreglar, ordenar*), **alineación, alineamiento** (GRAPHICS justification, alignment[1]; S. *alineación*), **alineado a la derecha/izquierda** (GRAPHICS right/left-justified; S. *justificar*), **alinear al margen** (GRAPHICS flush)].
aliteración *n*: LING alliteration.
almacén *n*: GEN/MKTNG store, warehouse, storage, bank, S. *banco, depósito; comercio*. [Exp: **almacenaje** (MKTNG warehousing), **almacenamiento** (GEN/MKTNG storage; S. *depósito*), **almacenamiento de datos** (GEN information storage; S. *archivo de datos*)].
alocado *a*: FILM/SHOW zany; S. *chiflado, loco, estrafalario, estrambótico*.
alocución *n*: GEN address, lecture, speech; S. *discurso, conferencia*.
alquilar *v*: FILM/GEN rent, rent out, hire. [Exp: **alquiler** (GEN/FILM rent, rental, letting)].
altavoz *n*: AUDIO baffle, loudspeaker; S. *caja/pantalla acústica*. [Exp: **altavoz de agudos** (AUDIO tweeter), **altavoz de gra-**

ves (AUDIO woofer), **altavoz de subgraves** (AUDIO subwoofer), **altavoz dinámico** (AUDIO dynamic loudspeaker, moving coil loudspeaker; S. *micrófono dinámico*), **altos ejecutivos** (MNGMNT senior management, upper echelon, above-the-line people *col*; S. *jefes, mandos intermedios*), **altura de las mayúsculas** (TYPE caps height)].
alto *a*: GEN high. [Exp: **alta costura** (GEN/MKTNG high fashion, haute couture; S. *desfile de modelos*), **alta definición** (IMAGE high definition; S. *televisión de alta definición*), **alta dirección** (IMAGE top/senior management), **alta fidelidad** (AUDIO high fidelity; S. *ecualizador*), **alta resolución** (IMAGE high resolution), **alto ejecutivo** (IMAGE top manager)].
alumbrado *n*: FILM/SHOW lighting; S. *iluminación*. [Exp: **alumbrado de fondo o desde atrás** (FILM backlighting)].
alusión *n*: LING allusion, reference; S. *connotación, implicación*.
alza[1] *n*: GEN/MKTNG rise, increase, upswing, boom, boost; S. *subida, caída*. [Exp: **alza**[2] (GRAPHICS underlay), **alza**[3] (FILM apple box; S. *caja/cajón de manzanas, pedalina, aspirina*), **alza de costes/precios** (MKTNG rise/increase in costs/ prices), **alza en la demanda** (MKTNG upswing/boom in demand), **alzar** (GRAPHICS collate; S. *compaginar*)].
AM *n*: RADIO amplitude modulation, AM.
amarillo *a*: GEN yellow; S. *línea amarilla, periodismo amarillo, páginas amarillas*.
amazacotar *v*: GRAPHICS shoehorn; S. *sobrecargar, meter con calzador, cargado*. [Exp: **amazacotado** (GEN tight; S. *comprimido, ajustado, apretado*)].
ambientación *n*: FILM/SHOW setting; S. *escenario, marco, entorno*. [Exp: **ambientación [de un plató]** (FILM dress setting), **ambientación musical** (AUDIO mood/incidental music), **ambiente** (GEN environment, ambience; S. *medio, con-*

texto, medio ambiente, entorno),
ambientado en [Venecia, París, etc.]
(FILM set in Venice/Paris, etc.), **ambientador [de un plató]** (FILM set dresser),
ambientar (FILM set)].

ambigüedad *n*: LING/ADVTG ambiguity; S.
polisemia, juntura, equívoco.

ameno *a*: GEN/SHOW enjoyable, entertaining, pleasant, amusing.

amortiguar *v*: AUDIO deaden, dampen,
muffle, mute; S. *atenuar, insonorizar,
poner sordina.* [Exp: **amortiguador de
sonidos** (AUDIO baffle, sound-dampening
material; mute, muting device)].

AMPE *n*: GEN S. *Asociación de Medios
Publicitarios Españoles.*

amperio *n*: AUDIO amp, ampere.

ampli *col n*: AUDIO amplifier; S. *amplificador.*

ampliar *v*: GEN/IMAGE/GRAPHICS enlarge,
blow up, amplify, magnify; S. *aumentar,
desarrollar.* [Exp: **ampliar a escala**
(GEN/GRAPHICS/IMAGE scale, scale up, S.
hacer a escala, reducir a escala),
ampliable (GEN/MKTNG open-ended; S.
abierto, variable, modificable, de duración indefinida), **ampliación** (IMAGE/
GRAPHICS amplification, magnification,
enlargement, blowup), **ampliación de la
capacidad** (GEN enhancement of capacity),
amplificación (GEN amplification),
ampliadora (IMAGE enlarger), **amplificador, ampli** (AUDIO amplifier), **amplificador con varias salidas** (AUDIO multiple,
presidential patch), **amplificar** (GEN
amplify; S. *ampliar, aumentar, desarrollar*), **amplitud de banda** (AUDIO
bandwidth[1])].

analepsis *n*: FILM flashback; S. *prolepsis;
escena retrospectiva; vuelta al pasado.*

análisis *n*: GEN analysis. [Exp: **análisis
DAFO** (MKTNG SWOT analysis), **análisis de grupos** (MKTNG cluster analysis),
análisis de direcciones (MKTNG address
analysis), **análisis de mercado** (MKTNG

market survey; S. *estudio de mercado*),
análisis de resultados (GEN results
analysis), **análisis demográfico** (MKTNG
demographic breakdown; S. *desglose
demográfico*), **análisis detallado** (GEN/
FILM breakdown; S. *desglose, estudio de
costes*), **análisis en grupos/racimo**
(MKTNG cluster analysis), **análisis factorial** (MKTNG factor analysis; V.
variable), **análisis posterior** (MEDIA
post-analysis), **análisis transversal**
(MKTNG cross analysis; S. *sección transversal*), **analista** (RADIO/TV/GEN political
expert/analyst; S. *experto en política*),
analista de audiencia (MEDIA/MKTNG
audience analyst), **analizador** (AUDIO
analyser), **analizar** (GEN analyze, review;
S. *revisar, evaluar, examinar*), **analizar
pormenorizadamente** (GEN break down;
S. *desglosar*)].

analógico *a*: INTERNET/IMAGE/AUDIO analogue, analogical; S. *digital, conversión.*

anaquel *n*: MKTNG/GEN rack, shelf; S. *estante, balda, perchero, lineal.*

ancho *a/n*: GEN wide; broad, width; breadth;
gauge; S. *calibre, grosor; estrecho.* [Exp:
ancho/anchura de banda (INTERNET/
AUDIO bandwidth[1]; S. *baudio*), **ancho de
cinta o película** (FILM film gauge),
ancho de columna (GRAPHICS column
width, line length/measure), **anchura**
(GEN width, breadth; S. *ancho*), **anchura/profundidad de un anuncio** (ADVTG/
PRESS lineage depth/width)].

ancla *n*: GEN/INTERNET anchor.

andanada *n*: GEN broadside[1]; pasting *col*;
roasting *col*; S. *invectiva, crítica fuerte,
rapapolvo.*

anécdota *n*: GEN anecdote, story, tale. [Exp:
anecdotista (GEN/SHOW raconteur)].

angulación *n*: FILM angle of view; S. *campo/ángulo de visión.* [Exp: **ángulo de
cámara** (FILM camera angle), **ángulo de
dispersión ancho/estrecho** (AUDIO/
IMAGE wide/narrow dispersion; S.

dispersión), **ángulo de visión** (FILM angle of view; lens angle; S. *campo de visión, angulación*), **ángulo de visión amplio** (FILM wide angle of view; S. *ojo de pez*), **ángulo de visión estrecho** (IMAGE narrow angle of view), **ángulo holandés** (FILM Dutch angle), **ángulo inclinado** (FILM tilt angle; S. *plano inclinado*), **ángulo inverso** (FILM/TV reverse angle)].

animación *n*: FILM animation. [Exp: **animático** (TV/FILM animatic, pick-up), **animatrónica** (GEN animatronics; S. *animales electrónicos*)].

antagonista *n*: FILM/TV antagonist; S. *protagonista*.

antecedentes *n*: GEN background[2]; S. *circunstancias, marco de referencia*.

antena *n*: RADIO/TV aerial, antenna US. [Exp: **antena de cuadro** (TV/FILM frame aerial), **antena, en** (TV/FILM on the air; S. *en el aire*), **antena parabólica** (TV satellite dish, dish antenna/aerial, parabolic aerial, receiver dish; S. *«paellera»*)].

anteportada *n*: PRESS half-title, bastard title; S. *portada, portadilla, falsa portada*. [Exp: **antetítulo** (PRESS deck[3], deck head; strap, strapline, kicker[1], stinger; S. *subtítulo, titular secundario; titular*), **antetítulo pequeño** (PRESS/ADVTG sting, stinger, kicker, topline; S. *línea introductoria de un anuncio*)].

anti- *prf*: GEN anti-. [Exp: **anticlímax** (LING/FILM anticlimax; bathos; S. *clímax*), **antidoble** (IMAGE anti-aliasing)].

anticipar *v*: GEN/MEDIA/MNGMNT advance, bring forward, break the news, announce a story in advance. [Exp: **anticipo[1]** (GEN/MNGMNT advance, advance payment, down payment; advance on salary; S. *adelanto*), **anticipo[2]** (FILM advance showing; S. *preestreno, pase privado*)].

antorcha *n*: IMAGE sun gun; S. *pistola láser, cañón eléctrico*.

anual *a*: GEN yearly, annual; S. *bianual, memoria anual*. [Exp: **anuario** (GEN yearbook; S. *semanario, memoria anual*)].

anular[1] *v*: GEN/MNGMNT cancel, annul, overrule, override; S. *cancelar*. [Exp: **anular[2]** (MEDIA upstage; S. *chupar cámara col, eclipsar*), **anulación** (MNGMNT cancellation, annulment; S. *cancelación*)].

anunciar *v*: ADVTG advertise; announce[1], publish; S. *hacer publicidad/propaganda; comunicar; pregonar; informar, hacer público, publicar, divulgar*. [Exp: **anunciante** (ADVTG advertiser), **anunciar a bombo y platillo** (MEDIA/MKTNG hype up col; S. *bombo publicitario, a bombo y platillo*), **anunciar por radio o televisión** (RADIO/TV broadcast; S. *emitir, transmitir por radio o televisión*), **anuncio[1]** (GEN announcement[1]; notice; S. *letrero, aviso, comunicado; tablón de anuncios*), **anuncio[2]** (ADVTG advertisement, advertising, advert, ad col, advertising unit/item; bill[2]; announcement[1]; S. *cartel, póster, pieza publicitaria*), **anuncio a caballo** (TV/ADVTG/GRAPHICS piggyback commercial, double spotting; pony spread, junior spread), **anuncio a doble página** (PRESS/ADVTG full-page spread; double spread), **anuncio a doble página [consecutivas]** (PRESS double page spread), **anuncio a plana entera** (PRESS spread[4]; S. *página doble enfrentada*), **anuncio a la entrada de un núcleo urbano** (OUTDOOR incoming advertisement), **anuncio a página entera** (PRESS/ADVTG single truck; S. *a toda página*), **anuncio adyacente** (RADIO/TV adjacency; S. *adyacencia, final de bloque*), **anuncio [de cine, televisión, radio]** (MEDIA spot; S. *cuña publicitaria*), **anuncio de dos páginas opuestas** (GEN across-the-gutter advert; S. *margen perdido por el centro*), **anuncio de media página** (PRESS half-page ad), **anuncio de televisión** (TV commercial, TV spot), **anuncio destacado/resaltado** (PRESS display ad/advert),

anuncio directo (MKTNG direct response advertising; S. *comercialización directa*), **anuncio-editorial** (PRESS advertorial, infomercial), **anuncio en forma de boleto, encarte o cupón** (MKTNG coupon advertisement), **anuncio en página central doble** (PRESS/GRAPHICS centre spread), **anuncio en página doble de un periódico o revista** (PRESS bridge), **anuncio en posición de apertura/cierre** (RADIO/TV break position ad, adjacency; S. *last in the break*), **anuncio frente a anuncio** (PRESS facing advertising; S. *enfrentado*), **anuncio frente a texto** (PRESS facing text matter, against text, op-ed), **anuncio gráfico** (ADVTG print advertisement; S. *publicidad gráfica*), **anuncio gratuito** (MEDIA courtesy announcement), **anuncio impreso** (OUTDOOR posted/printed bulletin), **anuncio junto a texto escrito** (PRESS/ADVTG next to reading matter), **anuncio luminoso** (OUTDOOR illuminated ad/advertisement; electric spectacular; S. *luminoso²*), **anuncio [rectangular] en Internet** (IMAGE banner³), **anuncio paraguas** (ADVTG umbrella advertising), **anuncio pintado** (OUTDOOR posted/printed bulletin; S. *valla pintada*), **anuncio transmitido vía satélite** (TV ad/sat), **anuncio vinculado** (ADVTG tie-in), **anuncios** (TV commercial break; S. *anuncio, espacio/pausa para la publicidad*), **anuncios breves, sección de** (PRESS announcements, classified ads; S. *«agenda», vida social, necrológicas, edictos*), **anuncios en las escaleras del metro** (OUTDOOR escalator cards), **anuncios por palabras** (PRESS/ADVTG small ads, want ads, classified ads, paid announcements; S. *sección de anuncios por palabras*), **anuncios por palabras destacadas** (PRESS classified display advertising), **anuncios radiotelevisivos** (RADIO/TV broadcast advertisements)].

anverso *n*: GEN/GRAPHICS face, front, obverse, recto; S. *reverso, cara*.

apabullante *n*: GEN stunning[1]; S. *sensacional, magistral, deslumbrante, despampanante* col.

apadrinar *v*: GEN/MKTNG sponsor; S. *patrocinar, promocionar*.

apagar *v*: GEN/IMAGE switch/turn off; fade; muffle, mute; S. *encender, atenuar*. [Exp: **apagado¹** (IMAGE/AUDIO off; S. *desconectado*), **apagado²** (GEN/IMAGE faded, lacklustre, dull; S. *atenuarse; soso, deslucido; mate*), **apagón** (RADIO/TV black-out; power cut, outage *US*; S. *ensombrecimiento de una zona; corte en el suministro de energía eléctrica*)].

apaisado *a*: GRAPHICS/IMAGE horizontal, landscape.

aparato *n*: GEN apparatus, device, [piece of] equipment, machine, hardware, appliance; gadget col; S. *instrumental, equipo, maquinaria, soporte físico*. [Exp: **aparato de radio** (GEN wireless; S. *inalámbrico*)].

aparecer *v*: GEN/FILM appear, appear on the scene, come out, be published; feature[6]; S. *actuar, intervenir, darse a conocer*. [Exp: **aparecer en primera plana** (PRESS hit the front page, hit the headlines; S. *salir en primera página, publicar a toda plana*), **aparición** (GEN appearance[1]; S. *pase; publicación*), **aparición ante las cámaras** (MEDIA/TV stand-up; S. *comparecencia, crónica a pie de noticia*), **aparición breve** (FILM bit part), **aparición en público** (GEN exposure[2]; S. *contacto con el público*)].

apertura *n*: RADIO/TV/SHOW start, opening; S. *noticia de apertura; inauguración; abrir; abertura; cierre*. [Exp: **apertura anticipada** (RADIO/TV early opening/start; S. *anuncio en posición de apertura anticipada*)].

aplastante *a*: GEN/FILM overwhelming,

resounding, runaway; S. *arrollador, clamoroso; exitazo.*

aplaudir *v*: SHOW applaud. [Exp: **aplauso** (SHOW applause; S. *salva de aplausos*), **aplauso cerrado** (SHOW hearty ovation, sustained applause), **aplausos tímidos** (SHOW ripple of applause)].

aplicación [informática] *n*: GEN application, software; S. *material de paso.*

apodo *n*: GEN nickname; S. *alias, seudónimo.*

apostilla *n*: PRESS comment, note; S. *coletilla.* [Exp: **apostillar** (PRESS write «apostillas» or comments)].

apoyar *v*: GEN endorse, back up, support, back[4]; S. *respaldar, ayudar, confirmar.* [Exp: **apoyo** (GEN backup, support, aid, help; S. *reserva, respaldo; de seguridad, grupo/precio de apoyo*), **apoyo técnico** (GEN technical support; S. *versión actualizada, técnico*[1])].

apretado *a*: GEN tight; S. *comprimido, ajustado, amazacotado.*

aprobación *n*: GEN/MKTNG acceptance, approval, acknowledgement, endorsement; S. *aceptación, reconocimiento; adopción.* [Exp: **aprobar** (GEN approve [of], pass, adopt, endorse)].

apropiación [indebida de nombre, marca, etc.] *n*: MNGMNT/LAW appropriation[2], misappropriation; passing off; S. *malversación, desfalco.*

aptitud *n*: GEN/MNGMNT competence, suitability, aptitude, fitness, talent; S. *competencia, capacidad, talento, habilidad, gracia.* [Exp: **apto** (GEN qualified; suitable; S. *habilitado, autorizado, experto, profesional, capaz*), **apto para todos los públicos** (FILM U, G, suitable for all audiences; S. *autorizado a menores de 16 años acompañados, para mayores de 18 años, recomendada para menores acompañados*)].

apuntador *n*: SHOW prompter, prompt; S. *concha del apuntador.* [Exp: **apuntar**

(SHOW prompt), **apunte**[1] (SHOW sketch; S. *bosquejo, boceto*), **apunte**[2] (MNGMNT entry, item; S. *asiento*)].

arancel *n*: MKTNG tariff.

arañar cuota de mercado *v*: MKTNG step in col, grab a market share or a piece of the action col. S. *cuota de mercado; nicho.*

árbol [de letra] *n*: TYPE stem; S. *letra.*

arcaísmo *n*: LING archaism.

archivador *n*: MNGMNT filing cabinet; folder; S. *clasificador, carpeta, armario.* [Exp: **archivar** (GESTIÓN file), **archivo**[1] (MKTNG file, filing), **archivo**[2] (FILM/TV library; S. *fondo, foto/imagen de archivo, librería, hemeroteca*), **archivo/almacenamiento de datos** (GEN information storage), **archivo [de ordenador]** (GEN file; S. *fichero*), **archivo de sonido o sonoro** (AUDIO/INTERNET sound/music library; sound file/archive)].

ardid/truco publicitario *n*: ADVTG publicity/advertising stunt, gimmick.

área *n*: GEN area, zone; S. *zona.* [Exp: **área comercial** (MKTNG commercial area), **área de cobertura de un foco** (IMAGE coverage[3], beaming coverage), **área de cobertura [de una emisora]** (TV viewing/coverage area), **área de cobertura [de una radio]** (RADIO listening area), **área de influencia dominante** (TV area of dominant influence, ADI), **área utilizable** (GRAPHICS/IMAGE safe action area, safety area, safety[2])].

argot *n*: MEDIA jargon, slang.

argumento *n*: FILM/SHOW plot, argument, story; S. *trama, relato.*

armario *n*: MNGMNT cabinet, cupboard; S. *archivador, clasificador, carpeta, archivo.*

armónico *a/n*: AUDIO harmonic, overtone; S. *frecuencia fundamental, generador de armónicos.*

arrancar *v*: GEN tear, rip; S. *abrir, romper, rasgar.* [Exp: **arrancar/abrir/rasgar/romper por la línea de puntos** (GEN/ADVTG tear along dotted line),

arrancar/separar por la perforación (GEN/ADVTG tear off/out)].

arreglar *v*: GEN/MKTNG arrange, lay out, range; S. *disponer, trazar, alinear, diseñar, ordenar.* [Exp: **arreglista** (AUDIO/ FILM arranger; S. *letrista, partitura),* **arreglo** (AUDIO/GEN arrangement; S. *letrista),* **arreglo musical** (FILM/SHOW musical arrangement, setting[2]; S. *versión musical),* **arreglos orquestales** (MKTNG orchestral arrangements)].

arrendar, arrendamiento *v/n*: MNGMNT/ MKTNG lease.

arrollador *a*: GEN/FILM runaway, overwhelming, resounding, smash [hit]; S. *clamoroso, aplastante; exitazo.*

arte *n*: GEN art[1]; S. *técnica.* [Exp: **arte escénico** (SHOW stagecraft; S. *escenotecnia),* **arte final** (DESIGN final art/artwork, art[2], original, paste-up, mechanical; S. *original; ilustración, maqueta),* **artes escénicas** (SHOW performing arts), **artes gráficas** (GRAPHICS graphic arts, graphics), **artes pictóricas** (GEN pictorial arts), **artes plásticas** (DESIGN plastic arts), **artes y oficios** (GEN arts and crafts)].

articulista *n*: PRESS feature writer, columnist, contributor; S. *colaborador, columnista.* [Exp: **artículo[1]** (GEN article, product, line, stock, item[1]; S. *producto, línea),* **artículo[2]** (PRESS/MEDIA article, item[2]; piece *col*; feature[4], feature article/story, news story, copy; S. *noticia, relato, gaceta, gacetilla, crónica, suelto, reportaje),* **artículo básico** (MKTNG staple commodity, basic/primary commodity), **artículo con suspense** (PRESS suspended story/interest, suspense piece; S. *noticia con suspense),* **artículo de consumo** (MKTNG commodity; S. *género, producto),* **artículo de difícil venta o salida** (MKTNG slow-moving goods; shelf-warmer, sleeper; S. *artículo de gran venta, artículo sin venta),* **artículo de fondo** (PRESS leader article, feature

article; S. *editorial),* **artículo de gran venta o de fácil salida** (MKTNG good/big/best seller *col*; money-spinner, steady seller; wrap-up *US*; S. *artículo de difícil venta; artículos de fácil salida),* **artículo de importación** (MKTNG import, imported product/item), **artículo de marca** (MKTNG branded goods, proprietary make/product), **artículo de moda o de corta vida** (MKTNG fad item *col*; S. *caprichón* col), **artículo de oferta** (MKTNG special offer, item on offer, loss leader), **artículo de propaganda** (ADVTG/MKTNG loss leader), **artículo de reclamo** (ADVTG/MKTNG loss leader, bait; S. *cebo, precio de reclamo),* **artículo de relleno** (MEDIA/PRESS filler *col*; S. *programa de relleno),* **artículo de saldo** (MKTNG oddment), **artículo de una feria o exposición** (MKTNG exhibit[1]; S. *muestra),* **artículo defectuoso** (MKTNG defective/imperfect merchandise), **artículo divulgativo** (PRESS/MEDIA general interest piece/feature, background information feature, article with an educational angle; any article aimed at the general public and dealing with some technical issue –science, medicine, history, etc.– couched in popular or simple terms; S. *reportaje, crónica),* **artículo estrella** (MKTNG top seller, star product, runner *US*; S. *artículo sin venta),* **artículo gancho** (ADVTG/MKTNG loss leader, bait-and-switch *US*), **artículo hecho en serie** (MKTNG mass-produced article), **artículo líder o de gran venta en el mercado** (MKTNG product leader, market leader[2]), **artículo más vendido** (MKTNG chart-topper; S. *producto),* **artículo periodístico** (PRESS article; piece *col*, feature), **artículo sin venta** (MKTNG shelf-sleeper, poor/slow seller; S. *artículo de difícil venta o salida),* **artículo [en campaña] de promoción** (MKTNG feature[2]), **artículo-denuncia** (MEDIA/PRESS exposé[1]; S.

programa-denuncia), **artículos** (MKTNG/ GEN goods, products, stock, ware, merchandise; S. *géneros, bienes, productos*), **artículos/bienes duraderos** (MKTNG durable goods, consumer durables; S. *artículos perecederos*), **artículos de capricho** (MKTNG impulse goods/items/ merchandise), **artículos de comercio o de consumo** (MKTNG consumer goods, commodities[1]; S. *productos básicos*), **artículos de consumo/uso diario** (MKTNG day-to-day products, items/ products made fresh daily; convenience goods; S. *tienda de artículos de uso diario*), **artículos de demanda continua** (MKTNG popular items, standards, never-outs *US*), **artículos de difícil salida** (MKTNG slow-moving/-selling consumer goods), **artículos de escritorio** (GRAPHICS stationery), **artículos de escritorio con membrete en relieve** (GRAPHICS embossed stationery; S. *membrete*), **artículos de fácil salida** (MKTNG fast-moving/-selling consumer goods; S. *artículos de difícil salida*), **artículos de importación** (MKTNG import commodities/goods), **artículos de importancia** (MKTNG major items, big ticket items *US*), **artículos de lujo** (MKTNG fancy goods, de luxe items, luxury commodities/goods/items; S. *productos suntuarios*), **artículos de marroquinería o de piel** (MKTNG leather goods), **artículos de moda** (MKTNG fashion goods; S. *novedades*), **artículos de perfumería** (MKTNG toiletries), **artículos de primera necesidad** (MKTNG essential goods/products, essentials, essential items, primary wants/needs; basic commodities, necessities, convenience goods), **artículos de saldo** (MKTNG oddments; S. *gangas, saldos*), **artículos de venta al contado** (MKTNG cash items), **artículos defectuosos o de calidad inferior** (MKTNG seconds), **artículos fotográficos** (IMAGE photographic goods), **artículos llamativos/atractivos o innecesarios** (MKTNG takeaway goods/products, impulse goods/items/merchandise; S. *artículos no necesarios*), **artículos para llevar** (MKTNG carryouts), **artículos perecederos** (MKTNG perishable goods, consumer non-durables)].

artilugio *n*: GEN gadget *col*; S. *aparato, chisme* col, *chirimbolo* col.

artista *n*: GEN/FILM/TV/SHOW artist; actor/actress, performer, performing artist, pictorial artist; S. *intérprete; actor/actriz, doble, figurante; personal técnico.* [Exp: **artista de voz** (TV/FILM voice actor/artist; S. *voz*), **artista invitado** (FILM special guest star, cameo player), **artista secundario-a** (FILM supporting actor/actress, bit player), **artistas** (FILM artists, actors, cast, talent; S. *personal técnico*)].

ascender *v*: MKTNG upgrade, promote; S. *mejorar; trazo ascendente.*

asequible *a*: GEN/MKTNG user friendly; S. *manejable, de fácil manejo.*

asesor *n*: MNGMNT consultant; S. *consejero, consultor.* [Exp: **asesor de imagen** (ADVTG image consultant), **asesor lingüístico** (MEDIA linguistic advisor), **asesor musical** (FILM music consultant), **asesor publicitario** (ADVTG advertising consultant; S. *consultor publicitario*), **asesor técnico** (GEN/FILM technical adviser), **asesoramiento** (MNGMNT consultation), **asesorarse** (MNGMNT consult; S. *considerar, consultar, celebrar consultas*), **asesoría** (MNGMNT consultancy; S. *consultoría, consulting*)].

asiento *n*: MNGMNT entry, item; S. *apunte.*

asignación *n*: GEN/ADVTG/MNGMNT allotment, appropriation, allocation; S. *adjudicación, reparto, prorrateo.* [Exp: **asignación de marca** (MKTNG branding; S. *marcación*), **asignación de memoria** (GEN bit-mapping), **asignación de pro-**

ducto (GEN/MKTNG product allocation), **asignación presupuestaria** (MNGMNT appropriation, allotment, allocation, earmarking of funds; S. *presupuesto*), **asignar** (GEN/MNGMNT allot, award; allocate, appropriate, earmark; S. *otorgar, repartir*)].

asistencia[1] *n*: GEN assistance, service, aid; S. *ayuda, soporte o material de ayuda.* [Exp: **asistencia**[2] (GEN attendance), **asistente**[1] (FILM/TV assistant; S. *ayudante; asistente de piso*), **asistente**[2] (GEN present), **asistente de piso** (FILM/TV floor assistant; S. *jefe de piso*), **asistentes** (MKTNG audience; S. *público, audiencia, seguidores; lectores*), **asistido por ordenador** (GEN computer-aided/-assisted; S. *parcialmente informatizado*), **asistir** (GEN attend; assist)].

asnilla *n*: GEN easel; S. *sostén portátil, caballete.*

asociación *n*: GEN association. [Exp: **asociación de consumidores** (MKTNG consumers' association), **Asociación de la Prensa** (PRESS Press Association), **Asociación de Medios Publicitarios Españoles, AMPE** (ADVTG Spanish Association of Media Buyers or Advertising Media), **Asociación Española de Agencias de Publicidad, AEAP** (ADVTG Spanish Asociation of Advertising Agencies or Media-buyers), **Asociación Española de Anunciantes, AEA** (ADVTG Spanish Advertisers' Association), **Asociación Europea de Agencias de Publicidad** (ADVTG European Advertising Agencies Association, EAAA), **Asociación General de Empresas de Publicidad, AGEP** (ADVTG Spanish Association of Advertising Firms)].

aspaviento *n*: FILM/SHOW overdone gesture-s, ham-acting *col*; take, double-take; S. *payasada, reacción exagerada, gesto exagerado.*

áspero *a*: GEN/DESIGN rough; S. *rugoso.*

aspirina *col n*: FILM apple box; S. *alza*[3], *pedalina, cajón de manzanas* col.

asqueroso *a*: GEN trashy, awful, lousy *col*; rubbishy *col*; S. *basura, barato.*

asterisco *n*: GRAPHICS asterisk; S. *obelisco, cruz.*

astilla *col n*: TV/MKTNG payola, bribe, cut *col*, sweetener *col*; S. *soborno.*

astracanada *n*: FILM/SHOW slapstick, knockabout *col*; S. *comedia bufona, payasada.*

astro *n*: FILM star; S. *estrella, famoso, célebre.*

asunto *n*: GEN question, issue, topic, matter; S. *tema, cuestión, problema.*

ataque *n*: GEN attack. [Exp: **ataque de risa** (SHOW burst of laughter; S. *morirse de risa, risa enlatada*), **ataque publicitario intenso** (ADVTG/MKTNG advertising blitz; S. *campaña publicitaria intensa; bombardear*)].

atención *n*: GEN/MKTNG attention, attentiveness; accommodation, service, appreciation, treatment, hospitality; S. *horario de atención al público, departamento/servicio de atención al cliente; centrar la atención en.* [Exp: **atender [a un cliente]** (MKTNG attend to, serve; S. *despachar*), **atento** (MKTNG attentive, helpful; thoughtful; S. *permanezca atento*)].

atenuación *n*: AUDIO fading/toning down. [Exp: **atenuación controlada** (AUDIO board/production fade), **atenuar-se** (IMAGE/GRAPHICS dim, douse, tone down, fade; S. *tenue*), **atenuar el brillo** (IMAGE/GRAPHICS dull; S. *opacar, oscurecer, nublar*), **atenuar el volumen de un sonido** (AUDIO deaden, fade down; S. *amortiguar, reducir el volumen de un sonido*), **atenuador** (IMAGE/GRAPHICS dulling spray; S. *matizador, mateador*), **atenuador [del sonido, la imagen o la iluminación]** FILM/TV/AUDIO attenuator, fader; S. *potenciómetro, controlador del sonido, la imagen o la iluminación*)].

atisbo, técnica del *n*: MKTNG ghosting.

atomización *n*: GEN/ADVTG atomization, fragmentation; S. *dispersión*. [Exp: **atomización de la audiencia** (MKTNG audience fragmentation; S. *fragmentación o fraccionamiento de la audiencia*)].

atosigar *v*: GEN/MEDIA hound, harass, pester *col*, badger, pressurize; S. *perseguir, acosar*.

atracción estelar *n*: TV star attraction; S. *estrella invitada*. [Exp: **atractivo** (FILM/MKTNG hook, appeal; S. *gancho, seducción*), **atraer** (GEN/MEDIA appeal to, draw; S. *gustar, despertar el interés de, seducir*)].

atrás, de *a*: GEN back^2; S. *posterior, último*. [Exp: **atrasado** (PRESS back^3, back [issue])].

atrevido *a*: GEN/ADVTG bold, daring, flashy, jazzy *col*; S. *animoso, chillón*.

atrezo *n*: FILM/SHOW props, attrezzo; S. *utilería*. [Exp: **atrecista** (FILM/SHOW prop man/master, property master)].

atril *n*: AUDIO music stand.

audición^1 *n*: AUDIO hearing, listening. [Exp: **audición^2** (TV/FILM audition, trial performance; S. *prueba de selección*)].

audiencia *n*: MKTNG audience; coverage; readership; S. *público; asistentes, seguidores; lectores, público lector; períodos de publicación de las cifras de audiencia*. [Exp: **audiencia acumulada** (MEDIA cumulative audience, accumulative audience, net audience, unduplicated audience), **audiencia cautiva** (MEDIA/MKTNG captive audience; S. *público cautivo*), **audiencia de arrastre** (MEDIA holdover/carry-over audience; S. *audiencia heredada*), **audiencia duplicada** (MEDIA/MKTNG duplicate audience), **audiencia inicial** (RADIO/TV lead-in audience; S. *programa introductorio*), **audiencia heredada** (MEDIA carry-over/holdover audience; S. *flujo de audiencia*), **audiencia media** (MEDIA average audience, AA), **audiencia neta** (RADIO/TV net audience), **audiencia no duplicada** (MEDIA unduplicated audience), **audiencia ponderada** (MKTNG audience turnover; S. *rotación media de público captado*), **audiencia residual** (MEDIA/MKTNG residual audience; S. *analista de audiencia*), **audiencia secundaria** (MKTNG secondary audience), **audiencia televisiva** (TV viewership; TV audience; S. *telespectador; visionar*), **audiencia total** (RADIO/TV/GEN gross audience, gross circulation, gross impressions, audience accumulation, total audience, turnover^2), **audiencia total media** (RADIO/TV/GEN gross average audience)].

audio *a*: AUDIO audio. [Exp: **audímetro** (AUDIO audimetre^1; S. *sonómetro*), **audiometría** (AUDIO audiometry), **audiovisual** (MEDIA audiovisual)].

auditoría *n*: MNGMNT/LAW audit; auditing. [Exp: **auditoría con reparos** (MNGMNT qualified opinion)].

aumentar *v*: GEN increase, amplify, enhance, build up; S. *incrementar, ampliar, desarrollar*. [Exp: **aumentar las ventas** (MKTNG increase/boost sales), **aumento** (GEN increase, enhancement; S. *intensificación, incremento, realce*), **aumento [en el precio]** (MKTNG price rise, mark-up^2)].

aureola *n*: MKTNG halo effect; S. *efecto aureola*.

auriculares *n*: AUDIO headphones, headset, ear phones, receiver; S. *cascos, receptor*.

autenticación *n*: GEN/INTERNET authentication. [Exp: **autenticidad** (MEDIA/GEN authenticity, **auténtico** (MEDIA/GEN genuine, authentic)].

auto- *prf*: GEN self-. [Exp: **autoadhesivo** (GEN self-adhesive, self-sticker), **autocine** (GEN drive-in cinema/theatre, ozoner *col*; S. *cine de verano*), **autopista de información** (INTERNET information/data highway; backbone[2]; S. *infopista*), **auto-servicio** (GEN self-service)].

autor *n*: GEN author; S. *co-autor, derechos de autor*. [Exp: **autorización** (MKTNG/ LAW clearance, accreditation; licence, licensing; S. *acreditación; permiso*), **autorizado a menores de 16 años acompañados** (FILM R, restricted; S. *apto para todos los públicos, para mayores de 18 años*), **autorizar** (MNGMNT/LAW authorize, clear, license; qualify; S. *capacitar-se, diplomar-se, habilitar-se*)].

aval *n*: MKTNG/LAW guarantee, warranty, guaranty, backing, endorsement, support; S. *garantía*. [Exp: **avalar** (MKTNG/LAW guarantee, back, warrant, support, endorse)].

avance *n*: GEN advance. [Exp: **avance cuadro a cuadro** (IMAGE/TV/FILM frame advance), **avance de la programación** (TV/RADIO rundown, preview, trailer; S. *resumen informativo*), **avance de una película** (FILM trailer; S. *tráiler*), **avance informativo** (TV/MEDIA press release; breaking news, news flash, update), **avance seductor** (ADVTG tease[2]; S. *promo; rompecabezas, inductor publicitario*)].

avería *n*: GEN/AUDIO/IMAGE breakdown[1]; S. *fallo*.

avisar *v*: GEN inform, notify. [Exp: **avisador** (GEN/AUDIO/IMAGE indicator, S. *luz, señal*), **aviso**[1] (GEN notice, announcement[1]; warning; S. *comunicado, letrero, anuncio, advertencia*), **aviso**[2] (FILM/TV/ SHOW cue, lead-in line; S. *entrada, indicación, pie*), **aviso de ensayo** (FILM shooting call; S. *hora de ensayo*)].

ayuda, ayudar *n/v*: GEN aid, help, support, backup; back up; S. *respaldo, respaldar; respuesta ayudada; apoyar*. [Exp: **ayudante de cámara** (FILM assistant cameraman, first assistant director, grip, pusher *col*; S. *maquinista*), **ayudante de dirección** (FILM assistant director, AD, first assistant director; S. *segundo ayudante de dirección*), **ayudante de montaje** (FILM assistant [film] editor), **ayudante de producción** (FILM production assistant), **ayudante de redacción** (PRESS/ MEDIA editorial assistant), **ayudante de vestuario** (FILM wardrobe assistant), **ayudante del director artístico** (FILM assistant art director), **ayudante del electricista en un plató** (FILM/TV best boy), **ayudante del productor ejecutivo** (FILM/TV d-boy, d-girl *col*), **ayudante escenográfico** (SHOW stagehand; S. *tramoyista*), **ayudante técnico** (GEN technician; S. *técnico, director técnico*)].

azar *n*: GEN chance. [Exp: **azar, al** (MKTNG/GEN [at] random; S. *aleatorio; muestra al azar*)].

B

bacalao *col n*: AUDIO rave *col*, techno *col*, dance, music.

bache económico *n*: MKTNG downturn, slump. slack period; S. *recesión.*

bafle *n*: AUDIO baffle, loudspeaker; S. *pantalla acústica, altavoz, caja acústica.*

bajo *a*: AUDIO/GEN low, bass; S. *agudo.* [Exp: bajada[1] (MKTNG/GEN fall, drop, decrease; S. *subida; caída*), bajada[2] (TYPE descender, tail; S. *línea de base, [trazo] descendente, cola*), bajar[1] (MKTNG/GEN fall, decrease, come down; bring down, reduce; S. *caer; subir*), bajar[2] (INTERNET download; S. *descargar*), bajar el volumen o tono (RADIO/TV turn the volume down, lower the volume; S. *subir el volumen/tono*)].

balance[1] *n*: MNGMNT/GEN balance[1]; S. *resto; saldo; equilibrar; saldar cuentas.* [Exp: balance[2] (AUDIO/IMAGE/GEN balance[2]; balancing; stockpiling; S. *inventario; equilibrio; nivelar*), balance de ejercicio o de situación (MNGMNT balance sheet; S. *hoja de balance, estado contable*), balanza (MNGMNT/GEN balance[1]; S. *saldo*), balanza comercial (MKTNG trade balance), balanza comercial favorable (MKTNG trade surplus), balanza de pagos (MNGMNT balance of payments, BOP)].

balda *n*: MKTNG shelf, rack; S. *lineal, estante, anaquel.*

bambalinas, entre *phr*: SHOW backstage, behind the scene; S. *entre bastidores.*

banco[1] *n*: GEN bank; S. *almacén, suministro.* [Exp: banco[2] (GEN/AUDIO board; S. *mesa, panel*), banco de entradas (GEN/AUDIO jack panel; S. *tablero de entradas*), banco de imágenes (IMAGE image bank)].

banda[1] *n*: SHOW band, group, ensemble; S. *conjunto, grupo.* [Exp: banda[2] (AUDIO band; S. *amplitud de banda*), banda[3] (GEN fringe[1]; S. *borde*), banda[4] (MKTNG/GEN range; S. *gama, selección, surtido, abanico, series*), banda amplia (AUDIO broad band), banda de diálogos (AUDIO/FILM/TV dialogue band), banda de efectos (AUDIO/FILM/TV effects track), banda de efectos sonoros (AUDIO sound effects track), banda de frecuencia (GEN/AUDIO waveband; S. *longitud de onda*), banda de música (AUDIO band, orchestra, group), banda de sonido (AUDIO sound track), banda estrecha (AUDIO narrow band/track), banda magnética (AUDIO magnetic track), banda musical (AUDIO music track), banda sonora (AUDIO/FILM [sound]track, rumble strip *col*; S. *pista sonora*), banda sonora

magnética (AUDIO magnetic [sound] track, rumble strip *col*), **banda sonora óptica** (AUDIO/IMAGE optical, optical sound track)].

bandeja *n*: GEN/MKTNG tray; S. *estante, lineal.* [Exp: **bandeja de diapositivas** (GEN magazine[3]; S. *chasis; carrusel*), **bandeja de entrada [de documentos]** (MKTNG in-tray), **bandeja de salida [de documentos]** (MKTNG out-tray)].

bandera *n*: GEN/ADVTG flag. [Exp: **banderín** (ADVTG streamer, pennant; S. *pancarta*), **banderola** (ADVTG flag[3])].

bañar *v*: GRAPHICS/GEN coat, smear. [Exp: **baño** (GRAPHICS/GEN coating; S. *película, capa, revestimiento*), **baño [de revelado]** (IMAGE bleach)].

barato *a*: MKTNG cheap, inexpensive; trashy *col*; S. *abaratar; caro.*

barba [de papel] *n*: GRAPHICS [perforated/discardable] feeder strip; frayed edge; S. *papel de barba; desbarbar.*

barbarismo *n*: LING loanword, barbarism; S. *neologism.*

baremar *v*: MKTNG rate, classify on a points scale, place in order of merits, assess; S. *calificar, evaluar, clasificar.* [Exp: **baremo** (MKTNG rate, scale, standard, points scale, ready-reckoner, table; S. *índice, coeficiente, grado*)].

barniz *n*: GRAPHICS/IMAGE varnish, lacquer, gloss; S. *brillo , lustre.* [Exp: **barnizado** (GRAPHICS/IMAGE varnishing), **barnizar** (GRAPHICS varnish, put a gloss on, give a gloss finish to, glaze)].

barómetro de marcas *n*: MKTNG brand barometer; S. *indicador de marcas.*

barra *n*: GEN bar; S. *código de barras.* [Exp: **barra de colores** (IMAGE/TV colour bars), **barras de calibrado** (GRAPHICS calibration bars), **barra inclinada u oblicua** (GRAPHICS/TYPE slash, stroke, oblique *US*)].

barrer *v*: GEN sweep; S. *recorrer.* [Exp: **barrido**[1] (GEN sweep; S. *recorrido, rastreo, peinado*), **barrido**[2] (FILM camera pan, pan, panorama; S. *panorama, efectuar un barrido*), **barrido borroso** (FILM/TV swish pan, blur pan, whip, whip pan, zip pan), **barrido de línea** (TV line scanning), **barrido de pantalla** (IMAGE raster [scan]), **barrido en forma de arco** (FILM/TV fan wipe; S. *cortinilla*), **barrido horizontal** (IMAGE/TV scanning), **barrido rápido** (FILM/TV blur pan, swish pan, whip, zip pan)].

basar *v*: GEN base[1]; ground. [Exp: **base** (GEN/GRAPHICS base; basis; ground; bed; S. *soporte, fundamento; vértice*), **base de datos** (GEN/MKTNG data base, data bank), **base de una encuesta** (MKTNG base[2]; S. *muestra de una encuesta*), **base [de acetato]** (IMAGE base[3]; S. *soporte de acetato*), **base para la tarifación** (MKTNG rate basis), **base/pie/pretexto para una noticia** (MEDIA basis/grounds for a story, news peg; S. *percha informativa; punto de partida de un artículo*)].

bastardilla *n*: TYPE italics; S. *cursiva.*

bastidor *n*: FILM/OUTDOOR flat, batten, frame, base[3]; S. *soporte.* [Exp: **bastidor plegable** (FILM folding flat), **bastidor rodante** (FILM wild wall), **bastidor que sujeta la publicidad exterior** (OUTDOOR frame[4]; S. *soporte*), **bastidores, entre** (SHOW backstage, behind the scenes; S. *entre bambalinas*)].

basura *n*: GEN trash, garbage, filth, junk; S. *cuento/cine basura, telebasura.*

batacazo *n*: SHOW pratfall; S. *caída, porrazo* col.

baudio *n*: INTERNET baud; S. *anchura de banda.*

bemol *a/n*: AUDIO flat; S. *sostenido.*

beneficio *n*: GEN/MKTNG/TV benefit, profit, proceeds, gain return; S. *rendimiento, resultado, producto, cierre*[3]*; ganancia, margen comercial; pérdida.* [Exp: **beneficio básico** (MKTNG basic consumer benefit), **beneficio neto** (MKTNG/MNGMNT net profit), **beneficios comerciales** (MKTNG sales proceeds), **beneficios de explotación** (MKTNG trading profits; S. *pérdidas de explotación*)].

bi- *pref*: GEN bi-. [Exp: **bianual** (GEN biannual; S. *anual*), **bicolor** (GRAPHICS/ IMAGE two-colour), **bicromía** (GRAPHICS/ IMAGE two-colour process; S. *cuatricromía, tricromía*), **bidireccional** (RADIO/TV bidirectional), **bilateral** (GEN bilateral, duplex), **bimensual** (GEN bi-monthly), **bisemanal** (GEN fortnightly; S. *quincenal, mensual*)].

biblioteca *n*: GEN library; S. *hemeroteca, discoteca.*

bicolor *a*: GRAPHICS two-colour; S. *a dos tintas.* [Exp: **bicromía** (GRAPHICS two-colour process; S. *tricromía, cuatricromía*)].

bienes *n*: MKTNG goods, merchandise, articles, commodities; wares; property; S. *productos, artículos, géneros.*

biografía *n*: MEDIA biography.

biombo *n*: FILM/TV/GEN screen; S. *pantalla.*

bit, bitio *n*: INTERNET bit.

bla-bla *col n*: FILM rhubarb, walla-walla; S. *conversación de fondo.*

blanco[1] *a*: GEN white; blank; S. *mancha.* [Exp: **blanco**[2] (GEN/MKTNG target; goal; S. *objetivo, meta*), **blanco, en** (GEN blank[1]), **blanquear** (GRAPHICS bleach, whiten, paint out/over; S. *destintar*)].

blando *a*: GEN/AUDIO soft; S. *suave, copia blanda, corte blando, pasta blanda, entradilla blanda, guión blando, pornografía blanda.*

blindaje acústico *n*: FILM blimp; S. *cámara insonorizada.*

bloque *n*: GEN block, section; S. *franja horaria.* [Exp: **bloque de noticias** (MEDIA news block), **bloque horario** (RADIO/TV time segment, time slot), **bloque publicitario** (RADIO/TV break, advertising break, section, back-to-back commercials, slot; S. *corte publicitario, pau-*

sa/interrupción, hueco/espacio), **bloque sólido de texto** (GRAPHICS solid matter/set), **bloquear la emisión** (RADIO/TV black out; S. *interrumpir la señal; ensombrecer una zona*), **bloqueo de mayúsculas** (TYPE caps lock), **bloqueo de una emisión** (RADIO/TV blackout; S. *ensombrecimiento de una zona; apagón*)].

bobina *n*: GEN/FILM feed spool, reel; S. *bobina, carrete; cinchado.* [Exp: **bobina de alimentación** (FILM feed spool), **bobina receptora** (FILM take-up spool/reel), **bobinado** (GEN winding; S. *devanado*)].

boca a boca *col phr*: MEDIA word of mouth; S. *publicidad boca a boca; radio macuto* col.

bocadillo *n*: DESIGN/GRAPHICS fumetti, balloon, bubble.

bocel *n*: OUTDOOR trim[2]; S. *bocel, moldura.*

bocetista *n*: DESIGN/GRAPHICS illustrator, sketch artist; S. *ilustrador, director de arte.* [Exp: **boceto** (DESIGN/GRAPHICS layout, dummy, rough, visual, sketch, rough sketch; S. *bosquejo, apunte; croquis, esbozo; abocetar, bocetista*), **boceto acabado** (DESIGN/GRAPHICS clean rough, visual, comp *col*, compre *col*, comprehensive, comprehensive layout)].

bodegón *n*: MKTNG pack shot; package/ product shot; S. *plano de producto.*

boletín *n*: GEN/MEDIA bulletin, report; coupon; S. *vale.* [Exp: **boletín informativo** (MEDIA news bulletin, newsletter; S. *noticiario, diario hablado, parte, programa informativo*), **boletín meteorológico** (MEDIA weather bulletin/report/forecast), **boleto**[1] (MKTNG coupon; ticket; S. *encarte, cupón, vale*), **boleto**[2] *col* (RADIO news bulletin; in this sense, a colloquial term used by professionals)].

bolsa de la compra *n*: MKTNG shopping bag/basket.

bomba [informativa] *n*: PRESS bombshell *col*, big news, scorcher *col*; headline grabber *col*; S. *notición, bombazo*[3]. [Exp: **bombardear, bombardeo** (ADVTG blitz; S. *ataque publicitario intenso, campaña*), **bombardear a preguntas** (MEDIA bombard with questions), **bombardear con propaganda** (ADVTG bombard with propaganda), **bombardeo** (ADVTG bombardment), **bombazo**[1] *col* (FILM winner *col* **bombazo**[2] *col* (FILM winner *col, smash hit* col, box office smash *col*; S. *exitazo; petardazo*), **bombazo**[3] *col* (PRESS scorcher *col*; big news; S. *bomba informativa*)].

bombilla *n*: IMAGE bulb, brute, lamp; S. *lámpara; bruto*.

bombo[1] *n*: AUDIO bass drum; bass drummer. [Exp: **bombo**[2] **[publicitario]** (MEDIA/ MKTNG/ADVTG ballyhoo *col*, hype *col*; build-up[2]; boost[2]; puff, splash; S. *propaganda exagerada*), **bombo y platillo, a** (MKTNG/ADVTG with a great fanfare; hyped-up *col*; S. *anunciar a bombo y platillo*)].

bonificación *n*: MKTNG/MNGMNT allowance, bonus, discount, refund, rebate, make good; S. *inserción por bonificación; descuento, rebaja, reembolso, devolución, reintegro*.

bono, bono descuento *n*: MKTNG voucher, token; S. *vale, boleto, cupón*.

borde *n*: IMAGE/GEN edge[1]; edging; fringe[1]; S. *canto, contorno, margen, banda*. [Exp: **borde borroso** (FILM soft edge, blurred border), **borde difuminado o suave** (DESIGN/GRAPHICS vignetted border/edge; S. *difuminar los bordes*), **bordes sin desbarbar, con los** (GRAPHICS uncut edge)].

bordo, a *adv*: GEN/MEDIA in-flight, on-board; S. *lectura de a bordo*.

borrado *a/n*: GRAPHICS blanking, erasing. [Exp: **borrador** (GEN/DESIGN rough; rough draft, pull[4]; used in expressions like *borrador de una carta* –draft of a letter–, *cuaderno borrador* –roughbook–,

etc.; S. *prueba, hacer una prueba [de imprenta]*), **borrar** (GEN/IMAGE/GRAPHICS erase, blank out, paint out/over; S. *blanquear*), **borrosidad en los perfiles** (TV smearing; S. *mancha*), **borroso** (IMAGE blurred, fuzzy; hazy; out of focus; S. *movido, desdibujado, desenfocado; nítido, zona borrosa*)].

bosquejar *v*: GRAPHICS/DESIGN sketch, draw, rough out; S. *abocetar, trazar, dibujar, esbozar*. [Exp: **bosquejo** (GRAPHICS/DESIGN sketch outline; S. *apunte, boceto, esbozo*)].

botón de sintonía *n*: RADIO tuning knob; S. *sintonía*.

brazo telescópico *n*: FILM boom; S. *jirafa*.

brillante, brillantoso *col a*: GEN/ GRAPHICS/IMAGE glossy[1], bright, shiny; S. *lustroso, satinado, esmaltado; oscuro, opaco; acabado brillante*. [Exp: **brillantez, brillo** (FILM/GRAPHICS brightness; gloss; S. *luminosidad; lustre, barniz*), **brillo, con** (IMAGE/GRAPHICS glossy, bright), **brillo, sin** (IMAGE/GRAPHICS dull, dead, mat[t]; S. *apagado, mate*)].

brocha *n*: DESIGN paintbrush; S. *caja de pinturas, pincel, pintar*.

broma *n*: TV/FILM gag; [practical] joke; crack, witty remark; spoof; S. *número, «gag», chiste*.

bruma *n*: IMAGE haze, mist. [Exp: **brumoso** (IMAGE hazy, misty, misted [over]; S. *borroso*)].

bruto[1] *a/n*: GEN/MKTNG/MNGMNT gross[1]; S. *íntegro*. [Exp: **bruto**[2] *col* (FILM/TV brute)].

bucle *n*: IMAGE/AUDIO loop; S. *sinfín*.

buena marcha *n*: MNGMNT progress; efficiency; smooth running; S. *rendimiento, productividad, eficacia, eficiencia*.

buitre *col n*: PRESS scandalmonger; S. *chismoso* col, *cotorra* col.

buscador *n*: INTERNET search engine. [Exp: **buscar** (MKTNG canvass), **búsqueda de clientes** (MKTNG canvassing of customers)].

busto parlante *col n*: TV talking head *col*, hat rack *US col*; S. *presentador florero* col.

buzón *n*: MKTNG/GEN letter-box, mailbox, mail drop; S. *dirección de correo*. [Exp: **buzón de sugerencias** (MKTNG/GEN suggestions box), **buzoneo** *col* (MKTNG/GEN mail shot)].

C

caballete n: GEN easel; S. *asnilla, sostén portátil.*

caballo phr: GEN/MKTNG on horseback, piggyback col; S. *anuncio a caballo, oferta a caballo; grapado/cosido a caballete.*

cabecera n: PRESS masthead, flag[1], flag line, nameplate, title line. [Exp: **cabecera de bloque publicitario, en** (RADIO/TV first in the break; S. *final de bloque, principio de bloque*), **cabecera de góndola** (MKTNG gondola end), **cabecera de periódico** (PRESS nameplate line, flag, title line; S. *mancheta*), **cabeza** (GEN/AUDIO/IMAGE head; S. *cabezal*), **cabeza caliente** (FILM hot head), **cabeza de grabación** (AUDIO/IMAGE recording head), **cabeza de reproducción o lectora** (AUDIO/IMAGE playback head), **cabeza, en** (GEN leading, prominent, leading edge; S. *destacado, puntero*), **cabezal** (IMAGE/AUDIO [sound] head, tape head)].

cabina n: GEN booth, box. [Exp: **cabina de prensa** (PRESS press box; S. *galería de prensa*), **cabina de proyección** (FILM film projection booth; S. *proyector*), **cabina telefónica** (GEN telephone booth, phone box)].

cable n: TV cable, wire; S. *conector; servicio de teletipo.* [Exp: **cable activo** (TV active cable; S. *canal de televisión de cable activo*), **cable comunitario** (TV communal cable), **cable de fibra óptica** (TV/RADIO fibre-optic cable), **cablevisión** (TV cable TV), **cables puente** (GEN jump leads, jumper cables US; S. *pinzas*)].

cachear col v: IMAGE/AUDIO mask; hide; S. *ocultar, enmascarar.*

cadena[1] n: RADIO/TV/MKTNG chain; channel; network; S. *canal, red.* [Exp: **cadena**[2] (INTERNET string[2]; S. *browser*), **cadena de música** (AUDIO sound system; S. *equipo musical/estéreo*), **cadena/red de radio/televisión** (RADIO/TV radio/TV network), **cadena, en** (PRESS serial; S. *en serie*)].

caducidad n: MKTNG expiry date; best before, sell-by date, use-by date; deadline; S. *fecha de caducidad [de un producto].*

caer, caída n/v: GEN/MKTNG fall, collapse, drop [off], come down; drop, fall; S. *subir, subida.* [Exp: **caer/caída [en los índices de popularidad]** (ADVTG fall in popularity ratings), **caída** (SHOW pratfall; S. *batacazo, porrazo*)]

caja[1] n: GEN/MKTNG box, case, packing case, crate; S. *envase.* [Exp: **caja**[2] (MNGMNT cash; S. *en metálico*), **caja**[3] (MNGMNT desk, cash/pay desk; cash register; till; S. *cajero automático*), **caja**[4]

(MNGMNT box, gate, take³, takings; S. *ingresos, recaudación*), **caja⁵** (GRAPHICS print area, type area; S. *mancha; cajista*), **caja⁶** (TYPE case; S. *caja alta, caja baja*), **caja, a** (TYPE non-bleed), **caja acústica** (AUDIO baffle, loudspeaker; S. *pantalla acústica, altavoz*), **caja alta** (TYPE uppercase; S. *mayúsculas; caja baja*), **caja automática** (MKTNG cash dispenser; S. *cajero automático*), **caja baja** (TYPE lowercase, small capital; S. *caja alta*), **caja central** (MNGMNT main cash desk), **caja de embalaje** (MKTNG packing case; S. *envase*), **caja de exposición** (MKTNG display box), **caja de luz** (TV light box), **caja de manzanas** (FILM apple box; S. *trinchera, zanja*), **caja de música** (AUDIO music box), **caja de pinturas** (DESIGN paintbox; S. *gama de colores, pincel*), **caja fuerte** (MKTNG/MNGMNT safe, strong box, vault; S. *caja de seguridad*), **caja rápida** (MKTNG express lane), **cajero** (MNGMNT cashier; paymaster; teller), **cajero automático** (MNGMNT cash dispenser), **cajero pagador** (MNGMNT payroll accountant), **cajista** (TYPE compositor, typesetter; S. *tipógrafo, compositor; caja, mancha*), **cajón¹** (GEN drawer), **cajón²** (MNGMNT box, gate, take; S. *caja⁴*), **cajón³** (GEN box, crate), **cajón de embalaje** (MKTNG packing case; S. *embalar*), **cajón de manzanas** (FILM apple box; S. *alza³, pedalina, aspirina*)].

calandrar v: GRAPHICS calender; S. *acabado*. [Exp: **calandria** (GRAPHICS calender)].

calcar v: GRAPHICS trace², copy [over]; S. *trazar; papel de calcar*. [Exp: **calco** (GRAPHICS/TYPE copy, carbon copy), **calcomanía** (GRAPHICS decal, decalcomania, transfer³)].

cálculo estimativo n: MNGMNT estimate; S. *previsión, presupuesto*.

calendario n: GEN/MNGMNT calendar, schedule; S. *plan, horario*.

calibre n: GEN gauge; S. *grosor, ancho*. [Exp: **calibrar** (GEN gauge, measure)].

calidad n: GEN quality, grade, standard; S. *grado, clase, norma, modelo, estándar, categoría, cualidad*. [Exp: **calidad buena o contrastada** (MKTNG fair quality), **calidad de imagen** (DESIGN picture quality), **calidad inferior, de** (MKTNG/ADVTG poor-quality, low-quality, down-market *col*; S. *mercado popular, poco elegante*)].

calificación [de las películas] n: FILM certificate, rating, classification; S. *clasificación, apto para todos los públicos, autorizado a menores de 16 años acompañados, para mayores de 18 años, recomendada para menores acompañados*. [Exp: **calificar** (GEN/FILM/MKTNG rate, assess, classify, label; S. *baremar, evaluar, clasificar*)].

caligrafía n: GRAPHICS script, handwriting. [Exp: **caligrafía decorativa** (GRAPHICS engrossing²)].

calle¹ n: GRAPHICS gutter², rule; S. *corondel*. [Exp: **calle²** (GRAPHICS gap or blank strip spoiling the appearance of printed text caused by excessive justification)].

calzador n: GEN shoehorn; S. *meter con calzador*. [Exp: **calzar** (GRAPHICS/TYPE underlay; S. *alza*)].

cama n: GEN/PRESS/GRAPHICS bed; S. *capa, base*.

cámara¹ [fotográfica/de cine] n: FILM/TV camera. [Exp: **cámara²** (FILM camera man, cameraman, camera operator; S. *cameraman, camarógrafo*), **cámara aislada** (TV isolated camera, ISO), **cámara al hombro** (IMAGE/FILM over-the-shoulder camera/shot, hand-held camera), **cámara de alta velocidad** (IMAGE high speed camera), **cámara de vídeo** (IMAGE camcorder; S. *videocámara*), **cámara indiscreta** (FILM/TV candid camera; S. *famoso, foto indiscreta*), **cámara insonorizada** (FILM barney, blimp; S. *insonori-*

zado), **cámara fija** (IMAGE steady cam), **cámara lenta/ralentizada** (FILM/TV slow motion, slow-mo), **cámara lucida** (FILM camera lucida), **cámara manual o portátil** (FILM/TV hand-held camera), **cámara móvil** (FILM mobile camera; S. *unidad móvil*), **cámara oculta** (FILM hidden camera; S. *micrófono oculto*), **cámara podio o sobre tablero** (FILM rostrum camera), **cámara rápida** (FILM accelerated/fast motion), **camarógrafo** (FILM camera man, cameraman, camera operator; S. *cámara, cameraman*)].

camascopio *n*: IMAGE camcorder; S. *videocámara, cámara de video*.

cambiar *v*: GEN change, switch. [Exp: **cambiar de canal** (TV switch channels, switch over, zap, surf the channels), **cambio** (GEN change, amendment; S. *enmienda, modificación*), **cambio de canal** (TV/RADIO channel-switching; S. *salida bloqueada*), **cambio de marca** (MKTNG brand-switching)].

cameraman *n*: FILM camera man, cameraman, camera operator; S. *cámara, camarógrafo*.

camerino *n*: FILM/SHOW dressing room.

camisa *n*: GRAPHICS overlay; dust jacket, dust cover; S. *acetato, sobrecubierta*.

campaña *n*: GEN/MKTNG campaign, drive, season; S. *ofensiva, acción, oleada; temporada, estación*. [Exp: **campaña comercial** (MKTNG sales campaign/drive), **campaña, de** (MKTNG seasonal; S. *estacional*), **campaña de anuncios publicitarios** (MEDIA/ADVTG spot/advertising campaign), **campaña de ayuda humanitaria** (GEN/RADIO/TV appeal, aid/charity campaign; S. *llamamiento*), **[campaña de] concienciación** (GEN/MKTNG consciousness-raising drive or campaign), **campaña de cuponeo** (MKTNG couponing), **campaña de imagen** (MKTNG image/corporate campaign), **campaña de intriga publicitaria**

(ADVTG teaser campaign; V. *promo; inductor publicitario, avance seductor, rompecabezas*), **campaña de lanzamiento [de un producto]** (MKTNG launch campaign), **campaña de mantenimiento** (MKTNG follow-up, backup/sustaining campaign; S. *publicidad de mantenimiento*), **campaña de patrocinio** (MKTNG sponsor campaign), **campaña de promoción de ventas o promocional** (MKTNG sales promotion, promotional campaign; S. *oferta promocional*), **campaña [de publicidad] a ráfagas** (ADVTG/RADIO/TV burst campaign; S. *campaña goteo*), **campaña de publicidad escalonada** (MEDIA/ADVTG gradual build-up; S. *bombo*), **campaña de saturación** (IMAGE/AUDIO/ADVTG saturation campaign), **campaña de seguimiento o recordatorio** (MKTNG follow-up campaign), **campaña de ventas** (MKTNG sales campaign, push[2]), **campaña denigratoria** (ADVTG smear campaign), **campaña electoral** (GEN election campaign), **campaña goteo** (ADVTG/MKTNG drip campaign; S. *campaña a ráfagas, campaña sostenida*), **campaña publicitaria** (ADVTG advertising/publicity campaign/drive; S. *acción/ofensiva publicitaria*), **campaña publicitaria escalonada** (ADVTG gradual build-up campaign), **campaña publicitaria intensa** (ADVTG advertising blitz; S. *bombardeo/ataque publicitario intenso*), **campaña publicitaria por correo** (ADVTG direct mail campaign), **campaña ráfaga** (ADVTG burst, burst advertising), **campaña sostenida** (ADVTG burst, burst advertising), **campaña testimonial o de apoyo** (MKTNG endorsement campaign)].

campo *n*: GEN/AUDIO/IMAGE/FILM/TV field[1]; register; S. *especialidad; trabajo de campo*. [Exp: **campo de visión** (FILM visual field, field of vision; angle of view; S. *ángulo de visión, angulación*), **campo focal** (IMAGE depth of field; S. *profundi-*

dad de campo, distancia focal), **campo magnético** (IMAGE magnetic field), **campo visual** (IMAGE field of vision)].

canal *n*: RADIO/TV channel, station; S. *cadena, estación*. [Exp: **canal de acceso público** (TV public access channel), **canal de comercialización** (MKTNG marketing channel/facility, marketing outlet), **canal de distribución** (MKTNG distribution channel, channel of distribution; S. *distribución*), **canal de televisión de cable activo/pasivo** (TV active/passive cable)].

canallesca *col n*: MEDIA yellow press; used by Spanish politicians against the press when it does not serve their interests; S. *sindicato del crimen*.

cancelación *n*: MNGMNT cancellation; S. *interrupción; abandono*. [Exp: **cancelar** (GEN cancel, withdraw)].

canción/obra/película lacrimógena *n*: FILM/SHOW tearjerker *col*, sob-story *col*; S. *dramón*.

candelero político *n*: IMAGE political limelight; S. *mentideros políticos*.

candilejas *n*: IMAGE footlights, float[2].

cangrejo *n*: FILM crab dolly, dolly; S. *plataforma con ruedas*.

canibalismo publicitario *n*: MKTNG/ADVTG cannibalization.

canje *n*: GEN/MKTNG exchange, swap, cashing-in; S. *cambio*. [Exp: **canje de cupones** (MKTNG coupon swap, cash-in, redemption; S. *reembolso*), **canjear** (GEN exchange, cash in, swap, redeem)].

canon *n*: GEN standard, canon, rule, tradition; tax, toll, local rate.

cantidad *n*: GEN/MNGMNT/MKTNG quantity, number, amount; sum of money, price.

cantar *viaje*: AUDIO/SHOW sing. [Exp: **cantante** (SHOW singer, vocalist; lead singer), **cantautor** (AUDIO singer-songwriter; folk-poet or folksinger who writes and performs his/her own songs), **canto**[1] (AUDIO song, singing), **canto**[2] (GRAPHICS

border, edge[1]; S. *contorno, margen, borde*)].

caña *n*: FILM boom; S. *jirafa; brazo telescópico*.

cañón *n*: GEN gun. [Exp: **cañón de luz** (IMAGE laser beam, spotlight), **cañón electrónico** (IMAGE/TV electron gun; S. *pistola láser*)].

capa *n*: GEN/PRESS/GRAPHICS bed, base, coat, coating, layer; S. *cama, base; mano*.

capacidad *n*: GEN/MNGMNT capacity, ability, competence, talent, qualifications; S. *aptitud, competencia, talento, habilidad, gracia*. [Exp: **capacidad competitiva** (MKTNG/MNGMNT competitiveness; S. *competitividad*), **capacidad real** (GEN effective capacity), **capacitado, capaz** (MKTNG competent, able; qualified; S. *habilitado, autorizado, experto, profesional, apto*), **capacitar-se** (GEN qualify; S. *autorizar-se, diplomar-se, habilitar-se*)].

capital *n*: MNGMNT capital assets, capital; S. *activo, patrimonio, haber; pasivo*.

capricho *n*: GEN fad *col*; whim; S. *moda pasajera, manía*. [Exp: **caprichón** *col* (GEN/MKTNG fad, fad item *col*; S. *artículo de corta vida*)].

cara *n*: GEN/GRAPHICS face[1], side; S. *lado*. [Exp: **cara a cara** (GEN face-to-face), **cara B de un disco** (AUDIO flip side, B side), **cara de palo, de** (FILM deadpan; S. *inexpresivo*), **cara [de una hoja de papel]** (GRAPHICS felt side)].

carácter *n*: TYPE character[1]; font, type, graphic character; S. *letra, fuente, tipo, signo; reconocimiento óptico de caracteres*. [Exp: **carácter gótico** (TYPE blackletter; S. *letra gótica*), **caracteres alternativos** (TYPE alternate characters; S. *tipos alternativos*), **caracteres gráficos** (TYPE graphic characters), **caracteres por pulgada** (TYPE characters per inch), **característica** (GEN feature[1]; S. *detalle, rasgo*), **caracterizar**[1] (GEN characterize, describe), **caracterizar**[2] (FILM/TV/SHOW portray, play [the role/part of]; used in expressions like *caracterizado de policía* –portrayed as a policeman or in the role of a policeman–; S. *ambientar*)].

carátula[1] *n*: AUDIO jacket, sleeve, dust jacket/cover; S. *funda de disco*. [Exp: **carátula**[2] (GRAPHICS title page, front cover; S. *portada, mundo de la farándula*)].

carboncillo *n*: GRAPHICS charcoal [stick]; S. *lápiz de color, dibujo al carbón*.

carga, cargamento *n*: MKTNG cargo, goods, shipment, load, merchandise; S. *cargamento, mercancía*. [Exp: **carga publicitaria** (ADVTG spot load), **cargado** (FILM busy; S. *saturado, amazacotado*), **cargar**[1] (GEN load), **cargar**[2] (INTERNET upload; S. *subir*)].

cargo[1] *n*: GEN position, office. [Exp: **cargo**[2] (MNGMNT charge, debit; S. *suplemento*), **cargo por servicio** (MNGMNT service charge)].

caricatura *n*: GEN/GRAPHICS/PRESS cartoon[1]; caricature; S. *chiste gráfico/ilustrado*. [Exp: **caricaturista** (GEN/GRAPHICS cartoonist, caricaturist), **caricaturizar** (GEN/GRAPHICS caricature)].

carné de socio *n*: GEN ① membership card; ② SHOW *approx* season ticket holder [book].

caro *a*: MKTNG expensive, dear, costly, pricey *col*; S. *abaratar; barato; encarecer*.

carpeta *n*: GEN folder, binder, file; S. *archivador, clasificador*. [Exp: **carpeta de hojas sueltas** (GRAPHICS loose-leaf binder), **carpeta de recortes** (PRESS scrapbook; S. *cuaderno de recortes, recortes*)].

carrete *n*: FILM film, spool, cartridge, reel; S. *bobina, rollo*.

carrusel *n*: IMAGE slide tray, carrousel; S. *proyector de diapositivas*.

carta *n*: GRAPHICS letter; chart; map; S. *televisión a la carta*. [Exp: **carta de ajuste** (TV test card), **carta de colores** (GRAPHICS colour chart; S. *gama de colores, guía de colores; muestra de color*), **carta de grises** (GRAPHICS grey chart; S. *gama de colores*), **carta de pago** (MNGMNT receipt), **carta de reclamación** (MKTNG claim; letter of complaint; S. *reparo*), **carta patrón de grises** (IMAGEN crossed gray scale), **carta plegable** (GEN self-mailer), **cartas al director** (PRESS letters to the editor)].

cartel *n*: OUTDOOR poster, board[2], bill[2], bulletin board, notice-board, sign; S. *signo, señal, letrero, rótulo; indicador, pancarta, tablón de anuncios, póster, panel; tener cartel; prohibido fijar carteles*. [Exp: **cartel, de** (ADVTG famous), **cartel, en** (FILM on, on show, running; S. *tiempo/permanencia en cartel*), **cartel electrónico** (OUTDOOR illuminated sign/billboard, neon sign newscaster[2]), **cartel, en** (FILM be on; "now showing", running[3]), **cartel, estar en** (/FILM run[8]), **cartel luminoso** (OUTDOOR illuminated billboard/panel, neon sign; S. *luminoso*[2]), **cartela** (FILM backcard; chart[1]), **cartelera [de espectáculos]** (FILM entertainment guide, "what's on", publicity board; S. *agenda cultural, guía de ocio, tablón de anuncios*), **cartelista** (ADVTG poster company; poster artist/designer; S. *diseñador de carteles*)].

cartón[1] *n*: GRAPHICS/GEN cardboard, pasteboard; S. *cartulina*. [Exp: **cartón**[2] (MKTNG carton; S. *pack, packaging*), **cartón madera** (GRAPHICS hardboard), **cartón ondulado** (GRAPHICS/MKTNG corrugated cardboard), **cartón piedra** (FILM/TV papier mâché), **cartón pluma** (GRAPHICS foam board)].

cartucho *n*: IMAGE/AUDIO cartridge.

cartulina *n*: GRAPHICS Bristol board/paper, pasteboard; S. *cartón*.

casa *n*: GEN house, household; S. *hogar*. [Exp: **casa de diseño** (DESIGN design shop *col*), **casa de modas** (GEN fashion house; S. *desfile de modelos, alta costura*), **casa discográfica** (AUDIO record/recording company/label; S. *mercado/sello discográfico*), **casa, en** (GEN indoors)].

casar *v*: GEN match; S. *emparejar, ajustar.*

cascos *n*: AUDIO headphones, head set, earphones; S. *auriculares.*

caseta *n*: GEN/MKTNG stand, booth, stall; dugout; S. *puesto, feria.*

casete *n*: AUDIO cassette; cassette recorder/player.

casposo *col a*: FILM tasteless, cheap, nasty, cheap and nasty *col*, smutty *col*, coarse; expression used to describe a type of Spanish film in the low comedy mode, made since about the sixties, featuring crude sexual innuendo and occasional pointless nudity, together with gags and language designed to appeal to the coarset taste; the term also carries a pejorative political connotation, associating the vulgarity of the products with the last years of Franco's régime; the closest UK equivalent would be the "Carry On" series; S. *españolada.*

casual *a*: GEN accidental, incidental, chance, random; S. *aleatorio, fortuito.*

catálogo *n* : ADVTG/MKTNG catalogue; S. *compra por catálogo; descatalogado.* [Exp: **catálogo de modelos publicitarios** (ADVTG composite; S. *composit*), **catálogo de ventas** (ADVTG sales catalogue/folder)].

categoría *n*: GEN category, grade, class; S. *clase, calidad.*

cazatalentos *n*: GEN/FILM talent-spotter, talent scout, scout; head-hunter *col*; S. *agencia de promoción y lanzamiento de artistas.*

CD-ROM *n*: AUDIO/IMAGE CD-ROM.

cebo publicitario *n*: MKTNG/ADVTG [advertising] bait, publicity gimmick/ploy; S. *señuelo, reclamo.*

célebre *a*: FILM famous, well-known, star,

S. *estrella, astro, famoso.* [Exp: **celebridad** (GEN fame, celebrity; S. *famoso*)].

celuloide *n*: IMAGE celluloid.

cemento [adhesivo] *n*: GRAPHICS/DESIGN art gum, rubber cement, wax; S. *adhesivo gomoso; goma, lacre, cera.*

cenefa *n*: GRAPHICS border, edge, trim, trimming, edging; S. *margen.*

censura *n*: MEDIA/GEN censorship, blue pencil *col*; censure; criticism; S. *destape.* [Exp: **censurar** (MEDIA censor, blue-pencil, cut [out], strike [out]; censure, blame, criticize)].

central *a/n*: GEN central. [Exp: **central de [compras de] medios** (MEDIA buying service/specialist, media-/space-buying agency/service/specialist; S. *director de compras, comprador de medios*), **centrado** (GRAPHICS centred, centre-aligned), **centrar la atención en** (MEDIA concentrate on, turn the spotlight on; S. *poner en el centro de la actualidad; ceñirse a*), **centro** (GEN centre), **centro comercial** (MKTNG shopping centre/complex/mall *US*), **centro de recursos** (GEN resource centre), **centro emisor [de radio o de televisión]** (RADIO/TV broadcasting centre; S. *emisora*)].

ceñirse a *v*: GEN stick to, concentrate on; S. *centrar la atención en.*

cera *n*: GRAPHICS wax; S. *goma, cemento, lacre.*

cero *n*: GEN zero; S. *copia cero.*

cerrado *a*: GEN/MKTNG shut, closed, close-ended; S. *abierto.* [Exp: **cerrar** (RADIO/TV close [down], end, finish, go off the air; S. *abrir; cierre*), **cerrar la emisión** (TV/RADIO sign off; S. *despedir un programa*)].

certificado de tirada *n*: PRESS interim statement.

cesión *n*: LAW licence, lease, assignment, transfer; grant, permission, authorisation; S. *permiso, autorización, licencia.* [Exp: **cedente** (LAW lessor, grantor, assignor, licensor; S. *cesionario*), **ceder** (MKTNG lease, let, grant, authorise, license), **cesión de marca** (MKTNG brand franchise; S. *franquicia de marca*), **cesionario** (LAW licensee; S. *concesionario*)].

cesta *n*: GEN basket. [Exp. **cesta de la compra** (MKTNG shopping basket), **cestón** (MKTNG [display] basket)].

cesura *n*: LING/FILM caesura; S. *contraste*.

chabacano *a*: AUDIO gross, bad taste; S. *casposo; españolada*.

chapa *n*: GRAPHICS sheet; S. *plancha*.

charla *n*: GEN/TV/RADIO/INTERNET talk, discussion; talkshow, chat. [Exp: **charla en tiempo real** (INTERNET real-time chat)].

chasis [de una cámara de cine] *n*: GEN magazine; S. *bandeja/carrusel de diapositivas*.

chiflado *a*: FILM/SHOW zany; S. *alocado, loco, estrafalario, estrambótico*.

chillón *a*: GEN/ADVTG jazzy *col*, loud, strident; gaudy, flashy *col*, over-the-top; S. *atrevido, animoso*.

chirimbolo *col n*: GEN kiosk, marquee; S. *mupi* col, *mobiliario urbano*.

chisme, chismorreo, chismorrear *n/v*: GEN/MEDIA gossip, scandal; S. *tertulia de chismes sexuales y sentimentales; cotilleo; revista del corazón, noticia, rumor*. [Exp: **chismoso** (PRESS scandalmonger; S. *cotorra* col, *buitre* col)].

chiste *n*: TV/FILM gag; joke, crack, witty remark, caper; S. *broma, número, «gag»*. [Exp: **chiste gráfico o ilustrado** (GRAPHICS cartoon[1]; S. *caricatura*), **chiste verde** (SHOW blue joke; S. *película verde*)].

chivatazo *col n*: PRESS/GEN tip, tip-off *col*; S. *soplo*.

chollo *col n*: MKTNG snip *col*, bargain, good thing *col*; cushy number *col*; S. *ganga*.

choque *n*: GEN shock; impact; S. *impacto*.

chorro *n*: GEN jet; S. *surtidor; impresora de chorro de tinta*. [Exp: **chorro de tinta** (GRAPHICS ink jet; S. *impresora de chorro de tinta*)].

chuleta *col n*: GEN/TV/FILM crib *col*, autocue, idiot card/sheet *col*, prompt card, cue-card/sheet; S. *teleapuntador*.

chupar cámara *col v*: TV/FILM upstage[2]; hog the camera/limelight *col*; S. *eclipsar, anular*. [Exp: **[letra] chupada** *col* (TYPE condensed; S. *letra chupada/condensada, familia de tipos*)].

cian *n*: GRAPHICS cyan; S. *magenta*.

cianotipo *n*: GRAPHICS blueprint; S. *ferroprusiato*.

cibernética *n*: INTERNET cybernetics. [Exp: **ciberespacio** (INTERNET cyberspace), **cibernauta** (INTERNET cybernaut), **ciberpunk** (FILM/INTERNET cyberpunk)].

cícero *n*: TYPE pica; S. *pica, elite*.

ciclo *n*: GEN cycle, course, series, programme. [Exp: **ciclo de vida [de un producto]** (MKTNG life cycle; S. *asignación de producto, familia de producto*), **ciclo de una campaña publicitaria** (ADVTG wave[2], flight, burst, S. *oleada, campaña*)].

ciclorama *n*: FILM/IMAGE limbo background, cyclorama, cyc, panorama cloth.

ciencia ficción *n*: FILM science fiction, sci-fi *col*.

ciernes, en *a*: GEN budding, potential, in the making; S. *en desarrollo, en gestación*.

cierre[1] *n*: RADIO/TV end, finish, close; closedown, closure; S. *cerrar; apertura; fecha de cierre*. [Exp: **cierre[2]** (ADVTG claim, signature slogan, tag line; S. *rúbrica eslogan*), **cierre[3]** (LING closure; S. *clausura*), **cierre/apertura, anuncio en posición de** (GEN break position ad, adjacency), **cierre hermético** (MKTNG seal; S. *envase hermético*), **cierre narrativo** (LING/FILM narrative closure), **cierre por cortinilla** (FILM winging; S. *cortinilla*), **cierre temprano** (RADIO/TV early finish/close-down; S. *apertura anticipada*)].

cifra *n*: MNGMNT/GEN amount, figure, sum. [Exp: **cifra de negocios** (MKTNG sales revenue/turnover; S. *volumen de ventas*), **cifra-s de ventas** (MKTNG sales performance; S. *rendimiento comercial*), **cifrar** (TV/GEN encrypt, scramble; S. *codificar, encriptar; descifrar, tecnología de cifrado o encriptación*), **cifrado** (TV/GEN encryption, S. *encriptación, codificación*)].

cima *n*: GEN/AUDIO peak; S. *punta, punto álgido, pico*.

cinchado *n*: FILM cinching; S. *bobina*.

cincuenta-cincuenta *n*: FILM fifty-fifty.

cine, cinema *n*: FILM cine, cinema, movies, [silver] screen, the flicks *col*; S. *largometraje*. [Exp: **cine basura** (FILM trash movies; S. *telebasura, basura, prensa amarilla*), **cine de arte y ensayo** (FILM highbrow or avant-garde films, films for discerning audiences/the intelligentsia, art-house movies *US*), **cine de barrio** (FILM local cinema or movie theater *US*), **cine de medianoche** (FILM midnight movie), **cine de vanguardia** (FILM avant-garde cinema; S. *vanguardia*), **cine de verano o al aire libre** (FILM open-air cinema), **cine en casa** (AUDIO/IMAGE home cinema/movies), **cine hablado** (FILM talkies), **cine mudo** (FILM silent films/movies), **cine negro** (FILM film noir, thriller), **cine sonoro** (FILM sound film, talkies *col*), **cineasta** (FILM filmmaker, moviemaker, [film] director; S. *cinéfilo*), **cinéfilo** (FILM film fan, moviegoer *col*, film buff *col*, movie lover; S. *cineasta; experto, entendido, entusiasta; teléfilo*), **cinemateca** (FILM film library, cinematheque), **cinematografía** (FILM cinematography, film-making), **cinematografiar** (FILM make a movie/film), **cinematográfico** (FILM cinematographic, film-...), **cinematógrafo** (FILM cinematograph)].

cinta[1] *n*: AUDIO tape; S. *grabar en cinta; cabezal*. [Exp: **cinta**[2] (FILM film[1]; S. *largometraje, película, film, filme*), **cinta abierta** (AUDIO open reel; S. *casete*), **cinta de audio** (AUDIO audiotape), **cinta de audio digital** (AUDIO DAT, digital audiotape), **cinta de vídeo** (IMAGE/AUDIO videotape), **cinta en blanco** (FILM blank tape), **cinta maestra/matriz** (GEN/AUDIO/IMAGE master tape, master copy; S. *original*), **cinta virgen**[1] (FILM filmstock, raw stock, unexposed film, virgin stock/tape), **cinta virgen**[2] (AUDIO blank tape)].

circuito *n*: GEN/SHOW/ADVTG circuit. [Exp: **circuito cerrado de televisión** (TV/IMAGE closed circuit television)].

circulación *n*: GEN circulation[1]; S. *comercio; tirada*.

cita [textual] *n*: GRAPHICS quotation, quote; S. *entrecomillado*. [Exp: **citar** (GRAPHICS quote; S. *entrecomillar, repetir las palabras textuales*), **citar la fuente/procedencia, sin** (MEDIA off the record; S. *reservado*)].

clamoroso *a*: GEN rousing; resounding; used in expressions like *acogida clamorosa* –rapturous/thunderous reception–, *éxito clamoroso* –resounding success–; S. *aplastante, arrollador; exitazo*.

clandestino *a*: FILM/GEN underground; S. *subterráneo*.

claqueta *n*: FILM clapslate, clapstick, clapperboard, take/production board. [Exp: **claqueta electrónica** (FILM electronic slate)].

clase *n*: GEN/MKTNG class, grade; S. *grado, categoría, clasificación, calidad*. [Exp: **clase social** (GEN/MKTNG social class; S. *estatus, emplazamiento geográfico, edad*), **clásico** (RADIO/TV classical; S. *de música clásica*), **clasificación** (GEN classification, grade, typology, rating, chart[2]; S. *cuadro, tabla, esquema, gráfica, gráfico, diagrama, lista*), **clasificación de barrios y distritos** (ADVTG/MKTNG ACORN *US*, MOSAIC), **clasificador** (GEN folder; S. *carpeta, archivador*), **clasificar** (GEN classify, label, grade, rate; S. *baremar, calificar, evaluar*)].

clausura *n*: LING/SEMIÓ closure, ending; S. *cierre*. [Exp: **clausura narrativa** (LING/FILM narrative closure; S. *cierre narrativo*)].

clave *n*: GEN key, code; S. *llave, código*.

cliché[1], **clisé** *n*: LING cliché; S. *frase fosilizada*. [Exp: **cliché**[2] (GRAPHICS stencil)].

cliente[1] *n*: GEN/ADVTG client, customer; shopper; account; S. *departamento de atención/servicio al cliente, buscar clientes, director de servicios al cliente*. [Exp: **cliente**[2] (INTERNET client), **cliente potencial** (GEN/ADVTG/MKTNG potential customer, prospect, prospective customer), **cliente regular** (MKTNG regular customer, patron[1]), **clientela** (MKTNG customers, clientele, custom[2]; patronage[2]; goodwill; S. *clientes*), **clientes** (MNGMNT accounts receivable, trade debtors, custom[3]; S. *clientela; deudores; acreedores; proveedores*)].

clímax *n*: FILM climax; S. *anticlímax*.

clisé tipográfico *n*: GRAPHICS printing plate; S. *plancha de imprimir*.

coautor *n*: GEN co-author, joint author; S. *derechos de autor*.

cobertura *n*: MEDIA/MKTNG/ADVTG coverage, reporting; cover, reach, publicity; S. *alcance; área/curva de cobertura; audiencia total, publicidad, difusión*. [Exp: **cobertura a tres cámaras** (FILM three-camera shooting; S. *contraplano*), **cobertura cuádruple** (MEDIA four-plus cover), **cobertura neta** (RADIO/TV net coverage), **cobertura periodística, televisiva**, etc. (MEDIA media coverage; S. *despliegue periodístico*), **cobertura periodística de una zona, distrito o especialidad** (MEDIA/PRESS beat reporting), **cobertura periodística, televisiva, etc. excesiva** (MEDIA media overexposure; S. *despliegue informativo excesivo*), **cobertura total** (MEDIA blanket coverage)].

cobrar *v*: MNGMNT charge, collect; take in, receive, earn; cash; S. *pagar*. [Exp: **cobrar de más** (MKTNG overcharge, rip off *col*), **cobro** (MNGMNT collection), **cobro a la entrega** (MNGMNT collection/cash on delivery), **cobro contra entrega de documentos** (MNGMNT collection against documents), **cobro por desplazamiento** (MKTNG/GEN call-out service/charge; S. *servicio a domicilio; desplazamiento*)].

codificar *a*: AUDIO/IMAGE/TV encode, scramble, encrypt; S. *cifrar, descodificar, tecnología de cifrado o encriptación*. [Exp: **codificación** (TV/GEN encryption, S. *cifrado, encriptación*), **codificador** (AUDIO/IMAGE/TV encoder, scrambler), **codificar** (TV/GEN encrypt, encode, S. *encriptar, cifrar*), **código** (GEN code, key; S. *clave, llave*), **código de barras** (MKTNG bar code), **código de competencia leal o justa** (MKTNG code of fair competition), **código deontológico** (MEDIA/LAW code of conduct/practice, model rules of professional conduct, professional standards)].

coeficiente *n*: GEN/MKTNG coefficient, rate, ratio; S. *índice, nivel*. [Exp: **coeficiente de absorción** (AUDIO absorption coefficient)].

cola[1]*n*: GEN glue, gum; S. *engrudo, goma*. [Exp: **cola**[2] (GEN tail; queue), **cola**[3] (MEDIA/TV/SHOW kicker[2], punch line; tag[2], tag line; S. *coletilla, remate [de un chiste]; frase de cierre [de un anuncio], remate de un chiste*), **cola**[3] (TYPE tail, queue; leader; S. *rasgo descendente, bajada de una letra*), **cola de bobina** (FILM tail), **cola inicial** (FILM academy leader, countdown; S. *inicio*)].

colaborador *n*: PRESS contributor; S. *articulista*. [Exp: **colaborar** (GEN/MEDIA contribute; S. *contribuir, aportar*)].

colchón de seguridad *n*: GRAL/TV safety margin, cushion *col*; safety footage; S. *copia de seguridad, telón de seguridad,* *película de seguridad, colchón de seguridad.*

colección *n*: MKTNG assortment, range, selection; S. *surtido, variedad.*

coletilla[1] *n*: MEDIA/TV/SHOW/ADVTG kicker[2], punch line, tag[2], tag line; S. *frase/línea de cierre, cola, remate.* [Exp: **coletilla**[2] (PRESS comment; note; S. *apostilla*)].

colgar *v*: GEN hang. [Exp: **colgado de** (GEN hooked on *col*), **colgante** (OUTDOOR hanger)].

collarín *n*: MKTNG/ADVTG bottle hanger.

colocación[1] *n*: ADVTG placement, position, positioning; S. *ubicación; posicionamiento.* [Exp: **colocación**[2] (GEN set-up; S. *disposición, configuración; organización de focos, cámaras, micrófonos, etc.*), **colocación/fijación de carteles** (OUTDOOR posting), **colocar** (GEN put, place, stick; range, arrange, set out; S. *poner, alinear, arreglar, ordenar; pegar*), **colocar [un anuncio]** (ADVTG place/position an ad; S. *emplazamiento; posicionar*)].

coloquio *n*: RADIO discussion; panel discussion, call-in programme/show, call-in radio; S. *tertulia, mesa redonda, debate.*

color *n*: GRAPHICS/IMAGE colour, shade, hue; S. *matiz, tono; guía de colores, perder color, desteñirse.* [Exp: **color frío** (IMAGE/GRAPHICS cold colour), **color húmedo** (GRAPHICS wet colour; S. *sonido húmedo*), **coloración de una foto en blanco y negro** (IMAGE colour toning), **colorear** (GEN paint, tint, colour; S. *pintar; difuminar*), **colores primarios** (IMAGE/DESIGN primary colours), **colores primarios aditivos, colores de luz** (IMAGE/DESIGN additive primary colours), **colores primarios sustractivos, colores de pigmentos** (IMAGE/DESIGN pigment colours; subtractive primary colours)].

columna[1] *n*: GRAPHICS/PRESS column; S. *titular a tres columnas, margen, filete.* [Exp: **columna**[2] (AUDIO baffle, loudspeaker; S. *pantalla acústica, altavoz,*

caja acústica), **columnista** (PRESS columnist; S. *columna*[1]; *comentarista político, presentador principal*)].

coma *n*: TYPE comma; S. *punto y coma; punto; comillas.* [Exp: **coma decimal** (TYPE decimal point)].

combinación *n*: GEN/MNGMNT combination, combo[1] *col.* [Exp: **combinado** (GEN/MKTNG mix, mixture, combination; team; S. *mezcla*)].

comedia *n*: FILM/SHOW comedy; S. *drama.* [Exp: **comedia bufona** (FILM/SHOW slapstick; S. *payasada, astracanada*), **comedia de humor o de situación** (TV sitcom, situation comedy; S. *folletín, culebrón*), **comedia ligera** (FILM/SHOW light comedy; S. *ligero*), **comedia musical** (AUDIO musical comedy; S. *comedia, drama*), **comedia negra** (FILM black comedy; S. *humor negro*)].

comedido *a*: GEN moderate, restrained, low-key; S. *con tono bajo o moderado, sobrio, sin perder la compostura.*

comentar *v*: PRESS comment [on], discurs, go into; used in expressions like *una noticia muy comentada* –a much-discussed or widely talked-about story–. [Exp: **comentario** (PRESS/MEDIA commentary), **comentario editorial** (PRESS editorial comment, leader), **comentario en directo** (RADIO/TV running commentary), **comentarios, sin** (PRESS no comment), **comentarista** (RADIO/TV commentator; S. *columnista, locutor*), **comentarista deportivo** (TV/RADIO sports commentator, sportscaster *US*; S. *sección de deportes, redactor deportivo*), **comentarista político** (RADIO/TV/GEN political expert/analyst/editor; S. *experto en política, presentador principal*)].

comercial *a/n*: MKTNG advertising, commercial, spot; trade. [Exp: **comercialización** (MKTNG marketing, commercialization, dealing, merchandising; S. *servicio de comercialización*), **comercialización**

directa (MKTNG direct marketing, direct response), **comercializar** (MKTNG deal [in], market, commercialize, merchandise), **comerciante** (MKTNG handler, dealer, trader, retailer, merchant; S. *negociante, mercader, marchante, tratante*), **comerciar** (MKTNG handle, market, deal [in], trade [in], do business [in or with]), **comercio**[1] (MKTNG commerce, trade, business, dealing, circulation[1]; S. *actividad comercial, relaciones comerciales, circulación*), **comercio**[2] (MKTNG shop, store; S. *tienda, almacén*), **comercio al por mayor** (MKTNG wholesale business/ trade; direct trade *US*), **comercio al por menor o detalle** (MKTNG retail business, retailing, retail trade; S. *minorista*), **comercio electrónico** (MKTNG e-business), **comercio libre y leal** (MKTNG fair trading)].

cómico *a/n*: FILM/TV comic, funny, comedy; comic, comedian; S. *humorista, el listo, el tonto; morirse de risa*. [Exp: **cómico de micrófono** (TV stand-up comedian/ comic; S. *contador de chistes*)].

comillas *n*: TYPE inverted commas, quotation marks, quotes *US*; S. *entrecomillado, cita*. [Exp: **comillas francesas/angulares** (TYPE smart quotes, «»; S. *corchetes angulares*)].

comisión[1] *n*: MNGMNT commission, committee. [Exp: **comisión**[2] (MNGMNT commission, fee), **comisión, a** (MNGMNT on commission), **comisión de agencia/servicio** (MNGMNT service fee; S. *honorarios*), **comisionista** (MNGMNT broker, commission agent)].

comité de redacción *n*: PRESS editorial committee, drafting committee, review board.

comodidades, con todas las *phr*: ADVTG all modern conveniences, all mod. cons; S. *todo confort*.

compactado *n/a*: INTERNET compressed; S. *comprimido*.

compaginar *v*: GRAPHICS make up, lay out, collate; S. *alzar*.

comparecencia *n*: MEDIA/TV appearance; S. *aparición ante las cámaras, crónica a pie de noticia*.

comparsa *n*: FILM/SHOW walk-on; S. *figurante, extra*.

compás *n*: AUDIO beat, rhythm, measure, tempo, time; bar; S. *ritmo; acorde*.

compendio *n*: PRESS/MEDIA condensed version, summary, adaptation, abridgement, abstract; S. *resumen, extracto; versión condensada o reducida; resumir*.

compensación *n*: GEN/TV compensation, bonus, makegood.

competencia[1] *n*: GEN/MNGMNT competence; S. *capacidad, aptitud*. [Exp: **competencia**[2] (MKTNG competition; S. *concurrencia*), **competencia leal o justa** (MKTNG fair competition), **competente** (MKTNG competent; S. *capacitado, capaz*), **competidor** (MKTNG competitor), **competir** (MKTNG/MNGMNT compete), **competitividad** (MKTNG/MNGMNT competitiveness; S. *capacidad competitiva*)].

compilador *n*: GRAPHICS/PRESS/GEN editor; compiler.

complementario *a*: GEN complementary, ancillary, secondary, side; additional, optional, extra; follow-up; S. *secundario, negocio complementario*.

componer *v*: GEN/GRAPHICS compose, set, typeset; S. *tipografía*. [Exp: **composición** (TYPE/GRAPHICS composition, typesetting; setting[3]), **composición a máquina** (GRAPHICS/TYPE machine set/composition; S. *composición manual*), **composición de la audiencia** (MKTNG/TV/RADIO audience profile; S. *perfil de la audiencia*), **composición digital** (GRAPHICS digital typesetting), **composición gráfica** (DESIGN artistic layout), **composición manual** (GRAPHICS/TYPE hand composition, handsetting; S. *composición a máquina*), **composit** col (DESIGN/FILM composite; S. *catálogo de modelos*), **compositor**[1] (AUDIO/FILM composer), **compositor**[2] (GRAPHICS typesetter, compositor; S. *tipógrafo, cajista*)].

compostura, sin perder la *phr*: GEN calm[ly], cool[ly], low-key; S. *con tono bajo o moderado, sobrio, comedido.*

compra *n*: MNGMNT buy, acquisition, purchase; S. *venta.* [Exp: **compra a plazos** (MKTNG hire purchase, HP, instalment buying/purchase), **compra al contado** (MKTNG cash purchase; buying spot), **compra de espacio/tiempo publicitario** (MEDIA space/time acquisition/buy), **compra de programas a agencias** (TV media buying, space buying), **compra de [todos] los derechos** (MEDIA/GEN buyout, buyout[1]), **compra por capricho o por impulso** (MKTNG impulse buying/purchasing), **compra por catálogo o por correspondencia** (PUBL/MKTNG mailorder purchase/shopping), **comprador** (MEDIA/MNGMNT buyer, shopper, vendee; S. *vendedor, proveedor, centro comercial*), **comprador de medios** (MEDIA/MNGMNT media/space buyer; S. *central de compras, agente de espacio publicitario*), **comprar** (GEN buy, purchase, acquire; S. *orden de compra*), **compras centralizadas al por mayor** (MKTNG central buying)].

comprimir *v*: GEN compress, squeeze [up/in], tighten [up]. [Exp: **compresor** (AUDIO compressor), **comprimido** (GEN/INTERNET compressed, tight; S. *apretado, ajustado, amazacotado, compactado*)].

comprobar *v*: GEN check; prove. [Exp: **comprobante** (MNGMNT/ADVTG receipt, acknowledgment, checking copy, proof of purchase; press cuts, voucher; certificate of transmission, tearsheet; S. *recibo, comprobante, justificante, volante, resguardo, nota, recortes*), **comprobante de caja** (MKTNG [sales] receipt; S. *ticket de compra*)].

cómputo *n*: MNGMNT count, calculation, tally. [Exp: **computar** (GEN work out, calculate, tally, count, compute), **cómputo de tráfico** (GEN/OUTDOOR traffic count; S. *tránsito*)].

comunicado *n*: PRESS/MEDIA communiqué, announcement[1], release [of information]; S. *publicación, anuncio, aviso; hacer público, publicar.* [Exp: **comunicado de prensa** (PRESS press release; S. *agencia de prensa, recortes de prensa*), **comunicado publicitario** (ADVTG publicity release), **comunicar** (GEN announce[1]; report, inform, tell, communicate; convey; S. *anunciar, hacer público, informar, dar a conocer*), **comunicar por correo electrónico** (GEN e-mail; S. *correo electrónico*)].

concebir *v*: MNGMNT/ADVTG conceive, work out; S. *elaborar, idear.* [Exp: **concepción material [de una idea publicitaria]** (DESIGN visualization), **concepto creativo** (ADVTG creative concept)].

concertina *n*: PRESS accordion fold/pleat, zig-zag folding; S. *acordeón.*

concesión de marca *n*: MKTNG brand franchise; S. *cesión de marca, franquicia de marca.* [Exp: **concesionario** (MKTNG/LAW dealer, franchisee; licensee; S. *agente, cesionario*)].

concha del apuntador *n*: SHOW prompt box; S. *apuntador.*

concienciación *n*: MKTNG consciousness raising, awareness campaign; S. *campaña de concienciación.* [Exp: **concienciar** (MEDIA arouse/raise awareness, increase [public] awareness [of]; S. *sensibilizar*)].

concurrencia *n*: MKTNG competition[2]; S. *competencia.*

concurso[1] *n*: GEN competition[1], contest; competitive examination; S. *oposición.* [Exp: **concurso**[2] (TV/SHOW quiz, game show, sweepstakes; S. *programa concurso*), **concurso artístico** (TV/SHOW talent contest; S. *cazatalentos*)].

condensado-a *a*: TYPE condensed; S. *letra condensada; chupada, familia de tipos.*

condicional *a*: GEN conditional, qualified; S. *limitado, con reparos, con salvedades.*

conectar *v*: TV switch on, turn on; connect, hook up; wire; S. *enganchar; desconectar.* [Exp: **conectado** (GEN on; on line; S. *enchufado*), **conector** (GEN wire, connector; S. *cable*), **conexión** (GEN/AUDIO connection, hook-up; S. *enganche*), **conexión remota o a distancia** (INTERNET remote login)].

conferencia[1] **[de prensa]** *n*: PRESS [press] conference; S. *celebrar una conferencia; improvisar las respuestas.* [Exp: **conferencia**[2] **[telefónica]** (GEN long-distance call, trunk call), **conferencia**[3] (GEN lecture, address, speech; S. *alocución, discurso*)].

confidencial[1] *a*: GEN/MNGMNT confidential. [Exp: **confidencial**[2] (MEDIA confidential, off-the-record; S. *reservado; filtración a la prensa*)].

configuración *n*: GEN set-up; S. *disposición, colocación; organización de focos, cámaras, micrófonos*, etc.

conflicto *n*: GEN conflict. [Exp: **conflictivo** (GEN controversial, difficult, troubled; S. *titular conflictivo*)].

conformidad *n*: MNGMNT approval, recognition.

confort, todo *phr*: ADVTG all modern conveniences; S. *con todas las comodidades.*

congelado [de imagen] *n*: FILM freeze, freeze frame; S. *parada.* [Exp: **congelar** (FILM freeze)].

congestión *n*: INTERNET congestion, pile-up.

conjunto *n*: SHOW ensemble, band, group[2]; S. *grupo, conjunto.* [Exp: **conjunto de cuerda** (AUDIO string ensemble; S. *acorde, instrumentos de cuerda*)].

conmocionar *v*: GEN shock; S. *horrorizar; alarmar.*

conmutador *n*: AUDIO/IMAGE switch[1]; S. *interruptor.*

connotation *n*: LING connotation; S. *denotación; alusión, implicación.*

conocimiento *n*: MKTNG awareness, consciousness; S. *información; recuerdo.* [Exp: **conocimiento de marca** (MKTNG brand awareness; S. *aceptación o preferencia por una marca*)].

consciente *a*: GEN aware; conscious; S. *enterado, informado, concienciación.*

consecutivo *a*: GEN consecutive, back-to-back, in a row; S. *adosado, seguido, uno tras otro, sin solución de continuidad.*

consejero *n*: MNGMNT adviser, consultant; S. *consultor, asesor.* [Exp: **consejero delegado** (MNGMNT managing director; S. *director gerente*), **consejo** (GEN board[4]; S. *junta, tribunal*)].

consigna *n*: ADVTG catchword, slogan, watchword; S. *eslogan, reclamo.*

consola *n*: GEN console, board[5]; S. *panel de control, sala de mezclas.*

consorcio *n*: GEN/MNGMNT consortium, association, group[1]; S. *grupo, agrupación.*

consultar *v*: MKTNG consult, discuss, take [a matter] up; S. *asesorarse.* [Exp: **consultor** (MNGMNT consultant; S. *asesor, consejero*), **consultor publicitario** (GEN advertising consultant; S. *asesor publicitario*), **consultoría** (MNGMNT consultancy; S. *asesoría*), **consultorio sentimental [de una publicación]** (PRESS agony column *col*; problem page; S. *encargada del consultorio sentimental*)].

consumir *v*: MKTNG/ADVTG/MNGMNT consume, use. [Exp: **consumición** (GEN food/drink ordered, customer's order [in a bar or restaurant]; consumption, intake; S. *consumo*), **consumición mínima** (GEN minimum charge, cover charge *US*), **consumidor** (MKTNG consumer, end-user, ultimate consumer; S. *usuario final, sociedad de consumo; canal de distribución, mayorista, minorista, agente, asociación de consumidores*), **consumidor esporádico/ocasional** (MKTNG occasional user/consumer), **consumidor fijo, leal o entusiasta** (MKTNG heavy user/consumer), **consumir** (GEN/MKTNG consume, use; S. *usar*), **consumir preferentemente antes de** (MKTNG best before; S. *fecha de caducidad*), **consumismo** (MKTNG consumerism; S. *sociedad de consumo*), **consumismo injustificado** (MKTNG bandwagon effect), **consumo** (MKTNG/ADVTG/MNGMNT consumption, uptake; S. *sociedad de consumo, consumismo, consumición*), **consumo conspicuo** (MKTNG conspicuous consumption)].

contabilidad *n*: MNGMNT book-keeping, accountancy, accounting, accounts; S. *departamento de contabilidad; activo, pasivo*. [Exp: **contable** (MNGMNT accountant)].

contacto¹ *n*: GEN contact; S. *ejecutivo de contacto*. [Exp: **contacto²** (PRESS/MEDIA contact, source [of information]; S. *fuente de información*), **contacto³** (GRAPHICS/IMAGE contact print), **contacto con el público** (TV exposure²; S. *aparición en público*), **contacto informativo** (MEDIA source, contact; S. *fuente informativa*)].

contador *n*: AUDIO/GEN counter, meter; S. *fotómetro*. [Exp: **contador de chistes** (TV stand-up comedian/comic; S. *cómico de micrófono*), **contador de disparos efectuados** (IMAGE exposure counter)].

contenedor *n*: MKTNG container; S. *envase*.

contertulio *n*: TV/RADIO studio guest, participant in a panel discussion or talk-show; S. *tertulia, tertuliano* col.

contexto *n*: LING/GEN environment; S. *entorno, ambiente, medio*.

continuación *n*: MKTNG follow-up¹; S. *perseverancia, seguimiento, recordatorio*. [Exp: **continuidad** (FILM/TV/ADVTG continuity, racord/raccord)].

contorneo *n*: IMAGE/TV edging²; contouring; S. *realce de perfil*. [Exp: **contorno** (DESIGN border, contour, run-around, outline¹, edge¹; S. *curva, perfil, silueta, borde, canto*)].

contra *prep*: GEN against, counter-. [Exp: **contracubierta/contraportada** (GRAPHICS back cover, fourth cover), **contraluz** (IMAGE backlight, contour light, fringe light; back-lit picture/study/shot), **contraluz, a** (IMAGE/FILM against the light, backlit), **contrapicado** (FILM upshot², low angle; S. *picado*), **contraplano** (FILM reverse [shot]), **contraplano externo/interno** (FILM external/internal reverse), **contraplano por panorámica interna** (FILM internal reverse pan shot), **contraplano por travelín interno** (FILM internal reverse travelling shot), **contraprogramación** (MEDIA counterprogramming), **contrapublicidad** (MKTNG knocking ad/copy; S. *publicidad despectiva*), **contrapunto** (AUDIO/FILM counterpoint; V. *música de contrapunto*), **contrasegmentación** (MKTNG countersegmentation; S. *segmentación*), **contraseña** (GEN/INTERNET password, watchword), **contratipo** (GRAPHICS negative duplicate)].

contraste *n*: GEN/LING/SEMIÓ/IMAGE contrast; S. *cesura; pérdida de contraste [en los bordes de la imagen]*.

contratar *v*: LAW/ADVTG/MKTNG contract [for]; take on, hire, employ, sign [up]. [Exp: **contratación** (GEN hiring, contracting, booking¹, signing-on/up), **contratación combinada a tarifa reducida** (MKTNG combo² col), **contrato** (MNGMNT contract, agreement), **contrato de actuación o de derechos de emisión** (MNGMNT/FILM/TV booking contract), **contrato general/global** (MNGMNT blanket contract), **contrato tipo** (MNGMNT standard-form contract)].

control *n*: GEN control, supervision, management; monitoring, control board; test, check; S. *lista de control, seguimiento, supervisión*. [Exp: **control de calidad**

(MKTNG quality control), **control de calidad total** (MNGMNT total quality control), **control interno** (MNGMNT internal control; S. *unidad de control interno*), **control remoto** (IMAGE/AUDIO remote control [device]; S. *mando a distancia*), **controlado por ordenador** (GEN computer-controlled), **controlador [del sonido, la imagen o la iluminación]** (FILM/TV/AUDIO attenuator, fader; S. *potenciómetro, atenuador*), **controlar** (MNGMNT manage, control, supervise, monitor, oversee; test, check [up/on]; S. *planificar, intervenir*)].

controversia *n*: MEDIA controversy; S. *polémica*. [Exp: **controvertido** (MEDIA controversial, disputed; S. *polémico*)].

convenir, a *phr*: GEN/MKTNG by arrangement.

conversación *n*: GEN conversation, talk; S. *charla*. [Exp: **conversación de fondo** (FILM rhubarb, walla walla; S. *bla-bla*)].

conversión *n*: AUDIO/IMAGE conversion. [Exp: **conversión de digital a analógico** (GEN/AUDIO D/A, D/A conversion), **convertidor/conversor analógico-digital** (IMAGE/AUDIO/INTERNET D/A, D/A converter, analogic-digital converter, ADC)].

coordinador *n*: GEN/FILM supervisor, coordinator, manager. [Exp: **coordinador de producción** (FILM production coordinator, supervisor/manager), **coordinar** (GEN coordinate, supervise; S. *controlar*)].

copia *n*: FILM/GEN copy, duplicate, print, film print; S. *positivo*. [Exp: **copia blanda/dura** (GEN/AUDIO soft/hard copy), **copia casada/sincronizada** (FILM married print, combined print *US*, composite print *US*; S. *doble banda*), **copia cero** (FILM/TV answer print, approval/ check print, optical print, trial print, sample print), **copia de archivo de un programa o emisión** (RADIO/TV file copy, archive), **copia de seguridad** (GEN back-up copy, safety copy, copy; S. *película de seguridad*), **copia de trabajo**

(FILM/TV work print; S. *copión montado*), **copia en limpio** (GRAPHICS fair copy), **copia estándar** (TV emission cut, fine cut, corrected print), **copia intermedia** (AUDIO lavender copy/print), **copia pirata** (GEN/FILM pirate[d] copy, bootleg copy *col*), **copia primera** (FILM rough/slop print), **copión [diario]** (TV/FILM dailies, rushes; rough cut, slop cut/print; S. *positivo de pruebas*), **copión montado** (TV rough cut, work print; S. *copia de trabajo*)].

coproducción *n*: FILM/TV coproduction, copro *col*, joint production; S. *production*. [Exp: **coproducir** (FILM co-produce, produce jointly)].

coral *n/a*: SHOW choral; choir, choral group/ensemble; chorale. [Exp: **coreógrafo** (FILM choreographer), **coreografía** (FILM choreography), **corista** (SHOW chorus girl), **coro** (SHOW chorus; chorus line; S. *estribillo*)].

corchetes [cuadrados] *n*: TYPE square brackets, []; S. *paréntesis*. [Exp: **corchetes redondos** (GRAPHICS braces, { }), **corchetes angulares** (GRAPHICS angle brackets, angles[3], <>; S. *comillas angulares*)].

corondel *n*: GRAPHICS gutter[2], [column] rule; S. *calle*.

corporativo *a*: MNGMNT corporate; used in expressions like; S. *arquitectura/imagen,* etc., *corporativa o de empresa –corporate image/architecture,* etc.–.

corpóreo *n*: GEN dummy[2]; mock-up; S. *muñeco, maniquí*.

corrección *n*: GEN/PRESS correction, editing; patch; S. *enmienda, rectificación, ajuste*. [Exp: **corrección de apertura** (IMAGE aperture correction), **corrección de pruebas** (GRAPHICS proof-reading), **corrector de estilo** (PRESS copy-editor), **corrector de pruebas** (GRAPHICS/PRESS proof corrector, **corregir** (GRAPHICS/ PRESS correct, edit; S. *enmendar, rectifi-*

car), **corregir textos** (PRESS copy-edit; S. *repasar textos*)].

corredor *n*: MKTNG middleman, agent, jobber, broker; S. *intermediario*.

correo *n*: GEN mail, post; courier[1]; S. *mensajero, enviar por correo, venta por correo*. [Exp: **correo basura** (MKTNG junk mail), **correo electrónico** (GEN e-mail; electronic mail; S. *comunicar por correo electrónico*)].

correr *v*: GEN run. [Exp: **correrse el color o el tinte** (GRAPHICS bleed[2]; run[5]; S. *teñir*)].

corresponsal *n*: MEDIA/PRESS correspondent, reporter; stringer *col*; S. *enviado especial, destacado en el lugar preciso*.

corriente *a*: GEN ordinary, current; S. *cuenta corriente*. [Exp: **corriente, estar/mantenerse al** (MEDIA be/keep abreast of; S. *informar, comunicar, anunciar, hacer público*)].

corrupción *n*: GEN corruption. [Exp: **corrupción, corruptela** (MEDIA sharp practice *col*, sleaze *col*, fiddle *col*, dirty tricks *col*; S. *turbio, sórdido, escandaloso*)].

cortafuegos *n*: INTERNET firewall.

cortar *v*: FILM cut, cut out, delete, edit; S. *eliminar, suprimir, tachar*. [Exp: **cortar a sangre** (GRAPHICS bleed[1]; S. *sangre*), **cortar con guillotina** (GEN/GRAPHICS trim; S. *recortar, desbarbar; guillotina*), **cortar la emisión** (RADIO/TV black out; S. *ensombrecer una zona*), **corte** (FILM cut[1], jump cut), **corte blando** (FILM soft cut; S. *transición, corte instantáneo*), **corte de negativo** (GRAPHICS negative cutting), **corte de página** (GRAPHICS page break), **corte de salto o de transición brusca** (FILM jump/quick cut), **corte de una emisión** (RADIO/TV black-out; S. *interrupción de la señal; apagón*), **corte dinámico de planos** (FILM/TV dynamic cutting/editing; S. *montaje dinámico de planos*), **corte en el suministro de energía eléctrica** (GEN/RADIO/TV black-out,

power cut, outage *US*; S. *apagón*), **corte instantáneo** (FILM instantaneous soft; S. *transición, corte blando*), **corte publicitario** (RADIO/TV advertising break; S. *bloque publicitario, pausa/interrupción para la publicidad*), **cortes, sin** (FILM seamless; S. *sin costuras/rupturas, montaje lineal*)].

cortinilla *n*: FILM/TV wipe; iris in, iris out, winging; S. *cierre por cortinilla*. [Exp: **cortinilla ascendente** (FILM roll-up[1]), **cortinilla circular hacia dentro/afuera** (FILM/TV iris in, iris out), **cortinilla dinámica** (FILM push-off, pushover), **cortinilla en forma de explosión** (FILM/TV explosion wipe), **cortinilla en forma de arco** (FILM/TV fan wipe; S. *barrido*), **cortinilla en relieve** (FILM/TV push-on)].

corto, cortometraje *n*: FILM short [film], featurette; S. *largometraje*. [Exp: **corto pornográfico** (FILM loop *col*, smoker *col*; S. *película porno*)].

coser *v*: GRAPHICS bind, stitch; S. *encuadernar; grapar; punto, puntada*. [Exp: **cosido** (GRAPHICS binding, stitching; S. *punto, puntada*), **cosido/grapado a caballo/caballete** (GRAPHICS saddle stitching; S. *grapadora, grapado por un lado*)].

coste *n*: MKTNG cost, price. [Exp: **coste bruto** (MNGMNT gross cost), **coste de la vida** (GRAL/MKTNG cost of living; S. *índice del coste de la vida*), **coste neto** (MNGMNT net cost), **coste por mil** (MNGMNT cost-per-thousand, CPM), **coste por pedido** (MKTNG cost per order), **coste por punto de índice** (MKTNG rating cost; S. *punto de índice*), **coste según clasificación** (MKTNG cost-per-rating-point, CPRP; rating cost), **costes de comercialización** (MKTNG marketing costs), **costes directos [gastos anteriores al rodaje]** (FILM above-the-line costs), **costes negativos** (MNGMNT negative costs), **costeo** (MKTNG costing), **costeo de absorción o total** (MKTNG absorption/full costing)].

costura *n*: GEN seam. [Exp: **costuras, sin** (FILM seamless; S. *sin cortes/rupturas, montaje lineal*)].

cotilleo, cotillear *n/v*: GEN/MEDIA gossip, tittle-tattle, scandalmongering; S. *tertulia de morbo y cotilleo; largar*[2] col, *chismorreo; revista del corazón*. [Exp: **cotilla** *col* (GEN/MEDIA gossip, scandalmonger; gossipy; S. *chismoso*), **cotillear** (GEN/MEDIA gossip/scandal, tell tales [out of school] *col*)].

cotización *n*: MKTNG quotation; S. *presupuesto solicitado, precio*. [Exp: **cotizarse** (MKTNG/MNGMNT quote, price, be quoted, stand [at], sell [at/for]; pay [up], pay one's subscription/dues; S. *abonar*)].

cotorra *col n*: PRESS scandalmonger; S. *cotilla, chismoso* col, *buitre* col.

crear *v*: MNGMNT/ADVTG create, build up, develop[2]; S. *perfeccionar, desarrollar, idear*. [Exp: **creación de ambiente** (ADVTG build-up), **creatividad** (GEN/ADVTG creativity), **creativo** (ADVTG creative; creative editor/director)].

crecimiento *n*: MKTNG growth. [Exp: **crecer** (MKTNG/MNGMNT grow, rise, develop, go up; S. *subir*)].

credenciales *n*: MNGMNT [letter of] accreditation, credentials, clearance; S. *acreditación*.

crédito *n*: MNGMNT credit; S. *abono, nota de crédito, acreditar*. [Exp: **créditos** (FILM credits; S. *títulos/rótulos de crédito*), **créditos de apertura/cierre** (FILM opening/closing credits)].

criterio *n*: GEN criterion, standard, yardstick, approach; S. *estándar, norma, modelo, tamaño, nivel, calidad; enfocar*.

crítica *n*: MEDIA criticism; review, critical article/piece, critique, crit *col*; S. *reseña*. [Exp: **crítica favorable o entusiasta** (SHOW rave review), **crítica feroz/fuerte** (MEDIA broadside[1], pasting *col*; S. *andanada, tunda* col, *rapapolvo* col, *zurra* col), **crítico** (MEDIA critic; expert,

analyst), **crítico de cine** (FILM film critic), **crítico literario** (LING literary critic)].

croma *n*: TV/FILM chroma; S. *llave color*. [Exp: **cromático** (DESIGN/GRAPHICS chromatic; S. *color, acromático, bicromía, cuatricromía*), **crominancia** (IMAGE chrominance; S. *luminance*)].

cromo *n*: GRÁFICA chrome.

crónica *n*: PRESS/MEDIA article, in-depth article, chronicle, feature, story, report, piece *col*; S. *reportaje, noticia, información, artículo divulgativo; redactar una crónica*. [Exp: **crónica a pie de noticia** (MEDIA/TV live report, update, stand-up; S. *comparecencia, aparición ante las cámaras*), **crónica de actualidad** (MEDIA/TV up-to-the-minute news story, the latest news, current affairs feature), **crónica cinematográfica** (MEDIA/FILM film crit *col*, cinema feature; film page), **crónica de guerra** (MEDIA/PRESS article by the war correspondent, article from the war front, war chronicle), **crónica deportiva** (MEDIA/PRESS sports update/ headlines, the latest sports news, sports coverage, sports feature), **crónica taurina** (MEDIA/PRESS bullfight feature, the latest from the bullring, bullfight update), **crónica parlamentaria** (MEDIA/FILM parliamentary update, "today in parliament", political feature)].

cronometrar *v*: GEN/RADIO/TV/ADVTG time.

croquis *n*: GRAPHICS sketch, sketch map; [rough] drawing, rough; rough dummy; S. *bosquejo, apunte, boceto, esquema, esbozo*.

cruz *n*: GEN/TYPE cross; dagger, obelisk, †; S. *asterisco*. [Exp: **cruce de entrada/ salida** (FILM/TV arc in/out), **cruces de cámara** (FILM camera crossing), **cruceta** (GRAPHICS adjustment mark)].

cuaderno *n*: GEN/GRAPHICS notebook, jotter, notepad; booklet; logbook. [Exp: **cuadernillo** (GRAPHICS section of a book;

consists of one or several sheets printed that, when folded, become a section of a book; most *cuadernillos* consist of five *pliegos* or sheets; S. *resma, folio; encuadernación*), **cuaderno [de rodaje, programación, emisiones,** etc.] (FILM/GEN log, record; shooting log; programme log; air-log; S. *diario*), **cuaderno de recortes** (PRESS scrapbook; S. *recortes*)].

cuadrado, cuadratín *n*: GRAPHICS quadrat, quad. [Exp: **cuadrícula** (IMAGE/GRAPHICS grid[2]), **cuadríptico** (GRAPHICS double diptych; S. *doble díptico*)].

cuadro[1] *n*: IMAGE/FILM/TV picture, frame; picture; S. *fotograma; imagen*. [Exp: **cuadro**[2] (GEN chart[2], table; board, panel; S. *tabla, esquema, gráfica, gráfico, lista*), **cuadro de actores** (FILM cast[1]; S. *intérpretes, reparto, elenco*), **cuadro de luces** (AUDIO/IMAGE switchboard, dimmer/control; S. *panel de control*), **cuadro vivo** (FILM/SHOW tableau; S. *retablo*)].

cualidad *n*: GEN quality; the distinction between the Spanish terms *cualidad* and *calidad* should be carefully noted; both mean "quality", but while «cualidad» refers to a feature or property of something, «calidad» means "standard" or "grade"; thus we speak of *cualidades especiales de una artículo* –i.e. special features or qualities of an article– but we say that an item *es de buena/mala calidad* –i.e. is good/poor quality. [Exp: **cualitativo** (GEN qualitative; S. *cuantitativo*)].

cuantificar *v*: GEN quantify. [Exp: **cuantificable** (GEN quantifiable), **cuantitativo** (GEN quantitative; S. *cualitativo*)].

cuarenta principales, los *n*: GEN/RADIO/AUDIO the charts, the top 40.

cuarteto de cuerdas *n*: AUDIO string quartet; S. *acorde, instrumentos de cuerda, conjunto de cuerda*.

cuarto de página *n*: GRAPHICS quarter page.

cuarto oscuro *n*: GRAPHICS/IMAGE darkroom; S. *contacto*.

cuatro *a*: GEN four. [Exp: **cuatricolor** (GRAPHICS/IMAGE four-colour; S. *bicolor*), **cuatricromía** (GRAPHICS/IMAGE four-colour process; S. *bicromía, tricromía*), **cuatro tintas, a** (GRAPHICS four-colour)].

cubeta [de revelado] *n*: IMAGE bucket [for developing fluid, fixer, etc.].

cubierta *n*: PRESS/GRAPHICS cover[2], first/front cover, jacket; S. *portada, carátula; sobrecubierta*. [Exp: **cubierta posterior** (GRAPHICS outside back cover, OBC)].

cubismo *n*: DESIGN Cubism.

cubrir *v*: GEN/MEDIA cover[3]; S. *cobertura; retransmitir*. [Exp: **cubrir gastos** (MNGMNT break even), **cubrir/tapar un espacio en blanco** (OUTDOOR blank/paint out)].

cuché *a*: GRAPHICS glossy; S. *papel cuché*.

cuchilla de montaje *n*: FILM [editor's] cutter.

cuenta *n*: MNGMNT/MKTNG account, acct; bill[1]; S. *cliente regular; factura*. [Exp: **cuenta corriente** (MKTNG current account), **cuenta de capital** (MNGMNT capital account), **cuenta de crédito/débito** (MNGMNT credit/debit account), **cuentas incobrables** (MNGMNT uncollectable/uncollectible accounts)].

cuentahílos *n*: IMAGE magnifying glass; S. *lupa*.

cuento *n*: GEN tale, story, short story, tale, short narrative; S. *argumento, relato, historia*.

cuerda *n*: AUDIO chord; strain; string; S. *acorde, instrumentos de cuerda, conjunto de cuerda, cuarteto de cuerdas*.

cuerpo *n*: GEN body; S. *toma de cuerpo entero*. [Exp: **cuerpo [de letra]** (TYPE type size, body; S. *tipografía, tipo de letra*), **cuerpo de texto** (GRAPHICS/TYPE the text proper, the actual text, body copy)].

cuestión *n*: GEN question, issue, topic, point; S. *tema, asunto, problema*. [Exp: **cuestión fundamental o básica** (GEN main issue, bottom line[1]), **cuestionario** (MKTNG questionnaire; S. *encuesta*)].

culebrón *col n*: TV/RADIO soap opera *col*, soap *col*, endless/long-running soap, daytime drama; S. *folletín*.

cumplimentación de un pedido *n*: MNGMNT servicing, fulfilment [of order].

cumplir los requisitos *v*: GEN qualify, meet the requirement; S. *tener derecho a*.

cuña publicitaria *n*: RADIO spot, commercial; S. *anuncio [de cine, televisión, radio]*. [Exp: **cuña publicitaria reducida** (RADIO triggyback)].

cuota *n*: GEN/MKTNG/RADIO/TV quota, share; S. *cupo; muestreo por cuotas*. [Exp: **cuota de audiencia** (RADIO/TV audience share; S. *participación de audiencia*), **cuota de entrada** (MKTNG up-front fees), **cuota de mercado** (MKTNG market share; S. *arañar cuota de mercado, nicho*), **cuota de pantalla** (FILM/TV screen quota/share), **cuota de presencia [publicitaria]** (TV share of voice, profile, media profile)].

cupo *n*: GEN/FILM quota; S. *cuota*. [Exp: **cupo de ventas** (MKTNG sales quota)].

cupón *n*: MKTNG coupon, voucher, [trading] stamp; S. *vale, boleto*; S. *campaña de cuponeo*. [Exp: **cupón de descuento** (MKTNG discount coupon, in-ad coupon; S. *vale de descuento*), **cupón de regalo** (MKTNG gift coupon/voucher; S. *vale-regalo*), **cupón recortable** (MKTNG tear-off coupon)].

cursiva *n*: TYPE italics, cursive; S. *bastardilla, familia de tipos*.

curso, en *phr*: GEN ongoing, in progress; S. *en marcha*.

curva ABC *n*: MKTNG ABC curve. [Exp: **curva de cobertura** (GEN/MKTNG reach curve)].

D

D-1, D-2 *n*: IMAGE/TV D-1, D-2.

dadaísmo *n*: FILM/GEN Dadaism; S. *abstracto, cubismo, expresionismo, formalismo, impresionismo, realismo, representativo, simbolismo, surrealismo.*

DAFO *n*: MKTNG SWOT analysis; in Spanish it is the acronym for *debilidades, amenazas, fortalezas, oportunidades* –weaknesses, threats, strengths, opportunities.

daguerrotipo *n*: IMAGE daguerrotype.

daños y perjuicios *n*: LAW damages.

dar *v*: GEN give. [Exp: **dar a conocer** (MEDIA/GEN announce[3], present, unveil, launch, publicize, expose[2]; S. *hacer público, divulgar, comunicar; declarar, publicar, publicitar*), **dar bombo o publicidad** (GEN publicize, hype up *col*, boost[2]; S. *fomentar, potenciar*), **dar instrucciones u órdenes** (ADVTG/GEN brief[1]; instruct; S. *informar, poner en antecedentes*), **dar la [señal de] entrada a alguien** (FILM/TV/SHOW give sb their cue, cue sb in; S. *dar el pie a alguien*), **dar parte** (GEN/MNGMNT report), **dar publicidad a un nuevo producto** (ADVTG plug/promote/push a new product; S. *promocionar*), **dar/emitir por televisión** (TV put on/out, screen), **dar realce** (GRAPHICS set off; S. *resaltar, realzar*), **dar sombra** (IMAGE shade; S. *sombra, proteger del sol*), **dar una noticia** (MEDIA break the news; S. *informar de lo sucedido*), **dar que hablar** (PRESS be in the news, be the talking point; S. *salir en las noticias*), **darse a conocer** (GEN appear on the scene; S. *aparecer*)].

dato *n*: GEN information, particular[s], datum; data; S. *base de datos; proceso de datos; información.* [Exp: **datos técnicos** (GEN technical data)].

debate *n*: TV/RADIO panel discussion, talk show; S. *tertulia, mesa redonda, coloquio.* [Exp: **debate de ideas** (MKTNG exchange of views, open session, brainstorming session; S. *tempestad/tormenta de ideas; discusión de grupo*)].

debe *n*: MKTNG liabilities; S. *haber; pasivo.*

debut *n*: FILM/TV/SHOW début, first appearance/showing; launch, première; S. *estreno, presentación, primera actuación.* [Exp: **debutar** (SHOW make one's debut)].

decibelio *n*: AUDIO decibel.

declaración *n*: GEN announcement[2]; statement; declaration; S. *nota informativa.* [Exp: **declarar** (GEN declare, announce[3]; issue a statement; S. *dar a conocer, publicar*), **declarar a la prensa** (MEDIA talk to the press, make a statement to the press)].

decoración *n*: GEN/FILM/SHOW decoration, scenery, set. [Exp: **decoración de escaparates** (MKTNG window dressing; S. *escaparatismo*), **decorado** (FILM set, scenery; S. *plató, escenografía*), **decorador** (FILM/TV set/stage designer; S. *escenógrafo*), **decorar**[1] (DESIGN decorate), **decorar**[2] (GRAPHICS tool[2]; S. *estampar en seco, labrar*), **decorados y atrezos** (FILM/SHOW sets and props)].

dedicar ríos de tinta a *v*: MEDIA/ADVTG/MKTNG expend rivers of ink on, go to town on *col*, hype up *col*; S. *anunciar a bombo y platillo*.

deficiencia, déficit *n*: MKTNG shortfall; S. *disminución*.

definición *n*: GEN/IMAGE/AUDIO definition; S. *alta definición, resolución*. [Exp: **definir** (GEN define)].

defunciones *n*: GEN/MEDIA death notices/intimations, despatches *col*; S. *ecos de sociedad*.

degradación *n*: IMAGE degradation; S. *desgaste*. [Exp: **degradación de la señal electrónica** (AUDIO/IMAGE loss/weakening of the signal, drop-out; S. *desfallecimiento*), **degradado, «degradé»** (IMAGE vignetted, vignetting; S. *difuminado*), **degradar** (GEN/MKTNG downgrade, demote; S. *ascender; mejorar*)].

degustación *n*: MKTNG/ADVTG tasting, sampling; refers to the opportunity given to customers to sample a product, e.g. in a supermarket.

delantal *n*: FILM S. *sobreimpresión por delantal*.

delantera *n*: MKTNG front line, forefront, leading edge; top place, head [of table]; S. *ventaja*.

delegación comercial *n*: MKTNG/GEN branch; S. *sucursal*.

delineante, dibujante *n*: GRAPHICS draftsman/draughtsman.

demanda[1] *n*: MKTNG demand, call[5]; S. *oferta*. [Exp: **demanda**[2] (LAW lawsuit, civil action; S. *pleito, querella, póliza de responsabilidad civil*), **demanda escasa o reducida** (MKTNG low/narrow demand), **demanda/querella por difamación** (LAW libel action)].

demora *n*: GEN delay, lag. [Exp: **demora excesiva** (MKTNG excessive lead time)].

demostración *n*: MKTNG display[1]; demonstration, demo, layout; S. *despliegue, alarde*. [Exp: **demostrar** (GEN/MKTNG expose[1]; prove; show; lay out, exhibit, display; S. *revelar, descubrir, exponer*)].

denominar *v*: GEN tag, label; S. *etiquetar*. [Exp: **denominación** (MKTNG denomination, name; designation), **denominación de origen** (MKTNG guarantee of authenticity; *approx* "appellation contrôlée"; guarantee on a label stating that a product has been genuinely manufactured in a given area and meets the appropriate standards of quality)].

denotación *n*: LING denotation; S. *connotation*.

densidad *n*: IMAGE/AUDIO/GEN density. [Exp: **densitómetro** (DESIGN densitometre), **denso** (LING/GEN dense; long-winded, wordy; S. *prolijo, verboso*)].

deontología *n*: LAW deontology; S. *código deontológico*.

departamento MNGMNT *n*: department, dept., bureau, office, desk; S. *sección*. [Exp: **departamento de atención/servicio al cliente** (MNGMNT/MKTNG customer service department, accommodation area/desk, service area; S. *atención, departamento de reclamaciones, línea directa*), **departamento de compras** (MNGMNT purchasing department), **departamento de compras al por mayor** (MNGMNT central purchasing department), **departamento de contabilidad** (MNGMNT accounts, accounts department/section), **departamento de creatividad publicitaria** (ADVTG creative department), **departamento de ejecu-**

ción (MNGMNT line department), **departamento de marketing/comercialización** (MKTNG marketing department), **departamento de medios** (MEDIA media department), **departamento de programación** (RADIO/TV traffic department)].

dependiente *n*: MKTNG sales assistant, sales clerk *US*.

deporte *n*: GEN sport; S. *sección de deportes, redactor deportivo, comentarista deportivo, redactor deportivo, retransmisión deportiva, espacio deportivo*.

depósito[1] *n*: MKTNG payment; deposit, down-payment, credit; credit entry; S. *primer plazo, entrega a cuenta, pago inicial, entrada; pago, abono*. [Exp: **depósito**[2] (MNGMNT warehouse, storeroom; stock, S. *almacén, banco*)].

derecho *n*: LAW right. [Exp: **derecho a, tener** (GEN qualify, be entitled to; S. *cumplir los requisitos*), **derecho de rectificación** (LAW/MEDIA right to correction and apology; this is the right, quite apart from damages, of any person whose reputation has, or may have, suffered as a result of a defamatory statement published about him/her in a book, newspaper or magazine or made in the course of a broadcast programme or public performance), **derecho preferente** (LAW/MNGMNT preemptive rights), **derechos de autor** (LAW copyright, royalties, author's rights; S. *regalías, propiedad intelectual; coautor*)].

desajuste *v*: MNGMNT/FILM mismatch.

desarrollar *v*: MNGMNT build up, develop[2]; amplify; S. *crear, fomentar, ampliar*. [Exp: **desarrollo** (MNGMNT/FILM development; S. financiación), **desarrollo, en vías de** (GEN developing, budding), **desarrollo sostenible** (MKTNG sustainable development)].

desbarbar *v*: GRAPHICS trim; S. *cortar con guillotina, recortar, papel de barba, barba de papel, con los bordes sin desbarbar*.

descanso *n*: GEN/TV/SHOW break[2]; interval; half-time; S. *interrupción*.

descargar[1] *v*: MKTNG/MNGMNT unload, dump; S. *verter, deshacerse de*. [Exp: **descargar**[2] (INTERNET download; S. *bajar, subir*)].

descartes *n*: FILM outtakes, rejected takes; S. *tomas falsas, toma, plano*. [Exp: **descartes no usados** (GRAPHICS outtakes)].

descatalogado *a*: GRAPHICS out of print, out of stock; S. *fuera de catálogo, agotado*.

descendente *n*: TYPE descender; S. *trazo ascendente/descendente, bajada; línea de base*. [Exp: **descender** (GEN fall, drop, descend; S. *ascender*)].

descifrar *v*: AUDIO/IMAGE/TV decipher, decode, unscramble; found in expressions like; *descifrar las claves de la actualidad política* –unravel the skin of current politics, go behind the scenes of current political affairs–; S. *codificar, descodificar*.

descodificar *v*: AUDIO/IMAGE/TV decode, unscramble; S. *codificar; descifrar*. [Exp: **descodificador** (AUDIO/IMAGE/TV decoder, descrambler, unscrambler)].

descoloración *n*: GRAPHICS/IMAGE discolouration. [Exp: **descolorar** (GRAPHICS/GEN bleach)].

desconectar *v*: RADIO/TV switch off, turn off; S. *conectar*. [Exp: **desconectar/salir [de un ordenador, sistema electrónico,** etc.] (GEN log off; S. *acceder/entrar*), **desconectado** (RADIO/TV off; S. *apagado*), **desconexión [de emisoras afiliadas para la identificación]** (RADIO/TV station break, chain break, CB, up-cutting[2])].

descontar *v*: MKTNG discount, take off; S. *pagar; descuento*.

descripción *n*: LING/FILM description; S. *narración, exposición, persuasión*.

descubrir *v*: GEN/MEDIA discover, reveal, expose[1]; S. *desenmascarar, revelar*.

descuento *n*: MKTNG/MNGMNT discount, discounting, allowance, bonus, mark-down, rebate; money-back *col*; S. *bonificación, rebaja; cupón de descuento; descontar.* [Exp: **descuento colectivo o genérico** (MKTNG corporate discounting), **descuento comercial** (MKTNG discount; S. *rebaja, bonificación*), **descuento comercial a clientes** (MKTNG/ADVTG trade discount), **descuento, de/como** (MKTNG off the price, off[3]), **descuento de agencia** (ADVTG agency commission), **descuento [mediante cupón]** (MKTNG coupon discount, fairy money *col*), **descuento por colaboración en la promoción** (MKTNG performance allowance), **descuento por frecuencia** (ADVTG/MKTNG frequency discount, continuity discount), **descuento por gran facturación** (MKTNG bulk discount), **descuento por grandes cantidades** (GEN quantity discount, volume discount; S. *cantidad*), **descuento por pronto pago o por pago al contado** (MKTNG cash or prompt payment discount), **descuento por publicidad** (MKTNG/ADVTG advertising allowance), **descuento vertical** (MEDIA vertical discount)].

desdibujar *v*: IMAGE blur; S. *hacer borroso, restar nitidez a, desenfocar.* [Exp: **desdibujado** (IMAGE blurred, fuzzy; hazy; out of focus; S. *movido, borroso, desenfocado; nítido, zona borrosa*)].

desduplicación [de ficheros] *n*: ADVTG/MKTNG merge purge; S. *duplicación, actualización de ficheros.*

desechar *v*: GEN scrap, drop, throw out/away, discard, dispose of. [Exp: **desechable** (GEN/MKTNG disposable/throwaway; S. *descarte, de usar y tirar*)].

desempeñar un papel *v*: TV/SHOW play a role, play/take a part.

desenfadado *a*: GEN lighthearted, lively; uninhibited; S. *alegre, lenguaje desenfadado.*

desenfocar *v*: TV/FILM/IMAGE blur, focus

out, defocus; S. *hacer borroso, desdibujar, enfocar.* [Exp: **desenfocado** (IMAGE out of focus, fuzzy, blurred, hazy, murky; S. *movido, borroso, nítido, zona borrosa*)].

desenlace *n*: FILM/TV dénouement; S. *clímax, anticlímax.*

desenmascarar *v*: GEN unmask, expose[1]; S. *exponer, revelar, descubrir.*

desenvuelto *a*: GEN cool *col*, laid-back *col*, freewheeling *col*; S. *espontáneo.*

desfalcar *v*: MNGMNT embezzle; S. *malversar.* [Exp: **desfalco** (MNGMNT embezzlement, misappropriation; S. *malversación de fondos, apropiación indebida*)].

desfallecimiento *n*: IMAGE drop-out; S. *degradación de la señal electrónica.*

desfile/pase de modelos *n*: SHOW fashion parade/show; S. *moda, figurín, pasarela, casa de modas, alta costura.* [Exp: **desfilar** (SHOW parade, strut one's stuff *col*, tread the catwalk *col*; S. *pasarela*)].

desgaste[1] *n*: GEN/FILM/IMAGE abrasion; S. *raspadura, rasguño, erosión; revestimiento.* [Exp: **desgaste** (MKTNG/ADVTG decay, wearout *US*; S. *saturación, efecto desgaste*)].

desglosar *v*: MKTNG break down, itemize; S. *analizar.* [Exp: **desglose** (MNGMNT breakdown; S. *análisis detallado*), **desglose demográfico** (MKTNG demographic breakdown; S. *análisis demográfico*)].

desgravación fiscal *n*: MKTNG rebate; S. *rebaja.*

deshacerse de *v*: MKTNG unload, dump; S. *descargar, verter.* [Exp: **deshacerse de productos por debajo de su precio** (MKTNG dumping)].

desincronizado *a*: AUDIO/IMAGE out of sync, unsynchronized; S. *sincronización.*

deslucido *a*: FILM/SHOW lacklustre, dull, uninspired, lifeless, wooden *col*; S. *apagado, soso; mediocre; representación.*

deslumbrar *v*: GEN dazzle. [Exp: **deslumbrante** (SHOW/FILM dazzling, stunning[1];

S. *sensacional, magistral, apabullante, despampanante*)].

deslustrar *v*: GRAPHICS mat/matt, matte; take the shine off, tone down the gloss; S. *mate; matar el brillo.*

desmagnetizar *v*: AUDIO/IMAGE demagnetize, degauss; S. *magnetizar.*

desnudo *n*: FILM [scene showing] nudity; S. *película de sexo, explotación sexual, versión sexual.* [Exp: **desnudo integral** (FILM full frontal nudity; S. *porno blando/duro*)].

desorbitado *a*: GEN S. *precio desorbitado.*

despachar [**a un cliente**] *v*: MKTNG serve/attend to [a customer]; S. *atender.* [Exp: **despacho**[1] (GEN office; desk), **despacho**[2] (MNGMNT/MKTNG dispatch, forwarding; S. *remisión*), **despacho de pedido** (MKTNG order fulfilment)].

despampanante *col a*: GEN eye-catching *col*, dazzling, stunning[1]; S. *sensacional, magistral, apabullante, deslumbrante.*

despedida *n*: RADIO/TV close-down, outro *col*; S. *punto final.* [Exp: **despedir** (GEN dismiss, fire *col*; S. *poner de patitas en la calle*), **despedir un programa** (TV/RADIO bring [the show/broadcast] to an end, sign off; S. *cerrar la emisión*)].

despertar el interés de *v*: GEN appeal to; S. *atraer, seducir.*

desplazamiento *n*: GRAL movement, trip; S. *gastos de desplazamiento.* [Exp: **desplazamiento** [**vertical por pantalla**] (IMAGE scroll, scrolling)].

desplegable *n*: ADVTG brochure, centrefold, spread. [Exp: **desplegable central** (PRESS/ADVTG centrefold), **desplegable** [**de portada**] (PRESS/ADVTG foldout, gatefold), **desplegable con encarte en relieve** (ADVTG pop-up), **desplegar** (GEN/ADVTG display[1]; S. *hacer alarde, exponer*), **despliegue** (ADVTG display[1]; S. *alarde, demostración*), **despliegue informativo** (MEDIA coverage; S. *gran despliegue informativo*), **despliegue infor-**

mativo excesivo (MEDIA media overexposure; S. *cobertura abusiva/excesiva*), **despliegue informativo impresionante** *col* (MEDIA wall-to-wall coverage *col*)].

destacado *a*: GRAPHICS prominent, highlighted, leading; S. *en grandes titulares; importante, puntero, líder.* [Exp: **destacado en el lugar preciso** (MEDIA on the spot; S. *sobre el terreno, corresponsal, enviado especial*), **destacar-se** (GRAPHICS highlight, silhouette, emphasize; stand out, stress; display[3]; S. *siluetear, sobresalir, subrayar*), **destacar como noticia principal** (MEDIA lead[1]; S. *noticia principal*), **destacar periodistas a una zona** (PRESS send journalists to an area), **destacar un punto** (GEN drive home a point; S. *subrayar un punto*)].

destape, película/programa de *col n*: FILM girlie film/show *col*, film/show with some flesh on display, *approx* T and A show *col*; specifically the term refers to Spanish films of the early and mid-seventies, when a certain amount of nudity began to be tolerated "so long as it was essential to the script" *–por exigencias del guión–.*

destello *n*: IMAGE/FILM beam; flash; S. *haz de luz, destello, relámpago.*

desteñir *v*: GRAPHICS bleach; fade, wash down; S. *blanquear, lavar, destintar, perder color.* [Exp: **desteñido** (IMAGE faded; S. *lavado, pagado*)].

destinatario *n*: GEN/MKTNG addressee; recipient; S. *domicilio; receptor.*

destintar *v*: GRAPHICS bleach, fade, discolour; S. *blanquear, desteñir.*

desvanecerse *v*: GRAPHICS evanesce; S. *difuminarse.* [Exp: **desvanecimiento**[1] (GRAPHICS evanescence; S. *esfumación, difumino*), **desvanecimiento**[2] (IMAGE/AUDIO fading)].

desvirar *v*: GRAPHICS trim.

detalle[1] *n*: GEN detail, feature[1]; S. *rasgo.* [Exp: **detalle**[2] (FILM detail shot; S. *plano* *detalle*), **detallar** (GEN detail, itemize; S. *pormenorizar; desglosar*), **detallista** (MKTNG retailer; S. *minorista; mayorista, concesionario; bonificación*)].

detener la cámara *v*: FILM hold the shot; cut[2]; S. *corte, cortar.*

deterioro *n*: GEN damage, wear and tear, decay; S. *efecto deterioro.* [Exp: **deteriorar-se** (GEN damage, spoil; cause wear and tear to, be spoiled/damaged)].

deudas *n*: MNGMNT debts; liabilities; S. *pasivo, debe; activo.* [Exp: **deudores** (MNGMNT accounts receivable, debtors; S. *acreedores, clientes*)].

devanado *a*: GEN winding; S. *bobinado.*

devengar *v*: MNGMNT earn, accrue; S. *obtener, percibir; producir, ganar.*

devolución *n*: MKTNG refund, return; S. *reembolso, reintegro, bonificación.* [Exp: **devolución garantizada** (MKTNG money-back guarantee), **devoluciones [por correo]** (MKTNG/PRESS unsold copies; nixies *col*; misdirected letters), **devolver** (GEN return, send/give/hand back; refund)].

día *n*: GEN day. [Exp: **día laborable** (MNGMNT working day), **días de mal tiempo** (FILM weather days)].

diablillo *n*: GEN/PRESS gremlin[1], jinx, bug; S. *duende.*

diafragma *n*: FILM/IMAGE diaphragm, F-stop, stop[2], iris; S. *abertura de diafragma, obturador, iris.*

diagrama *n*: GEN diagram, table, chart[2]; S. *cuadro, tabla, esquema, gráfica, gráfico.*

dial [de la radio] *n*: RADIO dial.

diálogo *n*: FILM/TV dialogue; S. *banda de diálogos, monólogo.*

diapositiva *n*: IMAGE slide, transparency; S. *filmina, transparencia, proyector de diapositivas, carrusel, pasar diapositivas.*

diario *n*: PRESS daily, daily paper, paper, newspaper. [Exp: **diario hablado** (RADIO news bulletin/programme; S. *boletín informativo, parte*), **diario del rodaje** (FILM camera log, record)].

dibujante *n*: GRAPHICS draftsman/draughtsman; S. *delineante.* [Exp: **dibujar** (GRAPHICS draw, sketch; S. *abocetar, trazar, bosquejar, esbozar*), **dibujante publicitario** (DESIGN designer; S. *proyectista, diseñador*), **dibujo** (GRAPHICS drawing, design, picture; S. *cuadro, imagen*), **dibujo/pintura a la aguada** (GRAPHICS wash drawing; S. *aguada*), **dibujo a línea** (GRAPHICS line drawing/illustration), **dibujo a mano alzada o a pulso** (DESIGN freehand drawing), **dibujo al carbón** (GRAPHICS charcoal sketch/drawing; S. *acuarela, grabado, aguafuerte*), **dibujos animados** (FILM cartoon[2] cartoon film)].

diente *n*: FILM/IMAGE sprocket, cog; S. *piñón, tambor dentado.*

diéresis *n*: LING/GRAPHICS dieresis, diaeresis.

dietas *n*: MNGMNT expenses, [per diem/subsistence] allowance. [Exp: **dietas para gastos de viaje** (MNGMNT travel/travelling allowance)].

diferido, en *a*: FILM/TV/GEN canned, prerecorded; delayed-broadcast, in the can; S. *enlatado; retransmisión en diferido.*

difuminado *a/n*: GRAPHICS/IMAGE diffused, tinted, vignetted, diffusing; vignetting; S. *difumino, degradado.* [Exp: **difuminar** (GRAPHICS diffuse[2]; evanesce, tint; S. *colorear, esfumar*), **difuminar los bordes** (GRAPHICS/DESIGN vignette; S. *bordes difuminados*), **difumino** (GRAPHICS diffuser; diffusing; S. *disfumino, esfumino, difuminado*)].

difundir-se *n*: GEN/MEDIA spread, publish, publicize, put/give out; broadcast, transmit; S. *esparcir-se.* [Exp: **difusión** (PRESS/MEDIA circulation[2], readership, audience; coverage; broadcast, broadcasting, transmitting/transmission; publicity; S. *número de lectores, tirada*), **difusión controlada** (PRESS controlled circulation), **difusión diaria efectiva**

(MEDIA daily effective circulation, DEC), **difusión neta** (MEDIA net circulation/ coverage)].

difuso *a*: LING diffuse³; vague; S. *verboso, impreciso, poco preciso.*

digital *a*: AUDIO digital; S. *analógico.* [Exp: **digitalización** (AUDIO digitalization), **digitalizar** (AUDIO digitalize)].

dinámico *a*: MNGMNT/MKTNG aggressive; S. *emprendedor.*

diorama *n*: OUTDOOR diorama.

díptico *n*: GRAPHICS/ADVTG brochure, pamphlet, folder, diptych; specifically, a four-panel brochure is meant, i.e. a sheet with a single fold, printed front and back; S. *folleto, tríptico publicitario.*

dirección¹ *n*: GEN address; S. *señas, domicilio, destinatario.* [Exp: **dirección²** (MNGMNT management, direction; directorate; managership; guidance, leadership; S. *directiva, gestión, gerencia, administración*), **dirección comercial** (MNGMNT business address; management), **dirección de la mirada de un intérprete** (FILM eyeline; S. *línea de visión*), **dirección de empresas** (MNGMNT business management), **dirección de producto** (MKTNG product management), **dirección telegráfica** (GEN telegraphic/ cable address), **direccionador** (INTERNET router; S. *enrutador, encaminador*)].

directiva *n*: MNGMNT board, management; S. *junta directiva.* [Exp: **directivo¹** (MNGMNT managerial; S. *administrativo*), **directivo²** (MNGMNT executive; director; board member, company director), **directivo ficticio** (MNGMNT dummy director)].

directo¹ *a*: GEN/FILM/TV live, actual, direct. [Exp: **directo²** (GRAPHICS half-tone, direct half-tone; S. *medio tono, semitono*), **directo, en** (TV on-line; live; in performance; S. *real, en vivo, retransmisión en directo*), **directo [sin fondo]** (GRAPHICS outline half-tone; S. *semidirecto*)].

director¹ *n*: MNGMNT/MKTNG director, head, manager, chief officer, chief; boss *col*; S. *a discreción del director.* [Exp: **director²** (PRESS editor¹; S. *director adjunto, redactor jefe*), **director accidental** (MNGMNT/ MKTNG acting director), **director adjunto¹** (MNGMNT/MKTNG associate/deputy director), **director adjunto²** (PRESS subeditor¹; S. *redactor jefe, director*), **director comercial** (MNGMNT/MKTNG sales/ marketing manager; S. *jefe/gerente de ventas*), **director creativo** (ADVTG creative director; S. *director de producción*), **director creativo ejecutivo** (ADVTG executive creative director), **director de arte** (ADVTG art director², visualizer; S. *director creativo, director de producción*), **director de campaña** (MNGMNT/MKTNG/ADVTG campaign manager), **director de compras** (MNGMNT/ADVTG media buyer, mediabuying director; S. *central de compras*), **director de cuentas** (MNGMNT/ADVTG account/manager/supervisor; S. *supervisor de cuentas*), **director de departamento/sección** (MNGMNT/MKTNG section head, head of department), **director de empresa** (MNGMNT general manager; S. *gestor, administrador, gerente*), **director de escena** (SHOW stage director/manager, producer; S. *realizador, regidor; director de interiores*), **director de fotografía** (FILM director of photography; S. *iluminador*), **director de grupo de cuentas** (MNGMNT/ADVTG group account director), **director de imagen/iluminación** (FILM/IMAGE lighting director; S. *eléctrico*), **director de interiores** (FILM studio manager; S. *rodaje en interiores; director de escena*), **director de marketing** (MKTNG marketing director), **director de medios** (ADVTG/MNGMNT media director, media buyer), **director de orquesta** (AUDIO conductor), **director de planta de unos grandes almacenes** (MNGMNT floor manager), **director de producción**[1] (FILM production manager), **director de producción**[2] (ADVTG producer[5], production director; S. *director creativo, director de arte*), **director de redacción** (PRESS/MEDIA editor, section head, editorial director), **director de servicios al cliente** (MNGMNT/ADVTG client/customer service director), **director ejecutivo** (MNGMNT managing director, executive officer), **director externo** (MNGMNT outside director), **director general**[1] (MNGMNT/MKTNG general manager, director general, chief executive officer, CEO), **director general**[2] (PRESS chief/general editor), **director general adjunto** (MNGMNT deputy managing director, assistant general manager), **director gerente** (MNGMNT managing director; S. *consejero delegado*), **director técnico** (FILM/TV technical director; S. *técnico, ayudante técnico*)].

directriz *n*: GEN guideline; S. *pauta, línea maestra.*

dirigir *v*: MNGMNT manage, direct [a film/show]; produce; run[3]; S. *gestionar, administrar, controlar; planificar, intervenir, estar al frente.*

disco *n*: AUDIO/IMAGE record; disc/disk; release, platter *col*; S. *disquete; grabar.* [Exp: **disco compacto** (AUDIO/IMAGE compact disc; S. *CD-ROM*), **disco óptico** (IMAGE optical disk), **discográfico** (AUDIO record, recording; S. *sello discográfico, casa discográfica*), **discoteca**[1] (AUDIO record library; S. *filmoteca, biblioteca, hemeroteca*), **discoteca**[2] (AUDIO discotheque; S. *sala de fiestas*)].

discreción del director, a *phr*: ADVTG/TV/RADIO [at the] best time available, at the producer's discretion.

discurso[1] *n*: FILM/LING discourse; speech; S. *exposición, narración, descripción; habla.* [Exp: **discurso**[2] (GEN/LING

address, lecture, speech; S. *alocución, conferencia*)].

discusión en grupo *n*: MKTNG group/panel discussion; S. *tempestad/tormenta/debate de ideas.*

diseñador *n*: DESIGN designer; layout artist/man; S. *dibujante publicitario, proyectista, maquetista.* [Exp: **diseñador de carteles** (OUTDOOR poster artist/designer; S. *cartelista*), **diseñador de iluminación** (FILM/TV gaffer, chief lighting technician, juicer *col*; S. *jefe de eléctricos, jefe de luminotecnia, electricista-jefe*), **diseñador de vestuario** (FILM/TV costume designer, wardrobe [designer]; S. *figurinista*), **diseñar** (DESIGN design; draw, sketch, plan, form, lay out; S. *ordenar, arreglar, disponer, trazar*), **diseño** (DESIGN design, drawing, sketch, plan, style, form, inventive arrangement, layout[2]; S. *estilo, modelo; casa de diseño; maquetación*), **diseño asistido por ordenador** (DESIGN computer-assisted design, CAD), **diseño de página** (GRAPHICS page layout/make-up; S. *maqueta de página*), **diseño gráfico** (GRAPHICS graphic design), **diseño y maquetación** (DESIGN design and paste-up)].

disfumino *n*: GRAPHICS diffuser; S. *esfumino, difumino.*

disminución *n*: MKTNG/GEN shortfall; S. *deficiencia; diferencia, déficit.*

disolvente *n*: GRAPHICS thinner.

dispensador *n*: MKTNG dispenser, vending-machine; S. *máquina expendedora.* [Exp: **dispersar** (MKTNG dispense; S. *distribuir, administrar, repartir*)].

dispersión *n*: AUDIO/ADVTG/GEN dispersion; scattering; S. *cobertura; atomización; ángulo de dispersión ancho/estrecho.* [Exp: **dispersar** (GEN scatter, disperse)].

disponer *v*: DESIGN/GRAPHICS display, lay out; S. *diseñar, ordenar, arreglar.* [Exp:

disponibilidades [de espacio] (MEDIA/ ADVTG space availability), **disponible** (GEN available; in stock; S. *utilizable; agotado, sin existencias*)].

disposición *n*: GEN/GRAPHICS set-up, arrangement, format, layout; S. *disposición, colocación, configuración; organización de focos, cámaras, micrófonos,* etc.

disquete *n*: AUDIO/IMAGE diskette; S. *disco.*

distancia *n*: GEN/IMAGE distance; depth of focus, focal length; S. *campo focal.* [Exp: **distancia focal** (IMAGE depth of focus, focal length; S. *campo focal*), **distancia [entre una valla y la línea de tráfico]** (OUTDOOR setback), **distancia hiperfocal** (IMAGE hyperfocal distance)].

distopía *n*: FILM dystopia.

distorsión *n*: AUDIO distortion, blip *col,* bloop *col;* leak[2]; S. *ruido de fondo.* [Exp: **distorsión de los bordes de una imagen** (TV/IMAGE fringe[2]), **distorsionar** (AUDIO distort)].

distribución[1] *n*: FILM/MKTNG distribution; delivery; S. *canal de distribución; reparto.* [Exp: **distribución**[2] (DESIGN layout[1]; S. *trazado, ordenación*), **distribuidor** (FILM/MKTNG distributor, stockist, broker, supplier, caterer, purveyor; S. *proveedor, empresa comercializadora, suministrador, rutero*), **distribuir** (MKTNG distribute, dispense, supply; S. *administrar, suministrar, repartir, dispensador, suministrador*)].

distrito *n*: GEN district; S. *zona, área.* [Exp: **distrito postal** (GEN post code, zip code *US*)].

diversificación *n*: MKTNG diversification.

diversión *n*: GEN entertainment[1]; fun, amusement; S. *entretenimiento.* [Exp: **divertimento** (FILM/SHOW caper [film] *col,* lighthearted play, divertimento)].

dividir *v*: GEN split, divide; S. *unir.* [Exp: **división** (GEN split, division)].

divulgar *v*: ADVTG/MEDIA report; disclose; publicize, publish; S. *publicitar, anun-*

ciar, dar a conocer, hacer público, publicitar. [Exp: **divulgación** (GEN/MEDIA spread, spreading, circulation, report [ing], publication; disclosure; popular feature, general interest story/feature/ article; S. *proliferación, propagación, difusión, diseminación, extensión*), **divulgar-se** (GEN/MEDIA spread; S. *difundir-se, extender-se, propagar-se*)].

do *n*: AUDIO do; C; unlike English musical notation, Spanish attributes a set value to notes on the scale; thus *do, re, mi,* etc. can be translated as either "do, re, mi", etc. or as "C, D, E", etc.

doblar[1] *v*: GEN/GRAPHICS double; bend, fold [up/over]; S. *pliegue, plegar; duplicar.* [Exp: **doblar**[2] (FILM dub; S. *repicar*), **doblaje** (MKTNG dubbing; foleying; lip-sync; S. *sincronización de labios y sonido, mezcla*), **doblaje automático** (FILM ADR, automatic dialogue replacement), **doble** (FILM [body] double, stand-in; stuntman, stuntwoman; lookalike; S. *sustituto, suplente, sosia, actor/actriz, intérprete, plus de peligrosidad*), **doble banda** (FILM/ADVTG double head, interlock; S. *copia casada; proyección a doble banda*), **doble díptico** (GRAPHICS double diptych; S. *cuadríptico*), **doble espacio** (TYPE double space), **doble exposición** (IMAGE double exposure; S. *superposición*), **doble imagen** (IMAGE/TV ghost[1]; S. *imagen fantasma, espectro*), **doble página** (ADVTG/MKTNG double page spread, DPS; S. *anuncio a doble página*), **doble versión** (FILM double version)].

docudrama *n*: TV docudrama, re-enactment, dramatization.

documental *n*: ADVTG/FILM/TV documentary. [Exp: **documentalista** (FILM documentary maker)].

domicilio *n*: GEN home, address; S. *señas, dirección, destinatario; distrito postal.*

dominical *n*: PRESS Sunday supplement, colour supplement; S. *suplemento.*

don *n*: GEN gift, talent; S. *talento, gracia, facilidad.*

dorso *n*: GEN back[1], reverse side; S. *reverso.*

drama *n*: FILM/SHOW drama; S. *comedia; género literario.* [Exp: **drama rural/ urbano** (FILM rural/urban drama), **dramaturgo** (FILM/SHOW playwright), **dramón** *col* (TV melodrama, tearjerker *col*, sob story/stuff *col*; S. *culebrón, folletín, historia lacrimógena)*].

duende, duendecillo *n*: PRESS/GRAPHICS/ IMAGE gremlin, bug, jinx *col*; S. *diablillo.*

dúplex *n*: GEN duplex; S. *bilateral.*

duplicación *n*: GEN/ADVTG/MKTNG duplication; copying; S. *desduplicación; tiraje.* [Exp: **duplicación de anuncios** (MKTNG double-carding), **duplicación de audiencia** (MKTNG audience duplication), **duplicado** (GRAPHICS/AUDIO/IMAGE duplicate, copy), **duplicado de seguridad** (FILM/AUDIO safety copy, backup copy; S. *positivo de seguridad)*, **duplicado, por** (GEN in duplicate), **duplicar**[1] (FILM duplicate; transfer[2]; S. *repicar)*, **duplicar**[2] (MKTNG double; S. *doblar)*].

duración *n*: GEN length, duration, time, run/running time; S. *extensión, segundaje, tiempo de ejecución.* [Exp: **duración indefinida, de** (GEN open-ended; S. *abierto)*, **durar** (SHOW/FILM run[10], last; S. *estar en cartel)*].

E

echar *col v*: FILM/TV show/put on [a film/programme]; S. *hacer, poner.*

eclipsar *n*: FILM upstage; S. *anular, chupar cámara* col.

eco *n*: AUDIO echo; S. *reverberación.* [Exp: **ecos de sociedad** (PRESS society pages; hatches, matches and despatches *col*, intimations pages)].

ecualización *n*: AUDIO equalization. [Exp: **ecualizador [de sonido]** (AUDIO equalizer; S. *alta fidelidad*)].

edad *n*: GEN/MKTNG age; S. *hábitat, estatus, clase social.*

edición[1] *n*: FILM/RADIO/TV edition, editing, cutting[1]; S. *montaje.* [Exp: **edición**[2] (PRESS/GRAPHICS edition[1]), **edición no vendida** (GRAPHICS remainder, unsold copies, remaindered copies; S. *resto, residuo*), **edición puente** (GRAPHICS run-on[3]; S. *tirada adicional*), **edición regional [de un periódico]** (PRESS local edition, zoned edition *US*), **editar** (GRAPHICS publish; edit; S. *publicar, anunciar, divulgar*), **editar una película** (FILM edit, cut[3]; S. *montar*), **editor** (GRAPHICS/PRESS editor, publisher; strictly speaking, the Spanish term refers to the owner or head of a publishing house; a film editor is a *montador* and a newspaper editor is a *redactor* or *director*; however, recent usage has brought the term closer to one English sense of "editor", i.e. the person who prepares the text of an edition of a work written by someone else and sees it through the press; more careful Spanish speakers still prefer *encargado de [la] edición* in this sense; S. *editorial*[2]), **editorial**[1] (PRESS/MEDIA editorial, leader article, feature article; S. *artículo de fondo*), **editorial**[2] (PRESS publisher; S. *fondo editorial*), **editorial radiofónico** (RADIO radiotorial), **editorialista** (PRESS/MEDIA editorialist, leader writer)].

educto *n*: MKTNG/MNGMNT output; term used principally in Latin American Spanish; S. *salida; producción.*

efectista *n*: SHOW/FILM stagey *col*, flashy *col*, showy *col*; S. *teatral, exagerado.*

efectividad *n*: GEN effectiveness; S. *eficacia.* [Exp: **efectivo** (GEN efficient, effective)].

efecto *n*: GEN effect, outcome; influence; impact, impression; S. *influencia, impacto, impresión.* [Exp: **efecto aureola** (MKTNG halo effect; fringing) **efecto borde** (IMAGE edge effect), **efecto de atracción de un producto** (MKTNG consumer appeal; S. *atractivo*), **efecto de arrastre** (MKTNG lagged effect, carry-over effect), **efecto de desgaste, decadencia o dete-**

rioro (MKTNG decay effect; S. *saturación, desgaste*), **efecto emotivo** (GEN/MKTNG emotional appeal), **efecto generalizado** (MKTNG blanket effect), **efecto noche** (IMAGE/FILM night effect; S. *noche americana*), **efecto óptico** (FILM/IMAGE optical effect), **efecto remanente** (MKTNG carryover effect), **efecto retardo** (TV lag; S. *retardo*), **efecto vacilante** (DESIGN dithering), **efectos [especiales]** (IMAGE/AUDIO special effects, sfx; opticals; S. *truca*), **efectos secundarios** (GEN side effects; S. *noticia secundaria, secundario*), **efectos luminosos** (SHOW stage lighting; S. *luminotecnia, iluminación*), **efectos sonoros** (AUDIO sound effects, foley; S. *banda sonora*), **efectos visuales** (IMAGE visual effects, visuals *col*, opticals)].

efectuar un barrido *v*: FILM pan[1]; S. *panorámica, barrido*.

eficacia *n*: GEN/MKTNG effectiveness, efficacy, efficiency; S. *efectividad*. [Exp: **eficaz** (GEN effective, effectual; S. *útil, práctico*)].

eficiencia *n*: GEN/MKTNG efficiency, efficacy; S. *eficacia, efectividad, productividad*. [Exp: **eficiente** (GEN/MKTNG efficient; S. *eficaz*)].

eflorescencia *n*: TV blooming; S. *exceso de brillo; pérdida de nitidez*.

eje *n*: GEN axis. [Exp: **eje de acción** (film imaginary line, action axis, axis of action; S. *línea de interés o imaginaria*), **eje de profundidad** (GEN/FILM/IMAGE z-axis), **eje horizontal** (GEN/FILM/IMAGE x-axis), **eje vertical** (GEN/FILM/IMAGE y-axis)].

ejecutivo *n/a*: MNGMNT executive. [Exp: **ejecutivo de cuentas o de contacto** (MNGMNT/ADVTG account executive, account handler)].

ejemplar *n*: PRESS copy, issue, sample; S. *número, espécimen; muestra*. [Exp: **ejemplar de obsequio o gratuito** (MKTNG complimentary copy/issue, sample copy, review copy; S. *número gratuito*), **ejemplar en limpio** (GRAPHICS fair copy), **ejemplar testimonial** (GEN checking copy, tear sheet), **ejemplares adicionales gratuitos** (GRAPHICS/PRESS bonus circulation)].

ejercer de negro *v*: PRESS/MEDIA ghost, ghost-write; S. *escribir por otro*.

elaborar *v*: MNGMNT work out; S. *idear, concebir*.

electricidad *n*: GEN electricity. [Exp: **electricista** (FILM/TV electrician, gaffer, juicer *col*; S. *jefe de eléctricos*), **eléctrico** *col* (FILM/TV electrician, gaffer, juicer *col*), **electrodomésticos** (GEN household appliances), **electroimpresión** (GRAPHICS electroprinting; S. *impresión electrónica*), **electrotipia** (TYPE electrotypy; electrotyping; S. *galvanotipia, electrotipo*), **electrotipo** (TYPE electrotype; S. *electrotipia, galvanotipia*)].

elegante *a*: MKTNG/ADVTG elegant, fashionable, smart, tasteful, graceful, polished. [Exp: **elegante, poco** (MKTNG/ADVTG inelegant; tasteless, graceless, coarse; down-market; S. *mercado popular, de calidad inferior*)].

elemento *n*: GEN element, ingredient, item[1]; S. *pieza, punto, artículo*.

elenco de actores *n*: FILM cast[1]; S. *reparto/cuadro de actores*.

elepé *n*: AUDIO long-playing record, LP.

eliminar *v*: FILM/TV cut [out], eliminate, remove, drop, jump out *col*; S. *cortar*.

elipsis *n*: LING/GEN/FILM ellipsis.

elite *n*: TYPE elite; S. *pica*.

embalar *v*: MKTNG pack, package, wrap, crate; S. *envasar, enlatar, empacar, empaquetar*. [Exp: **embalado** (MKTNG packed; packaged, wrapped; S. *empaquetado*), **embalado al vacío o con papel de plástico transparente** (MKTNG shrink-wrapped; vacuum-packed/sealed, airtight), **embalado herméticamente**

(MKTNG vacuum-sealed, packed in airtight containers), **embalador** (MKTNG packer; S. *empaquetador*), **embalaje** (MKTNG package; packaging; wrapping, packing; packing case; pack; S. *envase, envoltorio, cajón de embalaje; acolchamiento*), **embalaje absorbente** (MKTNG absorbent package; S. *acolchamiento*), **embalaje de plástico de tipo burbuja** (MKTNG bubble card/pack), **embalaje defectuoso** (MKTNG defective/faulty package/packaging), **embalaje en jaulas** (MKTNG packing in crates), **embalaje expositor** (MKTNG floor-stand), **embalaje impermeable** (MKTNG waterproof packing), **embalaje marítimo** (MKTNG packing for shipment, export packing), **embalaje para la exportación** (MKTNG export packing), **embalaje resistente al agua** (MKTNG waterproof packaging; floating bag), **embalaje reutilizable** (MKTNG reusable packaging), **embalaje y marcado** (MKTNG packing and marking)].

embargar una noticia *v*: PRESS/MEDIA hold a story, keep back a story, back [up] a story; put a holding order or an embargo on a story.

embellecedor [de una valla publicitaria] *n*: OUTDOOR trim[2]; S. *bocel, moldura.*

emborronar *v*: IMAGE smudge, blur.

embuchado [de sobres] *n*: ADVTG/GRAPHICS stuffing; S. *ensobrado.*

emilio *col n*: INTERNET e-mail [message]; S. *correo electrónico.*

emisión *n*: RADIO/TV broadcast; emission, transmission; S. *transmisión, recepción.* [Exp: **emisora** (RADIO [broadcasting] station, radio station, broadcasting centre; broadcaster[1]; S. *centro emisor*), **emisora asociada a una red** (RADIO network associate), **emisora central** (RADIO feed point), **emisora de onda media** (AUDIO/RADIO AM radio station), **emitir** (RADIO/TV broadcast, air; issue, emit; run[9], put out, deliver; S. *ofrecer, publi-*

car; radiar, televisar, transmitir), **emitir/dar por televisión** (TV screen, broadcast, show, put on/out)].

emolumento *n*: GEN emolument, fee; S. *honorarios, gratificación.*

empacar *v*: MKTNG pack; package; wrap, crate; S. *empaquetar, embalar, envasar.*

empalmar *v*: FILM join, splice; S. *unir, juntar.* [Exp: **empalmadora** (FILM splicer), **empalme** (FILM splice, join, joint; S. *unión, juntura*), **empalme invisible** (FILM invisible editing/cutting, academic editing)].

empaquetar *v*: pack; package; wrap; S. *embalar, envasar.* [Exp: **empaquetado engañoso o fraudulento** (MKTNG deceptive packaging), **empaquetado vesicular** (MKTNG skin pack, blister pack; S. *envase burbuja*)].

emparejar *v*: GEN match, pair [up]; even up; S. *ajustar, casar.* [Exp: **emparejamiento** (GEN matching)].

emparrillado *n*: GEN grid[1]; S. *reja, parrilla.*

empastar[1] *v*: GEN paste. [Exp: **empastar**[2] (TYPE bind [in cloth/boards]), **empaste** (TYPE binding)].

emplazamiento [de un anuncio] *n*: ADVTG/OUTDOOR position, positioning; location, site; S. *ubicación, [anuncio] junto a texto escrito, [anuncio] frente a texto, colocar, posicionar.* [Exp: **emplazamiento fijo** (ADVTG fixed position/location), **emplazamiento geográfico** (GEN/MKTNG habitat; S. *hábitat, estatus, edad, clase social*), **emplazamiento preferente** (ADVTG preferred position), **emplazar** (ADVTG/OUTDOOR place, position; put/set/paste [up])].

emprendedor *a*: MNGMNT/MKTNG agressive; S. *dinámico.*

empresa *n*: GEN/MKTNG enterprise, undertaking, venture; firm, company, corporation. [Exp: **empresa comercializadora** (GEN/FILM/MKTNG distributor; S. *distribuidor*), **empresario-a** (MKTNG businessman, businesswoman; entrepreneur, employer; manager), **empresario individual** (MKTNG sole trader, one-man business)].

emulsión *n*: FILM/IMAGE emulsion; S. *velocidad de emulsión*.

encabezamiento *n*: PRESS heading, headline, running head; caption, opening; S. *epígrafe, titular, título*. [Exp: **encabezar**[1] (GEN lead, head, top, be at the head of), **encabezar**[2] (PRESS lead, entitle, put/give a heading/title to), **encabezar el reparto** (FILM/SHOW head/top the bill, star; S. *protagonizar, encarnar un papel*)].

encadenado *n*: FILM dissolve, lap, lap dissolve, fade-in, superimposition, cross-lap, cross-dissolve, mix, X; S. *fundido*. [Exp: **encadenado con desenfoque** (IMAGE/FILM out-of-focus dissolve/fade)].

encaminador *n*: INTERNET router; S. *direccionador, enrutador*.

encarecer [un producto] *v*: MKTNG raise/put up the price of a product, make a product dearer. [Exp: **encarecimiento** (MKTNG rise/increase in costs or prices, rising prices, increasing cost or expense, price rise)].

encargado *n*: MNGMNT supervisor, person in charge, manager. [Exp: **encargado de continuidad** (FILM/TV continuity[4]; continuity man/girl; S. *secretario de rodaje*), **encargado de figuración** (FILM extras casting, casting director), **encargado de posproducción** (FILM executive producer, executive in charge of postproduction), **encargado de restauración** (GEN/FILM caterer; S. *restauración*), **encargada del consultorio sentimental** (PRESS/MEDIA agony aunt *col*), **encargar**[1] (MKTNG order; S. *pedido, sólo por encargo*), **encargar**[2] (FILM/SHOW/TV commission), **encargo**[1] (MKTNG [special] order; charge, responsibility; S. *pedido, sólo por encargo*), **encargo**[2] (FILM/SHOW/TV commission), **encargo, sólo por** (MKTNG available to order), **encargo, por** (GEN on specification, on spec)].

encarnar un papel *v*: SHOW/FILM play a role/part, take a/the part [of]; S. *encabezar el reparto*.

encartar *n*: PRESS/GRAPHICS insert, inset. [Exp: **encarte** (PRESS/GRAPHICS insert[1], inset; coupon, blow-in card, tip-in, paste-in; S. *cupón*), **encarte central** (PRESS centrefold; S. *página central doble, entrepágina*), **encarte de revista** (PRESS magazine insert, blow-in card), **encarte suelto** (GRAPHICS/ADVTG free-standing insert, loose insert)].

encasillar [a alguien] *v*: FILM typecast, cast; S. *encarnar [un papel]*.

encender *v*: AUDIO/IMAGE switch/turn/put on; S. *apagar*. [Exp: **encendido** (GEN on; S. *apagado*)].

enchufado *a*: GEN on, plugged in; S. *conectado*. [Exp: **enchufar** (GEN plug in *col*, wangle *col*; do a favour, fiddle a job or cushy number for *col*; S. *entrada*), **enchufe hembra** (GEN socket, jack; S. *toma*), **enchufe macho o clavijero** (GEN plug; S. *entrada*), **enchufe múltiple** (GEN adapter, gender changer; S. *adopter*), **enchufismo publicitario** (ADVTG plugs, plugging, plugola *col*; S. *publicidad encubierta*)].

encriptación *n*: TV/GEN encryption, coding, encoding; S. *codificación, cifrado*. [Exp: **encriptar** (TV/GEN encrypt, encode, S. *cifrar, codificar*)].

encuadernar *v*: GRAPHICS bind; S. *coser*. [Exp: **encuadernar, sin** (GRAPHICS loose, in sheets; S. *hoja suelta*), **encuadernación** (GRAPHICS binding; S. *cuadernillo, folio*), **encuadernación con grapas o a caballete** (GRAPHICS saddle-stitching; S. *grapado por un lado*), **encuadernado** (GRAPHICS bound), **encuadernado, no** (PRESS loose, in-sheet; S. *en hojas sueltas*), **encuadernador** (GRAPHICS bookbinder].

encuadrar *v*: FILM frame[2]. [Exp: **encuadre**

(FILM framing, frame[2]; frame composition; S. *salida de encuadre*)].

encuesta *n*: MKTNG survey, poll; opinion poll; S. *opinión pública/publicada; sondeo de opinión, universo encuestado, base de una encuesta, cuestionario*. [Exp: **encuesta por muestreo** (MKTNG sample survey), **encuesta telefónica al azar** (GEN random digit dialling), **encuestado** (MKTNG survey respondent; S. *entrevistado, respuesta, universo encuestado*)].

enfajar *v*: MKTNG wrap; S. *envolver*.

énfasis *n*: GEN emphasis, stress.

enfocar[1] *v*: GEN approach[1]; S. *plantearse, acercarse; criterio*. [Exp: **enfocar**[2] (TV/FILM/IMAGE focus [on], home in on[2]; S. *desenfocar, sacar en primer plano*), **enfocado** (IMAGE in focus), **enfoque** (FILM focus; S. *nitidez de la imagen, enfocar*), **enfoque alterno sujeto-objeto** (FILM eye-line matching), **enfoque suave** (FILM soft focus)].

enfrentado *a*: PRESS/ADVTG facing [advertising]; S. *anuncio frente a anuncio*.

enganchar *v*: TV hook up; S. *conectar*. [Exp: **enganche** (RADIO/TV hook-up, connection; S. *conexión*)].

engañoso *a*: ADVTG misleading, deceptive; S. *empaquetado engañoso, publicidad engañosa*.

engrudo *n*: GEN paste; S. *goma, cola*.

enjundia, con *phr*: FILM/SHOW/MEDIA meaty *col*, solid, weighty, substantial; S. *jugoso, sustancioso*.

enlace *n*: MEDIA/GEN/INTERNET link, connection; S. *hiperenlace*. [Exp: **enlace vía satélite** (TV satellite link), **enlaces** (MEDIA weddings, marriages, matches *col*; S. *ecos de sociedad*)].

enlatar *v*: FILM/TV/GEN can; S. *risa enlatada; empaquetar, embalar*. [Exp: **enlatado** (FILM/TV/GEN in the can; canned, prerecorded; S. *en diferido*)].

enmarcar *v*: GRAPHICS/DESIGN frame, border, box [in/round]; S. *ribetear*.

enmascarar *v*: IMAGE/DESIGN/GRAPHICS mask [out]; S. *cachear*. [Exp: **enmascaramiento** (IMAGE/AUDIO masking)].

enmendar *v*: GEN correct; revise; amend; S. *corregir, rectificar*. [Exp: **enmienda** (GEN emendation, correction, amendment; S. *rectificación*)].

enrutador *n*: INTERNET router; S. *direccionador, encaminador*.

ensamblaje *n*: FILM assembly, assemblage; S. *montaje*. [Exp: **ensamblar** (film assemble; S. *montar*)].

ensayar *v*: FILM/SHOW rehearse, practice. [Exp: **ensayo**[1] (FILM/SHOW rehearsal, dry run, run[12]; S. *sala de ensayos; cine de arte y ensayo*), **ensayo**[2] (LING essay), **ensayo**[3] (GEN test; demo; S. *prueba*), **ensayo general** (SHOW/FILM dress rehearsal), **ensayo leído [del guión]** (FILM/SHOW read-through), **ensayo preliminar** (FILM walk-through, dry run, runthrough)].

enseñar *v*: GEN show; S. *exponer, mostrar*.

ensobrado *n*: ADVTG/GRAPHICS stuffing; S. *embuchado*.

ensombrecer *v*: GEN/RADIO/TV/IMAGE/GRAPHICS darken; black out; shadow, jam[3]. [Exp: **ensombrecer una zona** (RADIO/TV black out; S. *interrumpir la señal*), **ensombrecimiento de una zona** (RADIO/TV black-out; S. *apagón*)].

ente público *n*: LAW/MEDIA public corporation or body; Spanish TV [and radio], Spanish state TV and radio corporation; this formal expression is often jocularly reduced to [*el*] *Ente* in coloquial and journalistic usage, much as the BBC is affectionately known as "the Beeb" o "Auntie" in Britain; S. *Radiotelevisión Española*.

entendido *n*: FILM film buff *col*; expert, fan, enthusiast; S. *aficionado, experto, entusiasta*.

enterado *a*: GEN aware, conscious; S. *consciente, informado*.

entorno *n*: GEN environment, scene, setting, milieu; S. *medio, contexto, medio ambiente.*

entrada[1] *n*: GEN access, entrance; entry; input, S. *salida, acceso; aducto, educto.* [Exp: entrada[2] (MKTNG/SHOW gate, takings, take; S. *taquillaje, recaudación, [ingresos por] taquilla*), entrada[3] (FILM/TV/SHOW ticket, brief *col*), entrada[4] (SHOW/TV cue; lead-in line; S. *pie, aviso, señal de entrada, indicación; dar la entrada a alguien*), entrada[5] (GEN/AUDIO jack; S. *enchufe hembra; banco/tablero de entradas*), entrada[6] (MKTNG deposit, down-payment, cash up, front *col*; S. *depósito, entrega a cuenta, pago inicial*), entrada, sin (MNGMNT no-deposit/down-payment; deposit-free), entrada gratuita o de favor (FILM/SHOW complimentary ticket), entradilla (PRESS/MEDIA lead[2], lead paragraph; S. *titular, antetítulo, subtítulo, cuerpo de texto*), entradilla blanda (PRESS soft lead, feature lead), entradilla dura (PRESS hard lead)].

entrecomillado *n*: TYPE quotation, quote, text in inverted commas; S. *cita, comillas.* [Exp: entrecomillar (TYPE quote; place inverted commas round)].

entrefiletes *n*: GRAPHICS between borders; S. *filete.*

entrega[1] *n*: MKTNG delivery; S. *distribución, reparto; cobro a la entrega.* [Exp: entrega[2] (FILM/TV episode; sequel, follow-up[2]; S. *novela por entregas, publicar por entregas*), entrega[3] (PRESS part, instalment, issue, number, fascicule), entrega/pago a cuenta (MKTNG/MNGMNT down-payment, deposit; S. *entrada, pago inicial, depósito*), entrega a domicilio (MKTNG door-to-door delivery, home delivery), entrega contra pago/reembolso (MKTNG cash on delivery, COD; delivery against payment, D/P; delivery against cash/payment, collect on delivery), entrega gra-

tuita a domicilio (MKTNG free door-to-door delivery, delivery free), entrega inmediata (MKTNG immediate/spot delivery, delivery on call), entregar (GEN/MKTNG deliver; S. *repartir*)].

entrepágina *n*: PRESS centrefold; S. *página central doble, encarte central.*

entretenimiento *n*: GEN amusement, entertainment[1]; S. *diversión, placer; guía del ocio.*

entrevista *n*: MEDIA interview. [Exp: entrevista a fondo o en profundidad (MEDIA in-depth interview), entrevista perfil (MEDIA profile, interview-cum-profile, interview plus biographical sketch; S. *reportaje perfil*), entrevistado (MEDIA person interviewed, intervieweed, respondent; S. *encuestado*)].

entusiasta *n/a*: SHOW fan, film buff *col*; enthusiastic; S. *aficionado*)].

enunciación/enunciado *n*: LING/FILM enunciation, utterance, enounced.

envasar *v*: MKTNG pack, package; can, box, crate, bag; sack; S. *embalar, empaquetar, enlatar, a granel.* [Exp: envasar en plástico o al vacío (MKTNG shrink-wrap), envasado (MKTNG packaging; S. *envoltorio*), envasado al vacío (MKTNG vacuum-packed/-sealed, airtight; S. *embalado al vacío*), envase (MKTNG packaging, packet, packing, packing-case, pack, package, can, tin, case[2]; container; box, bottle; S. *envases y etiquetas; bidón, lata, paquete*), envase burbuja (MKTNG blister pack, skin pack; S. *empaquetado vesicular*), envase de cartón (MKTNG carton; S. *cartón*), envase de materiales a granel (MKTNG bulk packaging), envase de muestra (MKTNG dummy pack, display pack; S. *envase vacío o sin uso*), envase de plástico (MKTNG shrink-wrap), envase desechable/no retornable/no recuperable (MKTNG non-returnable empty/bottle/container), envase hermético (MKTNG airtight container, watertight case/package/packaging; S. *cierre hermético*), **envase, sin** (MKTNG loose, in bulk; S. *suelto, a granel*), **envase vacío o sin uso** (MKTNG dummy pack; S. *envase de muestra*), **envases devueltos** (MKTNG returned empties), **envases vacíos** (MKTNG empties), **envases y etiquetas** (MKTNG packaging)].

enviar *v*: GEN send; S. *entregar*. [Exp: **enviado especial** (MEDIA special correspondent; S. *corresponsal*), **enviar la señal [de un satélite]** (IMAGE/AUDIO beam down), **enviar por correo** (MKTNG/GEN mail; S. *correo, envío por correo*), **enviar por fax** (GRAPHICS/GEN/MEDIA fax; S. *faxear* col), **envío por correo** (MKTNG/GEN mailing)].

envoltorio, envoltura *n*: MKTNG packaging, package, wrapping, wrapper; S. *envase, embalaje*. Exp: **envoltorio de plástico** (MKTNG plastic wrapping; S. *retractilado*), **envoltorio de regalo** (MKTNG giftwrapping; S. *papel de regalo*), **envolver** (MKTNG wrap; S. *enfajar, envasar*), **envolver en papel de regalo** (MKTNG gift-wrap; S. *envolver para regalo*)].

épica *n*: FILM epic; S. *género*.

epígrafe *n*: PRESS title, headline, heading, caption[2]; S. *subtítulo, título, encabezamiento*.

episodio *n*: FILM episode, part; S. *entrega*. [Exp: **episódico** (FILM episodic; S. *película episódica*)].

equilibrar *v*: MNGMNT/GEN balance [up/out], offset; achieve/strike/restore a balance; put on an even keel *col*; S. *saldar cuentas*. [Exp: **equilibrar cuentas** (MNGMNT/GEN balance account; S. *saldar cuentas*), **equilibrio** (AUDIO/IMAGE/GEN balance[2]; S. *nivelar*)].

equipo[1] *n*: MKTNG/FILM crew, team, pool; S. *personal; grupo; asociación*. [Exp: **equipo**[2] (GEN facilities, outfit; S. *instalaciones*), **equipo**[3] (GEN equipment, hardware; S. *instrumental, soporte físico; aplica-*

ción, informática), **equipo**[4] (GEN kit), **equipo de rodaje o filmación** (FILM film crew), **equipo móvil** (TV/RADIO mobile unit/camera, cruiser, telecruiser), **equipo musical/estéreo** (AUDIO sound system; S. *cadena de música*), **equipo operativo** (MNGMNT task force, S. *grupo de trabajo*), **equipo/personal técnico** (FILM crew; S. *artistas*)].

equívoco *n*: LING/ADVTG ambiguity, equivocation, quibble, pun, wordplay, play on words, double meaning, double entendre; misunderstanding; S. *polisemia, juntura, ambigüedad*.

errata *n*: GEN misprint, printer's error; S. *fe de erratas*. [Exp: **error** (GEN error, mistake, blooper *col*; S. *gazapo* col, *metedura de pata* col), **error de continuidad** (FILM continuity error, goof *col*), **error de muestreo** (MKTNG sampling error)].

esbozar *v*: GRAPHICS/DESIGN outline[2], sketch, make a rough sketch of, rough out; S. *abocetar, trazar, dibujar, bosquejar, pergeñar, trazar a grandes rasgos*. [Exp: **esbozo** (GRAPHICS/DESIGN outline sketch, rough sketch, rough dummy/layout; S. *bosquejo, trazado, esquema, croquis*)].

escabroso *a*: MEDIA rather strong, risqué, blue *col*, over the top *col*, crude.

escala *n*: GEN/GRAPHICS chart, scale, ranking, S. *clasificación, hacer a escala, modelo a escala*. [Exp: **escala de clasificación** (MKTNG/MEDIA/MNGMNT rating scale), **escala de colores** (GRAPHICS/IMAGE colour chart, greychart), **escala de grises** (IMAGE greychart staircase), **escala móvil** (MNGMNT sliding scale; S. *tarifa con escala móvil*)].

escalones *n*: TV/IMAGE jaggies *col*; S. *picos*.

escándalo *n*: MEDIA scandal, outrage, shocker *col*; S. *amarillo*. [Exp: **escandaloso** (GEN shocking, scandalous, outrageous, bold, daring; filthy *col*, lewd; gossipy *col*, out to shock, given to tittle-tattle *col*; S. *horrible, espantoso, espeluznante, vergonzoso*)].

escáner *n*: IMAGE/TV scanner.

escaparate *n*: MKTNG shop window; display cabinet/window, showcase, glass case; S. *vitrina*. [Exp: **escaparate isla** (MKTNG island display), **escaparatismo** (MKTNG window dressing; S. *decoración de escaparates*), **escaparatista** (MKTNG window dresser)].

escapismo *n*: FILM escapism; S. *evasión*. [Exp: **escapista** (FILM escapist; S. *espectáculo de evasión*)].

escena[1] *n*: FILM scene; S. *secuencia, escenario, decorado*. [Exp: **escena**[2] (SHOW stage; S. *escenario, teatro, las tablas; poner en escena, escenificar, adaptación para la escena, director de escena*), **escena de acción** (FILM action scene), **escena espectacular** (FILM/SHOW stunt; S. *acrobacia, proeza*), **escena prospectiva** (FILM flash forward; S. *narración anticipada, prolepsis*), **escena real o de la vida** (ADVTG slice of life, S. *fragmento de la vida*), **escena retrospectiva** (FILM flashback; S. *analepsis; vuelta al pasado*), **escenas paralelas** (FILM parallel action; S. *montaje en paralelo*), **escenario** (SHOW/FILM stage, scene, locale, setting; scenario; S. *teatro, tablas; marco*), **escenificación** (SHOW staging; production; S. *organización, puesta en escena, montaje*), **escenificar** (SHOW stage; produce; S. *poner en escena, representar*), **escenografía** (FILM set; S. *plató*), **escenógrafo**[1] (FILM art director), **escenógrafo**[2] (SHOW stage designer, S. *decorador*)].

escribir *v*: PRESS/MEDIA/GEN write. [Exp: **escribir/pasar a máquina** (TYPE/GRAPHICS type; S. *texto mecanografiado; teclear*), **escribir por otro** (PRESS/MEDIA ghost, ghost-write; S. *ejercer de negro*), **escrito a máquina** (TYPE typewritten), **escrito, por** (GEN in writing, in black and white *col*), **escritor** (TV/FILM writer),

escritor de situaciones o gestos humorísticos (TV/FILM gagster; S. *chiste, broma, número, gesto humorístico*), **escritorio** (GEN desk; S. *artículos de escritorio*)].

esfuerzo promocional *n*: MKTNG/ADVTG weight[2].

esfumación *n*: GRAPHICS evanescence; S. *desvanecimiento, difumino*. [Exp: **esfumar** (GRAPHICS diffuse[2]; S. *difuminar*), **esfumino** (GRAPHICS diffuser; S. *difumino, disfumino*)].

eslogan *n*: GEN slogan, catchword; S. *consigna, reclamo; cierre*. [Exp: **eslogan musical** (TV/RADIO jingle; S. *acompañamiento musical*), **eslogan publicitario** (GEN catch-phrase/line; sales gimmick; S. *cierre, reclamo publicitario; tópico*)].

esmaltado *a*: GRAPHICS superglossy, glossy[1]; S. *brillante, satinado, lustroso, satinado*.

esmerado *a*: FILM/SHOW excellent, careful, conscientious, polished, smooth.

espaciado *n*: TYPE/GRAPHICS spacing; S. *interlineado*. [Exp: **espaciado reducido** (TYPE close spacing), **espaciador** (TYPE space bar), **espaciar** (GRAPHICS space out), **espacio**[1] (GEN/ADVTG/MEDIA space, slot, time; S. *compra de espacio publicitario; bloque publicitario; tiempo*), **espacio**[2] (TV/RADIO programme, broadcast; item, slot), **espacio/segmento de mercado** (MKTNG niche; creneau; S. *cuota de mercado*), **espacio deportivo** (TV/RADIO sports broadcast; S. *retransmisión deportiva*), **espacio en blanco** (GRAPHICS white space), **espacio informativo** (TV/RADIO news, news programme, newscast), **espacio para la publicidad** (TV commercial break; [break for] adverts; S. *pausa para la publicidad, anuncios*), **espacio publicitario** (ADVTG advertising space/slot, airtime), **espacio sobrante** (ADVTG leftover/unused/unsold, remnant space)].

espantoso *a*: MEDIA shocking, gruesome; S.

horrible, sanguinolento, macabro; vergonzoso.

españolada *col n*: FILM third-rate Spanish film, cheap Spanish melodrama or vulgar comedy; S. *casposo.*

esparcir-se *v*: GEN/MEDIA spread, publicize, put about; get about; S. *difundir-se.*

especialidad *n*: GEN/AUDIO/IMAGE/FILM/TV field[1], speciality, specialism, line *col*; S. *campo.* [Exp: **especialidad [asignada a un periodista]** (GRAPHICS run[4]; beat[2]; S. *distrito [periodístico]*), **especialista** (FILM stunt, stuntman, stuntwoman; S. *doble, extra, figurante; intérprete; acrobacia*)].

espécimen *n*: MEDIA copy; S. *ejemplar, número.*

espectáculo *n*: FILM/TV/SHOW show, entertainment[2]; S. *mundo del espectáculo* [Exp: **espectáculo itinerante** (SHOW road show), **espectáculo taquillero** (SHOW crowd-puller *col*, box-office success, popular/smash hit *col*), **espectáculo [de cabaret]** (SHOW floorshow; S. *número de cabaret*), **espectáculo de evasión** (FILM escapist entertainment)].

espectador *n*: TV viewer; S. *telespectador; audiencia televisiva; visionar.*

espectro[1] *n*: MKTNG spectrum, spread[3]; S. *abanico, gama.* [Exp: **espectro**[2] (IMAGE/GEN spectrum, ghost[1]; S. *doble imagen, imagen fantasma*)].

espeluznante *a*: GEN shocking; S. *horrible, escandaloso, vergonzoso.*

espesor del papel *n*: GEN weight.

esquela *n*: PRESS death notice; S. *necrológica.*

esquema *n*: GEN/GRAPHICS outline[2], chart[2]; diagram, plan, handout, scheme; rough; rough dummy/layout; S. *gráfica, gráfico, diagrama, cuadro, tabla, trazado, croquis, esbozo; plan, proyecto.*

estable *a*: GEN steady; S. *firme.* [Exp: **estabilizar** (MNGMNT steady, stabilise; settle)].

estación[1] *n*: MKTNG season; S. *temporada, campaña; oferta estacional.* [Exp: **estación**[2] (TV/RADIO station; S. *canal*), **estación terrestre** (TV/RADIO ground station), **estación transmisora** (RADIO/TV transmitter; S. *transmisor*), **estacional** (MKTNG seasonal; S. *de temporada, de campaña*), **estacionalidad** (MKTNG seasonal factor/nature/fluctuation)].

estadística *n*: GEN/MKTNG statistics.

estado *n*: GEN state, situation, condition. [Exp: **estado contable** (MNGMNT balance sheet; S. *balance de ejercicio*), **estado de la nación** (GEN/MEDIA state of the nation), **estado de opinión** (GEN/MEDIA state of public opinion)].

estampa *n*: FILM/TV/DESIGN picture, illustration, vignette; S. *ilustración.* [Exp: **estampación** (GRAPHICS stamping, tooling), **estampado** (GRAPHICS printed drawing, stamping; printed, patterned), **estampado en seco** (TYPE/GRAPHICS tooling, blind embossing, blind-blocking; S. *decorar, labrar, gofrado en seco*), **estampar** (GRAPHICS emboss, stamp, imprint[1]; S. *imprimir, grabar*), **estampar en relieve** (GRAPHICS emboss; S. *gofrar; relieve en seco*)].

estándar *n/a*: GEN standard; S. *norma, modelo, tamaño, criterio, nivel, calidad.* [Exp: **estandarizar** (GEN standardize)].

estante *n*: MKTNG shelf, rack; S. *lineal, balda, anaquel.* [Exp: **estante de exposición** (MKTNG display rack; S. *lineal*), **estantería** (MKTNG shelves, tiered shelves)].

estático *a*: GEN static; S. *publicidad estática.*

estatus *n*: GEN/MKTNG status; S. *emplazamiento geográfico, edad, clase social.*

estelar *a*: GEN star; all-star *col*; outstanding; S. *actuación estelar, participación estelar, hora estelar, tema estelar.*

estéreo *a*: AUDIO stereo; S. *mono.* [Exp: **estereofónico** (AUDIO strephonic), **estereotipo** (GEN/ADVTG/GRAPHICS stereotype)].

estilo *n*: GEN/MKTNG style; S. *modelo, diseño*. [Exp: **estilo de vida** (GEN/MKTNG lifestyle, way of life; S. *edad*), **estilista** (FILM/TV stylist), **estilística** (LING stylistics)].

estimación *n*: MNGMNT estimate; valuation; S. *presupuesto, cálculo estimativo*. [Exp: **estimar** (MNGMNT estimate, appraise, reckon, value; S. *evaluar, tasar, computar, calcular, presupuestar, hacer un presupuesto*)].

estimular *v*: GEN stimulate, encourage, boost. [Exp: **estímulo** (MKTNG stimulus, incentive, inducement, premium, encouragement, boost[2]; S. *incentivo, aliciente*)].

estrafalario, estrambótico *a*: FILM/SHOW zany; S. *alocado, loco*.

estrategia *n*: GEN/MKTNG/ADVTG strategy; S. *táctica, técnica*. [Exp: **estrategia creativa** (ADVTG copy strategy), **estrategia de comunicación** (ADVTG communicative strategy), **estrategia de creatividad** (GEN creative strategy), **estrategia de inversión** (MKTNG investment strategy), **estrategia de medios** (MEDIA media strategy), **estrategia de negocio** (MKTNG business strategy; S. *unidad estratégica de negocios*), **estrategia de seguimiento o recordatorio** (MKTNG follow-up strategy), **estrategia publicitaria** (ADVTG advertising strategy)].

estrecho *a*: GEN narrow, tight; S. *ancho*.

estrella *n*: FILM star, S. *astro, famoso, célebre; actor, actriz*. [Exp: **estrella invitada** (TV guest star, star attraction; S. *atracción estelar*), **estrellato** (FILM star system)].

estrenar *v*: FILM/SHOW open, première; S. *inaugurar*. [Exp: **estrenar, a** (MKTNG brand-new; S. *flamante*). [Exp: **estreno [de un actor/actriz** (FILM/SHOW début, first appearance), **estreno [de una obra]** (FILM/SHOW/GEN first release, first night/performance/showing/appearance, opening, première; S. *apertura, inaugu-*

ración, preestreno; poner a la venta; novedad), **estreno general** (FILM general release)].

estridente *a*: AUDIO strident, [ear-]piercing, loud, raucous.

estruendo publicitario *n*: MEDIA/MKTNG S. *lanzar con estruendo publicitario*.

estuche *n*: MKTNG case; display case; S. *vitrina*.

estudio[1] *n*: GEN/FILM study, analysis, breakdown, survey; S. *desglose, panorámica, informe*. [Exp: **estudio[2]** (FILM/TV studio; S. *estudios, plató, taller de imagen*), **estudio de costes** (GEN/FILM cost breakdown; S. *desglose*), **estudio [de informativos]** (MEDIA newsroom; S. *sección de informativos*), **estudio de filmación o de grabación** (FILM/AUDIO sound stage), **estudio de medios** (MEDIA media research), **estudio de mercado** (MKTNG market survey; S. *análisis de mercado*), **Estudio General de Medios** (GEN General Media Survey; Audit Bureau of Circulation, ABC; S. *Oficina de Justificación de la Difusión*), **estudio global de audiencia** (MKTNG all-inclusive study), **estudio insonorizado** (FILM soundproof studio), **estudios** (RADIO/TV studio[s], broadcasting centre; S. *emisora, centro emisor [de radio o de televisión]*)].

etalonado, etalonaje *n*: IMAGE timing, colour correction/grading/balance; S. *ajuste de colores*. [Exp: **etalonador** (IMAGE/DESIGN/GRAPHICS timer[2]; S. *ajuste de colores*), **etalonar** (DESIGN/GRAPHICS correct/grade/balance colour)].

etapa *n*: GEN stage, phase, point; S. *fase, tramo*.

etiqueta *n*: MKTNG label, tag; S. *rótulo, tejuelo*. [Exp: **etiqueta autoadhesiva** (ADVTG sticker, gummed label), **etiqueta [con la dirección para envío directo]** (MKTNG address label), **etiquetado/etiquetaje** (MKTNG labelling), **etiquetar** (MKTNG label, tag, brand[2]; S. *calificar*)].

eufemismo *n*: MEDIA/LING euphemism; S. *verde; censura.*

evaluar *v*: MNGMNT evaluate, rate, estimate, review, survey; S. *baremar, calificar, calcular, estimar, revisar.* [Exp: **evaluación** (GEN [e]valuation, assessment, weighting), **evaluación atomística** (MKTNG atomistic evaluation), **evaluación/ponderación del impacto publicitario** (ADVTG contact weighting), **evaluación global de una campaña publicitaria o de mercadotecnia** (MKTNG holistic evaluation)].

evaporarse *v*: GRAPHICS evanesce; S. *desvanecerse, difuminarse.*

evasión *n*: FILM escapism; S. *escapismo.*

exagerar *v*: FILM/GEN exaggerate, overdo, sensationalize, overstate; overact, ham it up *col*; S. *sobreactuar.* [Exp: **exagerado** (SHOW stagey *col*, flashy *col*, showy; S. *efectista*)].

examinar *v*: GEN examine, review; S. *revisar, evaluar, analizar.*

exceso *n*: GEN excess. [Exp: **exceso de brillo [de la imagen]** (TV blooming; S. *pérdida de nitidez, eflorescencia*), **exceso de cobertura publicitaria** (ADVTG overexposure), **exceso de texto/material** (GRAPHICS excess copy, jam[2])].

exclusiva *n*: MEDIA/PRESS exclusive [story/news release], scoop; S. *primicia, pisar la exclusiva.*

exhibir *v*: GEN display[2]; exhibit[1]; S. *exponer, mostrar.* [Exp: **exhibición** (FILM exhibition, screening), **exhibidor** (FILM exhibitor)].

existencias *n*: MKTNG stock, inventory, supply; S. *mercancías, abastecimiento, suministro, provisión, surtido.* [Exp: **existencias de seguridad** (MKTNG buffer fund/stock/inventory, safety/fallback stock, strategic safety stock), **existencias, sin** (MKTNG out of stock; S. *disponible; agotado*)].

éxito *n*: MKTNG/FILM/SHOW/AUDIO success, hit *col.* [Exp: **exitazo** *col*, **éxito de taquilla** (FILM/SHOW box-office hit *col*, smash hit, sellout, bomb *col*; S. *fracaso de taquilla, número sensacionalista, petardazo* col)].

expender *v*: GEN/MKTNG dispense; sell; vend; S. *dispensar, administrar, repartir.* [Exp: **expendedor** (MKTNG vending machine, dispenser)].

experiencia, con *phr*: MNGMNT experienced, seasoned, senior; S. *veterano.* [Exp: **expendedor** (MKTNG vending machine, dispenser)].

experto *a/n*: GEN expert, qualified, expert; S. *habilitado, autorizado, profesional, capaz, apto.* [Exp: **experto en cine** (FILM film buff *col*; S. *forofo del cine, cinéfilo*), **experto en manipulación [de los medios]** (MEDIA spin doctor *col*; S. *maestro en manipulación*), **expertos en política** (RADIO/TV/GEN political experts/analysts/commentators; S. *comentaristas políticos, política informativa*)].

exponer *v*: GEN display[1]; exhibit, show, expose[1]; S. *exhibir, mostrar, hacer alarde; expuesto.* [Exp: **exposición**[1] (GEN exhibition, show, fair[2], display[2]; S. *muestra, feria, salón*), **exposición**[2] (IMAGE exposure[1]), **exposición**[3] (LING/FILM exposition; S. *descripción, narración, persuasión*), **exposición completa** (MKTNG full showing; S. *presentación*), **exposición en** (MKTNG on display; S. *expuesto*), **exposición máxima** (RADIO/TV/GEN gross circulation; S. *audiencia total o máxima, número total de lectores*), **exposímetro** (IMAGE exposure meter; S. *fotómetro*), **expositor**[1] (MKTNG/ADVTG display/exhibition stand/case, display unit; S. *exposición, muestra*), **expositor**[2] (MKTNG exhibitor; S. *feria*), **expositor de productos** (MKTNG merchandiser)].

expresar *v*: GEN express, couch; S. *redactar.* [Exp: **expresar una opinión** (GEN/MEDIA voice/air an opinion or view; S. *voz*)].

expuesto *a*: MKTNG on display; S. *en exposición; exponer.*

extender-se *v*: GEN/MEDIA extend; spread [out]; range; S. *difundir-se, propagar-se, divulgar-se.* [Exp: **extensión** (GEN length; spread; S. *divulgación, difusión*), **extensión del campo** (OUTDOOR length of approach)].

exterior *a*: ADVTG outdoor; S. *publicidad exterior.* [Exp: **exteriores** (FILM shots taken on location, location shooting; S. *rodar en exteriores*)].

externalización empresarial *n*: MNGMNT outsourcing; S. *subcontratación.*

extra[1] *a/n*: GEN extra, additional. [Exp; **extra**[2] (MKTNG top-quality, prime [-quality]), **extra**[3] (FILM extra, crowd, supporting cast, walk-on; S. *figurante, comparsa*)].

extracto *n*: PRESS/MEDIA abridged/condensed version; summary; extract, excerpt; abridgment, abstract; though none of the standard dictionaries gives the English sense of "extract" or "excerpt" as a possible meaning of the Spanish word *extracto*, it is in common use in the newspapers, supplements and literary magazines, which regularly publish what they call, e g. *extractos de la última novela de X* –"extracts from X's latest novel"; the English-speaking reader should therefore be aware that, incorrect though this usage may be, it is found quite frequently; the context will, of course, clarify whether one is looking at an extract or a summary; purists use *selecciones* or *fragmentos* when "extract" or "excerpt" is the sense intended; S. *resumen, compendio; resumir.*

extraoficialmente *adv*: MEDIA off the record; S. *reservado.*

extremo *n*: GEN end; S. *cabo, fin.*

F

fabricar *v*: MKTNG produce, make, manufacture. [Exp: **fabricante** (MKTNG manufacturer, maker, producer; S. *productor*)].

fácil *a*: GEN easy. [Exp: **fácil de leer** (GEN easy-to-read, reader-friendly), **fácil de usar** (GEN user-friendly), **fácil manejo, de** (GEN easy-to-use, user-friendly, reader-friendly; S. *asequible, manejable*), **facilidad** (GEN gift, talent; S. *talento, don, gracia*)].

facsímil *n*: GRAPHICS/GEN/MEDIA facsimile; S. *fax, enviar por fax*.

factor de aislamiento *n*: MKTNG isolation factor.

factura *n*: MNGMNT bill[1], invoice; S. *cuenta*. [Exp: **facturable** (MNGMNT billable, chargeable), **facturación** (MNGMNT invoicing, billings[1], total sales revenue, turnover; S. *descuento por gran facturación*), **facturar** (MNGMNT invoice, bill; turn over, have a turnover [of])].

fagocitar *v*: MKTNG cannibalize.

faldón *n*: PRESS/ADVTG bottom page; shirttail; S. *pie de página*.

fallo *n*: GEN/AUDIO/IMAGE breakdown[1]; failure; mistake, error; bug *col*; S. *avería, fracaso*. [Exp: **fallo técnico** (IMAGE bug *col*, glitch; S. *problema técnico transitorio*)].

falso *a*: GEN false, fake; S. *engañoso*. [Exp:

falsificación[1] (GEN forgery, falsification), **falsificación**[2] (MKTNG knock-off *col*, fake, pass-off; S. *imitación, manipulación*), **falsificar** (GEN forge, fake, falsify; S. *manipular*), **falsa portada** (PRESS half-title, bastard title; S. *anteportada*)].

familia *n*: GEN family. [Exp: **familia de productos** (GEN/MKTNG product family; S. *asignación de producto*), **familia de tipos** (TYPE family type [family], font; S. *chupada, condensada, minúscula, mayúscula, cursiva, versalita, negrita, bastardilla*)].

famoso *a/n*: TV/FILM/SHOW famous; celebrity, celeb *col*, star; S. *de cartel, célebre*.

fanfarria *n*: AUDIO fanfare; S. *toque de corneta/trompeta*.

fantasma *n*: IMAGE/TV ghost; S. *doble imagen*.

fardo *n*: MKTNG bundle; S. *lío, atado*.

farsa *n*: FILM/TV/SHOW farce; S. *parodia*.

fase *n*: GEN stage, phase; S. *etapa, tramo*. [Exp: **fase de introducción, lanzamiento o promoción** (MKTNG pioneering stage)].

fascículo *n*: GRAPHICS fascile, fascicule.

favor *n*: GEN favour. [Exp: **favor, de** (MKTNG/MNGMNT complimentary)].

fax *n/v*: GEN fax; S. *facsímil*. [Exp: **faxear** *col* (MNGMNT fax; S. *enviar por fax*)].

fe de erratas *n*: PRENSA errata.

fecha *n*: GEN date. [Exp: **fecha de anulación** (MNGMNT cancellation date), **fecha de aparición, emisión o publicación** (MEDIA date of issue/appearance, air date), **fecha de caducidad** (MKTNG best before, expiry date, sell-by date, use-by date; S. *caducidad, consumir preferentemente antes de*), **fecha de cierre, fecha límite o fecha tope** (MNGMNT/PRESS closing date, expiry date; qualifying date, [copy date] deadline; S. *plazo*), **fecha de portada** (PRESS cover date), **fecha de vencimiento** (GEN/MKTNG deadline; due date, maturity date), **fechador** (MNGMNT dating stamp)].

Federación Nacional de Empresas de Publicidad, FNEP *n*: ADVTG National Federation of Advertising Agencies.

feria [comercial o de muestras] *n*: MKTNG trade fair/show/exhibition; S. *exposición; salón; recinto ferial; expositor; muestra.* [Exp: **feria de marroquinería** (MKTNG leather goods fair), **feria de muestras** (MKTNG samples fair), **feria del calzado** (MKTNG footwear fair, shoe fair), **feria del juguete** (MKTNG toy fair)].

ferro[prusiato] *n*: GRAPHICS blueprint, blueline; S. *cianotipo.*

festival *n*: FILM gala, festival; S. *función de gala, velada artística, noche de estreno.*

fiabilidad *n*: MEDIA reliability.

fibra *n*: GEN/GRAPHICS fibre; S. *cable de fibra óptica, óptica de fibra.* [Exp: **fibra artificial/sintética** (MNGMNT man-made/synthetic fibre), **fibra óptica** (IMAGE fibre optics)].

ficha *n*: GEN card, data card, record; token, chip. [Exp: **ficha de anunciante** (GEN/ADVTG advertiser data card), **ficha técnica**[1] (GEN technical data card, technical specifications; career, outline, checklist, summary of achievements), **ficha técnica**[2] (TV/FILM credits; S. *créditos*), **ficha técnica**[3] (PRESS/GRAPHICS index [of

plates, etc.), **fichero** (GEN filing cabinet, card index cabinet; index card file), **fichero [de ordenador]** (GEN file; S. *archivo*), **fichero de proveedores** (MNGMNT resource file)].

ficticio *a*: GRAPHICS/ADVTG mockup, dummy; S. *maqueta preliminar; directivo ficticio.*

fidelidad[1] *n*: MKTNG loyalty; S. *lealtad.* [Exp: **fidelidad** (AUDIO fidelity; S. *alta fidelidad*), **fidelidad a una marca** (MKTNG brand loyalty; custom[1]; S. *lealtad a una marca*)].

fiebre/locura compradora *n*: MKTNG shopping spree *col.*

figura del lenguaje *n*: LING figure of speech; S. *lenguaje figurado, metáfora, metonimia, sinécdoque.* [Exp: **figura [del mundo del espectáculo, deporte, etc.]** (FILM/TV/SHOW big star *col*, crowd-puller *col*, leading light *col*, leading figure, celebrity), **figura del pensamiento** (LING figure of thought)].

figuración *n*: FILM supporting cast; S. *extra.*

figurante *n*: FILM supporting actor, extra, walker-on, actor/actress taking a bit part; S. *comparsa, extra, papel de figurante, artista invitado, especialista; intérprete; encargado de figuración.*

figurín *n*: PRESS/FILM knitting pattern, fashion plate; composite; S. *desfile de modelos, pasarela, casa de modas, alta costura.* [Exp: **figurinista** (FILM costume designer; S. *diseñador de vestuario*)].

fijación/colocación de carteles *n*: OUTDOOR posting. [Exp: **fijador** (GRAPHICS/IMAGE fixative, fixing), **fijar/poner [carteles]** (ADVTG post, fix; S. *prohibido fijar carteles*), **fijar/marcar precios** (MKTNG price, set/fix prices), **fijo** (GEN/MKTNG fixed, close-ended; S. *cerrado; modificable, abierto*)].

fila de luces *n*: IMAGE striplight.

filete *n*: GRAPHICS border, fillet, rule[2]; S. *margen, columna, entrefiletes.* [Exp: **file-**

te de doble línea (GRAPHICS Scotch/ Oxford rule)].

filigrana *n*: GRAPHICS watermark, dealer imprint, shadow mark; S. *marca de agua.* [Exp: **filigrana impresa** (GRAPHICS shadowmark)].

film, filme *n*: FILM film[1]; S. *cinta, largometraje, película.* [Exp: **filmar** (film shoot, film[3]; S. *rodar, hacer una toma*), **filmación** (FILM shooting; S. *rodaje*), **fílmico** (FILM filmic, cinematic; used in expressions like *espacio fílmico* –filmic space/time–), **filmina** (IMAGE/FILM filmstrip; S. *película de imágenes fijas*), **filmografía** (FILM filmography), **filmoteca** (FILM film library; S. *cinemateca, hemeroteca, discoteca*)].

filtración a la prensa *n*: MEDIA leak[1] to the press; S. *confidencial, reservado.* [Exp: **filtro de pantalla de proyección** (IMAGE raster screen), **filtración de un informe** (MEDIA leaking of a report), **filtrar** (GEN screen; S. *seleccionar, tamizar*), **filtrar [información]** (PRESS leak), **filtro[1]** (IMAGE/AUDIO filter, screen; S. *trama*), **filtro[2]** (MKTNG filter question; S. *pregunta selectiva*), **filtro de visión** (IMAGE viewing glass), **filtro difusor** (FILM soft focus filter), **filtro ultravioleta o con efecto de neblina** (IMAGE haze filter)].

fina *a*: GEN fine, thin. [Exp: **fino-a** (TYPE light typeface; S. *chupado-a*)].

final de bloque [publicitario] *n*: RADIO/TV/ADVTG last in the break; S. *principio de bloque.*

financiar *v*: MNGMNT/FILM fund, finance, back. [Exp: **financiación** (MNGMNT/FILM financing, development; S. *desarrollo*)].

firma[1] *n*: GEN signature. [Exp: **firma[2]** (MKTNG firm, company), **firma[3] [del periodista]** (PRESS by-line[1]; S. *seudónimo*), **firmar** (GEN sign, sign on; sign off; subscribe; conclude[2]; S. *suscribir*), **firmar el acta** (MNGMNT sign the minutes)].

firme *a*: GEN steady; S. *estable.*

flamante *a*: MKTNG brand-new; S. *a estrenar.*

flash *n*: GEN/IMAGE/MEDIA flash, flashbulb; newsflash; S. *destello [de luz], relámpago.*

flexografía *n*: GRAPHICS flexography.

floritura *n*: GRAPHICS/AUDIO flourish, frill *col*, embellishment, fancy stroke *col*, riff *col.*

fluorescente *a*: IMAGE flourescent.

flujo *n*: GEN flow, stream. [Exp: **flujo de audiencia** (MEDIA audience flow), **flujo de caja** (MNGMNT cash-flow; S. *tesorería*), **flujo de entrada** (TV inflow), **flujo de tráfico** (GEN/OUTDOOR traffic flow; S. *cómputo de tráfico*)].

FNEP *n*: ADVTG abbreviation of *Federación Nacional de Empresas de Publicidad* –Spanish association of advertising firms–.

foco[1] *n*: IMAGE/FILM spotlight, lantern, luminaire, floodlight, broad[2], scoop[3]; S. *foquista, lámpara, reflector, luz direccional, área de cobertura de un foco; iluminar.* [Exp: **foco[2]** (IMAGE focus; S. *distancia focal*), **foco de gran angulación** (FILM broadside, broad[2]), **foco de haz muy amplio** (IMAGE red head), **foco pequeño** (FILM baby spotlight, baby), **foco selectivo** (FILM selective focusing)].

folio *n*: GRAPHICS folio, sheet, page, leaf; generally speaking A-4 size is meant; S. *página, libro, cuadernillo.*

folletín[1] *n*: TV soap opera, soap, melodrama, daytime drama, sob story/stuff, tearjerker; S. *dramón, culebrón.* [Exp: **folletín[2]** (PRESS serialised story; trashy melodrama *col*)].

folleto *n*: GEN/PRESS brochure, booklet, pamphlet, handout, handbill, leaflet, advertising leaflet; S. *octavilla, prospecto, díptico/tríptico.* [Exp: **folleto desplegable** (ADVTG pop-up, folder), **folleto ilustrado** (ADVTg illustrated brochure), **folleto publicitario** (ADVTG/MKTNG promotional leaflet; S. *prospecto*), **folletos de publicidad** (ADVTG/MKTNG sales literature)].

fomentar *v*: GEN/MKTNG build up, promote, boost[2]; encourage, foster; S. *promover*. [Exp: **fomento** (MKTNG promotion, development; S. *promoción*)].

fondo[1] *n*: IMAGE/AUDIO background[1]; S. *trasfondo, segundo plano; letras blancas sobre fondo negro*. [Exp: **fondo**[2] (GEN bank, library; S. *banco, archivo, fondos*), **fondo**[3] (IMAGE basis, content; S. *artículo de fondo*), **fondo**[4] (MNGMNT fund), **fondo, a** (GEN in depth), **fondo, de** (AUDIO off), **fondo de imágenes/voces** (TV/RADIO bank/library of images/voices), **fondo de regulación/estabilización** (MKTNG buffer fund/stock/inventory; S. *existencias de seguridad*), **fondo decorativo abstracto** (IMAGE/FILM abstract background, abstract[2]), **fondo degradado/«degradé»** (GRAPHICS/IMAGE vignetted background), **fondo editorial** (GRAPHICS publisher's list of titles; S. *editorial*), **fondo infinito/neutro** (IMAGE panorama cloth, limbo, cyclorama, seamless background), **fondo musical** (AUDIO background music), **fondo neutro blanco** (IMAGE limbo [background], cyclorama, panorama cloth; S. *limbo*), **fondo neutro negro** (IMAGE cameo[3]), **fondos de explotación** (MNGMNT working funds; S. *gastos de explotación*), **fondos**[1] (MNGMNT funds, capital), **fondos**[2] (GEN resources, collection [of a library, museum, etc.]), **fondos documentales** (TV/MEDIA documentary resources, archives, library collection; S. *archivo*[2])].

fonoteca *n*: AUDIO sound library.

foquista *col n*: TV/FILM/IMAGE focus puller, cameraman; S. *foco*.

forillo [pintado] *n*: FILM/IMAGE backdrop, backcloth; S. *telón de fondo*.

forma *n*: GRAPHICS form, typeform, shape; S. *molde, moldear*. [Exp: **formato** (GEN format, style, shape, arrangement, setup), **formato «magazine»** (TV magazine format/concept), **formulario** (GEN/MNGMNT [registration/application] form)].

forofo *col n*: GEN/FILM fan, supporter; film buff *col*, film enthusiast.

fortuito *a*: GEN random, chance; S. *aleatorio, casual*.

foto/fotografía[1] *n*: IMAGE photograph, photo, still, snapshot, picture. [Exp: **fotografía**[2] (IMAGE photography, camera work), **fotografía de parada de imagen** (IMAGE stop-motion photography), **foto/imagen de archivo** (FILM library footage/shot, stock shot, footage; S. *música de archivo, imagen de archivo*), **foto fija** (FILM/IMAGE still; S. *fotograma*), **foto indiscreta** (FILM/TV candid photo; S. *famoso, cámara indiscreta*), **foto [instantánea]** (IMAGE snapshot), **foto sin texto** (PRESS uncaptioned photo, standalone photo), **fotocomposición** (IMAGE/GRAPHICS filmsetting, photocomposition, phototypesetting), **fotocopiar, fotocopia** (GRAPHICS photocopy, xerox; S. *xerografía*), **fotograbado** (IMAGE photogravure, photoengraving, photoplate, block), **fotograbado a línea** (GRAPHICS line cut, line engraving; S. *ilustración a línea*), **fotograbado a media tinta** (GRAPHICS halftone; S. *media tinta*), **fotograbador** (GRAPHICS engraver, photoplatemaker; S. *grabador*), **fotograbar** (IMAGE photoengrave), **fotografía mate** (IMAGE dead matte), **fotograma**[1] (FILM still, cinema still, film still; S. *foto fija*), **fotograma**[2] (IMAGE/FILM/TV frame[1]; still; S. *cuadro*), **fotograma a fotograma** (FILM/ADVTG frame-by-frame), **fotógrafo** (IMAGE photoengraving), **fotograma dinámico** (FILM dynamic frame; S. *toma estática*), **fotograma relámpago** (FILM flash frame), **fotolito** (IMAGE/GRAPHICS colour separation, mechanicals, photographic image), **fotomático** (GRAPHICS photomatic), **fotolitografía** (GRAPHICS photolithography, offset lithography; S. *offset*), **fotomecánica** (IMAGE colour separation, photomechanical [printing]; S. *fotolito*), **fotómetro** (IMAGE exposure/light meter, photometer; S. *exposímetro; contador*), **fotómetro de precisión** (IMAGE spotmetre), **fotomontaje** (DESIGN/FILM photomontage, photoarrangement), **fotonovela** (PRESS photoromance)].

fracasar *v*: GEN/FILM/MKTNG fail, flop *col*. [Exp: **fracaso** (GEN/FILM failure, flop *col*), **fracaso de taquilla** (FILM box-office flop; S. *éxito de taquilla, petardazo* col)].

fraccionamiento *n*: GEN division, fragmentation. [Exp: **fraccionamiento de la audiencia** (MEDIA/MKTNG audience fragmentation; S. *fragmentación o atomización de la audiencia*), **fraccionamiento en lotes** (MKTNG allocation[2], bulk breaking)].

fractal *n*: DESIGN fractal.

fragmentación de la audiencia *n*: MKTNG audience fragmentation; S. *fraccionamiento o atomización de la audiencia*. [Exp: **fragmento** (GEN fragment; V. *segmento; selecciones, extracto*), **fragmento/trozo de vida** (ADVTG slice of life; S. *escena real*), **fragmento de una película** (FILM clip; S. *vídeo-clip*)].

franja horaria *n*: RADIO/TV daypart, programme segment/block/period; S. *bloque, tramo horario, segmento de programación, período*. [Exp: **franja horaria de la mañana** (RADIO/TV morning drive), **franja horaria de la tarde** (RADIO/TV afternoon drive)].

franqueo *n*: GEN postage. [Exp: **franqueo en destino** (GEN post paid), **franquicia** (MKTNG franchise), **franquicia de marca** (MKTNG brand franchise; S. *[con]cesión de marca*)].

frase *n*: LING sentence; expression, phrase. [Exp: **frase de cierre [de un anuncio]** (MEDIA/TV/SHOW kicker[2], tag[2], tag line, punch line; S. *cierre, remate, coletilla, remate [de un chiste], cola*), **frase fosilizada** (LING cliché; S. *cliché*), **frase pegadiza** (ADVTG/MKTNG sound bite; S. *eslogan*), **frase típica** (TV/FILM/RADIO/MEDIA catch-phrase, catchword, gimmick[1]; S. *gesto, numerito/truco característico*)].

frecuencia *n*: GEN/MKTNG/AUDIO frequency. [Exp: **frecuencia de compra** (MKTNG buying frequency), **frecuencia de exposición** (MEDIA/MKTNG media frequency), **frecuencia fundamental** (AUDIO pitch; S. *armónico*), **frecuencia modulada** (RADIO frequency modulation, FM; S. *onda media*), **frecuencia ultra elevada** (MKTNG ultra high frequency)].

frente *n/prep*: GEN front; opposite, facing, against. [Exp: **frente a anuncio** (PRESS facing advertising), **frente, estar al** (MNGMNT run[3]; S. *dirigir*), **frente a texto** (PRESS facing text matter, against text, op-ed)].

frívolo *a*: GEN/FILM frivolous, trivial, trite, frothy, lightweight; S. *trivial, superficial; película frivolona*.

fuente [informativa] *n*: GEN/PRESS/IMAGE/AUDIO source; S. *contacto informativo, portavoz*. [Exp: **fuente principal de iluminación** (FILM key light), **fuente tipográfica** (TYPE font, type; S. *letra, tipo de letra*)].

fuera [de] *adv/prep*: GEN off, out. [Exp: **fuera de antena** (IMAGE off the air), **fuera de cámara** (IMAGE off-camera), **fuera de campo** (IMAGE out of field/frame), **fuera de catálogo** (GRAPHICS out of print; S. *descatalogado*), **fuera de escena/pantalla** (IMAGE off-screen, off-shot, out-of-shot)].

fuga *n*: MEDIA leak. [Exp: **fuga de audiencia** (MKTNG audience outflow)].

función *n*: SHOW/FILM performance; S. *sesión, pase*. [Exp: **función de gala** (FILM gala performance; S. *estreno*), **función/**

sesión de tarde (FILM matinée), **funcional** (MNGMNT working; S. *operativo*), **funcionamiento** (GEN running, working, working order; S. *organización, gestión, marcha*), **funcionar** (GEN work, run[6])].

funda [de disco] *n*: GEN dust jacket, case, cover, sleeve; S. *carátula*.

fundido *n*: FILM/TV/AUDIO fade; S. *encadenado*. [Exp: **fundido abierto, de apertura o de entrada** (FILM/TV/AUDIO fade-in), **fundido cerrado, de cierre o de salida** (FILM/TV/AUDIO fade-out, fade-down, wash out; S. *transición*), **fundido en directo** (RADIO/TV live fade; S. *en vivo*), **fundido en forma de onda** (GEN ripple dissolve), **fundido encadenado** (FILM overlapping dissolve, slow fade), **fundido lento [de entrada/salida]** (IMAGE/AUDIO slow fade-in/-out, sneak in/out *col*), **fundir imágenes o tomas** (FILM/TV/AUDIO fade; merge; S. *fundido, encadenado; fusionar, mezclar*), **fundirse** (FILM/GRAPHICS run on[2]; shade off; S. *solaparse; mezclarse; superposición*), **fusión** (FILM/AUDIO run on[1]; S. *superposición, solapamiento*), **fusionar** (FILM merge, fade; superimpose; S. *mezclar, fundir imágenes*)].

furgoneta *n*: GEN van; S. *unidad móvil*.

G

gabinete de prensa *n*: PRESS press office; S. *agencia de prensa, recortes de prensa.*

gaceta *n*: PRESS/MEDIA/RADIO/TV gazette, official journal; literary journal or review; special interest section of a newspaper; radio or TV programme dealing with a specific topic, e.g. sports, society, features, matters of cultural interest, etc. [Exp: **gacetilla** (MEDIA approx. *gossip column; "round-up", "news in brief", miscellaneous, "from here and there"*; S. *suelto; comunicado/remitido de prensa*)].

gag *n*: TV/FILM gag; S. *chiste, broma, número.*

gala *n*: FILM gala, festival; S. *función de gala, velada artística, noche de estreno, festival.*

galardón *n*: GEN award, prize; S. *premio.* [Exp: **galardonado** (GEN award-winning, prize-winning; award-winner, prize-winner; S. *premiado, laureado*), **galardonar** (GEN award/give a prize to; S. *premiar*)].

galerada *n*: GRAPHICS galley proof; proof, galley; S. *prueba de impresión.*

galería *n*: GEN gallery; S. *pinacoteca; cabina.* [Exp: **galería de prensa** (PRESS press gallery; S. *cabina de prensa*)].

gallinero [de teatro] *col n*: GEN/SHOW gods *col*, gallery; S. *paraíso de teatro.*

galvanotipia *n*: TYPE electrotyping; S. *electrotipo, electrotipia.*

gama *n*: GEN/GRAPHICS/MKTNG range, scale, spread[3]; S. *abanico, selección, surtido, espectro.* [Exp: **gama de colores** (GRAPHICS colour chart; paintbox, palette, progressives; S. *carta de colores, caja de pinturas*), **gama de densidad** (DESIGN/ GRAPHICS density range), **gama de grises** (GRAPHICS grey chart/scale; S. *carta de colores*), **gama de productos** (MKTNG range of products, product line; S. *línea de productos*), **gama de tonos** (IMAGE brightness range)].

ganancia *n*: MNGMNT profit, benefit, return, yield; S. *beneficio, rendimiento, resultado, producto; margen comercial; pérdida.* [Exp: **ganancia [de señal]** (AUDIO gain, amplification), **ganar** (GEN earn; win; gain), **ganar la primicia [a otro medio]** (MEDIA scoop; S. *exclusiva*)].

gancho[1] *col n*: FILM/MEDIA/MKTNG hook *col*, gimmick *col*, appeal, pulling power, pull *col*; S. *tirón, reclamo, atractivo, seducción.* [Exp: **gancho**[2] (MKTNG goodwill; S. *fondo de comercio, clientela, tirón*), **gancho, con** *col* (GEN/SHOW attractive, popular, crowd-pleaser; S. *con tirón, muy popular*)].

ganga *n*: MKTNG bargain, snip *col*; gift *col*;

S. *oferta increíble, oportunidad, saldos, chollo.*

garabato *n*: IMAGE scrawl, scribble, scratches, dirt; frequently found in the plural; S. *rayas.*

garantía *n*: MKTNG/LAW guarantee, warranty, guaranty; S. *aval.* [Exp: **garantía absoluta/completa** (MKTNG full guarantee, absolute warranty), **garantizar** (MKTNG/LAW guarantee, back, warrant)].

gasa *n*: FILM gauze, scrim; S. *muselina, telón transparente, velo; papel de seda.*

gasto *n*: MNGMNT spending, expense, expenditure; use; disbursement/disbursing; S. *ingresos.* [Exp: **gasto publicitario** (ADVTG advertising expense), **gasto público** (MNGMNT public/government spending/expenditure), **gasto público superior a lo normal** (MNGMNT above-the-line expenditure), **gastos anteriores al rodaje** (FILM above-the-line costs), **gastos corrientes o de mantenimiento** (GEN running expenses/costs), **gastos de comercialización** (MKTNG marketing expenses), **gastos de embalaje** (MNGMNT packing charges/cost), **gastos de envío** (MNGMNT postage and packaging charges, handling and shipping costs), **gastos de explotación** (MNGMNT working expenses; S. *fondos de explotación*), **gastos de promoción** (ADVTG/MKTNG advertising expenses, publicity costs), **gastos de representación** (MNGMNT entertainment allowances/expenses), **gastos de viaje y representación** (MNGMNT travel and entertainment expenses), **gastos generales** (MNGMNT overheads)].

gazapo[1] *col n*: LING/GRAPHICS misprint, error, mistake; S. *metedura de pata.* [Exp: **gazapo**[2] *col* CINE/TV goof; blooper, boob *col*; S. *error de continuidad, metedura de pata*)].

gelatina *n*: FILM/IMAGE gel, gelatine, jelly.

gema *n*: TYPE gem.

generación *n*: FILM/IMAGE/AUDIO generation.

generador de armónicos *n*: AUDIO enhancer, exciter.

general *a*: GEN general, common; broad-based, wide, across-the-board[1]; S. *lineal, global.*

generar *v*: MNGMNT/GEN generate, produce, stimulate, give rise to.

género[1] *n*: FILM/SEMIO genre. [Exp: **género**[2] (MKTNG wares, product, commodity, article; S. *mercancía*), **genérico** (MKTNG own/private label, generic; S. *marca blanca*), **género literario** (LING literary genre; S. *drama, comedia*), **género periodístico** (PRESS journalistic type/genre; type/kind of article or publication; S. *crónica, noticia, reportaje*), **géneros** (MKTNG goods, merchandise; commodities, wares; S. *bienes, productos básicos, artículos*)].

gente joven *n*: GEN/RADIO/TV young people; teens and twenties *col*, young audience, adult contemporary[1], AC; S. *joven adulto.*

gentileza [de la casa] *n/a*: GEN/MNGMNT complimentary; S. *de favor, obsequio de la casa, gratis.*

geoestacionario *a*: TV geostationary, geosyncronous. [Exp: **geosincrónico** (TV geosyncronous)].

gerencia *n*: MNGMNT management; S. *dirección, gestión, administración.* [Exp: **gerente** (MNGMNT manager; S. *gestor, administrador, director de empresa*), **gerente de ventas** (MKTNG sales manager)].

gerifalte *col n*: MNGMNT big cheese/gun/shot/wig *col*; S. *pez gordo, peso pesado.*

gestación, en *a*: GEN budding, in the making; S. *en ciernes, en desarrollo.*

gestión *n*: MNGMNT management, managing, running, handling, business, transaction; move; measure, formality, step; S. *dirección, gerencia, administración, funcionamiento, marcha, organización.* [Exp: **gestión de caja** (MNGMNT cash management), **gestión de calidad** (MKTNG quality management), **gestión de**

producto (MKTNG product management; S. *jefe de producto*), **gestión de una marca** (MKTNG brand management), **gestión de ventas** (MKTNG sales management), **gestión empresarial de calidad** (MKTNG service-quality benchmarking), **gestión por resultados/rendimiento** (MNGMNT yield management), **gestionar** (MNGMNT manage; negotiate, run; arrange [for], negotiate; S. *dirigir, administrar, controlar*), **gestor** (MNGMNT manager, promoter; representative; fixer *col*; middleman; agent; S. *director de empresa, administrador*), **gestor de una marca** (MKTNG brand manager), **gestoría** (MNGMNT agency; agency or agent's/handler's office; administrative bureau, middle man's office, fixer's office *col*; S. *agencia*)].

globo *n*: GEN/GRAPHICS balloon, fumetti.

gesto *n*: TV/FILM/RADIO/MEDIA gesture. [Exp: **gesto [exagerado]** (FILM/SHOW take; S. *payasada, aspaviento*), **gesto humorístico** (TV/FILM gag, gimmick[1]; S. *chiste, broma, número*)].

gofrar *v*: GRAPHICS emboss; S. *estampar/grabar en relieve; relieve en seco*. [Exp: **gofrado** (GRAPHICS embossing; S. *acabado gofrado, estampado en seco, motivos en relieve*), **gofrado en seco** (TYPE blind embossing, blind-blocking; S. *estampado en seco*)].

golfo-a *n/a*: GEN rakehell, lecher; whore; naughty *col*, blue, pornographic, adultsonly; S. *verde, porno, picante; sesión golfa*.

golpe seco *n*: GRAPHICS blind emboss; S. *relieve, estampado en seco*.

goma *n*: GEN glue, gum; S. *engrudo, cola; pegar*.

góndola *n*: MKTNG gondola; S. *cabecera de góndola, lineal*.

goya *n*: FILM; S. *premios Goya*.

grabación *n*: IMAGE/AUDIO recording, taping; S. *registro*. [Exp: **grabación con**

plancha de cinc (GRAPHICS zinc etching), **grabación de la banda sonora** (FILM sound recording; scoring; take; S. *toma*), **grabación en pistas independientes** (AUDIO split-track recording), **grabación óptica** (GRAPHICS optical recording), **grabado** (GRAPHICS engraving, print, printmaking, plate, [engraved] block, cut[5]; S. *aguafuerte, mordido; acuarela; estampado*), **grabado al aguafuerte** (graphics etching), **grabado al cobre** (GRAPHICS copperplate; S. *plancha de cobre*), **grabado en hueco** (GRAPHICS intaglio; S. *huecograbado*), **grabado en madera** (GRAPHICS woodcut), **grabado en relieve** (GRAPHICS embossing), **grabador** (GRAPHICS engraver; S. *fotograbador*), **grabador-reproductor de casetes, grabadora** (AUDIO cassette recorder; S. *pletina, lector*), **grabar**[1] (GRAPHICS engrave, print, imprint[1]; S. *imprimir, estampar*), **grabar**[2] (AUDIO record, tape; S. *disco, cinta, cabezal; registrar*), **grabar con aguafuerte o por electrólisis** (DESIGN etch; S. *morder*), **grabar en relieve** (GRAPHICS emboss; S. gofrar), **grabar un disco** (AUDIO record a disk, cut a disk *col*, record, make a record/recording)].

gracia *n*: SHOW/FILM grace; gift; talent; wit; S. *talento, don, facilidad, aptitud, habilidad*. [Exp: **gracia, sin** (SHOW flat; unfunny *col*, not amusing; S. *soso, monótono*)].

grado *n*: GEN degree, grade, rate; S. *índice, clase, categoría, clasificación, calidad*. [Exp: **grado de saturación** (OUTDOOR saturation point; load factor)].

gráfica *n*: GEN graph, diagram, table, chart[2]; S. *gráfico, diagrama, lista, clasificación, cuadro, tabla, esquema*. [Exp: **gráficas** (GRAPHICS/PRESS graphics; S. *artes gráficas*), **gráfico** (GEN graph, chart[2]; S. *diagrama, cuadrícula, cuadro, tabla, esquema*), **grafismo** (TV graphics), **grafismo electrónico** (TV electronic graphics)].

gramaje *n*: GRAPHICS weight.

gran/grande *a*: GEN great; big, large. [Exp: **gran almacén, grandes almacenes** (MKTNG department store-s), **gran despliegue informativo** (MEDIA massive coverage; S. *despliegue informativo [excesivo/mpresionante]*), **gran escala, a** (GEN large-scale, on a large scale), **gran primer plano** (FILM extreme close-up; S. *primerísimo primer plano*), **gran superficie** (MKTNG hypermarket, major retail outlet; S. *hipermercado*), **gran titular** (PRESS banner headlines, canopy head; S. *titulares sensacionalistas o chillones*), **grandes rasgos, a** (GEN in broad outline), **grandes titulares** (PRESS display headlines; S. *titulares destacados*)].

granel, a *phr*: MKTNG in bulk, in large quantities; loose, in sacks or casks, by the barrel; S. *suelto*.

grano *n*: IMAGE grain.

grapa *n*: GRAPHICS staple. [Exp: **grapado/cosido a caballo/caballete** (GRAPHICS saddle stitching; S. *encuadernación con grapas o a caballete*), **grapado por un lado** (GRAPHICS side-stitched; side-stitching), **grapadora** (GRAPHICS stapler), **grapar** (GRAPHICS staple)].

gratis/gratuito *a*: GEN free [of charge], complimentary; S. *gentileza*.

gremio *n*: GRAL union, guild US.

gris *a*: IMAGE grey/gray; S. *carta/gama de grises, carta patrón de grises, escala de grises*.

grosor *n*: GEN breadth, width; gauge; S. *ancho*.

grúa *n*: FILM crane; S. *plataforma con ruedas*. [Exp: **gruista** (FILM crane operator; S. *operador de grúa*)].

grupo[1] *n*: GEN/MNGMNT group[1]; S. *agrupación, consorcio*. [Exp: **grupo**[2] (AUDIO/SHOW group, band, ensemble; S. *conjunto*), **grupo**[3] (GEN cluster; S. *racimo*), **grupo de comunicación** (MEDIA media group), **grupo de apoyo** (MKTNG/GEN support group), **grupo de discusión** (MKTNG/INTERNET discussion group, focus group), **grupo de trabajo** (MNGMNT task force, S. *equipo operativo*), **grupo objetivo/meta** (MKTNG target group, target audience, consumer profile; S. *meta, blanco, público objetivo, perfil del consumidor buscado*), **grupo secundario** (MKTNG secondary group)].

guache *n*: GRAPHICS gouache, line and wash drawing; S. *color*.

guarda [de un libro] *n*: GRAPHICS flyleaf, endpaper.

guardar planchas y tipografía *v*: GRAPHICS keep type standing.

guerra de las tiradas *n*: PRESS circulation battle; S. *certificado de la tirada*.

guía *n*: GEN guide, guideline; cue; S. *señal, pauta, directriz*. [Exp: **guía de colores** (IMAGE/GRAPHICS colour swatch/chip, painter's guide; S. *pantone, carta de colores; muestra de colores*), **guía de puntos** (GRAPHICS leader[3], dot leader, dotted line; S. *línea de puntos*), **guía del ocio** (SHOW entertainment guide, listings; S. *agenda cultural, cartelera*), **guía telefónica** (MNGMNT/GEN telephone directory, phone book; S. *cabina telefónica*)].

guillotina *n*: GEN/GRAPHICS guillotine; S. *recortar, cortar con guillotina*.

guión[1] *n*: LING/GRAPHICS hyphen; hard hyphen, soft hyphen; S. *raya*. [Exp: **guión**[2] (FILM/TV/RADIO script, film script, scenario, screenplay; S. *programa con guión*), **guión afilado** (TYPE tapered dash, Bodoni dash), **guión blando** (TYPE soft hyphen), **guión, con** (RADIO/TV scripted; S. *programa con guión, programa improvisado*), **guión gráfico** (ADVTG storyboard; S. *panel/tablero del relato*), **guión de rodaje** (FILM director's script, shooting script, master script, scenario), **guión para televisión** (TV teleplay), **guión verbal** (ADVTG/IMAGE verbal storyboard), **guionista** (FILM/RADIO/TV script-writer; S. *novelista, dramaturgo*)].

H

haber *n*: MNGMNT credit, credit balance, credit side, assets, asset side; S. *activo, patrimonio, capital; debe; contabilidad.*

habilidad *n*: GEN skill, dexterity; cleverness; talent, S. *talento, aptitud, capacidad, gracia.*

hábitat *n*: GEN/MKTNG habitat; S. *emplazamiento geográfico, estatus, edad, clase social.*

hábitos de consumo *n*: MKTNG consumer habits. [Exp: **habitual** (GEN regular, S. *regular, ordinario, normal*)].

habla *n*: LING speech; S. *discurso, sintetizador del habla.*

hacer[1] *v*: GEN do, make. [Exp: **hacer**[2] *col* (SHOW/FILM/TV show [a film], put on, stage; in some parts of Spain, this expression is used instead of *echar* or *poner*), **hacer a la medida** (GEN customize; S. *hecho a la medida*), **hacer alarde** (GEN display[1]; S. *exponer, desplegar*), **hacer borroso** (IMAGE blur; S. *desdibujar, restar nitidez a, desenfocar*), **hacer descuento** (MKTNG discount; S. *pagar, tener en cuenta, descontar*), **hacer provisión de** (MKTNG lay in a stock of; S. *proveerse*), **hacer publicidad/propaganda** (ADVTG advertise; S. *pregonar*), **hacer público** (GEN announce[1]; publicize, issue, put out, release; S. *dar a conocer, divulgar, publicitar, comunicar, anunciar, informar, publicar; comunicado*), **hacer un muestreo** (MKTNG sample; S. *muestreo*), **hacer un papel** (FILM have/take/play a role, appear[2]; S. *trabajar, salir*), **hacer un pedido** (MKTNG place/make an order), **hacer un seguimiento** (MKTNG monitor; S. *seguir*), **hacer una prueba de grabado** (GRAPHICS pull a proof; S. *prueba de grabado*), **hacer una prueba de imprenta** (GRAPHICS pull a proof; S. *prueba [de imprenta]*), **hacer una toma** (FILM take, do a take; S. *filmar, rodar; toma, grabación sonora*)].

hasta nueva orden, hasta orden en contra *phr*: RADIO/TV till further notice, till forbid.

haz [de luz] *n*: IMAGE/FILM beam; S. *rayo de luz, destello.* [Exp: **haz de electrones** (IMAGE electron beam)].

hecho[1] *n*: GEN fact. [Exp: **hecho**[2] (GEN made), **hecho a la medida** (GEN tailor-made, made to measure; customized, custom-made/-built; S. *hacer a la medida*), **hecho a mano/máquina** (GEN/GRAPHICS hand-made, machine-made), **hecho noticiable** (PRESS news, story, event; S. *noticia, artículo, suceso, reportaje*)].

hemeroteca *n*: PRESS newspaper library; S. *filmoteca, biblioteca, discoteca.*

hilacha [de papel] *n*: GRAPHICS loose thread; S. *rebaba; guillotinar.*

hiper- *prf*: GEN hyper-. [Exp: **hiperenlace** (INTERNET hyperlink), **hipermercado** (MKTNG hypermarket; S. *gran superficie*), **hipermedia** (INTERNET hypermedia), **hipertexto** (INTERNET hypertext)].

historia *n*: GEN story; S. *relato, cuento.* [Exp: **historia lacrimógena** (TV/FILM sob story/stuff *col*, melodrama, tear-jerker; S. *dramón, folletón, culebrón*), **historial** (GEN background[3]; S. *formación, experiencia previa*), **historieta** (PRESS comic strip; S. *tira cómica*)].

hoja *n*: GEN sheet, leaf; page; S. *cara, octavilla.* [Exp: **hoja de balance** (MNGMNT balance sheet; S. *estado contable*), **hoja de cálculo** (MNGMNT spreadsheet, worksheet), **hoja de compra de espacios publicitarios** (MEDIA/ADVTG buy sheet), **hoja de control** (GEN checklist), **hoja de doblaje** (FILM/AUDIO dubbing sheet), **hoja de rodaje** (FILM rundown sheet, fact sheet, timing sheet), **hoja suelta** (GRAPHICS loose leaf), **hojas sueltas, en** (PRESS in-sheet; S. *carpeta de hojas sueltas*)].

holografía *n*: IMAGE holography.

hombre-anuncio *n*: ADVTG sandwich man. [Exp: **hombre del tiempo, el** (TV weathercaster)].

hombro[1] *n*: GEN shoulder; S. *plano del hombro a la cintura.* [Exp: **hombro [de una letra]** (GRAPHICS arm; S. *letra*)].

honorarios *n*: GEN fee-s, charge-s, service charge-s; S. *derecho, tasa, comisión de agencia o de servicio.*

hora *n*: GEN hour; time. [Exp: **hora de ensayo** (FILM shooting call, rehearsal time, shooting schedule; S. *aviso de ensayo*), **hora prevista, a la** (MEDIA on schedule; S. *con retraso, con adelanto*), **hora punta, estelar o de máxima audiencia** (TV peak/prime time/hour; S. *estelar, tema estelar*), **hora punta [de tráfico]** (GEN rush hour), **hora tope** (MNGMNT closing hour/time, last/final call), **horario** (GEN timetable, schedule; S. *calendario*), **horario de atención al público** (GEN opening hours, hours of business), **horario de programación** (RADIO/TV [programme] schedule), **horario programado** (MEDIA scheduled programme/times; S. *espacio programado*)].

horrible *a*: GEN shocking; S. *escandaloso, espeluznante, vergonzoso.* [Exp: **horrorizar** (GEN shock; S. *conmocionar; alarmar*)].

hortera *col a*: GEN flashy; S. *llamativo, chillón, ostentoso.*

hueco[1] *n*: ADVTG slot, space; S. *espacio; bloque publicitario.* [Exp: **hueco**[2] **[en el mercado]** (MKTNG niche, "creneau"), **hueco, en** (GRAPHICS debossed; S. *diseño en hueco, hundido*), **huecograbado** (GRAPHICS gravure, photogravure, rotagravure, rotogravure)].

huella[1] *n*: GEN trace, track; S. *rastro, pista.* [Exp: **huella**[2] (GEN/TV/RADIO footprint)].

huérfano *n*: GRAPHICS orphan; S. *viuda.*

humor *n*: humour; S. *gesto humorístico.* [Exp: **humor alternativo** (FILM/SHOW alternative humour), **humor negro** (FILM black humour; S. *comedia negra*), **humorista** (SHOW comedian, comic, funny man)].

hundido *a*: GRAPHICS debossed; S. *diseño en hueco.*

husmear *col v*: PRESS scout *col*, sniff [out/around] *col*.

I

icono *n*: SEMIO icon. [Exp: **iconicidad** (SEMIO iconicity), **icónico** (SEMIO iconic), **iconos** (DESIGN clip art)].

idear *v*: MNGMNT work out; S. *elaborar, concebir.*

identificación *n*: GEN identification, [letter of] accreditation; S. *acreditación; autorización.* [Exp: **identificación [del periodista]** (PRESS by-line; S. *seudónimo; firma del periodista*), **identificarse con el personaje** (FILM identify with a character, lock into a character *col*; S. *papel*)].

ideología *n*: GEN ideology.

iluminación *n*: FILM lighting; S. *alumbrado, luminotecnia, efectos luminosos.* [Exp: **iluminación con focos laterales** (IMAGE crosslighting), **iluminación de fondo o desde atrás** (FILM backlighting, background lighting, set light), **iluminación lateral** (IMAGE silhouette lighting, line lighting), **iluminación trasera** (IMAGE back lighting), **iluminador** (FILM lighting cameraman/assistant/engineer; S. *director de fotografía*), **iluminar desde atrás** (FILM backlight; S. *reflector, luz direccional*)].

ilusión óptica *n*: FILM optical illusion, trick; S. *truco.*

ilustración *n*: DESIGN/GRAPHICS illustration, art[2], artwork; S. *arte.* [Exp: **ilustración a**

línea (GRAPHICS line art/copy; S. *fotograbado a línea*), **ilustración para ser imprimida** (GRAPHICS cut[5]), **ilustraciones** (DESIGN artwork, A/W; S. *material gráfico*), **ilustraciones de agencia** (ADVTG stock art, syndicated art, standard art), **ilustrador** (DESIGN/GRAPHICS illustrator; S. *bocetista*), **ilustrar** (PRESS/GRAPHICS illustrate, provide visual backup for; S. *registrar, seguir, hacer un seguimiento*), **ilustrar con un pie o texto** (DESIGN caption[1])].

imagen[1] *n*: IMAGE/DESIGN image, picture, illustration, visual [image]; S. *dibujo, cuadro.* [Exp: **imagen**[2] (TV/FILM frame[3]; S. *cuadro*), **imagen borrosa** (IMAGE/TV blur), **imagen corporativa** (MKTNG corporate image; S. *imagen pública de una mercantil*), **imagen de archivo** (IMAGE library footage/shot/picture, footage[2], stock footage; S. *música de archivo, foto de archivo*), **imagen de marca** (MKTNG brand image), **imagen de tonos continuos** (DESIGN continuous tone image), **imagen en escala de grises** (DESIGN gray-scale image), **imagen fantasma** (IMAGE/TV ghost[1], lagging ghost; S. *espectro, doble imagen*), **imagen identificadora de una emisora** (TV/RADIO identification, ID; identification spot/

commercial), **imagen mejorada o de mayor nitidez** (IMAGE/TV enhanced image), **imagen profesional** (MKTNG commercial reputation, good name; S. *fondo de comercio, prestigio profesional, clientela de una empresa o negocio, reputación comercial, gancho, tirón*), **imagen proyectada** (FILM projection; S. *proyección*), **imagen pública** (GEN public image; S. *opinión pública, relaciones públicas*), **imagen pública de una mercantil** (MKTNG corporate image; S. *imagen corporativa*), **imagen visual** (IMAGE visual, visual image), **imágenes cedidas por...** (TV pictures courtesy of...), **imaginativo** (GEN imaginative, creative), **imaginería** (LING [visual] imagery)].

imitación *n*: GEN/FILM/MKTNG imitation; fake; passing off; S. *réplica, falsificación*. [Exp: **imitación [fraudulenta]** (MKTNG knock-off *col*, pass-off; S. *manipulación*), **imitar** (FILM/SHOW imitate, copy, fake, take off; S. *parodiar*)].

impactante *a*: PRESS striking, impressive; shocking; shattering, overwhelming; S. *llamativo*. [Exp: **impacto** (GEN/RADIO/TV/MKTNG/INTERNET impact, contact, impression, hit, shock; exposure[3], ad exposure, APX; S. *impresión, efecto, influencia*), **impacto efectivo** (OUTDOOR effective circulation)].

impar *a*: GEN/GRAPHICS odd, right-hand page; S. *par, página impar*.

implicación, implicatura *n*: LING implication, implicature; S. *connotación, alusión*.

importante *a*: GEN important, leading, prominent, considerable; heavy; major; S. *destacado, puntero*.

imposición *n*: GRAPHICS make-ready *US*.

impreciso *a*: LING vague, woolly *col*, imprecise; diffuse[3]; S. *poco preciso, difuso, verboso*.

imprenta *n*: GRAPHICS printer, printer's, printing press/shop. [Exp: **impresión**[1]

(GRAPHICS print, printing, imprint[1]; S. *impronta, huella; positivado*), **impresión**[2] (GEN/RADIO/TV/MKTNG impact, contact, impression, hit, exposure[3], ad exposure, APX; S. *impacto, efecto, influencia*), **impresión a sangre** (GRAPHICS bleed printing), **impresión con chorro/inyección de tinta** (GRAPHICS ink-jet printing/printer, jet printing), **impresión electrónica** (GRÁFICA electroprinting; S. *electroimpresión*), **impresión en relieve** (GRAPHICS relief printing, embossing), **impresión poco nítida** (GRAPHICS blurring; blurred text/picture), **impresionar**[1] (GEN impress, make an impression, put on an good show/display *col*, stand out; S. *sobresalir, destacar-se, recortarse, llamar la atención*), **impresionar**[2] (IMAGE expose), **impreso** (GRAPHICS form, application form, standard form, registration form; S. *impresos, formulario, plantilla*), **impresora** (GRAPHICS printer), **impresora con alimentador de papel** (GRAPHICS sheet-fed printer), **impresora de chorro de tinta** (GRAPHICS ink-jet printer), **impresora en serie** (GRAPHICS serial printer; S. *en cadena; puerto en serie*), **impresora láser** (GRAPHICS laser printer), **impresora matricial** (GRAPHICS matrix printer), **impresos** (GRAPHICS printed matter), **imprimir** (GRAPHICS print, pull, transfer[2], run off, imprint; S. *sacar una copia, hacer una prueba de imprenta, publicar, tirar, sacar*), **imprimir en negativo invertido** (IMAGE flop[2] *col*), **imprimir por las dos caras** (GRAPHICS work/print and turn)].

improductivo *a*: GEN unproductive, dead; S. *inactivo*.

impronta *n*: GRAPHICS imprint[1]; S. *impresión, huella*.

improvisación *n*: GEN improvisation, winging. [Exp: **improvisar** (FILM/TV/AUDIO improvise, ad lib, wing; extemporize),

improvisar las respuestas (PRESS field questions, answer off the cuff *col*; S. *conferencia de prensa*), **improvisado** (GEN unrehearsed, off the cuff *col*); S. *programa improvisado*)].

impulsar *v*: ADVTG/MNGMNT promote, push, drive [on/up]; boost)]. [Exp: **impulso** (GEN/MKTNG impulse; push, thrust, drive, boost[1]; kick; S. *estímulo, incentivo, inyección*)].

inaceptable *a*: MKTNG unacceptable.

inactivo *a*: GEN dormant; dead; S. *improductivo*.

inalámbrico *n/a*: GEN wireless; S. *aparato de radio*.

inauguración *n*: TV/RADIO/MEDIA opening, première; unveiling; S. *apertura, estreno*. [Exp: **inaugurar** (FILM/SHOW open, unveil; S. *estrenar*)].

incendiario *a*: PRESS inflammatory; S. *llamativo, noticia incendiaria, sensacionalismo*.

incentivo *n*: MKTNG incentive, inducement, premium, snapper *col*, boost[2]; S. *estímulo, aliciente, premio*. [Exp: **incentivo económico a minoristas** (MKTNG push money *col*, push)].

incertidumbre *n*: PRESS/FILM/TV uncertainty, doubt; suspense; S. *intriga, ansiedad, zozobra*.

incluir *v*: GEN/TYPE/ADVTG include, insert, publish; S. *intercalar, insertar, publicar*.

inconveniente *n*: GEN drawback; difficulty, objection; snag *col*; S. *pega*.

incrementar[1] *v*: GEN/MKTNG increase, raise; enhance; rise; S. *mejorar, aumentar; realzar*. [Exp: **incrementar**[2] (IMAGE enhance; S. *mejorar, aumentar*), **incremento** (GEN/MKTNG/IMAGE rise, increase, growth; enhancement; S. *aumento, intensificación, realce*)].

incrustación *n*: IMAGE inlay.

indemnización por daños y perjuicios *n*: LAW damages.

independiente *a*: GEN independent, free; free-standing, stand-alone; self-sufficient; S. *autónomo*.

indicación *n*: FILM/TV/SHOW cue; signal; instruction; S. *entrada, pie, aviso, señal de entrada*. [Exp: **indicador** (GEN/OUTDOOR indicator, sign; S. *signo, señal, letrero, rótulo; cartel, pancarta*), **indicador de marcas** (MKTNG brand barometer; S. *barómetro de marcas*), **indicar** (GRAPHICS point out, show, flag[2]; S. *señalar*)].

índice *n*: GEN/MNGMNT/MKTNG index, rate, ratio; S. *coeficiente, nivel*. [Exp: **índice de audiencia** (MEDIA audience rating), **índice de coste de la vida** (MKTNG cost-of-living index), **índice de éxito de una marca** (MKTNG brand development index, BDI), **índice de precios al consumo, IPC** (GRAL/MKTNG consumer price index, CPI), **índice del ritmo de ventas** (MKTNG vendor performance/placing)].

indirecta *n*: GRAL hint, innuendo; S. *insinuación*.

inductor publicitario *n*: ADVTG teaser *col*, teaser ad/commercial *col*; V. *promo; publicidad enigmática, avance seductor, rompecabezas*.

industria *n*: GEN industry, sector, trade; S. *ramo, sector*. [Exp: **industria cinematográfica** (FILM film industry, motion-picture industry *US*)].

inexpresivo *a*: FILM wooden, deadpan *col*; S. *rígido, actuación acartonada*.

infopista *n*: INTERNET information/data highway; S. *autopista de información/datos*.

información[1] *n*: GEN information; data; news, report, dope *col*; S. *datos, reportaje, crónica, noticia; mostrador de información*. [Exp: **información**[2] (GEN announcement[2]; S. *nota informativa, declaración, informe*), **información confidencial, extraoficial o reservada** (MEDIA confidential/off-the-record information), **información de referencia**

(MEDIA background information), **información no atribuible** (MEDIA information not for attribution), **informado** (GEN aware, conscious; S. *consciente, enterado*), **informar** (GEN inform, report; notify, announce[1]; advise, brief, report; S. *comunicar, anunciar, hacer público, estar al corriente*)].

informática *n*: GEN computer science; S. *aplicación, equipo*. [Exp: **informatizar** (GEN computerize)].

informativo[1] *n*: MEDIA news programme, newscast, news; S. *noticiario*. [Exp: **informativo**[2] (MEDIA informative, newsy *col*; S. *noticioso*)].

informe *n*: GEN report, briefing, announcement[2]; survey; S. *nota informativa, declaración, información; panorámica, estudio general; filtración de un informe*. [Exp: **informe de una reunión** (MNGMNT call/contact/conference report), **informe preparatorio** (MEDIA briefing; S. *sesión informativa o preparatoria*)].

ingeniero *n*: GEN engineer; S. *técnico*. [Exp: **ingeniero de efectos sonoros** (TV/RADIO sound engineer, gaffoon), **ingeniero de sonido** (AUDIO sound engineer; S. *sonista*)].

ingresos *n*: GEN income, revenue; takings, gate, take[3]; S. *recaudación, caja; gastos*. [Exp: **ingresos [por taquilla]** (FILM/SHOW takings, gate, take[3]; box-office receipts/takings; S. *taquilla, taquillaje, recaudación, caja*)].

innovadores *n*: MKTNG early acceptors; S. *pioneros, noveleros, retrasados*.

inserción *n*: GRAPHICS/PRESS insertion. [Exp: **inserción de un anuncio** (PRESS/ADVTG ad placement), **inserción obligatoria** (LAW announcement ordered by the courts, mandatory copy/message), **inserción por bonificación** (ADVTG/PRESS/RADIO/TV make good), **inserción publicitaria de un producto [en un programa, película**, etc.] (GEN/MKTNG product placement, plug *col*), **insertar**

[un anuncio] (ADVTG/PRESS insert/place an ad[2]; S. *introducir, incluir, intercalar*), **inserto** (FILM/GRAPHICS insert, insert shot), **inserto volante** (GRAPHICS loose insert)].

insinuación *n*: GRAL hint, innuendo; S. *indirecta*.

insonorización *n*: AUDIO soundproofing. [Exp: **insonorizado** (AUDIO soundproof; S. *estudio insonorizado; cámara insonorizada, blindaje acústico, absorbente*), **insonorizar** (AUDIO soundproof; S. *amortiguar*)].

inspección *n*: MNGMNT inspection. [Exp: **inspeccionar** (MNGMNT inspect; oversee, supervise; S. *supervisar*), **inspector** (MNGMNT supervisor, account supervisor, management supervisor, inspector)].

inspiración *n*: GEN/SHOW inspiration; S. *ramalazo de inspiración*.

instalaciones *n*: GEN facilities; S. *equipo, dotaciones y medios, bienes, prestaciones, servicio-s, recursos*.

instantánea *n*: IMAGE snapshot; still; S. *photo*.

instrucciones *n*: GEN instructions, hints; briefing.

instrumentación *n*: AUDIO orchestration; S. *orquestación*. [Exp: **instrumental**[1] (GEN instruments, hardware; S. *aparato, equipo, maquinaria, soporte físico*), **instrumental**[2] (AUDIO instrumental), **instrumentista** (AUDIO instrumentalist, musician; S. *intérprete*), **instrumento**[1] (GEN instrument, tool, means), **instrumento**[2] (AUDIO instrument), **instrumentos de cuerda** (AUDIO strings [instruments]; S. *cuerda*), **instrumentos de metal** (AUDIO brass [instruments]), **instrumentos de percusión** (AUDIO percussion [instruments]), **instrumentos de viento** (AUDIO [wood]wind [instruments])].

insuperable *a*: MKTNG second to none.

intaglio *n*: GRAPHICS intaglio; S. *grabado en hueco*.

integración *n*: GEN/MKTNG integration. [Exp: **integración progresiva/regresiva** (MKTNG forward/backward integration), **íntegro** (GEN/MKTNG/MNGMNT whole, complete, entire; gross; unabridged, gross; S. *bruto; neto*)].

intensidad *n*: IMAGE intensity. [Exp: **intensificar [una campaña]** (ADVTG intensify/build up [a campaign]) **intensificación** (GEN intensification; build-up; S. *incremento, realce, aumento*)].

intercalar *v*: GEN/TYPE intersperse, insert[2]; interleave; S. *interfoliar, insertar, introducir, incluir, colocar dentro*), **intercalar hojas en blanco** (GRAPHICS insert slipsheets)].

intercambio *n*: MNGMNT/ADVTG/MKTNG exchange, barter deal, bartering; S. *trueque, transacción*.

intercomunicador *n*: AUDIO interphone, intercom; S. *interfono*.

interconectar *v*: TV interconnect.

interfaz, interficie *n*: INTERNET interface.

interferencia *n*: FILM/RADIO/TV/IMAGE interference. [Exp: **interferir [una emisión con medios electrónicos]** (RADIO/TV jam[3]; S. *ensombrecer*)].

interfoliar *v*: GRAPHICS interleave; S. *intercalar*.

interfono *n*: AUDIO interphone, talkback; S. *intercomunicador*.

interior *a/n*: GEN inner, interior, internal. [Exp: **interior de contraportada** (PRESS inside back cover, IBC; third cover), **interior de portada** (PRESS inside cover, second cover, inside front cover, IFC, second cover), **interiores** (FILM studio takes, indoor scenes, scenes shot indoors, set takes; S. *exteriores, rodaje en interiores, director de interiores*)].

interletrado *n*: TYPE/GRAPHICS letterspacing, interspacing.

interlinear *v*: TYPE/GRAPHICS interline. [Exp: **interlineado** (TYPE/GRAPHICS interlined, space/spacing between lines; S. *espaciado*)].

intermediario *n*: MKTNG/MNGMNT middleman, agent, intermediary, go-between, finder *col*, fixer; S. *mediador*.

internauta *col n*: INTERNET [net] surfer *col*, Internet enthusiast; S. *Internet*.

internegativo *n*: IMAGE internegative, dupe negative.

Internet *n*: INTERNET Internet; S. *internauta*.

interpositivo *n*: IMAGE interpositive, ip, dupe positive.

interpretación *n*: SHOW performance, acting; S. *actuación, representación*. [Exp: **interpretar** (FILM/SHOW act, perform; S. *actuar*), **intérprete** (FILM/SHOW performer; player; actor; the plural is translated as "cast"; S. *actor, actriz, figurante; instrumentista*)].

interrumpir *v*: GEN interrupt, stop, cut off. [Exp: **interrumpir la señal** (RADIO/TV black out; S. *ensombrecer una zona*), **interrupción** (GEN interruption, break[2]; S. *descanso*), **interrupción de la señal** (RADIO/TV black-out; S. *ensombrecimiento de una zona; apagón*), **interrupción** (GEN/MNGMNT interruption, cancellation), **interrupción para la publicidad** (RADIO/TV advertising/commercial break; S. *corte publicitario, bloque publicitario, pausa para la publicidad*), **interruptor** (AUDIO/IMAGE switch; key[3]; S. *conmutador, tablero de interruptores*)].

intervenir *v*: GEN/FILM appear, perform, put in an appearance. [Exp: **intervención** (GEN/FILM appearance, performance; contribution; S. *acción, actuación, participación*)].

intimidad *n*: MEDIA privacy; S. *paparazzi*.

intriga *n*: MKTNG/ADVTG/FILM intrigue, plot, teaser, suspense; S. *campaña de intriga, ansiedad, zozobra*. [Exp: **intriga publicitaria** (ADVTG S. *campaña de intriga publicitaria*)].

introducción *n*: SHOW/ADVTG/RADIO/TV introduction, intro *col*; launch; S. *presentación, lanzamiento*. [Exp: **introducción, de** (MKTNG pioneering; S. *de lanzamiento, de promoción*), **introducción brusca [de la música]** (AUDIO blast-in), **introducción gradual** (GRAPHICS roll out), **introducción paulatina [de la música]** (AUDIO edge-in), **introducir** (GEN/TYPE introduce; insert[2]; S. *incluir, intercalar, insertar*)].

invectiva *col n*: PRESS pasting *col*, tirade, broadside[1]; S. *andanada; tunda, crítica feroz, rapapolvo col, zurra col*.

inventario *n*: MNGMNT stocktaking, inventory; S. *balance*.

inversión *n*: MNGMNT investment. [Exp: **inverso** (GEN reverse; S. *invertido*), **invertido** (GEN reverse; S. *inverso*), **invertir**[1] (MNGMNT invest), **invertir**[2] (GEN invert, reverse, turn round; S. *volver del revés*)].

investigación *n*: GEN/MKTNG research; S. *periodismo de investigación*. [Exp: **investigación de campo** (GEN/MKTNG field research , fieldwork; S. *trabajo de campo*), **investigación y desarrollo, I+D** (MKTNG/MNGMNT research and development, R+D), **investigador** (GEN researcher, field-worker), **investigar** (GEN research [into/on], investigate [into])].

inyección *n*: GEN injection, input, boost; S. *estímulo, incentivo, impulso; impresora de inyección de tinta*. [Exp: **inyectar** (GEN inject; provide, contribute, furnish; S. *proveer*)].

IPC *n*: GRAL/MKTNG S. *índice de precios al consumo*.

iris *n*: GEN/IMAGE iris, stop[2], diaphragm; S. *diafragma*.

ironía *n*: LING/FILM irony; S. *figuras del pensamiento, sátira*.

irse convirtiendo *phr*: GRAPHICS shade off; S. *mezclarse, fundirse*.

itálica *n*: TYPE italics; S. *cursiva*.

J

jaspeado *a*: GRAPHICS S. *papel jaspeado*.

jefe-a *n*: MNGMNT head, boss, chief; manager; managing director, principal; leader; S. *director*. [Exp: **jefe de agencia** (MNGMNT agency manager), **jefe de almacén** (MKTNG stock controller), **jefe de comercialización de productos** (MKTNG head of marketing/merchandising, marketing/sales manager), **jefe de compras** (ADVTG/MNGMNT head buyer), **jefe de contabilidad** (MNGMNT chief accountant, general accountant), **jefe de departamento** (MNGMNT head of department, section head), **jefe de electricistas, eléctricos** (FILM/TV gaffer, juicer *col*; S. *eléctrico*), **jefe de equipo** (MNGMNT team leader, group leader, head of a pool), **jefe de estudio** (DESIGN/ADVTG studio manager), **jefe de exteriores** (FILM unit/location manager; S. *unidad de exteriores*), **jefe de planta o de sección** (MNGMNT floor manager, senior sales assistant), **jefe de producto** (MKTNG product manager; S. *gestión de producto*), **jefe de publicidad** (ADVTG advertising manager, head of publicity), **jefe de programación de productos** (MKTNG product planning manager), **jefe de sección** (MKTNG section head), **jefe de sonido** (AUDIO sound director), **jefe de ventas** (MKTNG sales manager; S. *director comercial*), **jefe de zona** (MKTNG area manager; S. *director regional*), **jefe ejecutivo** (MNGMNT chief executive officer, CEO), **jefes, los** *col* (MNGMNT senior staff, the bosses *col*, the top brass *col*, the bigwigs *col*)].

jerga *n*: LING/GEN jargon, slang, cant; patter *col*, gobbledygook *col*; depending on the context, the term may be translated as "sales patter", "doubletalk", "duckspeak", "journalese", "legalese", etc.; S. *palabrería, labia, rollo publicitario*.

jirafa *n*: FILM boom; tongue, giraffe; S. *brazo telescópico, caña*.

juego *n*: GEN play; set. [Exp: **juego de luces** (IMAGE lighting effects; S. *efectos luminosos*), **juego de palabras** (ADVTG/LING pun, wordplay), **juego limpio** (MKTNG fair play/deal)].

jugoso *a*: PRESS/GEN meaty, solid, substantial; tasty *col*; sexy; S. *sustancioso, con enjundia, sabroso*.

junta *n*: GEN board[4]; S. *consejo, tribunal*. [Exp: **junta consultiva** (MNGMNT board of consultants), **juntar** (FILM join, splice; S. *empalmar, unir*), **junto a texto escrito** (ADVTG next to reading matter), **juntura**[1] (FILM join, joint; S. *empalme, unión*), **juntura**[2] (LING/ADVTG/FILM juncture, suture; S. *ambigüedad, polisemia*)].

justificación *n*: GEN/MKTNG justification, reason why; S. *beneficio básico*. [Exp: **justificado a la derecha/izquierda** (GRAPHICS right-/left-justified; S. *alinear*), **justificante** (MNGMNT/ADVTG receipt, proof of purchase; voucher; certificate of transmission, tearsheet, tearstrip; S. *comprobante, volante, resguardo*), **justificar** (GEN/GRAPHICS justify, justification; S. *alinear*)].

juvenil *a*: GEN/MKTNG young, youthful; for the young, aimed at young people; teeny *col*; S. *adolescente*; *jóvenes*.

K

kilobyte, K, KB *n*: INTERNET kilobyte, KB; S. *octeto*.

kinescopado *n*: TV/FILM film transfer.
kiosco *n*: ADVTG S. *quiosco*.

L

labia *col n*: GEN patter *col*, gift of the gab *col*, blarney *col*, smooth-talk *col*, glibness. [Exp: **labia publicitaria** (MKTNG salesman's patter *col*, sales pitch *col*; S. *rollo*)].

laboratorio *n*: GRAPHICS/IMAGE/AUDIO laboratory, lab.

labrar *v*: GRAPHICS tool^2; S. *estampar en seco, decorar.*

laca *n*: AUDIO lacquer; S. *barniz.*

lacónico *a*: LING laconic, terse; S. *prolijo.*

lacre *n*: GRAPHICS wax; S. *goma, cemento, cera.*

lacrimógeno *a*: FILM/SHOW tearful, emotional, sentimental, melodramatic, weepy *col*; S. *obra/canción/película lacrimógena; pegajoso.*

lado *n*: GRAPHICS side; S. *cara.*

lámina *n*: GRAPHICS plate, sheet; illustration; S. *ilustración.* [Exp: **laminar** (GRAPHICS/ AUDIO laminate; S. *plastificar*)].

lámpara *n*: IMAGE lamp, lantern, bulb, luminaire; S. *foco, bombilla.* [Exp: **lámpara/proyector de arco** (IMAGE/FILM arc light; S. *luz de alta intensidad*), **lámpara de xenón** (FILM/TV xenon lamp)].

lanzar *v*: GEN/ADVTG/MKTNG launch; introduce, pioneer, promote; *campaña de lanzamiento; promoción, retirada, abandono, presentar.* [Exp: **lanzamiento** (MKTNG/MNGMNT launch, launching, promotion, promo *col*; S. *promoción, campaña de lanzamiento*), **lanzamiento, de** (MKTNG promotional, pioneering; S. *de promoción, de introducción*)].

lápiz *n*: GRAPHICS pencil. [Exp: **lápiz de colores** (GRAPHICS colour pencil, crayon), **lápiz de cera** (GRAPHICS wax pen), **lápiz de ojos** (GEN eyeliner; S. *perfilador*), **lápiz electrónico** (DESIGN/GRAPHICS electronic pen), **lápiz fotosensible u óptico** (DESIGN/GRAPHICS light pen), **lápiz graso** (GRAPHICS grease pen)].

largar *col v*: MNGMNT sack *col*, dump *col*, give the boot *col*, fire *col*; S. *despedir.* [Exp: **largar^2** (GEN/MEDIA blab *col*, gossip, do the dirt on *col*; in the latter sense, the verb often takes the preposition *de*, e.g. *Estuvo largando de su ex marido en un programa de la tele* –She blabbed about/did the dirt on her ex-husband on a TV programme–; S. *cotilleo*)].

largometraje *n*: FILM feature-length film, full-length feature film, full-length motion picture US; S. *película, film, filme, cinta, cortometraje; cine.*

láser *n*: IMAGE laser; S. *rayo láser, pistola láser, disco láser.*

laureado *a/n*: FILM/GEN prizewinner; prizewinning; S. *galardonado, premiado.*

lavar *v*: GRAPHICS wash, clean [up]; launder *col*, wash down; S. *desteñir*. [Exp: **lavar la imagen** (MNGMNT clean up one's image or one's act *col*), **lavado** (IMAGE faded, washed down; S. *desteñido, apagado*)].

lealtad *n*: MKTNG loyalty; S. *fidelidad*. [Exp: **lealtad a una marca** (MKTNG brand loyalty; S. *fidelidad a la marca*)].

lector *n*: PRESS reader; proofreader; scanner; S. *grabador*. [Exp: **lector de barras** (MKTNG bar code reader), **lectora óptica** (IMAGE optical character reader, OCR), **lectores** (MKTNG readers, audience, readership; S. *audiencia, público lector*), **lector primario/secundario** (MKTNG primary/secondary reader), **lectura** (GEN reading), **lectura de a bordo** (MKTNG/PRENSA in-flight publication)].

lenguaje *n*: LING language. [Exp: **lenguaje figurado** (LING figurative language, figure of speech; S. *figura del lenguaje*), **lenguaje desenfadado** (LING uninhibited language), **lenguaje fuerte** (LING coarse language), **lenguaje obsceno/soez** (LING obscene language; S. *escabroso*)].

lente *n*: IMAGE lens; S. *objetivo; obturador*. [Exp: **lente acromática** (IMAGE achromatic lens), **lente anamórfica** (FILM anamorphic lens), **lente cóncava/convexa** (IMAGE concave/convex lens)].

lentejuela *n*: OUTDOOR spangle; S. *letrero de lentejuelas*.

letra *n*: TYPE letter, type, character[1], script; S. *signo, tipo, carácter, fuente; caligrafía, rasgo ornamental; ápice, árbol, hombro, ojo, trazo ascendente/descendente, raya cruzada, punto, espolón, vértice, tilde*. [Exp: **letra ascendente** (TYPE ascending letter; S. *trazo ascendente*), **letra capitular o inicial de un texto** (TYPE initial cap, drop cap, raised initial), **letra con cola, florida o historiada** (TYPE swash letter), **letra con tacón** (TYPE serif; S. *tacón de letra*), **letra con trazo des-**

cendente (TYPE descending letter), **letra condensada/chupada** (TYPE condensed type), **letra cursiva** (TYPE italics, cursive), **letra de molde** (GRAPHICS print), **letra [de una canción]** (TV/RADIO/FILM/AUDIO lyrics; S. *letrista*), **letra fina** (TYPE fine type, light typeface; S. *chupada*), **letra gótica** (TYPE Gothic, Old English type, black letter), **letra mayúscula inicial de un texto** (TYPE initial cap, drop cap; S. *letra capitular*), **letra moderna** (TYPE modern type; S. *chupada*), **letra negrita** (TYPE bold, boldface, bold type; S. *negrita/negrilla*), **letra romana/redonda** (TYPE Roman type; S. *familia de tipos*), **letra sin tacón, recta o de palo** (TYPE sans serif, Gothic type), **letras blancas sobre fondo negro** (GRAPHICS/TYPE reversed type), **letras de identificación [de una cadena]** (TV/RADIO station call letters, station identification), **letras destacadas/grandes de imprenta** (TYPE display type), **letrista** (AUDIO/SHOW songwriter, lyricist; S. *arreglista, partitura, libreto; letra de una canción*)].

letrado *n*: LAW/MNGMNT solicitor, lawyer. [Exp: **letrados asesores** (MNGMNT consulting solicitors)].

letrero *n*: GEN/OUTDOOR board[2], bulletin board, notice board; sign; S. *tablón de anuncios, cartel, panel; signo, señal, rótulo*. [Exp: **letrero de escalera automática** (ADVTG escalator card; S. *letrero, rótulo*), **letrero de lentejuelas** (OUTDOOR flutter sign)].

levantar *v*: GEN lift, raise. [Exp: **levantar acta de la sesión** (MNGMNT take the minutes of a meeting), **levantar la prohibición** (MKTNG raise the ban on), **levantar la portada [de un periódico]** scrap/withdraw/spike *col*; the cover or front page; phrase used by editors when last-minute information or legal decisions force them to make major alterations to the front-page contents or angle of coverage), **levantar la sesión** (MNGMNT adjourn a meeting, bring it to an end or close)].

leyenda *n*: GRAPHICS/DESIGN legend, caption[1]; slogan, key, footnote; S. *pie de foto, pie de ilustración, pie.*

libertad de prensa *n*: MEDIA freedom of press; S. *prensa libre o independiente.*

librería *n*: GEN/RADIO/TV/FILM bookshop; bookshelf, bookcase; library; S. *archivo; sonido/foto/imagen de archivo.* [Exp: **libro** (MNGMNT book, ledger), **libro auxiliar de clientes o cuentas por cobrar** (MNGMNT accounts receivable ledger), **libro de actas** (MNGMNT book of minutes/proceedings, minute book), **libro de almacén** (MNGMNT store ledger), **libro de bolsillo** (GRAPHICS paperback), **libro de contabilidad** (MNGMNT ledger, book of accounts), **libro de cuentas** (MNGMNT/ADVTG account book), **libro de tapas blandas** (GRAPHICS paperback, softcover book), **libro de tapas duras** (GRAPHICS hardback, hardcover book), **libro en rústica** (GRAPHICS paperback, softcover; S. *libro de tapas blandas*), **libro de ventas** (MNGMNT sales book), **libreto** (SHOW libretto, book; S. *arreglista, letrista, partitura; letra de una canción*)].

licencia *n*: LAW licence; S. *permiso, autorización, cesión.*

licitación *n*: MNGMNT bid, tender. S. *puja; subasta.* [Exp: **licitar** (MNGMNT put out to tender, invite tenders/bids for; make a bid, put a bid, put in/submit a tender)].

líder *a/n*: GEN leading, prominent, leader; S. *destacado, puntero.* [Exp: **líder de opinión** (MKTNG opinion leader/former; S. *persona influyente*)].

ligadura *n*: TYPE ligature.

ligero *a*: FILM/SHOW light, lighthearted, lively, cheerful, lightweight; S. *desenfadado, alegre; comedia ligera.*

lijar *v*: GEN sandpaper, sand *col.*

limbo *n*: IMAGE limbo [background], cyclorama, panorama cloth; S. *fondo neutro.*

limitar *v*: GEN limit, restrict, confine, qualify; S. *restringir, poner reservas, introducir salvedades.* [Exp: **limitado** (GEN limited, restricted, qualified; S. *condicional, con reparos, con salvedades*), **límite** (GEN limit, threshold, borderline; S. *umbral*)].

línea[1] GEN *n*: line; S. *raya, recta; dibujo/fotograbado/ilustración a línea.* [Exp: **línea**[3] (MKTNG line; S. *producto, artículo*), **línea amarilla/blanca** (MKTNG yellow/white line; S. *línea roja/naranja*), **línea comercial** (MKTNG line of business, branch [of business], sector, trade; S. *sector, rama*), **línea de acción** (MKTNG action line, direct line; S. *servicio de defensa de los ciudadanos*), **línea de base** (type baseline; S. *descendente, ascendente*), **línea de cierre** (ADVTG punch/tag line; S. *coletilla, remate de un chiste*), **línea de corte** (FILM/IMAGE crop mark, cut line, cutting height), **línea de crédito** (MNGMNT credit line; S. *descubierto permitido*), **línea de interés o imaginaria** (FILM imaginary line; S. *eje de acción*), **línea de productos** (MKTNG product line, range of products; S. *gama de productos*), **línea de puntos** (GRAPHICS dotted line, dot, leader; S. *guía de puntos*), **línea de visión** (FILM eyeline; S. *dirección de la mirada de un intérprete*), **línea dedicada** (INTERNET dedicated line), **línea directa** (GEN action line, direct line; S. *servicio de defensa de los ciudadanos*), **línea, en** (GEN on-line; S. *en directo,* en el aire), **línea maestra** (GEN guideline; S. *pauta, directriz*), **línea marrón** (MKTNG brown goods), **línea naranja** (MKTNG orange goods; S. *línea roja/blanca*), **línea roja** (MKTNG red goods; S. *línea roja/blanca*), **línea supletoria** (AUDIO line extender)].

lineal[1] *col n*: MKTNG shelf, display rack; S.

estante, anaquel, balda, góndola, mostrador. [Exp: **lineal**[2] (GEN linear, across-the-board[1]; S. *global, general*)].

lineatura *n*: GRAPHICS lines per square centimetre.

linotipia *n*: TYPE linotype, line caster, line casting.

linterna *n*: IMAGE lantern, torch. [Exp: **linterna sorda** (IMAGE bull's eye)].

liquidación[1] *n*: MKTNG clearance, stock clearance, clearance sale. [Exp: **liquidación**[1] (MNGMNT settlement, payment), **liquidar**[1] (MNGMNT clear, sell off, sell out; S. *saldar, agotar las existencias*), **liquidar**[2] (MNGMNT pay, settle)].

lista *n*: GEN list, register; S. *relación, registro*. [Exp: **lista de abonados, suscriptores**, etc. (MKTNG/GEN mailing list), **lista de control/comprobación** (GEN checklist; S. *prontuario*), **lista de menciones/agradecimientos** (FILM/TV acknowledgments; S. *títulos de crédito*)].

listo, el *n*: SHOW the straight man; S. *el tonto, cómico; morirse de risa*.

listo para fotolitos *phr*: GRAPHICS camera-ready.

litografía *n*: GRAPHICS lithography; S. *fotolitografía*.

llamamiento *n*: GEN call, appeal. [Exp: **llamada a escena** (SHOW curtain call), **llamar** (GEN call), **llamar la atención** (GEN stand out; S. *sobresalir, destacar-se, recortar-se, impresionar*), **llamativo** (GEN eye-catching, showy, flamboyant, flashy; S. *vistoso, ostentoso, chillón, hortera, espectacular, incendiario, sensacionalista, titular llamativo*)].

llave *n*: GEN key; S. *código, clave*. [Exp: **llave de color** (TV/FILM chroma key)].

localización *n*: GEN location, venue.

locución *n*: RADIO/TV commentary, voice; S. *realización*. [Exp: **locutor** (RADIO/TV announcer[2]; commentator, presenter; S. *presentador*), **locutor-a de continuidad** (TV continuity announcer/man/girl), **locu-**

tor de informativos (TV newsreader, newscaster)].

logística *n*: MKTNG logistics; S. *estrategia*.

logo/logotipo *n*: GRAPHICS logo[type]. [Exp: **logotipo de pantalla** (TV on-screen logotype; S. *mosca*)].

lomo [de un libro] *n*: GRAPHICS spine, back; S. *cubierta, tapa*.

longitud de onda *n*: GEN/AUDIO waveband; S. *banda de frecuencia*.

lorem ipsum *n*: GRAPHICS Greeking; S. *texto ficticio*.

lote *n*: MKTNG batch, lot.

LP *n*: AUDIO S. *elepé*.

lugar *n*: GEN place, spot, point; S. *punto*. [Exp: **lugar de encuentro** (GEN meeting point; S. *punto de encuentro*), **lugar de ventas** (MKTNG point of sale, outlet; S. *punto de ventas*)].

luminación *n*: IMAGE luminance. [Exp: **luminancia** (IMAGE luminance; S. *crominancia*), **luminosidad** (FILM brightness), **luminoso**[1] (IMAGE bright, brilliant, luminous), **luminoso**[2] (ADVTG illuminated ad/billboard, neonized bulletin, neon sign), **luminotecnia** (FILM/TV lighting)].

lupa *n*: FILM/TV magnifying glass; S. *cuentahílos*.

lustre *n*: GRAPHICS/IMAGE gloss, S. *barniz, brillo*. [Exp: **lustroso** (GEN shiny, glossy[1]; S. *satinado, esmaltado, brillante*)].

luz *n*: IMAGE light; S. *haz de luz, destello de luz; señal, piloto, señalizador, avisador; sacar a la luz*. [Exp: **luz adicional, lateral o posterior** (FILM kicker[3]), **luz ambiente** (IMAGE natural light, ambient light, available light; S. *luz no direccional*), **luz artificial** (IMAGE artificial light[ing], electric light), **luz artificial, con** (IMAGE by/with floodlight), **luz auxiliar** (IMAGE filler light), **luz base [de un plató]** (FILM set light, base/foundation light, background lighting), **luz cenital** (IMAGE top light), **luz de alta intensidad**

(IMAGE/FILM arc light, brute; S. *proyector de arco*), **luz de compensación** (IMAGE balancing light), **luz de día** (IMAGE daylight), **luz de efectos** (IMAGE effects light), **luz de separación** (IMAGE backlight; S. *contraluz*), **luz difusa o no direccional** (IMAGE ambient light, diffused light), **luz direccional** (IMAGE/TV/ FILM spotlight; S. *foco, reflector; iluminar*), **luz guía** (IMAGE cue light), **luz halógena** (IMAGE halogen light), **luz lateral** (IMAGE cross/side light), **luz rebotada** (IMAGE bounced light), **luz reflejada** (IMAGE reflected light; S. *sonido reflejado, reflexión*), **luz roja** (IMAGE tally; S. *testigo*)].

M

macrofestival de música *n*: SHOW rave[2] *col*.

macrolente *n*: IMAGE macro, macro lens.

maculatura *n*: GRAPHICS mackle, macule; S. *perdido*.

madrugada *n*: GEN/TV late night; early hours [of the morning], small hours; S. *programas de madrugada*.

maestro en manipulación *col n*: MKTNG/ MEDIA spin doctor *col*; V. *manipulación, experto en manipulación*.

magazine/magacín *n*: TV talk show.

magenta *a/n*: GRAPHICS magenta; S. *cian*.

magistral *a*: GEN masterly, top-notch *col*, stunning[1]; S. *sensacional, apabullante, deslumbrante, despampanante*.

magnate *n*: GEN/MNGMNT tycoon, magnate, mogul. [Exp: **magnate de la comunicación** (MEDIA media mogul), **magnate de la prensa** (PRESS press lord/baron *col*)].

magnético *a/n*: AUDIO magnetic; magnetic sound track; S. *banda magnética, campo magnético*. [Exp: **magnetizar** (AUDIO/ IMAGE magnetize; S. *desmagnetizar*), **magnetoscopio** (AUDIO videotape recorder, video player; S. *reproductor de cintas de vídeo*)].

magnitud *n*: GEN size, magnitude; S. *alcance*.

malla máxima mundial, MMM *n*: INTER-NET World Wide Web, WWW.

malversar *v*: MNGMNT/LAW misappropriate; S. *desfalcar*. [Exp: **malversación** (MNGMNT/LAW embezzlement, misappropriation; S. *desfalco, apropiación indebida*)].

mancha[1] *n*: GRAPHICS print area, type area; S. *caja*[5], blanco. [Exp: **mancha**[2] (TV smearing; S. *borrosidad en los perfiles*), **manchas de hongo** (FILM fungus spots), **mancheta** (PRESS masthead)].

mando a distancia *n*: TV remote control [device], changer *col*; S. *selector de canales, control remoto*.

mandos intermedios *n*: MNGMNT middle management; S. *altos cargos*.

manejable *a*: GEN/MKTNG user-friendly, easy-to-use; S. *asequible, de fácil manejo*.

manipular *v*: MKTNG/PRESS manipulate, fix *col*, rig *col*, tamper with *col*; interfere with; S. *falsificar*. [Exp: **manipulación** (MKTNG/PRESS manipulation, spin; S. *imitación, manipulación, maestro en manipulaciones*)].

maniquí *n*: GEN tailor's dummy, model, dummy[2]; S. *corpóreo, muñeco*.

mano *n*: GRAPHICS coat[1]; S. *capa*. [Exp: **mano de papel** (GRAPHICS quire; S. *resma, cuadernillo*), **mano alzada** (GRAPHICS free hand; S. *dibujo a mano alzada o a pulso*)].

mantener *v*: GEN maintain, sustain, hold; S. *sostener*. [Exp: **mantenimiento** (MKTNG/ GEN maintenance; S. *campaña de mantenimiento*)].

manufactura *v*: MKTNG manufacture, make, produce; S. *elaborar, producir.* [Exp: **manufactura** (MNGMNT manufacture; article, product; *plural* goods)].

manuscrito *n*: GRAPHICS MS, script, manuscript; S. *texto original; guión.*

mañana, la *n*: RADIO morning, early morning; S. *madrugada, la tarde, franja horaria, matutino.*

maqueta *n*: GEN/GRAPHICS/ADVTG mock-up, paste-up, model, dummy, dummy page, miniature, rough cut, layout, comprehensive layout, bulking dummy; S. *miniatura.* [Exp: **maqueta de página** (GRAPHICS page layout/make-up; S. *diseño de página*), **maqueta preliminar** (DESIGN mockup, dummy; S. *ficticio*), **maqueta publicitaria** (ADVTG/DESIGN advertisement page plan), **maquetación** (DESIGN/ ADVTG design, layout[2], make-up[2]; S. *diseño*), **maquetación** (DESIGN paste-up work), **maquetación gráfica** (DESIGN artistic layout), **maquetación preliminar** (GRAPHICS rough layout), **maquetado** (DESIGN mechanical), **maquetador/ maquetista** (GRAPHICS layout artist/man; paste-up artist, model-maker; S. *diseñador*)].

maquillaje *n*: FILM/IMAGE make-up; S. *sala de maquillaje.* [Exp: **maquillaje protésico** (FILM prosthetic make-up; S. *protésica*), **maquillador-a** (FILM/IMAGE make-up artist)].

máquina *n*: GEN machine. [Exp: **máquina de humo** (FILM fog machine), **máquina de imprimir direcciones** (GRAPHICS addressing machine), **máquina etiquetadora** (MKTNG labelling machine), **máquina expendedora** (MKTNG dispenser, vending machine; S. *dispensador*), **maquinaria** (GEN machinery, equipment, plant;

hardware; S. *instrumental, aparato, equipo, soporte físico*), **maquinista** (FILM operator, grip; S. *ayudante de cámara*)].

maratón televisivo/benéfico *n:* TV telethon.

marbete *n*: GEN tag, label; S. *etiqueta, rótulo, tejuelo.*

marca[1] [comercial] *n*: MKTNG brand[1]; trade name, trademark; S. *fidelidad de marca, protección de marcas.* [Exp: **marca[2]** (GRAPHICS flag[2]; mark; S. *señal*), **marca blanca** (MKTNG own/private/store label, blanket family brand; S. *genérico*), **marca de agua** (GRAPHICS watermark; S. *filigrana*), **marca de fábrica** (MKTNG trade/brand name; S. *nombre de marca*), **marca de gran consumo o popular** (MKTNG consumer brand), **marca de la casa** (MKTNG store name), **marca/señal de pliego/cuadernillo** (GRAPHICS signature [mark]; S. *pliego, cuadernillo*), **marca de prestigio** (MKTNG name brand), **marca franquiciada** (MKTNG franchised brand), **marca líder en el mercado** (MKTNG brand leader; S. *producto estrella*), **marca ortográfica** (TYPE character[1]; S. *carácter, letra, símbolo ortográfico*), **marca registrada** (MKTNG/LAW registered trademark, trade mark, TM; S. *protección de marcas*), **marcación[1]** (MKTNG branding; S. *asignación de marca*), **marcación[2]** (OUTDOOR scoreboard), **marcación de precios** (MKTNG pricing), **marcador[1]** (OUTDOOR scoreboard), **marcador[2]** (GRAPHICS bookmark), **marcar[1]** (GEN/ MKTNG mark; S. *señalar*), **marcar[2] [el precio]** (MKTNG price), **marcador** (GRAPHICS bookmark), **marcar con rotulador** (GRAPHICS highlight; S. *rotular*), **marcar/fijar precios** (MKTNG price), **marcas de registro** (GRAPHICS registration marks)].

marcha *n*: GEN running; working; organization; progress; S. *organización, gestión, funcionamiento.* [Exp: **marcha, en** (GEN going, ongoing, in progress, operational; S. *en curso*)].

marco *n*: GEN setting, framework, context; S. *localidad, escenario, entorno, ambientación.* [Exp: **marco de referencia** (GEN background[2])].

margen[1] *n*: GRAPHICS border, margin, gutter; S. *cenefa, columna, filete.* [Exp: **margen**[2] **[comercial]** (MKTNG trading margin, trade/profit margin, mark-on, mark-up), **margen**[3] (IMAGE/GEN edge[1]; S. *borde, canto, contorno*), **margen competitivo o de ventaja** (MKTNG competitive advantage/edge), **margen de beneficio** (MKTNG mark-up, spread[6]), **margen perdido, a** (GRAPHICS [in] bleed, gutter bleed; S. *a sangre*), **margen perdido por el centro** (GRAPHICS across-the-gutter; S. *anuncio de dos páginas opuestas*)].

marioneta *n*: FILM/SHOW/TV puppet.

marketing *n*: MKTNG marketing; S. *mercadotecnia, mercadeo.* [Exp: **marketing estratégico** (MKTNG strategic marketing), **marketing piramidal** (MKTNG pyramidal marketing; S. *venta piramidal*)].

marquesina *n*: OUTDOOR bus shelter.

máscara *n*: IMAGE mask; gobo; S. *pantalla.*

matar el brillo *v*: GRAPHICS tone down, dull, mat/matt/matte; S. *mate; deslustrar.* [Exp: **mate** (IMAGE/GRAPHICS dull, mat, matt, matte, dead; S. *sin brillo, apagado; deslustrar, matar el brillo*), **mateador** (GRAPHICS dulling spray; S. *atenuador, matizador*)].

materia prima *n*: MKTNG raw material; commodity; staple; S. *bienes, bienes y servicios, productos básicos, mercaderías, géneros, consumo.*

material *n*: GEN material, matter. [Exp: **material amortiguador de sonidos** (AUDIO sound-dampening material; S. *insonorización, absorbente*), **material de ayuda** (GEN back-up material, aid; S. *ayuda, asistencia*), **material de lectura** (GEN reading matter), **material de ofici-**

na (GEN [office] stationery), **material fotográfico** (IMAGE photographic equipment), **material fotosensible** (IMAGE photo-sensitive material), **material de paso** (IMAGE software; S. *aplicación informática*), **material de relleno** (GEN/FILM/TV fill-in/filler material), **material gráfico** (DESIGN artwork, A/W; S. *ilustraciones*), **material publicitario de apoyo al comerciante** (MKTNG dealer aids)].

matiz *n*: IMAGE hue, shade, nuance; S. *matiz, tono, sombreado, color.* [Exp: **matizador** (IMAGE/GRAPHICS dulling spray; S. *atenuador*)].

matriz *n*: GEN matrix, master copy; form, mould; S. *cinta matriz.* [Exp: **impresora matricial** (GRAPHICS dot/matrix printer)].

matutino *a/n*: PRESS morning; morning paper; S. *periódico matutino; vespertino.*

mayores de 18 años, para *phr*: FILM X, X-rated, NC-17 *US*; S. *apto para todos los públicos.*

mayorista *a/n*: MKTNG wholesaler, wholesale dealer/trader; S. *precio de mayorista; minorista, concesionario; canal de distribución.*

mayúscula *a/n*: TYPE capital, cap, capital letter, upper-case; S. *versal, minúscula.*

mecánica *n*: GEN mechanics.

mecanografía *n*: TYPE/GRAPHICS typing; S. *teclear, escribir/pasar a máquina.* [Exp: **mecanografiar** (TYPE/GRAPHICS type; S. *teclear, escribir/pasar a máquina, mecanografía*), **mecanógrafo-a** (TYPE/GRAPHICS typist, copy clerk; S. *teclear, escribir/pasar a máquina*)].

mecenas *n*: MKTNG patron; S. *campaña de patrocinio.* [Exp: **mecenazgo** (MKTNG patronage[1]; S. *mecenas; campaña de patrocinio*)].

mechas [en el pelo] *n*: DESIGN/FILM highlights [hair]; S. *reflejos.*

media *n*: MKTNG average, mean; S. *medio, promedio.* [Exp: **media aritmética**

(MKTNG arithmetic mean), **media, como** (GEN on average; S. *de promedio, por término medio*), **media página** (GRAPHICS half page), **media ponderada** (MKTNG weighted average), **medias, a** (GEN fifty-fifty, half-and-half; on a fifty-fifty basis)].

mediador *n*: MKTNG middleman, agent, jobber, finder broker; S. *intermediario, comerciante, corredor*.

mediano *a*: GEN medium, middle; middling; S. *medio*.

mediar *v*: MEDIA mediate.

mediático *a*: MEDIA media; used attributely, as in *los poderes mediáticos* –the power of the media/press–.

medio[1] *a*: GEN half, middle; S. *mediano*. [Exp: **medio[2]** (ADVTG/AUDIO/IMAGE medium; vehicle, system, resource; S. *soporte, medios, recurso*), **medio[3]** (GEN environment; S. *contexto, entorno, ambiente*), **media tinta** (GRAPHICS halftone; S. *fotograbado a media tinta*), **media página** (ADVGT half-page), **medio ambiente** (GEN environment), **medianoche** (RADIO/TV midnight, night-time; S. *madrugada*), **medio corte** (GRAPHICS half cut), **medio de salida publicitaria** (MKTNG advertising medium/vehicle; S. *soporte [físico] publicitario*), **medio/soporte gráfico** (GRAPHICS print vehicle), **medio tono** (GRAPHICS half-tone, direct half-tone; S. *directo, semitono*), **medios** (ADVTG media), **medios audiovisuales** (MEDIA audiovisual media), **medios de comunicación/difusión** (MEDIA media, mass media), **medios electrónicos** (MEDIA electronic media/press; S. *prensa electrónica*), **medios gráficos** (MEDIA print media), **medios radiotelevisivos** (MEDIA broadcast media), **medios secundarios** (MEDIA lesser media), **medios visuales** (MEDIA/IMAGE visual media; visual aids)].

mediocre *a*: GEN mediocre, poor, poorish

col, lacklustre; S. *deslucido, apagado, soso; representación*.

medir *v*: GEN measure, gauge, meter; S. *calibrar*. [Exp: **medida** (GEN measurement), **medida, a** (GEN tailor-made, customized), **medidor de audiencia** (MKTNG audience meter)].

megafonía, sistema de *n*: AUDIO public address system, P.A. [Exp: **megáfono** (AUDIO megaphone, loudspeaker, horn; S. *altavoz*), **megatienda** (MKTNG megastore)].

mejor actor/actriz de reparto *n*: FILM best supporting actor/actress.

mejora *n*: MKTNG/MNGMNT improvement, upswing, upturn; S. *reactivación, recuperación*. [Exp: **mejorar** (MKTNG/MNGMNT improve, better, upgrade, enhance; S. *realzar; ascender; degradar*)].

melodía *n*: AUDIO melody, tune; S. *tonada, sintonía, música*. [Exp: **melómano** (AUDIO music lover)].

melodrama *n*: FILM melodrama.

membrete *n*: GRAPHICS letterhead; S. *material de oficina*. [Exp: **membrete en relieve** (GRAPHICS embossed stationery)].

memoria[1] *n*: MNGMNT memorandum, yearbook, [annual] report. [Exp: **memoria[2]** (GEN memory), **memoria aleatoria** (GEN random access memory, RAM; S. *aleatorio, casual*), **memoria anual** (GEN annual report, yearbook)].

menciones *n*: GEN/FILM acknowledgements, credits; S. *lista de menciones, agradecimientos, títulos de crédito*.

mensaje *n*: GEN/LING/ADVTG message, claim. [Exp: **mensaje comercial o publicitario** (ADVTG advertising claim/message, advertiser's message), **mensajería** (MNGMNT courier/messenger company/service), **mensajero** (MNGMNT messenger, courier[1]), **mensajes radiados** (RADIO radio messages)].

mensual *a*: GEN monthly; S. *quincenal, semanario*.

mentidero *n*: GEN gossip shop *col*, grapevine *col*. [Exp: **mentideros políticos** (MEDIA corridors of power, political circles, off-the-record, corridors of Whitehall/Moncloa, etc.; S. *candelero político*)].

mercadeo *n*: MKTNG marketing; S. *mercadotecnia, marketing.* [Exp: **mercaderías** (MKTNG commodities, merchandise; S. *bienes, bienes y servicios, productos básicos*), **mercado** (MKTNG market; S. *precio de mercado, hipermercado*), **mercado [de] compradores/vendedores** (MKTNG buyers'/sellers' market), **mercado de masas** (MKTNG mass market), **mercado deprimido, lento o a la baja** (MKTNG sluggish market), **mercado discográfico** (AUDIO record/recording market; S. *casa discográfica, sello discográfico*), **mercado objetivo** (GEN/MKTNG target market; S. *objetivo, blanco, grupo objetivo, público objetivo*), **mercadotecnia, mercadología** (MKTNG marketing; S. *marketing, mercadeo*)].

mercancías *n*: MKTNG goods, articles, commodities, merchandise, stock, wares, shipment; S. *género, mercaderías, género; efectos; existencias; primeras materias.* [Exp: **mercancías a granel** (MKTNG bulk commodities/goods; S. *productos a granel*), **mercantil** (MKTNG trade, trading, commercial; firm, company; S. *empresa; comercio*)].

merma *n*: GEN shrinkage, wastage, loss; S. *déficit, pérdida, fuga, reducción.* [Exp: **mermar-se** (MNGMNT decrease, go down, lessen, slacken off; waste away, become depleted, dwindle)].

mesa *n*: GEN table; desk; board; enquiry desk; S. *tabla, panel.* [Exp: **mesa de control** (AUDIO/IMAGE main console, mixing console; S. *unidad de control*), **mesa de dibujo** (GRAPHICS drawing board), **mesa de mezclas** (AUDIO/IMAGE mixing/main console, board), **mesa de montaje** (FILM editing table/desk; S. *sala de montaje*), **mesa de redacción** (PRESS editor's desk or office, copy desk *US*; S. *redacción*), **mesa de trabajo** (GEN/MEDIA/MKTNG desk; desk of a newspaper), **mesa redonda** (GEN panel discussion, talk programme; S. *tertulia, debate, coloquio, programa de debate*)].

meta *n*: GEN/MKTNG target, aim, goal, objective; S. *objetivo, blanco, mercado meta.*

metáfora *n*: LING metaphor; S. *figura del lenguaje.*

metal *n*: GEN metal [Exp: **metálico, [en]** (MNGMNT/GEN cash; down/on the nail *col*; S. *suelto*)].

metedura de pata *col n*: LING/GEN gaffe *col*, boob *col*, goof *col*, clanger, misprint, error, mistake; S. *gazapo.* [Exp: **meter** (GEN put, place), **meter la pata** (GEN make a boob *col*, drop a clanger *col*, put one's foot in it *col*), **meter con calzador** (GRAPHICS shoehorn; S. *amazacotar, sobrecargar*)].

metonimia *n*: LING metonymy; S. *figura del lenguaje.*

metraje *n*: FILM footage, stock.

metro, el *n*: ADVTG the underground, the tube.

mezcla[1] *n*: GEN blend, mix, mixture; medley; S. *combinado, sala de mezclas.* [Exp: **mezcla**[2] (AUDIO dubbing; S. *doblaje, sala/consola de mezclas*), **mezclar** (FILM/AUDIO mix, blend, merge, dub[2]; S. *fusionar, fundir imágenes*), **mezclador** (GEN/FILM/AUDIO/TV blender, sound mixer/editor), **mezcolanza** (AUDIO mixture, hotchpotch *col*, potpourri; S. *popurrí, mezcla*)].

micro- *prf*: GEN micro-. [Exp: **microespacio** (ADVTG/TV/RADIO promotional programme; S. *publirreportaje*), **microfilm** (FILM microfilm), **micrófono/micro** (AUDIO mike *col*, microphone), **micrófono cardioide** (AUDIO cardioid microphone), **micrófono de condensador o**

electrostático (AUDIO condenser microphone, electrostatic microphone), **micrófono de pinza, cuello o solapa** (AUDIO lavaliere/neck mike; S. *solapa*), **micrófono dinámico** (AUDIO dynamic microphone, pressure microphone, moving-coil microphone; S. *altavoz dinámico*), **micrófono direccional** (AUDIO directional microphone, shotgun microphone), **micrófono multidireccional** (AUDIO multidirectional microphone), **micrófono oculto** (AUDIO hidden microphone, bug *col*), **micrófonos de ambiente** (AUDIO overheads[2]), **microonda** (AUDIO microwave)].

miedo escénico *n*: SHOW stage fright, first-night nerves.

mímesis *n*: LING mimesis.

miniatura *n*: GEN miniature; S. *maqueta*.

minibruto *n*: IMAGEN minibrute; S. *bruto*.

minimizar *v*: GEN minimise; play down, underplay.

minorista *n*: MKTNG retailer; S. *detallista, mayorista; canal de distribución; vender al menudeo*.

minúscula *n*: TYPE lower case letter, small letter; S. *versalitas*.

moaré *n*: IMAGE moiré.

mobiliario urbano *n*: GEN urban furniture, street decoration; S. *mupi col*.

moda *n*: GEN/DESIGN/MKTNG fashion, trend; S. *tendencia, figurín, desfile de modelos, pasarela, casa de modas*. [Exp: **moda, de** (GEN/DESIGN fashionable, in, trendy; S. *elegante, pasado de moda*), **moda, estar de última** (GEN/DESIGN be all the fashion or rage *col*), **moda pasajera** (GEN fad *col*; S. *manía, capricho*)].

modelo *n*: GEN/DESIGN model, pattern, style, design; standard; S. *pauta, estilo, modelo, piloto; norma, criterio*. [Exp: **modelo a escala** (GEN/GRAPHICS/IMAGE scale model), **modelo del cambio de marca** (MKTNG brand-switching model), **modelo [publicitario] de control adaptable** (MKTNG adaptive control model), **modista** (GEN/DESIGN fashion designer)].

moderador *n*: GEN chairman, chairwoman, chair[person]. [Exp: **moderador de un programa concurso** (RADIO/TV quizmaster; S. *programa concurso*), **moderar**[1] (GEN/IMAGE moderate, tone down; S. *atenuar*), **moderar**[2] (TV/RADIO chair)].

modificar *v*: GEN/MKTNG change, alter, modify. [Exp: **modificable** (GEN/MKTNG open-ended; S. *abierto, variable, ampliable, de duración indefinida*), **modificación** (GEN amendment, change; S. *enmienda, cambio*)].

modulación *n*: AUDIO modulation; S. *frecuencia, amplitud*. [Exp: **modulación de amplitud** (AUDIO amplitude modulation), **módulo** (GEN/PRESS/ADVTG module)].

molde *n*: DESIGN mould, form, shape, cast; S. *matriz*. [Exp: **moldear** (DESIGN mould, form, cast, shape, contour; S. *acotar, perfilar, siluetear; forma*), **moldura [de un anuncio exterior]** (OUTDOOR moulding, trim; S. *bocel, embellecedor de una valla publicitaria*)].

monitor *n*: GEN monitor, screen, display window. [Exp: **monitor de información** (GEN information display; S. *pantalla de información*), **monitor de ordenador** (GEN computer screen/monitor; S. *pantalla de ordenador*), **monitorización** (MKTNG/GEN monitoring)].

mono- *pref*: GEN mono. [Exp: **mono** (AUDIO mono, monoaural; S. *estéreo*), **monografía** (GRAPHICS monograph), **monográfico** (GEN monographic), **monólogo** (FILM/LING monologue; S. *diálogo*), **monólogo interior** (FILM/LING stream of consciousness, interior monologue), **monopolio** (MKTNG monopolio; S. *oligopoly*), **monotipia** (GRAPHICS monotype), **monotipo** (GRAPHICS monotype), **monótono** (SHOW monotonous, lacklustre, boring, dull, flat[5]; S. *mediocre, deslucido, apagado, sin gracia*)].

monstruo *n*: DESIGN comprehensive layout.
montador *n*: FILM film-cutter, editor, cutter[2]. [Exp: **montador de vídeo** (IMAGE video editor), **montaje**[1] (FILM/RADIO/TV cutting, editing, assembly, montage; S. *edición, sala/mesa de montaje, ensamblaje; fotomontaje*), **montaje**[2] (DESIGN paste-up; S. *maquetado*), **montaje**[3] (FILM/SHOW staging, production, stage décor/design; S. *escenificación, puesta en escena, organización*), **montaje académico o invisible** (FILM academic editing, invisible cutting), **montaje acelerado** (FILM accelerated montage), **montaje asociativo** (FILM associational editing), **montaje de continuidad** (FILM continuity editing), **montaje de sonido** (FILM/AUDIO lay in), **montaje de una película** (FILM editing/assembly of a film), **montaje dinámico de planos** (FILM/TV dynamic cutting/editing; S. *corte dinámico de planos*), **montaje en paralelo** (FILM intercut, cross-cutting, parallel cutting), **montaje elíptico** (FILM elliptical cutting), **montaje invisible** (FILM invisible editing; S. *montaje académico*), **montaje por adición o ensamblaje** (FILM add-on/assembly editing), **montaje por corte** (FILM by cut), **montaje publicitario** (ADVTG advertising gimmick; S. *truco publicitario*), **montaje relámpago** (FILM flash cutting), **montaje lineal** (FILM seamlessness; S. *sin costuras/cortes*), **montaje por secuencias clásicas** (FILM shot sequence editing), **montaje sin corte** (FILM mobile long take) **montar** (FILM edit, assemble, cut[3]; S. *editar una película, ensamblar*)].
montura *n*: GEN mount; S. *soporte*.
morbo *n*: MEDIA morbid curiosity, sensationalism, ghoulish instincts, the seamy side of life *col*; S. *tertulia de morbo y cotilleo, prensa amarilla*.
morder con aguafuerte *v*: DESIGN etch; S. *rebajar, grabar con aguafuerte o por* electrólisis. [Exp: **mordido** (GRAPHICS bite, etching)].
morf *col n*: ADVTG morphing.
morirse de risa *v*: SHOW/FILM/TV be in stitches, laugh one's head off *col*, roll in the aisles *col*; S. *cómico, el listo, el tonto; ataque de risa*.
mosca *col n*: TV on-screen logotype; S. *logotipo de pantalla*.
mostrar *v*: GEN/MKTNG show, display, exhibit[1]; S. *exhibir, exponer, enseñar*. [Exp: **mostrador** (GEN counter, desk; S. *estante, lineal*), **mostrador de información** (GEN inquiry desk)].
motas de luz en la imagen *n*: FILM/IMAGE drops; S. *interferencia*.
motivo[1] *n*: GEN motif, motive, reason, cause. [Exp: **motivo**[2] (GRAPHICS motif, pattern)].
movido *a*: IMAGE blurred, fuzzy; hazy, out of focus, murky; S. *borroso, desenfocado; nítido, zona borrosa*.
móvil[1] *n*: MKTNG inducement, incentive, premium; S. *aliciente, estímulo, incentivo*. [Exp: **móvil**[2] (GEN mobile; S. *ambulante, portátil; publicidad móvil*)].
movimiento *n*: GEN movement, motion.
muaré *n*: IMAGE moiré.
muestra[1] *n*: MKTNG display[2], exhibition, exhibit, show; S. *exposición, feria de muestras*. [Exp: **muestra**[2] (MKTNG/DESIGN sample; proof; swatch; S. *ejemplar, número*), **muestra aleatoria** (MKTNG random sample), **muestra de color** (GRAPHICS colour swatch; S. *guía/carta de colores*), **muestra/base de una encuesta** (MKTNG base [of poll or survey]; S. *universo encuestado*), **muestra en grupo** (MKTNG cluster sample), **muestra gratuita o sin valor venal** (MKTNG free sample, sample/copy), **muestra pegada a un anuncio** (ADVTG tip-on), **muestra representativa o significativa** (MKTNG representative sample), **muestrario** (MKTNG book of samples,

pattern book, swatchbook), **muestreo** (MKTNG sampling; S. *hacer un muestreo*), **muestreo aleatorio al azar** (MKTNG random sampling), **muestreo de aceptación** (MKTNG acceptance sampling), **muestreo en racimos** (MKTNG cluster sampling), **muestreo por cuotas** (GEN/FILM quota sampling; S. *cuota, cupo*)].

multi- *prf*: GEN multi-. [Exp: **multicopiar** (GRAPHICS Roneo, duplicate), **multicopista** (GRAPHICS Roneo, duplicator), **multiexposición** (AUDIO multiple exposure), **multifonía** (AUDIO multiple miking technique), **multimedia** (AUDIO/IMAGE multimedia), **multipista** (AUDIO multitrack), **multitarea** (IMAGE/AUDIO multitask, multitasking), **multivisor** (IMAGE multiviewer)].

múltiple *a/n*: AUDIO multiple, presidential patch; S. *amplificador con varias salidas*.

mundo *n*: GEN world; scene. [Exp: **mundo de la farándula** (SHOW the theatre, the stage), **mundo del espectáculo** (SHOW show business; S. *figura del mundo del espectáculo*), **mundo deportivo/político/londinense**, etc. (PRESS/MEDIA sports/politics/London, etc., scene)].

muñeco *n*: GEN dummy[2]; S. *maniquí, corpóreo*.

mupi *col n*: GEN kiosk, marquee; S. *chirimbolo*.

mural *n*: OUTDOOR painted wall, wall painting, wallscape; S. *pancarta*.

muselina *n*: FILM scrim; muslim; S. *gasa, telón transparente, velo*.

música *n*: AUDIO/RADIO/TV music, sound; S. *melodía, partitura, banda de música, caja de música, sonido; macrofestival de música*. [Exp: **música de apoyo** (AUDIO backing[2]), **música de archivo** (AUDIO library music, stock music; S. *sonido/imagen de archivo, discoteca*), **música de contrapunto** (AUDIO countrapuntal music; S. *contrapunto*), **música de fondo o implícita** (AUDIO background music), **música diegética** (AUDIO source music), **música directa** (FILM direct music, source music, foreground music), **música en vivo** (AUDIO live/source music), **música puente o de enlace** (FILM bridge music), **[película] musical** (FILM musical, backstage musical), **musical** (AUDIO musical; S. *teatro de variedades*)].

N

nacimientos *n*: MEDIA births, [announcements of] new arrivals *col*, hatches *col*; S. *ecos de sociedad.*

nacional *a*: GEN national, nationwide; home. S. *local.*

narración/narrativa *n*: FILM/LING narration, narrative; S. *descripción, exposición, persuasión, relato; clausura narrativa.* [Exp: **narración anticipada** (FILM flash forward, anticipation, prolepsis; S. *prolepsis*), **narrador** (FILM/LING narrator, voiceover), **narrar** (GEN narrate, tell), **narrar en «off»** (TV/FILM use an off-screen/offstage narrator, use the voiceover technique), **narrativa barata** (GRAPHICS/PRESS pulp *col*; third-rate fiction; S. *novela barata, cuento basura, revista frívola, prensa amarilla o sensacionalista*)].

natural *a/n*: GEN/AUDIO natural; S. *flat, sharp.* [Exp: **naturalismo** (FILM naturalism; S. *abstracto, cubismo, dadaísmo, expresionismo, formalismo, impresionismo, realismo, representativo, surrealismo, simbolismo*)].

nave *n*: GEN shed. [Exp: **nave industrial** (MKTNG/MNGMNT industrial premises)].

navegador *n*: INTERNET browser; S. *visualizador, visor.* [Exp: **navegar** (INTERNET browse, navigate, surf; S. *internauta*),

navegar por distintos canales (TV surf the channels)].

neblina *n*: IMAGE/FILM haze, fog; S. *nitidez.* [Exp: **nebulosidad** (IMAGE/FILM haze, haziness, grain; S. *neblina; nitidez*)].

necrológica *n*: MEDIA/PRESS obituary, death announcement, despatches *col.*; S. *esquela, nacimientos, ecos de sociedad.*

negativar *v*: IMAGE/FILM process positive to negative, reverse, develop. [Exp: **negativo** (IMAGE/GEN negative, neg; S. *positivo, costes negativos*)].

negociación *n*: MNGMNT/MKTNG negotiation; bargaining, deal, trading. [Exp: **negociador** (MNGMNT negotiator), **negociante** (MKTNG dealer, businessman, trader, handler; S. *comerciante*), **negociar** (MKTNG/MNGMNT negotiate, trade; deal, bargain, treat; S. *comerciar*), **negocio** (MNGMNT business, business deal, deal, dealing, transaction; trade, line, line of business, outfit *col*; shop; store), **negocio complementario** (MKTNG sideline, business on the side *col*), **negocio lucrativo** (MKTNG profitable business), **negocio redondo** *col* (MNGMNT highly profitable business, nice/juicy piece of business *col*, brilliant deal *col*), **negocio sucio o fraudulento** (MNGMNT racket; racketeering)].

negro[1] *a/n*: GEN black; S. *cine negro,*

humor negro, fondo neutro negro. [Exp: **negro**[2] (PRESS/MEDIA ghostwriter; S. *ejercer de negro*), **negrita/negrilla** (TYPE bold, boldface, bold type; S. *letra negrita, cursiva, chupada*)].

neologismo *n*: LING neologism; S. *barbarismo*.

neón *n*: OUTDOOR neon, neon sign; S. *luminoso*[2].

neorrealismo *n*: FILM neorealism; S. *cubismo, dadaísmo, expresionismo, formalismo, impresionismo, realismo, representativo, simbolismo, surrealismo*.

nervios[1] *n*: SHOW/FILM butterflies *col*, the jitters *col*, stage fright; S. *miedo escénico*. [Exp: **nervios**[2] (GRAPHICS raised bands)].

neto *a*: MKTNG/GEN net, nett, clear; after tax; S. *íntegro*.

nicho *fig n*: MKTNG niche, «creneau»; S. *cuota, espacio/segmento comercial*.

nieve *n*: IMAGE snow.

nitidez de la imagen *n*: IMAGE/FILM sharpness, clearness, focus; S. *enfocar, enfoque; neblina*. [Exp: **nítido** (AUDIO/IMAGE clean, clear, sharp, well-defined; S. *borroso, desenfocado, movido; claro, bien definido, bien marcado*)].

nivel *n*: GEN level, rate, standard; S. *volumen; grado, índice*. [Exp: **nivel de vida** (MKTNG social class, status; S. *estilo de vida*), **nivelar** (AUDIO/IMAGE/GEN balance[2]; S. *balance, equilibrio*)].

noche *n*: RADIO/TV evening, night. [Exp: **noche americana** (FILM day for night, DN; S. *plano americano*), **noche de estreno** (FILM première, gala night; S. *función de gala*)].

nombre *n*: GEN name. [Exp: **nombre de dominio** (INTERNET domain name), **nombre de marca** (MKTNG brand name), **nombre [del autor de un artículo periodístico]** (PRESS by-line[1])].

norma *n*: GEN/GRAPHICS rule, standard; S. *regla, modelo, estándar*. [Exp: **normal**

(GEN regular, normal, usual, standard; S. *regular, ordinario, habitual*)].

nota *n*: MNGMNT note; notice; report; voucher; S. *comprobante, aviso, resguardo, volante*. [Exp: **nota a pie de página** (GRAPHICS footnote; S. *pie de página*), **nota de abono o crédito** (MNGMNT credit advice/note; S. *aviso de abono*), **nota de adeudo, débito o cargo** (MNGMNT debit note, debit memorandum/memo, charge slip), **nota de envío/expedición** (MNGMNT shipping note, advice note, dispatch note), **nota natural** (AUDIO natural), **nota de pago o ingreso** (MNGMNT pay-in slip; S. *resguardo de pago*), **nota de prensa** (PRESS press release, handout), **nota de venta** (MNGMNT bill of sale), **nota informativa** (GEN announcement[2]; S. *declaración, información, informe*), **notas de sociedad** (PRESS intimations page, announcements; S. *vida social, necrológicas, ecos de sociedad*)].

noticia *n*: MEDIA news, news item, item of news, news story, report; S. *rumor, chismorreo, mentidero; hecho noticiable, noticiario, relato, artículo, crónica, reportaje, boletín informativo, salir en las noticias*. [Exp: **noticia amplia o completa** (MEDIA full story, takeout[2]), **noticia con suspense** (PRESS suspended story/interest; S. *artículo con suspense*), **noticia de apertura** (MEDIA opener), **noticia de primera página** (PRESS headline news), **noticia importante** (PRESS major news, spread[5]), **noticia incendiaria** (PRESS inflammatory news; S. *llamativo, noticia incendiaria, sensacionalismo*), **noticia principal o de apertura** (MEDIA lead[1], lead story, opener, lead-off; S. *destacar como noticia principal*), **noticia secundaria** (GEN side story, sidebar; S. *efectos secundarios, secundario*), **noticias breves** (MEDIA news in brief, nibs *col*), **noticia-s de última hora** (MEDIA breaking news, news flash; headline newscast, stop press; S. *última hora, avance informativo*), **noticiable** (MEDIA newsworthy), **noticiario** (MEDIA news, news programme, newscast, news bulletin, newsreel; S. *noticia, informativo*), **noticiario de tarde** (RADIO/TV early news, evening news), **notición** *col* (PRESS major story, big news, scorcher *col*; S. *bombazo, bomba informativa*), **noticioso** (MEDIA newsy, informative; S. *noticiable*)].

notoriedad *n*: GEN/ADVTG wide publicity; S. *publicidad, propaganda.*

novedad *n*: GEN/MKTNG/PRESS innovation, novelty; release; S. *poner en venta; estreno.* [Exp: **novedades** (MKTNG fashion goods)].

novela *n*: GRAPHICS novel; fiction. [Exp: **novela barata** (GRAPHICS/PRESS trashy novel *col*, pulp fiction *col*; S. *narrativa, barata, cuento basura, revista frívola, prensa amarilla o sensacionalista*), **novela por entregas** (FILM serial; S. *serial, serie; publicar por entregas, entrega²*), **novelista** (GEN novelist; S. *narración*)].

novelero *n*: MKTNG early acceptor; S. *innovadores.*

novísimo *a*: MKTNG brand-new; S. *a estrenar, flamante, recién salido de fábrica.*

nube [de fotógrafos o reporteros] *n*: MEDIA/PRESS posse *col* [of photographers or journalists], gang² *col*. [Exp: **nublar** (IMAGEN/GRAPHICS dull; S. *opacar*)].

nueva versión [de una película] *n*: FILM remake.

numerito *n*: SHOW sketch², skit *col,* gag col, number, performance; S. *pieza musical corta, número³.*

número¹ *n*: GEN number. [Exp: **número²** (MEDIA copy, number, issue; S. *espécimen, ejemplar*), **número³** *col* (TV/FILM number, gag; caper *col,* joke, crack, witty remark; gimmick¹; S. *«gag», chiste, broma, numerito*), **número atrasado** (PRESS back issue/number), **número cero [de una publicación]** (PRESS pioneering issue, work issue; S. *copia cero*), **número de cabaret** (SHOW floorshow; S. *espectáculo de cabaret, número³*), **número [total] de lectores** (PRESS circulation²; S. *tirada, difusión, exposición máxima*), **número extra** (PRESS extra issue), **número-f** (image F-number, F-stop), **número gratuito** (MKTNG complimentary copy/issue; S. *ejemplar de obsequio*), **número sensacional** (SHOW show-stopper; S. *exitazo*), **número T** (IMAGE T-number), **número telonero** (SHOW supporting act; S. *actor secundario*)].

O

obertura *n*: AUDIO overture; S. *apertura; abertura; preludio.*

objetivo[1] *n*: GEN goal, target, objective, end, aim; S. *meta, blanco, grupo-objetivo.* [Exp: **objetivo**[2] **[de una cámara]** (IMAGE lens; S. *lente*), **objetivo**[3] (GEN objective, unbiased; S. *sesgado*), **objetivo gran angular** (FILM wide angle lens; S. *ojo de pez*), **objetivo indiscreto** (TV hidden camera, candid camera *col*; S. *vídeo de primera*), **objetivo ojo de pez** (FILM fisheye lens)].

oblea *n*: ADVTG wafer, wafer seal.

obligaciones *n*: MNGMNT liabilities, debt; S. *debe; activo.*

obligatorio, de obligado cumplimiento *a*: LAW mandatory; S. *inserción obligatoria.*

obra de arte *n*: DESIGN piece of art, artwork. [Exp: **obra de teatro** (SHOW [stage] play; S. *pieza dramática*), **obra/canción/película lacrimógena** (FILM/SHOW tearjerker *col*, sentimental or melodramatic show *col*, etc.; S. *dramón*)].

obsceno *a*: MEDIA obscene, sleazy, foul, filthy *col*, crude; S. *soez, escabroso, lenguaje soez.*

obsequio *n*: MKTNG gift, giveaway; S. *regalo.* [Exp: **obsequio de la casa** (GEN/MNGMNT free sample, gift with the compliments of the management; S. *de favor, gentileza de la casa*)].

obsolescencia *n*: MKTNG obsolescence. [Exp: **obsolescencia programada** (MKTNG planned obsolescence)].

obturador *n*: IMAGE shutter; S. *diafragma, abertura de diafragma.* [Exp: **obturador rápido** (IMAGE fast-action lens or shutter)].

octava *n*: AUDIO octave. [Exp: **octavilla** (GEN/PRESS flier *US*; handout, advertising leaflet; hand bill; throwaway[2]; S. *folleto, hoja*), **octavo** (GRAPHICS octavo)].

ocultar *v*: IMAGE hide, conceal, mask; S. *cachear.*

ofensiva publicitaria *n*: ADVTG drive, advertising drive; S. *acción, campaña.*

oferta *n*: MKTNG offer, supply; S. *demanda.* [Exp: **oferta autoliquidable** (MKTNG self-liquidating offer), **oferta conjunta** (MKTNG package deal), **oferta de lanzamiento** (MKTNG introductory offer), **oferta de ocasión** (MKTNG bargain offer), **oferta de precio** (MKTNG price discount, money off the price, money-back offer), **oferta de regalo** (MKTNG premium/prize offer), **oferta especial con obsequio** (MKTNG/ADVTG special offer, gift offer), **oferta especial con reducción de precio** (MKTNG special offer, premium offer, cut-price offer; S. *rebaja*), **oferta estacional** (MKTNG seasonal offer, temporary offer; offer "while stocks last"; S. *temporada, campaña; oferta estacional*), **oferta y demanda** (MKTNG supply and demand), **oferta promocional** (MKTNG promotional offer; S. *campaña de promoción*)].

octeto *n*: INTERNET byte.

oficina *n*: GEN office, agency. [Exp: **Oficina de Justificación de la Difusión, OJD** (PRESS/MEDIA Audit Bureau of Circulation, ABC; S. *Estudio General de Medios*), **oficina de ventas** (MKTNG sales office)].

oficio *n*: GEN profession, calling, trade, occupation, job; craft; S. *profesión*.

ofrecer *v*: MEDIA/PRESS/GEN offer; run[9]; put out, show, broadcast; S. *publicar, emitir*.

OJD *n*: S. *Oficina de Justificación de la Difusión*.

ojo *n*: GEN eye. [Exp: **ojo de [una] cámara** (IMAGE eye, aperture), **ojo de [una] letra** (GRAPHICS counter), **ojo de pez** (IMAGE fish-eye [lens]; S. *objetivo gran angular*)].

oleada *n*: ADVTG wave, surge, run, burst; S. *ciclo de una campaña, ofensiva*.

óleo *n*: GRAPHICS oil painting; S. *pintura, acuarela, grabado, aguafuerte, dibujo a carbón*.

oligopolio *n*: MKTNG monopoly; S. *monopolio*.

onda *n*: AUDIO/RADIO wave; ripple; S. *frecuencia, portadora; fundido en forma de onda*. [Exp: **onda corta** (RADIO short wave), **onda media** (RADIO medium wave, AM; S. *emisora de onda media; frecuencia modulada*), **onda larga** (RADIO long wave), **[onda] portadora** (RADIO/TV carrier), **onda sinusoidal** (AUDIO sine wave), **onda sonora** (FILM/AUDIO soundwave), **ondas, en las** (RADIO on the air)].

opacidad *n*: IMAGE opacity. [Exp: **opaco** (IMAGE/GRAPHICS dull, opaque, murky; S. *oscuro, turbio, proyector de imágenes*

opacas), **opacar** (IMAGE/GRAPHICS dull, opaque; S. *oscurecer, rebajar/atenuar el brillo*)].

opalescente *a*: IMAGE opalescent; S. *translúcido*.

ópera *n*: SHOW opera. [Exp: **ópera bufa** (SHOW comic opera), **ópera, gran** (SHOW grand opera), **opereta** (SHOW operetta, light opera)].

operador[1] *n*: GEN operator, projectionist; S. *proyección, brazo telescópico*. [Exp: **operador**[2] (FILM lighting/film cameraman), **operador de cabina** (FILM projection operator), **operador de cable** (TV cable operator), **operador de cámara** (FILM cameraman), **operador de grúa** (FILM crane operator; S. *gruista*), **operador de jirafa** (FILM boom operator; S. *brazo telescópico*), **operador de vídeo** (IMAGE video operator), **operativo** (MNGMNT operative, operational, working; S. *funcional*)].

opinión *n*: MKTNG/GEN opinion, public opinion; S. *encuesta, estado de opinión, sondeo de opinión*. [Exp: **opinión pública** (MKTNG public opinion; S. *imagen pública, relaciones públicas*), **opinión publicada** (MKTNG published opinion)].

oportunidad *n*: MKTNG opportunity, chance, gift[2], bargain; timing; S. *oferta increíble, sección de oportunidades; momento elegido*.

óptica *n*: AUDIO/IMAGE optics. [Exp: **óptica de fibra** (TV/RADIO fibre-optics; S. *fibra óptica*), **óptico** (AUDIO/IMAGE optical; it is found in expressions like *disco óptico* –optical disc–; *ilusión óptica* –optical illusion–; *sonido óptico* –optical sound–, *tecnología óptica* –optical technology–)].

orden *n*: MKTNG order. [Exp: **orden de compra** (MKTNG purchase order, indent[2]), **orden de inserción de un anuncio** (MKTNG insertion order), **orden de reserva de espacio publicitario** (MKTNG booking, space booking), **orden del día**

(MNGMNT agenda; S. *punto del orden del día*), **orden jerárquico** (MKTNG hierarchy, order of seniority), **ordenación** (GEN distribution; planning; set-up, arrangement, layout[1]; S. *distribución, trazado*), **ordenador** (GEN computer), **ordenador anfitrión** (INTERNET host computer; S. *servidor*), **ordenar**[1] (GEN range, order, put in order; S. *colocar, alinear, arreglar*), **ordenar**[2] (GEN/MKTNG order, arrange; plan; set up; lay out; S. *arreglar, disponer, trazar, diseñar*)].

organigrama *n*: MNGMNT flow chart, hierarchical structure; organization; organization/planning chart, table of organization. [Exp: **organigrama de mandos intermedios** (MNGMNT middle-management structure, line and staff), **organigrama del proceso de toma de decisiones** (MNGMNT decision tree), **organigrama de tipo lineal y funcional** (MKTNG line and staff organization)].

organización[1] *n*: MNGMNT organization, management, running[2]; outfit *col*; S. *gestión, funcionamiento*. [Exp: **organización**[2] (SHOW staging, producing; S. *escenificación, puesta en escena, montaje*),

organización [de focos, cámaras, micrófonos, etc.] (GEN set-up; S. *colocación; disposición, configuración*), **Organización Internacional para la Normalización** (GEN International Standards Organization, ISO)].

orientar *v*: GEN/OUTDOOR place, position, direct, point. [Exp: **orientado a** (OUTDOOR facing; S. *mirar hacia, dar a*)].

original[1] *a/n*: DESIGN original, artwork, art[2], final art/artwork, pasteup; mechanical; copy[4]; S. *arte final; texto*. [Exp: **original**[2] (GRAPHICS/AUDIO/IMAGE master, master copy, master print, printing master; S. *cinta maestra*)].

orquestación *n*: MKTNG orchestration; S. *instrumentación*.

oscilador *n*: AUDIO oscillator.

oscuro *a*: IMAGE foggy, dark, dim; S. *opaco, turbio*; IMAGE/GRAPHICS dark, dim, murky; S. *tenue, atenuar*. [Exp: **oscurecer** (IMAGE/GRAPHICS darken, dull, dim, douse; S. *opacar*)].

ostentoso *a*: GEN ostentatious; flashy *col*; S. *llamativo, chillón, hortera* col.

otorgar *v*: GEN award, grant, confer; S. *galardonar, adjudicar, premiar*.

P

pabellón *n*: MKTNG pavillion, stand.

padrino *n*: GEN/MKTNG sponsor, patron, promoter; S. *patrocinador, promotor.*

paellera *col n*: TV dish aerial/antenna, satellite dish; S. *antena parabólica.*

paga *n*: MNGMNT pay; wages; S. *sueldo, remuneración.* [Exp: **pagar** (MNGMNT pay [up/for/out]; S. *abonar*), **pago** (MNGMNT payment, deposit, credit; credit entry; S. *cobro, depósito, abono*), **pago al contado** (MNGMNT spot cash), **pago contra entrega** (MNGMNT cash on delivery), **pago inicial** (MKTNG down-payment; S. *depósito, entrega a cuenta, entrada*), **pago por visión** (TV pay-per-view; S. *abonarse*)].

página *n*: DESIGN/GRAPHICS page, folio; S. *folio.* [Exp: **página, a toda** (PRENSA full-page; S. *anuncio a página entera*), **página doble enfrentada** (PRESS centrefold, spread[4]; S. *anuncio a plana entera, encarte central*), **página en aguas** (GRAPHICS marbled page), **página impar** (GRAPHICS odd page, right-hand page), **página inicial o raíz** (INTERNET home page), **página par** (GRAPHICS even page, left-hand page, recto), **página web** (INTERNET web page), **paginación** (PRESS pagination), **páginas amarillas** (GRAL yellow pages, directory advertising; S.

publicidad en las páginas amarillas), **páginas de cultura** (MEDIA arts pages; reviews; S. *sección de cultura*), **páginas de sociedad** (PRESS intimations page, society pages or snips *col*; S. *ecos de sociedad*), **páginas de sucesos** (MEDIA approx. home news [section], section containing crime and accident reports)].

paja *col n*: MEDIA/PRESS padding; S. *relleno.*

palabra clave *n*: MKTNG keyword. [Exp: **palabra de moda, «palabro»** *col* (GEN buzzword *col*, in-word, soundbite *col*), **palabrería [propagandística]** (MEDIA patter[1]; S. *labia, rollo publicitario*)].

palanca de control o de mando *n*: IMAGE joystick.

paleta *n*: DESIGN palette; S. *gama de colores.*

pálido *a*: FILM/IMAGE pale, pallid, washed-out; S. *descolorido, desteñido.*

pancarta *n*: GEN/OUTDOOR wall banner, banner, sign; S. *mural, signo, señal, letrero, rótulo; indicador, cartel.*

pancromático *n/a*: GEN panchromatic.

panegírico *n*: MEDIA puff, puff piece, puffery; S. *bombo.*

panel *n*: GEN panel; desk, table, board; S. *consola, banco, tabla, mesa.* [Exp: **panel de control** (AUDIO/IMAGE dimmer/control/switch board; S. *cuadro de interruptores/luces, tablero de mandos*), **panel de** conexiones (AUDIO patch panel), panel/tablero de fotos (ADVTG/TV telecopy; S. *telecopia*), paneles, de dos (GEN double-decker; S. *de dos pisos*), panel del relato (ADVTG storyboard; S. *tablero del relato, guión gráfico*)].

panfleto *n*: FILM pamphlet, flier; S. *folleto, octavilla*. [Exp: panfletada *col* (FILM cheap propaganda, [piece of] demagoguery *col*)].

panorama *n*: FILM/GEN panorama, scenario; S. *perspectiva; barrido*. [Exp: panorámica[1] (GEN survey; S. *informe, estudio general*), panorámica[2] (FILM master shot, cover shot; pan; S. *plano principal*), panorámica horizontal (FILM pan; panning, panorama, panshot), panorámica vertical (FILM tilt)].

pantalla *n*: IMAGE/FILM screen; monitor, display; S. *biombo*. [Exp: pantalla acústica (AUDIO baffle, acoustic screen, loudspeaker; S. *caja acústica, altavoz*), pantalla de cristal líquido (IMAGE liquid crystal display, LCD), pantalla de información (GEN information display; S. *monitor de información*), pantalla en blanco (TV blank screen), pantalla panorámica (FILM wide screen), pantalla partida/dividida (FILM split screen)].

pantógrafo *n*: IMAGE/GRAPHICS pantograph.

paparazzi *col n*: PRESS paparazzi *col*.

papel[1] *n*: GEN paper; sheet. [Exp: papel[2] (FILM/SHOW role; part; lines; found in expressions like *papel protagonista* –lead role–, *papel breve o secundario* –minor role, bit part–; S. *número, hacer un papel, encarnar un papel, salir*), papel Albal (GRAPHICS silver paper, tinfoil; S. *papel de plata*), papel biblia (GRAPHICS India paper, Bible paper), papel brillo (GRAPHICS glossy paper; S. *papel cuché/satinado*), papel calandrado de alta calidad (GRAPHICS machine-finish paper, glossy paper), papel calandrado de baja calidad (GRAPHICS machine

coated paper, process coated paper), papel carbón (GRAPHICS carbon paper), papel cebolla (GRAPHICS layout paper/sheet, onionskin), papel charol (GRAPHICS glazed paper; S. *papel glasé*), papel continuo (GRAPHICS continuous [fed] paper, fanfold paper), papel cuadriculado (GRAPHICS squared paper), papel cuché (GRAPHICS coated paper, satin paper, art paper, glossy paper; S. *papel satinado/brillo*), papel de arroz (GRAPHICS rice paper), papel de avión (GRAPHICS airmail paper), papel de barba (GRAPHICS deckle-edged paper, untrimmed paper, bloom; S. *desbarbar*), papel de borrador (GRAPHICS scratch paper), papel de calcar o de croquis (GRAPHICS tracing paper), papel de carta (GRAPHICS writing paper), papel de cera (GRAPHICS wax paper; S. *papel parafinado*), papel de embalar (MKTNG brown paper, packing/wrapping paper), papel de embalar muy resistente (MKTNG Kraft paper), papel de estaño (GRAPHICS silver paper; S. *papel de plata*), papel de estraza (MKTNG [heavy] brown paper, wrapping paper, gray paper), papel de figurante (FILM/SHOW walk-on part; S. *figurante*), papel de filtro (GRAPHICS filter paper), papel de lija (GRAPHICS sandpaper; S. *lijar*), papel de Manila (GRAPHICS manilla paper; S. *sobre de Manila*), papel de paredes [estampado en relieve] (GRAPHICS [embossed] wallpaper), papel de plata (GRAPHICS silver paper; S. *papel de aluminio, estaño, papel Albal*), papel de regalo (MKTNG gift-wrapping; wrapping-paper; S. *envoltorio de regalo*), papel de seda (GRAPHICS silk paper), papel de superficie granulada (GRAPHICS grained paper), papel de tela (GEN linen paper, woven paper), papel de tornasol (GRAPHICS litmus paper), papel dúplex (GRAPHICS duplex paper), papel estucado (GRAPHICS coated paper; S. *papel cuché*), **papel fotográfico** (GRAPHICS photographic paper), **papel fotosensible** (GRAPHICS photosensitive paper), **papel glasé** (GRAPHICS glazed paper; S. *papel charol*), **papel heliográfico** (GRAPHICS blueprint-paper), **papel higiénico** (GEN toilet paper), **papel jaspeado** (TIPO speckled paper), **papel menor** (FILM minor role; S. *papel principal/secundario*), **papel milimetrado** (GRAPHICS plotting scale paper; S. *papel cuadriculado*), **papel pergamino** (GRAPHICS parchment), **papel parafinado** (GRAPHICS wax paper; S. *papel de cera*), **papel pautado** (GRAPHICS ruled/lined paper), **papel pintado estampado en relieve** (GRAPHICS embossed wallpaper), **papel prensa** (PRESS groundwood paper, newsprint), **papel principal o protagonista** (FILM lead role, male lead, female lead, title role; S. *papel secundario*), **papel reciclado** (GRAPHICS recycled paper), **papel satinado** (GRAPHICS glossy paper, sized/calendered paper; S. *papel cuché, papel brillo, papel supersatinado*), **papel secante** (GRAPHICS blotting paper), **papel secundario** (FILM bit part, ham *col*; S. *actuación especial, papel menor, papelito corto*), **papel supersatinado** (GRAPHICS super², supercalendered paper; S. *satinado*), **papel tela** (GRAPHICS wove paper), **papel vegetal** (GRAPHICS glassine, greaseproof paper), **papel verjurado** (GRAPHICS laid paper), **papelería** (GRAPHICS stationery, stationer's), **papelito corto** (FILM bit part)].

paquete *n*: MKTNG/FILM/TV package; S. *envase*. [Exp: **paquete [de medidas económicas, beneficios salariales**, etc.] (MKTNG package), **paquete [televisivo, cinematográfico]** (FILM/TV package, package programme/show)].

par *a*: GRAPHICS even; S. *impar.*

parada *n*: GEN stop, pause; S. *congelado.*

[Exp: **parada de imagen** (FILM freeze frame, stop frame/motion; S. *congelado de imagen*)].

paraíso [de teatro] *n*: SHOW gallery; S. *gallinero col.*

paralaje *n*: IMAGE parallax.

parásitos *n*: AUDIO static noise, interference, static.

parche *n*: GRAPHICS patch. [Exp: **parche de empalme** (FILM blooping patch)].

parcial *a*: MEDIA partial, biased, prejudiced, partisan; S. *sesgo, preferencia, inclinación, tendencia.* [Exp: **parcialidad** (MEDIA bias, prejudice, partisanship)].

paréntesis *n*: TYPE bracket, parenthesis; S. *corchetes.*

parodia *n*: FILM parody, travesty, take-off *col*; spoof *col*; S. *imitación.* [Exp: **parodiar** (FILM/SHOW parody, take off; S. *imitar*)].

parpadear *v*: GEN/FILM/TV flicker, jitter *col*; S. *temblar.* [Exp: **parpadeo** (GEN/FILM/TV flicker, jitter *col*; S. *palpitación, temblor*), **parpadeo de imagen** (IMAGE/FILM/TV flickering, twinking, edge beat)].

párrafo *n*: GRAPHICS/LING paragraph. [Exp: **párrafo sangrado** (GRAPHICS indented paragraph), **párrafo no sangrado** (GRAPHICS full-out, blocked paragraph)].

parrilla *n*: GEN grille; grid; S. *reja, emparrillado.* [Exp: **parrilla de luces** (IMAGE lighting grid), **parrilla de programación** (RADIO/TV programme grid, grid³)].

parte¹ *n*: FILM/TV/GEN report, annoucement; note, message; bulletin. [Exp: **parte²** (RADIO news bulletin; S. *diario hablado, boletín informativo*), **parte de emisiones** (TV/RADIO transmission report), **parte de rodaje** (FILM daily production report), **parte meteorológico** (RADIO/TV weather forecast/report)].

participar *v*: FILM/TV take part, appear; share. [Exp: **participación¹** (RADIO/TV appearance, performance; contribution; S. *actuación, intervención*), **participa-**

ción² (MKTNG/MEDIA share; S. *cuota*), **participación**³ (PRESS/MEDIA announcement, notification, notice), **participación de audiencia** (RADIO/TV audience share; S. *cuota de audiencia*)].

partitura *n*: SHOW score, music; S. *arreglista, letrista, libreto*. [Exp: **partitura suelta** (AUDIO sheet music)].

pasado de moda *phr*: MKTNG old-fashioned, out *col*, out of fashion, old hat *col*, over the hill co*l*; yesterday's news *col*; S. *de moda*.

pasar¹ *v*: GEN pass, run. [Exp: **pasar**² (FILM show, screen, put on; S. *pase*²), **pasar/escribir a máquina** (TYPE/GRAPHICS type; S. *texto mecanografiado; teclear*), **pasar diapositivas** (IMAGE show slides; S. *diapositiva*), **pase**¹ (TV/ADVTG appearance²; S. *aparición*), **pase**² (SHOW/FILM/TV session, performance, showing, run¹⁰; S. *función, sesión, proyección*), **pase de modelos** (ADVTG fashion show; S. *desfile de modelos*), **pase gratuito de un anuncio** (TV make-good *US*, bonus *spot*), **pase privado** (FILM advance showing, private viewing, first run; S. *preestreno, anticipo, sesión*)].

pasarela¹ **[de modelos]** *n*: GEN/MKTNG catwalk; S. *desfile de modelos*. [Exp: **pasarela**² (INTERNET gateway)].

pasivo¹ *n*: MNGMNT liabilities; S. *activo; contabilidad; deudas, obligaciones, debe*. [Exp: **pasivo**² (GEN passive)].

paspartú *n*: OUTDOOR blanking paper, passe-partout, float³.

pasta *n*: GEN paste; S. *empastar*. [Exp: **pasta blanda** (GRAPHICS softcover, paperback; S. *en rústica*), **pasta de papel** (GRAPHICS pulp; S. *pulpa de papel*)].

pastel *n/a*: GRAPHICS pastel.

patrimonio *n*: MNGMNT shareholders' funds, capital [resources], net worth; assets; S. *activo, haber, capital; pasivo*.

patronal *n*: MNGMNT management²; V. *sindicato*.

patrocinador *n*: GEN/FILM/ADVTG sponsor, backer, angel *col*; patron, S. *padrino, promotor*. [Exp: **patrocinio** (RADIO/GEN/TV sponsorship, patronage¹; S. *campaña de patrocinio, mecenas; mecenazgo*), **patrocinar** (GEN/RADIO/TV sponsor, back; S. *apadrinar, promocionar*), **patrono** (MKTNG/MNGMNT owner; employer; patron, sponsor; S. *mecenas, mecenazgo*)].

patrón *n*: GRAPHICS/GEN pattern; S. *pauta, modelo*.

pausa *n*: RADIO/TV pause, break; S. *congelado, parada de imagen*. [Exp: **pausa para la publicidad** (RADIO/TV advertising/commercial break, occasion, clear time *US*; S. *corte publicitario, bloque publicitario*)].

pauta¹ *n*: GEN guideline, outline; plan, standard, model; S. *directriz, línea maestra*. [Exp: **pauta**² (GEN pattern; S. *modelo*), **pautar** (GRAPHICS rule, line; S. *papel pautado*)].

payasada *n*: FILM/SHOW [piece of] clowning, knock about *col*, slapstick, take; S. *comedia bufona, astracanada, aspaviento, reacción exagerada, gesto exagerado*.

peana *n*: GEN stand², base¹, stand; S. *base, pie, tarima, plataforma soporte*.

pedalina *col n*: FILM apple box *col*; S. *alza*³, *aspirina* col, *cajón de manzanas* col.

pedido *n*: MKTNG order; S. *hacer un pedido, aceptación de pedido, tarjeta de pedido, despacho de pedido*. [Exp: **pedido pendiente** (MKTNG open outstanding/unfilled order)].

pega *n*: IMAGE/GEN snag *col*; drawback, difficulty; S. *inconveniente*.

pegadizo *col a*: AUDIO/GEN catchy *col*.

pegar *v*: GEN/FILM stick, gum, glue; splice, join; S. *poner, colocar; goma cola*. [Exp: **pegadizo** (AUDIO catchy *col*), **pegajoso**¹ (GRAPHICS sticky, tacky), **pegajoso**² (FILM/SHOW sugary *col*, sentimental, cloying; S. *lacrimógeno, melodrama*), **pega-**

mento (GRAPHICS glue, gum, art gum, rubber cement, wax), **pegajosidad [de la tinta]** (GRAPHICS tackiness [of ink]), **pegatina** (ADVTG sticker, sticky label; S. *etiqueta autoadhesiva*)].

peinado *n*: GEN sweep, check, tracking; S. *recorrido, barrido, rastreo.*

película[1] *n*: FILM movie, film, motion picture *US*, production, release, talkie *col*; S. *film, filme, cinta, largometraje, sala de cine.* [Exp: **película**[2] (GEN/GRAPHICS coating; S. *baño, capa, revestimiento*), **película abstracta o absoluta** (FILM absolute/pure film, abstract film; S. *música visual*), **película biográfica** (FILM biographical picture, biopic *col*), **película coloreada** (FILM colourized/tinted film), **película de acción y de suspense** (FILM thriller; slasher; S. *película de cine negro, película de ritmo rápido*), **película de archivo** (FILM footage, library shot; S. *imagen de archivo*), **película de arte y ensayo** (FILM serious film, independent film, indie *col*; film d'art), **película de cine negro** (FILM thriller, film noir), **película de colegas** (FILM buddy film *col*), **película de época** (FILM period film), **película de espías o de espionaje** (FILM spy film), **película de fugas** (FILM escape film), **película de gángsters** (FILM gangster film; S. *película policíaca*), **película de imágenes fijas** (IMAGE/FILM filmstrip; S. *filmina*), **película de karatekas o puñetazos** (FILM chop-socky, chopsocky *col US*), **película de monstruos** (FILM monster movie), **película de persecuciones** (FILM chaser, chase movie), **película de ritmo rápido** (FILM fast-moving film), **película de sangre y violencia** (FILM gore movie *col*, splatter *col*; S. *sanguinolento*), **película de seguridad** (FILM safety/back-up film; S. *copia de seguridad*), **película de sexo** (FILM sex movie, porn *col*, blue movie; S. *desnudo, película porno, versión sexual*), **película de suspense** (FILM cliff-hanger, chiller), **película de terror** (FILM Gothic film, horror film, slasher, stalk and slash), **película de terror psicológico** (FILM [psychological] thriller), **película del género épico** (FILM epic; S. *épica*), **película del oeste o de vaqueros** (FILM western, cowboy film, oater *col*), **película episódica** (FILM episodic film), **película frivolona** *col* (FILM caper film; S. *divertimento*), **película golfa o porno** (FILM skin flick *col*, blue movie; stag movie *US col*, nudie *col*, smoker; S. *corto pornográfico, porno blando/duro*), **película impresionada o velada** (FILM exposed film), **película/canción/obra lacrimógena** (FILM/SHOW tearjerker, weepy *col*), **película policíaca** (FILM detective story; S. *película de gángsters*), **película principal [de un programa doble cinematográfico]** (FILM A-movie/picture, major feature film), **película secundaria** (FILM B movie/picture), **película sensible** (FILM fast film), **película sonora** (FILM sound film, talkie *col*; S. *cine sonoro*), **película taquillera** (FILM box-office hit, crowd-puller *col*; S. *éxito de taquilla*), **película virgen** (FILM unexposed film, filmstock, blank film, raw stock), **película verde** *col* (FILM blue movie *col*; S. *chiste verde*)].

peluquería *n*: FILM/GEN hairdresser's, hairdressing-room; S. *sala de maquillaje.* [Exp: **peluquero** (GEN hairdresser)].

pendiente de confirmación de fecha y hora *phr*: RADIO/TV to be announced, TBA.

penetración *n*: MKTNG/ADVTG penetration.

pequeño *a*: GEN small, little, baby, junior; S. *foco pequeño.* [Exp: **pequeña pantalla** (TV small screen)].

percentil *n*: MKTNG/ADVTG percentile.

percepción *n*: MKTNG perception, awareness; S. *conocimiento, recuerdo, información.*

percha *n*: GEN peg. [Exp: **percha, de la**

(MKTNG off-the-peg/rack), **percha informativa** *col* (MEDIA news peg; S. *pie, pretexto, base o fundamento para una noticia, punto de partida de un artículo*), **perchero** (MKTNG/GEN rack; S. *estante, anaquel, lineal*)].

perder *v*: GEN lose, make a loss. [Exp: **perder color** (GRAPHICS/IMAGE fade; S. *desteñirse*), **pérdida** (MNGMNT loss; S. *ganancia, beneficio*), **pérdida, con** (MNGMNT at a loss), **pérdida de calidad de la imagen o el sonido** (FILM/TV/AUDIO fading), **pérdida de contraste en los bordes de la imagen** (IMAGE/GEN edge flare), **pérdida de nitidez** (TV blooming; S. *eflorescencia*), **pérdidas de explotación** (MKTNG trading losses; S. *beneficios de explotación*), **perdido** (GRAPHICS mackle, macule; S. *maculatura*)].

perecedero *a*: MKTNG perishable; S. *artículos perecederos*. [Exp: **perecedero, no** (MKTNG non-perishable, durable; dry)].

perfil *n*: GRAPHICS profile, outline[1]; S. *contorno, silueta [de una figura]*. [Exp: **perfil de audiencia** (MKTNG/TV/RADIO audience profile/composition; S. *composición de la audiencia*), **perfil del consumidor [buscado]** (MKTNG consumer profile, target profile/group; S. *grupo objeto, objetivo, grupo objetivo*), **perfil del mercado** (MKTNG market profile), **perfil demográfico** (MKTNG demographic profile), **perfilador** (GEN eyeliner; S. *lápiz de ojos*), **perfilar** (DESGIN outline, shape, round off; S. *recortar, moldear, siluetear*)].

pergeñar *v*: GRAPHICS/DESIGN rough out, sketch, do/prepare a draft [of]; S. *esbozar, trazar a grandes rasgos*.

periférico *a/n*: IMAGE/AUDIO peripheral.

periodicidad *n*: GEN/PRESS periodicity, rate of appearance, frequency.

periódico *n*: PRESS newspaper, paper, periodical; S. *tabloide; prensa seria*. [Exp: **periódico matutino/vespertino** (PRESS morning/evening paper), **periodicucho** *col* (PRESS rag *col*, scandal sheet *col*; S. *escándalo*), **periodismo** (MEDIA/PRESS journalism), **periodismo amarillo** (PRESS/MEDIA yellow journalism), **periodismo científico** (MEDIA scientific journalism), **periodismo de investigación** (PRESS investigative journalism), **periodismo gráfico** (PRESS photo journalism; S. *reportero gráfico*), **periodismo venal o a golpe de talonario** (PRESS chequebook journalism), **periodista** (PRESS journalist, reporter, newsman; S. *reportero*), **periodista de firma** (PRESS columnist; [frequent] contributor; by-liner; S. *anónimo*), **periodista gráfico** (PRESS press photographer; S. *periodismo gráfico*), **periodista no especializado** (PRESS general assignment reporter; S. *reportero general*), **periodista novato** (PRESS cub, cub reporter)].

período *n*: GEN/RADIO/TV period; daypart; S. *franja horaria*. [Exp: **período de prueba o de formación, período de carencia** (GEN trial period, apprenticeship; qualifying period)].

permanecer sintonizado *v*: TV/RADIO stay tuned; S. *sintonizar*.

permanencia/tiempo en cartel *n*: FILM run[6]; S. *estar en cartel*.

permanente *a*: GEN standing; S. *regular, vigente*.

permanezca atento *phr*: ADVTG watch this space.

permiso *n*: LAW licence; clearance, accreditation, permit; S. *autorización, cesión, licencia*.

perseguir *v*: GEN/MEDIA persecute, harass, hound; S. *atosigar, acosar*.

persona influyente [en la opinión pública] *n*: MKTNG opinion leader; S. *líder de opinión*.

personaje *n*: FILM/TV/SHOW character[2]. [Exp: **personaje famoso** (SHOW/FILM/TV celebrity, famous/big name; S. *famoso*)].

personal *n*: GEN/FILM staff, team, personnel, crew; S. *equipo*. [Exp: **personal de plantilla** (MNGMNT fulltime/permanent staff, in-house staff), **personal de ventas** (MKTNG sales force/staff), **personal técnico** (FILM crew; S. *artistas*)].

personalizar servicios *v*: MKTNG customize service; S. *adaptación a las necesidades del mercado*.

perspectiva *n*: GEN perspective; prospect, outlook; scenario; S. *panorama*.

persuasión *n*: LING/FILM/ADVTG persuasion; S. *descripción, narration, exposición*.

perturbación *n*: IMAGE/AUDIO disturbance, interference; artifact; glitch; aliasing, contouring, pixillation; snow, AF interference, smearing, fringing, streaking.

pesado *a*: GEN heavy, weighty, bulky; S. *voluminoso*. [Exp: **peso** (GEN weight), **peso pesado** *col* (MNGMNT big cheese/gun/shot/wig *col*; S. *los jefes*)].

pez gordo *col n*: MNGMNT big cheese/gun/shot/wig *col*; S. *los jefes, peso pesado*.

pica *n*: TYPE pica; S. *elite, tipo*.

picado *n*: FILM zenithal shot; S. *contrapicado*.

picante *a*: FILM hot *col*, spicy *col*, racy, piquant, risqué; S. *verde, porno, golfo*.

pico *n*: GEN/AUDIO peak; S. *punta, cima, punto álgido*. [Exp: **picómetro** (RADIO peak programme meter), **picos** (TV/IMAGE crests, jaggies *col*; S. *escalones*)].

pie[1] *n*: GEN foot; base[1]; S. *base; peana; pie de foto*. [Exp: **pie**[2] (PRESS caption[1]; S. *pie de foto*), **pie**[3] (FILM/TV/SHOW cue; lead-in line; S. *indicación, entrada*), **pie a alguien, dar el** (FILM/SHOW give sb their cue; S. *entrada, dar la*), **pie de anuncio** (ADVTG ad base), **pie de foto** (DESIGN/IMAGE [photo] caption[1]; S. *pie de ilustración, leyenda*), **pie de ilustración** (DESIGN caption[1]; S. *leyenda, pie de foto*), **pie de imprenta** (GRAPHICS imprint[2]), **pie de página** (PRESS foot, bottom of page; S. *faldón; nota a pie de página*), **pie/base/pretexto para una noticia** (MEDIA news peg; S. *percha informativa, punto de partida de un artículo*)].

piedra [de litografía] *n*: GRAPHICS stone.

pieza[1] *n*: GEN piece, part; item; item[1]; S. *punto, artículo, elemento*. [Exp: **pieza**[2] (SHOW/AUDIO play, piece; composition), **pieza publicitaria** (GEN advertising item/unit; S. *anuncio*)].

pigmento *n*: DESIGN/IMAGE pigment.

pilón *n*: OUTDOOR pylon; S. *poste, soporte de valla, torre metálica*.

piloto[1] *n*: IMAGE [pilot] light; S. *señalizador, luz*. [Exp: **piloto**[2] (DESIGN pilot; S. *modelo*)].

pinacoteca *n*: GEN gallery; S. *galería*.

pincel *n*: DESIGN/GRAPHICS paintbrush; brush; S. *caja de pinturas, brocha*. [Exp: **pincel automático** (GRAPHICS/DESIGN airbrush; S. *aerógrafo*)].

pinchadiscos *col n*: RADIO DJ *col*. [Exp: **pinchar** *col* (RADIO play a record; S. *pinchadiscos*)].

pintar *v*: GEN paint [in/over]; draw; S. *colorear, dibujar*. [Exp: **pintura** (GEN paint; painting; S. *óleo*), **pintura/dibujo a la aguada** (GRAPHICS wash drawing; S. *aguada*), **pintura al esmalte o esmaltada** (GEN gloss paint, glossy paintwork), **pintura al temple** (GRAPHICS tempera; S. *temple, acuarela, grabado, aguafuerte, óleo, dibujo a carbón*)].

pinzas *n*: GEN jump leads; S. *cables puente*.

piñón *n*: GEN sprocket; S. *piñón, tambor dentado*.

pionero *a/n*: GEN/MKTNG pioneer, innovator, innovative, founder; S. *adelantado, madrugador, innovador*.

pirámide de clientes *n*: MKTNG client pyramid; S. *venta piramidal*.

pirata [informático] *n*: INTERNET hacker *col*; cracker *col*.

pirotécnico *n*: FILM/GEN pyrotechnician.

pisar *v*: GRAPHICS lay over. [Exp: **pisar/qui-**

tar la exclusiva *col* (MEDIA scoop, beat the others to the news, bag the exclusive coverage *col*; S. *exclusiva*)].

piso *n*: FILM/TV floor; S. *plató; parqué, pista de baile, suelo*. [Exp: **pisos, de dos** (GEN double-decker; S. *de dos paneles*)].

pista[1] *n*: GEN/PRESS track, trail; whiff *col*, scent; S. *seguir la pista*. [Exp: **pista**[2] (AUDIO track), **pista de baile** (SHOW dance floor; S. *suelo, piso, parqué*), **pista de circo** (SHOW ring), **pista separada** (AUDIO wild track), **pista sonora, de voz o de sonido** (AUDIO voice track, [sound]track; S. *banda sonora*), **pista sonora magnética/óptica** (AUDIO magnetic/optical soundtrack), **pista sonora [pregrabada] de acompañamiento musical** (AUDIO backing track; S. *música de fondo*)].

pistola láser *n*: TV laser gun; S. *rayo láser*.

pitar[1] *v*: AUDIO beep. [Exp: **pitar**[2] (SHOW boo, hiss, give the bird *col*), **pitada** (SHOW hissing and booing, catcalls *col*), **pitido** (AUDIO beep; S. *señal acústica*)].

píxel *n*: IMAGE pixel. [Exp: **pixilación** (IMAGE pixillation)].

placa *n*: GEN/IMAGE plate; sheet; plaque, board[1]; S. *tabla, tablero*. [Exp: **placa fotográfica** (IMAGE photographic plate)].

plagio *n*: MEDIA plagiarism.

plan *n*: GEN/MEDIA/MNGMNT plan, programme, schedule, scheme, pattern; used in expressions like *plan de acción* –plan of action–, *plan de actuación de medios de comunicación* –media plan–, etc.; S. *esquema, proyecto, programa*. [Exp: **plan de trabajo** (GEN/FILM schedule), **planear** (MNGMNT plan, schedule; S. *programar, prever, planificar*), **planificación** (MKTNG planning), **planificar** (MNGMNT plan, programme, schedule; S. *dirigir, gestionar*), **planificador de cuentas** (MNGMNT account planner), **planificación de medios** (MEDIA media planning; S. *reunión de planificación*), **plani-** ficador de medios (MEDIA media planner)].

plana *n*: PRESS/TYPE/ADVTG page, sheet; S. *folio, hoja, página*. [Exp: **plana, a toda** (PRESS/ADVTG full-page, spread; S. *primera plana, publicar a toda plana*)].

plancha *n*: GRAPHICS sheet; S. *chapa*. [Exp: **plancha de impresión** (GRAPHICS [printing] plate, [engraved] block, cut[5]), **plancha de seguridad** (GRAPHICS protection/safety shell; S. *copia de seguridad, telón de seguridad, película de seguridad, colchón de seguridad*)].

planilla *n*: GRAPHICS template; S. *plantilla*.

plano[1] *n*: GEN plane; plan; map, street map, directory. [Exp: **plano**[2] (FILM shot[2], take; S. *toma*), **plano aéreo/alto** (FILM aerial shot, crane shot, bird's eye view, boom shot, high-angle shot), **plano abierto** (FILM open shot), **plano americano** (FILM medium shot, knee shot, three-quarter shot; S. *plano medio; plano tres cuartos, noche americana*), **plano cenital** (FILM zenithal shot), **plano de acción** (FILM action shot, follow shot), **plano de alejamiento** (FILM pull-back shot), **plano de arco** (FILM arc shot), **plano de cara** (FILM face shot), **plano de continuidad** (FILM bridging shot; S. *plano puente*), **plano de cobertura** (FILM cover shot, protection shot), **plano de cuerpo completo/entero** (FILM full shot, full-figure shot, medium long shot; S. *plano de cara completa*), **plano de detalle** (FILM detail shot; S. *plano detalle*), **plano de enlace** (FILM bridging shot; S. *plano puente*), **plano de entrada y de salida** (FILM run-through shot), **plano de establecimiento** (FILM establishing shot; S. *plano de situación; plano largo*), **plano de grúa vertical** (FILM elevator shot), **plano de jirafa** (FILM boom shot; S. *brazo telescópico*), **plano de la cara completa** (FILM full-face shot; S. *plano de cuerpo completo*), **plano de proceso** (FILM process shot),

plano de producto (MKTNG/ADVTG pack shot, package/product shot; S. *bodegón*), **plano de reacción** (FILM reaction shot; S. *plano secundario; reacción*), **plano de retablo** (FILM tableau; S. *retablo*), **plano de secuencia** (FILM sequence shot; S. *plȧno-secuencia*), **plano de seguimiento** (FILM tracking shot, following shot, running shot, trucking shot), **plano de situación** (FILM establishing shot; S. *plano de establecimiento*), **plano de [seguimiento de la] acción** (FILM action shot, follow shot, moving shot), **plano de una miniatura** (FILM model shot), **plano del hombro a la cintura** (FILM shoulder shot), **plano desde plataforma móvil** (FILM rolling shot), **plano despersonalizado** (FILM stock shot; S. *imagen de archivo*), **plano detalle** (FILM detail shot; S. *detalle²*), **plano emblemático** (FILM emblematic shot), **plano en movimiento** (FILM walking shot), **plano favorecido, privilegiado o destacado** (FILM favouring shot), **plano flash** (FILM flash frame), **plano general** (FILM wide shot, long shot, wide-angle shot), **plano general corto** (FILM medium full/long shot), **plano holandés** (FILM Dutch angle), **plano inclinado/angulado** (FILM canted/tilt shot, Dutch angle, oblique [shot]; S. *ángulo inclinado*), **plano lateral** (FILM trucking shot), **plano marco** (TV easel shot), **plano medio** (FILM medium shot, knee shot, three-quarter shot; S. *plano americano; plano tres cuartos*), **plano medio corto** (FILM medium close-up, medium close shot, waist shot; S. *primer plano, plano americano*), **plano medio largo** (FILM medium long shot), **plano móvil** (FILM crane shot; S. *plano aéreo*), **plano puente** (FILM bridging shot; S. *plano de continuidad o de enlace*), **plano secuencia** (FILM sequence-shot, shot-sequence, mobile long take; S. *secuencia sin corte*), **plano secundario** (FILM cut-away), **plano sin sonido** (FILM wild shot), **plano subjetivo** (FILM subjective camera shot, point-of-view shot), **plano tres cuartos** (FILM medium shot, knee shot, three-quarter shot; S. *plano americano; plano medio*), **planos sueltos** (FILM wild shooting)].

planografía *n*: MKTNG planography.

planteamiento *n*: GEN approach²; proposal, suggestion, angle *col*; S. *acercamiento*. [Exp: **plantear[se]** (GEN approach; raise [an issue/question/problem], pose, create; propose, suggest, put forward, consider, plan, intend; S. *acercarse, aproximarse; enfocar*)].

plantilla¹ *n*: MNGMNT personnel, [full-time] staff. [Exp: **plantilla²** (GRAPHICS template; S. *planilla*)].

plastificar *v*: GRAPHICS/AUDIO laminate, cover/seal with plastic or a plastic coating, plasticise; S. *revestimiento de plástico/metálico*.

plataforma *n*: GEN platform, stand²; S. *pie, peana, tarima, soporte*. [Exp: **plataforma con ruedas** (FILM/ADVTG crab dolly, dolly, float, advertising float; skid; S. *cangrejo*), **plataforma para elevar cámara, focos**, etc. (FILM dolly, riser)].

platina¹ *n*: TYPE plate, platen; slide. [Exp: **platina²** (AUDIO deck, tape deck, cassette deck)].

plato del tocadiscos *n*: AUDIO turntable.

plató *n*: FILM set; stage set, floor², sound stage; S. *decorado*. [Exp: **plató cerrado** (FILM/TV closed set), **plató de mesa** (FILM table top)].

plazo¹ *n*: GEN term, time, period [of time], deadline, time limit, final date, dating, qualifying date, life; S. *fecha límite, fecha de vencimiento*. [Exp: **plazo²** (MNGMNT instalment, payment, repayment)].

plegado en acordeón *n*: GEN concertina [folding], zig-zag folding; S. *en acordeón*. [Exp: **plegadora** (GRAPHICS folding machine), **plegar** (GEN fold; S. *doblar*), **pliegue** (GEN fold [up/over], crease, bend; S. *plegar, doblar*)].

pleito *n*: LAW lawsuit, civil action; S. *demanda, querella.*

pletina *n*: AUDIO S. *platina.*

PLV *n*: MKTNG S. *publicidad en el lugar de venta.*

pliego[1] *n*: GRAPHICS sheet; signature; S. *hoja de papel, cuadernillo, señal/marca de pliego o cuadernillo.* [Exp: **pliego**[2] (MNGMNT sealed document/envelope [containing bids, etc.]), **pliego cerrado** (MKTNG sealed document, bid under seal), **pliego de condiciones** (MKTNG tender, specifications of bid or tender)].

plomo *n*: GRAPHICS lead[4]; S. *regleta de plomo.*

plus *n*: GEN/MNGMNT bonus, extra, perk *col*; S. *bonificación; prima; gratuito.* [Exp: **plus de carestía de vida** (MNGMNT cost-of-living bonus, weighting allowance), **plus de peligrosidad** (MNGMNT/FILM danger money; S. *doble*)].

podar *v*: GEN prune, lop off, trim [off], cut [out]; S. *cortar, suprimir, eliminar, tachar; tijeras.*

poder *n*: GEN power, clout *col*. [Exp: **poder adquisitivo** (MKTNG purchasing power)].

poética *n*: LING poetics.

polarizar *v*: IMAGE polarize.

polémica *n*: GEN/MEDIA controversy, polemic; S. *controversia.* [Exp: **polémico** (GEN/MEDIA controversial; S. *controvertido*), **polemizar** (MEDIA start/engage in/indulge in a controversy, argue, argue the toss *col*, fight it out *col*)].

polisemia *n*: LING/ADVTG polysemy; S. *ambigüedad; juntura.*

política *n*: GEN politics, policy; S. *expertos en política.* [Exp: **política informativa** (MEDIA news management)].

póliza de responsabilidad civil *n*: LAW liability policy; S. *demanda.*

ponderación *n*: GEN assessment, weighting; S. *evaluación.* [Exp: **ponderación/evaluación del impacto publicitario** (ADVTG impact assessment, contact weighting), **ponderar** (GEN assess, consider, weigh [up]; stress, give weight to)].

poner[1] *v*: GEN put, place; insert; stick; S. *pegar, colocar.* [Exp: **poner**[2] (FILM/RADIO/TV show [a film], screen, put on/out, broadcast; S. *echar, hacer*), **poner a punto** (AUDIO/IMAGE/GEN adjust; S. *regular*), **poner/fijar [carteles]** (ADVTG post), **poner de patitas en la calle** *col* (MNGMNT sack *col*, fire *col*, kick/boot out *col*, give [sb] the push *col*; S. *despedir*), **poner en el centro de la actualidad** (MEDIA turn the spotlight on, focus on, bring to the fore; S. *centrar la atención en*), **poner en escena** (SHOW stage, produce; S. *escenificar, representar*), **poner en venta [un libro, un disco,** etc.] (GEN release; bring out; S. *sacar a la venta; novedad*), **poner música a** (AUDIO set to music), **poner por las nubes** *col* (SHOW rave about *col*, give rave reviews *col*, crack up *col*, praise to the skies *col*), **poner un anuncio [en un periódico]** (PRESS insert/place an ad; S. *insertar un anuncio*), **poner un anuncio solicitando algo o el servicio de alguien** (GEN advertise for sth/sb), **poner sordina** (AUDIO mute; S. *atenuar*)].

popular *a/n*: GEN popular, famous; star, big name *col*. [Exp: **popular, muy** (GEN crowd-pleaser; S. *con gancho, con tirón*)].

popurrí *n*: AUDIO medley; S. *mezcla, mezcolanza.*

porno[grafía] *n*: FILM/IMAGE/MEDIA pornography, porn *col*; S. *verde, golfo, picante.* [Exp: **porno[grafía] blanda, porno blando** (FILM/IMAGE soft porn; soft-core), **porno[grafía] dura, porno duro** (FILM/IMAGE hard [porn])].

porrazo *n*: SHOW pratfall *col*; S. *caída, batacazo.*

portada *n*: PRESS front page, front cover, title page, cover; S. *cubierta, anteportada, primera plana, carátula.* [Exp: **portadilla** (GRAPHICS half-title [page]; bastard title; chapter or section title or page on which this is printed; title page; S. *ante portada*)].

portadora *n*: RADIO/TV carrier; S. *onda portadora.* •

portal *n*: INTERNET portal; S. *buscador.*

portátil *a*: GEN portable, hand-held; S. *cámara portátil.*

portavoz *n*: PRESS spokesman, spokeswoman; source; S. *fuente.*

posición *n*: ADVTG/GEN position, location, site; S. *emplazamiento.* [Exp: **posicionamiento** (ADVTG/MKTNG positioning; S. *colocación*), **posicionar [un anuncio]** (ADVTG position; S. *colocar; emplazamiento*)].

positivo *n/a*: IMAGE/FILM positive; print; S. *copia, negativar; negativo.* [Exp: **positivo de prueba** (FILM dailies, rushes; S. *copión diario*), **positivo de seguridad** (FILM/AUDIO protection master/print, back-up copy/print)].

posponer *v*: GEN postpone, put off/back; S. *suspender.*

post- *prf*: GEN post-. [Exp: **postestructuralismo** (LING/FILM post-structuralism), **posmodernismo** (LING/FILM post-modernism), **posproducción** (FILM post-production)].

poste *n*: OUTDOOR post, pylon; S. *pilón, soporte de valla, torre metálica.*

póster *n*: OUTDOOR poster, bill[2]; S. *cartel, anuncio.* [Exp: **póster de modelo femenino** (IMAGE cheesecake *col*), **póster de modelo masculino** (IMAGE beefcake *col*)].

postura *n*: GEN position, position; stand, stance, reaction, attitude, response.

potenciar *v*: GEN promote, foster; coax *col*, boost; S. *dar bombo o publicidad, fomentar; promover.* [Exp: **potenciómetro**

(FILM/TV/AUDIO potentiometer, attenuator, dimmer/fader; S. *atenuador o controlador del sonido, la imagen o la iluminación*), **potenciómetro panorámico** (GEN pan pot, panoramic potentiometer)].

pre- *prf*: GEN pre-. [Exp: **preaviso** (MNGMNT notice, advance notice), **preaviso, con** (MNGMNT with notice, subject to notice), **preaviso, sin** (MNGMNT without previous/prior notice), **predominio** (GEN prevalence, predominancy), **preestreno** (FILM preview, advance showing, sneak preview *col*; S. *anticipo, pase privado, estreno, previo; visionar*), **prepago** (MNGMNT prepayment), **preproducción** (FILM/TV pre-production; S. *producción, posproducción*), **prepublicidad** (MEDIA advance billing; S. *publicidad adelantada*), **preselección** (GEN/MNGMNT shortlist), **preseleccionar** (GEN/MNGMNT place on a short-list, shortlist), **presuponer** (GEN presuppose; require), **presuposición** (GEN presupposition), **presupuesto** (MNGMNT budget; estimate; S. *asignación presupuestaria, cálculo estimativo*), **presupuesto publicitario** (MNGMNT advertising appropriation/budget), **presupuesto solicitado** (MKTNG quotation, estimate [requested by customer]; S. *precio, cotización*), **pretexto** (GEN pretext, excuse; S. *truco*), **pretexto/base/pie para una noticia** (MEDIA basis/excuse for a story, news peg; S. *percha informativa; punto de partida de un artículo*), **prever** (GEN foresee; plan; allow/provide for, make allowance-s; envisage, anticipate; S. *programar, planear*), **previsión**[1] (MNGMNT estimate, forecast, planning), **previsión**[2] (MNGMNT social welfare; S. *fondo de previsión*), **previsión**[3] (GEN precaution), **previsión de, en** (GEN as a precaution against), **previsión de ventas** (MNGMNT sales forecast), **previsiones** (GEN/MNGMNT scheme, schedule, forecast; S. *esquema, proyecto, plan*), **previsiones**

presupuestarias (MNGMNT budget estimates; S. *cálculo/proyecto de presupuesto*), previsto (GEN scheduled; S. *proyectado, programado*)].

precinto *n*: MKTNG seal; S. *cierre hermético.*

precio *n*: MKTNG price, charge; quotation, rate, charge; S. *tarifa, tasa; marcar el precio, presupuesto solicitado, cotización.* [Exp: precio a discutir/convenir (MKTNG price to be agreed, negotiable price; S. *precio negociable*), precio abusivo, desleal o predatorio (MKTNG predatory price), precio ajustado (MKTNG near-cost price, lowest available price), precio al contado (MKTNG cash/spot price), precio al detall o al por menor (MKTNG retail price), precio al por mayor (MKTNG wholesale price, trade price), precio competitivo (MKTNG competitive price), precio comprador (MKTNG buying/bid price), precio con descuento (MKTNG discount price), precio concertado (MKTNG agreed price, all-in price), precio controlado (MKTNG controlled price), precio corriente (MKTNG current value, standard price), precio de apoyo (GEN support price), precio de catálogo (MKTNG catalogue price), precio de contado (MKTNG cash price), precio de coste (MKTNG cost price), precio de coste, a (MKTNG at cost), precio de fábrica (MKTNG price ex factory, ex-works price), precio de gancho *col* (MKTNG loss leader price), precio de ganga, a (MKTNG on the cheap *col*; for a song *col*; at a bargain/knockdown price; S. *barato, saldo, rebaja*), precio de lanzamiento (MKTNG/ADVTG·launch price, publicity price), precio de liquidación (MKTNG knockdown price, price to clear), precio de mayorista (MKTNG wholesale price, trade price), precio de mercado (MKTNG going rate, market rate), precio de minorista/menudeo (MKTNG retail price), precio de ocasión/saldo (MKTNG bargain/basement price), precio de reclamo (MKTNG loss leader price; S. *reclamo*), precio de referencia (MKTNG benchmark price), precio de reposición (MKTNG replacement cost), precio de saldo (MKTNG bargain price; S. *precio de ocasión*), precio de saldo, a (MKTNG at knockdown/giveaway prices *col*; on the cheap *col*; S. *barato*), precio de temporada (MKTNG seasonal rate), precio de venta [actual] (MKTNG [current] selling price), precio de venta al público, PVP (MKTNG [recommended] retail price, final/market price, shelf price), precio desorbitado/exorbitante (MKTNG fancy price), precio especial (MKTNG special price, special offer, discount price, price concession; S. *rebajado*), precio franco fábrica, PFF (MKTNG ex-factory price, ex-works), precio global (MKTNG all round price, lump-sum price), precio indicativo/pretendido (MKTNG guide price, target price; S. *precio umbral, precio de intervención*), precio intervenido (MKTNG controlled price), precio introductorio o de lanzamiento (MKTNG launch price), precio justo (GEN fair price; S. *justiprecio*), precio marcado (MKTNG marked price), precio máximo autorizado (MKTNG ceiling price), precio medio (MKTNG average price/rate, medium price), precio mínimo autorizado (MKTNG minimum authorised price, price floor), precio módico/moderado (MKTNG reasonable/moderate price), precio muy rebajado o de ruina *col* (MKTNG knockdown price, giveaway price), precio negociable (MKTNG price negotiable, price to be agreed, nearest offer), precio normal (MKTNG regular/standard price), precio orientativo (MKTNG approximate price; recommended price, guide price, manufacturer's recommended price), precio

político (MKTNG political price), **precio por unidad** (MKTNG unit price), **precio psicológico** (MKTNG charm price; odd price, psychological price), **precio rebajado** (MKTNG reduced price; knockdown price), **precio recomendado para la venta al público** (MKTNG manufacturer's recommended price, MRP; recommended retail price, RRP), **precio redondo o global** (MKTNG all-round/all-in price), **precio reducido** (MKTNG cut price, reduced price; S. *descuento, rebaja en el precio*), **precio reducido, a/de/con** (MKTNG cut-price, cheap; S. *de bajo precio, barato*), **precio reventado** col (MKTNG knock down price; rock-bottom price col; S. *precio supermínimo*), **precio según catálogo** (MKTNG list price), **precio simbólico** (MKTNG token charge), **precio todo incluido** (MKTNG all-in price/rate/cost), **precio tope** (MKTNG ceiling price), **precio último** (GEN bottom price), **precio umbral** (MKTNG threshold price), **precio único** (MKTNG uniform/flat price/rate)].

precuela col n: FILM/TV prequel.

preferencia n: MEDIA preference; bias; S. *inclinación, tendencia*. [Exp: **preferencia de marca** (MKTNG brand acceptance/preference/awareness; S. *conocimiento o aceptación de una marca*)].

pregunta n: GEN/MKTNG question; S. *respuesta*. [Exp: **pregunta [de respuesta] abierta** (MKTNG open-ended question; S. *filtro, abierto*), **pregunta selectiva** (MKTNG filter question; S. *filtro*), **pregunta sesgada o tendenciosa** (GEN loaded/leading question), **preguntar** (GEN ask; inquire; S. *interrogar, dudar*)].

preludio n: AUDIO/SHOW prelude; S. *obertura; apertura*.

premiar v: FILM/GEN reward; give/award a prize to. [Exp: **premiado** (FILM/GEN prizewinner; prizewinning, award-winning; S. *galardonado, laureado*), **premio**[1] (FILM/GEN prize, award; S. *galardón*),

premio[2] (MKTNG premium; S. *incentivo*), **premios Goya** (FILM Spanish film prizes, awarded by the Spanish Film Academy –*Academia de las Artes y las Ciencias Cinematográficas*–)].

prensa[1] n: PRESS press, newspapers, the papers col; Fleet Street; S. *agencia de prensa, asociación de la prensa, comunicado de prensa, gabinete de prensa, mala prensa, recortes de prensa, rueda de prensa*. [Exp: **prensa**[2] (GRAPHICS printing press/shop, rotary press, printer; S. *prensa rotativa, imprenta*), **prensa amarilla o sensacionalista** (PRESS gutter/yellow press, tabloid press, scandal sheets col, rags col; S. *revista frívola*), **prensa de calidad** (PRESS quality press, broadsheets, heavies col; S. *prensa seria*), **prensa del corazón** (PRESS frivolous women's magazines; S. *prensa rosa*), **prensa deportiva** (PRESS sports press), **prensa económica** (MEDIA economy press), **prensa electrónica** (MEDIA electronic press; S. *medios electrónicos*), **prensa libre/independiente** (MEDIA free press; S. *libertad de prensa*), **prensa local** (PRESS local press), **prensa popular** (PRESS popular press, tabloids; pops col; S. *prensa seria*), **prensa revólver** (GEN rotary press; S. *rotativa*), **prensa rosa** (PRESS frivolous women's magazines, glossies full of gossip col, gossip magazines; S. *prensa del corazón*), **prensa sensacionalista** (PRESS tabloids, gutter press, yellow press; S. *prensa amarilla*), **prensa seria** (PRESS quality press, the qualities; S. *periódicos de calidad*), **prensa rotativa** (GRAPHICS rotary press)].

presentación[1] n: FILM/TV/SHOW presentation, introduction, first showing; first appearance; S. *primera actuación, debut, estreno*. [Exp: **presentación**[2] (LING exposición[1]; S. *discurso expositivo, exposición*), **presentador-a** (RADIO/TV announcer, host, presenter, broadcaster, radio announcer, anchor-man/-woman, host; continuity man; S. *locutor*), **presentador-a principal [de un espacio televisivo]** (TV anchor-man, anchor-woman, front man *col*; S. *conductor de un espacio televisivo, comentarista político*), **presentador florero** *col* (TV hat rack *US col*; S. *busto parlante* col), **presentar** (GEN/MKTNG present, introduce, launch; S. *lanzar*), **presentar en público** (MKTNG unveil, take the wraps off *col*; S. *mantener en secreto, sacar a la luz*), **presentar un espectáculo** (GEN host a show/programme)].

prestaciones *n*: GEN features, qualities, capabilities; facilities; S. *instalaciones, equipo, bienes, servicio-s, recursos*.

previo[1] *a/prep*: GEN previous, earlier, prior; after, upon, on, following; when used prepositionally, this term always precedes the noun it governs, and agrees with it in gender; it is found only in the singular, in such common expression as *previa cita* –by appointment [only]–, *previo pago de* –[up]on payment of–, *previa firma* –following/upon, on signing–, etc. [Exp: **previo**[2] (TV lead-in, down-leads; S. *programa introductorio o aperitivo*), **previo**[3] (FILM preview; S. *visionar, pre-estreno*)].

prima[1] *n*: GEN bonus; rebate; S. *bonificación; plus; gratuito*. [Exp: **prima**[2] (MKTNG premium; S. *recargo*)].

primer, primero *a*: GEN first. [Exp: **primer actor/actriz** (FILM/TV leading actor/man, leading actress/lady; make/female lead; S. *antagonista, protagonista*), **primer plano** (FILM close-up, close shot; foreground; S. *sacar en primer plano, enfocar*), **primer plazo** (MKTNG deposit, down-payment; S. *depósito, entrega a cuenta, pago inicial, entrada*), **primera actuación** (FILM/TV/SHOW first appearance, début; S. *debut, presentación, estreno*), **primera copia de una película**

(FILM/TV first answer print), **primera en su especialidad, la** (MKTNG first in the field), **primera página/plana** (PRESS front page; S. *portada, salir/aparecer en primera página*), **primera [clase], de** (GEN first-class, first-rate, top-quality, top-notch *col*), **primeras materias** (MKTNG merchandise; S. *mercaderías, géneros; mercancías*), **primeras pruebas** (GRAPHICS rough proof, galley-proof), **primerísimo primer plano** (FILM extreme close-up; big close-up), **primeros adoptantes** (MKTNG early acceptors), **primeros auxilios** (GEN/FILM first aid)].

primicia *n*: GEN/MEDIA innovation, novelty, scoop; S. *exclusiva, ganar la primicia*.

principio *n*: GEN start, beginning, outset; principle. [Exp: **principiante** (GEN/FILM/SHOW beginner, novice; budding actor/actress), **principio de bloque** (RADIO/TV/ADVTG first in the break; S. *en cabecera, final de bloque*)].

probar *v*: GEN/MKTNG sample, try [out/on], test-drive *col*.

problema *n*: GEN problem, question, issue; S. *asunto, cuestión*. [Exp: **problema técnico transitorio** (TV/IMAGE technical fault, glitch *col*; S. *fallo técnico*)].

procesador de textos *n*: GEN word processor; S. *proceso de datos*. [Exp: **procesar** (GEN process; S. *revelar [una película]*), **proceso** (GEN process; S. *tratamiento*), **proceso de datos** (GEN data/information processing; S. *dato, procesador de textos*)].

producir *v*: GEN produce. [Exp: **producción**[1] (MNGMNT production), **producción**[2] (FILM production, film; mise-en-scène; S. *realización*), **producción en masa/serie** (GEN mass production), **productividad** (GEN/MKTNG productivity, efficiency; S. *eficacia, eficiencia, buena marcha, rendimiento*)].

producto[1] *n*: GEN/MKTNG product, article, line, item; S. *asignación de producto,* *ciclo de vida de un producto, familia de producto, gestión de un producto, jefe de producto, inserción publicitaria de un producto, rotación de producto; artículo, línea.* [Exp: **producto**² (GEN output; return; S. *educto; entrada*), **producto de imitación** (MKTNG copycat article, metoo article; S. *producto plagio*), **producto de marca registrada** (MKTNG brandname product), **producto de moda o de corta vida** (GEN/MKTNG fad item col; S. *caprichón* col), **producto estrella** (MKTNG star product; leader/flag product; S. *producto perro, producto vaca lechera*), **producto gancho** (MKTNG hook, gimmick), **producto no de marca** (GEN generic; S. *genérico, marca blanca*), **producto perro** (MKTNG dog; S. *producto vaca lechera, producto estrella*), **producto plagio** (MKTNG copycat article *col*, me-too product *col*; S. *producto de imitación*), **producto vaca lechera** (MKTNG cash cow; S. *producto perro, producto estrella*), **productos** (MKTNG goods, items, merchandise; wares; S. *bienes, artículos, géneros*), **productos a granel** (MKTING bulk commodities/goods; S. *mercancías a granel*), **productos básicos** (MKTNG commodities; S. *géneros, consumo, materias, primas, bienes, bienes y servicios*), **productos perecederos** (MKTNG perishable goods/items)].

productor *n*: FILM/RADIO/TV/MKTNG producer; S. *fabricante.* [Exp: **productor asociado** (FILM associate producer), **productor ejecutivo** (FILM executive producer, executive in charge of production), **productora** (FILM production company)].

proeza *n*: FILM/SHOW stunt; S. *acrobacia.*

profesión *n*: GEN job, profession, work, trade, caper *col*; S. *oficio, ocupación; rollo* col. [Exp: **profesional** (GEN professional; qualified; S. *habilitado, autorizado, experto, capaz, apto*), **profesional/figura**

[**de radio o de televisión**] (TV/RADIO TV/radio journalist, well-known TV or radio personality; S. *presentador de la radio o de la televisión*), **profesionales de los medios de comunicación** (MEDIA media people/personalities)].

profundidad *n*: GEN depth; S. *volumen.* [Exp: **profundidad de campo** (IMAGE depth of field; S. *campo focal*), **profundidad/anchura de un anuncio** (ADVTG/PRESS lineage depth, width)].

programa¹ *n*: RADIO/TV programme, production; S. *espacio.* [Exp: **programa**² (GEN computer programme, software package; S. *material de paso, soporte lógico*), **programa aperitivo, cebo, previo o introductorio** (TV lead-in; lead-in programme; S. *previo*), **programa-s compartido-s** (INTERNET shareware; S. *bajar, apoyo técnico*), **programa con guión** (RADIO/TV script/scripted show; S. *programa improvisado*), **programa-concurso** (RADIO/TV game show, quiz programme/show; S. *moderador de un programa concurso*), **programa-concurso por equipos** (RADIO/TV panel game, team quiz), **programa de debate** (TV/RADIO discussion programme, talk show; S. *mesa redonda, tertulia*), **programa de madrugada** (TV/RADIO late, late show, late night TV), **programa de morbo y cotilleo** (TV nuts and sluts show *US*; S. *tertulia de morbo y cotilleo*), **programa de relleno** (PRESS/MEDIA filler *col*; cushion; S. *artículo de relleno*), **programa de variedades** (TV/SHOW variety show), **programa-denuncia** (MEDIA exposé¹; S. *artículo-denuncia*), **programa doble** (FILM double feature, double bill), **programa elástico** (RADIO/TV cushion), **programa-s gratuito-s** (INTERNET freeware; S. *programas compartidos*), **programa improvisado** (RADIO/TV live talk show, ad lib programme; S. *programa con guión*), **programa infor-**

mativo (MEDIA news, news programme; S. *noticia, noticiario, boletín informativo*), **programa regular** (MEDIA scheduled programme; S. *espacio programado, horario programado*), **programación** (RADIO/TV programming; programme schedule or planning; programme/viewing/listening guide), **programación abierta** (RADIO/TV open-end programme), **programación de tarde** (RADIO/TV early fringe schedule), **programación de televisión** (TV TV guide), **programación [de una campaña]** (ADVTG/MNGMNT schedule; S. *plan*), **programación para audiencias selectas** (TV/RADIO narrowcasting), **programación por bloques** (RADIO/TV block programming), **programación prevista** (MEDIA scheduled programme-s), **programador** (RADIO/TV programmer), **programar** (MEDIA programme, schedule; S. *prever, planear*)].

prohibir *v*: forbid, prohibit. [Exp: **prohibido el paso a toda persona ajena al centro** (GEN authorised personnel only [beyond this point], restricted access; S. *acceso limitado*), **prohibido fijar carteles, se prohíbe fijar carteles** (ADVTG no bills, bill stickers will be prosecuted)].

prolepsis *n*: FILM/LING prolepsis, flash forward; S. *analepsis; escena prospectiva, narración anticipada.*

proliferación *n*: GEN/MEDIA proliferation, spreading, spread; S. *divulgación, propagación, difusión, diseminación, extensión.*

prolijo *a*: LING long-winded, wordy; S. *denso, verboso, lacónico.*

promoción *n*: MKTNG promotion, endorsement; sponsorship; pioneering; S. *lanzamiento, fomento, abandono, retirada.* [Exp: **promoción, de** (MKTNG pioneering, sponsored, sponsorship; launch; S. *de lanzamiento, de introducción*), **promoción conjunta o mancomunada** (MKTNG joint promotion), **promoción de produc-**

to (MKTNG product promotion; S. *abandono de producto*), **promotion de ventas** (MKTNG sales promotion), **promoción previa** (MKTNG advance advertising), **promover** (MKTNG promote, sponsor, endorse; pioneer; further, foster; S. *respaldar, fomentar, potenciar*), **promocionar** (MKTNG promote, sponsor, launch; S. *dar publicidad, patrocinar, apadrinar; retirar, abandonar*)].

pronto *a/adv*: GEN prompt, quick, early; soon. [Exp: **pronto pago** (MKTNG early/prompt payment/settlement, cash discount; S. *pago al contado*)].

pronunciar *v*: AUDIO/MEDIA pronounce; utter, say [a few words], deliver [a speech/an address]; S. *emitir.*

propagación *n*: GEN/MEDIA spread; S. *proliferación, divulgación, difusión, diseminación, extensión.* [Exp: **propagar-se** (GEN/MEDIA spread; S. *difundir-se, extender-se, divulgar-se*)].

propaganda *n*: ADVTG propaganda, advertising, publicity, boost[2], [advertising] leaflet, bumf col; Spanish and English differ in their use of this term; whereas English usage is restricted to the pejorative destructive doctrine, Spanish usage, in line with a more orthodox etymology, is entirely context-dependent; the Spanish term thus applies to any kind of advocacy of ideas or encouragment of activities, including consumer behaviour; there is therefore no essentially ideological message implied by the use of the word when "advertising", "promotion" or "publicity" are meant; S. *publicidad, bombo.*

propiedad intelectual *n*: LAW intellectual property; copyright; S. *derechos de autor.*

prorrateo *n*: GEN/MKTNG/PUBL pro rata division, allotment, apportionment; S. *asignación, reparto.* [Exp: **prorratear** (GEN/MKTNG/PUBL allot, allot on a pro rate basis, apportion)].

prospección de mercado *n*: MKTNG market research.

prospecto *n*: ADVTG prospectus, flyer, handbill, leaflet, promotional leaflet; S. *folleto publicitario*. [Exp: **prospecto informativo** (ADVTG information leaflet; instruction, directions; prospectus; S. *folleto*)].

protagonista *n*: FILM/TV leading actor/man, leading actress/lady male/female lead; leading role, star; care should be taken with the context of use of this term; unlike its Spanish counterpart, the English word refers not to the actor or actress playing the role, but to the role itself or the character represented, that is, the main character or hero of a story; the Spanish term applies to both; S. *antagonista, primer actor/actriz*. [Exp: **protagonista [de un hecho o acontecimiento]** (GEN main figure, meain feature), **protagonizar** (FILM/SHOW play the lead role, star; S. *encabezar el reparto*), **protagonizado por** (TV/FILM starring; S. *con la actuación de*)].

protección de marcas *n*: MKTNG/ADVTG trademark protection.

proteger del sol *v*: GEN shade; S. *sombra, dar sombra*.

protésica *n*: FILM prosthetics; S. *maquillaje protésico*.

protocolo *n*: INTERNET protocol. [Exp: **protocolo de transferencia de archivos** (INTERNET file transfer protocol, FTP)].

proveedor *n*: MKTNG supplier, stockist, tradesman; S. *distribuidor*. [Exp: **proveedores** (MNGMNT accounts payable, trade creditors; S. *acreedores; deudores, clientes*), **proveedor de medios** (MEDIA media supplier), **proveer** (MKTNG provide, supply; S. *suministrar, distribuir*), **proveerse** (MKTNG lay in a stock; S. *hacer provisión de*), **provisión** (GEN/MKTNG supply; S. *abastecimiento, suministro, existencias, surtido*)].

proximidad intermedia *n*: OUTDOOR medium approach.

proyección *n*: FILM projection, screening, showing; S. *visionado de una película, cabina de proyección; pase; imagen proyectada, operador*. [Exp: **proyección a doble banda** (FILM double-headed projection, interlock), **proyección restringida** (FILM private showing, [sneak] preview, first run), **proyeccionista** (FILM projectionist), **proyectista** (DESIGN designer; draftsman, draughtsman; S. *diseñador, dibujante publicitario*), **proyectar** (GEN plan, schedule; S. *programar, planear*), **proyectar en pantalla** (FILM/TV/GEN project, screen, show), **proyecto** (GEN project, scheme; S. *esquema, plan, previsiones*), **proyector** (IMAGE projector), **proyector/lámpara de arco** (IMAGE/FILM arc light; S. *luz de alta intensidad*), **proyector de diapositivas** (IMAGE slide projector; S. *filmina, carrusel*), **proyector de imágenes opacas** (IMAGE opaque proyector), **proyección trasera** (FILM back/rear projection)].

prueba *n*: GRAPHICS test; trial, demonstration, demo *col*; S. *ensayo; corrector de pruebas*. [Exp: **prueba artística** (GEN trial performance; S. *audición*), **prueba de grabado** (GRAPHICS flat proof; S. *hacer una prueba de grabado*), **prueba de impresión** (GRAPHICS galley, galley proof; rough draft, pull[4] *col*; S. *galerada; borrador, hacer una prueba [de imprenta]*), **prueba de selección** (TV/FILM audition, casting, trial performance; S. *audition*)].

psicodrama *n*: FILM psychodrama; S. *docudrama*.

publicación *n*: GEN publication, appearance[1], release; S. *aparición, comunicado; hacer público, publicar*. [Exp: **publicable** (GRAPHICS publishable; printable; S. *imprimible*), **publicación amarillista, barata o de mala calidad** (GRAPHICS/

PRESS pulp [fiction]; S. *novela barata, narrativa, barata, cuento basura, revista frívola, prensa amarilla o sensacionalista*), **publicación especializada o científica** (PRESS learned journal, academic publication, specialist or scientific journal), **publicación gratuita** (MKTNG freesheet[1]), **publicación quincenal** (GEN fortnightly; S. *semanario, diario*), **publicar-se** (MEDIA/PRESS publish, print, insert[3], appear in print; announce[3]; run[9], put out, broadcast; S. *ofrecer, emitir, editar, salir, anunciar, divulgar, dar a conocer, declarar*), **publicar a toda plana** (PRESS splash *col*; S. *a toda plana, aparecer en primera plana*), **publicar por entregas** (FILM serialize; S. *serial, serie; novela por entregas; entrega[2]*), **publicar un artículo sobre algo o alguien** (MEDIA/PRESS feature[5], feature an article on sb/sth), **publicarse antes de tiempo o precipitadamente** (GEN rush into print; S. *editarse antes de tiempo*)].

publicidad *n*: ADVTG advertising, publicity, boost[2]; S. *propaganda, bombo*. [Exp: **publicidad adelantada [respecto de la campaña prevista]** (ADVTG advance publicity/billing; S. *prepublicidad*), **publicidad boca a boca** (ADVTG word-of-mouth advertising; S. *publicidad oral, radio macuto*), **publicidad colectiva** (ADVTG cooperative advertising; S. *publicidad mancomunada*), **publicidad con medios selectivos, directos o no masivos** (ADVTG below-the-line advertising), **publicidad de imagen [de una empresa]** (ADVTG image advertising), **publicidad de mantenimiento** (ADVTG sustaining advertising; S. *campaña de mantenimiento*), **publicidad de rectificación** (ADVTG/LAW corrective advertising; S. *publicidad engañosa*), **publicidad de seguimiento o de recordatorio** (ADVTG follow-up advertisement), **publicidad de tránsito o transporte** (ADVTG transit/

transport advertising; S. *publicidad estática, publicidad móvil*), **publicidad de un grupo de minoristas** (ADVTG group advertising), **publicidad despectiva** (MKTNG knocking ad/copy; S. *contrapublicidad*), **publicidad directa** (ADVTG above-the-line advertising, direct advertising, direct mail advertising; S. *publicidad pagada; publicidad en medios de masas; promoción*), **publicidad ecologista** (ADVTG environmentalist advertising; greenwashing *col*, eco-advertising), **publicidad en el lugar/punto de compra, PLV** (MKTNG point-of-purchase advertising, POP), **publicidad en las páginas amarillas** (ADVTG directory advertising; S. *páginas amarillas*), **publicidad en medios de masas** (ADVTG above-the-line advertising; S. *publicidad directa; publicidad pagada; promoción*), **publicidad encubierta** (ADVTG plug[2]; S. *enchufismo publicitario*), **publicidad enigmática** (ADVTG teaser, teaser ad/commercial; S. *inductor publicitario, avance seductor, rompecabezas*), **publicidad engañosa** (ADVTG deceptive/false/misleading advertising; S. *publicidad de rectificación*), **publicidad escalonada** (ADVTG gradual build-up; S. *bombo*), **publicidad estática** (ADVTG arena/perimeter advertising), **publicidad exterior** (ADVTG outdoor advertising; S. *soporte publicitario*), **publicidad genérica** (ADVTG generic advertising; S. *publicidad selectiva*), **publicidad gráfica** (ADVTG print advertisement; S. *anuncio gráfico*), **publicidad gratuita** (ADVTG free advertising, free puff *col*), **publicidad horizontal o conjunta** (ADVTG horizontal/joint advertising), **publicidad industrial** (ADVTG industrial advertising, business-to-business), **publicidad institucional** (ADVTG institutional advertising), **publicidad mancomunada** (ADVTG cooperative advertising; S. *publicidad colectiva*),

publicidad masiva (ADVTG heavy/mass advertising), **publicidad móvil** (ADVTG/OUTDOOR mobile advertising; transportation/transit advertising; S. *publicidad estática, publicidad de tránsito*), **publicidad oral** (ADVTG word-of-mouth advertising), **publicidad pagada** (ADVTG above-the-line advertising; S. *publicidad directa; publicidad en medios de masas; promoción*), **publicidad por correo directo** (ADVTG direct mail advertising), **publicidad profesional** (MKTNG/ADVTG trade advertising; S. *revista profesional*), **publicidad selectiva** (ADVTG selective advertising; S. *publicidad genérica*), **publicidad subliminal** (ADVTG subliminal advertising), **publicista** (ADVTG publicist; advertising agent/executive, adman, adwoman, publicist; in Spain it can also be applied to the person who writes for the general public, i.e, a journalist, whereas in Latin-American usage the term tends to be applied to the advertising executive), **publicitario-a** (ADVTG advertising executive, ad man, adman, adwoman, publicist), **publicitar** (ADVTG publicize; S. *dar a conocer, hacer público, divulgar*)].

público[1] *a*: GEN public; S. *imagen pública, opinión pública, relaciones públicas.* [Exp: **público**[2] (MKTNG audience; S. *audiencia; asistentes, seguidores; lectores*), **público asistente** (TV studio audience), **público cautivo** (MEDIA/MKTNG captive audience; S. *audiencia cautiva*), **público lector** (GEN readership; S. *audiencia, lectores*), **público objetivo** (MKTNG target group, target audience, consumer profile; S. *perfil del consumidor; grupo objetivo*)].

publirreportaje *n*: ADVTG/TV/RADIO infomercial/informercial, long commercial, comercial made as motion picture, promotional programme material; S. *microespacio.*

puente[1] *n*: GEN bridge; S. *música puente, plano puente, pinzas puente.* [Exp: **puente**[2] (GRAPHICS run-on; S. *edición/tirada puente*)].

puerta a puerta *phr*: MKTNG door-to-door. [Exp: **puerta fría** (MKTNG cold call)].

puerto *n*: AUDIO/IMAGE port. [Exp: **puerto en paralelo** (AUDIO/IMAGE parallel port), **puerto en serie** (AUDIO/IMAGE serial port; S. *puerto en paralelo*)].

puesta en escena *n*: FILM/TV/SHOW production, staging, mise-en-scène; S. *producción, escenificación, montaje, organización.*

puesto *n*: MKTNG stand, stall; S. *quiosco, tenderete, caseta.*

puja *n*: GEN bid; bidding; S. *licitación.*

pulgada de columna *n*: TYPE column inch.

pulpa de papel *n*: GRAPHICS pulp; S. *pasta de papel.*

pulverizador *n*: IMAGE/GRAPHICS spray gun.

punta, de *phr*: GEN leading, leading edge, state-of-the-art; S. *de vanguardia; tecnología de punta.*

puntear *v*: MNGMNT check, tick [off], tally; S. *cómputo, computar.*

puntero[1] *a*: GEN important, leading, prominent, highlighted; S. *destacado, puntero, importante, líder.* [Exp: **puntero**[2] (IMAGE pointer), **puntero de pantalla** (IMAGE arrow pointer)].

punto[1] *n*: GEN point, item[1]; issue; S. *artículo, elemento, pieza; cuestión; poner a punto; contrapunto.* [Exp: **punto**[2] (TYPE dot, stop; S. *punto y seguido, punto y aparte, punto y coma; línea/guía de puntos; signos de puntuación; letra*), **punto**[3] (GEN spot, point; S. *lugar, punto de venta*), **punto**[4], **puntada** (GRAPHICS stitch; S. *cosido*), **punto álgido** (GEN/AUDIO peak; S. *punta, cima, pico*), **punto de encuentro** (GEN/MKTNG meeting point), **punto de índice** (MKTNG rating point; S. *coste por punto de índice*), **punto de partida de un artículo** (MEDIA starting point, lead-in, news peg; S. *percha informativa,* *pretexto/base/pie para una noticia*), **punto de salida publicitaria** (MKTNG advertising medium; S. *soporte publicitario*), **punto de saturación** (IMAGE/AUDIO/ADVTG saturation point), **punto de venta** (MKTNG point of sale, outlet; S. *salida, establecimiento, publicidad en el punto de venta*), **punto de vista** (LING/FILM point of view, viewpoint), **punto del orden del día** (MNGMNT item on the agenda; S. *orden del día*), **punto y aparte** (TYPE new paragraph), **punto y coma** (TYPE semicolon), **punto y seguido** (TYPE full stop), **puntos por pulgada** (DESIGN/GRAPHICS dots per inch, dpi), **puntos suspensivos** (DESIGN/TYPE dot, dot, dot), **puntuación** (GRAPHICS punctuation; S. *signo de puntuación*)].

Q

quemar la imagen *v*: TV overexpose, be overexposed, damage one's image, lose face *col*.

querella *n*: LAW legal action, lawsuit, proceeding, criminal action; S. *demanda*. [Exp: **querella/demanda por difamación** (LAW libel action)].

quincenal *a*: GEN/PRESS fortnightly; S. *bisemanal, mensual*.

quiosco *n*: ADVTG/PRESS kiosk, stall; S. *mobiliario urbano, puesto, tenderete, chirimbolo* col. [Exp: **quiosco de prensa** (PRESS news-stand, newsagent's stall)].

quitar *v*: GEN remove, take off. [Exp: **quitar el brillo** (IMAGE/GRAPHICS dull; S. *opacar, oscurecer, nublar*), **quitar/ pisar la exclusiva** (MEDIA scoop, be first with the news/story; S. *exclusiva*)].

R

racimo *n*: GEN cluster; S. *grupo*.

racord/raccord *n*: FILM film/TV continuity[1]; racord, raccord.

radiar *v*: RADIO broadcast, air; be on the air; S. *emitir por las ondas, transmitir, televisar*. [Exp: **radio** (RADIO radio, wireless set), **radio en circuito cerrado** (RADIO closed-circuit radio), **radio interactiva o participativa** (RADIO call-in radio, talk radio), **radio macuto** *col* (MEDIA grapevine *col*, gossip shop; word of mouth; S. *boca a boca* col), **radiofónico** (RADIO radio; used as an adjective), **radiofórmula** (CINE contemporary hits radio, CHR; it consists merely of contemporary hits, which are almost never played in full to prevent illegal recording, and advertisements; S. *cuarenta principales*)].

Radiotelevisión Española *n*: RADIO/TV Spanish State television and radio corporation; S. *ente público*.

ralentizar[1] *v*: GEN slow [down], soft-pedal *col*; take the foot off the pedal *off*. [Exp: **ralentizar**[2] (FILM do/take in slow motion), **ralentí, al** (FILM in slow motion), **ralentización** (GEN slow down, slowing-down)].

rama, ramo *n*: MKTNG/GEN branch, branch of business; section, department, trade; S. *línea; sector, especialidad*.

ramalazo *col n*: GEN fit, burst, [sudden] outburst; queer streak *col*, limp wrist *col*, poofy behaviour *col*.

rapapolvo *col n*: GEN/MEDIA ticking-off *col*, pasting *col*, broadside; S. *andanada; invectiva, crítica feroz, tunda, zurra*.

rappel *n*: MKTNG rebate; S. *retorno*. [Exp: **rappel por volumen** (MKTNG bulk rate)].

rasgar/abrir/arrancar/romper por la línea de puntos *v*: GEN tear along dotted line. [Exp: **rasgo** (GEN feature[1]; S. *característica, detalle*), **rasgo descendente** (TYPE tail; S. *cola, baja de una letra*), **rasgo ornamental** (GRAPHICS embellishment; S. *letra*)].

rastrear *v*: GEN track [down], trail; S. *huella; seguir la pista*. [Exp: **rastreo** (GEN tracking, sweep; S. *recorrido, barrido, peinado, seguimiento, pista*)].

ratio *n*: GEN ratio.

ratón *n*: GEN/IMAGE mouse.

raya *n*: LING/TYPE dash; S. *guión*. [Exp: **rayas** (IMAGE scratches; streaking, dirt; S. *garabatos, letra*), **rayo [de luna]** (image moonbeam), **rayo [de luz]** (IMAGE ray of light, beam of light; S. *haz de luz, destello, relámpago*), **rayo [de sol]** (IMAGE ray of sunlight), **rayo láser** (IMAGE laser beam; S. *pistola láser*)].

re- *pref*: re-. [Exp: **reacción** (GEN/FILM reaction, take[2]; S. *plano de reacción*), **reacción [exagerada]** (FILM/SHOW [double] take; S. *payasada, aspaviento, gesto exagerado*), **reacción tardía** (FILM double take), **reactivación** (MKTNG recovery, upswing, upturn; S. *mejora, recuperación*), **realce** (GEN enhancement, boss[2]; S. *incremento, aumento, relieve*), **realce de imagen/sonido** (IMAGE image/audio enhancement), **realce de perfil** (IMAGE/TV edging[2]; S. *contorneo*), **realce electrónico** (AUDIO electronic enhancement), **realzar** (GEN/GRAPHICS enhance, set off; S. *resaltar, mejorar*), **rebaja** (MKTNG/MNGMNT allowance, bonus, discount; sale-s; rebate, rappel; S. *bonificación, descuento, desgravación fiscal; saldo-s*), **rebaja en el precio** (MKTNG discount, [price] reduction; S. *descuento, precio reducido*), **rebajar**[1] (MKTNG reduce, lower, bring down), **rebajar**[2] (GRAPHICS depress; S. *morder*), **rebajar el brillo** (IMAGE/GRAPHICS dull; S. *opacar, oscurecer, nublar*), **rebobinado** (GEN rewind[ing]), **rebobinar** (AUDIO/FILM rewind), **rebotar** (IMAGE/INTERNET bounce[1]; S. *luz rebotada, señal*), **rebote** (IMAGE/INTERNET bounce[1], bouncing; S. *señal*), **recargar** (MKTNG overcharge), **recargado** (GEN/FILM loaded), **recargo** (MKTNG overcharge, surcharge, mark-on, extra/additional charge/cost, premium; S. *prima*), **recorrer** (GEN cover; travel [over]; go over; S. *barrer*), **recorrido** (GEN route, round, path, course, sweep; S. *barrido*), **recortar** (FILM/GRAPHICS cut out, trim, clip, crop; S. *cortar con guillotina, desbarbar*), **recortar-se** (GEN stand out, silhouette; S. *sobresalir, destacar-se, impresionar, llamar la atención*), **recortar [plantilla, presupuesto**, etc.] (MNGMNT reduce, cut, downsize), **recorte** (MNGMNT/ADVTG clip, checking copy, proof of purchase; press cuts; voucher; certificate of transmission; tearsheet; S.

justificante, comprobante, resguardo, nota, recorte), **recorte de prensa** (PRESS clipping, press cut, cutting[2]), **recorte presupuestario** (MNGMNT budget cut), **redimensionar** (GEN/ADVTG rescale, resize), **reescenificación** (FILM/SHOW reenacement), **reestreno** (FILM/GEN re-run; S. *reposición*), **reimpresión** (GRAPHICS reprint), **reimprimir** (GRAPHICS reprint), **reiniciar el sistema** (GEN reset, reboot), **reintegro** (MKTNG refund, repayment, reimbursement; withdrawal; S. *reembolso, devolución, bonificación*), **relanzamiento** (MKTNG relaunch), **relanzar** (MKTNG relaunch), **renovación** (MKTNG renewal), **renovar** (MKTNG renew), **reponedor** (MKTNG shelf filler), **reposición** (FILM/GEN re-run, repeat; S. *reestreno*), **reposición gratuita [de un anuncio]** (ADVTG/TV/RADIO/PRESS bonus spot, make good), **reproducción** (GEN reproduction, repro), **reproducción sonora** (AUDIO sound reproduction), **reproducir** (AUDIO reproduce), **reproductor de cintas de vídeo** (IMAGE/AUDIO video recorder; S. *magnetoscopio*), **reproductor de sonido** (INTERNET sound player), **reprografía** (GRAPHICS reprography), **retumbar** (AUDIO echo, roll, rumble, resound; S. *resonar*)].
real *a*: FILM/TV actual; S. *directo, en vivo*.
realismo *n*: FILM/GEN realism; S. *abstracto, cubismo, dadaísmo, expresionismo, formalismo, impresionismo, naturalismo, simbolismo, surrealismo*.
realizador *n*: TV producer; director; S. *director de escena*.
rebaba [de papel] *n*: GRAPHICS projecting edge; S. *hilacha, guillotinar*.
recaudación *n*: GEN takings, gate, take[3]; S. *[ingresos por] taquilla, entrada, taquillaje*. [Exp: **recaudar** (GEN collect, receive, take [in])].
recepción[1] *n*: RADIO/TV reception; S. *emisión*. [Exp: **recepción**[2] (MKTNG impression; S. *impacto*), **recepción reiterada o**

repetida (MKTNG audience duplication), **receptor**[1] (MKTNG/LING addressee, receiver; S. *destinatario*), **receptor**[2] (AUDIO set; S. *aparato*)].

recesión *n*: MKTNG recession, fall, drop, slump, downturn; S. *bache económico*.

rechazar *v*: GEN reject, turn down, set aside, spike *col*, knock back *col*.

recibo *n*: MNGMNT receipt; voucher, acknowledgement; S. *resguardo, comprobante*.

recién salido de fábrica *a*: MKTNG brand-new; S. *a estrenar, flamante, novísimo*.

recinto ferial *n*: MKTNG fair [ground], enclosure; S. *salón, exposición, feria*.

reclamación *n*: MKTNG complaint; S. *solicitud de información, departamento de reclamaciones*. [Exp: **reclamar** (GEN/MNGMNT claim, reclaim, complain; catchword, lure, charm, attraction, appeal), **reclamo** *col* (GEN/MKTNG hook, gimmick; catchword, lure, charm, attraction, appeal, catchword, buzzword *col*; S. *consigna, eslogan; gancho, tirón, atractivo, seducción; precio de reclamo*), **reclamo publicitario** (GEN catch-phrase/-line; S. *eslogan publicitario; tópico*), **reclamo [para atraer a clientes]** (MKTNG bait; S. *cebo, señuelo*)].

recomendación *n*: GEN recommendation. [Exp: **recomendada para menores acompañados** (FILM parental guidance, PG; S. *apto para todos los públicos, autorizado a menores de 16 años*)].

reconocer *v*: GEN recognize, admit, acknowledge, face. [Exp: **reconocimiento** (GEN recognition, acknowledgment, acceptance; S. *aprobación, conformidad*), **reconocimiento de marca** (MKTNG brand recognition), **reconocimiento óptico de caracteres** (IMAGE optical character recognition)].

recordatorio *n*: MKTNG follow-up reminder/advertisement; S. *seguimiento, publicidad de recordatorio*.

rectificación *n*: GEN amendment; S. *enmienda, corrección; derecho de rectificación*. [Exp: **rectificar** (GEN rectify, put right, straighten [out]; S. *corregir, enmendar*)].

recto *n*: GRAPHICS recto, right-hand page; S. *página par de un libro*.

recuadro *n*: GRAPHICS box.

recuerdo *n*: GEN/MKTNG recall; awareness; S. *conocimiento, percepción; respuesta*. [Exp: **recuerdo al día siguiente** (MKTNG day-after recall), **recuerdo asistido o estimulado** (MKTNG aided/prompted recall; suggested recall; S. *respuesta asistida*), **recuerdo espontáneo** (MKTNG spontaneous recall), **recuerdo no estimulado** (MKTNG unaided recall; S. *respuesta espontánea*)].

recuperación *n*: MKTNG recovery, retrieval, upswing, upturn; S. *mejora, reactivación*. [Exp: **recuperación de datos** (GEN data/information retrieval), **recuperar** (GEN recover, recuperate; make up for)].

recurso *n*: GEN means, resource, device; S. *medio, centro de recursos*. [Exp: **recurso al miedo** (MKTNG/GEN fear appeal; S. *miedo escénico*), **recurso publicitario** (ADVTG gimmick[2]), **recursos** (GEN facilities; S. *equipo, dotaciones y medios, bienes, prestaciones, servicio-s, instalaciones*)].

red *n*: GEN/RADIO/TV net, network; S. *cadena, web*. [Exp: **red eléctrica** (GEN grid), **red informativa** (GEN information network)].

redacción[1] *n*: PRESS editorial department/team/office/staff, newsroom, copy desk, desk; used in expressions like *redacción deportiva* –sports desk–, *redacción de internacional* –foreign desk–, etc.; S. *mesa de redacción*. [Exp: **redacción**[2] (GEN writing, copywriting; composition, essay; drafting, wording), **redacción de noticias** (MEDIA news desk), **redacción de internacional** (PRESS/MEDIA foreign desk), **redacción de temas locales** (PRESS city desk), **redacción [creativa] de textos publicitarios** (ADVTG copywriting), **redacción financiera** (PRESS City desk, City), **redactar** (GEN write out, draw up, draft, couch, report; S. *expresar*), **redactor**[1] (PRESS/MEDIA editor, sub-editor, journalist; S. *director, director adjunto*), **redactor**[2] (ADVTG copywriter; S. *creativo*), **redactor corrector** (PRESS copyreader *US*), **redactor deportivo** (PRESS/MEDIA sports editor/journalist; S. *redacción de deportes, comentarista deportivo*), **redactor jefe** (MEDIA editor, section head, assignment editor, managing director; S. *jefe de sección*), **redactor político** (PRESS/MEDIA political editor)].

redondear *v*: MNGMNT round [up/down]; express to the nearest decimal. [Exp: **redondeo** (MNGMNT rounding [-up/-down], decimal accuracy)].

reducir *v*: GEN reduce, cut, cut down; S. *recortar*. [Exp: **reducir a escala** (GEN/GRAPHICS/IMAGE scale, scale down, S. *hacer a escala, ampliar a escala*), **reducir el volumen** (AUDIO fade down, tone down; S. *atenuar, moderar*)].

redundancia *n*: LING redundancy, superfluity, tautology; S. *exceso de información*. [Exp: **redundant** (LING redundant, superfluous)].

reembolsar *v*: MNGMNT reimburse, refund, repay, pay back. [Exp: **reembolso** (MNGMNT refund, reimbursement; return; repayment; S. *devolución, redención*), **reembolso en efectivo** (MNGMNT cash refund)].

reflectancia *n*: IMAGE reflectance. [Exp: **reflector** (IMAGE/TV/FILM spotlight, floodlight; S. *foco, luz direccional; iluminar*), **reflejos [en el pelo]** (DESIGN/FILM highlights; S. *mechas*), **reflexión** (AUDIO/IMAGE reflexion; S. *luz reflejada, sonido reflejado*), **refracción** (IMAGE refraction)].

regalo *n*: GEN/MKTNG gift, present, prize, giveaway; S. *obsequio*.

regidor *n*: FILM/TV stage director/manager; S. *director de escena*.

registrar *v*: GEN register, record, chart; S. *ilustrar; grabar*. [Exp: **registro**[1] (GEN/MKTING register; S. *campo, base de datos, lista, relación*), **registro**[2] (AUDIO recording; S. *grabación*), **registro [musical]** (AUDIO range)].

regla *n*: GEN/GRAPHICS rule; ruler; S. *norma*. [Exp: **regla de impresor** (GRAPHICS line/type gauge), **regleta [de plomo]** (GRAPHICS lead[4], hairline; S. *plomo*)].

regular *v*: AUDIO/IMAGE/GEN adjust, regulate; S. *ajustar, poner a punto*. [Exp: **regular** (GEN standard, standing, regular; S. *permanente, vigente*)].

reja *n*: GEN grid[1]; S. *parrilla*. [Exp: **rejilla [de programación]** (TV programme outline/guide, lineup[2])].

relación *n*: GEN relation, relationship; list, report, account; regard, connection; register; S. *lista, registro*. [Exp: **relacionar** (GEN relate, connect; list), **relaciones comerciales** (MKTNG trade relations), **relaciones públicas** (GEN public relations, PR; S. *imagen pública, opinión pública*)].

relámpago *n*: GEN/IMAGE flash; S. *rayo de luz, destello [de luz]*.

relato[1] *n*: LING/FILM narrative, story, account; short story; S. *narración, argumento, historia, cuento*. [Exp: **relato**[2] (RADIO/TV news story; S. *noticia, artículo*)].

relé *n*: AUDIO/IMAGE relay.

relegar *v*: ADVTG relegate, banish. [Exp: **relegar a un segundo plano** (ADVTG/PRESS push into the background *col*, bury in the inside pages *col*)].

relieve[1] *n*: GEN/FILM relief, importance, prominence, emphasis, stress; S. *primer plano, enfocar, sacar en primer plano*. [Exp: **relieve**[2] (TYPE emboss, die-

stamping; S. *realce, adorno saliente*),
relieve a, dar (GEN feature[7]; S. *resaltar*),
relieve, en (FILM in relief, boss, embossing; S. *tridimensional; impresión en relieve*), **relieve en seco** (GRAPHICS diestamping; S. *gofrado*)].

relleno[1] *col n*: FILM business. [Exp: **relleno**[2] *col* (MEDIA/PRESS padding; S. *paja*)].

remate *n*: GRAPHICS finish; S. *acabado*. [Exp: **remate [de un chiste]** (MEDIA/TV/SHOW punch/tag line, tag; S. *frase/línea de cierre, coletilla, cola*)].

remitir *v*: GEN send, forward, dispatch. [Exp: **remisión** (PRESS press forwarding, dispatch), **remitido** (PRESS paid announcement or insert; press release)].

remoto *a*: IMAGE/AUDIO remote.

rendimiento *n*: MKTNG performance, efficiency, return, yield; S. *rentabilidad, resultado, producto, beneficio, productividad, ganancia, eficacia, eficiencia, buena marcha; gestión por resultados*. [Exp: **rendimiento comercial** (MKTNG sales performance; S. *cifras de ventas*)].

rentabilidad *n*: MKTNG profitability, performance; S. *rendimiento*. [Exp: **rentable** (FILM profitable)].

reparar *v*: GRAPHICS repair, patch, correct; S. *ajustar*. [Exp: **reparo** (MKTNG note of complaint; S. *carta de reclamación; auditoría con reparos*), **reparos, con** (GEN qualified; S. *condicional, limitado, con salvedades*)].

repartir *v*: GEN/MKTNG divide, split [up], share [out], award; allot; dispense, deliver; S. *asignar; repartir, distribuir, entregar, dispensar*. [Exp: **repartir octavillas** (GRAPHICS leaflet), **reparto**[1] (FILM/TV cast[1]; cast list, lineup[3]; S. *elenco de actores, mejor actor/actriz de reparto, cuadro de actores; encabezar el reparto*), **reparto**[2] (GEN/MKTNG distribution, allotment, appropriation, allocation; S. *asignación; prorrateo*)].

repertorio *n*: FILM/SHOW repertory; S. *sala de repertorio*.

repetición *n*: GEN repetition. [Exp: **repetición [de una jugada o imagen]** (TV [action] replay), **repetición de una toma o plano** (FILM retake; S. *toma*), **repetición gratuita de un anuncio** (GEN bonus spot, make-good; S. *reposición gratuita de un anuncio*), **repetidor** (AUDIO/IMAGE relay, relay station, booster, repeater; S. *satélite repetidor*), **repetir** (GEN repeat; S. *citar*), **repetir las palabras textuales** (PRESS/MEDIA quote; S. *citar*)].

repicar *col v*: FILM duplicate, transfer; S. *duplicar*.

réplica[1] *n*: GEN/PRESS reply, rejoinder; S. *respuesta*. [Exp: **réplica**[2] (FILM replica, spin-off), **replicar** (PRESS reply, rejoin, answer)].

reportaje *n*: PRESS/MEDIA report, story; S. *crónica, noticia, información, artículo divulgativo, hecho noticiable*. [Exp: **reportaje de seguimiento** (PRESS/MEDIA follow-up story), **reportaje en profundidad** (PRESS/MEDIA in-depth report), **reportaje gráfico** (PRESS/MEDIA illustrated feature), **reportaje perfil** (MEDIA profile; S. *entrevista perfil*), **reportero** (MEDIA reporter, journalist; S. *periodista*), **reportero general** (PRESS general assignment reporter; S. *periodista no especializado*), **reportero gráfico** (GRAPHICS press photographer; S. *periodismo gráfico*)].

representar *v*: SHOW perform, put on; act, stage; S. *escenificar, poner en escena*. [Exp: **representación** (SHOW performance, production; S. *actuación, interpretación*), **representante** (MKTNG/MNGMNT representative, rep *col*, agent; S. *intermediario, comisionista, agente*)].

resaltar *v*: GEN feature[7]; display, highlight, foreground, set off; S. *dar relieve a, dar realce, realzar*.

reseña *n*: LING/PRESS review; report, sum-

mary; S. *noticia, revisión.* [Exp: **reseñar** (PRESS review, report [on], summarise)].
reserva[1] *n*: GEN booking[1]. [Exp: **reserva**[2] (GEN limitation, qualification), **reserva, de** (GEN back-up; stand-by; S. *apoyo, respaldo; de apoyo, de respaldo, de seguridad*), **reserva de espacio** (ADVTG space booking), **reservas, poner** (GEN qualify; S. *restringir, limitar, introducir salvedades*), **reservado** (MEDIA confidential, off-the-record; S. *confidential; filtración a la prensa*), **reservar** (GEN reserve, book)].
resguardo *n*: MKTNG stub, slip, ticker; receipt; voucher, acknowledgement; S. *recibo, comprobante.*
resma *n*: GRAPHICS ream; S. *mano de papel.*
resolución *n*: IMAGE resolution, resolving power, definition; S. *definición.* [Exp: **resolución de pantalla** (IMAGE/GRAPHICS screen resolution), **resolución de salida** (IMAGE/GRAPHICS output resolution)].
resonar *v*: AUDIO resound; S. *retumbar.*
respaldar *v*: GEN back [up], endorse, support; S. *apoyar, confirmar.* [Exp: **respaldo** (MKTNG support, endorsement; S. *apoyo, promoción, alabanza, ensalzamiento*), **respaldo, de** (GEN back-up; S. *apoyo, reserva; de apoyo, de seguridad*)].
respirar *v*: breathe; S. *aire.*
resplandor *n*: IMAGE flare.
respuesta *n*: GEN/MKTNG response, reply, answer; S. *pregunta, tarjeta de respuesta, encuestado.* [Exp: **respuesta ayudada o inducida** (MKTNG aided/prompted response/recall; S. *recuerdo asistido*), **respuesta de los lectores** (GEN reader interest, reader response), **respuesta espontánea** (MKTNG unaided/unprompted response/recall; S. *recuerdo no estimulado*)].
restar nitidez *v*: IMAGE blur; S. *nitidez; hacer borroso, desenfocar, desdibujar.*
restauración *n*: GEN/FILM catering; S. *encargado de restauración.*
resto *n*: GEN/GRAPHICS rest, remainder; S. *resto, edición no vendida.*

restringir *v*: GEN limit, restrict, qualify; S. *limitar, poner reservas, introducir salvedades.*
resultado *n*: GEN result, return; S. *rendimiento, producto, beneficio, ganancia.*
resumen *n*: PRESS/MEDIA summary, abridg[e]ment, abstract, summary, rundown; S. *compendio, extracto, sumario; versión condensada o reducida.* [Exp: **resumen de contenidos** (TV lineup[4]; S. *sumario*), **resumen de noticias** (PRESS/MEDIA summary, headlines), **resumen informativo** (TV/RADIO rundown, summary; S. *avance informativo, avance de la programación*), **resumir** (GRAL summarize, abridge)].
retablo *n*: FILM tableau; S. *cuadro vivo, plano de retablo.*
retardo *n*: TV lag; *efecto retardo.*
retícula *n*: IMAGE reticle.
retiración *n*: GRAPHICS reverse side printing. [Exp: **retirar**[1] (GEN/MKTNG withdraw, abandon; S. *lanzar, promocionar; abandonar*), **retirar**[2] (GRAPHICS back up[3]), **retirada** (MKTNG abandonment, withdrawal; S. *abandono; lanzamiento, promoción*)].
retocar *v/n*: GRAPHICS touch up, retouch. [Exp: **retoque** (GRAPHICS finishing touch, retouching, touching-up, touch-up)].
retractilado *n*: MKTNG plastic wrapping; S. *envoltorio de plástico.*
retransmisión *n*: TV/RADIO transmission, coverage, broadcast[ing]. [Exp: **retransmisión deportiva** (PRESS/MEDIA sports broadcast, sportscast US; S. *espacio deportivo*), **retransmisión desde el estadio** (MEDIA off-tube), **retransmisión desde una unidad móvil** (RADIO/TV outside broadcast), **retransmisión en diferido** (TV/RADIO delayed broadcast, DB: S. *enlatado*), **retransmisión en directo** (RADIO/TV live coverage; S. *en vivo*), **retransmisión por pantalla gigante** (TV broadcast on a giant screen, beamback

col), **retransmitir** (TV/RADIO broadcast, air; S. *emitir por las ondas, radiar, transmitir, radiodifundir*), **retransmitir desde los estudios centrales a los periféricos** (RADIO/TV feed[2]), **retransmitir por televisión** (TV televise; S. *televisar*)].

retraso *n*: GEN delay. [Exp: **retraso, con** (MEDIA late, behind schedule; S. *a la hora prevista, con adelanto*)].

re[tro]alimentación *n*: GEN feedback.

retroproyector *n*: IMAGE overhead projector, back projector.

reunión *n*: GEN meeting. [Exp: **reunión informativa** (PUBL/GEN briefing, press conference)].

revelado *n*: IMAGE/FILM developing, processing, development. [Exp: **revelar** (FILM/IMAGE develop[1], expose[1]; process)].

revender *v*: MNGMNT resell, retail; sell back; S. *venta al por menor*. [Exp: **reventa** (GEN/SHOW resale; touting *col*), **reventa de espacio publicitario** (ADVTG sell-off)].

reverberación *n*: AUDIO reverberation, lounge; S. *eco*.

reverso *n*: GEN back[1]; reverse, verso, S. *revés, dorso; anverso*.

revés *n*: GRAPHICS back; S. *cara, reverso, anverso*.

revestimiento *n*: GEN/GRAPHICS coating; facing, lining; S. *baño, capa, película*. [Exp: **revestimiento contra abrasión** (GEN/GRAPHICS anti-abrasion coating), **revestimiento de plástico/metálico** (GEN metal/plastic coating; S. *plastificar*), **revestir** (GRAPHICS coat, line, cover, face)].

revisar *v*: GEN review; revise, check, look over; S. *evaluar, examinar, analizar*. [Exp: **revisión** (GEN review, revision, check), **revisión y corrección de pruebas** (PRESS editing)].

revista[1] *n*: PRESS magazine, mag *col*, journal, review. [Exp: **revista**[2] (SHOW revue, variety show, vaudeville), **revista**[3] (GEN

review; S. *revisión, inspection*), **revista de modas** (PRESS fashion magazine; S. *moda*), **revista del corazón** (PRESS gossip magazine, true romance magazine), **revista especializada** (PRESS journal; S. *publicación científica*), **revista ilustrada** (PRESS illustrated/picture magazine, glossy magazines; glossy), **revista profesional** (MKTNG/ADVTG trade magazine, freesheet; S. *publicidad profesional*)].

revuelo *n*: GEN/MEDIA splash *col*; S. *sensación*. [Exp: **revuelo, provocar un gran** (MEDIA make a splash *col*; S. *causar sensación*)].

ribetear *v*: GRAPHICS/DESIGN frame, border, box; S. *enmarcar*. [Exp: **ribete** (GRAPHICS border, edging)].

rígido *a*: FILM rigid, wooden, deadpan; S. *cara de póquer, inexpresivo; actuación acartonada*)].

ríos de tinta *n*: MEDIA/PRESS S. *dedicar ríos de tinta*.

risa *n*: RADIO/TV/GEN laughter, fun; comedy; mirth; S. *ataque de risa, morirse de risa*. [Exp: **risa enlatada** (RADIO/TV laughtrack, canned laughter)].

ritmo *n*: AUDIO rhythm, beat, pace; S. *compás, acorde; acelerar el ritmo de la acción*. [Exp: **ritmo de ventas** (MKTNG rate of sales), **ritmo rápido, de** (FILM fast-paced), **ritmo [narrativo]** (FILM narrative pace/rhythm)].

rival *a/n*: MKTNG competing, rival; competitor, rival.

rodaje *n*: FILM shooting, filming; S. *filmación, gastos anteriores al rodaje*. [Exp: **rodar** (FILM shoot, film[3]; S. *filmar*), **rodar en exteriores** (FILM film on location), **rodaje en interiores** (FILM studio filming; S. *interiores; director de interiores*)].

rodillo de títulos *n*: FILM caption roller; S. *sobreimpresión, título*.

rollo[1] *n*: FILM roll, spoof *col*; S. *bobina, carrete*. [Exp: **rollo**[2] *col* (GEN caper *col*;

job, work; S. *profesión*), **rollo**³ *col* (MKTNG pitch, patter; S. *labia*), **rollo**⁴ *col* (GEN bore, as in the expression *¡Esta película es un rollo!* –This film is a bore!–), **rollo publicitario** *col* (MEDIA/ MKTNG patter; S. *labia, palabrería*), **rollo publicitario a un cliente, soltar** (MKTNG give a customer the patter *col*), **rollos, fuera de** *col* (GEN the bottom line is)].

rompecabezas *n*: ADVTG teaser; V. *avance seductor, inductor publicitario.*

romper/abrir/arrancar/rasgar por la línea de puntos *v*: GEN tear along dotted line; S. *abrir, arrancar, rasgar.*

rotación *n*: GEN/MNGMNT rotation, turnover. [Exp: **rotación de anuncio/producto** (ADVTG/MNGMNT advertisement/product rotation), **rotación de existencias** (MKTNG merchandise/stock turnover), **rotación media de público captado** (MKTNG audience turnover; S. *audiencia ponderada*), **rotación vertical** (MKTNG vertical rotation)].

rotativa *n*: GRAPHICS rotary press; S. *prensa revólver.*

rotulador *n*: GRAPHICS marker, felt pen, felt-tip pen; S. *marcar con rotulador.* [Exp: **rotulación** (DESIGN/GRAPHICS labelling, lettering, sign-writing, sign-painting), **rotular** (DESIGN/GRAPHICS label, letter), **rotulista** (DESIGN/GRAPHICS card/sign/placard painter), **rótulo** (MKTNG label, tag, placard, showcard, sign; S. *tejuelo, etiqueta, letrero, marbete, cartel*), **rótulo autoadhesivo** (GRAPHICS/ MKTNG self-adhesive label, sticker, sticky label), **rótulo luminoso o de neón** (MNGMNT neon sign, neonized bulletin; illuminated billboard), **rótulos de crédito** (FILM credits; S. *créditos, títulos de crédito*)].

RTVE *n*: RADIO/TV S. *Radiotelevisión Española.*

rubí *n*: TYPE rubi, agate line.

rúbrica *n*: ADVTG claim, signature slogan, tag line; S. *cierre.*

rueda de prensa *n*: PRESS press conference; S. *agencia de prensa, recortes de prensa.*

rugoso *a*: GEN/DESIGN rough; S. *áspero.*

ruido *n*: AUDIO noise, sound; S. *distorsión; siseo; insonorizado.* [Exp: **ruido blanco** (AUDIO white noise), **ruido de color** (TV/FILM chroma/colour noise), **ruido de empalme** (AUDIO bloop *col*; S. *distorsión del sonido, ruido sordo o hueco*), **ruido de fondo** (AUDIO leak²; S. *distorsión*), **ruido de imagen** (IMAGE glitch; S. *fallo técnico transitorio*), **ruido rosa** (AUDIO pink noise), **ruido, sin** (AUDIO noiseless; S. *insonorizado*), **ruido sordo o hueco** (AUDIO bloop *col*; *distorsión del sonido, ruido de empalme*), **ruidos parásitos** (AUDIO static [noise])].

rumor *n*: GEN rumour, gossip, whiff, buzz *col*; S. *chisme, mentidero, cotilleo.* [Exp: **rumorología** (MEDIA the grapevine *col*, rumour, the street *col*, the buzz *col*; S. *radio macuto* col, *mentidero*)].

runrún *col n*: MEDIA buzz [of voices], the latest gossip; persistent rumours; S. *radio macuto.*

ruptura *n*: GEN rupture, breakdown; split; breakaway; S. *escisión; escindido.* [Exp: **ruptura [de negociaciones]** (GEN/AUDIO/ IMAGE breakdown[1]; S. *avería, fracaso, colapso*), **rupturas, sin** (FILM seamless; S. *sin costuras/cortes, montaje lineal*)].

rústica, en *a*: GRAPHICS paperbound, softcover, paperbound; S. *libro en rústica, pasta blanda.*

rutero *col n*: PRESS distributor; delivery-man [-service, etc.]; S. *distribuidor.*

S

S *n*: FILM soft core; rating used in Spanish cinema during the eighties, indicating that the film contained nudity and non explicit sex scenes; now outdated; S. *X*.

sábana *n*: GRAPHICS/PRESS [large] sheet, double truck; S. *anuncio a doble página*.

sabroso *a*: GEN tasty, racy, risqué; salty *col*, sexy *col*; S. *jugoso*.

sabueso *n*: PRESS sleuth; S. *detective*.

sacar[1] *v*: GEN take/bring out out. [Exp: **sacar**[2] (GRAPHICS run off; S. *tirar, imprimir*), **sacar a la luz** (MKTNG take the wraps off *col*; S. *mantener en secreto, presentar en público*), **sacar a la venta [un libro, un disco, etc.]** (GRAPHICS/FILM release, bring out; S. *poner en venta; novedad*), **sacar en primer plano** (IMAGE/TV home in on[2]; S. *enfocar, primer plano*), **sacar un negativo** (FILM dupe[1]; S. *negativar*)].

sacudida *n*: GEN/IMAGE/TV shake, jolt, jar; judder, S. *temblor, vibración*.

saga *n*: FILM saga.

sala *n*: GEN room, hall; S. *salón*. [Exp: **sala de cine** (FILM cinema, movie theatre *US*), **sala de doblaje** (FILM dubbing [sound]stage), **sala de ensayos** (FILM/SHOW rehearsal hall), **sala de exposiciones/muestras** (MKTNG showroom; S. *salón*), **sala de fiestas** (SHOW hall, dance hall, reception room; S. *discoteca*), **sala de juntas** (MNGMNT boardroom, assembly room, meeting room), **sala de maquillaje** (FILM make-up room; S. *peluquería*), **sala de mezclas** (AUDIO/IMAGE mixing room; S. *consola*), **sala de montaje** (FILM cutting/editing room; S. *mesa de montaje*), **sala de proyección** (FILM projection room), **sala de repertorio** (FILM/SHOW repertory; S. *sala de repertorio*)].

saldar *v*: MKTNG/GEN settle, pay [up/off]; S. *acordar, liquidar*. [Exp: **saldo**[1] (MNGMNT balance[1]; S. *resto; balance; balanza*), **saldo-s**[2] (MKTNG sale-s, clearance, clearance sale; oddments; S. *gangas, rebajas, artículos de saldo*), **saldo disponible** (MNGMNT balance in/on hand), **saldo por liquidación** (MKTNG clearance sale)].

salida *n*: GEN exit; output, outlet; S. *educto; entrada, acceso*. [Exp: **salida de encuadre** (FILM bleed[3]; S. *abertura*), **salida bloqueada** (ADVTG roadblocking; *cambio de canal*), **salir** (FILM/GEN come out, be released, appear[2]; appear in print; S. *trabajar, hacer un papel; publicarse*), **salir en el papel** (FILM/SHOW act/play the part), **salir en las noticias** (PRESS be in the news; be/get oneself talked about *col*; S. *dar que hablar*), **salir en primera plana**

(PRESS hit the front page *col*, make the headlines, hit the headlines; S. *aparecer en primera página*)].

salón *n*: MKTNG/MNGMNT fair; hall; show; S. *exposición, feria; sala*. [Exp: **salón náutico** (MKTNG boat show)].

salsa de tomate *col n*: FILM tomato sauce *col*, gore *col*.

saltar *v*: GEN jump, leap. [Exp: **saltar a los titulares** (PRESS make the front page *col*, make/hit the headlines; S. *salir en primera plana*)].

salva de aplausos *n*: SHOW burst/ripple of applause; S. *aplaudir, aplauso*. [Exp: **salva [de color]** (IMAGEN burst[3])].

salvedad *n*: GEN qualification, limitation, restriction. [Exp: **salvedades, con** (GEN qualified; S. *condicional, limitado, con reparos*), **salvedades, introducir** (GEN qualify; S. *restringir, limitar, poner reservas*)].

sangrado/sangría *n*: GRAPHICS indentation, indention. [Exp: **sangrar** (GRAPHICS indent[1]), **sangrar hasta el margen interior** (GRAPHICS gutter-bleed), **sangre** (GEN blood; S. *película de sangre y violencia, sanguinolento*), **sangre, a** (GRAPHICS in bleed, gutter bleed; S. *a margen perdido, cortar a sangre*), **sangría francesa** (TYPE/GRAPHICS hanging indentation), **sanguinolento** (MEDIA bloody, gruesome; S. *macabro*)].

satélite *n*: TV satellite. [Exp: **satélite de difusión directa** (TV direct broadcasting satellite), **satélite repetidor** (TV satellite relay)].

satinado *a*: GEN glossy[1]; shiny, super-glossy, S. *esmaltado, brillante, lustroso, papel satinado*.

sátira *n*: LING/FILM/SHOW satire; S. *figuras del pensamiento, ironía*.

saturación *n*: IMAGE/AUDIO/ADVTG saturation; S. *campaña de saturación, punto de saturación*. [Exp: **saturación [de un anuncio]** (ADVTG wearout; S. *desgaste*),

saturado (FILM busy, shoehorned; S. *sobrecargado, amazacotado*), **saturar** (GEN saturate; S. *colmar*), **saturar el mercado** (MKTNG saturate the market; S. *abarrotar el mercado*)].

sección *n*: GEN/MNGMNT/PRESS section. [Exp: **sección cultural** (PRESS arts pages), **sección de anuncios breves** (PRESS [small] ads page; S. *agenda*), **sección de anuncios por palabras** (ADVTG small ads page), **sección de coordinación** (ADVTG coordination centre, traffic department; S. *seguimiento*), **sección de cultura** (PRESS reviews; S. *páginas de cultura*), **sección de deportes** (PRESS/MEDIA sports section/desk; S. *redacción de deportes, redactor deportivo*), **sección de informativos** (MEDIA news pages; newsroom), **sección transversal** (MKTNG cross section; S. *análisis transversal*), **sección de oportunidades** (MKTNG bargain basement/counter; S. *ganga*)].

secretario de rodaje *n*: FILM continuity man/girl, script girl/supervisor.

secreto *a/n*: GEN secret, confidential, hush-hush *col*. [Exp: **secreto, mantener en** (MKTNG keep secret or hush-hush *col*, keep under wraps *col*; S. *sacar a la luz*)].

sector *n*: MKTNG/GEN branch, branch of business, trade, sector, area, line; S. *industria, ramo, rama, línea*. [Exp: **sector empresarial** (MKTNG line of business)].

secuela *n*: FILM sequel; S. *segunda parte, continuación*.

secuencia *n*: FILM sequence; S. *plano, toma, plano de secuencia*. [Exp: **secuencia inicial sin sonido** (FILM roll-up[2]), **secuencia sin corte** (FILM mobile long take; S. *plano secuencia*), **secuenciación** (FILM sequencing; S. *plano de secuencia*)].

secundario *a*: GEN secondary, side; S. *complementario, efectos secundarios, noticia secundaria, negocio complementario*.

seducción *n*: FILM/ADVTG hook *col*, appeal,

charm, allure; S. *seducción*. [Exp: **seducir** (GEN appeal to; S. *atraer*)].

segmentar *v*: RADIO/TV/GEN segment. [Exp: **segmentación** (MKTNG segmentation; S. *segmentación de audiencias*), **segmentación de audiencias/mercados/productos** (RADIO/TV/MKTNG audience/market/product segmentation), **segmento** (RADIO/TV segment), **segmento de mercado** (MKTNG market segment), **segmento de programación** (RADIO/TV daypart, time/frame period; S. *franja horaria*)].

seguimiento *n*: GEN tracking, follow-up; S. *rastreo; sección de coordinación; continuación, campaña/publicidad de seguimiento; recordatorio*. [Exp: **seguimiento de pista** (GEN/MKTNG tracking, follow-up), **seguir** (GEN follow, monitor; S. *hacer un seguimiento*), **seguir la pista** (GEN track; S. *huella; rastrear*), **seguido** (GEN back-to-back; S. *consecutivo*), **seguidores** (MKTNG audience; followers; S. *público, audiencia; lectores*)].

segundo *a*: GEN second. [Exp: **segundo ayudante de cámara** (FILM second assistant cameraman), **segundo ayudante de dirección** (FILM second assistant director, herder *col*; S. *ayudante de dirección*), **segundaje [de un anuncio]** (ADVTG/TV length, timing; S. *duración, tiempo*)].

seguridad *n*: GEN safety; S. *copia de seguridad, telón de seguridad, película de seguridad, colchón de seguridad, plancha de seguridad*. [Exp: **seguridad, de** (GEN back-up; S. *apoyo, reserva, respaldo*)].

selección *n*: GEN/MKTNG selection, choice; screening, range; S. *gama, surtido, abanico, serie, banda*. [Exp: **selección de exteriores** (FILM location search; S. *exteriores*), **selección de intérpretes/modelos** (FILM audition, casting), **seleccionador** (GEN selector), **seleccionar** (GEN select, screen; S. *tamizar; sintonizar*), **selecciones** (PRESS/MEDIA S. *extracto*),

selectivo (GEN selective; S. *foco selectivo*), **selecto** (MKTNG select, choice, exclusive), **selector de canales** (TV channel selector; S. *mando a distancia*)].

sello *n*: GEN seal, stamp; S. *timbre*. [Exp: **sello discográfico** (AUDIO label; S. *mercado discográfico, casa discográfica*)].

semana *n*: GEN week; S. *año, mes, trimestre*. [Exp: **semanal** (GEN weekly; S. *mensual, trimestral, anual*), **semanario** (GEN weekly magazine; S. *anuario*), **semestral** (GEN semi-annual, bi-annual)].

semi- *pref*: GRAL semi-, half-. [Exp: **semiacabado/semielaborado/semimontado** (GESTIÓN semifinished, semimanufactured), **semidirecto** (GRAPHICS outline halftone; S. *directo sin fondo*), **semimontado** (MNGMNT half-/part-assembled; in kit form, semiknocked-down, SKD)].

seminario *n*: MNGMNT seminar, group discussion; S. *taller*.

semiología *n*: LING semiology. [Exp: **semiosis** (LING semiosis), **semiótica** (LING semiotics)].

semitono[1] *n*: AUDIO semitone. [Exp: **semitono**[2] (GRAPHICS half-tone, direct half-tone; S. *directo, medio tono*)].

sensación *n*: GEN/MEDIA sensation, splash *col*; S. *causar sensación, revuelo*. [Exp: **sensación, causar** (MEDIA make a splash *col*; S. *provocar un gran revuelo*), **sensacional** (GEN sensational, stunning[1]; S. *magistral, apabullante, deslumbrante, despampanante*), **sensacionalismo** (PRESS sensationalism; S. *salvajismo; prensa sensacionalista, titular sensacionalista*), **sensacionalista** (PRESS sensationalist; S. *prensa sensacionalista*)].

sensibilizar[1] *v*: FILM sensitize; S. *sensibilizar*. [Exp: **sensibilizar**[2] (GEN alert, raise awareness, sensitize; S. *concienciar*), **sensible** (GEN sensitive. S. *material fotosensible*)].

señal[1] *n*: GEN/AUDIO/IMAGE signal, indicator, S. *luz, avisador; dar la señal*. [Exp:

señal[2] (GEN/OUTDOOR sign, signal; S. *signo, letrero, rótulo, indicador; cartel, pancarta*), señal[3] (GRAPHICS flag[2]; cue; S. *marca*), **señal de entrada** (FILM/TV/SHOW cue; S. *indicación, entrada, pie, aviso*), **señal/marca de pliego/cuadernillo** (GRAPHICS signature [mark]; S. *pliego, cuadernillo*), **señal luminosa** (GEN warning light), **señalar** (GEN/GRAPHICS signal, indicate, mark; point out; flag[2]; S. *indicar*), **señalizador** (IMAGE light; S. *piloto, luz*), **señales horarias** (RADIO/TV time signal)].

señuelo [para atraer a clientes] *n*: MKTNG bait; S. *cebo, reclamo*.

separación *n*: GEN separation. [Exp: **separar/arrancar por la perforación** (GEN tear along the dotted line; tear off/out), **separata** (GRAPHICS offprint)].

serial *n*: TV/FILM serial, series; S. *serie, novela por entregas*. [Exp: **serie** (MKTNG/GEN range; S. *gama, selección, surtido, abanico, banda*), **serie, de** (MKTNG standard, stock, regular; mass-produced; S. *fabricar*), **serie, en** (PRESS serial; S. *en cadena; puerto en serie, impresora en serie*), **series de abogados** (TV courtroom dramas, lawyer shows *US*), **serie, fuera de** (MKTNG leftover, remainder[ed]; outstanding, out of the ordinary), **series policiacas** (TV cop series/shows)].

serif *n*: GRAPHICS serif; S. *tacón*. [Exp: **serif, con** (GRAPHICS with a serif, Roman), **serif, sin** (GRAPHICS sans serif, Gothic)].

serigrafía *n*: GRAPHICS serigraphy.

serpiente de verano *n*: MEDIA non-story, filler item, silly season story.

servir *v*: GEN serve, see to; deliver; provide. [Exp: **servicio** (GEN service; S. *atención*), **servicio a domicilio** (MKTNG/GEN call-out service; S. *cobro por desplazamiento*), **servicio [de atención al cliente]** (MKTNG customer service area/department/desk; S. *atender*), **servicio de comercialización** (MKTNG merchandising service; S. *comercialización*), **servicio de defensa de los ciudadanos** (GEN action line, direct line; S. *departamento de servicio al cliente; línea directa, línea de acción*), **servicio de mensajería** (GEN courier service), **servicio de recogida de recortes de prensa** (PRESS clipping bureau/service), **servicio de teletipo** (GEN wire service), **servicio posventa, servicio técnico** (MKTNG after-sales service), **servicios** (GEN facilities; S. *instalaciones, equipo, prestaciones*), **servidor** (INTERNET server; S. *ordenador anfitrión*)].

sesgo *n*: GEN/MEDIA bias, slant, angle *col*, spin *col*, distort; S. *parcialidad, inclinación, tendencia*. [Exp: **sesgar** (MEDIA bias, slant, put a slant/an angle on *col*, twist, put spin on *col*), **sesgar [una noticia]** (MEDIA tailor [a story] *col*), **sesgado** (MEDIA biased, distorted; S. *objetivo[3]*)].

sesión *n*: SHOW/FILM session; showing, screening, performance; S. *pase, sesión, función*. [Exp: **sesión continua** (FILM continuous showing), **sesión de cine** (FILM showing, performance; house), **sesión de tarde** (FILM evening session, matinée), **sesión golfa** *col* (FILM late night showing; skin flick *col*, naughty movie; in Spanish cinemas, special showing starting at 1 am, throught not necessarily pornographic), **sesión inaugural/de clausura** (GEN opening/closing session), **sesión informativa o preparatoria** (GEN briefing; S. *informe preparatorio*), **sesión numerada** (FILM showing for which tickets are sold on a booking basis, showing for which tickets carry a set number)].

seudónimo *n*: PRESS pseudonym; nom de plume, pen name; S. *apodo, alias*.

sexo *n*: GEN/FILM sex; S. *versión sexual, tertulia de sexo y escándalos*. [Exp: **sexo explícito, de** (FILM/MEDIA X, XX)].

signo *n*: TYPE sign, mark, character; S. *señal, letrero, letra, carácter; rótulo; indicador; pancarta.* [Exp: **signo de admiración** (TYPE admiration/exclamation mark), **signo de interrogación** (TYPE question mark), **signo de intercalación** [^] (TYPE caret), **signo de puntuación** (TYPE punctuation mark; S. *puntuación, coma, punto y coma, punto y seguido, punto y aparte*), **signo diacrítico u ortográfico** (GRAPHICS diacritics, diacritical mark), **signos de uso** (GRAPHICS soiled)].

sigue en la página siguiente *phr*: PRESS continued on next page, more follows.

¡silencio en el plató! *phr*: FILM/TV quiet on the set!

silueta *n*: DESIGN outline, silhouette, contour, outline halftone; S. *perfil, contorno; directo sin fondo.* [Exp: **siluetear** (DESIGN outline, silhouette, contour; S. *moldear, acotar, perfilar; destacar-se, recortar-se*)].

simbolismo *n*: GEN/LING symbolism; S. *abstracto, cubismo, dadaísmo, expresionismo, formalismo, impresionismo, realismo, representativo, surrealismo.* [Exp: **símbolo** (GEN/LING symbol)].

simular *v*: GEN/LING pretend. [Exp: **simulador de llamas** (CINE flame drum)].

sincronización *n*: AUDIO/IMAGE synchronization, sync, timing[1]; mouthing, lip-sync; S. *desincronizado.* [Exp: **sincronización de labios y sonido** (FILM lip-sync, lip-synchronization, mouthing, post-sync, direct voice; S. *doblaje*), **sincronización de sonido e imagen** (FILM/AUDIO laying sound/tracks; direct voice, lip-sync), **sincronización perfecta** (FILM split-second timing), **sincronizado** (FILM mouthed, synchronized), **sincronizador** (FILM synchronizer)].

sindicato *n*: MNGMNT union; S. *management.* [Exp: **sindicato del crimen** *col* (MEDIA yellow press; the term, used by Spanish politicians against the press

when it does not serve their interests, suggests that the media conspire against them; S. *canallesca*)].

sinécdoque *n*: LING synecdoche; S. *figura del lenguaje.*

sinergia *n*: GEN synergy.

sinfín *n*: IMAGE/AUDIO endless loop; S. *bucle.*

singular *a*: GEN unique, exceptional; odd, peculiar; S. *único.*

sintaxis *n*: FILM/LING syntax.

síntesis *n*: GEN synthesis. [Exp: **sintetizador** (AUDIO synthesizer), **sintetizador del habla** (LING speech synthesizer; S. *habla*), **sintetizador polifónico de sonido** (AUDIO emulator)].

sintonía [musical] de una emisora *n*: AUDIO/RADIO signature [tune], music logo, signature [tune], jingle; S. *tonada, melodía.* [Exp: **sintonía** (TV/RADIO tuning [in]; signature tune, musical theme; S. *botón de sintonía*), **sintonía con una emisora, en** (RADIO tuned to/listening to), **sintonía identificadora de una emisora** (TV/RADIO identification, ID; identification spot/commercial, signature, musical logo), **sintonizar** (RADIO pick up, tune in [to a radio station]; S. *seleccionar, permanecer sintonizado*)].

siseo *n*: AUDIO hiss; S. *ruido.*

sistema *n*: AUDIO/GEN/IMAGE system; S. *soporte, medio.* [Exp: **sistema automático o interactivo** (TV impulse system, interactive system)].

soborno *n*: TV/MKTNG bribe, sweetener *col*; bribery; graft, payola *col*; S. *astilla.*

sobre[-] *prep/pref*; over, super. [Exp: **sobre** (GRAPHICS envelope), **sobre de Manila** (GRAPHICS manilla envelope; S. *papel de Manila*), **sobre-respuesta** (MKTNG return envelope), **sobreactuar** (FILM overact, overdo; exaggerate, overstate, ham it up *col*; S. *exagerar*), **sobrecarga** (MKTNG extra load, overload, surcharge), **sobrecarga de texto/material** (GRAPHICS jam²), **sobrecarga [de luz/imagen]** (IMAGE/AUDIO overscanning, overload), **sobrecargado** (FILM busy, shoehorned; S. *saturado, amazacotado*), **sobrecargar¹** (MKTNG surcharge; overload), **sobrecargar²** (GRAPHICS shoehorn; S. *amazacotar, meter con calzador*), **sobrecargar con texto/material** (GRAPHICS jam²), **sobrecoste** (GRAPHICS overrun²), **sobrecubierta** (MKTNG/GRAPHICS jacket, dust jacket, dust cover; S. *camisa, cubierta; carátula*), **sobreexponer** (IMAGE overexpose), **sobreexposición** (IMAGE overexposure²), **sobreimpresión** (GRAPHICS/FILM super¹, overlay², super²; S. *superposición, rodillo de títulos*), **sobreimpresión por delantal** (IMAGE/FILM double-headed projection), **sobreimprimir** (GRAPHICS print over, overprint), **sobreimprimir títulos** (GRAPHICS surprint), **sobresalir** (GEN stand out; S. *destacar-se, recortar-se, impresionar, llamar la atención*), **sobresaltar** (GEN startle; S. *horrorizar; alarmar, conmocionar*)].

sobrio *a*: GEN low-key; S. *con tono bajo o moderado, sobrio, comedido.*

sociedad de consumo *n*: MKTNG consumer society; S. *consumidor, consumismo, consumo.*

soez *a*: MEDIA obscene; S. *obsceno, escabroso, lenguaje soez.*

solapa [de una chaqueta] *n*: GEN lapel; S. *micrófono de solapa.* [Exp: **solapa [de un libro o sobre]** (GEN flap), **solapamiento** (GEN overlapping, run-on¹; S. *superposición, fusión*), **solapar-se** (GEN overlap; run-on; S. *superponer; fundirse*)].

soldadura *n*: GRAPHICS solder.

solicitud de información *n*: MKTNG inquiry; S. *reclamación.*

solución de continuidad, sin *phr*: GEN continuous[ly], endless[ly], without interruption, back-to-back; S. *adosado, consecutivo, seguido, uno tras otro.*

sombra *n*: GEN/IMAGE shadow, shade; S. *matiz, sombreado; dar sombra, proteger del sol, tamizar.* [Exp: **sombreado** (GRAPHICS shading; S. *línea; matiz*), **sombrear** (GRAPHICS shade, shadow, hatch)].

sondear *v*: MKTNG canvass. [Exp: **sondeo [de opinión]** (MKTNG survey, opinion poll; S. *encuesta*), **sondeo de actitudes o de reacciones** (MKTNG attitude research/test/survey)].

sonido *n*: AUDIO sound, sound track; S. *música.* [Exp: **sonido [de] ambiente** (AUDIO ambience, ambient sound, presence, room tonetrack³), **sonido de archivo** (AUDIO library sound; S. *música de archivo, discoteca*), **sonido digital** (FILM digital sound; S. *digitalización*), **sonido directo** (RADIO/TV live sound; S. *en vivo*), **sonido directo, con** (FILM direct/live/actual sound), **sonido envolvente** (AUDIO surround [sound]), **sonido húmedo** (GRAPHICS wet colour; S. *color húmedo*), **sonido reflejado** (AUDIO reflected sound; S. *luz reflejada, reflexión*), **sonista** (AUDIO sound engineer; S. *ingeniero de sonido*), **sonómetro** (AUDIO audimetre¹; S. *audímetro*)].

soplo *col n*: PRESS/GEN tip, tipoff; S. *chivatazo.*

soporte¹ *n*: GEN support, holder, stand; system; S. *pie, peana, tarima, plataforma; sistema, medio.* [Exp: **soporte²** (ADVTG/GRAPHICS vehicle, advertising vehicle, individual medium, print vehicle), **soporte³** (OUTDOOR base³, frame⁴; S. *bastidor*), **soporte de valla** (OUTDOOR pylon; S. *poste, pilón, torre metálica*), **soporte papel, [en]** (GRAPHICS hard copy, print-'out), **soporte físico** (GEN hardware; S. *instrumental, equipo*), **soporte lógico** (GEN software; S. *material de paso, programa*), **soporte publicitario** (MEDIA/ADVTG/OUTDOOR [advertising] vehicle, individual medium)].

sórdido *a*: MEDIA sordid, squalid, sleazy; S. *turbio, escandaloso.*

sorprendente *a*: GEN startling, surprising, astonishing; S. *alarmante*.

sorteo *n*: MKTNG draw, sweepstake. [Exp: **sorteo, por** (GEN by lots, by random draw, out of the hat *col*)].

sosia *n*: FILM lookalike; V. *doble, suplente*.

soso *a*: GEN lacklustre, boring, dull, flat[5]; S. *mediocre, deslucido, apagado, sin gracia, monótono*.

sostener *v*: GEN sustain, maintain; keep up, hold up, back [up]; S. *mantener, desarrollo sostenible*. [Exp: **sostenido** (AUDIO sharp; S. *bemol*)].

suave *a*: GEN light, soft, smooth; S. *música/voz suave, blando*. [Exp: **suavizar** (GEN soften)].

sub- *prf*: GEN sub-, under-. [Exp: **subcontratación** (MNGMNT outsourcing; S. *externalización empresarial*), **subexposición** (FILM/IMAGE underexposure), **subproducto**[1] (GEN/MNGMNT/TV spinoff[1]; S. *producto derivado*), **subproducto**[2] (FILM bad imitation), **subrayar** (GEN stress, underline, emphasise, spotlight; S. *poner de relieve, destacar*), **subscribirse** (SHOW/PRESS/TV subscribe to; buy a season ticket for; S. *abonar-se*), **subscripción** (SHOW/PRESS/TV subscription; season ticket; S. *abono*[2]), **subscriptor** (SHOW/PRESS/TV subscriber, season-ticket holder; S. *abonado*), **subterráneo** (FILM/GEN underground; S. *clandestino*), **subtitular** (PRESS/FILM/TV subhead, subtitle, topic headline, bank[2], strip title, subhead, **subtítulo** (PRESS/FILM/TV subhead, subtitle, topic headline, bank[2], strip title, subhead, caption[2]; S. *antetítulo, titular, entradilla; titular secundario*)].

subasta *n*: GEN auction; S. *licitación, puja*.

subida[1] *n*: MKTNG/GEN rise, increase, upswing, boom, boost; S. *caída, bajada*. [Exp: **subida**[2] (TYPE ascender; S. *trazo ascendente/descendente*), **subida en los índices de popularidad** (ADVTG rise in popularity), **subir**[1] (MKTNG/GEN rise,

increase, boom, go up; raise, put up; S. *crecer; caer, bajar*), **subir**[2] (INTERNET upload; S. *cargar*), **subir el volumen/tono** (RADIO/TV turn the volume up; S. *bajar*)].

suceso *n*: GEN event, happening; PRESS story, report; *approx*. home news, crime or accident report or story; S. *páginas de sucesos; noticia, hecho noticiable*.

sucio, en *phr*: GEN/DESIGN rough; S. *borrador*.

sucursal *n*: MKTNG/GEN branch; S. *delegación comercial*. [Exp: **sucursal de una cadena** (MKTNG branch of a chain store; S. *tienda central*)].

suelto[1] *a*: MKTNG loose; S. *encarte suelto; sin envase, a granel; cabos sueltos*. [Exp: **suelto**[2] (PRESS short item), **suelto**[3] (GEN/MNGMNT small change)].

sumario *n*: TV summary, lineup[4]; S. *resumen de contenidos*.

suministrar *v*: MKTNG supply, provide[2], purvey; S. *proveer, distribuir, abastecer, facilitar*. [Exp: **suministrador** (MKTNG supplier; S. *proveedor*), **suministro** (MKTNG supply, delivery; S. *almacén; abastecimiento, provisión, existencias, surtido, reparto, entrega*)].

superficial *a*: GEN/FILM superficial, trite, trivial; frothy, lightweight; S. *frívolo, trivial*.

superponer *v*: GEN superimpose; overlap; S. *solapar*. [Exp: **superposición**[1] (IMAGE double exposure, run-on[1]; S. *fusión, solapamiento, doble exposición*), **superposición**[2] (FILM lap, lap-dissolve, cross-lap, superimposition, mix, cross-dissolve), **superposición de colores** (GRAPHICS trap), **superposición de transparencias** (IMAGE sandwich)].

supervisar *v*: MNGMNT supervise, oversee; S. *inspeccionar*. [Exp: **supervisión** (MKTNG supervision, monitoring; S. *seguimiento, control*), **supervisor de cuentas** (ADVTG management/account supervisor; S. *director de cuentas*)].

suplemento[1] *n*: PRESS supplement; S. *dominical*. [Exp: **suplemento**[2] (MNGMNT extra/additional charge, debit; S. *cargo*[1])].

suplente *n/a*: SHOW/TV stand-in, stand-by, understudy; S. *sustituto, doble, de reserva; suplir, sustituir*. [Exp: **suplir** (GEN replace, stand in for; S. *sustituir; de reserva*)].

suprimir *v*: GEN delete, cut [out], edit [out]; omit; S. *eliminar, podar, tachar; tijeras*.

surrealismo *n*: FILM surrealism.

surtido *n*: MKTNG assortment, [wide] range, [large] selection, delivery, supply; S. *colección, variedad, abastecimiento, suministro, provisión, existencias, selección, abanico*. [Exp: **surtido nuclear o básico** (MKTNG core assortment; S. *existencias*)].

suspender *v*: GEN suspend; cancel; postpone; S. *posponer*. [Exp: **suspender la emisión** (RADIO/TV cancel the broadcast/programme; black out; S. *ensombrecer*)].

sustancioso *a*: PRESS/GEN substantial, solid, meaty *col*; S. *jugoso, con enjundia*.

sustituir *v*: GEN substitute, replace; deputise [for], stand in for; S. *suplir; de reserva*. [Exp: **sustituto** (SHOW/TV stand-in, understudy; S. *suplente, doble*)].

sutura *n*: FILM join, patch, suture, juncture; S. *juntura*.

T

tabla[1] *n*: GEN table; chart[2]; S. *esquema, gráfica, gráfico, diagrama, cuadro*. [Exp: **tabla**[2] (GEN board[1]; S. *tablero, placa*), **tabla de contenidos** (GRAPHICS table of contents), **tablas, las** (SHOW the boards, the stage; S. *escena, escenario, teatro*), **tablero** (GEN board[1]; S. *tabla, placa*), **tablero de diseño o de dibujo** (GRAPHICS drawing board), **tablero de entradas** (GEN/AUDIO jack panel; S. *banco de entradas*), **tablero/panel de fotos** (ADVTG/TV telecopy; S. *telecopia*), **tablero de interruptores** (AUDIO/IMAGE bank/row/panel of switches, switchboard; S. *interruptor*), **tablero de mandos/instrumentos** (GEN control panel; S. *panel*), **tablero del relato** (ADVTG storyboard; S. *panel del relato, guión gráfico*), **tablón de anuncios** (GEN board[2], bulletin board, notice board; S. *letrero, cartel, panel*), **tablón de anuncios electrónicos** (ADVTG/OUTDOOR electronic notice board)].

tabloide *n*: PRESS tabloid, tab; S. *prensa amarilla*.

tabú *n*: GEN/MEDIA taboo.

tabulador *n*: GRAPHICS tabulator, tab. [Exp: **tabular** (GRAPHICS tabulate, tab along)].

tachar *v*: GEN delete, strike out, cut, blue-pencil; S. *suprimir, podar, cortar*.

tacómetro *n*: FILM tachometre.

tacón [de una letra] *n*: GRAPHICS serif; S. *letra con tacón*.

táctica *n*: GEN tactics; tactic, move *col*; S. *estrategia, técnica*. [Exp: **táctico** (GEN tactical; tactician)].

talento *n*: GEN gift, talent; S. *don, gracia, facilidad, aptitud, capacidad, habilidad*. [Exp: **talento, con** (TV/SHOW talented)].

talla *n*: GEN size; S. *tamaño*.

taller *n*: GEN workshop; S. *seminario*. [Exp: **taller de imagen** (IMAGE studio[1]; S. *estudio, jefe de estudio*), **taller de trabajo** (FILM workshop)].

talonado [de una tinta] *n*: DESIGN/IMAGE pigment segmenting.

tamaño *n*: GEN size, standard; S. *talla, estándar, norma, modelo, criterio, nivel, calidad*.

tambor dentado *n*: GEN/FILM sprocket; S. *piñón, diente*.

tamizar *v*: GEN screen, sift; S. *filtrar*.

tangible *a*: MKTNG tangible.

tapa [de un libro] *n*: GRAPHICS cover; S. *lomo*. [Exp: **tapar** (FILM/IMAGE cover, mask, mask out), **tapar un espacio en blanco** (OUTDOOR blank out; S. *cubrir un espacio en blanco*)].

taquilla[1] *n*: GEN booking-office, ticket-office/-window, box-office. [Exp: **taqui-**

lla²/taquillaje (FILM/SHOW gate, box-office receipts/takings, box office, gross²; S. *entrada, ingresos por taquilla, taquillaje, fracaso/éxito de taquilla*), **taquilla para el distribuidor** (FILM rentals), **taquillero** (FILM popular, successful; a bi draw *col*, box-office hit; S. *rentable, película taquillera*)].

taquistocopio *n*: IMAGE tachistocope.

tarde, la *n*: RADIO afternoon drive; S. *la mañana, franja horaria*.

tarifa *n*: MNGMNT rate, price, rate card, tariff; S. *precio, tasa*. [Exp: **tarifa básica** (MKTNG basic rate, open rate, one-time rate), **tarifa de escala móvil** (MNGMNT sliding scale), **tarifa de mercado** (MKTNG going rate, market rate; S. *precio de mercado*), **tarifa efectiva, tarifa final** (MEDIA end rate), **tarifa especial, reducida o plana** (ADVTG/TV/RADIO off-card rate, off-peak rate), **tarifa general** (MNGMNT blanket rate), **tarifa máxima** (TV/RADIO peak rate; S. *temporada alta*), **tarifa real o efectiva** (MNGMNT earned rate), **tarifa reducida** (MNGMNT cut rate, combination rate, bulk rate)].

tarima *n*: GEN stand²; S. *pie, peana, plataforma, soporte*.

tarjeta *n*: GEN card. [Exp: **tarjeta de crédito** (GEN credit card), **tarjeta de respuesta comercial crédito** (MNGMNT business reply card), **tarjeta de pedido** (MKTNG order card)].

tasa *n*: GEN rate; fee; S. *honorarios; tipo, precio*. [Exp: **tasación** (GEN rating, assessment, appraisal, valuation; S. *clasificación, valuación*), **tasar** (MNGMNT estimate, rate, assess, value; price; S. *computar, calcular, presupuestar, hacer un presupuesto, evaluar, estimar*)].

teatro *n*: SHOW theatre, stage; S. *escena, escenario, las tablas; sala de cine*. [Exp: **teatro de variedades** (SHOW music hall), **teatro del absurdo** (SHOW theatre of the absurd), **teatral** (SHOW stagey *col*, flashy *col*, showy *col*; S. *efectista, exagerado*)].

teclado *n*: TYPE keyboard. [Exp: **teclado expandido** (TYPE enhanced keyboard), **teclear** (TYPE/GRAPHICS type, key in; S. *escribir a máquina*)].

técnica *n*: GEN technique, technology, art, craft, skill; method; mechanism; S. *estrategia, táctica*. [Exp: **técnicas agresivas de venta** (MKTNG hard sell/selling), **tecnicismo** (GEN technicality), **técnico¹** (GEN technical; S. *barrera técnica, ficha técnica, director técnico*), **técnico²** (GEN technician; S. *ingeniero, ayudante técnico, director técnico*), **técnico de sonido** (AUDIO sound engineer; S. *sonista*), **tecnología** (GEN technology), **tecnología de la información** (MEDIA information technology), **tecnología punta o de vanguardia** (GEN leading-edge technology; high-tech *col*; advanced/frontier technology, state-of-the-art technology), **tecnología de cifrado o encriptación** (GEN/INTERNET scramble; S. *codificar, tecnología de cifrado o encriptación*), **tecnológico** (GEN technological)].

teja *n*: GRAPHICS matrix. [Exp: **tejuelo** (MKTNG [leather] label, catalogue number; S. *etiqueta, rótulo*)].

tela de juicio, en *phr*: GEN at issue, in doubt; S. *bajo consideración*.

telaraña *n*: IMAGE/RADIO/TV web; S. *red/cadena de radio o de televisión*.

tele *col n*: TV the telly *col*, the box *col*, [the] TV, the tube *col*. [Exp: **teleadicto** (TV TV addict, couch potato *col*; S. *teléfilo*), **teleapuntador** (TV/FILM teleprompter, autocue; S. *chuleta*), **telebasura** (TV trash TV, third-rate TV [programmes]; S. *cine basura, basura, prensa amarilla*), **telecompra** (TV/MNGMNT TV shopping), **teleconferencia** (TV/MNGMNT teleconference), **telediario** (TV newscast, news programme), **telecopia** (ADVTG/TV telecopy; S. *panel/tablero de fotos*), **tele-**

difusión (TV TV broadcasting), **telefax** (GEN fax; S. *fax*), **telefilm** (FILM television movie, telefeature, telefilm, made-for-television movie, TV movie, telepix, telepic *col*), **teléfono** (GEN telephone, phone), **teléfono de llamada gratuita** (GEN toll-free number), **teléfilo** (TV telephile; V. *cinéfilo, teleadicto*), **telefoto** (PRESS/MEDIA telephoto, wirephoto), **telegrafiar** (GEN wire, cable; S. *conectar*), **telegrama** (GEN telegram), **teleimpresora** (GEN teleprinter), **telemaratón** (TV telethon), **telemarketing** (MKTNG telemarketing), **telenovela** (TV soap *col*, serial, TV series), **teleobjetivo** (IMAGE narrow-angle lens, telephoto lens, zoom lens), **teleproyector** (IMAGE video beam/projector), **telespectador/televidente** (TV viewer; S. *espectador; audiencia televisiva; visionar*), **teletexto** (TV teletext), **teletienda** (MKTNG/TV shopping channel; S. *tienda*), **teletipo** (MEDIA teleprinter, teletype *US*, teletypewriter *US*), **televisar** (TV televise; S. *retransmitir por televisión*), **televisión** (TV television [set], telly *col*), **televisión a la carta** (TV TV-on-demand), **televisión de alta definición** (IMAGE high definition television, HDTV), **televisión de pago** (TV pay cable, pay TV; pay-per-view, pay channel), **televisión en circuito cerrado** (TV/RADIO closed-circuit television), **televisión [interactiva] por cable** (TV [interactive] cablecast, cable TV), **televisión por cable** (TV cable TV; satellite TV; cable; cablevision; community antenna television, CATV), **televisión por cable local** (TV local cable TV), **televisión por satélite** (TV satellite TV), **televisión privada/pública** (TV private/public TV), **televisivo** (TV viewing; TV)].

telón *n*: FILM/TV/SHOW [front] curtain; backdrop, drop[2]; S. *forillo, fondo*. [Exp: **telón de fondo/foro** (FILM/TV/SHOW backdrop, backcloth; S. *forillo*), **telón de seguridad** (FILM/TV/SHOW safety curtain), **telón transparente** (FILM scrim; S. *gasa, muselina, velo*)].

tema[1] *n*: GEN issue, matter, question, topic, subject; S. *cuestión, asunto, problema*. [Exp: **tema**[2] (AUDIO song, tune; track; number *col*; S. *tema musical*), **tema estelar, central o principal** (GEN main/major topic, leitmotif), **tema musical** (TV/RADIO/AUDIO tune, number *col*, theme tune), **tema musical principal o de fondo** (FILM title line)].

temblar *v*: GEN/FILM/TV judder, jitter *col*; S. *parpadear*. [Exp: **temblor** (GEN/FILM/TV judder, jitter *col*; S. *vibración, sacudida*)].

tempestad de ideas *n*: MKTNG brainstorming; S. *tormenta/debate de ideas*.

temple *n*: GRAPHICS tempera; S. *pintura al temple, acuarela, grabado, aguafuerte, óleo, dibujo a carbón*.

temporada *n*: MKTNG season, period, spell; S. *estación, campaña*. [Exp: **temporada alta** (TV/RADIO period, peak rate; S. *tarifa máxima*), **temporada, de** (MKTNG seasonal; S. *estacional, de campaña*)].

temporizador *n*: RADIO/TV timer[1].

temprano *a/adv*: TV/GEN early; S. *apertura/cierre temprano*.

tendencia[1] *n*: MKTNG trend; S. *moda*. [Exp: **tendencia**[2] (MEDIA bias; S. *sesgo, parcialidad, preferencia, inclinación*), **tendencia del mercado** (MKTNG market trend)].

tenderete *col n*: MKTNG stall, market; booth; barrow; S. *quiosco, puesto*.

teneduría de libros *n*: MNGMNT bookkeeping; accountancy; accounting; S. *contabilidad*.

tenue *a*: IMAGE/GRAPHICS dim, weak, faint, pale; S. *atenuar; obscuro*.

teñir *v*: GRAPHICS dye, tint; S. *tinte, tintar, correrse el tinte*.

teoría de la información *n*: GEN information theory.

terminar *v*: GEN end, finish, complete; put

an end to; S. *finalizar, fin, meta, objetivo, extremo, cabo.*

terreno, sobre el *phr*: MEDIA on the spot; S. *destacado en el lugar preciso.*

tertulia *n*: RADIO/TV panel discussion; gathering, circle; talk programme, talk show, chat show; S. *mesa redonda, debate, coloquio, contertulio.* [Exp: **tertulia de morbo y cotilleo** (TV tabloid talkshow, nuts and sluts show US *col*), **tertulia literaria** (RADIO/TV literary circle/gathering call-in radio; literary discussion), **tertulia radiofónica** (RADIO talk show, phone-in, call-in radio, call-in programme, call-in show), **tertuliano** *col* (RADIO/TV participant/guest on a chat show, studio guest; S. *contertulio*)].

tesorería *n*: MNGMNT cash flow; S. *flujo de caja.*

testigo *n*: IMAGE pilot light, tally; S. *luz roja.*

texto *n*: GRAPHICS text, copy, bodycopy; S. *original, cuerpo de texto, procesador de textos.* [Exp: **texto corrido** (PRESS/GRAPHICS running text, S. *título corrido*), **texto de sobrecubierta** (GRAPHICS blurb *col*, jacket copy), **texto [de un discurso]** (GRAPHICS script), **texto en limpio** (GRAPHICS fair copy), **texto ficticio, inventado o postizo** (GRAPHICS greeking; S. *lorem ipsum*), **texto mecanografiado** (GRAPHICS type, S. *mecanografiar*), **texto obligatorio** (LAW mandatory copy/message/text), **texto original** (GRAPHICS original, MS, manuscript; S. *manuscrito; guión*), **texto preliminar** (GRAPHICS introductory matter), **texto publicitario** (ADVTG advertising copy)].

textura *n*: GRAPHICS texture. [Exp: **textura granular** (GEN/PRESS/GRAPHICS graining; S. *gofrado*), **texturar** (GRAPHICS texture)].

ticket de compra *n*: MKTNG till receipt, sales receipt; S. *comprobante de caja.*

tiempo[1] *n*: GEN time, length; S. *espacio,* *duración, segundaje.* [Exp: **tiempo**[2] **[atmosférico]** (GEN/FILM weather; S. *días de mal tiempo*), **tiempo de acceso** (MKTNG access time), **tiempo de ataque/respuesta** (AUDIO/IMAGE attack time), **tiempo de ejecución** (IMAGE/SOUND/FILM/GEN run time, running time; S. *duración*), **tiempo de exposición** (FILM/IMAGE lens speed; S. *velocidad de emulsión*), **tiempo en antena** (RADIO/TV airtime), **tiempo/permanencia en cartel** (SHOW/FILM run; S. *estar en cartel*), **tiempo publicitario** (RADIO/TV advertising time)].

tienda *n*: MKTNG shop, store; S. *comercio, teletienda.* [Exp: **tienda de artículos de uso diario** (MKTNG convenience goods), **tienda de rebajas** (MKTNG discount store), **tienda de [artículos] de regalo** (MKTNG gift shop), **tienda de discos** (AUDIO record shop/store)].

tierra *n*: AUDIO ground; S. *conexión eléctrica a la tierra.*

tijeras *n*: GEN/FILM scissors; [act of] censorship; snipping, cuts *col*; S. *suprimir.* [Exp: **tijeretazo** *col* (FILM snip, snipping, lopping, cutting; last-minute cuts or editing jobs)].

timbre[1] *n*: AUDIO bell, timbre, tamber. [Exp: **timbre**[2] (GEN stamp; S. *sello*)].

timar *v*: GEN swindle, fiddle *col*, rip-off *col*. [Exp: **timo** (GEN swindle, fraud; fiddle, *col*; theft; S. *estafa, robo*)].

tinta *n*: GRAPHICS ink, India/Indian ink; S. *pegajosidad, chorro de tinta.* [Exp: **tinta china** (GRAPHICS India/Indian ink), **tinta de imprenta** (GRAPHICS printer's ink), **tinta invisible/simpática** (GRAPHICS invisible ink), **tinta seca** (GRAPHICS toner), **tintar** (GRAPHICS/IMAGE tint; S. *teñir*), **tintas, a dos** (GRAPHICS two-colour; S. *bicolor, bicromía*), **tinte** (GRAPHICS dye; S. *tono, matiz; teñir, correrse el tinte*)].

tipo[1] **[de letra]** *n*: TYPE face, typeface, type, font; S. *fuente letra, carácter, cuerpo de* *letra*. [Exp: **tipo**[2] (GEN rate; S. *tasa*), **tipo**[3] (GEN class, type), **tipo básico** (MKTNG base rate, basic rate; S. *tarifa básica*), **tipo de descuento** (MKTNG discount rate), **tipo expandido** (TYPE expanded/extended type; S. *chupada*), **tipografía** (TYPE typesetting, letterpress, font, type, typography, body matter/type; S. *cuerpo de letra, composición*), **tipografía caliente** (TYPE hot type), **tipografía fría** (TYPE cold type, strike-on composition), **tipógrafo** (TYPE compositor, typesetter, print-worker; S. *cajista, compositor*), **tipología** (GEN typology; S. *clasificación, tipología de audiencias*), **tipología de audiencias** (MKTNG audience make-up/typology), **tipos alternativos** (TYPE alternate characters; S. *caracteres alternativos*)].

tira *n*: GEN strip. [Exp: **tira cómica** (PRESS comic strip, strip cartoon; S. *historieta, viñeta*)].

tirada *n*: PRESS/GRAPHICS newspaper circulation, run[1], press/print run, run size, edition[1]; S. *difusión, guerra de las tiradas, certificado de la tirada*. [Exp: **tirada corta/larga** (PRESS/ADVTG underrun/overrun), **tirada puente o adicional** (GRAPHICS run-on; S. *puente*), **tiraje** (FILM copying; S. *duplication*), **tirar** (GRAPHICS print [out], run off; S. *imprimir, sacar*)].

tirón *col n*: MEDIA/MKTNG pulling power, pull; S. *gancho*. [Exp: **tirón, con** (GEN popular, on the up-and-up, crowd-pleaser; S. *muy popular, con gancho*)].

titileo de pantalla *n*: IMAGE edge beat, tinkling.

titular *n/v*: TYPE/PRESS/MKTNG headline, heading; title, entitle, head; S. *título, encabezamiento, epígrafe*. [Exp: **titular a toda plana** (PRESS full-page headlines), **titular a tres columnas** (PRESS three-column headline), **titular con letras minúsculas** (TYPE downstyle), **titular conflictivo** (PRESS controversial headline), **titular corrido o seguido [por la página o páginas]** (GRAPHICS/PRESS run-in head), **titular llamativo, sensacionalista o chillón** (PRESS screamer *col*; banner headlines; S. *gran titular, llamativo, vistoso, incendiario, titular sensacionalista*), **titular secundario** (PRESS running title; subheading, deck, bank; S. *antetítulo*), **titulares [informativos]** (MEDIA headlines; S. *resumen informativo*), **titulares destacados** (PRESS main headlines, display headlines; S. *grandes titulares*), **titulares genéricos** (MEDIA/PRESS generic lead), **título** (PRESS title, headline, heading, superimposed titles, caption[2]; S. *epígrafe, antetítulo, subtítulo, titular, encabezamiento, rodillo de títulos*), **título corrido** (PRESS/GRAPHICS running head/headline, S. *texto corrido*), **título de enlace o puente** (FILM bridging title), **títulos de crédito** (FILM credits; end titles; S. *crédito, créditos, menciones*), **título/titulillo de página/folio** (GRAPHICS running headline/head), **título provisional** (FILM working title)].

todo *pron*: GEN all. [Exp: **todo incluido** (GEN all in; S. *precio todo incluido*)].

tolerancia de muestreo *n*: MKTNG sampling tolerance.

toma[1] *n*: FILM take; S. *plano, hacer tomas, repetición de una toma, grabación sonora; descarte; filmar*. [Exp: **toma**[2] (GEN socket; S. *enchufe hembra o de base*), **toma a gran distancia** (FILM extreme long shot; S. *vista panorámica de un emplazamiento exterior*), **toma cerrada** (GEN tight [take]), **toma con zoom** (FILM zoom shot), **toma de cuerpo entero** (FILM full-length portrait), **toma de jirafa** (FILM boom shot; S. *brazo telescópico*), **toma de reserva** (FILM keep take), **toma de seguridad** (FILM cover shot, protection shot, insurance shot/take), **toma de tierra** (AUDIO/IMAGEN ground),

toma estática (FILM static shot; S. *fotograma dinámico*), **toma por encima del hombro** (FILM over-the-shoulder shot), **tomar** (GEN/FILM take/shoot), **tomas falsas** (FILM out-takes; rejected takes; S. *descartes*)].

tonada *n*: AUDIO tune; S. *melodía*. [Exp: **tonalidad** (GRAPHICS tone[1]; S. *tono, tinte*), **tono**[1] (IMAGE hue, colour tone, shade; S. *color, matiz, armónico*), **tono**[2] (AUDIO pitch, tone; S. *bajar/subir el tono*), **tono**[3] (MKTNG style, tone; S. *estilo, estado de ánimo*), **tono bajo o moderado, con** (GEN low-key; S. *sin perder la compostura, sobrio, comedido*), **tono [de teléfono]** (AUDIO dialling tone), **tono de [teléfono] ocupado** (AUDIO engaged tone)].

tonto, el *n*: SHOW the funny man, the fool, the stooge *col*; S. *el listo, cómico, morirse de risa col*.

tópico *n*: GEN/ADVTG cliché, catchphrase/line; S. *reclamo publicitario*.

toque de ironía *n*: GEN trace/touch of irony, ironic edge, slightly ironic tone.

tormenta de ideas *n*: MKTNG brainstorming; S. *tempestad/debate de ideas*.

torre metálica *n*: OUTDOOR pylon; S. *poste, pilón, soporte de valla*.

torta *col n*: ADVTG/FILM case/can [for reels of film]; the word, which literally means "cake" is a slang term used by photographers and media people.

trabajo[1] *v*: GEN work. [Exp: **trabajar**[2] (FILM be in, appear in), **trabajo**[1] (GEN job, work, line, profession, trade; caper *col*; S. *empleo, profesión*), **trabajo**[2] *col* (FILM film, production; S. *película*), **trabajo**[3] *col* (AUDIO disk *col*, record, offering), **trabajo creativo** (GEN creative work), **trabajo de campo** (MKTNG fieldwork; S. *investigación de campo*), **trabajo de ilustración** (GRAPHICS/PRESS graphics, artwork)].

tráfico *n*: GEN/OUTDOOR traffic; S. *tránsito, cómputo de tráfico; flujo de tráfico,* departamento de programación; sección de coordinación.

tráiler *n*: FILM trailer; S. *avance de una película*.

trama[1] *n*: GRAPHICS screen; S. *filtro*. [Exp: **trama**[2] (GEN/FILM/TV story, story-line, plot; S. *cuento, relato, argumento*), **trama gruesa** (GRAPHICS coarse screen)].

tramo *n*: GEN stage, stretch, section; S. *etapa, fase*. [Exp: **tramo horario** (RADIO/TV block, day part; S. *bloque, franja horaria*)].

tramoyista *n*: SHOW stagehand, scene-shifter; S. *ayudante escenográfico*. [Exp: **tramoyistas** (SHOW stage crew)].

transacción *n*: GEN transaction, deal, business; S. *intercambio*.

transferencia *n*: GEN transfer[1]; S. *traslado, traspaso*. [Exp: **transferencia de imagen** (MKTNG image transfer), **transferencia por cable** (MNGMNT cable transfer), **transferir** (GEN transfer)].

transición *n*: GEN transition; S. *fundido, cortinilla*.

transistor *n*: RADIO transistor [radio], trannie *col*, tranny *col*.

tránsito *n*: GEN traffic, transit; movement; transfer; S. *tráfico*.

transitorio *n*: IMAGE interference, technical fault or glitch *col*; short form for *fallo técnico transitorio* –temporary technical fault–.

translúcido *a*: IMAGE translucent, opalescent; S. *opalescente*.

transmisión *n*: RADIO/TV broadcast, transmission; S. *emisión*. [Exp: **transmisor** (RADIO/TV transmitter; S. *estación transmisora*), **transmitir** (RADIO/TV broadcast, transmit, air; S. *emitir*), **transmitir desde los estudios centrales a los periféricos** (RADIO/TV feed[2]), **transmitir en cadena** (RADIO/TV network), **transmitir por radio o televisión** (RADIO/TV broadcast; S. *emitir, anunciar por radio o televisión*)].

transparencia *n*: IMAGE transparency, slide; S. *filmina, diapositiva*.

transpondedor *n*: IMAGE transponder.

transportar *v*: MKTNG transport, carry. [Exp: **transportista** (MKTNG carrier)].

transversal *a*: MKTNG S. *análisis/sección transversal*.

trasfondo *n*: GEN/IMAGEN background[1], backdrop, context; S. *trasfondo*.

traslado *n*: GEN transfer[1], move, switch; S. *transferencia, traspaso*. [Exp: **trasladarse** (GEN transfer, move, remove; switch; relocate)].

traspaso *n*: GEN transfer, conveyance, sale; transfer fee; S. *transferencia, traslado*. [Exp: **traspasar** (GEN transfer, convey, sell)].

trastienda *n*: MKTNG backroom, back of the shop; underhand dealing *col*, funny business *col*.

tratamiento *n*: GEN process; S. *proceso*. [Exp: **tratamiento de textos** (GRAPHICS text-processing), **tratar** (GEN treat, handle, deal with, have dealings with), **trato** (MNGMNT/MKTNG deal, business, business dealing-s; S. *negocio*), **trato justo** (GEN fair deal, square deal *col*; S. *juego limpio*)].

travelín *n*: FILM travelling/tracking shot.

trazar *v*: GEN/MKTNG layout, sketch; S. *diseñar, abocetar, bosquejar, ordenar, arreglar, disponer*. [Exp: **trazar a grandes rasgos** (GRAPHICS/DESIGN rough out; S. *pergeñar*), **trazado** (GEN layout[1]; outline[2]; S. *esbozo, esquema, distribución, ordenación*), **trazo** (GRAPHICS stroke; outline, sketch, trace[2]; S. *calcar*), **trazo [de una letra]** (GRAPHICS [letter] stroke; S. *hilo [de una letra]*), **trazo ascendente** (TYPE ascender; S. *subida, bajada, línea de base*), **trazo descendente** (TYPE descender; S. *bajada, subida, línea de base*), **trazo muy fino** (GEN/TYPE hairline; S. *raya o línea muy fina*)].

trepar *v*: GRAPHICS edge. [Exp: **trepado** (GRAPHICS edging, perforation)].

tri- *pref*: GEN tri-. [Exp: **tricromía** (GRAPHICS three-colour printing/mechanics; S. *bicromía, cuatricromía*), **tridimensional** (FILM three-dimensional, relief; S. *en relieve*), **trilogía** (FILM trilogy), **trimestral** (GEN quarterly; S. *semanal, diario; publicación quincenal*), **trimestre** (GEN term; quarter; S. *semana*), **trípode** (IMAGE tripod)].

trinchera *n*: FILM trench; S. *zanja; caja de manzanas*.

tríptico *n*: GRAPHICS triptych; S. *díptico*. [Exp: **tríptico publicitario** (ADVTG six-panel, pamphlet; S. *folleto, díptico publicitario*)].

trivial *a*: GEN/FILM trivial, trite, frothy, lightweight; S. *frívolo, superficial*.

tropo *n*: LING trope.

troquel *n*: GRAPHICS die, die-stamp, mould; S. *troquelar*. [Exp: **troquelado** (GRAPHICS die-cut), **troquelar** (GEN die)].

truca *n*: FILM optical [effects], opticals, special effects; S. *efectos especiales*.

truco *n*: GEN trick; caper *col*, stunt; S. *ardid, ilusión óptica*. [Exp: **truco de especialista** (TV/FILM stunt), **truco publicitario** (GEN advertising gimmick, publicity stunt; gimmick[2]; S. *montaje/recurso publicitario*)].

trueque *n*: MNGMNT/ADVTG/MKTNG barter, bartering; S. *intercambio*.

tunda *col n*: GEN pasting *col*, panning *col*, slating *col*, roasting *col*; S. *invectiva, crítica feroz, vapulear, rapapolvo* col, *zurra* col.

turbio[1] *a*: IMAGE blurred, indistinct, misty; murky, dim; S. *oscuro, opaco; movido, desenfocado*. [Exp: **turbio**[2] (MEDIA sleazy, shady *col*, squalid; S. *sórdido, escandaloso*)].

U

ubicación *n*: FILM/GEN location; venue, site, position, placement; S. *emplazamiento, localización, colocación.* [Exp: **ubicación [de un anuncio]** (ADVTG position, placement; S. *emplazamiento, inserción; colocar, posicionar*), **ubicación solicitada** (OUTDOOR preferred position)].

última hora *n*: MEDIA/PRESS latest news; stop press; S. *noticias de última hora.*

ultrasónico *a*: AUDIO ultrasonic; S. *subsónico.*

umbral *n*: GEN threshold, edge, line, limit, verge; S. *límite.*

único *a*: GEN unique; S. *singular.*

unidad *n*: GEN unit; S. *módulo, núcleo.* [Exp: **unidad de control** (GEN control unit; S. *mesa de control*), **unidad de control interno** (MNGMNT internal supervision unit, in-house watchdog; S. *perro guardián*), **unidad de estrategia de negocio** (MKTNG strategic business unit, SBU), **unidad de exteriores** (FILM location unit; S. *jefe de exteriores*), **unidad de venta** (MKTNG sales unit, outlet), **unidad familiar** (MKTNG household), **unidad móvil** (FILM mobile unit, special unit; S. *cámara móvil, furgoneta*), **unidad móvil de radio** (RADIO cruiser), **unidad móvil de televisión** (TV telecruiser), **unidad principal** (IMAGE/AUDIO main unit)].

unión *n*: FILM join, joint; S. *juntura, empalme.* [Exp: **unir** (FILM join, splice; S. *juntar, empalmar*)].

universo [encuestado] *n*: MKTNG universe, base; S. *encuesta.*

usar *v*: GEN/MKTNG use; S. *consumir.* [Exp: **usar y tirar, de** (MKTNG disposable; S. *desechable*), **usuario** (GEN/MKTNG user, end-user, ultimate consumer; S. *consumidor*), **usuario final** (MKTNG end-user, ultimate consumer; S. *consumidor*)].

utilería *n*: FILM/SHOW props; S. *atrezo.* [Exp: **utilero** (FILM/SHOW props man/person; S. *atrecista*)].

utilidad *n*: MKTNG/GEN utility. [Exp: **utilizable** (GEN usable; ready-to-use), **utilizar** (GEN use, utilize)].

V

vacío *a*: GEN empty; vacant; vacuum; S. *embalado/envasado al vacío*.

vale *n*: MKTNG stamp, coupon, token; S. *boleto, encarte, cupón, bono, bono-descuento*. [Exp: **vale de abono** (MKTNG voucher, call credit; S. *resguardo, justificante*), **vale descuento** (MKTNG discountvoucher, in-ad coupon, fairy money *col*; S. *cupón de descuento*), **vale-regalo** (MKTNG gift coupon/voucher, gift-token; S. *cupón de regalo*)].

validez *n*: GEN validity, period of validity. [Exp: **válido** (GEN valid; fit; in force; enforceable)].

valla [publicitaria] *n*: OUTDOOR hoarding, outdoor poster, hoardings, poster panel, billboard, BB *US*; S. *orientación de una valla, superficie de una valla*. [Exp: **valla pintada** (OUTDOOR painted bulletin/display; S. *anuncio impreso*), **valla [con papel impreso]** (OUTDOOR printed/posted bulletin), **valla iluminada** (OUTDOOR electric spectacular), **valla urbana** (OUTDOOR hoarding within city limits, urban bulletin), **vallero** *col* (OUTDOOR agent/company specialising in posters or hoardings, outdoor man)].

valor *n*: GEN value. [Exp: **valoración de la marca** (MKTNG brand rating), **valuación** (GEN rating; S. *clasificación, tasación*)].

vanguardia *n*: FILM/SHOW avant-garde; S. *cine de vanguardia*. [Exp: **vanguardia, de/en** (FILM/SHOW avant-garde; leadingedge, innovative, state-of-the-art; S. *de punta*), **vanguardista** (FILM/SHOW avantgarde)].

vapulear *v*: FILM/MEDIA pan *col*, lambast, paste *col*, roast *col*, slate; S. *tunda, zurra*.

variable *a/n*: GEN/MKTNG variable, openended; S. *abierto, modificable, de duración indefinida; análisis factorial*.

variancia, varianza *n*: MKTNG variance. [Exp: **variancia/varianza del muestreo** (MKTNG sampling variance)].

variedad *n*: MKTNG variety, assortment, wide range, large selection; S. *surtido, colección*. [Exp: **variedades** (GEN/ RADIO/TV/SHOW variety, variety performance, variety shows; magazine)].

velar [una foto] *v*: IMAGE/FILM expose; fog, blur. [Exp: **velada** (GEN/FILM party, social gathering/evening; gala, gala night; S. *noche de estreno, función de gala*), **velado** (IMAGE fogging; S. *zona borrada o desenfocada de un negativo o una fotografía*)].

velocidad *n*: GEN/FILM speed; S. *tiempo de exposición*. [Exp: **velocidad de emulsión** (IMAGE/FILM emulsion speed; S. *tiempo de exposición*)].

vendedor-a *n*: MKTNG salesman, saleswoman, sales person, seller, vendor; S. *comprador, proveedor, mercado vendedor, vallero*. [Exp: **vender** (MKTNG sell, vend; S. *comprar*), **vender al contado** (MKTNG sell for cash), **vender al fiado** (MKTNG sell on credit or tick *col*), **vender al menudeo o por menor** (MKTNG retail; S. *minorista, comercio al por menor*), **vendible** (MKTNG saleable, sellable), **venta** (MKTNG sale; conveyance; vending; S. *compra; agente de ventas, catálogo de ventas, oficina de ventas, personal de ventas*), **venta a prueba** (MKTNG sale on trial/approval, sale or return), **venta a reembolso** (MKTNG cash on delivery sale), **venta aplazada** (MKTNG hire purchase, HP), **venta automática** (MKTNG automatic vending), **venta con señuelo** (MKTNG bait-and-switch selling *US*; S. *cebo y cambio*), **venta cruzada** (MKTNG cross selling), **venta directa** (MKTNG direct marketing; S. *teléfono gratuito*), **venta domiciliaria** (MKTNG door-to-door selling/canvassing), **venta dura** (MKTNG hard sell[ing]), **venta, en** (MKTNG on sale, up for sale; S. *compra*), **venta impulsiva o caprichosa** (MKTNG impulse sales), **venta incondicional** (MKTNG absolute sale), **venta piramidal** (MKTNG pyramid selling; S. *marketing piramidal*), **venta por correspondencia** (MKTNG/GEN mail-order sale, sale by catalogue), **venta por teléfono** (MKTNG/GEN phone selling), **venta promocional** (MKTNG promotional sale)].

ventaja *n*: MKTNG advantage, start, edge[2]; S. *delantera*. [Exp: **ventaja competitiva** (MKTNG competitive edge/advantage)].

verboso *a*: LING long-winded; S. *denso, prolijo*.

verde[1] *a*: GEN green; S. *medio ambiente*. [Exp: **verde**[2] *col* (FILM blue *col*; S. *porno, golfo, picante; película verde, chiste verde*)].

vergonzoso *a*: MEDIA shocking, shameful, disgraceful; S. *horrible, espeluznante, escandaloso*.

verosimilitud *n*: GEN verisimilitude.

versal *n*: TYPE capital, capital letter, caps; S. *mayúscula*. [Exp: **versalitas** (TYPE small capitals/caps)].

versión[1] *n*: GEN version, story, side, account. [Exp: **versión**[2] (FILM version; S. *nueva versión*), **versión actualizada** (INTERNET updated version; S. *apoyo técnico*), **versión cinematográfica** (FILM film/movie version; S. *adaptación*), **versión definitiva de una película** (FILM final cut), **versión en limpio** (GRAPHICS fair copy), **versión musical** (AUDIO musical arrangement or setting; S. *arreglo musical*), **versión original, en** (FILM in the original language, foreign release), **versión reducida, condensada o simplificada** (FILM/PRESS abridgment; S. *resumen, compendio; extracto*)].

verso[1] *n*: GEN verse. [Exp: **verso**[2] (GRAPHICS verso)].

verter *v*: MKTNG/GEN unload, offload, dump; S. *descargar, deshacerse de; bajar*.

vertical *a*: GEN vertical.

vértice *n*: GEN/GRAPHICS vertex, top, apex; S. *base*.

vespertino *a/n*: GEN/MEDIA evening; evening paper; S. *matutino*.

vestíbulo *n*: FILM/SHOW foyer.

vestuario *n*: FILM/SHOW costumes; wardrobe, stage costumes; S. *ayudante de vestuario*.

veterano *a*: GEN veteran, experienced; S. *con gran experiencia*.

viajante *n*: MKTNG commercial traveller, travelling salesman, commercial, salesman, saleswoman.

vibración *n*: GEN/IMAGE/TV judder, S. *sacudida, temblor*. [Exp: **vibrar** (GEN/IMAGE/TV judder, S. *temblar*)].

vida [de un producto] *n*: MKTNG product

life. [Exp: **vida social** (PRESS society pages/column; intimations pages; announcements; S. *sección de anuncios breves, «agenda», necrológicas, edictos*)].

vídeo *n*: FILM/TV video. [Exp: **vídeo corporativo** (TV/FILM corporate video), **vídeo doméstico** (FILM/TV home video), **videocámara** (IMAGE camcorder; video camera; S. *cámara de vídeo*), **videoclip** (FILM video-clip; S. *fragmento de una película*), **videoclub** (FILM video club), **vídeodisco** (IMAGE videodisc), **videoperiodista** (IMAGE videojournalist), **videoteléfono** (TV video telephone), **videotexto** (TV teletext; S. *teletexto*)].

viñeta *n*: GRAPHICS vignette, sketch, drawing, illustration; cartoon; S. *tira*.

virar *v*: GRAPHICS wash down, tone down.

virgen *a*: IMAGE unexposed, blank[2].

virtual *a*: INTERNET/GEN virtual.

virulento *a*: MEDIA virulent, aggressive.

visionado *n*: FILM/TV viewing; S. *espectador, telespectador*. [Exp: **visionado [de una película]** (GEN screening; S. *proyección de una película*), **visionar** (FILM/TV view, preview; S. *preestreno, espectador, telespectador*)].

visita comercial *n*: MKTNG commercial visit/call.

visor *n*: GEN/INTERNET viewfinder; browser. [Exp: **visual** (IMAGE visual; of vision/sight), **visualizador**[1] (GEN/INTERNET visualiser, browser; S. *navegador, visor*), **visualizador**[2] (MEDIA display[4]), **visualizar** (MEDIA visualize)].

visto bueno *n*: MKTNG/ADVTG seal of approval, checked and OK *col*.

vistoso *a*: MKTNG eye-catching, colourful, spectacular; gaudy, flashy; S. *llamativo*.

vitrina *n*: MKTNG display cabinet/case/window, glass case, showcase; S. *escaparate; estuche*.

viuda *n*: GRAPHICS widow; S. *huérfano; línea viuda*.

vivo/directo, en *phr*: RADIO/TV live; S. *retransmisión en directo*. [Exp: **vivo y en directo, en** *col* (SHOW/TV live, in performance; S. *en vivo*)].

volante *n*: MNGMNT note, slip; memo; S. *comprobante, resguardo, nota*.

volumen *n*: GEN volume; S. *profundidad*. [Exp: **volumen sonoro** (AUDIO level, loudness, sound level/volume; S. *nivel*), **volumen de ventas** (MKTNG sales revenues/turnover, sales volume; S. *cifra de negocios*), **voluminoso** (GEN bulky; S. *pesado*)].

volver al/del revés *v*: GEN reverse, turn over, turn upside down; S. *invertir*.

voz *n*: AUDIO/RADIO/TV voice; sound; S. *artista de voz; volumne; expresar una opinión*. [Exp: **voz alta, en** (AUDIO aloud, out loud, in a loud voice), **voz baja, en** (AUDIO softly, in a low voice or whisper), **voz en off** (TV/FILM off-screen announcer, voiceover, VO; S. *narrar en off*), **voz suave** (AUDIO soft/light voice; S. *música suave*)].

vuelta *n*: GEN return; S. *regreso*. [Exp: **vuelta al pasado** (FILM flashback; S. *escena retrospectiva; analepsis*)].

vúmetro *n*: AUDIO VU meter, vumeter.

X

xerografía *n*: GRAPHICS xerography.